佛教的邏輯、辯證法與知識論

吳汝鈞 著

臺灣 學生書局 印行

自　序

在過往超過半個世紀的學術研究中，我花上一半時間進行佛學研究，包括八年在日本、德國和加拿大的艱苦歲月的研究。研究內涵包括印度佛教、中國佛教、日本佛教和歐美佛教，此中以佛教的義理為中心，特別是問題、觀念、概念和方法論為主。也學習過多種語文：原典語文包括梵文、藏文、佛典漢文和日文；研究語文則有日文、英文和德文。佛學著作（附翻譯）有二十本，包括大部頭的《佛教思想大辭典》、《佛教的當代判釋》和《唯識現象學》。關於問題，主要是以實踐某個目標的達致為主，如唯識學講的轉依或轉識成智、天台宗講的不要斷除與世間法，特別是生死、煩惱的關連，而能實現涅槃、菩提，所謂「除病不除法」。關於觀念，是指某一個要實現的宗教理想，如空、中道、或某種有終極義的超越的精神力量，如佛性或如來藏自性清淨心。概念則泛指某種關係，如時、空與感性的關係、範疇與知性的關係；或時間、空間、範疇、感性、知性自身都可以說是概念。一般說的實體與屬性的關係，都可以說是一概念。方法或方法論則是指能達致某一理想、目標的做法、渠道，如本序中所提出的邏輯、辯證法與知識論。

方法論是佛教中的一門大學問，不管是問題、觀念、概念，都離不開方法論。要成就某種事情、目標，或在義理方面要進行某種理解，都牽連到方法論這種學問。邏輯（logic, Logik）、辯證法（dialectics, Dialektik）、知識論（theory of knowledge, epistemology, Erkenntnislehre）都是西方哲學的名相。在佛教，相應於邏輯的是因明（hetu-vidyā）；相應於知識論的是量論（pramāṇa-vāda），pramāṇa 就是量，是知識的意思，或知識的、認知的機能。在陳那、法稱的量論或知識論中，我們有兩種認識機能：現量（pratyakṣa）和比量（anumāna）。現量相當於康德所說的感性（Sinnlichkeit），比量則相當於知性（Verstand）。感性可認知具體的對象，而成就感覺的知識。知性則認知抽象的對象，而成就推理的知識，這就是因明，也就是邏輯。大體上是這樣。不過，較精細的說法，量有時亦被說成是知覺。我在這裡不能作詳細的說明，有興趣的讀者可以參考服部正明（Hattori Masaaki）的《陳那論知覺》（*Dignāga on Perception*），或筆者的《佛教知識論：陳那、法稱、脫作護》兩書。

在以上提到的三方面的方法論中，邏輯與知識論是比較清楚和確定。邏輯是推理法，從前提推導出結論。即是，結果是甚麼，可以直接從前提中引導出來，不必透過對外在世界的觀察，便可以確定下來。或者說，結果可以從前提中引導出來。即是，我們只要對前提作正確的觀察、思考，便可以把結果分析出來。因此，這樣的處理，是一種分析的工夫，故由前提推導出結果這樣的作法是分析性格的，其中所指涉的命題，是分析命題。

以上所說的，基本上是就傳統的邏輯而言，始發於西方希臘哲學早期的辯士的思考方法，到了亞里斯多德而成為一門有系統的思想方法的學問。一般講邏輯，都是就這方面而言。這在我國的講習中，金岳霖的《邏輯》和牟宗三的《理則學》，都講得不錯。西方的邏輯學，一直都是依基本的三律：矛盾律、同一律和排中論發展出來。到了近現代，則進一步以符號來表達邏輯程式的推演，而成所謂符號邏輯（symbolic logic）。具體言之，是以符號來表示命題及命題與命題之間的關係，而成所謂現代邏輯。這包括布爾－舒露德（Boole-Schröder）的邏輯代數（algebra of logic）、羅素（B. Russell）與懷德海（A. N. Whitehead）的真值函蘊（material implication）與路易士（C. I. Lewis）和冷伏德（C. H. Langford）的嚴密函蘊（strict implication）三個系統。路易士和冷伏德便寫有《符號邏輯》（*Symbolic Logic*）一鉅著。

在知識論方面，佛教知識論與西方特別是康德的知識論有一定的親和關係。佛教在中後期中發展出來的知識論，如陳那、法稱所提出的，在模式方面，與康德的極為相似，雖然雙方在時間上與空間上完全沒有交集。在康德方面，知識是在兩個機能合作而成就的，這即是感性與知性。感性在時間、空間的直覺形式下吸取外界的資料或雜多，透過構想力將之運送到知性，知性以其自身本具的先天綜合概念亦即範疇來整理這些雜多，使之成為對象，由之產生對於對象的知識。陳那和法稱所說的現量與比量，粗略地說相當於感性與知性。他們也有範疇的說法，把外界的資料整理而成就知識。

至於辯證法方面，我們一時難以在佛教中找到與之相應的概念。不過，就黑格爾的辯證法來說，他所說的正、反而成合這一弔詭的發展程序，特別是在反這一環節，在佛教的天台宗盛言一念無明法性心，煩惱即菩提、生死即涅槃中，其無明與法性、煩惱與菩提、生死與涅槃的說法，而有正負兩面的相即不離的關係，便很有反的意味。道家《老子》「反者道之動」、「正言若反」的弔詭意味，是一般人所注意的。「大辯不言」，「大音希聲」也有相類的反的意味。

這樣的辯證的、弔詭思考，在禪宗中非常普遍。一個僧人向徒眾述說他覺悟的經驗。這分三個階段：第一階段是見山是山，見水是水；第二階段是見山不是山，見水不是水；第三階段是見山仍是山，見水仍是水。這種含有弔詭或矛盾的經驗，實是一種辯證的歷程，其關鍵是在第二階段。在第一階段中，他見山是山，見水是水，這是有執著的，執著山與水的自性也，這是常識的經驗。第二階段見山不是山，見水不是水，這是進一步的思考、經驗，他打破了對自性的迷執，即是，見山不是有自性的山，見水不是有自性的水。所謂反，或辯證的思考，是打破了對山、水的自性的執著。這是進一步的思考。到了第三階段，他綜合了前兩個階段：一方面是俗情的思考，再一步是打破了俗情的思考，以緣起的角度來思考、放棄了現實的對山、水自性的思考，理解到山、水的無自性的空性。最後一步是不滯留在空的孤獨境界，而還落到世間來，與眾生共苦難，也俟機教化、點化眾生。

另外一個事例是：南泉普願禪師要說法了，眾多徒弟都聚集起來。只見南泉一手拿著貓兒，另一手拿著刀子，催促徒眾快說快說，說出覺悟解脫的奧祕，否則便把貓兒砍斷。大家都呆著，你看我，我看你，都說不出話來。南泉便把那隻貓兒砍了。過不幾天，南泉的高徒趙州從諗雲遊歸來，一個小和尚便跟他講起南泉斬貓的事，趙洲二話不說，卻除下鞋子，把它戴在頭上，便離開了。小和尚其後把趙州的反應告訴南泉。只聽見禪師頓足說：「倘若那次趙州在場，貓兒便不會枉死了。」這個有趣的事讓小和尚大惑不解。我們分析這個故事：鞋子本來應該穿在腳上的，趙州卻把它戴在頭上，這不是顛倒麼？趙州便是透過一種顛倒的逆反的觀點來說覺悟。這顛倒便是反，便是辯證。

在佛教，方法論是理解終極真理的極其重要的途徑。《般若經》和中觀學提出的俗諦和真諦的區分，是邏輯性格的。天台宗提出的空諦、假諦和中諦則是辯證性格的。空諦和假諦分開來說是邏輯性的，這兩諦綜合起來，而開拓出中諦，則是辯證性格的，是一種相反的、弔詭的思考。《中論》提出的四句（catuṣkoṭi）則包含邏輯性、辯證性的思考。其中的四句偈：「一切實非實，亦實亦非實，非實非非實」則集多元的思考於其中。說一切是實在，一切不是實在，都是就邏輯而言。說一切是實在，同時一切不是實在，則是辯證法的說法；是實在和不是（非）實在，綜合了正方面的實在，和反方面的不是實在，故是辯證的說法。以上分別是第一句、第二句和第三句的性格。至於跟著的第四句一切不是實在，一切不是不是（非）實在，同時否定實在和非實在，則是超越性格，同時否定不是實在和不是不是（非）實在也。這是黑格爾的辯證法所無的，是中觀學特別是龍樹特有的思考方式。在這裡不能詳細地說清楚，有興趣的讀者可以找拙著《印度佛學研究》中〈印度中觀學的四句邏輯〉一文來參考。此文也收入在本書之中。

在這裡要特別指出，西方哲學特別是康德的哲學，提出背反（antinomy, Antinomie）或二律背反，正相當於龍樹或中觀學的四句思考中的第三句：一切是實在和不是（非）實在的二律背反，在思考上構成哲學上的矛盾，這種矛盾可以擴展開去，包含我們一般所說的有與無、存在與虛無、生與死、理性與非理性、有限與無限、善與惡……等等的對反狀態。京都學派的哲學家提到，這些背反的雙方，是一個統一的整體，不能分開的，有生便有死。我們不能把這雙方分割，留取背反的正面一邊，捨棄負面的一邊。例如，把生死的生保留，而丟棄死，這樣便可以做神仙了。他們認為，生死是一體的，不能只要生而不要死，生與死的兩端，在存有論上是對等的，不能以一端克服另一端，以生來克服死。解決生死的背反，必須要從這背反內裡突破開來，超越上來，把背反的雙方所成的相對領域衝破，以達於絕對的領域，而成就不生不死、無生無死、超越生與死的終極目標。

上面說，佛教的方法論是一門大學問，而且非常重要。在確定終極真理的內容和形式之後，第一步要做的，便是實現這終極真理的問題，這便涉及方法論。在這方面的學問，我花了很多時間與工夫，成果還是很有限。這主要是多元論文的撰著，也作過對日本學者的研究的推介與翻譯，特別是在知識論上。而在探討佛教的方法論上，我在知識論方面用力最多，迄今已寫了《早期印度佛教的知識論》和《佛教知識論：陳那、法稱、脫作護》。

本書所收入的論文，取自以下自己的多本著作中，包括《印度佛學研究》、《佛學研究方法論》、《龍樹與中後期中觀學》（翻譯）、《佛教的概念與方法》、《金剛經哲學的通俗詮釋》、《中道佛性詮釋學：天台與中觀》、《印度佛學的現代詮釋》。上面提及的《早期印度佛教的知識論》及《佛教知識論：陳那、法稱、脫作護》由於已出版成專著，故它們的內容沒有收入於本書中。

以下依序列出本書各論文的出處：

1. 〈佛教與邏輯〉，出自《印度佛學研究》，臺北：臺灣學生書局，1995。
2. 〈佛學研究中的符號邏輯研究法〉，出自《佛學研究方法論》下，臺北：臺灣學生書局，2006。
3. 〈印度與佛教推理之形式的與符號的解析〉，出自《印度佛學研究》。

4. 〈印度中觀學的四句邏輯〉，出自《印度佛學研究》。
5. 〈龍樹系統中的一些邏輯面相〉，出自《佛學研究方法論》下。
6. 〈龍樹的空之邏輯〉，出自《龍樹與中後期中觀學》，臺北：文津出版社，2000。
7. 〈龍樹的空之論證〉，出自《印度佛學研究》。
8. 〈龍樹之論空假中〉，出自《佛教的概念與方法》修訂本，臺北：臺灣商務印書館，2000。
9. 〈從邏輯與辯證法看龍樹的論證〉，出自《佛教的概念與方法》修訂本。
10. 〈否定式與中觀辯證法〉，出自《佛教的概念與方法》修訂本。
11. 〈現代學者的中觀學研究及其反思〉，出自《印度佛學研究》。
12. 〈般若經的空義及其表現邏輯〉，出自《佛教的概念與方法》修訂本。
13. 〈金剛經的思考法：四相否定與即非詭辭〉，出自《金剛經哲學的通俗詮釋》，臺北：臺灣商務印書館，1996。
14. 〈陳那的邏輯〉，出自《佛教的概念與方法》修訂本。
15. 〈龍樹與天台哲學〉，出自《佛教的概念與方法》修訂本。
16. 〈智顗的四句及四句否定〉，出自《中道佛性詮釋學：天台與中觀》，臺北：臺灣學生書局，2010。
17. 〈三觀的知識與救贖性格〉，出自《中道佛性詮釋學：天台與中觀》。
18. 〈相即或等同的實踐意義〉，出自《中道佛性詮釋學：天台與中觀》。
19. 〈龍樹與華嚴哲學〉，出自《佛教的概念與方法》修訂本。
20. 〈華嚴宗的相即辯證思想〉，出自《佛教的概念與方法》修訂本。
21. 〈佛教的真理觀與體用問題〉，出自《佛教的概念與方法》修訂本。

22. 〈陳那的知識論〉，出自《佛學研究方法論》下。
23. 〈pratyakṣa 與知覺〉，出自《佛教的概念與方法》修訂本。
24. 〈法稱的知識論〉，出自《佛教的概念與方法》修訂本。
25. 〈佛教知識論〉，出自《印度佛學的現代詮釋》。臺北：文津出版社，1994。這裡也要提一下：這篇文字是上面第 22〈陳那的知識論〉和第 24〈法稱的知識論〉合起來的節本，比較流暢，也有較高的可讀性。

這些論文，因為寫出的時間不同，在體例上未必全部一貫，繁簡度也不是全部一致，闡述的方式也各有特色。在把它們集合在一起，我都全部加以檢視一過，在文字方面作了多元的改動，在內容上也作出多方面的刪除與補充。特別是在內容的刪除與補充方面，越在後面的論文，處理得越多。

是為序。

佛教的邏輯、辯證法與知識論

目　次

第一章　佛教與邏輯

佛教與邏輯（logic），表面看來，似乎不易拉上關係。理由是，邏輯是思想方法，強調理性的運用，有很濃厚的抽象意味。佛教則是一種宗教，它的目標是解脫，故強調實踐的與救贖的（practical and soteriological）行為，與具體的現實人生是分不開的。不過，佛教其實不單是一種宗教，它也是一種哲學，而且是深奧的哲學，其理論很有嚴格性。它既是具有嚴格理論的哲學，自然有其方法，這即是哲學方法；較寬泛地說，則是思想方法。因而也有它自己的邏輯。在這方面，它與一般的亦即是西方的邏輯，有相通的地方，也有不同的地方，而表現其特色。故邏輯與佛教的比較，是一個很有趣的課題。本文即在這個脈絡下，處理這個課題。我的做法是，把邏輯分成若干項目來討論；先介紹西方方面的說法，然後就佛教方面的有關說法作回應。這些項目，基本上都是很普通的，通常的邏輯書都有討論到，並不涉及專門性或專技性的問題。本文的主要用意，並不是要在邏輯上提供新的知識（new understanding），而是看看在邏輯的某些基本問題上，佛教的相應的說法是甚麼，它能作出甚麼樣的回應。這是一種很新鮮的做法。談邏輯問題的書很多，但把它關連到佛教方面，而作一比較的探討，卻是很少。[1]故我所能參考的現成資料，並不充裕，很多方面

---

[1] 有關邏輯或思想方法的問題，可參看以下諸書：

金岳霖：《邏輯》，香港：三聯書店，1978。

牟宗三編著：《理則學》，臺北：正中書局，1965。

P. T. Geach, *Reason and Argument*. Oxford: Basil Blackwell, 1979.

J. Hospers, *An Introduction to Philosophical Analysis*. London: Routledge & Kegan Paul, 1967.

都要靠自己來探索。探索的結果，我的總的印象是，邏輯對佛教來說，並無衝突；反之，邏輯作為一種思想方法，對佛教或佛學在概念上的廓清與理論上的建立，都有很大的幫助。

這種討論，有一定的困難。通常寫佛教史，或佛教概論，都是就佛教義理自身的發展脈絡，展開討論，不必牽涉很多佛教外的問題。但佛教與邏輯便不同。它不單純是佛教，更不單純是邏輯，而是就邏輯問題看佛教的相應說法。此中，「相應」是很重要的，也最為一般人所忽略。必須要把這個問題解決了，佛教的比較意義才能說，才能把佛教放入一世界的或普遍的哲學與宗教中，衡定其位置。但對這「相應」問題的處理，卻是不容易。特別是某些佛教並不很關心的問題，例如周延與歸納法。對於這類問題，一般的邏輯是這樣說了，佛教又是怎樣說呢？很多時是不清楚的。我的討論只是初步的嘗試，若能藉此而開出一種新的討論風氣，那真是慶幸的事。

討論以義理為主，而輔以文獻學的檢證。正文基本上用來說義理，而

______, *Readings in Introductory Philosophical Analysis*. London: Routledge & Kegan Paul, 1969.

H. Kahane, *Logic and Philosophy*. Belmont, California: Wadsworth Publishing Company, Inc., 1969.

B. Russell, *An Inquiry into Meaning and Truth*. London: Unwin Paperbacks, 1980.

W. V. Quine, *Elementary Logic*. New York: Harper Torchbook, 1965.

筆者不是邏輯學者，本文有關邏輯方面的討論，很多都參考上列金岳霖與牟宗三的著書。這些討論都是很一般性的，一般的邏輯入門書，在這方面都是大同小異。我國的邏輯著述，在相當程度都是參考西方的。我國恐怕還未有能成一家言的邏輯家。大陸方面很有一些嚴謹的邏輯學者，如金岳霖、沈有鼎、胡世華、莫紹揆、王憲鈞等。不過，在這些學者中，除金岳霖外，著作並不多，即有亦不易得見。金岳霖的《邏輯》與牟宗三的《理則學》，作為教科書看，都是不錯。金書長於對邏輯問題作技術性的處理。牟書則偏重邏輯哲學方面；其討論傳統邏輯部分，頗為精警，符號邏輯部分則不出路易士（C. I. Lewis）的系統。這系統見於他與冷伏德（C. H. Langford）合著的《符號邏輯》（*Symbolic Logic*. Dover Publications, Inc., 1959）一鉅著中。另外，我們也參考過羅素（B. Russell）的《意義與真理之探索》（*An Inquiry into Meaning and Truth*）一書。

有關的參考文獻，則在附註中交代。至於有關的原典文獻，我比較著重梵文原典。梵文原典與漢譯比較起來，其優劣問題，識者自知，這裡不贅了。

由於篇幅的關係，我在這裡只討論概念及其相關的問題。對於其他問題的討論，要留待以後的機會了。

一、論概念

概念（concept）常與命題（proposition）關連著來說，是邏輯中的兩個基要部分。前者又常在後者中出現，成為後者的重要部分。概念是一個詞項（term），表示一個客觀的意義，對外物有所表示，表示外物的「是甚麼？」我們若對外物有概念，即表示對外物有確定的認識。或者說，認識一個客觀的意義。例如，我們說：這顏色是「綠的」，這圖形是「圓的」，動植物是「會死的」。這「綠」、「圓」、「會死」，都是概念，都代表一客觀的意義，它們分別表示綠性、圓性、會死性（mortality），這些都是客觀的義理。

概念與觀念（idea）不同。前者是邏輯的（logical），有客觀不變性。後者則是心理學的（psychological），表示主體對於外物的反應或聯想，由之可引起某些行動。如見皮球，引起「可以玩」的觀念，而真的去玩皮球。故觀念有動態意味。概念則是靜態的，它表示對外物的某種確定的認識，例如綠、圓，或外物的關係，例如前、後、左、右。

概念可大分為兩種，這即是虛概念與實概念。現在解說如下：

虛概念：這即是形式字（formal word），或邏輯字（logical word）。它不指涉實在的對象，但決定一語句（命題）的邏輯形式（logical form）。如肯定（is）、否定（is not）、或者（or）、而且（and）、如果～則（if ~ then）、任何（any）、每一（every）、有些（some）、一切（all），等等。[2]

2　上註所列羅素《意義與真理之探索》一書中，有一專章論述邏輯字的問題，可參考。

實概念：指涉實在的對象和這些對象的性質與關係，所謂 "object-word"。如綠、圓、椅子、可變性。[3]

關於實概念，就其分際方面，亦可作不同的區分。就其形態（modality）或程式來說，可分三種：

量概念：如大小、多少、數量。
質概念：如綠、硬、堅、粗、可變性。
關係概念：如上下、左右、因果、主動被動、夫妻、父子。這些也是相對概念，有對比、對照的意味。

就其範圍（realm）來說，可分二種：

個體概念：如孔夫子、黃山、這個 walkman、這隻老鼠。
類概念：如汽車、書、樹、花。

就其對我們的認識而言，可分二種：

具體概念：指涉具體事物，如河流、星星、桌子。
抽象概念：只表示某些義理或性質，如人性、動物性、可燃性、仁慈、殘酷、道德。

對於概念的問題，我們可以就佛教作多方面的回應。首先，現代學者常說佛教特別是唯識學派（Vijñāna-vādin）的名相繁多。此中的「名相」，便很有概念的意思，不過，它超過概念的所涵，而可以及於觀念。但這是現代人用來說及佛教的字眼，不大見於佛教自身的典籍中。在佛教典籍中，最相應於「概念」的，莫如「假名」（prajñapti）。假名是在緣起（pratītya-samutpāda）的義理下提出的。在佛教看來，世間一切事物，都是由某些因素（緣）組合而成就的，因此沒有事物的自己、在其自己，所謂「自性」（svabhāva）。自性是不破滅的，是自存的，不由他物所形

---

3 上註羅素書中也有專章討論實概念或 object-word 的問題。

成。一切事物都是被造的（saṃskṛta），不能自己存在，因而是會破滅的；它們都沒有自性。假名指事物沒有自性而是由種種因素組合而成的狀態。例如，一輛汽車，並沒有汽車自己，或汽車自性，它只是由不同的零件，例如車輪、車蓋、車門、輪胎、馬達（發動機）、車身等等分開的東西組合而成。這些東西在分散的狀態，不稱為「汽車」，只在它們依一定的模式組合起來，才稱為「汽車」。「汽車」這個假名，實是指這種組合，而不是指汽車自己，或自性。汽車是沒有它的自己的。至於組成汽車的零件，如車輪，也是假名，不能有自己。它也是由不同的東西，如膠轂、車軸、車輻等更細小的東西組成。「車輪」這個假名便是指這些東西的組合。

由這個意思，可以推導出假名的實用的意涵（pragmatic implication）。即是說，世間一切事物都由緣（cause）或因素（factor）組成，因而它們都沒有自性，都是空（śūnya）。在這一點上，它們都是相同的，沒有區別。但我們是生活在一個現實的世界中，每天都和不同的事物發生關聯，運用它們，因而必須要認識事物，把它們相互區別開來。這便要運用名稱，如「桌子」、「茶杯」、「衣服」、「手袋」、「房屋」，等等。這些都是假名。如果沒有假名，便不能區別事物，也難以運用它們，世間便呈一片混亂的狀態。故假名實是生活的所需的名稱，它使我們在世間生活得更好、更有秩序。[4]

4　上面所說的假名的意思，很多佛教的文獻，特別是中觀學（Mādhyamika）的，都有闡述。《大智度論》（*Mahāprajñāpāramitā-śāstra*）便說得很多。月稱（Candrakīrti）的《中論釋》（*Madhyamaka-vṛtti*，或作《淨明句》*Prasannapadā*）也提到車輛的例子，以種種零件的組合來說「車輛」一假名。在現代學者中，對假名有清晰而適切敘述的，有史培隆格（M. Sprung）與默迪羅（B. K. Matilal）。Cf. Mervyn Sprung, *Lucid Exposition of the Middle Way*, London and Henley: Routledge and Kegan Paul, 1979; Mervyn Sprung, “Non-Cognitive Language in Mādhyamika Buddhism”, in *Buddhist Thought and Asian Civilization*, ed. L. Kamamura and K. Scott, Berkeley: Dharma Publishing, 1977; B. K. Matilal, “Negation and the Mādhyamika Dialectic”, in the Author’s *Epistemology, Logic and Grammar in Indian Philosophical Analysis*, The Hague: Mouton, 1971.

要注意的是，在佛教脈絡下的這種假名，與概念並不完全相同。首先，它的意義範圍比概念大。一切名稱，只要是意識為了區別事物而擬設出來的，都是假名，不必如概念般表示一客觀的義理。上面所說的觀念，亦可是假名。另外，假名與客觀的義理，亦不必如概念般具有緊密的連繫。一個假名，例如「汽車」，當然有所指涉，這即是作為一個物體的汽車。不過，在這個脈絡中，所著重的，不在汽車這種存在物，也不在汽車的客觀意義，如那種如是的相貌與結構。這些是存在論與認識論的（existential and epistemological）問題。佛教徒的興趣與所關心的，與其說在存在論與認識論方面，毋寧說在實用的與實踐的（pragmatic and practical）方面。故對於·「汽車」這一假名，佛教所著重的，是功用方面。即是，「汽車」是指涉那能載人由一處到他處的交通工具。著重點是載人的功用。倘若不能載人，則甚麼相貌與結構，都是不重要的。故對假名來說，實際的效用比客觀的義理更為重要。我們不能離開功用的、實用的觀點來看假名。這是假名與概念很不同的地方。

佛教對假名的功用性的強調，更可見於它把假名牽連到救贖的（soteriological）目標一點上。中觀學派的大宗師龍樹（Nāgārjuna）在其主要論著《中論》（*Madhyamakakārikā*）中，聲稱空（śūnyatā）亦是假名；他的信徒青目（Piṅgala）解釋，說空亦是假名，目的是要防止人對空起執著，要人把對空的執著空掉，捨棄掉，所謂「空亦復空」。[5]空是佛教的最重要的觀念，它的涵義是對自性的否定。[6]否定了自性，便不會對一切事物起執，執著它們有其自性。不起執著，便能不生起種種顛倒的見解，因而不生煩惱。這樣便可順理成章地說解脫（mokṣa）。但空是否有

---

5 龍樹的說法，見梵文《中論》：*Mulāmadhyamakakārikās de Nāgārjuna avec ḷa Prasannapadā Commentaire de Candrakīrti*, ed. by Louis de la Vallée Poussin. Bibliotheca Buddhica, No. IV, St. Petersbourg, 1903-13, p. 503. 此書以下省稱 MKP。青目的解釋，見《大正藏》30，33b。

6 空是對自性的否定，這是佛教各派的通義。《中論》言空，則除了有否定自性一義外，還有否定虛妄的見解一義。

自性呢？人們是否會以為空有自性，而對空起執著呢？凡有執著，都是苦惱所在，對解脫造成障礙。說空是假名，提出「空亦復空」，顯然是要針對這個問題，防止人們對空起執，目標顯然在解脫、救贖方面。假名的這種涵義，是邏輯上的概念所完全沒有的。

由空亦是假名這一意思，亦可推出假名本身的暫時性、非究極性。理由是，這命題有貶抑空的意向，說它也不過是假名而已；這樣說，同時也貶抑了假名。實際上，假名的梵文表示：prajñapti，也是假借、約定、權宜的意思，這都顯示假名是暫時而非究極的性格。這也是邏輯上的概念所缺乏的意思。

以上是就假名與概念作總的對比來說。以下我們看看在佛學中有關名相的分析與在邏輯上對概念的分析的異同問題。由以上所論看到，邏輯對概念的分析是很精細的。它把概念區分為虛的與實的；實概念又有形態的不同，又有範圍上的區分。而概念自身又可就認識方面再作區分。基本上，佛教也有這種分析。不過，這主要是語文上的問題。佛書主要是用梵文（Sanskrit）寫的，這種語文的文法，極其嚴謹，因而對名相也有精細的區分。如就虛概念而言，上面所舉的例子，在梵文中都有相應的表示式。例如 ca 表「而且」，na 表「否定」、「不是」，vā 表「或者」，sarva 表「每一」、「一切」，……。此中的例子很多，不勝枚舉。實際上，梵文文法遠比中文、英文與德文嚴謹得多，只名詞的格數便有八之多，計為：主格、對格、具格、為格、奪格、屬格、處格、呼格。[7]英語只有三格，為主格、對格、為格。德語算是嚴謹了，亦比英語多一個屬格而已。對於名相的分析，梵語無疑是很細密的，因而佛學的義理也很細密。

7　關於梵文文法，參看筆者編寫的《梵文入門與習題分析》。最詳盡而又最優秀的梵文文法書，有：W. D. Whitney, *Sanskrit Grammar*. New Delhi: Motilal Banarsidass, 1973. 該書又有作者的附篇：*The Roots, Verb-forms and Primary Derivatives of the Sanskrit Language*. Ann Arbor, Michigan: Edwards Brothers, Inc., n.d. 就應用方面言，最便捷而又易於收效的，則有岩本裕編著的《サンスクリット文法綱要》，山喜房佛書林，1974。

值得我們特別留意的是實概念中的關係概念。既然是關係（relation），則必有關係的雙方，故這些概念也是關係概念。在佛教，這種概念很多，對了解佛教的基本義理來說，起著重要的作用。這些關係概念，如上面所舉的上下、左右、因果、主動被動等等，雖然不是虛概念或形式字，但其形式意義是很強的。即是，它們並不表示客觀的外界的實在物，而表示我們理解外物的狀態或變化的方式或形式，因而有一定的思想性。如上下、左右表示我們理解事物的位置情態，因果表示我們理解事物的變化情態。世間並沒有一些事物稱為「上下」、「左右」、「因果」，能夠離開我們的認識和思想而存在。即是說，這些概念並不客觀地指涉外在世界（external world）；在外在世界方面，並無客觀的實在物與這些概念相應。佛教也常說到這類概念。如《中論》開首即提出八個名相或概念：生（utpāda）、滅（nirodha）、常（śāśvata）、斷（uccheda）、一（ekārtha）、異（ānārtha）、來（āgama）、去（nirgama）。[8]生是事物的生起，滅是事物的滅去；常是事物維持不變狀態，斷是事物不能維持不變狀態；一是事物的相同性，異是事物的不同性；來與去指事物的運動情態。這些概念，在知識論（epistemology）上也稱為範疇（category）。它們都是在一種相對的關係中成立，如生與滅相對，來與去相對，因而只能表示相對的現實世間的某些情態，而與絕對的真理沒有關連。故《中論》站在絕對的真理的立場上，將它們一一否定掉，因而有不生（anutpāda）、不滅（anirodha）、不常（aśāśvata）、不斷（anuccheda）、不一（anekārtha）、不異（anānārtha）、不來（anāgama）、不去（anirgama），所謂「八不」，表示八方面的否定。實際上，說它們表示現實世間的情態，也只能說是我們的思想或認識機能理解外界的情態的方式而已，在外界方面並沒有實在的東西與它們相應。例如，「生」表示某些東西在某種條件下出現了；但並沒有稱為「生」的實在的東西。我們說桌子出現或形成了，但不能說生這樣的東西出現或形成了。

---

[8] MKP, p. 11.

對於這種關係概念，以至那些只有形式意義、思想意義但在存在方面並無實際的相應物的概念或名相，佛教擬設了一種特別的稱呼來加以概括。這即是「不相應行法」（viprayukta-dharma）或「心不相應行法」（citta-viprayukta-dharma）。這即是與心不相應的東西，不伴隨心而生起的東西。「不相應」即是沒有客觀的實物與它相應，它只是我們思想所擬構的虛妄東西，那是表示事物的形式意義的配置、分位。故又稱為「分位假法」。假法即是虛假地、暫時地施設的東西，不是實在的東西之意。空間、時間、分離、結合、數目，都屬於這種東西。試取「分離」（佛教的專技名稱為「非得」）與「結合」（佛教的專技名稱為「得」）來看，其「分位假」的性格是很明顯的。多種因素的結合與分離，是現實世間經常發生的事。但甚麼是結合，甚麼是分離呢？這是很耐人思巧的問題。世間並沒有某些東西稱為「結合」、「分離」，卻有很多東西在結合、在分離。結合時，新的東西出現了、形成了；分離時，該東西便消失。可見「結合」、「分離」不能指涉實際的東西，而表示多種東西的動向；具體地說，是在時空上的安排。就在時空上的安排說，是「分位」；就不能指涉實際的東西說，是「假」。因而是「分位假」。

對於不相應行法，佛教阿毗達磨（Abhidharma）學派的《俱舍論》（*Abhidharmakośa-śāstra*）有很詳盡的闡述。[9]另外，唯識學派的文獻也時常談到這個問題。

二、實概念的普遍性與特殊性

每一實概念都可指涉一個類。「類」（class）的最重要之點，是具有

9　關於阿毗達磨學派的思想，參看櫻部建、上山春平所著的《存在の分析——アビダルマ》，佛教の思想 2，角川書店，1974；Th. Stcherbatsky, *The Central Conception of Buddhism and the Meaning of the Word "Dharma"*, Delhi, Patna, Varanasi: Motilal Banarsidass, 1979.

「客觀的義理」，或所謂「性」。[10]每一個類都有類的性。如動物這一類，有其動物的客觀的義理，這即是動物性（animality）。這客觀的義理，即是普遍性（universality）。

普遍性不能從具體的實物說，亦不指具體的實物。它是「義理」，或「理」。例如，世間有很多圓的東西，這些東西個別不同，但都具有「圓」的性格、圓的義理，或「圓性」。這圓性便是普遍性。普遍性又可稱為共理，指共同的理法。普遍性有三種特性：

⑴它是普遍的（universal）。它不為某一具體物所限制。如「圓的」一詞，不只可形容某一圓的東西，且可形容所有的圓的東西。「圓性」是一普遍性。這種不為某一具體物所限制的性格，表示對空間性的超越。

⑵它是永恆的（eternal）。永恆表示不變化、不消失。具體的物件會變化、會消失，但普遍性是義理，不會變化、消失。即使沒有了動物，但動物性作為一客觀的義理，或性格，還是在那裡，只是沒有具體的動物來顯示它。由於不會變化、消失，因而亦無所謂時間性。

⑶它是抽象的（abstract）。所謂抽象（abstract），作為一動詞看，是從一些具體的物件中，單提或抽出其共同的特性之意。例如從圓的東西中，抽出其「圓性」的一面。這是一種以思想或認識來分解或分析的做法。故抽象是思想上與認識上的事。抽象出來的共同的特徵，即是普遍性。故普遍性是抽象的（形容詞），它是思想的對象，或者在佛教來說，是心識的對象。

與普遍性相對比的，是特殊性（particularity）。特殊性即特殊的東西，不與其他東西分享的東西，這即指具體的物件，或具體的事件，包括個人、動物、用具，以至物理現象、心理現象。「天下間沒有兩滴水是相同的」，這兩滴水，都分別是具體的現象、物件，都是特殊性。特殊性也有

---

10 有關類的問題，下面會有討論。「性」指一般說的性格。

三種特性，與普遍性的三種特性相對比：

⑴它是特殊的（particular）。它只是某物件或事象自己，不能遍及於其它。故它有空間的限制。

⑵它是變化的（changeable）。凡是變化的東西，都在時空中有現實的存在性，亦會變滅。故有時間上的限制：現在是有，未來可能是無。

⑶它是具體的（concrete）。「具體」的東西，指具有現實存在的完整的個體。「抽象」的則是單提某一面，故不能說完整。如木頭，就此整塊木頭言，它是一完整的個別的特殊的木頭。但它有堅性、立體性、可燃性，這些則是抽象的普遍性，可單提出來。

要注意的是，這裡說的概念的普遍性與特殊性，主要是就實概念言。即是說，這普遍性與特殊性基本上限於那些實在的對象和它們的性質與關係。虛概念是不說普遍性與特殊性的。例如「有些」（some）這一概念，它完全是形式意義的，不能說它的普遍性與特殊性。

佛教對於這普遍性與特殊性的問題，一般來說，可以緣起這一基本義理來概括。世間一切物件或事象都由種種因素（緣）的結合而得成就（起）。由於因素不同，其給合的方式也不同，因而所成的事象也千差萬別，各各其自己是獨一無二的東西，不與其他事象分享，這便是特殊性。不過，這些事象縱使各各不同，它們畢竟是依同一的原理而成就的，一切事象都分享這個原理，這便是緣起（pratītya-samutpāda），這也是普遍性。另外，由於一切事象都是由種種緣的組合而得成就，因而它們都不可能具有其自己，或自體，或自性，它們是空的。這空的性格或本質是一切事象的普遍的性格或本質，它也自是普遍性了。

特殊性是特殊的、變化的和具體的；一切世間的事象都是如此。故特殊性可比配世間。普遍性是普遍的、永恆的和抽象的；除了抽象的性格有商榷外，普遍性可比配出世間。小乘佛教強調出世間的寂靜境界，故對普遍性一面特別關心。大乘佛教則以在世間中實現出世間的理想為旨趣，故同時關心特殊性與普遍性這兩方面。關於視普遍性為抽象一點，大乘佛教當有異議。在大乘佛教者眼中，普遍性的東西，不光是思想上認識上的對象，而且是顯現、實現的對象。故普遍性的東西不能停駐於抽象的層面，而且也是被實現的、被呈現的。前者（小乘）與概念的、理論的旨趣相應，後者（大乘）則與實踐的旨趣相應。佛教基本上是實踐的哲學，故它很重視對於普遍性的東西的踐履、實現方面。

這普遍性的東西，在佛教來說，其焦點是真理。在梵文，在詞彙的字尾加上 -tā 或 -tva，即有表示這真理性之意。-tā 或 -tva 有使詞彙成為一抽象名詞的涵意，所謂……性。這「性」即表示性格、本質之意。如 dharmatā（dharmatva 法性）、buddhatā（buddhatva 佛性）、tathatā（tathatva 如性）、śūnyatā（空性）、vijñaptimātratā（唯識性）等等。這些以 -tā（或 -tva）收結的抽象名詞，都從不同面相，反映出真理的意思。而真理自然是具有普遍性的。例如 dharmatā，指 dharma（法）的 tā（本性、本質），或法性，這即是諸法或種種事象的不具有常住不變的自性的那種本質，亦即是空的本質。這便是佛教的真理。梵文表示真理的正宗表示式，是 tattva（或 tattā）[11]，這是由 tat 與 -tva（或 -tā）組成。如何有真理的意思呢？其解釋是很素樸的。“tat” 由梵語 “sa”（它，第三身）引出，“sa” 的中性單數主格形式即是 “tat”，指那個東西，亦即一般的事物之意。“tattva” 即指一般事物的本性、本質，這便是真理。[12]

以上是就早期佛教亦即是原始佛教的發展回應普遍性與特殊性的問題。我們可以看到，早期佛教的實踐的與救贖的興趣與關心是很強的。不過，佛教發展到中期，以至後期，漸漸在實踐的與救贖的旨趣的基礎上，顯示出知識論與存有論或存在論的旨趣，表現很濃厚的哲學的、理論的意

---

11 佛教的後期中觀學的寂護（Śāntarakṣita, Śāntirakṣita）即以 tattva 為題材，寫了一部大書，稱為 *Tattvasaṃgraha*。日人譯此名為「真理綱要」，或「攝真實論」。後一譯法較與原名相應。

12 在這方面，《奧義書》（*Upaniṣad*）較佛教更為直接，它逕以 “tat” 指梵（Brahman）那個東西。梵自是原理、真理之意。它的根本命題 tat tvam asi（它即是你）即表示梵人一如之意。

味。這在相應普遍性與特殊性的問題方面，亦顯示濃厚的知識論的色彩。關於這點，讓我們從陳那說起。

陳那（Dignāga）是唯識學派（Vijñaptimātratā-vādin）中期的大師，他正式開出佛教的知識論體系。他的系統對普遍性與特殊性都有恰當的回應。即是，普遍性相當於他的所謂「一般相」（sāmānyalakṣaṇa），或稱「共相」；特殊性相當於他的所謂「個別相」（svalakṣaṇa），或稱「自相」。兩者都是我們的認識對象。陳那以為，我們有而且只有兩種認知能力，這即是現量（pratyakṣa）與比量（anumāna）。現量相當於西方知識論的知覺（perception），比量相當於西方知識論的推理（inference）。現量認識對象的個別相，而且只能認識個別相；比量認識對象的一般相，而且只能認識一般相。個別相指直接被知覺的東西，它不能以語言、概念來表示。例如，當我們知覺一頭牛時，我們是認識某一特定的牛，而不是很多牛的共有的特性、或牛性。這特定的牛即是個別相。很明顯，這即是我在上面所說的特殊性。一般相則指共通於多個物項或個體物的那種性格，它是思想的對象，它的基礎是概念。例如，當我們認識牛的一般相時，我們不是認識某一特定的牛，而是認識所有的牛所共有的一般的或普遍的性格，這即是牛性。特定的牛是存在於時空中的，受時空的限制，牛性則不存在於時空中，而存在於我們的思想中。很明顯，這普遍的牛性即是我上面所說的普遍性的一個例子。

普遍性是普遍的、永恆的和抽象的，特殊性是特殊的、變化的和具體的；它們分別是相反的性格，因此不可能指涉相同的東西。同樣，一般相與個別相不指涉同一的對象。例如，由推理而得的火（因有煙而推知），與由知覺親見到的火，不能是同一物事。這是陳那所首肯的。這與當時流行的外界實在論如勝論（Vaiśeṣika）的說法不同；後者以為各種認知能力所知的，都是同一的對象，由推理而得知的火與由知覺而把握的火都是對應於「火」一概念的實在的東西。

這裡很自然地可以提出一個知識論的問題：依陳那，一般相與個別相指涉不同的物事，在這兩種相中，哪一種具有實在性呢？陳那的答覆是明顯的：個別相是直接被知覺的東西，因而有實在性。一般相則是思想的產物，只在思想中存在，它是沒有實在性的。例如，當我直接地知覺到一頭牛，看到它的顏色、形態，聽到它的聲音，這頭牛是有實在性的；但作為共通於所有的個別的牛中的那種性格，所謂牛性，使牛所以成為牛的那種東西，則不具有獨自的存在性，或實在性，它只是我們的思想的運作的結果。上面我談概念的普遍性與特殊性，因只就邏輯的脈絡來討論，故只需照顧意義的問題便可，不必牽涉實在性一類知識論甚至是存有論的問題。[13]

三、類的問題

上面說每一個實概念都指涉一個類。以下即討論類的問題；並及於與類有密切關連的定義問題。另外，我也會討論概念的內容與外延問題。

類（class）表示一個組合（composition），其中包括若干分子（member）。這些分子之能被歸聚於一起，必須依據某一標準，這即是普遍性，是各個分子共同分有的性質。必須要有這個普遍性作為標準，我們才能把散列的東西或個體物聚合起來。因此，類包含各個作為分子的個體物，亦涵普遍的標準或普遍性於其中。故類較特殊性與普遍性的涵義為多。我們可以把類視為：「以普遍性貫穿於特殊性或個體物事中而使後者聚合起來成為多數分子的組合」。

類通常是由分子的組合而成。但亦有些類是沒有分子的，這便是空類（null class）。空類可有兩種：

⑴由自相矛盾的概念所組成的空類，這是從分析的角度看。例如「不是紅色的紅蘋果」。由於自相矛盾的概念根本不可能成立，或不可

---

13 對於一般相與個別相的闡述，載於陳那的《集量論》（*Pramāṇasamuccaya*）的第一章論現量（知覺 pratyakṣa）章中。關於這本巨著的內容，可參考 M. Hattori, *Dignāga, On Perception*. Cambridge, Massachusetts: Harvard University Press, 1968. 關於陳那的知識理論，參看服部正明：《中期大乘佛教の認識論》，載於三枝充悳編集之《講座佛教思想第二卷：認識論、論理學》，東京：理想社，1974。M. Hattori 即是服部正明。

能理解，如「不是紅色的紅」，故所成的類不可能有分子。

⑵由不矛盾但無現實存在與之相應的概念所成的類。例如龜毛、兔角、牛蛋、香港的總統。這些概念如「龜」與「毛」，「牛」與「蛋」，並不矛盾，故原則上它們可以成為類，但由於它們所概括的分子沒有現實的存在，故是空類。

總結來說，類可以有五種：

⑴個體類（individual class）：類的概念所包含的分子只有一個，例如川普總統。實際上，每一個體都可自成一類。不過，我們通常說類，很少想到它只有一個分子。

⑵有限類（finite class）：類的概念所能概括的分子數目為有限，例如「中國人」、「聯邦密探隊員」。

⑶無限類（infinite class）：類的概念所概括的分子數目為無限，例如「萬物」。

⑷空類（null class）：類的概念所概括的分子不存在。這是由於類概念自身矛盾，或這些分子在經驗事實上是不存在的。

⑸全類（universal class）：全類有些像無限類，但它的範圍較為確定，它是由兩個互相排斥而窮盡的組合而合成。例如「綠」與「非綠」，這兩概念可組成兩個互相排斥而窮盡的組合。兩者的和，即是全類。注意，這裡說的「非綠」，若只限於顏色，則「綠」與「非綠」加起來，即是顏色的全類。但若「非綠」不單指顏色，而廣指不是綠色的一切東西，則「綠」與「非綠」加起來，即成一無限制的、無所不包的全類。

全類若以邏輯代數（algebra of logic）來代表，其式為：

$$a+(\sim a)=1$$

"a" 表示任何一個概念所形成的組合，"~a" 表示它的反方面，或它之外的一切組合；則 a 與 ~a 加起來，即表示一全類。若以 a 表綠色的東西，~a 表示不是綠色的其他東西，兩者合起來，表示一切東西，而成全類。

以下我們就佛教的角度來回應這一部分所討論的問題。首先是類。佛教對類的問題，似未有作明確而有系統的反省，一如西方的邏輯那樣。不過，類的思想與運用，在佛教義理中，有一定的位置。在陳那的範疇理論中，類（種類）被視為一個範疇。範疇（category, Kategorie）是我們理解外物的普遍的性相（character, characteristic）的概念，這種概念實表示一思想模式。例如因果（causality）範疇，反映我們理解外物變化，由某一狀態演化至另一狀態的某種必然的聯繫。外物只是外物，它不是因果關係。這因果關係作為一種範疇，存在於我們的思想中，表示我們了解外物的生成、變化的一種重要方式。一般來說，重要的哲學家都有他自己一套範疇理論，如亞里斯多德（Aristotle）、康德（I. Kant）、懷德海（A. N. Whitehead），都是如此。他們對範疇的理解也不完全相同。陳那的範疇論包括五個概念，這即是名稱（nāmen）、種類（jāti）、性質（guṇa）、作用（kriyā）和實體（dravya）。實體是就一般的物體看。此中的種類，正與邏輯的類相應，它表示我們的一種思想方式。例如，當我們看到一頭黑色的和正在步行的牛，我們是知覺到一個個體物；當我們想到它是「牛」，它具有很多個體的牛所共同具有的特性，或「牛性」，則這「牛性」不是個體的牛，而是牛類，是種類，這是一種範疇。陳那以為，範疇是思想中的東西，是不實在的。

類概念的運用，在佛教或佛學中，非常廣泛。這主要反映於對種種法（dharma）或存在的分類中。佛教論師很擅長於對存在的事物，依某一標準，加以歸納和分類，如唯識學派就心識方面分為八識，原始佛教就對真理（諦）的不同面相的理解而分為四諦，般若與中觀學派就對空的不同進路而分為十八空，等等，數之不盡。在佛教各學派中，最擅長於對存在的物事或現象作系統的分類的，莫如阿毗達磨（Adhidharma）學派。這學派的分類法，稱為「五位七十五法」。他們本著區別的哲學的立場，對一切物事或法作徹底的分析，將之分為五大類；在其中的某些大類中，又再區分若干小類，每一小類概括若干物事。這五大類即是五位：色（rūpa）、心（citta）、心所（citta-saṃprayukta-saṃskāra）、心不相應（cittaviprayukta-saṃskāra）與無為（asaṃskṛta）。色法是物質性的東西，包括眼、耳、鼻、舌、身五種感覺器官與其相應的對象：色、聲、香、味、觸，加上無表色（不能表示出來的物質性的東西，這在佛教也沒有解釋得很清楚），計為十一種。五種感覺器官與其對象又分別稱為「五根」和「五塵」。心法是心王，或一般所謂意識，這只有一種。心所即心所有法，是伴隨著心而起的心理狀態，共有四十六種。這四十六種又可歸入六個較小的類：大地法（與一切心相應，計十種）、大善地法（與一切善心相應，計十種）、大煩惱地法（與不善心相應，計六種）、大不善地法（只與一切不善心相應，計二種）、小煩惱地法（只與無明相應，且只孤獨地生起，計十種）、不定地法（無一定的相應法，計八種）。心不相應法如上面所說，並不是實質的物事，而是只有思想意義的關係。它既不是心法，也不是色法，而是語言的、邏輯的與修行境界上的因素。語言因素是名身、句身和文身，共三種；邏輯因素是得（結合）、非得（分離）、眾同分（種類）、生、住、異、滅，共七種。修行境界的因素是無想、無想定、滅盡定、命根，共四種。無為法則指沒有生滅變化，不由人為造作而生的法，包括虛空（空間）、擇滅無為、非擇滅無為，共三種。

對於這樣的大規模的對存在諸法的分析，這裡自不能作詳盡的介紹。事實上，有很多日本學者已對這分析作過廣泛的研究。[14]我們在這裡只擬提出一些扼要的觀察與評論。從現代眼光看，阿毗達磨學派的分析並不算很科學化；五位中，心不相應法與無為法實在很難說是存在或事象，或所謂法。不過，我們所注意的並不在這方面。我們的注意點，毋寧在這種分析架構背後的形而上旨趣。讓我們先提出一個問題：世間的存在，為甚麼被分類為七十五種呢？這樣的分類依甚麼標準呢？要解答這問題，便不能不涉及阿毗達磨學派的實在論的立場。按原始佛教的一個極重要的觀念，是無我（anātman）。他們不僅說人無我，而且說法無我。這我（ātman）

14　例如：櫻部建：《原始佛教・アビダルマにおける存在の問題》，載於三枝充悳編集之《講座佛教思想第一卷：存在論、時間論》，東京：理想社，1974；櫻部建：《俱舍論の研究》，京都：法藏館，1969；高木俊一：《俱舍教義》，興教書院，1962。

自是常住的主體意義的自我，但亦可推廣至一般的實體義的自性（svabhāva）。人無我與法無我的說法，明顯地表示我們的生命存在與世間的物事都是沒有常住不變的自性的，這是空的立場的另一表示方式。空即是沒有自性之意。我們可以說，人無我與法無我（或合稱人法二無我）的思想背景是空。一切佛教的學派，都不能離開這個背景。阿毗達磨學派也不能例外；不過，它的空的立場是很不徹底的。它把人的生命存在加以析離，而得出所謂五蘊（pañca skandha），這即是色蘊（rūpa skandha）、受蘊（vedanā skandha）、想蘊（saṃjñāna skandha）、行蘊（saṃskāra skandha）、識蘊（vijñāna skandha）。其中並沒有我，因而說人是空的，所謂「我空」。但它對存在的諸法，則更採取一宏濶的角度加以析離，最後得出七十五種要素，以為不能再析離了，它們不是虛妄的，而是真實的。它把這些要素稱為「法體」（svabhāva），以之為有實在性。這七十五種要素又可大分為五類，如上面所說。這便是「五位七十五法」。這些法體是如何判定的呢？阿毗達磨學派的答案是，每一法體只能具有一種本質和一種機能。這樣，這學派便說存在的世間畢竟不是空的，而是有的，所謂「法有」。這顯然是一種實在論（Realism）的立場。[15]

這種對存在世間的處理，基於很強烈的分類意識和分析功能。無可置疑，阿毗達磨學派中人的分類傾向是很強的，雖然他們對類概念未有自覺地加以討論。實際上，七十五法中的心不相應法，其中的眾同分，便相應於種類概念。眾同分（nikāya-sabhāga）又略稱同分，其直接的意思是：眾多具有不同性格的東西所共同具有的相類似的力量或質素。「分」即是因、因素之意。同分即指共同具有的因素。這又分有情同分與法同分兩種。而有情同分又分無差別同分與有差別同分兩種。即是說，在眾同分這一佛教式的類概念中，又可作如下的分類：

15　有關阿毗達磨學派的實在論的思想，這裡不多說，詳情可參考：梶山雄一、上山春平：《佛教の思想 3 空の論理：中觀》，東京：角川書店，1973，第一部第一章第 3 節：アビダルマの思想家たち。

眾同分 { 有情同分 { 無差別同分 / 有差別同分 } ; 法同分 }

無差別同分指在有情這個範限下其中的分子共同具有的質素。這其實是「具有情識」這種質素。而在有情的東西中，又有人、牛，等等不同的集合體。在人的集合體中，其分子具有其共同的質素，這即是「人」這種質素，牛的情況亦相若，其分子亦具有「牛」這種質素。這種維度的共同的質素，稱為有差別同分。法同分則指在有情這個範限之外的其他的東西，例如金剛石，具有金剛石質素的東西都是法同分，而成為金剛石這一類。這眾同分的結構，實顯示阿毗達磨學派對分類問題已有很細密的思考。

阿毗達磨學派的眾同分與陳那的種類都可作範疇看。不過，兩者有一本質上的不同。陳那是唯識學派的重要人物，他是唯識立場，其種類是以思想或識（意）運用來理解事物的，因此是思想的形式，不具有實在性。眾同分則是一種法體，是不能再析離的究極要素；它是有實在性的。種類與眾同分的差異，實顯示觀念論（唯識）與實在論（阿毗達磨）的差異。

關於上面所說類的五種，即個體類、有限類、無限類、空類和全類，佛教都有相應的說法。個體類與有限類太淺顯明白，這裡不談。無限類的說法，則如一切法（sarva-dharma）、諸法（sarva-dharma 有時亦譯作諸法）。梵文 dharma 有三個意思，其一是真理；另一是責任、義務；第三個意思則指事物、存在。這最後一個意思包含非常廣泛的內容，舉凡在現實上存在的，只在思想中出現而在現實上為無的，以至一切名言、概念，都含於其中。sarva-dharma 的 dharma 正是這個意思。故「一切法」或「諸法」的所含，實較中文的「萬物」為廣泛；後者似乎不大指只在思想中出現的東西，而只偏重於在現實中遭遇到或出現的東西。關於空類，佛教很少說到由概念的自相矛盾而成的那一種，卻常提到分子在經驗事實上不存在的那一種。當佛教論者提到由因緣的組合而生起的東西在本質上沒有其獨立的自性時，為了突顯自性的虛幻性，常舉一些在經驗事實上為虛幻的東西來作譬喻。這些虛幻的東西如：陽炎、空華和石女兒。陽炎即是海市蜃樓，空華是幻覺中的花朵，石女兒則指由石頭造的女子所生的兒子。這些都是現實上不可能存在的，而只存在於我們的想像甚至幻想中。禪宗有時提出一些在現實上不可能發生的事，以譬喻藉他力覺悟是不可能的，或藉言說、知解一路來求取覺悟是不可能的。如「石鳥龜解語」[16]；在現實或常識來說，石、鳥、龜都不能理解言說，牠們能「解語」，是現實上不可能的事。這種不可能在現實上出現的事，亦可歸入空類中。

佛教對於全類的回應，很有哲學的與救贖的（soteriological）意味。在佛教的文獻，特別是般若系的文獻中，常運用概念的正、負面對比的總和，來表示一個封閉的領域，這領域有礙於真理的呈現；我們若要見真理，必須先克服或超越封閉的領域。這正負面的對比，正好可以 a 與 ~a 的對比來表示；a 是正面，~a 是負面。兩者的總和，正是全類。此中的例子，在《摩訶般若波羅蜜經》（*Aṣṭasāhasrikā-prajñāpāramitā-sūtra*）中便有：法與非法[17]、善與不善[18]、生與不生[19]。《金剛般若波羅密經》（*Vajracchedikā-prajñāpāramitā-sūtra*）中有法相與非法相[20]。例子很多，不勝枚舉。現在我們要問：概念的正、負面對比的總和依於甚麼理論基礎而有封閉性呢，這基於佛教對概念皆了解為有限制性。即是一切概念都在相對的關係中成立；如善與不善相對，生與不生相對，法與非法相對，a 與 ~a 相對。善要在對比於不善的格局下，才能有其意義；善不能在一種孤立的脈絡下，不必指涉不善，而有其意義。不善亦然。故一切概念都是相對的，這即是概念的限制性。這限制性表示一種封閉性：對於具有絕對性格的東西自己封閉起來。真理是絕對的，任何相對的概念都不能表示絕對的真理。要表示真理的絕對性，將其真正的面目示現出來，必須打破由一切相對概念所成的限制性、封閉性。故善與不善、a 與 ~a，以至一切相

16 《景德傳燈錄》卷 17，《大正藏》51・337c。

17 《大正藏》8・554c。

18 《大正藏》8・580a。

19 《大正藏》8・539b。

20 《大正藏》8・749b。

對概念所成的正負面的對比格局必須被超越，才能見真理。這樣我們便可了解到為甚麼佛教特別是般若系統這樣強調對相對概念的同時否定。必須同時否定相對概念的兩邊，才能透顯絕對的真理的境界。[21]

四、定義、內容與外延

以下我們看定義（definition）或下定義（to define）的問題。先舉一個例子來說。在「這隻杯是白色的」一語句中，「這隻杯」是特殊性，「白色」則是普遍性。普遍性可以用來論謂或描述特殊性，而作為其性質（property, attribute），這便是謂詞（predicate）。所謂定義或下定義，便是以謂詞（普遍性）來規定某些或某類東西的特徵，並規劃它的界限。如說：人是理性的動物。在這個定義中，被定義的（如人）與能定義的（如理性的動物）必須相等：

人＝理性的動物

即是說，兩端有意義上的同一性。

下定義通常有二步：

⑴先把要界定的東西劃在一個類中而為其中的一個部分。如把人劃在動物裡而為其中的一部分。

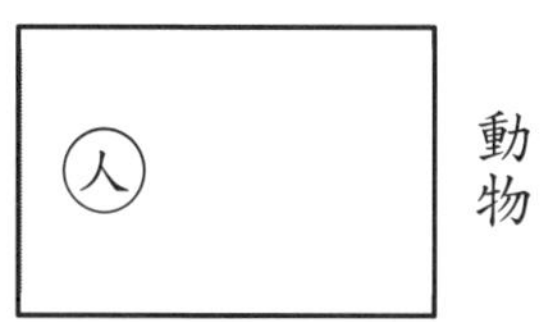

這樣，我們便可說「人是動物的一部分」。這是真的，但卻不夠作

21　筆者稱這種同時否定相對概念的兩邊的思考為雙邊否定。詳情參考拙文〈般若經的空義及其表現邏輯〉，載於拙著《佛教的概念與方法》，臺北：臺灣商務印書館，1988。

為對人的定義。因我們也可以說「馬是動物的一部分」。因此要有第二步。

⑵把人與屬於動物範圍中的其他分子，如馬、狗等的差別（difference）找出。這即是「理性的」。

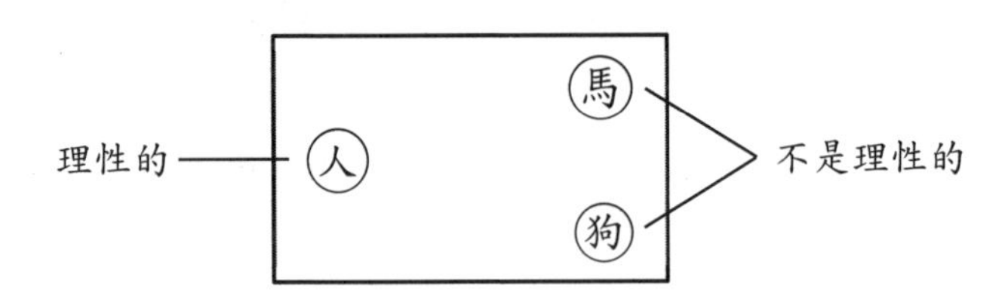

找到這個「理性的」的差別，即可把人和其他動物區分開來，而把人定義為「理性的動物」。

如何能確定這個差別呢？這則需要深入而廣泛的認識。故下定義並不是容易的事。這個差別必須恰當，不能太廣。如說「人是會翻筋斗的動物」便太寬泛，因翻筋斗並不限於人類。如說「人是會行走的動物」、「動物中有兩條腿而行的，亦有四條腿而行的」，亦是太寬泛。

以下我們討論概念的內容與外延問題。內容（intention）並不是一般泛說的內容，而是指概念的意義（meaning）。就「人」一概念來說，它的內容即是它的意義，或定義：「理性的動物」。亦可以說，內容是限定概念之為如是如是概念的那些條件。在「人」的概念中，它的限定條件是理性與動物。內容通常又作內包。至於外延（extension），則指概念所能概括或延伸的範圍。每一概念都有其能概括的分子；外延即指這些分子全體的領域、範圍。如「人」一概念，它的內容是理性的動物，它的外延則是這些理性的動物的全體所覆函的範圍。關於外延，有一點是很重要的，這即是，並不是所有概念都有外延的，雖然所有概念都有內容。例如「龜毛」、「兔角」兩概念，它們的內容都很清楚，但實際上並沒有這些東西存在，故它們沒有能概括於其下的分子，因而不能說外延。或者說，它們的外延無著落，其所概括的分子並不存在。

每一概念都有其確定的意義與所能概括或應用的範圍。前者是內容，後者是外延。這兩者的關係是反比例，即內容越多，外延越小；內容越少，外延越大。例如「川普」與「人」兩概念，雖然都指涉人類，但「川普」的內容，除了是人外，又是美國人、男人、美國總統，……，故外延極小，只限於一人。「人」則只指人類，即是有理性的動物，內容極少，但外延極大，可包含一切人，包括川普在內。

以下我們討論佛教對定義一問題的回應。像邏輯那樣對「定義」作出細密的思考與分析，佛教是沒有的。不過，定義的那些要素，如主詞、謂詞之屬，佛教則有很清楚的意識，也運用得很圓熟；關於這方面的問題，最好留待討論佛教的因明學（hetu-vidyā）時處理。我們這裡要注意的是，對於定義，佛教所著重的，不是技術性的層面，即不是如何去下定義的問題；而是基礎性的問題：定義與被定義的東西的關係為何？它顯示一種甚麼樣的理論立場？等等。這可以說是牽涉定義的本質方面的問題。關於這點，《中論》（*Madhyamaka-kārikā*）有過相當扼要的討論。《中論》謂：

> lakṣaṇāsaṃpravṛttau ca na lakṣyamupapadyate,
> lakṣyasyānupapattau ca lakṣaṇasyāpyasaṃbhavaḥ.[22]

> tasmānna vidyate lakṣyaṃ lakṣaṇaṃ naiva vidyate,
> lakṣyalakṣaṇanirmukto naivo bhāvo 'pi vidyate.[23]

這兩首梵文偈的結構非常清楚，其意思分別是：

> 在沒有定義的地方，不能有被定義的東西；在沒有被定義的東西的地方，不能有定義。

22 MKP, p. 131.

23 MKP, pp. 131-132.

> 因此，沒有被定義的東西，也沒有定義。在「被定義的東西與定義」之外的東西，也是不存在的。

這個討論牽涉三個項目：定義（lakṣaṇa）、被定義的東西（lakṣya）和兩者的關係。lakṣaṇa 通常譯作特徵、特質、characteristic；但一切特徵都是要經過認識與界定的程序才能決定，因而特徵可以說是定義的結果。倘若我們把重點放在定義方面，則 lakṣaṇa 可譯為定義。筆者即在這種考慮下，把 lakṣaṇa 視為定義。第一首偈的用意，明顯地要把定義與被定義的東西放在一個對等的位置，它們相互依賴，才能成立：被定義的東西依於定義，定義依於被定義東西。這種相互依賴才能成立，即是這兩者的關係。這種理解顯然不同於我們常識的理解。我們通常總是以為先有被定義的東西，然後才對它下定義。例如桌子，先有桌子這樣的東西，我們才對它下定義，如「桌子是具有四個支腳、其上為一平板、可供讀書與吃飯等用的傢俱」。上面所說的邏輯中的定義，也是基於這種常識的理解。這種理解的思想背景，殆是一種實在論的傾向，先肯認客觀方面有不依於我們的思考或心識的被定義的東西，然後我們以主觀的心識去定義它。在這樣的思想背景下，說定義依於被定義的東西是可通的，但說被定義的東西依於定義便有問題了。因而說這兩者是互相依賴亦有問題。但佛教並不這樣看。《中論》的作者龍樹顯然是以觀念論的思想背景來看定義與被定義的東西的關係，而說它們是互相依賴。對於被定義的東西依於定義這種關係，我們有如下的詮釋：

> 定義是一種思想作用。在沒有定義的地方，不能有被定義的東西，這表示在定義之先，被定義的東西是不能說的。其意即是，客觀的存在方面，離開了我們的思想或心識，不能有獨立的存在，或者，這種獨立的存在不能建立。它的存在處，必是我們的思想心識所到之處。當我們說到某種東西，例如桌子，我們已對它有了定義，它已在我們的思想中了。

這個含意，龍樹在上兩偈之先也提出了：

> alakṣaṇo na kaścicca bhāvaḥ saṃvidyate kva cit,
> asatyalakṣaṇe bhāve kramatāṃ kuha lakṣaṇaṃ.[24]

其意思是：

> 未有被定義的東西是不存在的。倘若未有被定義的東西不存在，則定義在甚麼地方出現呢？

未有被定義的東西不存在，否定了離開我的思想活動、心識活動之外有獨立存在的東西的可能性。[25]

關於概念的內容與外延方面，由於內容是定義的另一表述詞，故我不討論佛教對於它的回應。我在這裡只集中討論佛教對外延的回應。外延的佛教表示式，是 koṭi，漢譯作「際」，是邊際、範限之意。不過，佛教說 koṭi，並不純是邏輯的意義，而是有很濃厚的實踐意味。在這方面，《中論》說：

> na saṃsārasya nirvāṇātkiṃ cidasti viśeṣaṇaṃ,

---

[24] MKP, pp. 129-130.

[25] 對於以上所引的三首梵文偈頌的理解，日本學者梶山雄一和錫蘭學者卡魯帕克納（David J. Kalupahana）有不同的著重點，例如梶山氏強調作為言說表現的定義與客觀實在不相應這一涵義；他們的詮釋可與我們這裡的詮釋相印證。參考梶山雄一、上山春平：《佛教の思想 3 空の論理：中觀》，東京：角川書店，1973，第一部第二章第 2 節之(7)ことばと對象の關係の否定；David J. Kalupahana, *Nāgārjuna: The Philosophy of the Middle Way*. Suny Series in Buddhist Studies, State University of New York Press, 1986, pp. 148-150.

na nirvāṇasya saṃsārātkiṃ cidasti viśeṣaṇaṃ.[26]

其意即是：

生死在本質上並無不同於涅槃，涅槃在本質上並無不同於生死。

涅槃（nirvāṇa）是佛教的理想境界；人若能體會與實現到一切皆空、皆無常住不變的自性的真理，便能臻於涅槃的境界。[27]生死（saṃsāra）指我們生息於其中的現實世間，它充滿種種迷執與煩惱。依佛教，我們若不能領悟空的真理，便會無窮無盡地執取世間的一切事物，以之為有自性，而對之追逐不捨，引致種種煩惱，受種種苦痛，在這個充滿生死煩惱的世間輪轉打滾，無有了期。要能了脫生死煩惱，達到涅槃境界，唯有了悟空的真理一途。很明顯，生死是染污的；涅槃是清淨（無染污）的。兩者在性質上根本不同，如何能如《中論》所說，本質上並無不同呢？《中論》把它們等同（視為無不同即是等同）起來，是就哪方面而論呢？龍樹跟著即說：

nirvāṇasya ca yā koṭiḥ saṃsārasya ca,
na tayorantaraṃ kiṃ citsusūkṣmamapi vidyate.[28]

其意思是：

涅槃的邊際即是生死的邊際。在這兩者之間，沒有絲毫的區別。

這裡的邊際（koṭi）是就具體的物理的意義說，它佔有空間。涅槃是一種

---

26 MKP, p. 535.

27 有關佛教特別是中觀學派的涅槃思想，參考 Th. Stcherbatasky, *The Conception of Buddhist Nirvāṇa*. Delhi: Motilal Banarsidass, 1978.

28 MKP, p. 535.

精神境界，沒有空間性，因此不能說邊際。不過，就實踐的角度來說，要實現涅槃，不能沒有實現的場所、領域。這實現的場所、領域，便是涅槃的邊際。這邊際是甚麼呢？《中論》說這邊際與生死世間或現實世間的邊際是一樣的，兩者沒有絲毫的區別。即是說，這邊際即是生死世間。故這首偈頌的意思是：涅槃的實現場所，是在這個現實的生死世間。這生死世間是涅槃在實現上所概括的外延；離開這個被概括的範圍、外延，我們再找不到實現涅槃的處所。

這一點非常重要，它顯示大乘佛教的入世的、不捨世間的精神方向。涅槃是佛教的人生理想，它的實現的範圍或外延是這個現實世間，表示人生理想是要在現實世間中努力尋求的，同時也可推導出遠離這個現實世間，是不能獲致人生理想的。這不是對世間的肯定、不捨棄的態度麼？[29]

在佛教的文獻中，時常出現一些難明或弔詭的說法；把生死與涅槃等同起來，是其中一個顯著的例子。若弄清楚兩者是在邏輯上的外延方面等同，把它放在一個實踐的脈絡下來理解，困難或弔詭便可消解。實際上，這種說法並不限於中觀學派的《中論》。與中觀學有密切關係的般若文獻，便常有這種說法。如玄奘譯的《心經》（《般若波羅蜜多心經》，*Prajñāpāramitā-hṛdaya-sūtra*）的名句「色即是空，空即是色」[30]，便是生死與涅槃等同或相即的格局。色（rūpa）指物質，可視為代表現實的現象世間；空（śūnyatā）是無自性的真理，能證空即得涅槃，故空與涅槃應屬相同的境界層面。中觀學的一部重要文獻《大智度論》便曾直語色是生死，空是涅槃。[31]故視色空相即與生死涅槃等同為同一思想格局，應無問

29　有關大乘佛教的不捨世間的精神的詳情，請參閱拙文〈印度大乘佛教思想的特色〉，載於拙著《佛教的概念與方法》，臺北：臺灣商務印書館，1988。

30　《大正藏》8．848c。

31　這是天台宗智顗在其巨著《法華玄義》卷 10 引《大智度論》的說法。（《大正藏》33．805a）智顗熟讀《大智度論》，他的轉引，應是可靠。又，《大智度論》有作者的問題。西方學者比較看重這個問題。此書漢譯作龍樹作，鳩摩羅什譯。西方學者質疑龍樹作一點。日本學者則有認為其書是龍樹作，有些則認為譯者鳩摩羅什夾雜不少自家的意思。

題。問題在：色是現象世間，為現象或相所攝；空則是真理，為性所屬，相與性意義迥異，如何能相即？或者說，色是緣起法，流變無常；空是無為法，不生不滅。兩者的性格根本不同，如何能相即呢？

這個難題，倘若透過邊際或外延的概念，在實踐的脈絡下來理解，便可消解。「色即是空」的意思是，現象世間的邊際，即是空一真理的實現的邊際；兩者所概括的外延是等同的，或者說兩者具有同一的外延。「空即是色」的意思是，空一真理的實現，在於現象世間的邊際；就實踐的角度來說，空要在現象世間中落實、實現，它的外延即是現象世間的外延。「色即是空」與「空即是色」的涵義是一樣的，只是前者較著重現象世間，後者較著重空的真理；兩者合起來，現象世間與空的真理便得一平衡。其實踐的消息是：空的真理是要在現實世間中落實與體現的。它也涵一反面語氣的消息：除了現實世間外，空的真理是無處可落實與體現的。

事實上，玄奘的翻譯不是很好，它失之於過分簡化。梵文《心經》的原文是這樣的：

yad rūpaṃ sā śūnyatā yā śūnyatā tad rūpaṃ.[32]

在文法上，這語句清晰得很，它是由 yad rūpaṃ sā śūnyatā 與 yā śūnyatā tad rūpaṃ 兩個對等的語句合成；它們是由關係詞（relative）與相關關係詞（correlative）的對比而成立的，兩者的繫詞（copula）都略去。在前一語句中，yat（yad 本應是 yat，其中的 t 因連聲規則而轉成 d）是關係詞，其相關關係詞是 sā。這語句的意思是：

是色的東西，它便是空。

在後一語句中，yā 是關係詞，tat 是相關關係詞。這語句的意思是：

---

32 這梵文《心經》的原文轉引自 Edward Conze, *Buddhist Wisdom Books*. London: George Allen & Unwin, 1980, p. 81.

是空的東西，它便是色。[33]

這兩語句合起來，可通順地寫成：

是色的東西，便是空；是空的東西，便是色。

表面看，這與「色即是空，空即是色」似乎沒有分別，兩者都是把色與空等同起來。認真考察起來，卻是不同。漢譯是直接把色與空等同起來。梵本則較為婉轉地把色與空等同起來，有透過一個第三者「東西」的傾向。照我們的理解，這「東西」可視為色與空所共同分享的有效範圍；這從實踐的角度來說，即是邊際、外延。即是，色或現象世間的外延，即是空或真理被實現被證取的外延；倒過來說亦是一樣。《心經》的意思不外是，空或真理是不離世間的；要體現空或真理，只有在世間中體現。離開世間，空或真理肯定要「落空」。這很明顯表示一種正視世間、肯定世間的態度。實際上，《大智度論》在分別等同了色與生死、空與涅槃之後，即提出「生死際，涅槃際一而無二」的說法。[34]這是就邊際或外延一點來說生死與涅槃，或色與空的等同，與我們的理解無異。

33　這是很素樸的直接的翻譯，上一語句亦然。這裡還有一些微細的梵文文法的問題，本來需要解釋，由於這篇文字的重點在說理，不在文獻學，故從略。

34　參看註 31。

第二章　佛學研究中的符號邏輯研究法

一

在現代佛學研究中，就研究方法而言，除了文獻學方法與哲學方法這兩個主流外，還有符號邏輯研究法，獨樹一幟。這種研究法，就表面看，可以歸類到廣義的哲學研究法一邊；邏輯畢竟是一種哲學或哲學方法也。不過，由於邏輯只牽涉形式，而與內容無關，它的運用，也就只過問命題與命題間的形式關係，而不過問命題的內容，不管這內容是形而上的、道德的、宗教的、歷史的或其他方面的。因而它的運用便可以很普泛，沒有甚麼限制。這便與哲學方法如比較宗教法、認識論法一類不同，後者與命題的內容有一定的關連。故邏輯或符號邏輯研究法與一般的哲學研究法很有其不同之處。

所謂符號邏輯（symbolic logic），即是以符號來表示命題及命題與命題間的關係。它專指現代邏輯，包括布爾－舒露德（Boole-Schröder）的邏輯代數（algebra of logic）、羅素（B. Russell）、懷德海（A. N. Whitehead）的真值函蘊（material implication）和路易士（C. I. Lewis）的嚴密函蘊（strict implication）三個系統。由於它仍以亞里斯多德（Aristotle）的傳統邏輯為基礎，因而也可包含亞氏的傳統邏輯。

命題特別是命題的關係，最能關連到推理和論證方面去。在佛教來說，特別注重推理的，莫過於因明學（hetu-vidyā）；而特別注重論證的，莫過於龍樹的思想。因此，這兩種學問最能跟符號邏輯扯上關係。而在現代的佛學研究中，符號邏輯正是最多被運用來處理因明學推理與龍樹的論證的問題。符號邏輯的運用，幾乎都集中在這兩方面的探討上。就因明學來說，最喜歡用符號邏輯來研究這方面的問題的，要數日本的邏輯學者末木剛博。他寫有《東洋の合理思想》[1]一書，廣泛地運用符號邏輯來處理印度與中國的思想，特別是印度的因明學。三支作法、因三相與九句因都加以符號化。至於龍樹的思想，特別是他的空之論證，則有更多的西方與日本學者運用符號邏輯來處理。此中較受注意的，有美洲的魯濱遜（Richard H. Robinson）與日本的中村元。[2]中村元主要是運用邏輯代數來看，魯濱遜則多面地運用傳統邏輯、邏輯代數與真值函蘊系統來處理。後者甚至說，所有《中論》（*Madhyamaka-kārikā*）的偈頌，都可以符號代入來表示。[3]

二

下面我們從《中論》的偈頌中取一些實例，來展示一下佛教的推理和論證如何可以符號化，或以符號來代入表示。

首先看最根本的推理形式，這即是三段論（syllogism）。三段論可分定然三段論與假然三段論兩種。龍樹的推理，主要是假然三段論的形式，但有時也有定然三段論的形式。這種三段論通常有四格，即四個排列法。龍樹所喜歡運用的是第一格，這即是：$\dfrac{\begin{array}{c}M-P\\ S-M\end{array}}{S-P}$ 的形式，這相當於真值函蘊系統的 p⊃q・q⊃r・⊃・p⊃r 及 q⊃r・p⊃q・⊃・p⊃r。龍樹對這種定然三段論的適用的典型事例，可以從以下一偈頌中看到：

---

1 末木剛博：《東洋の合理思想》，東京：講談社，1970。

2 Richard H. Robinson, "Some Logical Aspects of Nāgārjuna's System", *Philosophy East and West*, Jan. 1957, pp. 291-308. *Early Mādhyamika in India and China*, Delhi: Motilal Banarsidass, Reprint, 1976, pp. 50-58. 中村元：〈空觀の記號論理學的解明〉，《印度學佛教學研究》，卷 3，1 號，1954，頁 223-231。

3 《中論》是龍樹的代表作，其中所談的，主要是空之論證的問題。

如佛經所說，虛誑妄取相；諸行妄取故，是名為虛誑。[4]

這偈頌的相應的梵語原文為：

tanmṛṣā moṣadharma yadbhagavānityabhāṣata,
sarve ca moṣadharmāṇaḥ saṃskārāstena te mṛṣā.[5]

其意是：

世尊說，虛妄性的東西是不真實的。所有意識制約的東西，其本性都是虛妄性的，因此都是不真實的。

由此可見，漢譯偈頌的第二句「虛誑妄取相」，應解作妄取相是虛誑。這樣，這偈頌可化成下式：

妄取是虛誑
諸行是妄取
———————
諸行是虛誑

若以 M 表妄取，P 表虛誑，S 表諸行，正可得第一格的 $\dfrac{\begin{array}{c}M-P\\ S-M\end{array}}{S-P}$ 形式。由此我們可以說，龍樹在這一偈頌中的推理，是合乎符號邏輯的規則的。

另外，再看一偈頌的前半截：

4　《大正藏》30・17a。

5　Louis de la Vallée Poussin, ed., *Mūlamadhyamakakārikās de Nāgārjuna avec la Prasannapadā Commentaire de Candrakīrti*. Bibliotheca Buddhica, No. IV, St. Pertersbourg. 1903-13, p. 237.

眾因緣生法，我說即是空。[6]

和接著的另一偈頌：

未曾有一法，不從因緣生，是故一切法，無不是空者。[7]

前者說凡因緣生法是空，後者說凡法是因緣生法與凡法是空（一切法無不是空）。若以「凡因緣生法是空」為大前提，「凡法是因緣生法」為小前提，「凡法是空」為結論，則可得下式：

凡因緣生法是空
凡法是因緣生法
———————
凡法是空

這又是第一格推理式。

關於假然三段論，這有兩種形式：建立式與破斥式。以真值函蘊系統表示，則建立式為：$\begin{array}{l} p\supset q \\ \underline{p\qquad} \\ \therefore q \end{array}$，破斥式則為 $\begin{array}{l} p\supset q \\ \underline{\sim q\qquad} \\ \therefore \sim p \end{array}$。龍樹的論證較多涉及破斥式。先看下面一偈頌：

若無有本住，誰有眼等法？以是故當知，先已有本住。[8]

這雖是外道建立自己的主張的偈頌，但其論證形式是建立式的假然三段論。這偈頌的意思是，倘若沒有本住（常住的自我），則沒有眼等法；（今有眼等法，）故知有本住。若以 p 表眼等法，q 表本住，則前半偈頌

---

6 《大正藏》30・33b。

7 同上。

8 《大正藏》30・13b。

可寫成 $\sim q \supset \sim p$，亦即 $p \supset q$；後半偈頌則可寫成 $(p,)\ \therefore q$。

再看另一偈頌：

> 若法從緣生，不即不異因，是故名實相，不斷亦不常。[9]

這則是以破斥式的假然三段論來表示。這偈頌先假定這個意思：若因與果有自性，則這兩者是絕對的同一，或是絕對的別異，不能再有其他的關係，因自性的意義是絕對的。然後這偈頌說，今因與果都不是絕對的同一與別異，故因與果不能有自性。這整個意思正好寫成 $p \supset q, \sim q,\ \therefore \sim p$。

三

以下我們看有名的四句思考如何可以符號來代入表示。按四句（catuṣkoṭi）及四句否定是龍樹哲學中的一種很重要的思考方法；它在《中論》中的出現也很普遍。它通常由四個命題構成，中間經過否定。它的典型例子，也是一般學者所喜歡提出的，是下面這則偈頌：

> 一切實非實，亦實亦非實，非實非非實，是名諸佛法。[10]

寫成四句，則如：

⑴一切是實

⑵一切不是實

⑶一切是實亦不是實

⑷一切不是實亦不是非實

以真值函蘊系統表示，則如：

9　《大正藏》30・24a。

10　同上。

(1) p

(2) ~p

(3) p‧~p

(4) ~p‧~~p

這樣，我們可以說，從邏輯來看，這四句充滿矛盾。首先，第一句 p 與第二句 ~p 是矛盾的。第三句 p‧~p 是第一句與第二句的結合，故亦是矛盾的。若以邏輯代數來寫，第三句可寫成 a‧~a，這即等於 0，是矛盾律的表示。又就邏輯代數來看，以 a 表「一切（法）」，以 b 表「實」，則「亦實亦非實」便可寫成 a⊂b 而且 a⊂~b，這樣便得 a＝0。就外延觀點看，a＝0 表示這類的分子並不存在，是空（不是佛教的自性空）的。若就內容觀點看，a＝0 表示自相矛盾，或邏輯地不可思議。不過，某個東西邏輯地不可思議與不存在仍不同。前者為根本不可能，後者仍為可能，但只是不存在。前者如「不是白的白筆」，後者如「龜毛」。

關於第四句 ~p‧~~p，首先我們可以根據雙重否定原則，把其中的 ~~p 轉成 p，這樣，~p‧~~p 即等於 ~p‧p，也等於 p‧~p，這即是第三句。故第四句也是矛盾的。另外 ~p‧~~p 依摩根定理（Augustus de Morgan's Theorem）[11]，可化為 ~(pV~p)，這即表示排中律假，即違反排中律，否定 p 與 ~p 的對偶性。

四句經過符號邏輯的處理，顯示出多處矛盾。它的意義毋寧是在辯證方面。~p 表示否定，~~p 表示否定的否定，或二重否定，這都是鮮明的辯證思考。我們可以這樣看，就表現真理而言，第一句 p 是肯定面，第二句 ~p 是否定面，第三句 p‧~p 是肯定面與否定面的結合，亦即是綜合面。第四句 ~p‧~~p 則是第三句綜合面的否定，亦即是超越。第一句相當於辯證法的正（thesis）；第二句相當於其反（antithesis）；第三、四句相當於其合（synthesis），而又較它多一超越的意義。真理畢竟要到超越的層面，才有完足的意義。我們可以順著上面所舉的偈頌，由此四句推想龍

---

11 積的否定就是項的分別否定的和，和的否定就是項的分別否定的積。

樹思考真理的升進歷程：第一句「一切實」是對一切法的存在性的肯定，這是有，是俗諦；第二句「一切非實」是對一切法自性的否定，這是空，是真諦；第三句「亦實亦非實」是真俗二諦的和合；第四句「非實非非實」是第三句的否定，表示要同時超越真俗二諦，不偏於真也不偏於俗，這便是中道，是龍樹的「中道義」。

四

龍樹還有不少其他論證方式，可以套在符號邏輯的論式中。此中最多見，莫如表示相互依存關係者。試看下一偈頌：

> 若離於去者，去法不可得。以無去法故，何得有去者？[12]

若以 p 表去者，q 表去法，則可寫成：

$\sim p \supset \sim q, q \supset p$（前半則）
$\sim q \supset \sim p, p \supset q$（後半則）

前半則表示沒有 p 即沒有 q，故 q 依於 p，即去法依於去者。後半則表示沒有 q 即沒有 p，故 p 依於 q，即去者依於去法。前半則可轉寫成 $q \supset p$，或 q 函蘊 p；後半則可轉寫成 $p \supset q$ 或 p 函蘊 q。據真值函蘊系統的基本定義，可得

$p \supset q \cdot q \supset p \cdot p \equiv q$

即得 $p \equiv q$，或 p 等於 q，即去者與去法相等。這並不表示兩者的內容相等，而表示兩者具有相等的成立機會：同時成立，或同時不成立。這即是相互依存關係。即是說，去者與去法有相互依存的關係，其中任何一者都不能獨自成立。

12　《大正藏》30・4a。

最後看下面一偈頌：

以有空義故，一切法得成。若無空義者，一切則不成。[13]

這表面上似是犯了前項謬誤：$p \supset q, \sim p, \therefore \sim q$。實這是強調空義是一切法得以成立的理論根據。前半則是說一切法之得成一切法，或緣起法，是依空義。這不是純然 $p \supset q$ 的函蘊關係，而有若無空義則一切法不成之意，這即是後半則的意思，即也有 $\sim p \supset \sim q$ 之意。倘若以 x 表一切法，A 表空，B 表得成，則其符號式不是

$$Ax \supset Bx, \sim Ax, \therefore \sim Bx$$

而應該是

$$Ax \supset Bx \cdot \sim Ax \supset \sim Bx$$

即 $Ax \supset Bx$ 與 $\sim Ax \supset \sim Bx$ 同時成立。由 $\sim Ax \supset \sim Bx$ 可得 $Ax \supset Bx$。由是我們可得

$$Ax \supset Bx \cdot Bx \supset Ax \cdot = \cdot Ax \equiv Bx$$

$Ax \equiv Bx$ 表示一切法空與一切法得成等同，或空義與一切法得成是相互依存的關係。一切法得成其實是得成其為緣起法。故空義與緣起是相互依存，相互函蘊：緣起是空的緣起，空是緣起的空。沒有離開空的緣起，也沒有離開緣起的空。這正是龍樹的空之哲學的基本格局。

五

以上我們敘述了龍樹的思想如何可以用符號邏輯來處理。至於因明學的符號邏輯的處理，限於篇幅，這裡不多贅了。這種符號邏輯的研究法，能清晰而簡潔地展示出佛教的推理與論證，是否與現代邏輯相符，能否經得起現代邏輯的考驗。經得起現代邏輯的考驗的，便是有效的推理與論

13　《大正藏》30・33a。

證，否則便是無效。大抵來說，大部分的佛教推理與論證，都能經得起現代邏輯的考驗，因而是有效的。因此我們可以說，佛教在邏輯思考方面，有一定的成就與價值。

不過，我們也不能忽略這種研究法的局限性。邏輯或符號邏輯只過問形式方面的問題，由前提推斷出結論是否有效的問題，而不理會內容方面。佛教作為一種具有高度價值的解脫哲學，有其豐富的內容，它解釋世界的生成，煩惱的生起，煩惱的去除，心靈的開拓，精神狀態的提升，與及涅槃的境界，都是多采多姿的。關於這些，符號邏輯都不能過問。這也顯示出符號邏輯研究法的局限性。

第三章　印度與佛教推理之形式的與符號的解析

一、前言

說到印度邏輯（Indian logic）及佛教邏輯（Buddhist logic），一般來說，有兩種涵義。其一是在印度哲學與佛學中發展出來而與西方的邏輯（logic）相當的學問，它的骨幹在推理（inference）。另一則是除了包含這部分外，也包含知識論（epistemology）。不少佛教學者，說到佛教邏輯，是指後一意思。如俄國的徹爾巴斯基（Th. Stcherbatsky）有《佛教邏輯》（*Buddhist Logic*）[1]一書，即包含佛教知識論的討論在內。日本學者說到印度邏輯和佛教邏輯，稱為印度論理學和佛教論理學，其中也常常包含知識論的討論在內。本文所說的印度邏輯及佛教邏輯，則僅指在印度哲學與佛學中與西方的邏輯相當的學問。這是要先說明的。

如上所說，邏輯的骨幹在推理，特別是三段式的推理。這三段式（syllogism）在西方的形式邏輯（formal logic）中，有特別重要的位置。印度哲學的邏輯，稱為「正理」（nyāya），佛教邏輯則稱為「因明」（hetu-vidyā）。[2]兩者的骨幹，也同是三段式的推理。本文即在這個基本認識下，以西方的形式邏輯學來看印度和佛教的邏輯，並試圖以符號或標記（symbols）來進行這種工作。形式邏輯又作傳統邏輯（traditional

---

1　Th. Stcherbatsky, *Buddhist Logic*, 2 Vols. Bibliotheca Buddhica, 26. 1930, 1932.

2　佛教中有古因明與新因明之別。在新因明論者眼中，正理也屬於古因明之列。關於這點，後面會再提及。

logic），它不同於辯證邏輯或辯證法。本文將不涉及後者。

在印度邏輯與佛教邏輯之間，我們的解析，以佛教邏輯為主。而在佛教邏輯中，我們又會特別著重陳那的體系。事實上，佛教的因明學有新舊之分，其間的分界線即在陳那（Dignāga）。由他在西元五世紀左右所開出的邏輯體系，稱為新因明，這對爾後佛教以至印度邏輯的發展，有決定性的影響。而陳那以前的邏輯體系，包括佛教的和印度哲學自身的，則稱為古因明。

現代學者對於印度和佛教邏輯，都有相當廣泛和深入的研究。他們的研究，基本上是分兩個進路：形式邏輯式的解析和符號邏輯（symbolic logic）式的解析。前者可約稱為形式的解析，後者可約稱為符號的解析。不過，這兩種研究方法是不能截然區分開來的。符號邏輯的基礎，還是在形式邏輯。[3]在西方，有限度地以形式邏輯來研究印度和佛教邏輯的，有很多學者，其中最著名的莫如維地雅布薩納（S. C. Vidyabhusana）。[4]他是這方面的先驅學者。日本方面，則有宇井伯壽[5]、松尾義海[6]、武邑尚邦[7]。不過，亦有學者對以西方的邏輯體系來詮釋印度和佛教邏輯持保留以至懷疑態度，例如日本的北川秀則。另外，也有學者對因明學論式的根據作過反省。[8]至於以符號邏輯來詮釋印度和佛教邏輯的，西方有沙耶（S.

---

3 關於符號邏輯，可參看 C. I. Lewis and C. H. Langford, *Symbolic Logic*, Dover Publications. Inc., 1932. 關於形式邏輯，可參看牟宗三編著：《理則學》，臺北：正中書局，1965，頁 1-125；金岳霖著：《邏輯》，香港：三聯書店，1978。

4 S. C. Vidyabhusana, *A History of Indian Logic*, Calcutta, 1921.

5 宇井伯壽：《宇井伯壽著作選集第一卷：佛教論理學》，東京：大東出版社，1966。

6 松尾義海：《印度の論理學》，東京：弘文堂，1960。

7 武邑尚邦：《佛教論理學の研究》，京都：百華苑，1968。

8 北川秀則：《インド古典論理學の研究》，鈴木學術財團，1973；〈中期大乘佛教の論理學〉，載於三枝充悳編集：《講座佛教思想第 2 卷：認識論、論理學》，東京：理想社，1974，頁 189-241。（按〈中期大乘佛教の論理學〉一文有筆者的中譯，題為〈陳那的邏輯〉，載於拙著《佛教的概念與方法》，臺北：臺灣商務印書館，1988，頁 209-241。）山口惠照：〈新因明論式の成立根據について〉，載於《印度學佛教學研究》卷 1，No. 2, 1953. pp. 495-497.

Schayer）[9]、布坎斯基（J. M. Bocheński）[10]、印格爾斯（D. H. H. Ingalls）[11]等。在日本方面，則有末木剛博[12]。本文主要是參考上列的文獻特別是末木剛博的《東洋の合理思想》，及根據筆者的用思而寫成。至於原典方面，由於所用的推理的例子，都是一般有代表性的，故除了一些特殊情況外，都不一一註明出處。

二、定言三段式推理

上面說，西方的邏輯與印度、佛教邏輯的骨幹都在三段式推理。故在這裡需要闡述一下形式邏輯的這種推理的結構。首先要論的是典型的定言三段式（categorical syllogism）推理，其次再看三段式的一種特別形式，這即是假言三段式（hypothetical syllogism）推理。以下先說前者。

三段式的構成，包括三個命題：[13]

9　S. Schayer, "Über die Methode der Nyāya-Forschung", *Festshrift M. Winternitz*, 1933. pp. 247-257. "Anfänge der Aussagen Logik in Indien", *B. I. A. P.* 1933. "Studien zur indischen Logik II, Altindische Antizipationen der Aussagenlogik", *B. I. A. P.* 1933. pp. 90f.

10　J. M. Bocheński, *Formale Logik, Die Indische Gestalt der Logik*, 1956.

11　D. H. H. Ingalls, *Materials for the Stndy of Navya-Nyāya Logic*, 1951.

12　末木剛博：《東洋の合理思想》，東京：講談社，1978。

13　命題指一有真假可言（determinable as true or false）的陳述（statement）或語句（sentence）。所謂真假，或真假性，分形式的（formal）與經驗的（empirical）或實然的（factual）。如「白筆是白的」是必然真的命題，這是形式的，其真假可由此語句自身決定，不必考究事實與存在方面。「太陽從東方升起」則是經驗上或事實上真的命題，它的真假性要從經驗事象來決定。

在下文我們會常提到所謂「全稱命題」。這是就量（quantity）方面來說的一種命題。以下我們順便把這種以量為標準來區分命題的分法簡述一下：

(1)全稱命題（universal proposition）。如「凡人是有死的」。此中，表示命題的形式或特質的，是「凡」一詞，由它決定命題之為「全稱」。這是指牽涉屬於「人」類的所有分子之意。

前兩個為大前提（major premiss, premiss 又作 premise）

小前提（minor premiss）

第三個為結論（conclusion）

這三個命題或三段的構成，又依於三個詞項：

大詞（major term）

中詞（middle term）

小詞（minor term）

要注意的是，詞的「大」、「中」、「小」，是就其外延說。[14]扼要地來說，三段式的目的，是要藉著一個中間概念，這即是中詞，作為媒介，把兩個概念：小詞與大詞連結起來，以看它們的關係。大前提中有大詞，沒有小詞；小前提中有小詞，沒有大詞。要將這兩個前提結合，而推論出結論，必須依賴一第三者，這即是中詞。在大前提、小前提中，都有中詞。推論的結果是得出結論，結論中，中詞消失，餘下小詞與大詞及它們的關係。這種推論式的典型模式，可示如下：

大前提：M⊂P（M＝中詞，P＝大詞，S＝小詞；⊂即包攝於之意）。

小前提：S⊂M

結　論：S⊂P

具體例子：

大前提：凡人是有死的（人是中詞 M，有死的是大詞 P）

小前提：川普是人（川普是小詞 S）

⑵偏稱命題（particular proposition）。如「有些人是有死的」。此中，表示命題的形式或特質的，是「有些」（some）一詞，由它決定命題片面地指涉「人」類的分子。

⑶單稱命題（singular proposition）。如「川普是有死的」。此中，表示命題的形式或特質的是川普這個單一的（one, single）個體，它表示命題只指涉一個個體物。

這裡的「量」，指數量、數目而言。

14　外延（extension）指概念所能概括或延伸的範圍。每一概念都有其能概括的分子；外延即指這些分子全體的領域範圍。如「人」一概念，它的內容是理性的動物，它的外延則是這些理性的動物的全體所覆函的範圍。

結　論：川普是有死的（S 與 P 的關係，M 消去）

這具體例子的三個命題可邏輯地解釋如下：

凡人是有死的：「人」一概念所包含的分子，包含於「有死的」一概念的外延中。

川普是人：「川普」一概念所包含的分子，包含於「人」一概念的外延中。

川普是有死的：「川普」一概念所包含的分子，包含於「有死的」一概念的外延中。

以上所說，是定言三段式的最基本的形式，是傳統邏輯的始創者亞里斯多德（Aristotle）的定言三段論法的第一格式 Barbara。關於這最基本的定言三段式的成立，有一些規律，計為三：

一、每一三段式必須是由三個詞項組成，而且只是三個。

二、中詞至少要有一次的周延。

三、在前提中沒有周延性質的詞項，在結論中亦不能周延。

要注意的是，這三個規律是考核三段式是否正確無誤的標準。以下依次解釋這些規律。

一、關於三段式必須而且只能有三個詞項一點，茲先舉一個具體例子看看：

越南難民是很多的　（大前提）
阮文基是越南難民　（小前提）
阮文基是很多的　　（結論）

表面看，這個三段式似無問題。它有三個詞項，兩個前提，因而推理出結論。但結論「阮文基是很多的」顯然不通，阮文基只指一個個體的人，如何能是很多呢？

問題在中詞「越南難民」上。這個詞項的意義，在兩個前提中並不相同。大前提的「越南難民」是從數目上說，其意是「越南難民的數目」。小前提的「越南難民」則是從身分或質說。兩者顯然不同。即是，「越南難民的數目」與「越南難民的身分」是兩個詞項，而非一個。故上列的三段式包括四個詞項，而非三個，故為不正確的三段式。故我們在進行推理或論證時，必須先弄清楚所用的詞項，其意義是否前後相同或一致。否則，推理或論證可能會愈搞愈糊塗。

二、關於周延問題。周延（distribution）是就一個概念能否周遍地或全部地指涉它所概括的分子言。如果能夠，便是周延，否則，便是不周延。如：

「凡人是有死的」

此中，「人」是主詞，是周延的。因為「凡人」舉盡了所有的人，即「人」一概念所能概括的全體分子。至於「有死的」這一謂詞，則是不周延，或不是周延。因為「有死的」有很廣闊的外延，它不單包括人，且可包括人之外的其他東西，但在命題中並沒有窮盡地概括或列舉出來，而只列舉人這一部分。即是「人」自身為一全體，作為「有死的」中的一部分被提舉出來，被限制了，而「有死的」的全體在命題中並未有被提舉出來，故未有限制。此中的關係，可圖示如下：

又如：

「凡張國榮的歌迷不是譚詠麟的歌迷」

在這命題中，「張國榮的歌迷」與「譚詠麟的歌迷」都是周延的。前者有「凡」來限定，自是周延。關於後者，它是被否定的，否定即是排拒它的全部之意，因而亦是周延。此中的關係，可圖示如下：

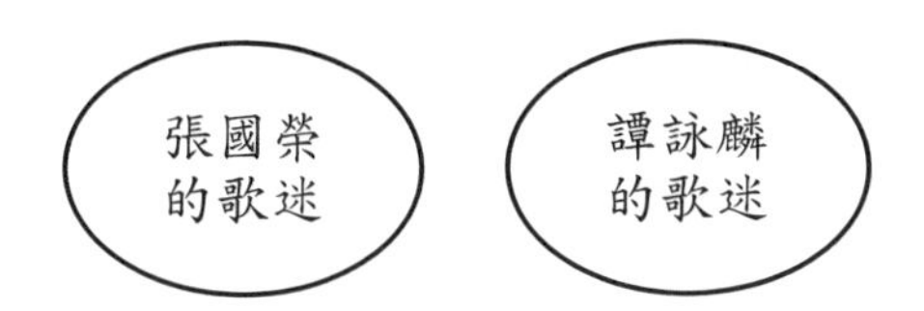

現在回至三段式中的中詞至少要有一次周延一點。按中詞在前提中出現兩次，倘若它沒有一次周延，則大詞與小詞的關係便不能決定。如：

有些人是色盲的　（大前提）
陳先生是人　（小前提）
陳先生？色盲的　（結論）

此中，「人」是中詞。大前提中的「人」指一部分的人，不是周延。小前提中的「人」不單指陳先生，亦可指其他的人，在小前提中，並沒有窮盡地概括所有的人，故「人」亦不周延。由於中詞沒有一次周延，故無法得出結論，或在結論中，陳先生（小詞）與色盲的（大詞）的關係不能決定。

要得到結論，建立「陳先生」與「色盲的」的關係，則必須符合「中詞至少要有一次的周延」。這有三個可能：

⑴大前提的中詞周延，小前提的中詞不周延，
⑵大前提的中詞不周延，小前提的中詞周延，
⑶大、小前提的中詞都周延。

在第⑴種情況，三段式為：

凡人是色盲的　（大前提）
陳先生是人　（小前提）
陳先生是色盲的　（結論）

在第⑵種情況，三段式為：

只有些人是色盲的　（大前提）
陳先生不是人　（小前提）

陳先生不是色盲的　　　　（結論）

在第(3)種情況，三段式為：

凡而且只有人是色盲的　　（大前提）
陳先生不是人　　　　　　（小前提）
陳先生不是色盲的　　　　（結論）

這三種三段式都可成立。此中有一點極其重要的是，三段式的本質或目的，是推理的有效性（validity）。即是，要從前提推出結論，或透過一個中間概念（中詞），把兩個概念（大詞、小詞）的關係建立起來。而此中的推理或建立程序，必須是邏輯意義地有效的（logically valid）。至於有關前提和結論所表示的內容，是否符合經驗事實，或現實情境，那是不重要的。例如：

凡武士道者都是貪生怕死的　（大前提）
文天祥是武士道者　　　　　（小前提）
文天祥是貪生怕死的　　　　（結論）

此中，前提與結論的三個命題的內涵，顯然都不符合經驗事實，但無妨礙推理的有效性。是否符合經驗事實，是知識論的問題；推理是否有效，則是邏輯問題，或者是邏輯所關心的問題。

三、關於在前提中沒有周延性質的詞項，在結論中亦不能周延一點，要注意的是，此中所說的詞項，顯然是就大詞或小詞而言，因在結論中，中詞已消去，不再出現。試看下式：

凡人是有死的　　　　（大前提）
凡駱駝不是人　　　　（小前提）
凡駱駝不是有死的？　（結論）

所得的結論是錯誤的，即不合乎推理規格。其理由是：大前提的大詞（有死的）不周延，但這大詞在結論中卻是周延。這違反三段式的基本規律。

又看下式：

凡人不是沒有死的　　（大前提）
戈巴契夫是人　　　　（小前提）
戈巴契夫不是沒有死的（結論）

所得的結論是合規格的。此中，大前提的大詞（沒有死的）為周延，而結論中的「沒有死的」一大詞，亦為周延。

這裡有一點必須注意。上面說最基本的定言三段式需遵守三個規則。這即是：三段式必須而且只能由三個詞項組成；中詞至少要周延一次；在前提中沒有周延的詞項，在結論中亦不能周延。三段式違背了其中任何一個規則，都不能成立。我們在闡釋第二個規則時，曾列舉三個可能性，其中第二、三的可能性分別為：大前提的中詞不周延，小前提的中詞周延，及大、小前提的中詞都周延。關於第二個可能性，我們列舉的例子為：

只有些人是色盲的　　（大前提）
陳先生不是人　　　　（小前提）
陳先生不是色盲的　　（結論）

此中，表面看，大前提中的「色盲的」一詞項似是不周延，而在結論中的「色盲的」一詞項則是周延。這似是違背了第三個規則：在前提中沒有周延的詞項，在結論中亦不能周延。其實不然，大前提「只有些人是色盲的」中的「色盲的」一詞項，其實是周延的，這表示於「只有些人」中的「只」一詞中。即，一切具有色盲性質的，都限制於這些人中。「只」實窮舉了「色盲的」的範圍，把它限制於某部分人中。因而這個推理，並未有違背第三個規則。關於第三個可能性的例子，情況亦相似。即是，大前提「凡而且只有人是色盲的」中的「色盲的」，表面看似是不周延，其實是周延，其周延意也表示於「只」一詞中。

由以上討論的定言三段式的第一格，所謂 Barbara，進而發展出三段式的第二格。

大前提　$\overline{P} \subset \overline{M}$

小前提　$S \subset M$

結　論　$S \subset P$

這自牽涉換位及第二格的規律問題，恐繁不多論。至於一、二格之外的其他格式，因與我們處理印度及佛教邏輯，無直接關連，亦不多論。

三、假言三段式推理

這是以假言命題（hypothetical proposition，以關係為綱目的一種命題：如果……則）為大前提而成立的推理。在這「如果……則」的關係中，由「如果」所引出的句子，例如，「如果天下雨」，稱為「依據」（ground），由「則」所引出的句子，例如「則地濕」，稱為「歸結」（consequence）。對於這個作為假言命題的大前提，我們可肯定或否定其中的依據，或肯定或否定其中的歸結，這肯定或否定所成的語句，都可以是小前提，由大前提與小前提的結合，便有可能推論出結論，而成推理。依據有時亦稱前件，歸結有時亦稱後件。前件又作 antecedent。在這裡，要注意的是，定言三段式的推理，是表示類與類或概念與概念之間的關係，而假言推理是表示前後兩個句子或命題間的關係。

以下舉一些例子。以 p＝前件命題，q＝後件命題。對於前件與後件的肯定與否定，可有四種情況：

1.如 p，則 q

今 p

故 q

2.如 p，則 q

今 ~p

則？

3.如 p，則 q

今 q

則？

4.如 p，則 q

今 ~q

則 ~p

在這四種情況中：

第 1 種是肯定前件即肯定後件，即可有一定結論；

第 2 種是否定前件不必否定後件，即不可能有一定結論；

第 3 種是肯定後件不必肯定前件，即不可能有一定結論；

第 4 種是否定後件即否定前件，即可有一定結論。

這四種情況何以會如是？此中的關鍵是在「充足條件」（sufficient condition）與「必須條件」（necessary condition）的區分。茲先對這兩者加以闡釋。若 a 是 x 的充足條件，這表示只要有 a，便有 x。但這並不表示 x 必須要有 a，才能成立。即是，在 a 之外，可以有 b、c、……能同樣使 x 成立，b、c、……也是 x 的充足條件。因此，有 a，x 固可成立；若沒有 a，x 亦不必不能成立，因可能 b、c、……使之成立。但若 a 是 x 的必須條件，則可以斷定地說，若沒有 a，x 必不能成立。因 a 對於 x 的成立來說，是必須的、不可或缺的。現在的關鍵點是，在假言推理的「如果……則」的關係中，前件對於後件來說，是充足條件，而不是必須條件。

若以這種充足條件的關係來看這四種情況，則：

第 1 種情況是易明的，若有 a，即有 x。故可有一定結論。

第 2 種情況，則如果沒有 a，不一定沒有 x。因 x 可能由 b、c、……而有。故不一定有一定結論。

第 3 種情況，若有 x，不表示一定有 a，因 x 可能由 b、c、……而有。故不必有一定結論。

第 4 種情況，若沒有 x，則肯定沒有 a。因 a 能使 x 成立，是 x 成立的充足條件，若 x 根本沒有，則亦可推知 a 也是沒有的。故這種情況可有一定結論。

為了更清楚地闡明這種充足條件關係的推理，再以具體事例顯示那四種情況。設：

p＝天下雨，~p＝天不下雨

q＝地濕，　~q＝地不濕

則四種情況為：

1.如天下雨，則地濕

今，天下雨

故地濕

2.如天下雨，則地濕

今，天不下雨

則？

3.如天下雨，則地濕

今，地濕

則？

4.如天下雨，則地濕

今，地不濕

故天不下雨

天下雨是地濕的充足條件。但不是必須條件。即是，天下雨自然會引致地濕，這是第 1 種情況。但若天不下雨，地不必不濕；地濕，亦不必是由於天下雨。因可能有其他方式引致地濕（如倒水於地、河水泛濫至地面，等等），這些其他方式，是天下雨這個充足條件所不能概括的。故在第 2、3 種情況，不可能有確定的結論，因這些其他方式都未有被提及。倘若地根本不濕，則可知天不下雨，這些其他方式亦無出現。故第 4 種情況可有確定的結論。

在假言推理中，除了有充足條件關係的推理外，尚有必須條件、排斥、窮盡關係的推理。如：如 ~p，則 ~q，即：倘若 p 不成立，則 q 亦不成立，p 是 q 成立的必須條件，這是必須條件關係的推理。必須條件表示必不可少的條件，但它不一定是充足的。試看下例：

1.如 ~p，則 ~q

今 ~p

故 ~q

2.如 ~p，則 ~q

今 p

則？

第 1 式自是正確的，可有確定的結論。第 2 式則不能有確定的結論。因「如 ~p，則 ~q」只表示 p 是 q 的必須條件，即是，q 的成立，必須依賴

p，但並不一定只依賴 p 便足夠，可能還需依賴其他條件，才是充足。而 p 不是充足條件，故雖有 p 作為必須條件，亦不必能成立 q。由此可見必須條件與充足條件的差別。

有關必須條件、排斥、窮盡關係的假言推理，暫置不論。

四、關於古印度邏輯的推理

以上交代了對西方的三段式推理的一些基本的認識。以下我們要論述印度與佛教的推理。我們是對比著西方的推理方式來做的。

首先看古因明。它是陳那以前包括印度哲學與佛教的推理方式。現存最古的古因明的資料，為《醫者本集》（*Carakasaṃhitā*）。這是一部醫學的書籍。[15] “caraka” 意即流浪者之意，亦是古代一個醫者的名稱；“saṃhitā” 是結合，或本集之意。這部東西由那個醫者或醫生所作成，本來是有關內科方面的醫書，卻有部分涉及邏輯推理的問題。其後西元一世紀前後，有《方便心論》（*Upāya-hṛdaya*，傳為龍樹 Nāgārjuna 著，後魏吉迦夜譯），這是佛教的文獻，也談到推理的問題。在差不多同一時期，佛教外有《正理經》（*Nyāya-sūdra*）成立，這是正理學派（Nyāya）的邏輯典籍。至西元三、四世紀，佛教內部盛行邏輯推理的研究，可惜大部分有關資料已不傳。現存於《大藏經》中的古因明的資料有：《瑜伽師地論》（*Yogācāra-bhūmi*，特別是卷 15 部分）、《阿毗達磨雜集論》（特別是卷 16 部分）、《顯揚聖教論》等。這都是較一般性的論書。

佛教稱邏輯為「因明」（hetu-vidyā）。hetu 是原因、理由之意；vidyā 則是明、學問之意。故因明是研究原因、理由的學問，即是推理。它被視為一種認識方法，或認識手段，所謂「量」（pramāṇa）。一般來說，印度人以為量有兩種，這即是比量（anumāna）和現量（pratyakṣa）。這量是認識之源，或認識的本能、手段。比量是推理的認識，是形式的，

15　關於《醫者本集》，參看武邑尚邦著：《佛教論理學の研究》，頁 34。

不牽涉具體的經驗事象。現量則是知覺或直接知覺的認識，是直接接觸和認識經驗事象，相當於西方知識論中的 perception，或知覺。

在古印度，不同學派對認識的手段有不同的說法，所謂一量說以至多量說。茲作一簡介如下：

a. 一量說。順世派（Lokāyata）認為，只有現量是認識方式或手段。這是唯物論的立場。
b. 二量說。佛教的主流（例如唯識派 Vijñānavādin）與勝論派（Vaiśeṣika）以為，我們認識事物，可有推理與知覺兩種方式。
c. 三量說。三量是現量、比量與聲量（śabda，或作聖言量）。這是彌曼蹉派（Mīmāṃsā）與數論派（Sāṃkhya）所倡。聲量指聖者的話語，這其實不能作量看。以之為量，只是一種權威主義的表現。
d. 四量說。四量是上面的三量加上譬喻量（upamāna）。這是佛教中的一部與正理派（Nyāya）所倡。譬喻量是透過譬喻的方式以引發對事物的認知。這能否說是量，很成問題，古印度人在這方面未有措意。

以下我們看古印度邏輯的推理方式。它的構造，是以判斷推導出判斷，或以命題推導出命題。其推導法可見於如下的標準例子：

a.聲是無常。
b.聲是被製作性之故（所作性故）。
c.一切被製作的東西都是無常。

其中的 b，「聲是被製作性之故」，可寫成聲是被製作的東西。這樣，我們便可說，a 命題是結論，表示論者的主張；b 命題是論者的主張的理由，相當於小前提；c 命題是理由的依據，相當於大前提。這樣，便可與西方的三段式推理比較：

c.一切被製作的東西都是無常　（大前提）

b.聲是被製作的東西　　　　　　（小前提）

a.聲是無常　　　　　　　　　　（結論）

要注意的是，在印度邏輯推理中，作為理由的命題，如上舉的「所作性故」[16]，本來是指一種屬性，其相應梵語為 kṛtakatva，指被製作起來的那種性格；該字的語尾 "tva" 正是指性格之意，表示屬性的抽象名詞。而「被製作的東西」，則是一般的名詞，兩者有些不同。不過，這不同並不是本質的，「所作性」作為性質看，亦可涵有「具有這所作性一性質的東西」之意。因而把「所作性故」或「被製作性之故」改寫為「含有被製作性的東西」，以至整個命題改寫為「聲是被製作的東西」，應無嚴重的問題。[17]

由是，我們可把印度邏輯的推理式，套在三段推理式中來理解。它由三個命題構成。這些命題都是由主詞（subject）與謂詞（predicate）合成。如「聲是無常」一命題，「聲」是主詞，「無常」是謂詞，而「是」則是結合詞，或繫詞（copula）。

這種命題的主詞（如聲）與謂詞（如無常），都是指一集合體（collection）。「聲是無常」可寫成：

聲⊂無常

其意是，聲的集合體屬於無常的集合體。這與「這個東西是牛」一類的命題是不同的。後者的主詞「這個東西」指個體物，其謂詞「牛」則指個體物的集合。「這個東西是牛」可寫成：

a∈牛

其意是，a 這一個體物屬於牛的集合體。「聲是無常」一類命題可稱為「集合體的命題」，其主詞與謂詞的關係可以「⊂」一符號來表示；「這個東西是牛」一類命題可稱為「個體物的命題」，其主詞與謂詞的關係可

16　這即是因明中的「因」。關於這因，下文有詳釋。

17　關於這點，日本學者北川秀則有不同的意見，參看註 8 所引〈中期大乘佛教の論理學〉一文。

以「∈」一符號來表示。要注意的是，「⊂」指涉一集合體，「∈」則指涉一個體物。

不過，通過一些文字上的操作，集合體的命題可寫成個體物的命題。例如「聲是無常」，其意即是，一切屬於聲的東西都是無常，亦可寫成「就一切的東西來說，若某一東西是聲，則該東西是無常」。這個意思，若用現代邏輯來表示，可寫成：

$$(\forall x)\ [(x \in \text{聲}) \ \rightarrow\ (x \in \text{無常})]$$

此中，「∀」是一全稱的符號，指涉一切東西；「→」則表示條件性，通常亦可寫作「⊃」；「x」則表示某一東西。若以這種方式表示「聲是無常」的定義，則可寫成：

$$[\text{聲} \subset \text{無常}] =\text{df}\ (\forall x)\ [(x \in \text{聲}) \ \rightarrow\ (x \in \text{無常})]$$

依循這個方式，上面的推理的程式可寫為：

c.大前提：$(\forall x)\ [(x \in \text{被製作的東西}) \ \rightarrow\ (x \in \text{無常})]$

b.小前提：$(\forall x)\ [(x \in \text{聲}) \ \rightarrow\ (x \in \text{被製作的東西})]$

a.結　論：$(\forall x)\ [(x \in \text{聲}) \ \rightarrow\ (x \in \text{無常})]$

若省去一些符號（這種省略是可以的），而代以文字，則可寫成：

c.大前提：被製作的東西⊂無常

b.小前提：聲⊂被製作的東西

a.結　論：聲⊂無常

若以 S 表聲，P 表無常，M 表被製作的東西，則成：

c.大前提：$M \subset P$

b.小前提：$S \subset M$

a.結　論：$S \subset P$

這便成三段推理式。M 或被製作的東西是中詞，通過它，小詞 S 或聲與大詞 P 或無常被連貫起來，而成一種包攝的關係，這是就外延方面的包攝而言的。「⊂」表示外延小者或小類包攝於外延大者或大類中之意。這是印度邏輯的推理套在西方的三段式推理的架構下的理解方式。

此中，「聲」與「被製作的東西」兩個詞或概念都是周延的，即舉盡了它們所能概括的範圍的分子。這周延在因明學中，稱為「遍充」，或「遍滿」（vyāpti）。[18]這其實是一小類的全部包含於一大類中之意。這種包攝關係有兩種：

a.　$B \subset A$，或 $(\forall x)\,[(x \in B) \rightarrow (x \in A)]$

b.　$B = A$，或 $(B = A) =df\,[B \subset A] \cdot [A \subset B]$

兩者合起來，可寫成：

$B \subseteq A$，或 $[B \subseteq A] =df\,[B \subset A] \vee [B = A]$

在這幾個論式中，「・」表示同時成立，「∨」表示兩者必有一者成立，或兩者同時成立。在 b 式，[B⊂A]・[A⊂B] 表示 B 類與 A 類的外延互相包攝，這種關係在邏輯上表示 B 與 A 為同一。故 B＝A。

在遍充關係中，被包攝的是所遍（vyāpya），包攝者是能遍（vyāpaka）。所遍必須周延，能遍則不必周延。能遍相當於傳統邏輯中的類概念（genus），所遍相當於種概念（species）。故遍充關係即是類種關係，亦即是集合體與集合體的關係。由於這集合體是由概念的外延而

18　遍充（vyāpti）的問題，佛教邏輯大家法稱（Dharmakīrti）已討論及之。其後成為後期佛教邏輯中的一個熱門論題。由於篇幅關係，這裡不能細論。詳情可參看下列文字。

梶山雄一：〈ラトナキールチの遍充論〉，載於《中野教授古稀紀念論文集》，1960，頁 105-126。

______：〈ラトナキールチの歸謬論證と內遍充論の生成」，載於《塚本博士頌壽紀念佛教史學論集》，1961，頁 256-272。

______：〈ラトナーカラシヤーンテイの論理學書〉，載於《佛教史學》第 8 卷第 4 號，頁 21-40。

蒔田徹，〈Vyāpti の一考察〉，載於《印度學佛教學研究》卷 2 第 1 號，1953，頁 119-120。

Yuichi Kajiyama, “On the Theory of Intrinsic Determination of Universal Concomitance in Buddhist Logic”，載於《印度學佛教學研究》卷 7 第 1 號，1958，頁 364-360（英文部分頁次）。ラトナキールチ即寶稱（Ratnakīrti），ラトナーカラシヤーンテイ即寶作寂（Ratnākaraśānti）。二人都是後期佛教的重要人物。Yuichi Kajiyama 即是梶山雄一。

限定，故其關係又可是概念的外延的包攝關係。在這點上，印度邏輯的推理是與西方的三段式推理相應合的。

五、五分作法

以上我們論述了古印度邏輯推理的性格。以下我們看這種推理的具體運作程序，這便是所謂「五分作法」，意即以五個命題來顯示推理的程序。

《醫者本集》的五分作法，分宗、因、喻、合、結五個命題。以下分別說明之。

1.宗（pratijñā, pakṣa）：這是論者的主張，相當於形式邏輯或傳統邏輯的結論。這是由主詞 S 與謂詞 P 所成立的命題。如：

$$S \subseteq P$$

其意是 S 類屬於 P 類，或即是 P 類。其主詞稱為有法（dharmin），謂詞稱為法（dharma）。前者即是小詞，後者即是大詞。

2.因（hetu）：這是表示宗的理由或依據的命題，相當於傳統邏輯中的小前提，由主詞 S 與謂詞 M 所成，如：

$$S \subseteq M$$

其意是 S 類屬於 M 類，或即是 M 類。這 M 是中詞，又稱為因。此中要注意的是，「因」一詞可有兩個涵義，其一是小前提；另一是中詞。又這中詞另外又稱為相（liṅga）。

3.喻（udāharaṇa, dṛṣṭānta）：這是實例，表示因的實例。在傳統邏輯中，並未有與它直接相應的命題，勉強來說，可視之為大前提。由於它指向一實例，因而顯示印度邏輯注重具體的事例，這也是它略不同於西方傳統邏輯的特色。其表示式為：

$$M \subseteq P$$

其意是 M 類屬於 P 類，或即是 P 類。

在《醫者本集》中，宗、因、喻所成的推理是：

宗：神我是常住

因：（神我是）非所作性之故

喻：譬如虛空

此中的喻的意思其實是：「例如虛空即是非所作性，故虛空是常住」。這可寫成：

$$[\text{虛空} \subset \text{非所作性}] \rightarrow [\text{虛空} \subset \text{常住}]$$

若以 T 表虛空，M 表非所作性，P 表常住，則成：

$$(T \subset M) \rightarrow (T \subset P)$$

此中即隱含 $M \subset P$（非所作性即是常住）之意，這正是西方傳統邏輯的三段式推理的大前提。不同的是，三段式的大前提表示 M 類包攝於 P 類中，而喻則以包攝於 M 類中的一個實例 T 為包攝於 P 類中。

4.合（uparaya）：這是把喻與因結合起來的命題。如：

宗：神我是常住

因：（神我是）非所作性之故

喻：譬如虛空

合：神我亦是那樣，如非所作性的虛空那樣

此中，合實是把因的主詞「神我」、謂詞「非所作性」及喻「虛空」結合起來，其意思是：

> 由於虛空是非所作性，故虛空是常住；同樣，由於神我是非所作性，故神我亦是常住。

這個意思若以符號來表示，便如：

$$[(T \subset M) \rightarrow (T \subset P)] \rightarrow [(S \subset M) \rightarrow (S \subset P)]$$

此中，T 仍表虛空，M 仍表非所作性，P 仍表常住，而 S 則表神我。這個喻的命題，用意是提出與宗所要論證的東西有相同屬性或謂詞的另一東西作為比喻，使聽者更能清楚了解所要論證的事項。這喻的提出，牽涉對另一東西的了解，有認知或知識論意味。這則是傳統邏輯的三段式推理所無的。這點是很重要的。上面說過，三段式的推理只問推理程序的有效性，而不管客觀事實如何，而印度的邏輯推理卻照顧到對客觀事實的理解方面，這喻實顯示這種特性。這種關涉到客觀事實的理解，日本的北川秀則非常重視，他因此也強調印度邏輯之不同於西方之處。

5.結（nigamana）：即結論，把最初的宗重說一遍。

案五分作法中的最初的宗與最後的結，是同一的命題，故可省略掉，而成四分作法。

又其合的程式，如上所示，為：

$$[(T \subset M) \rightarrow (T \subset P)] \rightarrow [(S \subset M) \rightarrow (S \subset P)]$$

其喻為：

$$(T \subset M) \rightarrow (T \subset P)$$

其結論或因為：

$$(S \subset M) \rightarrow (S \subset P)$$

此中，若以命題p、q代之，即以p代 $(T \subset M) \rightarrow (T \subset P)$，以q代 $(S \subset M) \rightarrow (S \subset P)$，這樣，合可寫成 $p \rightarrow q$，喻則為 p，結論或因則為 q，這正是：

如p，則q　　（大前提）
今p　　　　（小前提）
故q　　　　（結論）

的假言三段推理法。由此可見五分作法符合三段式推理，因而是正確的推理。

五分作法通常見於《醫者本集》和《正理經》中。上面所闡述的，是前者的五分作法。至於《正理經》的五分作法，若與前者比較，則可以說，兩者在宗、因、結方面相同，在喻、合方面則不同。《正理經》的五分作法的前三分可例示如下：

宗：聲是無常
因：（聲是）所作性之故
喻：譬如瓶

喻在這裡的意思是：譬如，瓶是所作性，故瓶是無常。若以 S 表聲，P 表無常，M 表所作性，T 表瓶，則上面的三分可寫成：

宗：$S \subset P$

因：$S \subset M$

喻：$(T \subset M) \rightarrow (T \subset P)$

喻方面又有異喻。這異喻與大詞 P 為矛盾，因而亦與中詞 M 為矛盾。如：

異喻：常住的東西非所作性，如我

此中的「如我」，其意思是：例如，我非所作性，故非無常。若以 R 表我，$\bar{P}$ 表常住，$\overline{M}$表非所作性，則可得異喻的論式為：[19]

異喻：$(\bar{P} \subset \overline{M}) \cdot [(R \subset \overline{M}) \rightarrow (R \subset \bar{P})]$

至於合，則與因同，故為：

合：$S \subset M$

這則與《醫者本集》的不同。最後是結，這是把宗再述一遍：

結：$S \subset P$

若把相同的略去，可得推理式如：

宗（即結）：$S \subset P$

因（即合）：$S \subset M$

喻：$(T \subset M) \rightarrow (T \subset P)$

異喻：$(\bar{P} \subset \overline{M}) \cdot [(R \subset \overline{M}) \rightarrow (R \subset \bar{P})]$

若以 p、q、r、s 分別表宗、因、喻、異喻，則我們可總結得兩種推理：

① $r + q \rightarrow p$　　（喻＋因→宗）

② $s + q \rightarrow p$　　（異喻＋因→宗）

我們試以三段推理為參照，看看這兩種推理是否有效或合法。先看① $r + q \rightarrow p$：

喻（大前提）：$(T \subset M) \rightarrow (T \subset P)$

因（小前提）：$S \subset M$

---

[19] 要注意的是，此中的「－」號，如$\overline{M}$中者，表示相反的意思。如 M 是所作性，$\overline{M}$則是非所作性。

宗（結　論）：$S \subset P$

這種推理式，並不完全，不能視為合法有效的推理。關於② $s+q \rightarrow p$：

異喻（大前提）：$(\overline{P} \subset \overline{M}) \cdot [(R \subset \overline{M}) \rightarrow (R \subset \overline{P})]$

因（小前提）：$S \subset M$

宗（結　論）：$S \subset P$

若只取異喻的前半截為大前提，得：

$\overline{P} \subset \overline{M}$

$S \subset M$

$S \subset P$

這是三段式推理的第二格。故是有效的推理。

六、陳那的新因明

印度邏輯（包括《醫者本集》、《正理經》與早期佛教的）發展至陳那，有突破性的表現。陳那是中期大乘佛教的學者，屬唯識學派（Vijñānavādin）。他是世親（Vasubandhu）的信徒，是唯識的十大論師之一。世親講唯識，很注意第七識的末那識（manas）和第八識的阿賴耶識（ālaya）。這都是與我們日常的妄執有極密切關係的心識。要轉妄識成淨智，而得解脫，便要對治這兩個心識。這裡有很濃厚的救贖意味（soteriological sense）。陳那則不同。他不講這兩個心識，而集中講前六識，因而有頗強的認識論意味（epistemological sense）。這認識是就西方哲學者而言。

陳那是新因明的締造者。這種新的邏輯體系，主要表示於他的以下幾部著作中：《集量論》（又作《知識論集成》，*Pramāṇasamuccaya*）、《因輪整論》（又作《因輪抉擇》，*Hetu cakra-hemaru*）、《正理門論》（*Nyāyamukha*）。《集量論》是陳那的晚年作品，內容也最豐富，代表他成熟時期的思想。其中大部分都是談論邏輯問題。這本巨著的梵文本已散佚，只有零碎片段見於後期佛教的文獻中，漢譯方面，有義淨譯本，卻沒有留存下來。但它有西藏文翻譯的全本[20]。北川秀則所寫的《インド古典論理學の研究》，便是這書論邏輯部分的日譯[21]。《因輪整論》則以藏譯本流通[22]，有武邑尚邦的日譯[23]。《正理門論》有玄奘的漢譯[24]，義淨也有譯本[25]。兩者的文字，幾乎一樣。這是中土方面研究陳那因明思想的重要依據。遺憾的是，這本作品是陳那早年成立的，內容簡單，沒有很多發揮，有很多處說得不清楚。

另外，還有商羯羅天主（Śaṅkarasvāmin）的《入正理論》（*Nyāyapraveśaka*）。這本精簡的小品有梵藏本，漢譯則有玄奘的譯本[26]。宇井伯壽曾對它作過廣面的文獻學的研究[27]。玄奘的弟子窺基對這本書作過詳細的注釋，稱《因明入正理論疏》[28]，對中國與日本方面的因明研究，有一定的影響。不過，這本疏解對因明本身有不少誤解之處。關於商羯羅天主，傳統一直以為是陳那的門人，但據最近學者的研究，他是勝論學派（Vaiśeṣika）的人。[29]

在認識論方面，陳那取二量說，只承認現量與比量為我們所具有的正確認識事物的能力。現量相當於西方康德（I. Kant）哲學中的感性

20　東北目錄，No. 4203, No. 4204。

21　另外一部分是論知識問題的。M. Hattori（服部正明）的 *Dignāga on Perception*, Harvard University Press, 1968，便是這部分的英譯。

22　北京影印目錄，No. 5708。

23　譯文載於龍谷大學佛學學會編《佛教學研究》第 7、8 期中。

24　《大正藏》No. 1628。

25　《大正藏》No. 1629。

26　《大正藏》No. 1630。

27　宇井伯壽，op. cit., pp. 301-337。

28　《大正藏》No. 1840。

29　在印度思想界，以外派人的身分解釋某派的文獻的情況，並不罕有。商羯羅天主是一個例子。在佛教內部，唯識派的無著（Asaṅga）與安慧（Sthiramati）都曾作過中觀學派的《中論》的註釋。八六年初去世的穆帝（T. R. V. Murti）的中觀學的巨著 *The Central Philosophy of Buddhism*, London: George Allen and Unwin, 1955，使他成為這方面研究的一代宗師。但他卻是吠檀多學派（Vedānta）的教徒，沒有佛教的信仰。

（Sinnlichkeit），比量相當於知性（Verstand）。在這方面，陳那與康德是相近的。後者亦認為知識的成素，只有感性與知性。比量是推理能力，因明的基礎，即在比量。

比量分自比量（為自比量，svārthānumāna）與他比量（為他比量，parārthānumāna）。自比量是論者自身為了獲得正確的認識而行的推理，其梵文表示式可拆寫為 sva-artha-anumāna，sva 即自身，artha 即用意、意圖之意，整個表示式的意思是為了自身（的認識）而行的推理。他比量則是使他人或論敵獲得正確的認識而行的推理，其梵文表示式可拆寫為 para-artha-anumāna，para 即他者之意，整個表示式的意思是為了他人（的認識）而行的推理。有些學者把 parārthānumāna 譯為辯證論[30]，這是有問題的。因為為他比量總是屬於形式邏輯範圍，而辯證法則是辯證邏輯，這是兩種邏輯，不能混淆。

就表示的方式來說，自比量表示於心中，他比量表示於言說。前者所用的是概念，是內部的「言說」；後者所用的是音聲、文字，是外部的言說。不管如何，兩者都必須依從相同的推理規則。這是陳那所堅持的。

陳那的新因明有三個組成部分。這即是三支作法、因三相與九句因。這三者不能說都是陳那的獨創。無著的《順中論》曾論及因三相說，而三支作法也可說內在於五分作法中。不過，陳那整理過這兩者，使之更為完善。至於九句因，則純粹是陳那的獨創，可以說是新因明的最大特徵。

以下我們即分論這新因明的三個組成部分。

七、三支作法

三支作法是以三個命題來表示或進行的推理。它的完整的寫法為：

宗：聲是無常

---

30 參看梶山雄一著〈後期インド佛教の論理學〉，載於三枝充悳編集：《講座佛教思想第 2 卷：認識論、論理學》，頁 244。

因：（聲是）所作性之故

喻：同喻——喻體：一切所作的東西都是無常
　　　　　＼喻依：例如瓶

　　異喻——喻體：一切常住的東西都非所作
　　　　　＼喻依：例如虛空

以下依次論述這宗、因、喻三個命題。

關於宗方面，根據商羯羅天主的《入正理論》，宗這樣的命題，有兩個特別的條件。其一是由有法（dharmin）與能別（viśeṣana）合成。能別又稱為法（dharma）。有法指具有法的那個東西，故是主詞，法則指作為主詞的有法的性質，或用以描述有法的，故是謂詞。以形式邏輯來說，有法相當於小詞 S，法相當於大詞 P。故宗是指由 S 與 P 合成的命題。另外一個條件是不含有相違（viruddha）。相違指矛盾。即是說，在結論中不能有矛盾的情況出現。按這個條件其實是命題或判斷一般的基本條件，但在新因明中，只視為宗的條件而列出來，此可見其不完足處。

關於矛盾或相違，陳那在《正理門論》中列出五種：自語相違、自教相違、世間相違、現量相違、比量相違。其中，自語相違比較麻煩，我們用符號式來幫助解釋。其他的相違則只略作解釋。

所謂自語相違，其意是，某一主張自身便含有矛盾成分，所謂自相矛盾。例如「一切言說都是虛妄」這一主張，這本來是要否定論敵的言說，但由於主張自身亦是一種言說的表現，結果連自己的這種主張亦否定了。這便是自相矛盾。若以符號來表示，則可以 W 表真，$\overline{W}$表偽（虛妄），G 表言說，則「一切言說都是虛妄」一命題可寫成：

$(\forall x)\,[(x \in G) \rightarrow (x \in \overline{W})]$ ________________ (1)

若以 P 表這個命題，則可寫成：

$P \equiv (\forall x)\,[(x \in G) \rightarrow (x \in \overline{W})]$ ________________ (2)

「≡」表示兩命題相等。這樣，可成立如下的推理：

$(\forall x)\,[(x \in G) \rightarrow (x \in \overline{W})]$

$\therefore (P \in G) \rightarrow (P \in \overline{W})$ （結論） ________________ (3)

此中之所以能得 $(P\in G) \rightarrow (P\in \overline{W})$，正是由於 P 表示一個命題，而命題亦不外是言說。這 P 是言說一點，可以寫成：

$P\in G$ ____ (4)

現在以(3)的結論為大前提，以(4)為小前提，則可得這樣的推理：

$(P\in G) \rightarrow (P\in \overline{W})$

$P\in G$

$P\in \overline{W}$ ____ (5)

由(2)可知 P 正是這個「一切言說都是虛妄」的主張，故必須被假定為真，因而有下式：

$P\in W$ ____ (6)

把(5)的結論與(6)放在一起，得：

$(P\in W)\cdot(P\in \overline{W})$ ________________________________ (7)

這即是「P 是真，同時又是偽」的矛盾命題。這是由最初的(1)式中必然生起的。[31]

---

[31] 在西方的分析哲學中，對於像「一切言說都是虛妄」這種可以引起自身矛盾的命題，有它的消解方法。即是把言說分成兩層，「一切言說」是被描述的，這是一層，這是「對象語言」（object language）；「一切言說都是虛妄」一命題，雖然亦是言說，但它是描述「一切言說」的，有後設的意味，故不必列入「一切言說」中，而屬於另一層，即是，它是「描述語言」（description language），或「後設語言」（meta-language）。若能分清楚語言的層次，便可避免產生混淆。佛教的中觀學派亦碰到外派以類似的問題來問難。例如在龍樹的《迴諍論》（*Vigrahavyāvartanī*）中，作為反對論者的正理學派與阿毗達磨（Abhidharma）佛教學派便攻擊龍樹的無自性的空觀。彼等謂：「若一切無體，言語是一切，言語自無體，何能遮彼體？」（《大正藏》32・13b）彼等的論證是：若一切東西都沒有自性或自體，都是空的，則這「一切東西都沒有自體，都是空的」一言說，亦無自體，亦是空；既然這言語是無自體是空，則亦不能否定自體。另一方面，若說言說有自體，則又有困難如下：「若語有自體，前所立宗壞，如是則有過，應更說勝因。」（同上，13c）其意是，反過來說，倘若言說具有自體，則你先前的主張便不成立了。即是「一切東西都沒有自體，都是空的」一說法便要破掉。在這裡，顯然是以一兩難的格局來否定無自體的空義。即是，不論說言說無自體抑有自體，都有困難，故空義不能成立。其實，若能把語言的層次區分清楚，即可不發生兩難。說「一切東西都沒有自體，都是空的」自然包括言說在

關於其他的矛盾或相違，略釋如下。自教相違指與自家的教理相矛盾的命題。世間相違指命題雖然在邏輯上無矛盾，但與世間的常識矛盾。這種相違顯示因明學的現實立場，它不單講推理的合法性有效性，同時也照顧及世間的常識與理解。嚴格來說，推理是不必顧及這方面的。這也可以看到印度人不僅注重形式、思考規律，同時也有現實的關懷。現量相違則指與經驗事實矛盾的命題，如「聲不是所聞的東西」。比量相違則指由推理而得的不符世間事實的命題，如「瓶是永遠不變的東西」。這亦顯出一種實用的立場。

以上是說宗。以下我們說因。因可分原因與理由兩種。前者是經驗事件的原因，後者是理論意義，是邏輯上的理由。《正理門論》以原因為生因，以理由為了因，或證了因。所謂邏輯的理由，即是了因。陳那對於這種了因確立了三個條件：

> 一是「因是宗之法」。宗本來是論者的主張，是推理的結論。但這裡的「宗」，則是指這結論的主詞 S。「宗之法」則指 S 的謂詞，這不是小前提，而是中詞 M。這個條件的意思是，中詞 M 是小詞 S 的謂詞，或 M 包攝 S。寫成符號，則為：
>
> $S \subset M$
>
> 其二是這「S 是 M」（$S \subset M$）一命題，必須是論者與論敵雙方共同認許的。不然的話，辯論便無法進行。因為這「S 是 M」是小前提。其三是確立作為宗（小詞）之法的因（中詞）要能把小詞 S 與大詞 P 連結起來。即 S 必須為 M 包攝，M 必須為 P 包攝，即：
>
> $S \subset M$，$M \subset P$
>
> 兩者必須同時成立，才能得出 S 與 P 的關係，即 $S \subset P$ 的結論。這是把小詞與大詞的關係建立起來的論式。

內，但不能包括此「一切東西都沒有自體，都是空的」一言說。因這一言說是能指，是後設的，而其中的「一切」是所指。所指不能再概括能指。這樣，界線劃分清楚，便可無困難。

第一條件（即 $S \subset M$）為因的第一相。第二條件（即 $M \subset P$）為因的第二相。另外，全部 M 須為 P 所包攝，即要確立「M 而非 P」：有不是 P 的 M 的情形是沒有的，這是因的第三相，亦即第三條件。這三者合起來，便是所謂「因三相」。這是陳那的因明學的第一特色。關於這點，後面會再詳論。

最後我們說喻。這是較為複雜的一面。喻是譬喻，是提出實際的例子，這在上面已提過。喻的用意是以實例來支持因。陳那的因明學把喻分為兩部分：喻依與喻體。前者是實例；後者是一全稱命題。試看下例：

宗：聲是無常

因：（聲是）所作性之故

喻體：一切所作的東西都是無常

喻依：譬如瓶

若以 S 表聲，M 表所作性，P 表無常，T 表瓶，則可得：

宗：$S \subset P$

因：$S \subset M$

喻體：$(\forall x)\,[(x \in M) \rightarrow (x \in P)]$

喻依的「例如瓶」，其意即是：「例如瓶是所作的東西，故是無常」。其式為：

喻依：$(T \subset M) \rightarrow (T \subset P)$

若把喻體與喻依連結起來，可寫成：

喻：$(\forall x)\,[(x \in M) \rightarrow (x \in P)] \cdot [(T \subset M) \rightarrow (T \subset P)]$

這論式的前半部，即喻體部分，是全稱命題，若寫成包攝關係，可如：

$$(\forall x)\,[(x \in M) \rightarrow (x \in P)] \equiv (M \subset P)$$

因而可得：

喻：$(M \subset P) \cdot [(T \subset M) \rightarrow (T \subset P)]$

若把喻體 $M \subset P$ 抽出，與宗、因相並，可得這樣的推理：

喻體（大前提）：$M \subset P$

因　（小前提）：$S \subset M$

宗　（結　論）：$S \subset P$

這推理式正是形式邏輯的定言三段論的第一格第一式 Barbara。

倘若以喻依為大前提，則可得以下的推理：

喻依（大前提）：$(T \subset M) \rightarrow (T \subset P)$

因　（小前提）：$S \subset M$

宗　（結　論）：$S \subset P$

這種推理，在邏輯上並不完整。三支作法主要成立於：

喻體＋因→宗

的推理上。喻依是提出實際例子，只能作為對喻體的補充，它是不足以作大前提看的。通常我們以宗、因、喻說三支，其中的喻，當指喻體而言。

另外，關於喻方面，陳那又區別開同喻與異喻。同喻即如前述那樣，是肯定式的大前提；異喻則出之以否定形式。如：

同喻——喻體：一切所作的東西都是無常
　　　＼喻依：例如瓶

異喻——喻體：一切常住的東西都非所作
　　　＼喻依：例如虛空

以符號來表示，則同喻如上面已表述那樣：

$$(M \subset P) \cdot [(T \subset M) \rightarrow (T \subset P)] \qquad (1)$$

關於異喻，則常住是無常 P 的否定，因而是 $\overline{P}$；非所作是所作 M 的否定，因而是 $\overline{M}$；又以 R 表實例的虛空，則異喻可寫為：

$$(\forall x)\,[(x \in \overline{P}) \rightarrow (x \in \overline{M})] \cdot [(R \subset \overline{P}) \rightarrow (R \subset \overline{M})] \qquad (2)$$

很明顯地看到，$R \subset \overline{P}$ 指虛空是常住之意；$R \subset \overline{M}$ 指虛空是非所作。此中的前半式可寫成：

$$(\forall x)\,[(x \in \overline{P}) \rightarrow (x \in \overline{M})] \equiv (\overline{P} \subset \overline{M}) \qquad (3)$$

把(2)與(3)合起來，異喻可寫成：

$$(\overline{P} \subset \overline{M}) \cdot [(R \subset \overline{P}) \rightarrow (R \subset \overline{M})] \qquad (4)$$

把(1)與(4)比較看，兩者的喻體部分，即 $(M \subset P)$ 與 $(\overline{P} \subset \overline{M})$ 恰成對偶（contraposition）關係，故為相等，可得：

$$(M\subset P)\equiv(\bar{P}\subset\overline{M}) \qquad (5)$$

故單就喻體而言，若以連語形式把同喻與異喻並列起來，便會有邏輯上的重複情形出現。因而可把其中的一方消去。若消去異喻的喻體，則如上面所示，推理式成了定言三段論法的第一格第一式 Barbara。若消去同喻的喻體，則成：

喻：$\bar{P}\subset\overline{M}$

因：$S\subset M$

宗：$S\subset P$

這則是定言三段論法中的第二格。若不分別處理，保留兩者的連語形式，則成第一格與第二格的複合推理的特殊形式：

$$(M\subset P)\cdot(\bar{P}\subset\overline{M})$$

$$S\subset M$$

$$S\subset P$$

要注意的是，在異喻的情況，如「一切常住的東西都非所作」，就佛教的立場來說，常住的東西是沒有的，因而不能舉出異喻的實例。而這異喻可符號化為：

$$(\bar{P}\subset\bar{M})\cdot(\bar{P}=0)$$

0 表示沒有存在性、沒有存在的分子的空的集合，這在類的區分來說，稱為空類（null class）。這樣的表示式又可寫為：

$$(M\subset P)\cdot(P=1)$$

1 表示包含一切分子，而成全類（universal class）。P＝1 表示所有的分子都是 P，沒有 $\bar{P}$。$\bar{P}$ 是常住，沒有 $\bar{P}$ 即表示沒有常住的東西。[32]

---

[32] 空類與全類是類的兩種。為了較清楚了解起見，我們這裡要對類（class）作一些解釋。類表示一個組合，其中包括若干分子。這些分子之能被歸聚於一起，必須依據某一普遍的標準。後者是各個分子共同分有的性質。必須要有這個普遍的標準，我們才能把散列的東西或個體物聚合起來。因此，類包含各個作為分子的體物，亦涵普遍的標準或普遍性於其中。

類通常是分子的組合。但亦有些類是沒有分子的，這便是空類（null class）。空類可以下我們總結一下三支作法的特點。就理論言，三支作法的基礎，在概念的外延的包攝關係，是演繹推理的形式，相當於傳統邏輯的定言三段論法的第一格第一式 Barbara。關於這點，相當明顯，此中不多說。不過，有一點極其重要的是，上面提到同喻與異喻在喻體方面的對偶性問題，即是：

同喻喻體：一切所作的東西都是無常。

異喻喻體：一切常住的東西都非所作。

這個關係恰巧可套在我們在第三節論假言三段式推理的第四種情況：

如 p，則 q

今 ~q

有兩種：

⑴由自相矛盾的概念所組成的空類。例如「不是紅色的紅蘋果」。由於自相矛盾的概念根本不可能成立，或不可能理解，如「不是紅色的紅」，故所成的類不可能有分子或實例。

⑵由不矛盾但無現實存在與之相應的概念所成的類，例如龜毛、兔角、牛蛋、香港的總統。這些概念並不矛盾，故原則上它們可以成立類，但由於它們所概括的分子沒有現實的存在，故是空類。

總結來說，類可以有五種：

⑴個體類（individual class）：類的概念所包含的分子只有一個，例如川普總統。實際上，每一個體都可自成一類。不過，我們通常說類，很少想到它只有一個分子。

⑵有限類（finite class）：類的概念所能概括的分子數目為有限，例如「中國人」。

⑶無限類（infinite class）：類的概念所概括的分子數目為無限，例如「諸法」、「萬物」。

⑷空類（null class）：類的概念所概括的分子不存在。這是由於類概念自身矛盾，或這些分子在經驗事實上為無。

⑸全類（universal class）：全類有些像無限類，但它的範圍較為確定，它是由兩個互相排斥而窮盡的組合而合成。例如「綠」與「非綠」，這兩概念可組成兩個互相排斥而窮盡的組合。兩者的和，即是全類。注意：這裡說的「非綠」，若只限於顏色，則「綠」與「非綠」加起來，即是顏色的全類。但若「非綠」不單指顏色，而廣指不是綠色的一切東西，則「綠」與「非綠」加起來，即成一無限制的，無所不包的全類。

則 ~p

此中，p 是前件命題，q 是後件命題，可分別表示東西是所作與東西是無常。這個關係，可寫成論式如下：

p⊃q・⊃・~q⊃~p（⊃表示涵蘊之意）

而不是

p⊃q・⊃・~p⊃~q

後者正是上面第三節論假言三段式推理的第二種情況：

如 p，則 q

今 ~p

則 ~q？

如該節所示，這是否定前件不必否定後件，故不可能有一定結論。而前者（即 p⊃q・⊃・~q⊃~p）則是否定後件即否定前件，故可有一定的結論。這正是對偶性法則。陳那三支作法中同喻喻體與異喻喻體的表述，正明顯地顯示了這個對偶性法則。這在印度邏輯史上，是極其重要的表現。在陳那之前的邏輯學者，對這對偶性原則，並無確切的理解，他們通常以為否定前件便能否定後件，以為這樣推理而得結論是合法有效的。如比陳那早出約一百年的正理學派學者瓦茲耶耶納（Vātsyāyana）在其《正理經疏》（*Nyāyabhāṣya*）中，便設定如下的推理，以為否定前件便能否定後件：

宗：聲是無常

因：生起性之故

喻——同喻：凡具有生起性者，都是無常。例如皿

　＼異喻：凡不具有生起性者，都是常住。例如靈魂

合：1.聲亦是這樣（即像皿等）。具有生起性

　　2.聲不是這樣（即像靈魂等）。不具有生起性

結：故聲是無常

此中的喻顯然是 p⊃q・⊃・~p⊃~q 的論式，不符合對偶性原則。

八、因三相

所謂因三相，指成就三支作法的推理的妥當性的三項條件。這即是：遍是宗法性（pakṣadharmatva）、同品定有性（sapakṣe sattva）、異品遍無性（vipakṣe asattva）。此中牽涉兩個重要概念，這即是同品與異品。以下先解釋這兩個概念。

同品的梵語表示式是 sapakṣa。sa 是共通之意，pakṣa 則指宗。故同品意即「共通於宗的東西」。但這裡的宗，不是指那個作為結論的命題（如 $S \subset P$，S 為 P 所包攝），而是指這命題的謂詞 P，亦即是大詞。例如在：

$$S \subset M$$
$$M \subset P$$
$$S \subset P$$

這個推理中，S 是小詞，M 是中詞，P 則是大詞。同品或共通於宗的東西即指屬於 P、為 P 所包攝的一切分子。

異品的梵語表示為 vipakṣa 或 asapakṣa，指大詞 P 以外的東西，即「P 以外的個體物的組合」。這相當於 P 的餘補，或輔類（complementary class），即 $\overline{P}$。倘若 P 指一個類，則一個類與其輔類加起來便是全類。關於全類，我們在上面已解釋過了。關於同品與異品的關係，可以下面的幾何圖形來表示：

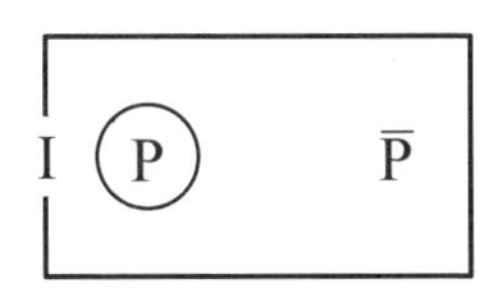

此中，P 表同品，$\overline{P}$ 表異品，方形 I 表 P 與 $\overline{P}$ 加起來的和。故同品與異品的基本關係可示如下：

$$\overline{P} = I - P$$

或：

$$P + \overline{P} = I，P + \overline{P} = 1$$

其中的 I 或 1 等於方形之全。由此可見，同品與異品是沒有共通部分的，所謂「積」。這可寫成：

$$P \cap \bar{P} = 0$$

或

$$P \cdot \bar{P} = 0$$

此中的「∩」、「·」是共通之意，即既是 P，又是 $\bar{P}$ 之意。這共通的部分是沒有的，它等於零。

解釋過同品與異品，以下我們可看因三相或三支作法的三個條件。第一個條件或第一相是遍是宗法性，是作為小前提的因的條件；第二個條件或第二相是同品定有性，是作為大前提的喻的條件；第三個條件或第三相是異品遍無性，是第二相的否定的表現。

以下先看第一相遍是宗法性（pakṣadharmatva）。pakṣa 是宗，dharma 是法，tva 或 tā 是抽象名詞的語尾，「性」或「性格」之意。故這一相的本來名稱應是「宗法性」，「遍是」是漢譯者附加上去的。「宗」是宗主詞，亦是小詞 S；「宗法」則指作為宗的 S 的謂詞，即中詞 M。「遍是」的意思是，M 是一切 S 的謂詞。故遍是宗法性所表示的第一相的條件是：「一切 S 是 M」（如一切聲是所作性），或「S 為 M 所包攝」。用符號來表示則如：

$$(\forall x)\ [(x \in S) \rightarrow (x \in M)]$$

或

$$S \subset M$$

第二相同品定有性（sapakṣe sattva）中，sapakṣe 是「在同品中」之意；語尾 “e” 表示位格。sattva 是存在之意，同品指大詞 P 的外延。「同品定有」指必存在於同品中，即作為中詞的 M 必須包攝於大詞 P 中，這如下式所表示：

$$M \subset P$$

例如，一切所作性都是無常。這其實是喻或大前提的必須條件。若 M 與 P 等，即中詞與大詞的外延相同，則可寫成：

$$M = P$$

若與上式結合起來，則可得：

$$(M \subset P) \vee (M = P)$$

第三相異品遍無性（vipakṣe asattva）的意思是，在異品中全然不存在。異品是大詞 P 的外延以外的東西，即 $\overline{P}$。即是，在異品中，作為因的中詞全然不存在。用符號來說，即是 M 與 $\overline{P}$ 的共通部分為零：

$$(M \cap \overline{P}) = 0$$

或

$$M \cdot \overline{P} = 0$$

這因三相也可以幾何圖形來一一表示：

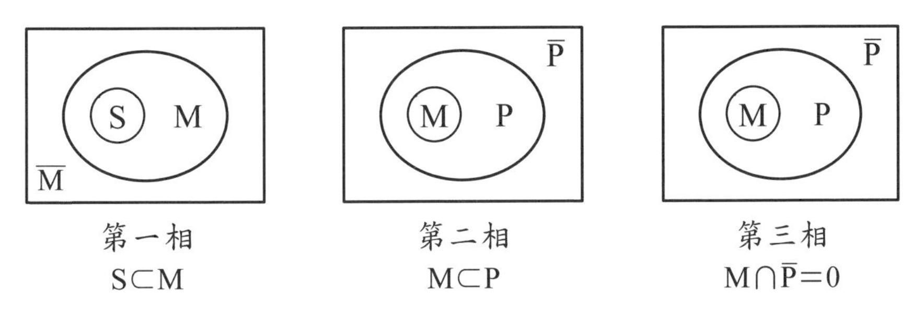

第一相　$S \subset M$

第二相　$M \subset P$

第三相　$M \cap \overline{P} = 0$

九、九句因

九句因在《因輪整論》中又稱為「九宗法輪」，這是古來所謂「二八正因，四六相違，餘五不定」的對九種命題的性質的說法。這九句因是陳那獨創的說法，其目的是要明確地辨別三支作法的正誤。就純理論言，九句因可以說是因三相的應用。推理的原理，都在因三相中。不過，要弄清楚妥當的推理式與非妥當的推理式的實際上的區分，則必須要看九句因。

所謂九句因，是把作為因的中詞 M 對作為「宗的謂詞」的大詞 P 的關係完全列舉出來，以建立作為喻的大前提的正確性。這其實是 M 與 P 的所有可能性的列述。即是，作為中詞的 M 與作為大詞的 P 可以作如下的組合：

1. M 對同品 P 來說，可以有「有」、「非有」、「有非有」三個關係。
2. M 對異品 $\bar{P}$ 來說，亦可有「有」、「非有」、「有非有」三個關係。

因此，M 對同品 P 與異品 $\bar{P}$ 兩方所成的關係，其總數可得 $3\times3=9$，即九種。關於這九句因，《集量論》、《正理門論》與《因輪整論》都有說及。《入正理論》則未有詳說。《正理門論》謂：

> 宗法於同品，謂有、非有、俱，於異品各三，有、非有及二。[33]

關於「有」、「非有」、「有非有」三個關係，可作如下理解：

1.「有」是兩概念如 A 與 B 的外延相等，即 $A=B$。
2.「非有」是 A 與 B 沒有共通的部分，即 $(A\cap B)=0$。
3.「有非有」是 A 為 B 所包攝，占去 B 的一部分，即 $A\subset B$。

M 與 P、$\bar{P}$ 之間，依這三種關係來結合，可得九種方式。這稱為九句。如第一句「同品有異品有」意即 M 對 P 是有，對 $\bar{P}$ 亦是有」。這若以符號來表示，即是：

$$(M=P)\vee(M=\bar{P})$$

以下我們列出九句因的名目及其符號表示式：

⑴同品有異品有	$(M=P)\vee(M=\bar{P})$
⑵同品有異品非有	$(M=P)\vee[(M\cap\bar{P})=0]$
⑶同品有異品有非有	$(M=P)\vee(M\subset\bar{P})$
⑷同品非有異品有	$[(M\cap P)=0]\vee(M=\bar{P})$
⑸同品非有異品非有	$[(M\cap P)=0]\vee[(M\cap\bar{P})=0]$

33 《大正藏》32・1b。又參看宇井伯壽，op. cit., p. 208。

⑹同品非有異品有非有 $[(M\cap P)=0]\vee(M\subset\bar{P})$

⑺同品有非有異品有 $(M\subset P)\vee(M=\bar{P})$

⑻同品有非有異品非有 $(M\subset P)\vee[(M\cap\bar{P})=0]$

⑼同品有非有異品有非有 $(M\subset P)\vee(M\subset\bar{P})$

九句因所表示的，是大前提即喻中的中詞M與大詞P的關係，如「凡是所作的東西都是無常」中的所作的東西與無常的關係。不過，在上面列舉的九種情況中，並不是全部都合乎喻的條件的，其標準在於因三相中的第二相與第三相。因為這兩相所涉及的，是喻的問題。第一相並不關涉喻，故暫不必理會它。

在上節討論因三相中，我們見到第二相的同品的條件是：

$$(M\subset P)\vee(M=P) \quad \text{(a)}$$

第三相的異品的條件是：

$$(M\cap\bar{P})=0 \quad \text{(b)}$$

在九句因中，合乎這標準的，只有第二句與第八句。第二句滿足(a)式的後半與(b)式，第八句則滿足(a)式的前半與(b)式。故這兩句可以成為正確合法的大前提。進一步看，第二句：

$$(M=P)\vee[(M\cap\bar{P})=0]$$

的後半部可改寫為：

$$[(M\cap\bar{P})=0]\equiv(M\subset P)$$

代入第二句中，即成：

$$(M=P)\vee(M\subset P)$$

這其實是(a)式。第八句

$$(M\subset P)\vee[(M\cap\bar{P})=0]$$

其實是 $(M\subset P)$ 的重複，而 $(M\subset P)$ 是(a)式的前半部。故第二句與第八句都可以作為正確合法的大前提。

又在九句因中，可分為三種，這即是正因、相違因、不定因。與第二、三相相應的，即第二句與第八句，為正因，可視為正確合法的大前提。與這第二、三相矛盾，而不能作大前提的，為相違因。在九句因中，第四句與第六句，即為相違因。首先看第四句：

$$[(M\cap P)=0]\vee(M=\bar{P})$$

前半部可轉成：

$$[(M\cap P)=0]\equiv(M\subset\bar{P})$$

後半部可轉成：

$$(M=\bar{P})\equiv[(M\subset\bar{P})\cdot(\bar{P}\subset M)]$$

這是依於兩個概念若為相等，則它們必相互包容的理由。因而第四句可寫成：

$$(M\subset\bar{P})\vee[(M\subset\bar{P})\cdot(\bar{P}\subset M)]$$

此中，$M\subset\bar{P}$ 與第三相 $(M\cap\bar{P})=0$ 矛盾。第六句經同樣分析，亦與第三相矛盾。故第四、六句都不能作正確合法的大前提。

九句中，除了正因與相違因外，其他的五句，大抵能滿足第二相或第三相，亦有相抵觸之處。這都稱為不定因。如第一句：

$$(M=P)\vee(M=\bar{P})$$

其前半部 $M=P$ 能滿足第二相，但後半部 $M=\bar{P}$ 則與第三相相反。故其前半部為真，後半部為偽，故為不定因。

由是，在九句因中，第二、八句為合法，第四、六句為不合法，其他五句有合法處，有不合法處，因而為不定。這個總結，正是我們在論述這節的開頭時所提出的：二八正因，四六相違，餘五不定。

第四章　印度中觀學的四句和四句否定邏輯

四句（catuṣkoṭi）和四句否定是印度中觀學（Mādhyamika, Madhyamaka）極其重要的思考方法。由於這種思考與邏輯、辯證法都有密切的關連，因而很吸引佛學研究者對它的興趣，而有關它的專題研究，在國際學界來說，也很蓬勃。它可以說是國際佛學研究界的一個熱門的研究課題。研究過它的學者很多，隨手也可以舉出一大堆：魯濱遜（R. H. Robinson）[1]、梶山雄一[2]、拉馬南（K. V. Ramanan）[3]、彭迪耶（R. Pandeya）[4]、查卡勒筏地（S. S. Chakravarti）[5]和我自己[6]。另外還有很多的研究。在這些研究中，魯濱遜所做的很堪注意，他特別就教育的觀點來詮釋四句，很有啟發性。

1　R. H. Robinson, *Early Mādhyamika in India and China*. Madison: The University of Wisconsin Press, 1967, pp. 50-58. “Some Logical Aspects of Nāgārjuna’s System”, *Philosophy East and West*, 6: 4 (1957), pp. 291-308.

2　梶山雄一、上山春平著《空の論理：中觀》，東京：角川書店，1969，頁 82-84、115-120。

3　K. V. Ramanan, *Nāgārjuna’s Philosophy as Presented in the Mahāprajñāpāramitā-śāstra*. Rutland, Vt.-Tokyo: Charles E. Tuttle Co., Inc., 1966, pp. 160-170.

4　R. Pandeya, “The Logic of *Catuṣkoṭi* and Indescribability”, In his *Indian Studies in Philosophy*. Delhi: Motilal Banarsidass, 1977, pp. 89-103.

5　S. S. Chakravarti, “The Mādhyamika *Catuṣkoṭi* or Tetralemma”, *Journal of Indian Philosophy*, 8 (1980), pp. 303-306.

6　Yu-kwan NG, “The Arguments of Nāgārjuna in the Light of Modern Logic”, *Journal of Indian Philosophy*, 15 (1987), pp. 363-384.

本文的目的，是要參考這些研究，探討這四句思考或邏輯的根本性格。我們的研究，限於印度早期的中觀學對四句的處理，特別是該學派創始人龍樹（Nāgārjuna）者。這主要見於他的主要著作《中論》（*Mūlamadhyamaka-kārikā*）一書中。另外，一百卷的《大智度論》（*Mahāprajñāpāramitā-śāstra*）雖不能確定是龍樹所作，它無疑是印度早期中觀學的作品，內裡亦有多處討論及與運用四句法，故我們的研究也包括這部文獻在內。[7]

在方法論方面，學者對四句法的研究，喜歡運用現代方法，特別是符號邏輯，筆者自己也作過嘗試。這樣做自是無可厚非。符號邏輯是一種檢證論證的有效性的工具，可以普遍地應用。它的不足處是不夠具體，不能照顧一些特殊的脈絡，例如思想史的脈絡。本文所用的方法，主要不是符號邏輯，卻是強調思想史，考慮當事的論者的意圖；並參考中期中觀學論者的意見，他們包括青目（Piṅgala）、清辨（Bhavya, Bhāvaviveka）和月稱（Candrakīrti）。他們距離龍樹的年代不遠，又是屬於中觀學派的傳統，其解釋應有可靠性。

以上算是交代。下面我們即展開對四句邏輯的討論。

一、四句的矛盾及其與真理的關連

由四句的名稱，可知它由四個語句組成，這即是：肯定語句、否定語句、肯定與否定的綜合的語句，與肯定與否定的超越的語句（或肯定與否定的同時否定的語句）。這四句所表示的思想，可以說是窮盡我們表達對事物的態度了：或是肯定，或是否定，或是兩者相並，或是兩者都不取。

在《中論》中，有一則典型的偈頌完整地表出這四句的思考或邏輯：

---

7 關於《大智度論》的作者問題及它與早期中觀學的關係，參考拙文 “Chih-i and Mādhyamika”, Ph. D. dissertation submitted to McMaster University, 1990. Introduction.

> 一切實非實，亦實亦非實，非實非非實，是名諸佛法。（18：8，《大正藏》30・24a）

這偈頌的梵文為：

> sarvaṃ tathyaṃ na vā tathyaṃ tathyaṃ cātathyameva ca,
> naivātathyaṃ naiva tathyametadbuddhānuśāsanaṃ.[8]

其意思是：

> 每一東西都是真如，都不是真如，同時是真如和非真如，既不是真如也不是非真如。這是佛的教法。

這偈頌顯明地包含下面四句：

1.每一東西是真如。
2.每一東西不是真如。
3.每一東西同時是真如和非真如。[9]

8　Louis de la Vallée Poussin, ed., *Mūlamadhyamakakārikās de Nāgārjuna avec la Prasannapadā Commentaire de Candrakīrti. Bibliotheca Buddhica*, No. IV, St. Petersbourg, 1903-13, p. 369.
按此書主要是月稱的《中論釋》（*Prasannapadā*，《淨明句論》）的梵文本，其中附有《中論》的梵文原文。一般研究梵文《中論》，都採用此中所附的梵文原文。此書是由法比系的佛教學者蒲桑（Louis de la Vallée Poussin）所校訂，故本文省稱 *Poussin*。

9　根據梵文原典與鳩摩羅什的翻譯，這四句的主詞應是一樣的，都是 "sarvam" 或「一切」，是每一東西或所有東西之意。在《大智度論》中，這偈頌也被引述過很多次，例如：

> 一切實一切非實，及一切實亦非實，一切非實非不實，是名諸法之實相。（《大正藏》25・61b）
> 一切諸法實，一切法虛妄，諸法實亦虛，非實亦非虛。（《大正藏》25・338c）

4.每一東西既不是真如也不是非真如。

這可以看作四個命題，分別以符號表示如下：

1. p。

2. ~p。

3. p・~p。

4. ~p・~~p。

p 表示對真如（tathyam）的肯定，~p 表示對真如的否定，p・~p 表示這肯定與否定的綜合，~p・~~p 則表示這兩者的超越。表面看來，這四句是充滿矛盾的。第一句 p 與第二句 ~p 互相矛盾。第三句 p・~p 是第一句與第二句的結合，因此也是矛盾；在亞里斯多德的邏輯中，它悖離了不矛盾律（law of non-contradiction）。至於第四句 ~p・~~p，通過雙重否定的原理（principle of double negation），~~p 可轉成 p，因此第四句可寫成 ~p・p 或 p・~p，這其實即是第三句。因此第四句也是自相矛盾的。

雖然有這許多矛盾，這四句是被視為到真理的途徑，或有關真理的體認的。這點可從梵文偈頌的 "buddha-anuśāsana"（buddhānuśāsana，連聲）一詞見到，這是佛陀的教示之意；在佛教，佛陀的教示即意味真理，或真理的獲致。鳩摩羅什的翻譯：「諸佛法」，也表示這個意思。《大智度論》曾引述過這則偈頌，對應於這 buddha-anuśāsana 或諸佛法，直作「諸法之實相」，則直視實相或真理為四句運用的標的了。[10]

四句的思考也顯示在《中論》的另一偈頌中：

> 諸佛或說我，或說於無我，諸法實相中，無我無非我。（18：6，

在這兩段文字中，很清楚地看到，「一切」是主詞，由第一句直貫下至第四句。但魯濱遜卻以第三句的主詞為「有些東西」（something）（"Some Logical Aspects of Nāgārjuna's System", p. 303; *Early Mādhyamika in India and China*, p. 57），這種看法顯然有問題，魯濱遜捉錯用神。

10 有關《大智度論》的引語，參看上註。

《大正藏》30・24a）

這偈頌的梵文為：

> ātmetyapi prajñapitamanātmetyapi deśitaṃ,
> buddhairnātmā na cānātmā kaścidityapi deśitaṃ.[11]

其意思是：

> 諸佛施設地運用自我一詞，同時教示有關無我的真正觀點。他們也開示說，任何作為自我或無我的質體都不存在。

漢譯與梵文原偈都只有第一、二、四句，缺了第三句。這種情況並非不正常，它並不影響四句的構造或性格，只是龍樹自己大意而已。有時缺第三句，有時缺第四句，基本的作用還是在那裡。即是說，都總與顯示真理有關。如「諸法實相中，無我無非我」，表示在真理中，是遠離對我或非我任何一邊的執取的。

《大智度論》也曾引述一則表示四句的偈頌：

> 諸法不生不滅，非不生非不滅，亦不生滅非不生滅，亦非不生滅非非不生滅。（《大正藏》25・97b）

這是討論諸法的生滅問題，主題較為複雜；不過，它的四句的結構，卻是明顯的。而該書的作者也強調，這四句與體現真理有密切關連，所謂「深入諸法實相」也。[12]

11　*Poussin*, p. 355.

12　《大正藏》25・97b。

這裡便有一個問題：如上所說，四句是充滿矛盾的，但它又被關連到真理方面去，被中觀學者視為在方法論上有助於導致真理的體現，起碼有助於真理的展示。真理不能包含矛盾，而充塞矛盾的四句，又怎能與於真理的展示和達致呢？

二、四句的教育性的涵義

要回應上面的問題，讓我們再次檢察一下四句法。第一句 p 和第二句 ~p 相矛盾；第三句 p・~p 把第一、二句拉在一起，只是把後二者間的矛盾重覆而已。第四句 ~p・~~p 可被還原為第三句，因此也是重覆這矛盾。這樣，我們可以看到，從邏輯的立場看，第三、四兩句都沒有展示甚麼新的意念，沒有提供新的東西，它們只是第一、二句的推展而已。實際上，四句中只需第一、二兩句便足夠了。但中觀論者明明說四句，而不只說兩句；倘若第三、四句完全沒有作用，只是多餘的命題，他們為甚麼不只說兩句，何必說四句呢？他們既然說了第一、二兩句，還要繼續說第三、四兩句，則後者必有其不可取代的作用，其扮演的角色不能為第一、二兩句所替代。

我們以為，此中的關鍵在於，我們不能邏輯地或以形式的角度來看四句，卻要著眼內容方面，看每一句所可能有的內涵或表現的作用，和句與句之間的關係。在這方面，我們可考慮兩點。第一，不同的句或命題可能實質地與眾生的不同的根器相應，而這不同的根器是在對眾生展示真理的脈絡下提出的；而在句或命題的運用方面，可考慮具體的、個別的情境，選取適當的題材來闡釋，不必只限於上面列舉的「真如」、「生滅」之屬。第二，不同的句或命題可用來相應地指涉眾生對真理或其他問題的不同程度的理解。在前面的句或命題可指涉對真理的較低層次的理解，後面的句或命題可指涉對真理的較高層次的理解。在這兩點之間，第一點顯示四句的教育性的涵義，第二點則顯示四句的分類的涵義。

對於四句的這些可能的涵義，傑出的《中論》註釋家，如中期的青目、月稱和清辨他們也提到過。他們曾分別就教育性的和分類的角度來討論四句的問題。現代的中觀學學者，如魯濱遜和梶山雄一，也留意到他們的析論。在這一節中，我們將集中研究四句的教育性的涵義一點。

魯濱遜指出四句可作為一教育的設計（pedagogical device）來運用。在他的劃時代著作《在印度與中國的早期中觀學》（*Early Mādhyamika in India and China*）中，他引述過青目對那首表示四句的典型的偈頌的評論，在這偈頌中，真如（tathyam）被選取作題材而作四句的討論。[13]不過，魯濱遜不譯tathyam為「真如」，卻譯為「真實」（real）。青目的評論是這樣的：

> 一切實者，推求諸法實性，皆入第一義平等一相，所謂無相，如諸流異色異味，入於大海，則一色一味。
> 一切不實者，諸法未入實相時，各各分別觀，皆無有實，但眾緣合故有。
> 一切實不實者，眾生有三品，有上、中、下。上者觀諸法相非實非不實，中者觀諸法相一切實一切不實，下者智力淺故，觀諸法相少實少不實。觀涅槃無為法不壞故實，觀生死有為法虛偽故不實。
> 非實非不實者，為破實不實故，說非實非不實。[14]

在這段評論之先，青目曾特別強調諸佛運用偈頌中的四句來轉化眾生，而諸佛是具有無量數的方便的設計可供運用的。他說：

> 諸佛無量方便力，諸法無決定相，為度眾生，或說一切實，或說一切不實，或說一切實不實，或說一切非實非不實。[15]

13　案這即是「一切實非實，……」偈頌。

14　《大正藏》30．25a。對於青目這段文字的翻譯，可參看上述魯濱遜書，頁56。

15　《大正藏》30．25a。

綜合來看，青目解釋第一句「一切實」為指那純一無雜的真理，「平等一相」、「無相」都是指向這真理的普遍的（universal）性格，「一色一味」，更使這普遍性呼之欲出。一切不實是就緣起的層面說，指涉諸法各各自具的特殊的（particular）面相。倘若以「一切實」說空，則這「一切不實」當是說假。青目對這兩句的解釋，有分類的意味。至於他解第三句亦實亦非實，或一切實不實，則比較複雜。他先把眾生依根器的不同，分為上、中、下三個等級。上級的觀諸法的非實非不實，中級的觀諸法的一切實一切不實，下級的觀諸法有實亦有不實。這裡他不只說第三句，而且重覆第一、二兩句，和預先說了第四句。第一、二兩句是對下級根器的眾生說，採取分解的方式，把諸法分解為實與不實兩種：無為法為實，有為法為不實。第三句對中級根器的眾生說，採取綜合的方式，以諸法同時有實有不實的面相。第四句則是對上級根器的眾生說，顯露真理的超越性格：超越實與不實的二元的相對性，直達無二元對峙的絕對的、超越的理境。而最後他說第四句非實非不實時，也是重覆這個意思，謂這句是為破除對諸法的實與不實的二元對峙的偏執而說，所謂「破實不實」。

青目這樣說四句，同時有教育與分類的涵義。但他在強調諸佛的「無量方便力」以「度眾生」時，說諸佛有時用第一句，有時用第二句，有時用第三句，有時用第四句，這則純是對機的問題，是從教育方面著眼了，所謂「方便施教」也。故我們以為青目這樣解釋四句，主要還是強調它的教育性的涵義一面：對不同根器的眾生，教以與這根器相應的真理層面或形態。

魯濱遜也曾引介過月稱對這則有關偈頌的四句的評論。他指出月稱的詮釋與青目的有些微不同。魯濱遜說：

> 〔月稱〕視四句為佛陀在給予不同級數的眾生漸次地提高的教導時所用的一種權宜的設計（upāya）。佛陀首先就真實的角度來說現象，目的是要存在的東西尊敬他的無所不知。之後，他教導人說現象是不真實的，因為它們會經歷變化，而真實的東西是不會經歷變

> 化的。第三，他教導一些聽者說現象同時是真實和不真實的——由世俗的觀點看是真實的，由聖者的觀點看是不真實的。對於那些在實踐上已遠離慾望和邪見的眾生，他宣稱現象既不是真實的，也不是不真實的，其方式如同一個人否認不孕女人的兒子是白皮膚或黑皮膚那樣。[16]

月稱的解釋，很明顯地展示四句的教育或教化的導向（orientation）。第一句表示現象或經驗的東西都是實在的；佛陀透過對經驗事象的肯定，以提高聽者對佛陀自身與佛教的信仰。此時的聽者，大抵是初步接觸佛教的新手。當然這樣地了解經驗事象，即是說，視之為真實的或實在的，是表面的，談不上深度，不是本質的、本性方面的了解。第二句觸及事象的緣起的性格；事象的真實性被否定了，因為它們是會變化的，這正是緣起的結果：凡是依因待緣而生起的東西，都沒有常住不變的自性，都是會變化的。聽者聽到這緣起無常的義理，很容易會生起一種虛無的想法，以斷滅的眼光來看事象，因此便有第三句，強調事象同時具有真實和不真實的性格。即是說，就世俗的立場來說，事象是真實的，它們的存在性不容抹煞；但在聖者——一個已獲致最高真理的人——的眼光，它們卻是不真實的，不具有永恆的性格。這個階段表示對事象的較為複雜而深入的理解，它們不能只就單面的角度或語調（或是肯定的，或是否定的）來看；必須採取綜合的角度，才能對它們有全面的了解。不過，從實踐的意義來說，這個階段的理解仍是不可靠的。因為在實踐上，我們不能依附或執取任何觀點，包括這綜合的觀點，否則便會為既定的觀點所束縛，而不得自由。因此便要提出第四句，也是最後的一句，以否定和超越同時是真實的和不真實的綜合的觀點。

在上節引述過的《中論》偈頌：

16　R. H. Robinson, *Early Mādhyamika in India and China*, p. 56.

諸佛或說我，或說於無我，諸法實相中，無我無非我。

也明顯地表示教育性的涵義，雖然所提出的主題不同，它以自我為主題。對於這一偈頌，清辨在其《般若燈論釋》（*Prajñāpradīpa-mūlamadhyamakavṛtti*）中有如下的解釋：

諸佛世尊見諸眾生心、心數法相續不斷，至未來世。以是因緣，為說假我。復有眾生，計言有我，為常為遍，自作善不善業，自作受食者，有如是執。然彼眾生為邪我繩縛其心故，於身、根、識等無我境界，迷而起我。雖有禪定三昧三摩跋提之力，將其遠去，乃至有頂，如繩繫鳥，牽已復墮，於生死苦，猶不生厭。諸佛世尊知眾生已，為息彼苦，斷我執繩，於五陰中，為說無我。復有眾生，善根淳厚，諸根已熟，能信甚深大法，堪得一切種智，為彼眾生宣說諸佛所證第一甘露妙法，令知有為如夢如幻，如水中月，自性空故，不說我不說無我。[17]

在這段解釋中，清辨指出，諸佛之說我，是針對眾生的心及心所法（心理狀態，例如愛、恨、妒等）的相續不斷地生起，為了交代這相續不斷情況，因此說我；但這是一假我，或施設性的我。當眾生執取自我，以為有恆常不變的自性可得，由此而生種種邪見、種種惡行，而受苦於其中，諸佛為了對治這些毛病，因而說無我。又有些眾生深植善根，為了使他們更上一層樓，對第一義空的義理能信受奉行，而得大智慧，諸佛不隨便說有我或無我的義理，而只是隨宜宣說。故這段文字亦顯示出，諸佛是在運用第一、第二與第四句來教育眾生，至於運用哪一句，則要視眾生的個別的、具體的情境而定。即是，對初入門的，說我。對執著於我的自性者，

---

17 《大正藏》30．106c。《般若燈論釋》所引述的偈頌，與《中論》所引述的，在行文上有些不同。這偈頌在《般若燈論釋》中作：

為彼說有我，亦說於無我，諸佛所證法，不說我無我。

則說無我。對於根器高的，則隨機而說，同時說我和無我，也說非我和非無我。

對於四句的教育性的涵義，我們可以就兩面來說。

第一，每一句可視為由一個特別的角度展示出對事象或真理的理解，不用說，這角度是與聽者的個別情況或條件相呼應的。由於是四句，故一般來說，可有四種角度，分別與四個或四種不同的聽者或聽者群相應。（倘若缺了一句，則是三種角度。）這些角度之間，不必有邏輯上的或實踐上的關連。重要的是，每一句的運用都能恰到好處，都能對聽者有適當的開示，增加他對真理的理解。一般而言，青目、月稱和清辨的解釋，都展示出這一點。不過，他們也有把那四個角度與與它們相應的四句安排在上升的次序上的傾向，視排在後面的角度與與其相應的句更能表示對真理的較高的或較成熟的理解。相對來說，排在前面的角度與與其相應的句，則表示對真理的表面的或初步的理解。

第二，四句與其相應的角度是處於一種漸進的和上升的次序中，而聽者亦在一種平穩而漸進的基礎上接受教化，了解真理。在這種情況下，聽者只有一個，或只有一個級別，而四句及其所代表的內涵，也是一個跟一個地被引進。這也很符合教育的性格，它是一個循序漸進的歷程，我們不能教育一個人一下子便完全地了解真理。因此，安排在前面的句及其相應內涵總是先被引進，待它們完全被吸收和消化後，才能引進和介紹後面的。

三、四句的辯證的性格

由於四句所展示的了解真理的程序，是漸進的和上升的，即是，先從較低層次了解真理，然後再從較高層次了解它，因此四句作為一種思想的設計，可被視為是辯證的。由第一句所成立的肯定命題，有從相對的因而是偏面的角度來看真理的意味；由第二句所成立的否定命題也是一樣。由第三句所成立的綜合命題正好矯正了這種相對性與偏面性；它同時包涵真理的正面與負面，或反面，也消解了真理的正、反兩面的相對或對峙形勢，為真理呈現一個圓融的和全面的圖像。不過，從實踐的角度來看，這第三句所顯示的真理的綜合面相仍是未穩妥的，修行者在心理上不免有所偏向以至偏執，執著真理的這種綜合形態，只見其合而不見其分，以至把真理視為一合相。這種心理上的偏執還是要克服的、超越的。第四句所表示的對肯定與否定的同時超越，或對綜合的超越，正好對治這個困局。經過這一步超越過程，真理之門才真正打開，心靈才能自由無礙地漫步其間，以至與真理合而為一。很明顯地看到，由第一句到第四句，真理漸次從單純肯定與單純否定的相對的、偏面的面相升進到綜合與超越的圓融的、全面的面相，而被體現出來。倘若我們把辯證法視為一種思想歷程，在這歷程中，真理通過否定、綜合與超越漸次由較低層而以進於較高層面的話，我們可以粗略地說，四句是一種辯證法形式。這裡所謂的真理的較低層面與較高層面，是相應於它的相對的、偏面的面相與圓融的、全面的面相而言。

魯濱遜也認為四句具有辯證的性格。他說四句形成一個升進的程序，在這程序中，除了第一句外，每一句都是前一句的對反動因（counteragent）。他的意思是，在四句中，後一句總是前一句的對治者、克服者。他總結說，四句是一個辯證的進程，每一句都否定和取消前一句，而整個論證都是移向第四句的否定，而第四句是作揚棄一切見解（views）看的[18]，超越的意涵才能展示出來。很明顯，這裡的「第四句的否定」並不是要否定第四句，卻是指它所具有的否定作用，即否定前面的三句。魯濱遜強調第四句揚棄一切見解，其意殆是指第四句所表示的消息，超越前三句所表示的；前三句所表示的消息是有定限的，第四句所表示的則是無定限的。這無定限的消息，直指向最高真理，或中觀論者所謂的第一義諦，這是超越一切相對的和偏面的見解而達致的理境。魯濱遜顯然很欣賞第四句，把它關連到最高真理的層面方面去。

---

18 R. H. Robinson, *Early Mādhyamika in India and China*, p. 56.

梶山雄一回應並同意魯濱遜的詮釋。他認為四句中的前三句可視為權宜地施設的性格，是工具義，因而是可撤消的；而第四句則展示最高的真理，不容批駁。他並總結地說，四句是辯證性格的。[19]

四、四句的分類的涵義

魯濱遜很強調四句的教育性的涵義；不過，他未有論及四句的分類的涵義。梶山雄一則同時注意到這兩方面的涵義。他說：

> 四句一方面顯示具有不同程度的知能與根器的人對同一對象的不同的見解，一方面是對不同程度的被教化者的循序漸進的教訓。[20]

要展示不同的人的不同的理解必須基於對這些理解有明確的分類，四句便有這種分類涵義。對於這一點，梶山雄一並未有作進一步的闡釋。實際上，這種對不同理解的分類與佛教各學派所盛行的所謂判教，或教相判釋，有密切的關連。佛的說法，雖然都是有關真理的問題，但不同學派對真理有不同的看法，甚至在這些看法之間不無衝突處，但它們都被視為是佛的教法，或與佛的教法相符，這則需要一種圓融的解釋，透過分類例如說佛對不同根器的眾生說不同的教法，以消融這些不同之點或衝突之處，這便是判教。四句的分類的涵義，正有助於判教的進行。在這一點上，它的重要性不容忽視。

上面我們說青目與月稱解「一切實非實⋯⋯」這一以四句來表示的典型的偈頌，是就教育的涵義一面立說；特別是月稱，他對這偈頌所傳達的教化的消息，非常重視。對於這相同的偈頌，清辨的著眼點便不同，他是從分類的角度來詮釋的。他的《般若燈論釋》這樣說：

19　梶山雄一、上山春平著《空の論理：中觀》，頁 117。

20　Ibid., loc. cit.

> 內外諸入色等境界，依世諦法，說不顛倒，一切皆實。第一義中，內外入等，從緣而起，如幻所作，體不可得，不如其所見故，一切不實。二諦相待故，亦實亦不實。修行者證果時，於一切法得真實無分別故，不見實與不實，是故說非實非不實。[21]

清辨的意思很清楚。四句可被用來描述對同一對象——經驗的物事亦即我們在現實世界所碰到的東西——的不同的理解，或者說，四句可代表不同的觀點以了解經驗世界。第一句顯示，就常識的眼光、世俗的立場來說，經驗物事是真實的。第二句顯示，從緣起或空的立場來說，經驗物事都沒有實體性或自性，因而是不真實的。世俗的立場和空的立場代表兩種不同的卻是互相依待的觀點。為了避免修行的人偏執於其中任何一個觀點，第三句被提出來，綜合這兩種觀點，表示經驗物事同時是真實的和不真實的。不過，「真實性」和「不真實性」可以說是代表兩種理解方式，它們是基於對經驗物事的分別計度而成立的；在覺悟的經驗中，它們並沒有立足的餘地。一個已覺悟的人，對一切法都平等視之，不起分別計度，包括真實與不真實的分別。第四句便在這樣的脈絡下被提出來，表示經驗物事既不是真實的，也不是不真實的。這第四句其實透露一種超越的立場，這立場超越一切相對的觀點，因而有絕對的涵義。

這裡我們可以看到，四句形成一個分類的體制。在這個體制中，對於同一東西的理解，可被分類為肯定的、否定的、綜合的和超越的形態，這些形態一一與有關的句或命題相應。就某一個特別的觀點看，所有這些理解都可視為正確的。這便是四句的分類的涵義。有趣的一點是，與四句關連起來的觀點或角度，就展示對經驗物事的理解來說，被置定在一個升進的次序中。這點與四句的教育性的涵義中的情況非常相似。

以上是有關四句的教育性的涵義與分類的涵義的討論。有一個問題是很自然會提出的：這兩個涵義有沒有密切的關連呢？我們的理解是，分類

---

21 《大正藏》30・108a。

的涵義可以說是教育性的涵義的基礎，倘若沒有分類的涵義在先（邏輯上的先，不是時間上的先），教育性的涵義是不能落實的。即是說，在運用四句來教導聽者時，導師必須熟悉某一論題或題材的諸種可能的理解，能夠把這些理解加以分類，安放在一個邏輯的和實踐的秩序中；不然的話，他便不能適意地選取一個適當的理解，去教導聽者。導師能否有效地運用四句來教導或開示眾生，端賴他能否善於處理那些以四句為基礎的各種理解的分類法。分類分得好，又處理得宜，教導便能收事半功倍之效。

五、四句否定與無生

上面我們闡釋了四句的教育的和分類的涵義。以下我們要進一步討論四句否定。按在中觀學以至其他佛教學派，如早期的原始佛教，四句是有兩種形式的，其一是四句自身，另一則是四句的否定，或四句否定。從宗教的終極的目標來說，四句否定比四句有更為深遠的涵義。這點會在後面的解說中明朗化。

四句否定的形式表現在《中論》的一首典型的偈頌中。這偈頌常為中觀的後學所引述，其漢譯如下：

> 諸法不自生，亦不從他生，不共不無因，是故知無生。（1：1，《大正藏》30・2b）

這偈頌的梵文為：

> na svato nāpi parato na dvābhyāṃ nāpyahetutaḥ,
> utpannā jātu vidyante bhāvāḥ kvacana ke cana.[22]

[22] *Poussin*, p. 12.

其意思是：

> 物事在任何地方與任何時間都不能通過由自己生起、由他者生起、由自己與他者合共生起，或由沒有原因而生起而存在。

這首偈頌亦在《中論》的他處被引述出來。[23]《大智度論》也引述過它，但文字略有不同：

> 諸法……非自作，非彼作，非共作，非無因緣。（《大正藏》25・104b）

這首偈頌反駁四個述句：物事由自己生起（自生）而存在；物事由他者生起（他生）而存在；物事由自己與他者合共生起（共生）而存在；物事由沒有原因生起（無因生）而存在。倘若以自己生起或自生作為主題，則物事由自生而存在這一述句，是透過肯定而成；物事由他生而存在這一述句，表示物物事不是由自生而存在，故這述句可視為是透過否定而成；物事由自生他生合起來而存在這一述句，很明顯地看到，是透過自生與他生的綜合而成。至於物事由無因生而存在這一述句，由於原因只限於自己為因與他者為因兩種，故這述句表示物事由既不是自生亦不是他生而存在，它是透過對自生與他生的超越而成。這四個述句分別包含肯定、否定、綜合與超越四種思考方式，故可視為是四句的形式，或四句的肯定形式。青目在他對《中論》的詮釋中，也以四句之名來說這四個述句。[24]對於這四個述句的反駁，便自然是四句否定了。

四句否定的作用是甚麼呢？為甚麼要運用四句否定呢？青目在評論上述表現四句否定的典型的偈頌時說：

23　《中論》21：12，《大正藏》30・28c，*Poussin*, p. 421.

24　《大正藏》30・2b。

> 不自生者，萬物無有從自體生，必待眾因。復次，若從自體生，則一法有二體，一謂生，二謂生者。若離餘因從自體生者，則無因無緣。又生更有生生，則無窮。自無故他亦無。何以故？有自故有他；若不從自生，亦不從他生。共生則有二過：自生他生故。若無因而有萬物者，是則為常。是事不然。無因則無果。若無因有果者，布施持戒等應墮地獄，十惡五逆應當生天，以無因故。[25]

青目說物事的生的問題，是透過因果性或待因緣而立論，「無因無緣」、「無因而有萬物」、「無因有果」，是不行的。這些因緣並不包括自己、他者、自己與他者的結合、無因緣。即是說，物事的生起，是依於諸原因或條件的聚合，而非由自己、他者等其他情況而生。不過，當我們說物事不能由自己生起而存在，不能由他者生起而存在……時，或物事不能有自生、他生等等時，此中的「自己、他者、……」或「自、他、……」，指甚麼東西呢？為甚麼自生、他生、共生、無因生都不可能呢？關於這些點，青目說：

> 諸法自性不在眾緣中，但眾緣和合，故得名字。自性即是自體，眾緣中無自性。自性無故，不自生。自性無故，他性亦無。何以故？因自性有他性，他性於他，亦是自性。若破自性，即破他性。是故不應從他性生。若破自性他性，即破共義。無因則有大過。有因尚可破，何況無因？[26]

由於自性無，因而不自生。這另一面的意思是，倘若有自性，則能自生。可見這自生中的自，是就那常住不變的自性（svabhāva）而言。而他生的他，以至自、他的結合，都是就自性說。對於中觀學者以至所有佛教徒來

---

25 Ibid., loc. cit.

26 Ibid., loc. cit.

說，自性這樣的東西，本來是沒有的，只是人意識的構想（mental fabrication）而已，這構想自然是虛妄的。沒有自性，物事自生不可能。「他」與「自」是相對而言的，他生與自生也是相對而言的。故也沒有他性，物事他生也不可能。自性、他性分別不存在，因而物事的自他結合的自他生或共生不可能。青目在這裡，否定了自性、他性，也否定了自生、他生和共生。至於無因緣而生，則悖離了物事的因果性，或因果律，故這種生也不可能。

青目的結論是，「於四句中，生不可得，是故不生」[27]。即是說，物事的生起，不能通過自己、他者、兩者的結合或兩者都無的情況下成就，故物事是不生，或無生。這是青目以為這偈頌的主旨所在；而這無生的主旨，是透過四句否定達致的。

但無生是否表示物事完全不生起呢？當然不是，否則緣起的義理便無從說了。真實的情況是，物事正是由因緣的聚合而生起的，這些因緣沒有自性、是空的。而它們所生起的物事，也沒有自性，也是空的。無生的論辯所要駁斥的，是由自性的立場來說的物事的生起，而不是由緣起或空的立場來說的物事的生起。[28]錫蘭學者卡魯帕哈納（David J. Kalupahana）與我們有相近似的看法，在論到龍樹在這問題上的立場時，他說：

> 當龍樹說，「一個存在物的自性在因果條件中並沒有標示」，（I. 3）他並不是在排斥或否定條件，卻只是在排斥或否定自性（svabhāva）；這自性是一些哲學家在條件（pratyaya）中置定的，目的在解釋結果的生起。[29]

---

27 Ibid., loc. cit.

28 有關無生的論證，筆者在本書中之論文〈龍樹的空之論證〉第四節論同一性與別異性中曾從另一角度來闡釋，可參考。這論證的旨趣，和在這裡所提出的，即無自性或空一點，並無異致。

29 David J. Kalupahana, *Nāgārjuna: The Philosophy of the Middle Way*. New York: State University of New York Press, 1986, p. 28.

條件是緣起義理的基礎。經驗世界的一切物事，只能依於這些條件而生起，因而是條件性的，它們不可能具有自性。條件性這一概念邏輯地排斥自性的預設；因自性是自足的、獨立的，這些內涵為條件性所不能容許的。

六、從無生到空

由上面的討論見到，無生排斥以自性來說的生，以之為不可能；而在佛教的空之義理中，自性的設定是受到激烈與徹底批判的。就這點來說，我們可以把無生密切地關連到空方面來。筆者在拙文〈智顗與中觀學〉（Chih-i and Mādhyamika）[30]中，曾詳盡地闡釋龍樹基本上是以自性與邪見的否定來說空，而無生亦可視為透過對自性的否定來展示空義的一種方式，故無生與空，關係實在非常密切。四句否定透過無生來否定自性，亦可視為展示空義的一種重要的設計。

故四句否定與空義的透顯是不能分開的。兩者的關係，若更就龍樹以揚棄一切邪見來說空一點來看，會顯得更為鞏固。如上所說，對邪見的否定，是龍樹在對自性的否定之外的另一種說空的方式。龍樹的論點是這樣，一切見解都以概念為基礎，而概念當被確定化下來時，總被執持，而成為極端的見解。這樣便會把真理——在佛教來說是空之真理——的整一性與絕對性分割了。[31]因為當概念成為極端的見解，或「極端」時，便是偏面的和相對的，與真理的無分化與絕對的性格背道而馳。在這種情況下的見解，自然是錯誤的見解，或是邪見；在透顯空義的脈絡下，它們是要被揚棄的。而四句中任何一句，不管是肯定、否定、綜合或超越的涵義，都易被執取，而成為極端的見解，因而是邪見，對真理的顯現，做成障礙。這樣的極端的見解是要被否定的。在這種情況下，便有所謂四句否

30　Part I, A.

31　真理具有整一性與絕對性。這是哲學上對究極層面的真理的一致的理解，關於這點，這裡不多作闡釋。我們只想說，這裡的真理是就空而言，是究極的第一義諦。

定。就自生等的事例來說，倘若自生、他生、共生是基於對自、他、共的極端的見解而成立的話，則這幾種生都要被否定。這極端的見解，可以這樣說，以為物事可以自己由自己生出來，不必有能生與所生的關係，這是自生。物事自身可以由自身以外的另一物事生出來，這是他生。物事可以由自身加上自身以外的另一物事生出來，這是共生。又以為物事可以不需要任何原因，便可自然地生出來，這是無因生。這些都是極端的見解，都是偏面的，故都要被否定。

討論到這裡，讀者或許會提出一個問題。四句中的前三句需要被否定，是容易理解的；它們都很有構成一個「極端」的傾向，這極端易為人所執取。即是說，第一句的肯定涵義易使人只留意物事的正面的、肯定的面相，因而執取這個面相，不見其他面相。第二句的否定涵義易使人只留意物事的負面的、否定的面相，因而也執取這個面相，不見其他面相。第三句的綜合涵義也可有使人同時執取物事的正面的、肯定的與負面的、否定的面相的傾向，而把這兩面相置定於兩頭的極端中，沒有溝通的渠道，也沒有中庸之道。但第四句是超越的涵義，這涵義正是在對相對性的、兩極性的概念的超越與克服上顯示出來；超越概念的相對性與兩極性，正表示不對它們起執著，其導向正是無執。第四句既是無執的性格，怎麼又要被否定呢？

要回應這個問題，我們必須重溫龍樹對空的理解。上面說，龍樹基本上是就對自性與種種邪見的否定來說空。但這空亦不能被執持，作為一切所歸宗的真理來看取。倘若被執持，則「空」亦會易淪於一種具有自性的東西；另外，它也可以被看成是一與有相對的概念。以空有自性固是錯誤的見解，以之為與有相對反的概念，也是邪見。後一點會使人淪於虛無的立場，以斷滅的眼光來看基本上是緣起的性格的物事，以為它們會變成一無所有。這些看法，都需要被否定。中觀學者便提出「空亦復空」一命題，來表示這個意思。青目在解釋《中論》的名偈「眾因緣生法，我說即是空（無），亦為是假名，亦是中道義」（24：18，《大正藏》30．33b）時，便說：

> 眾緣具足和合而物生，是物屬眾因緣，故無自性，無自性故空。空亦復空。但為引導眾生故，以假名說。[32]

青目的意思是，空是無自性的意味，這是物事的性格，或有關它們的真理。但空作為一個名相，仍無實在可得，對應於空，亦無空之自性，我們亦不應對空起執取，故要「空亦復空」。即是說，當空不能被正確地理解以至被作為名相或概念來執取，以為對應這概念有實在的自性可得時，空也要被否定掉，被「空」掉。[33]四句中的第四句所展示的超越的涵義，易被人視為一種有終極義的超越境地而執取之，而安住於這境地上，因而遠離世俗的環境，與現實隔離開來，而有小乘的捨離世間的極端的態度。第四句便在可能導致這樣的「極端性」的前提下被否定掉。經過這一否定，空的義理更能深刻地顯示出來。

七、四句否定克服了概念的限制性

進一步看四句否定的性格與功能，我們可以說，在四句否定中，對於四種思考——肯定、否定、綜合、超越——的否定，實表示對概念的限制性的克服。這概念的限制性是對真理的顯現而言；克服了這種限制性，真理便可直下地、確定地被展示出來。

要說明這點，讓我們先看看《中論》的兩則偈頌。其一是：

> 如來滅度後，不言有與無，亦不言有無，非有及非無。（25：17，《大正藏》30・35c）

這偈頌的梵文為：

32　《大正藏》30・33b。

33　關於「空亦復空」或空亦要被否定掉的進一步闡釋，參看拙文 “Chih-i and Mādhyamika”, Part I, A.

paraṃ nirodhādbhagavān bhavatītyeva nohyate,
na bhavatyubhayaṃ ceti nobhayaṃ ceti nohyate.[34]

其意思是：

我們不能說世尊在獲致涅槃後存在。也不能說他在獲致涅槃後不存在，或存在與不存在，或不存在與非不存在。

另一偈頌是：

如來現在時，不言有與無，亦不言有無，非有及非無。（25：18，《大正藏》30・35c）

相應的梵文偈頌為：

tiṣṭhamāno 'pi bhagavān bhāvatītyeva nohyate,
na bhāvatyubhayaṃ ceti nobhayaṃ ceti nohyate.[35]

其意思是：

我們不能說世尊在現今的生命歷程中存在。也不能說他在現今的生命歷程中不存在，或存在與不存在，或不存在與非不存在。

這兩首偈頌所要傳達的表面的消息，是存在（bhavati）的範疇或概念不能用來描述世尊（Bhagavan），或佛陀，不管他是已經獲致涅槃，得解脫，或是生活於現今的生命歷程，仍在輪迴。即是說，我們不能說他存在，他不存在，他存在和不存在，他不存在和非不存在。對於這兩首偈頌，青目

34 *Poussin*, p. 534.
35 Ibid., loc. cit.

並沒有作出關要的解釋。我們的理解是，「存在」和「不存在」在語言學上指述這個經驗的和相對的世界中一物事的兩個相對反的狀態。「存在和不存在」和「不存在和非不存在」也是如此。它們都是被用來描述這個世界。這樣的範疇或概念有兩點嚴重的限制。第一，這些概念和它們所指的狀態之間的關係，是約定俗成性格的。在我們對語言的運用中，某些概念對應於某些個別的對象、狀態或行為；這種對應，是約定俗成的。此中並沒有哪一概念必須對應於哪一對象、狀態或行為的必然性。因此，我們把概念關連到世界方面來，希望藉此能標示世界、理解世界，這種標示與理解，只能是相對意義，沒有絕對性可言。這便關連到下面第二點。第二，就概念的意義而言，概念自身都是相對的、依待的。「存在」相對於和依待於「不存在」，反之亦然。沒有概念可以說具有絕對的和獨立的涵義，因而以它們來理解的世界，也只能是相對的和依待的。我們不能透過它們來了解得世界的絕對和獨立的本相或本質。

要之，概念是約定的和相對的性格。[36]這是概念的限制。由於這種限制，概念不能真正地反顯、展示真理；後者是究極的和絕對的性格。概念只能反顯、展示約定的和相對的性格的東西。因此，要如實地顯示真理，概念的約定性與相對性必須被克服、被超越。四句否定中的四種否定方式，便可說具有克服或超越概念的這種限制的作用。

就上面列出的兩首偈頌來說，它們表示世尊（Bhagavan）或如來（Tathātā）不管在得覺悟前或得覺悟後，都不能以存在、不存在、存在與不存在、不存在與非不存在這些範疇或概念來描述他的狀態。這個意思，如何可以關連到四句否定的這種克服概念的限制的作用上來呢？我們的理解是，當提到如來時，所指涉的，並不是他的物理的、生理的生命存在，而是那使他成就如來性格的精神意義的主體性。這主體性在隱蔽的狀態時是如來藏（tathāgata-garbha），顯露出來便成法身（dharma）。不管是隱

36　約定的（conventional）即是暫時性的，不是究極的、終極的；相對的性格也包含依待性，它不是絕對的。

是顯，它都不作為經驗的現象世界中的一分子而存在，卻是作為擁抱著真理的東西或真理的體現者而「存在」。用康德（I. Kant）的辭彙來說，它是本體界的東西，不是現象界的東西。本體界是絕對的，現象界是相對的。它既不是現象，自然不能以只能用來描述現象界的相對的概念，如「存在」、「不存在」等等來說它。故說它存在固是不妥，說它不存在也不妥。在這裡，說存在不妥當，並不等於不存在。它根本超越「存在」與「不存在」所概括的相對性格的領域，而屬於絕對性格的本體界。而四句否定正是要克服概念的限制：它的約定性與相對性，以負面的方式，顯示那超越於約定性與相對性之外的絕對的理境，這也是究極的理境。

有關四句否定對概念的克服或排拒問題，史培隆格（M. Sprung）與我們有近似的見解。他說：

> 四句窮盡了「存在」一動詞在肯認性的語句中可能被運用的方式，你可以肯認某物事的「存在」，或肯認「不存在」，或「存在與不存在」，或「不存在與非不存在」。在這四種方式中，語言是存有論地（ontologically）被運用的。不管是在哪一種方式中，「存在」一動詞都表示肯認語句所談到的東西的存在性或非存在性。龍樹和月稱把四句都拒斥掉。他們拒斥「存在」一動詞的存有論的涵義（ontological implication）。[37]

「在這四種方式中，語言是存有論地被運用的」的意思，以概念——如在四句中所包含者——為主要內涵的語言，被存有論地視為與世界及物事的實情相應。這是對語言的不恰當的理解，是要被拒斥的。在史培隆格的評論中，「存有論的涵義」，正是我們所說的世界及物事的實情。語言或概念，不管它們是透過四句或其他形式來表現，都不能具有這種涵義，因為

---

[37] Mervyn Sprung, *Lucid Exposition of the Middle Way*, London and Henley: Routledge and Kegan Paul, 1979.

它們是相對的和施設性的。有關世界與物事的實情，即是有關世界與物事的絕對的真理，那是超越乎語言或概念所能描述範圍之外的。

八、四句是漸四句否定是頓

在《中論》中，表示四句否定的偈頌，遠較表示四句的為多。後者只有兩首，這即是上面曾列舉過的「一切實非實，亦實亦非實，非實非非實，是名諸佛法」（18：8，《大正藏》30・24a）與「諸佛或說我，或說於無我，諸法實相中，無我無非我」（18：6，《大正藏》30・24a）。關於前者，可參考本書下面拙文〈從現代邏輯看龍樹的論證〉（The Arguments of Nāgārjuna in the Light of Modern Logic），文中把《中論》的四句否定的偈頌列了出來。這裡我們要對四句與四句否定這兩種思考作一總的檢討，以結束全文。檢討的焦點，集中在這樣一個問題上：如上所表示，四句與四句否定都是佛教徒特別是中觀學的論師運用來展示真理的方法，目標是一樣的；但卻有四句與四句否定的對反性質的差異，這是為甚麼呢？表面看來，倘若四句是展示真理的正確方法，則它的否定便是不對了，而又以這否定為展示真理的另外的方法，則更有問題了。我們應該如何看這四句與四句否定的矛盾呢？

我們有以下的看法，以回應這個問題。

一、四句和四句否定同被視為展示真理的方法，它們是作為方法或法門被建立起來，而不是作為原則、原理被建立起來。既然不是原理，則它們若不是在同一時間、同一處境施之於同一對象方面，這矛盾便不成問題。即是說，原理是不能有矛盾的。但四句與四句否定都不是原理，卻是展示真理或開示眾生有關真理的性格的方法，這兩種方法雖然相互矛盾，但可以拿來教導眾生，在運用方面不必有矛盾的問題。有些眾生適宜以四句來開導，有些眾生則適宜以四句否定來開導，這是對機施教的問題，不是矛盾不矛盾的問題。兩種方法只要不是同時對同一眾生使用，便沒有矛盾。據說當年釋迦牟尼說法，說到有關自我的問題時，便曾對那些懷疑生命存在的現實性而持虛無主義觀點的人，宣說有自我，以平衡他們對生命存在的偏見；但對那些受婆羅門教影響而執取有梵我的眾生，卻宣說無我，以平衡他們的我執。[38]有我與無我，若作為原理看，自然是矛盾；但作為教化眾生的對機的法門，使在觀點上有不同毛病的眾生都能遠離那些毛病，循序了解佛教的正理，則沒有矛盾。四句與四句否定的情況，也是一樣。

二、故四句與四句否定的不同，只能就方法來說。上面曾提出四句有教育性與分類的涵義，也曾詳盡地闡釋這兩涵義。分類的涵義是教育性的涵義的基礎。對眾生的根器可以分類，對真理的不同層面的理解，也可以分類。甚麼根器的眾生應以哪一層面的真理來開示，俾他能循序漸進地了解較高層次或較深入的真理，以至最後能圓實地把得真理，這則是教育的事。故分類的涵義適足以成就教育的涵義，其整個目標是指向眾生的教化（宗教的教化），使之最後能覺悟真理，得解脫而成佛。很明顯，這樣的教化是有歷程的，是漸進的。以分類為基礎（對眾生的根器分類和對真理的層次分類）的教育是漸進的，分類本身便預認秩序或次序，而落到教化的實踐上來說，次序必導引一個漸進的歷程，故教化的實踐必是漸進的。它不能是頓然的，頓然的方式可以把次序一棒打散。四句既是分類的與教育性的涵義，這種方法表現在教化的實踐上，必然是漸進的教化，或是漸教。

三、在四句中，由第一句至第四句，真理由較低層次漸漸升進為較高層次，而修行的人亦漸次由較低層次到較高層次來了解真理。四句否定則不同。它對四句的否定，並不是先否定第一句，然後否定第二句、第三句，最後否定第四句，卻是一下子把四句一齊否定掉。否定甚麼呢？否定自性的觀點與概念的限制性。而無自性和具有絕對性格的空的真理，便在這種對四句的一下子的否定中顯露出來。真理一下子被展示出來，修行的人也在一下子間了悟得真理。這一下子即表示一頓然的覺悟方式。在四句

38　這個故事在佛教經典中非常流行，已成為佛門中有關釋迦說法的常識，故不具引出處。

否定中，每一句所否定的，都同樣是自性的觀點和概念的限制性，所展示的都是無自性和具有絕對性格的空的真理，此中沒有歷程可言，修行的人也不必循序漸進地了解空理，卻是一下子便把得它，或頓然地把得它。這便是頓教。

四、因此在龍樹的四句法中，有漸、頓兩種教法，四句是漸，四句否定是頓。在這兩種方式中，龍樹較重視哪一種呢？從《中論》中只有兩首偈頌是四句形式，卻有極多偈頌是四句否定形式的情況看，在表面上，龍樹應是較為重視四句否定的頓然教法的。[39]事實上，龍樹對四句否定的重視是不容懷疑的。《中論》全書以兩首偈頌開始，其一是以四句否定形式出之的所謂「八不」偈，跟著的是作者的禮讚偈或歸敬偈，很明顯說明這點。這兩首偈頌是：

> 不生亦不滅，不常亦不斷，不一亦不異，不來亦不去（出）。（《大正藏》30．1b）

> 能說是因緣，善滅諸戲論，我稽首禮佛，諸說中第一。（Ibid., loc. cit.）

其梵文原文為：

> anirodhamanutpādamanucchedamaśāśvataṃ,
> anekārthamanānārthamanāgamamanirgamaṃ.[40]

> yaḥ pratītyasamutpādaṃ prapañcopaśamaṃ śivaṃ,

---

[39] 拙文 "The Arguments of Nāgārjuna in the Light of Modern Logic" 曾列出十首四句否定形式的《中論》偈頌。這是魯濱遜在他的著作中所未及列舉的。若加上魯濱遜在其著作中所曾列舉的，四句否定形式的《中論》偈頌當遠遠超過十首之數。

[40] *Poussin*, p. 11.

deśayamasa saṃbuddhastaṃ vande vadatāṃ varaṃ.[41]

意思是：

> 不生起，不滅去，不壞滅，不常住，不同一，不分別，不來（而成為存在），不去（而遠離存在）。
>
> 我頂禮那完全的覺悟者，他是至上的老師，曾開示緣起的義理，和福祐的寂滅境界，在這境界中，一切現象性的思想營構都要消失。

這兩偈頌放在全書之首，不屬於下面任何一章，卻是總述全書的主旨，其重要性可知。這全書的主旨即是透過對相對概念的否定來展示緣起因而是空的真理。[42]這些相對概念，如生滅、常斷、一異、來去，一方面都易被執取為有其自性，一方面又易以其為一偏的性格，限制了物事的整全狀態，而障害了人們對物事的整全的了解，因而不能了解物事的真相，或真理。故龍樹同時否定了它們八者，而成「八不」，或八方否定，在這否定當中，無自性及超越種種概念的限制的空義便顯出來了。「八」的數目是無所謂的，它可以是六，也可以是十，或其他。這只是梵文偈頌每句的音節需有一定數目的結果。[43]這八個概念，可以「生」來概括，因而對這八個概念的否定，便成了不生，或無生（anutpādam）。而無生的義理，正是透過四句否定的形式展示出來的。我們可以說，由「無生」而顯空義的是《中論》的旨趣，而論證無生正理的思想方法，正是四句否定。

---

41 Ibid., loc. cit.

42 一切物事都是依因待緣而生起，所謂緣起；因而不可能有常住不變的自性，這是自性的否定，或空。物事是緣起的性格，因而是空。緣起與空實是對同一情事的不同說法，二者的意思是互涵的。

43 一般而言是十六音節，《中論》亦然。

第五章　龍樹系統中的一些邏輯面相*

前　言

龍樹（Nāgārjuna，公元前2世紀）所開創的中觀學派（Mādhyamika）是由一個世紀以前的愛彌爾・畢爾奴夫（Emile Burnouf）介紹到現代學術界的。在過往六十年裡，印度、歐洲及日本的學者都曾研究過這個學派，並一致承認它在印度哲學史上，無論是佛教的或非佛教的哲學上，都是重要的。龍樹被廣譽為偉大的辯證家。但是每次嘗試闡述中觀學者的心聲時，都留下大量的阻礙。由於各開風氣的研究者都必須掌握一些充滿訛誤的梵文、藏文及漢文資料；況且要比較中觀學者及其佛教的、正理學派的和數論派的敵論的學者，而這些學者的情況也同樣鮮為人所知，他們還要運用西方哲學的術語，使得中觀學的資料成為可理解的，因此難免不無阻礙。

研究中觀學最蓬勃的時期，始自一九二七年徹爾巴斯基（Th. Stcherbatsky）的《佛教的涅槃概念》（*The Conception of Buddhist Nirvāṇa*）的印行。中觀系統裡的存有論及有關絕對（Absolute）的問題，於是便成為研究的重點。魏萊・蒲桑（Louis de la Vallée Poussin）、舒坦尼斯羅・沙耶（Stanislaw Schayer）及其他學者都曾就這些論題與徹爾巴斯基展開凌厲的辯論。這次辯論後因蒲桑的逝世及第二次世界大戰而中斷。《淨明句論》（*Prasannapadā*）的翻譯工作由狄雍（J. W. De Jong）繼續下來，[1]

---

* 魯賓遜著，馮禮平、吳汝鈞合譯。原文為：Richard H. Robinson. "Some Logical Aspects of Nāgārjuna's System." *Philosophy East and West*. 6:4, 1957, pp.291-308.

1 J. J. W. De Jong, *Cing chapitres de la Prasannapadā*. Paris: Paui Geuthner, 1949.

狄雍也撰寫了一些有關中觀學的絕對概念的最清晰明確的論文。[2]穆諦（T. R. V. Murti）的《佛教的中心哲學》（*The Central Philosophy of Buddhism*）一書，於 1955 年出版，他繼續著徹爾巴斯基及其論難者的工作，給中觀學的「形而上學」方面的研究，帶來了最大的收穫。

中觀學的「形而上學」的辯論掀起了各種極端不同的看法，人們以虛無主義、否定主義、一元論、相對主義、非理性主義、批判主義及絕對主義等名目加於中觀學之上。那種以西方哲學家作比擬來試圖找出交匯的嘗試，並不太深入。最常見的比較對象是康德和黑格爾，但也不大適合，因為二者的思想結構與印度的任何有關系統基本上都截然不同。

形而上學的研究路數是有幾種基本局限的，這現在已顯示出來了。這種做法是在沒有就某些更具約束性的問題取得答案前，便試圖找尋全面的答案，這些約束性的問題便是該哲學系統的知識論上的及邏輯上的結構。由於共時性的（synchronic）及歷時性的（diachronic）考察並未被分別處理，引致龍樹的系統沒有清楚地與月稱（Candrakīrti）的系統分別開來。有些學者把中觀學的一些語句從文義中抽離出來，放進一些現代的模式中，因而中觀學論證裡的內在結構不能清楚地被認取出來。這種形而上學的路數含有一種更為嚴重的缺點：它試圖為我們的問題找尋答案，而不是弄清楚龍樹所面對的問題。

目前我們要做的，便是把中觀學分開階段來研究，把共時性的研究置於歷時性的研究之前，並把各種問題分清類別，以作詳盡的考察。這種做法正近似於現代語言學的研究趨向，這個領域是被更積極的分析及更緊密的推理所籠罩。

在各種問題裡，其中一個特別需要分別開來作詳細研究的，是邏輯在中觀學所扮演的角色。徹爾巴斯基的觀點，是以月稱的《淨明句論》為基礎的，這《淨明句論》後出於龍樹數世紀之久，這時期的印度邏輯已較龍

---

2 J. J. W. De Jong, “Le probléme de l’Absolu dans l’école Mādhyamika”, *Revue Philosophique*. 1950, pp. 322-327.

樹時有更高度的發展。穆諦曾經談論了很多「辯證法」的問題，但實際上沒有涉及形式邏輯。筆者謹引述一些具有代表性的學者的見解，看看他們怎樣看待邏輯在中觀學的位置：

一、我們姑且不要理會他（譯按：指龍樹）的略為單調的方法——他即本著這方法，以同樣的具有破壞性的辯證法，來對付小乘的一切想法——他永遠都是那樣感到興趣、勇猛，使人困惑，並有時好像傲慢似的……。不過，只有那些小乘佛教徒及所有一般的多元論者，才需要懼怕龍樹的辯證法。他並不攻擊佛陀的法身的想法，反而加以讚頌。他誇讚相對性的原理，並以之破斥一切多元論的說法，他這樣做是為著要正本清源，在這樣的基礎上建立那唯一不二的和「不可界說的」（a-nirvacanīya）存有的本質。根據那一貫被應用的一元論的原則，所有其他的事物都只有第二序的和偶然的實在性，它們都是假借的……。中觀學者否定了要建立一最高真實的邏輯的有效性，即是，否定了概念思維。每當被詰難說在否定邏輯的有效性時，他也運用了一些邏輯，他答辯說：日常生活的邏輯足以顯示出所有系統都互相矛盾，而我們的基本想法是不能抵受詳細考察的。[3]

二、龍樹想證明的是存在的非理性（irrationality of existence），或建立在 A 等於 A 一類的邏輯原理上的推理的虛假性……。因為很多時我們可以給一個問題提供兩個答案：斷定（assertion）和否定（denial）。他的論證包含了兩個否定，一個是否定有所證（probandum）的一面，另一個是否定沒有所證的一面。這樣的雙重否定稱為中道。[4]

三、每一肯定命題（正）皆是自定的（self-convicted），無需由另一否定命題（反）來作出反平衡（counter balanced）。為什麼一切見解都被否定呢？這是基於什麼原則呢？每當我們分析一經驗事象時，它的結構的

3　Th. Stcherbatsky, *The Conception of Buddhist Nirvāṇa*. Leningrad: Publishing Office of the Academy of Sciences of the U. S. S. R., 1927, pp. 46-27, p. 38, n. 3.

4　Walter Liebenthal, *The Book of Chao*. Peking: Catholic University Press of Peking, 1948, p. 30.

內在漏洞便顯露出來。它並非事物自身（thing in itself），而是與別的事物關聯起來而存在，而這些事物又依存其它事物而存在。這個過程無休止地繼續下去，最後導致（無窮）追溯（regress）。[5]

徹爾巴斯基說龍樹通過其辯證法建立了一套超越的概念，穆諦則說所有的肯定命題皆被否定。徹爾巴斯基把邏輯及推論的概念思想等同起來。李華德（W. Liebenthal）提出了令人懷疑的概念，那是龍樹著述中沒有的。他說存在的理性建立在「A 等於 A 的邏輯原則上」，他這樣說，抹煞了在邏輯原則及存有論真理之間的任何聯結的明顯的偶然性，他也抹煞了所提出的「邏輯原理」並非形式邏輯的基礎，而只是一推衍的定理這一事實。（要從這所謂「原理」中推衍出任何邏輯的演算是不可能的。）李華德並沒有考慮他的研究對象是一個詞項（term）抑或一個命題（proposition），他也沒有考究那些可以肯定或否定這研究對象的謂詞（predicate）。

「每當我們分析一經驗事象時，它的結構的內在漏洞便顯露出來。」穆諦的這種說法是有誤導性的。它會錯誤引導人們以為龍樹會以經驗的立場去考察經驗事象。其實，龍樹所考察的不是經驗事象，而是詞項之間的外延關係（extensional relations），龍樹只是研究以定義的方式加諸這些經驗事象上的詞項（terms）、概念（concepts）及性質（properties）之間的外延關係。

穆諦的「每一肯定命題（正）皆是自定的」說法，除了重新提出謊者的悖論（paradox of the Liar）這古典的悖論外，也是含糊可疑的。我們不能確定「肯定命題」（thesis）一詞究竟是指一個命題還是指一組命題；是指一斷言（assertion）或是一推斷（inference）；是指一可能包含否定式的代函值（functor）的命題或是一沒有包含否定式的代函值的命題。在龍樹時代，部分論難者當然會像現代的研究者一樣感到迷惑，但如果我們

---

5 T. R. V. Murti, *The Central Philosophy of Buddhism*. London: George Allen & Unwin Ltd., 1955, p. 136.

能給一些好像上述的問題找出清楚的答案的話，我們便可能看出龍樹的說法是有意義的。

穆諦說「每一肯定命題（正）皆是自定的」可能是指「每一命題皆是自身矛盾」。不過，因為這種說法在重言（tautologies）上是不真的，故「每一命題皆是自身矛盾」這一命題便是假的了。

無可懷疑，上述的問題需要一些更正確設定的問題及一精密的方法論，其中的詞項要有一致的定義，而研究的範圍亦要劃定。在這篇文章裡，筆者只打算就一些有限的問題範圍，提出有限的看法，也就是闡述一些在《中論》（*Mūlamadhyamaka-kārikā*）中觀察到的邏輯原理及結構。

波蘭的印度學家沙耶是第一位著手對龍樹作形式的分析的學者，那幾乎是二十五年前的事了。那時候，波蘭的邏輯家展開對古代（希臘及羅馬）的形式邏輯的科學的研究。沙耶在路卡斯維茨（Jan Lukasiewicz）及其學生們的影響下，研究了現代邏輯，並開始運用現代邏輯來研究古印度邏輯。雖然沙耶很不幸地在逝世前沒有留下給我們一些好像路卡斯維茨所著的《亞里斯多德之三段論》（*Aristotle's Syllogistic*）或者像波坎斯基（I. M. Bochenski）所著的《古代的形式邏輯》（*Ancient Formal Logic*）那樣的著述，不過，他的論文中也包含了一些方法論的原則和一些雖然是零碎但卻珍貴的研究成果。在〈關於正理探究的方法〉（Ueber die Methode der Nyāya – Forschung）[6]一文中，他給《中論》其中的一個偈頌，提供了標記標示（notational transcription）。在〈古印度的述語邏輯的預示〉（Altindische Antizipationen der Aussagenlogik）[7]一文中，他提出了早期佛教辯證家所應用的推理法則的問題，考察了四句法（tetralemma，梵 catuṣkoṭi），認為是命題邏輯的特徵。沙耶對於徹爾巴斯基的批評是尖銳及公正的。但穆諦並未參閱沙耶的邏輯文獻。

6　Stanislaw Schayer, "Ueber die Methode der Nyāya – Forschung", *Festschrift Winternitz*. Leipzig: Otto Harrassowitz, 1932, pp. 247-257.

7　Stanislaw Schayer, "Altindische Antizipationen der Aussagenlogik", *Bulletin international de l'Academie Polonaise des Sciences et des Lettres, classe de philologie*, 1993, pp. 90-96.

東京大學的中村元（Hajime Nakamura）教授繼承了沙耶的方法論，在〈從符號邏輯的立場對性空概念的一些清理〉（Some Clarifications of the Concept of Voidness from the Standpoint of Symbolic Logic）[8]一文中，他對沙耶的方法加以維護和繼續應用。他以現代科學化的標記邏輯作工具來研究印度邏輯，認為這工具有其優越性。標記述詞（notational statement）可以避免語言述詞及修辭邏輯的陷阱和不自然的地方。這方法的應用，不一定要把印度的形式轉變為傳統的西方邏輯的標準形式，但卻可以弄清楚傳統印度的結構而不須加以改革。除了中村元的見解外，筆者可以附加說現代邏輯提出了更廣泛的問題，使研究者的觀察更為敏銳。

中村元的論文的其它部分以標記的形式處理了中觀學的一些命題和推論，藉以顯示龍樹的論證的有效性，並提出空性等同於空類（null class）的說法。

本文包含了中村元大部分的資料，並隨引文附注。但筆者得出的結論則稍有不同，並會在下文提出一些新問題。

在考察龍樹的論證的形式結構時，筆者並未把知識論、心理學及存有論包括在內，這等邏輯以外的看法，會在本文結論部分提出。

一、基本定理及推論規律

龍樹的邏輯知識水平與柏拉圖不相伯仲，那是形式化以前的，並包含一些由他自己的直覺得出的一些公理和推論原則，其中自有其巧妙處，也偶有錯誤。[9]但是，有時在說明這些公理上，因使用太過一般性的術語，不免使之變成虛假的變項。

那三條傳統的「思想律」已不再被視為演繹系統（deductive system）的基本原則。不過，因為龍樹曾被批評為排斥理性，所以我們仍有興趣看

8 Hajime Nakamura, “Kūkan no kigo-ronrigaku-teki ketsumei”, *Indōgaku-bukkyōgaku Kenkyū*, No. 5., Sept., 1954, pp. 219-231.

9 Cf. R. Robinson, “Plato’s Consciousness of Fallacy”, *Mind*, 51 (1942), 97-114.

看有否依從它們。

《中論》曾不斷地引用矛盾原理。論中有兩處地方曾一般性地涉及這原理：

1.「不應於一法　而有有無相」（7・30）[10]
2.「有無相違故　一處則無二」（8・7）

龍樹曾普遍地以比較狹窄的語值（values）加於這規律的應用上：

3.「如世間生死　一時則不然」（21・3）
4.「有無共合成　云何名涅槃　涅槃名無為　有無是有為」（25・13）
5.「是二不同處　如明闇不俱」（25・14）[11]
6.「常及於無常　是事則不然」（27・17）

排中律曾兩次明顯地被引用：

7.「離去不去者　無第三去者」（2・8）[12]
8.「離去不去者　何有第三住」（2・15）

在另一偈頌中，排中律亦被暗中假定了，頌文說：

9.「若有所受法　即墮於斷常　當知所受法　若常若無常」（21・14）

10　各偈頌的編號據蒲桑（Louis de la Vallée Poussin）所編之《中論》的各品及各偈頌次序。蒲桑之《中論》收錄在《佛教文庫》*Bibliotheca Buddhica* (St. Petersburg: Imperial Academy of Sciences, 1903-1913), Vol. IV.

11　Nakamura, *op. cit.*, p. 227a.

12　Nakamura, *op. cit.*, p. 228a.

因為龍樹依靠大量二分法來作論證，所以在他的大部分推論中，矛盾原理是必要的。

在《中論》裡並未曾明顯地運用過同一律（以方程式的形式表達，而不是好像上文所引李華德的文字中所應用的涵蘊關係），這是不用驚訝的，因為如果一個人沒有一套有關涵蘊關係的繁複概念的話，這規律對他來說，是毫無意義的；它對於那些無意組織一套邏輯的演繹系統的人來說，也是沒有多大用處的。正如波坎斯基所言：「我們在亞里斯多德所留下的著述中，找不到同一律的說明，他的《形而上學 III》整本書都是用來闡明矛盾律的。」[13]

假言三段論（hypothetical syllogism）是龍樹的主要推論形式。它的完整形式包含了三個命題。不過，龍樹好像其他印度的辯證家一樣，在簡潔及形式的完整性之間寧取前者。所以，在讀者可以依文意來補上的情況，他便略去了推論中的一兩個命題。假言三段論的兩個有效方式是離斷律（modus ponendo ponens）及逆斷律（modus tollendo tollens），前者具有肯定的前項（affirmed antecedent），而後者則具有否定的後項（denied consequent）。這兩種方式都以含有子變化（sub-varieties）的情況出現於《中論》裡，其中，逆斷律較為普遍。

A.離斷律（modus ponens）

11.「因物故有時　離物何有時　物尚無所有　何況當有時」（19・6）

我們可以用下列的記號法來表示上述的頌文：

設 p 等於「時」，q 等於「物」

$p \supset q \cdot \supset \cdot \sim q \supset \sim p ; \therefore \sim p$

上半頌說明了否定後項的原理，也顯示龍樹已經在某個程度上注意到換位

---

[13] I. M. Bochenski, *Ancient Formal Logic*. Amsterdam: North-Holland publishing Company, 1951, p. 38.

原理（principles of conversion）。在下半頌，那已換了位的涵蘊關係「~q ⊃~p」的前項是被肯定的，因此後項亦被肯定。

我們要留意龍樹所肯定的前項，是一些否定命題（negative propositions）。

B.逆斷律（modus tollens）

逆斷論的命題形式是：

p⊃q；~q；∴~p

12.「若離色有因　則是無果因　若言無果因　則無有是處」（因此，因並不離色而存在。）（4・3）

13.「空相未有時　則無虛空法　若先有虛空　即為是無相」（但無相的物項並不出現，因此空間並不出現。）（5・1）

14.「若因過去時　有未來現在　未來及現在　應在過去時」（但它們並不這樣；因此它們並不依過去時。）（19・1）

15.「若涅槃是有　涅槃即有為　終無有一法　而是無為者」（但涅槃就定義來說便是無為；因此，涅槃並不是有為的物項。）（25・5）

16.「若離身有我　是事則不然　無受而有我　而實不可得」（27・5）

龍樹說出了這些與 19・6 頌（上引之第 11 例）一致的推論的換位律（law of conversion）。

C.前項的謬誤（fallacy of the antecedent）

龍樹在很多場合都否定了前項，於是便違背了換位律。這種謬誤的命題形式是：

p⊃q；~p；∴~q

自亞里斯多德以來，這種謬誤已被認為包含所有其他的謬誤了。[14]

14　Bochenski, *op. cit.*, pp. 35, 100.

17.「若謂然可然　二俱相離者　如是然則能　至於彼可然」（但作為然的火並不離可然的燃料而出現；因此，以外於燃料的火為能至於燃料，是錯誤的。）（10・7）

18.「若有不空法　則應有空法　實無不空法　何得有空法」（13・8）[15]

19.「若有未生法　說言有生者　此法先已有　更復何用生」（7・18）[16]

中村元在其論文中說這些例子，如果站在傳統形式邏輯的立場來看，都是謬誤。不過，如果站在布爾－舒露德邏輯代數學（Boole-Schröder logical algebra）的立場來看，則是有效的。現在讓我們把上文最後三頌轉為符號，以考究這個看法：

18.設 a＝「法」，b＝「空」

$a\bar{b} \neq 0 \cdot \supset \cdot ab \neq 0$；$a\bar{b} = 0$；$\therefore ab = 0$

「$a\bar{b}=0$」是「$ab \neq 0$」的矛盾面而非「$a\bar{b} \neq 0$」的矛盾面。故這是前項在進行否定，因而出現了不確定性（indeterminacy）。無論在符號邏輯或修辭邏輯上，這些推論都是錯誤的。

19.設 a＝「法」，b＝「生」

$a\bar{b} \neq 0 \cdot \supset \cdot ab \neq 0$；$a\bar{b} = 0$；$\therefore ab = 0$

上述的記號法表示出 19.與 18.在形式上是一致的，故同是因上述的理由為謬誤的。

17.設 a＝「然」，b＝「可然」，p＝「至於彼可然」

$a\bar{b} \neq 0 \cdot \supset \cdot p, a\bar{b} = 0$；$\therefore \sim p$

上述的記號法表示出：17.的命題形式（雖然不是詞項結構 term-structure）與 18.及 19.是一致的，所以也是違反了換位律。

定言三段論（categorical syllogism）的例子比較有趣，不過卻是淺薄的。

---

15 Nakamura, *op. cit.*, p. 228b.

16 Nakamura, *op. cit.*, p. 229a.

20.「如佛經所說　虛誑妄取相　諸行妄取故　是名為虛誑」（13・1）

這並不是龍樹的論證，而是他的論難者的論證。這論證與第一格 AAA 三段論（barbara）的樣式（mood）一致：MaP・SaM・⊃・SaP。

21.「若諸世間業　從於煩惱出　是煩惱非實　業當何有實」（17・26）

這論證與第一格 EAE 三段論（celarent）的樣式一致：MeP・SaM・⊃・SeP。「是煩惱非實」一句中的前件（protasis）只是重複第二個前提，並說明試圖建立一推論，但對推論來說是不必要的。

二、定義及公理

龍樹系統的基礎是一組定義，在這組定義中，某些性質（properties，梵 lakṣaṇa）被配到一個詞項上。例如緣起（dependent co-arising，梵 pratītyasamutpāda）：

22.「不生亦不滅　不常亦不斷　不一亦不異　不來亦不出」（第一品禮敬偈頌）
23.「眾因緣生法　我說即是空」（24・18）
24.「若見因緣法　見苦集滅道」（24・40）

實相（reality，梵 tattva）：

25.「自知不隨他　寂滅無戲論　無異無分別　是則名實相」（18・9）

涅槃（nirvāṇa）：

26.「無得亦無至 不斷亦不常 不生亦不滅 是說名涅槃」（25・3）
27.「受諸因緣故 輪轉生死中 不受諸因緣 是名為涅槃」（25・9）

自性（own being，梵 svabhāva）：

28.「性名為無作 不待異法成」（15・2）
29.「性若有異相 是事終不然」（15・8）

自性一詞，就其定義本身來說，是矛盾的可爭議的主題。如果自性是存在的話，它必須屬於一存在的物項。這樣說來，它就必定是被條件決定的，是依於其他物項的，是有原因的。但是自性其本義是不受條件決定的，不依於其他物項的，也不是有因而生的。故自性的存在是不可能的。

在《中論》裡，所有被否定的命題的主詞都屬於自性這一類。此中的基本論證是：如果一個命題的變項（variables）是空的（null），那命題便不是存在地真的。我們不能由此推出：倘若變項不是空的，則命題是存在地真。不過，我們可以推出，這些命題可以偶然地是存在地真。在第 60 例中，涉及空和成立的句子，明白地說出了在某些條件下某些命題是真的。

三、否定

在這裡，筆者必須再次說明，知識論的問題在此是不予處理的。我們要研究的不是如何認知「不存在」（absences），而是研究否定式的邏輯的代函值（logical functor）應如何理解。

從很多地方都可以看到，龍樹持有一種初看似是不通的有關否定的概念。

30.「有若不成者 無云何可成 因有有法故 有壞名為無」（15・5）
31.「不因於淨相 則無有不淨 因淨有不淨 是則亦應無」（23・10）

32.「若我常樂淨　而實無有者　無常苦不淨　是則亦應無」（23・21）
33.「有尚非涅槃　何況於無耶　涅槃無有有　何處當有無」（25・7）
34.「有為法無故　何得有無為」（7・33）
35.「若常及無常　是二俱成者　如是則應成　非常非無常」（27・18）

上述的例子好像是說，任何一個變項的否定的出現，都涵蘊那變項的存在。但龍樹似乎只是想及一種有窮的外延和它的餘補（complement），而把空及全稱詞項（null and universal term）從考慮中排除出來。物項（有，梵 bhāva）就定義上來說是緣起的，但不是普遍的（常，全常，梵 śāśvata）及處空的（斷，斷滅，梵 uccheda）。這物項有一種同樣是緣起而生的餘補，除了具有當那物項存在它便會不存在的性質。第 33 例的意譯會更清楚地說明這點：

如果涅槃不是不組性質的有窮的外延（finite extension），則涅槃便不能成為沒有那一組性質的有窮的外延了；如果有窮的外延不存在，則那有窮的外延的餘補便亦不存在。

「性」（梵 prakṛti，相等於 svabhāva 自性）一詞並無餘補。

36.「若法實有性，後則不應無；性若有異相（餘補），是事終不然」（15・8）

這就是說，「性」是加諸一詞項類的性質類。因為這兩種的類是主詞或主詞類的範限（range）所必須的，故它們是不會不出現的。

如果「淨」的外延是空類（null class），或是全類（universal class），則全類便沒有任何部分會構成「淨」的事物的類，而且沒有任何部分會構成不淨的事物的類。

四、量化

龍樹所應用的很多詞項，都明顯地是受約束的，而因為他的所有的命題，都好像是一般性的，如果這些命題是沒有量化詞（quantifiers）的話，則必須給它們加上量化詞。

全稱量化（universal quantification）是受到代函值「全部」（sarvam）及對於一個存在的代函值（例如「某個」kaścid；「某時」kadācana）的否定這兩者所影響。

37.「無常未曾有　不在諸法時」（21・4）
38.「未曾有一法　不從因緣生　是故一切法　無不是空者」（24・19）
39.「若法性空者　誰當有成壞」（21・8）
40.「終無有一法　而是無為者」（25・5）
41.「終無有有法　離於老死相」（25・4）

龍樹是否定存在的量化（existential quantifications）的，因為他所排斥的全部詞項都被視為本質（essences）。如果說一物的本質只關涉該物的其中一部分，那是荒謬的。

42.「若半天半人　則墮於二邊　常及於無常　是事則不然」（27・17）
43.「若世半有邊　世間半無邊　是則亦有邊　亦無邊不然」（27・26）
44.「彼受五陰者　云何一分破　一分而不破　是事則不然」（27・27）

如果我們假定骨頭是不會腐化的話，則「云何一分破，一分而不破」的說法並非荒謬。但龍樹的本懷並不是要否定一般認識上的斷定，而是要否定有（bhāva）及自性（svabhāva）的概念。這兩個概念常被加於一般的認識上。這裡的定理是：「互相矛盾的屬性作為謂詞加上去的，不能是一個物項。」[17]

量是與兩種極端（永恆的存在及虛無）有關的。

45.「若法有定性 非無則是常 先有而今無 是則為斷滅」（15・11）

常住主義斷言「所有 A 是 B」，虛無主義則斷言「有些 A 是 B 而有些 A 不是 B」。這兩種看法都被公理的立場破斥了。這裡的要點是在於那些詞項的量的分別。

五、四句

佛教的典型辯證工具是四句（catuṣkoṭi）。它包含了排斥的排取的關係（relation of exclusive disjunction）中的四個分子（a、b、c、d 中有一個而不會多過一個是真的）。自喬答摩（Gautama）開始的佛教辯證家都把每一句（邊）否定過來，最後把整個命題都加以否定。這些句或邊都被認為是全面的，對它們的全面的否定亦稱為「純否定」，而且也被視為稱中觀學派為否定主義的證據。因此，對四句的形式的分析引起了邏輯學以外的興趣。

46.「一切實非實 亦實亦非實 非實非非實 是名諸佛法」（18・8）
47.「空則不可說 非空不可說 共不共叵說 但以假名說」（22・11）
48.「如來滅度後 不言有與無 亦不言有無 非有及非無」（25・17）
49.「若天即是人 則墮於常邊 天則為無生 常法不生故
若天異於人 是即為無常 若天異人者 是則無相續
若半天半人 則墮於二邊 常及於無常 是事則不然
若常及無常 是二俱成者 如是則應成 非常非無常」（27・

17 《中論》中並無引述。

15-18)

那未經龍樹否定前的四句的形式，在第 46 例中表示出來，其公式為：

Axv~AxvAx・~Axv~(Ax)・~~(Ax)

明顯地，在首二句中，其 x 是要被全稱地量化的。第 49 例把第三句的 x 存在地量化。「有些 x 是 A 而有些 x 不是 A」。筆者建議把第四句解作：「沒有 x 是 A 及沒有 x 是非 A」。當 x 是空時，這是真的。

沙耶[18]把第四句寫作「~P・~(~P)」(非 P 非非 P)。這樣的寫法，是基於把這四句視為命題函數(propositional functions)的假定。但明顯的，那基本命題的否定式及合取式(conjunctions)並不能寫作第 49 例，而且，如果其他例子中的詞項都同樣地被量化後也不能那樣寫。「非 P」是「P」的矛盾面，但「有些 x 是 A」則不是「有些 x 不是 A」的矛盾面。

中村元[19]把四句用代數的方式解作「a」，「~a」，「a~a」及「~(a~a)」，因為「a~a」等於「0」而「~(a~a)」等於「0」，故第三及第四句是冗餘和無意義的。如果主詞並不是完全分配在第三句的任何一合取項(conjunct)中，則這個形式便不須再被視為冗餘了。[20]

龍樹把四句中的每一句都加以否定，因為它們的詞項都正如那些論難者所界定那樣，都是空的。當第四句其中的一個詞項是空時，它則是真，但當另一詞項是非空時，這句則不是假的。龍樹可能因為這個理由而否定第四句。

四句與亞里斯多德的四形式有些相似之處。兩者都包含有由兩個詞項及「一切」、「有時」及「非」等常項(constants)(代函值)所構成的命題。但四句中的第三及第四句卻不是簡單的命題，而是合取式

---

18 *Aussagenlogik*, p. 93.

19 *Op. cit.*, p. 229.

20 Stcherbatsky, *The conception of Buddhist Nirvāṇa*, p. 90. 徹爾巴斯基意外地把四句中第三句量化了，但他卻沒有作出備註。「他否定它們是(與它們的因)同一的，他否定它們是與(它們的因)相異的，或既同一且相異(部分同一和部分非同一)。」

（conjunctions）。用布爾－舒露德（Boole-Schröder）記號方式可以把兩者的比較表列如下：

亞里斯多德形式		四句	
A	$a\bar{b}=0$	1	$a\bar{b}=0$
E	$ab=0$	2	$ab=0$
I	$ab\neq0$	3	$ab\neq0 \cdot a\bar{b}\neq0$（I 及 O 形式的合取式）
O	$a\bar{b}\neq0$	4	$ab=0 \cdot a\bar{b}=0$（E 及 A 形式的合取式）

六、兩難

在一位被譽為「勇猛，善變及狀似自傲」的作者的著述中找到很多兩難式，是不會令人感到驚訝的。這種兩難式的普通形式是「簡單的建構性的兩難式」（simple constructive dilemma）：「p⊃q · r⊃q:pvr:⊃q」。「r」一般來說是「非 p」，所以「p 或 r」變成「p 或非 p」。

下面是一些顯示兩難式的例子，但不夠全面：

50.「若諸法有性 云何而得異 若諸法無性 云何而有異」（13・4）
51.「若法實有性 云何而可異 若法實無性 云何而可異」（15・9）
52.「若眾緣和合 而有果生者 和合中已有 何須和合生
若眾緣和合 是中無果者 云何從眾緣 和合而生果」（20・1-2）
53.「若因空無果 因何能生果 若因不空果 因何能生果」（20・16）
54.「若果定有性 因為何所生 若果定無性 因為何所生」（20・21）
55.「若法性空者 誰當有成壞 若性不空者 亦無有成壞」（21・9）
56.「若初有滅者 則無有後有 初有若不滅 亦無有後有」（21・18）
57.「若世間有邊 云何有後世 若世間無邊 云何有後世」（27・21）

我們要注意到這種「簡單的建構性的形式」包含了兩個涵蘊關係，其中的一個前項是要被肯定的。上述的例子顯示龍樹運用了離斷律。這些例子都遵守「肯定前項」這規律，因此形式上是正確的。對於其後項都是否定式的兩難來說，「簡單的建構性的」這個指謂可能是不合適的；不過，「建構性」一詞是指命題的結構，而不是詞項的樣式。龍樹雖然避免肯定任何詞項，但他卻是肯定了命題。

下面的例子，雖然其命題形式與上述例子相同，但這方面卻是例外：其首頌是論難者的詰難，而後一頌則是龍樹的答辯：

58.「若一切法空　無生無滅者　何斷何所滅　而稱為涅槃
若諸法不空　則無生無滅　何斷何所滅　而稱為涅槃」（25・1-2）

論難者意欲否定「一切法空」這個前項，並提出自己的涵蘊關係，藉此希望龍樹會把後項否定。不過，龍樹卻提出一種反涵蘊關係（counter-implication），裡面有相對的前項（contrary antecedent），也有等同的後項（identical consequent）。

要避開這些兩難的後果，便要「把他們的角握住」，否定對方預設的各種定義。這樣做，可以把龍樹所謂「見」（dṛṣṭi）的整組命題否定掉，而得性空之義。

59.「大聖說空法　為離諸見故　若復見有空　諸佛所不化」（13・8）

七、空與無（Nullity）

大多數對空性的討論，都環繞著它是一「正面的」或「負面的」概念一問題，或者探究它是超越的或虛無的意義。蒲桑（Poussin）認為中觀學的中心概念是「非存有基礎的絕對」（absolu à base d'inexistence），這理論是沙耶所肯定的。[21]

鈴木大拙說：「……我們必須記著大乘佛學也有常常伴隨著它的空性論的積極面。這個積極面稱為如性（tathatā）論。《楞伽經》每每小心地把空性（śūnyatā）與如性平衡起來，或者強調當我們把世間看作為空時，我們正是把握它的如性。這種理論自然遠離了那個基於我們的辯解的邏輯探究的範圍，因為這是屬於直觀的境界。」[22]

換句話說，這種消解方法是無意義的。我們即使承認有部分的荒謬（nonsense）是有意義，但仍會懷疑那種埋怨「辯解」不能解答那不可解答的問題的做法是片面的。除非一個問題的所有理性上的可能性都已被考慮過，我們不應隨便說這問題是理性上不可解決的。除了表示感情上的接受或否定外，我們懷疑「正面的」及「負面的」是否真與「空性」的意思有關。我們也不能確定空性是超越的，抑是虛無的，除非我們已知道那些性質（qualifications）的輪廓，在這些性質中那些概念具有其意義。

空性的形式的、非直覺的定義的可能性，值得我們去研究。中村元[23]提供了這樣的一個定義，他說空性等於空類（null class）。這位學者也說其他可能性亦值得我們去研究。

筆者從下述重要的偈頌中找到的解說，是中村元沒有列出來的：

60.「以有空義故 一切法得成 若無空義者 一切則不成」（24・14）

這裡的「一切法」是指「一切世間及出世間法」，也就是「在佛教的論議範圍中的所有真正的賓謂語」。這顯然不表示去指謂兔角龜毛。

設 x＝「一切法」（一切世出世間法），A＝「空」和 B＝「成」。

---

21 Stanislaw Schayer, “Das mahāyānistische Absolutum nach der Lehre der Mādhyamikas”, *Orientalische Literaturezeitung*, 1935, p. 413.

22 D. T. Suzuki, *Studies in the Lankavatara Sutra*. London: George Routledge & Sons, Ltd., 1930, p. 446.

23 *Op. cit.*, p. 230.

那麼它的記號是：

$$(x) \cdot Ax \supset Bx \cdot \sim Ax \supset \sim Bx$$

因此「x是空的」及「x是得成（的）」是相等的。[24]在主詞是「法」的情況，如果我們把「……是得成（的）」代替「……是空的」，結果便會是一系列的命題，這些命題都是佛教的基本教義，一點也不是「虛無的」。

另一首重要的偈頌是：

61.「眾因緣生法　我說即是空　亦為是假名　亦是中道義」（24‧18）

緣生是空，故此是可成的。空就其定義來說，是無自性。龍樹的整個論證是，有自性的個體的類是無的（null），故此空的現象的類，也就是緣生法，是自性或無的類（null class）的餘補。「空」類有其「假名」作為其分子，而有些假名是可成的。故此，空類並不是無，而是與全類（universal class）共外延的（co-extensive）。

八、另外一些邏輯上的問題

這裡仍有大量問題及例子沒有談及，筆者所採用的例子，全取自龍樹的《中論》。他其餘的論著，尤其是《迴諍論》（*Vigrahavyāvartanī*）也很重要。同時，我們也應參考提婆（Āryadeva）的著作及疏解，來說明蒲桑所謂「有各種中觀學派及中觀論者」。[25]雖然，把龍樹所引證的形式和原理與印度的理論邏輯作比較是非常重要，但在這篇文章裡，我們除了偶爾涉及希臘邏輯外，並無顧及比較研究這方面。

有許多論題，雖然是屬於單一系統分析（monosystemic analysis）的範圍，在這裡也沒有論及。筆者只集中研究第一序列（primary rank）的

24　有關等值的證明，這裡並無作出，那是可以用「$Bx \supset Ax$」來取代「$\sim Ax \supset \sim Bx$」來證明。

25　*Havard Journal of Asiatic Studies*, 111 (1938), p. 150.

推論，雖然在《中論》裡有很多有關基本推論的知識體系的結構的例證。雖然有部分字句可以用代函值的形式來理解，筆者也忽視了在龍樹理論中的模態邏輯（model logic）的可能性。筆者沒有研究一些與傳遞關係（transitive relation）及自反關係（reflexive relation）有聯繫的論證。雖然我們可以從這些述詞中把形而上的關係從邏輯關係分開來，這樣做也許會使龍樹的同一概念（concept of identity）更加明朗化。本文較少運用現代邏輯的資料，但把《中論》全文逐品地改寫為邏輯記號是可能的。這樣做，可以使那在上文引述的一些從頌文中抽取出來的例子的形式的特徵更為明顯。總的來說，本文對龍樹哲學的邏輯分析是很不完全的。

九、哲學的追思

我們沒有證據說龍樹「以邏輯破壞邏輯」。他是犯了一些邏輯上的錯誤，但卻沒有否定任何邏輯原則。他肯定一些命題（佛教教義上的），在某個觀點下（比如性空），是真的；但在某個觀點下（如自性），則是假的。說「龍樹以否定邏輯的有效性……來建立最高真理（ultimate truth）」，是不正確的。他只是否定一切自性見。這種否定實際上建立了正確的理解。因為它只是應用理性的方法去否定不明顯的非理性的觀念，故不能說它是「非理性主義」（irrationalism）。

如果因龍樹時常應用否定的代函值，我們便稱他為「否定主義」，這是無意義的，除非我們願意稱柏拉圖或休謨的哲學為「合取主義」（conjunctivism），因為他們常常應用「與」（and）這連接詞。

當我們最低限度把一些錯誤的問題除去後，哲學的研究便會有真正的成效了。沙耶說存在及物項在印度思想中無可避免地是空間的及外延的（extensional），我們應加注意。[26]我們要記得早期的印度思想家從抽象中把具體分別出來時是充滿困難的，我們很容易忘記我們的「存在物」一

---

[26] *Op. cit.*, OLZ, 1935, pp. 405-406.

詞包括種種抽象作用在內，我們也會忘記我們的前輩曾經經歷一番苦幹才找到對模糊的東西的概念，這種概念在一些印度學派裡都明顯地不曾被思考過。與龍樹同時的人物跟康德同期的人比較起來，他們沒有那樣地好弄詭辯。他們的問題是較為簡單的，他們的概念亦較少，而他們處理概念的做法亦遠較為粗略，這並不是說他們比現代學者差勁，他們只是較早期而已。我們應在這個背景下評價龍樹的推理。筆者相信，如果我們把這個背景加以分析及考慮的話，他的地位將會更高，而他的系統也會顯得不如我們所感到的那樣粗野和使人惑亂。

性空論（Śūnyavāda）實在是有關構想（fictions）的理論。假名（prajñapti）的概念提供抽象的東西一個解決的方法，不用把它們具體化，也不用給它們加上存有論的涵義。這種抽象化過程的了解也許是印度佛教哲學最偉大的成就。在印度，這理論受到頑固的抗拒，那是因為實在論的學派相信，一個真的述詞的所有部分，一定是真的知識，與存在著的對象相應。

現代研究龍樹的人所提出的問題都太不著邊際及難解，他們都不夠突顯，不容許人作個別處理。當然，在這個「分析的時代」，我們應擺脫巴洛克（Baroque）哲學方法的羈絆。作康德和黑格爾及印度哲學家之間的比較不會是最成功的，最成功的是印度哲學家與亞里斯多德的前輩，比如伊利亞特（Eleatics）及柏拉圖之間的比較。我們當會從一些對前亞里斯多德學派（Pre-Aristotelians）的最好的現代研究中獲益良多。

印度思想家及經院哲學家之間的比較也是值得的。例如：龍樹可以很好地與威廉・歐坎（William of Ockham）作比較，因為他的系統與唯名論（Nominalism）有些相似的地方，而且去詳細地研究印度有關共相（universals）的爭論也是很有價值的。

第六章　龍樹的空之邏輯*

一、依存性——關於緣起

（一）所謂緣起

> 亦不滅，亦不生，亦不斷絕，亦非恆常，亦非單一，亦非複數，亦不來，亦不去，佛陀說，這依存性（緣起）超越語言的虛構，是至福的東西。我禮拜這最上的說法者。（禮拜詩頌）〔什譯：不生亦不滅，不常亦不斷，不一亦不異，不來亦不出。能說是因緣，善滅諸戲論；我稽首禮佛，諸說中第一。〕

《中論》（*Madhyamakakārikā*）最先揭舉這個禮拜的詩頌，簡潔明晰地表明該書的本質。同樣的旨趣，亦在第十八章第十、十一兩偈頌中表示出來。（以下不附書名，18・10 等數字即《中論》第十八章第十頌等之意。）所謂不滅不生等的否定。在《般若經》中，亦作為形容事物的真相、空性的語詞而屢屢出現。此中列舉了八個這樣的否定。「八」這數目並沒有特別的意思，這樣的否定的數目，或增或減都是可能的；總的意思，都是「空」。或者如後期中觀派那樣，把所有的否定收入於「非單一，亦非複數」這二句中，亦是可能的。這些否定句與「超越語言的虛構，而為至福」這一說話相並，用來描寫依存性。順此，龍樹（Nāgārjuna）

---

* 梶山雄一著，吳汝鈞譯。原文為：梶山雄一、上山春平著《佛教の思想 3：空の論理〈中觀〉》，東京：角川書店，1973，頁 67-124。

即表明，非一非多的依存性是佛陀說教的本質，《中論》是繼承這說法的。

此中我意譯為「依存性」的詞語，原語是 pratītya-samutpāda，一般來說，是事物必依原因而起的意思。漢譯一般作「緣起」。

事物依原因、條件而生，我們若能以因果關係理解之，便接近原意了。經典中出現的十二支緣起，追溯迷妄與苦惱的人生的因果系列，而發見無知與渴愛，是根本原因。人行善行而得好環境，人行惡行而得痛苦的結果，這亦是緣起。又由稻種而生稻芽，這亦是緣起。在這個意義下，緣起最先指在自然與人生中的因果關係。

說到因果關係，通常指在不同時間存在著的兩個東西間的生成關係。實際上，緣起並不限於那樣的因果關係，以我們的說話言，實亦包含同時的相互作用與共存關係，甚至是同一性與相對性等的邏輯關係。因此，說緣起是因果關係，倒不如說它是關係一般，來得比較正確。

在古印度，同時因果常被說及。勝論（Vaiśeṣika）以布與構成它的絲之間有因果關係。兩者同時都存在著；絲是原因，布是結果。這在現代人的意識看來，是全體與部分的關係，而非因果。佛教因不承認事物全體中有實體性，故視全體與部分的關係，為部分間的相互作用；但這是因果，這是緣起，則無改變。把三札稻束或三枝步槍組合起來而使之立著不倒，這亦是緣起，亦是因果。

說一切有部把因果關係分析為六因、四緣。其中亦有很多處不能被看成是狹義的因果關係。即使是有重大分別的東西，其間亦可建立因果關係。對於月的存在來說，鼈本不起任何積極的作用；但最低限度，就不妨礙月的存在這點說，鼈亦對月有原因的作用，這樣的無關係乃至無關心的共存關係，亦是因果（能作因－增上果）。心靈與心靈作用，地、水、火、風等物質元素，以至於所有被製作的東西與生、住、異、滅等相狀，常是成群而生起，而存在的。這關係通常被看作俱有因——士用果的因果關係，而加以理解，但我們亦可說這是相互作用或者是實體與屬性的關係。在我們看來，「普遍」或者「種」本是邏輯的概念，但說一切有部

（Sarvāstivādin）卻視之為客觀實在的要素（包含於心不相應行中）；因此，如「櫻是樹木」這樣的邏輯的同一性關係，亦是共存關係，或俱有因的因果關係；這關係表示，在櫻這樣的東西中，有樹木這樣的種在共存。

這樣可見，佛教所謂因果，其意義遠較我們所理解的為廣。緣起與因果差不多是同義，它的所涵，也遠較我們所理解的為廣。

（二）從語義來解釋緣起

清辨（Bhavya, Bhāvaviveka）的《般若燈論》（*Prajñāpadīpa-mūlamadhyamakavṛtti*）（西藏譯）與月稱的《中論註》（*Prasannapadā*），其第一章，對各種有關「緣起」的語義解釋，簡約為如下三種說法。按《中論》的註釋家都喜歡舉出緣起，作為其批判的對象，或藉以表示自己的意思。

⑵ 各種要素同時生起，作為剎那滅的現象而出現。

⑵事物要到達（pratītya-prāpya）原因與條件，才能生起，即是說，要依存（apekṣya）原因與條件而生起。

⑶此有時彼有、此生時彼生的所謂「以此為緣 idaṃpratyayatā」之意。

第一種說法是阿毗達磨（Abhidharma）哲學者對於緣起的語義解釋，第二種說法是作為中觀學派的一分派的歸謬論證派（Prāsaṅgika）的說法，第三種說法是作為另外一分派的自立論證派（Svātantrika）的意思。自立論證派的清辨在舉出第一說與第二說後，只對上述二說不符合經典中所表示的緣起的意思，作簡單的描述與批評，例如他批判「依眼與色有視覺生起」這個意思，他並未有說明是怎樣的不符合。但採第二說的歸謬論證派的月稱（Candrakīrti），則首先在文字方面對第一說詳加批判，他以為這樣的解釋在語源上是不妥當的，其後又指出：視覺這一單一性的東西，依眼、色這各各是單一的東西而生，由於這亦是緣起，故我們不能把緣起總是限於只是多種類的實在要素的生起，如阿毗達磨的哲學家所做的那樣。不過，就有部的立場看，視覺是單一性的東西，常與心一齊生起，而眼與色則是多數的物質原子的複合體，由於這些不能說為是單一的，故月稱的批判不大具有說服力。

由於註釋要求語義的檢討，因而種種議論勢必成為語言學的。但其中當亦隱藏有對於哲學立場的批判。阿毗達磨哲學家本著阿毗達磨的立場捏造語源解釋，中觀派又就符合其哲學立場處來解釋訂正語義，這都是真有的事。初期的經典，亦以「事物必依原因而被作成」這樣程序的概括的意義，來使用「緣起」一詞。後來的各學派即依其哲學而各各提出其獨斷的語義解釋。因此，真正的論爭並不是語義，而當是關係到哲學了。

（三）環繞緣起之解釋而來的論爭

就說一切有部的立場說，多數的實在要素，本來是恆常的本體，它們同時地共同作用，而顯現為現象；此中即有緣起存在，這即指只在現在一瞬間持續的經驗。中觀派不承認恆常的本體，作為剎那滅的東西而變為現象。他們的不滿，基本上是指向說一切有部的哲學立場的。同時，清辨與月稱都要避免把緣起限於在時間過程中事物的生起的因果關係上，因這樣的意義太狹窄了。

在清辨的《般若燈論》中，文法家提出這樣的反對論調：倘若結果在開始時已存在，它到達原因，與之相會，而生起，則「到達而生起」這樣的緣起（參照以上第二說）一詞，亦是有意義吧。但在最初不存在的結果，何以能到達原因呢？又「到達」一事與「生起」一事，這兩作用是不能同時有的。因為，「到達」（pratītya）這一連續體的語形，表示一作用先行於他一作用的關係，像說「沐浴而食」那樣。

對於由文法立場而來的這樣的批判，清辨提出這樣的反擊：「張開口睡眠」、「向著路而行」這樣的表現，亦是用連續體的語形，但它們兩個作用不是同時存在麼？按此中亦表示出，論爭是關於語言的問題，但其背後是有意圖的：不把緣起解釋為「只是繼起的」因果作用，而更推廣之，以至於是兩個東西的同時關係。這亦可透過清辨自說的第三說「此有彼有，此生彼生」，而得明白。此中顯示一個廣義的義理，包含因果關係與邏輯關係兩面。

清辨不贊成第二說，亦是由於上面的文法家的反對論調亦有多少道理。又可能由於他以為「到達，生起」這種事故，只能就物質性的東西而說，像視覺那樣的非物質性的東西，要到達眼與顏色形狀，那是不可能的。月稱即這樣推測清辨的意思。月稱以為，由於「比丘到達修行的果實」這樣的比喻的表現亦是可能的，故我們沒有把「到達」限制於物質的東西的會合的必要。更且，「到達」亦含有「依存」、「相對」的邏輯的意思。月稱又把緣起的意思推廣開來，以至於邏輯的相對關係，並視這個意思較因果的意思更為重要。

月稱反對清辨的第三說，他認為清辨只舉出「以此為緣」的緣起的同義語；他未有對「緣起」一詞的當體，提供語義上的解釋，這並不是註釋者的正確態度。不過，這兩個註釋家在語義解釋的激烈的爭辯中，對緣起的哲學涵義的理解，實際上幾乎沒有差異。月稱凌厲地攻擊清辨後說：「清辨把緣起解釋為『此有時彼有，如短有時長有』，即使就此看，亦可以明白到，他的意見畢竟與我們的相同。」實際上，清辨在《般若燈論》第一章解釋緣起時，並未有使用月稱所舉出的「短與長」的譬喻。他只說及「此有時彼有，云云」而已。不過，由於在龍樹與清辨的其他著作中，亦有「短與長」的譬喻，故月稱的說法，並非無據。

（四）中觀學者對緣起的解釋

要之，除了語言的特別是語義的解釋外，在對緣起的其他方面的理解，自立論證派與歸謬論證派都沒有那麼大的差異。兩派都批判「本體表現為現象」的說法，如阿毗達磨論師所作的。又這兩派都不把緣起限於只是狹窄的因果關係，認為它亦含有邏輯的相對關係的意思，而借「以此為緣」這一術語以表現之。不過，「以此為緣」（idaṃpratyayatā）這一術語，在文獻學上亦有各種問題。但中觀派是用以上所述的意思來了解和使用這詞語的，語言學的檢討還是另外的問題，我想現在未有涉入這點的必要。我們只要指出緣起有一般性的依存性的意思，它包含有時間的因果關係與邏輯的相對關係的涵義，便足夠了。

我們有時會不小心，認為《中論》是談緣起的書，或龍樹教人相對性，這大抵是受了三論宗傳統的影響。這種說法有基本的誤解，必須注意。龍樹並不是主張因果關係與邏輯關係。他並未有採取有部的姿態，說有依存關係。實際上，他是否定如有部所解釋的那兩種關係的。他所說的是，若固執本體的立場，則因果關係與邏輯關係都不能成立。他否定具有本體的東西之間的依存關係，而表示，所謂關係一般，只在不具有同一和別異的本體的東西之間成立。

固然，依存性一旦被否定了，再回復過來，這種情況亦是可能的。龍樹對此有相當詳盡的說明。不過，在這種情形，這依存性是作為不具有本體而是空的依存性而回復過來的。關於這點，清辨有極其明確的意識。在《般若燈論》中，他不講單純的緣起，卻反覆表示「為不生不滅等特徵所限定的緣起」的說法。這特殊的緣起，與非佛教者與小乘佛教所說的因果關係不同，而是大乘佛教獨自的緣起，是《中論》的主題。

（五）中觀哲學的性格

在《中論》、《迴諍論》（*Vigrahavyāvartanī*）、《廣破論》（*Vaidalyaprakaraṇa*）等主要論著中，龍樹並未有組織地建構自己的哲學。前述那樣的，他否定概念世界，經過反溯得來的直觀的哲學，本質上是一種神秘主義，而不是哲學體系。由寂護（Śāntarakṣita）開始的後期中觀派，才達致體系的規模。這是後面要討論的。不過，我們應該說，這是為了批判諸哲學體系而來的體系，其自身並不是積極的哲學體系。龍樹只在其著作中，批判說一切有部、數論學派、勝論學派、正理學派等體系的原理而已。又，他在《廣破論》中，全面地批判正理學派的體系，但在《中論》與《迴諍論》中，則未有批判其他學派的體系，而只批判其基本的教義而已。而他對其批判對象的教義的了解，就他的著作所表示的看來，並不客觀。無寧是這樣，龍樹的批判的矛頭，是指向它們的思維方法方面。這思維方法是它們的個別的教義與由之而成的體系的原理。在這個意義下，我們可以說，龍樹的哲學是對各哲學體系的原理的批判。

《中論》由二十七章組成。其中亦有些章節，不是批判其他學派的，譬如第二十六、二十七兩章；但大部分的章節，都是以批判其他學派的教義為主的。此中，在選擇主題的方法方面，並無一定的組織；作為批判對象的主題，亦不能說已盡於這二十多章中。倘若他有足夠的時間與意志的話，則他的批判對象的主題，當是可增多的吧。極端地說，主題當是可無限量地增加的。這表示，在龍樹的著作中，重要的不是被拿來處理的主題，而是他的批判的邏輯。他的批判的方法，雖被用到多種多樣的主題上，但實際上可還原到幾個少數的形式。換言之，我們可以使用這些批判的形式，來否定所有的學說。而這些形式，亦可歸結到一基本的原理上去。站在中觀派的立場來說，不管是甚麼學說，甚麼命題，大抵都是不能成立的。這樣的邏輯，自與我們在前節所見到的龍樹的根本立場相一致。

以下我們首先就龍樹的批判事例，介紹他的邏輯的最重要的形式，其次探究橫亙於這些形式的根底的原理。為方便計，我們這裡預先列舉一個圖式——這是我們整理龍樹的批判對象的主題與思維方法的類型而得的。

- 依存性
  - 因果關係（移行）
    - 原因與結果—依一與異的兩難而來的批判
    - 運動與變化—依對時間、空間的分析而來的批判
  - 相互作用（邏輯的關係）
    - 主體與作用
    - 主體與客體（無限追溯及相互依存）
    - 語言與對象
    - （以上）依對語言的分析而來的批判

這當然是通過對他的著作的議論方法加以分析、分類、訂正而得的結果。以下我們選取《中論》的主題為例，逐次介紹出來。這《中論》實是以批判這些思維的類型為主的。橫亙於這些邏輯的基礎中的，是龍樹對本體的批判，和他的語言的哲學。這裡我們即以考察本體的問題開始，而以語言的哲學作總結。

二、對本體的否定

(一) 本體與現象

龍樹在《中論》第十五章開頭中說：

> 本體依多種原因與條件而生，那是不可能的。由原因與條件而生的本體是被制作的東西。(15・1)〔什譯：眾緣中有性，是事則不然；性從眾緣出，即名為作法。〕

> 本體怎能是被制作的東西呢？本體不依存其他的東西，不被制作而成。(15・2)〔什譯：性若是作者，云何有此義；性名為無作，不待異法成。〕

阿毗達磨哲學的思考方式是，事物的本體是通過去、現在、未來而恆常地存在的不變的實體。這本體在現在這一瞬間具有作用，是現象。火的本體，過去未來都是不變地存在著的。這本體具有燃燒的作用而成為現象，這即是現在。就這種看法言，龍樹在 15・1 頌中所說的「本體依多種原因與條件而生」，不一定是正確的。因本體雖可表現為現象，但它並不是依原因而被制作的東西。但這並不表示龍樹誤解了說一切有部的教義，或故意歪曲其教義。如上面所觸及的那樣，此中他亦不是把有部這一特定學派的特定教義作為問題來處理，而是要批判作為其教義的原理的思維方法。

被提供給我們知覺的，只是正在燃燒的火而已。不過，倘若依有部與勝論學派等的實體論的思維方法來說，則這正在燃燒的火，仍被分為本體與現象兩個概念。而作為最高真實的存在性，要訴諸恆常的本體，燃燒著的火，充其量只能涉及作為現象的第二義的存在性而已。

在《順正理論》(卷 52)中，某一學派對一切有部的這種思考方式提出質問：「到底過去與未來的火的本體，是可燃的，抑是不可燃的呢？倘若是可燃的，則這與現在的火便沒有區別了；倘若是不可燃的，則它便不具有火的本體了。」有部的眾賢（Saṅghabhadra）答謂：「過去、未來的火是有本體的，不過沒有作用；本體是被知（所知法）；由於是被知，故可說是存在的，並不是由於它具有作用而存在。」眾賢的定義是，所謂存在，是那種東西，它能作為對象，而生起認識。在這個定義下，即使不是正在燃燒不能為眼所見的火，作為知識的對象，總是火的存在，火的本體。

龍樹所要批判的，是這種以兩個概念來理解一個事實的思考方式，一般人的概念思維所有的方式。倘若把一事實區別為本體與現象，則此中必有矛盾生起。因現象不是本體，而本體又與現象對立。火的現象與作用，是依多數的原因而生起的複合物，是刻刻在變化，不久即滅去的流動物。火的本體，則被認為是與火的現象對立的，通過去、現在、未來三時而恆存。這樣地置定的火的本體，與具可燃燒作用的火的特性，是矛盾的。前者是不燃燒的火，事實上不存在的火。

（二）自己同一性與變異性

> 倘若本性可以存在，則它便不能變成非存在了。因為本性決不能有變化。（15・8）〔什譯：若法實有性，後則不應異；性若有異相，是事終不然。〕

> 倘若沒有本性，則變化是甚麼東西的變化呢？但若以本性為有，則變化又是甚麼東西的變化呢？（15・9）〔什譯：若法實有性，云何而可異？若法實無性，云何而可異？〕

此中被稱為本性（prakṛti）的，是本體的同義語。由於“prakṛti”一語是數論哲學的重要術語，故《中論》的註釋家，亦視這些詩頌為批判數論學派者。又在 15・9 頌的場合中，亦有人以為前半頌不是龍樹自身的理論，而是一種反對論調，它的旨趣是：倘若沒有實在論者的自己同一的本性的話，則變化是不可能被思考的。這些人以為後半頌是龍樹對這反對論調的答覆。龍樹到底有否這意思呢？那是不能由文獻上來決定的。不過，他在這詩頌中即使意識到數論學派的教義，他亦不會將之作為特定的教義來考慮，而是以一般形式來考究。月稱即把 15・9 頌分為反對論調與答論來看，青目與清辨則視為都是龍樹的發言。這自然涉及雙方的哲學方向的分歧了。

倘若本體具有第一義的存在性，則事物的變化便不可能說明了。要是那樣，以無常為特徵的事實世界，會更被漠視。不過，龍樹非常清楚何以說一切有部（較適切地說，當是人的一般想法）不得不在事實的背後設想一本體。當我們要概念地理解變化的火這一事實時，必須要拿它與不變化的本體相比較。變化性要先與自己同一性對比起來，才能有其意義。

所有概念，透過對其自身的限制，而排除它自身以外的東西。火只能通過否定地、水、風，而有其意義；這些都是它自身以外的東西。我們倘若對這其他東西的否定不理解，則亦不能理解火的自體。換言之，某一概念的意義，表現於對其矛盾概念的否定方面，它自身並不具有積極的內容。變化只是自己同一性的否定，後者只是前者的否定而已。為了要理解變化，而設定自己同一性，這樣地設定的自己同一性，與變化相矛盾。要理解火，便要否定火的事實。龍樹以為這是在人的概念思維中的本來的謬誤。

三、對原因與結果的否定

（一）同一性與別異性

《中論》第一章與第二十章，詳盡地討論因果關係的否定問題。其他的章節，則斷片地，屢屢就前後的議論而本質地說及。雖然對因果的分析的方式有好幾種，但其中最重要的，出現頻率亦高的，是採取「在原因與結果中無同一性亦無別異性」的議論，來否定因果關係。在考察結果與原因是同一抑是別異一問題時，倘若我們只考核這兩個可能性，而皆予以否定的話，便會出現兩難。又倘若把可能性增至四個，即：原因是結果的自體，他體，自他體，非自他體，而皆予以否定的話，則成四句否定了。現在就後者說明之。

（二）四句否定

> 事物，不管是甚麼樣的，不管是在哪裡的，一定不由自身而生，不由其他東西而生，不由自他兩者而生，又不由無原因而生。（1·1）〔什譯：諸法不自生，亦不從他生；不共不無因，是故知無生。〕

所謂事物由自身而生，譬如壺由自身而生；其意思指原因與結果完全是同一。所謂由其他的東西而生，是結果由與它不同的東西而生；譬如壺由粘土而生，這粘土對壺來說，是一他者。此中，原因與結果是在相異的關係中。

倘若原因即是結果自體，與結果是同一的話，則便會出現「壺由壺自身而生」的不合理說法了。又倘若這同一性是生起的作用的本質，則壺便會恆常地無限地繼續不斷由其自身生起了。但如原因異乎結果，則兩者變得無關係了，故壺當亦可以由絲而生了。絲與粘土，對於壺來說，都是他者，故是相同。

此中，《中論》的思想家亦結合著數論學派的學說來解釋「由自身而生」一點。這學派主張有萬物的根本原因，這亦當說為是質量性的世界原因。這根本原因與作為個人的靈性的純粹精神——這是複數的——相交涉，則會使自己變異，以世界中任何東西的姿態顯現出來。金塊雖變為王冠、神像、酒器，但卻恆常不失其自身的本質；根本原因亦是那樣，它存在於所有東西中，而不變其本質。依這個思考方式，原因與結果可以說是同一的。不過，這學派只認為原因變異為結果，而以結果的形態顯現出來，並未如龍樹那樣，說事物由其自身生起。龍樹在 1・1 頌中說「由自身而生」時，大抵是考慮過數論學派的意思的，但他並未具體地忠實地重覆這個意思；他是把「由自身而來的生起」一事，還原到最素樸的、最具有原則性的形態，而加以批判。

關於「由他物而來的生起」亦可同樣說。勝論學派認為，當原因集合而成結果時，這結果完全是新的，原來不存在的。因此，粘土之於壺，絲之於布，都是他者。不過，這學派亦未說結果是由完全無關係的他者而生起。相反地，它說是由他者生起，這他者具有生起結果的可能性或潛力。

數論學派的自因，勝論學派的他因，對結果來說，都不是絕對的自身、絕對的他者。無寧是，它們又是自身又是他者。可以說，這與作為第三原因的「自他二者」是一致的。所謂自他二者，即是在很多原因中，有某一東西是其自身，其他東西則是他者的意思。換言之，這即是原因與條件的集合的意思，或是一個原因，其中一部分是自己，另一部分是他者的意思。

對於原因的集合一點，龍樹提出這樣的問難：在這個集合全體中，一個一個的部分中，都找不到結果；此中，原來不存在的結果，是怎樣生出來的呢？（1・11、《迴諍論》1・21）〔譯者按：《中論》1・11 頌的鳩摩羅什的譯文是：略廣因緣中，求果不可得；因緣中若無，云何從緣出？〕《中論》的 1・1 頌的註釋者以為，「自他二者」這第三原因，由於具備有第一的自因與第二的他因所有的困難，故亦不能成立；他們的說法，是理所當然的。

至於那些不存在於多數的原因、條件的集合中的東西，作為結果而生起，可視為「沒有原因而生起」的情況。沒有原因而生起，即是由「又不是自身又不是他物」而生起；這等於由非存在而生起。事物由非存在或偶然地生起，並不是因果關係的合理解釋。

註釋者清辨作這樣的解釋：所謂無因即含惡因（《般若燈論》第一

章）。家有惡妻的男子嘆息說：「我沒有妻子哩」，便是這種情況了。基於這樣的解釋，清辨即把一些論點，視為第四種的無因生的情況，而批判之。這些論點包括以神或純粹精神、根本原因、時間等為萬物的原因的思考方式，與以事物都是自然地形成的偶然論。此中，我們可以看到清辨時期（六世紀）學界方面的說法，和中觀派與它們的論爭。不過，月稱反對清辨這個註釋，他以為這些惡因應列入自他因中，和應該受到批判。

（三）兩難

四句否定的邏輯意義，將在後面論本體的邏輯與現象的邏輯中詳述。龍樹基本上是以四句否定來否定因果關係的，不過，他更喜歡用兩難的方式，來否定因果關係。兩難方式成立的關鍵，在於把同一性與別異性只作為本質的問題來想。

> 某一東西依其他東西而生起時，前者與後者不是同一，又不是相異。因此不是斷絕，亦不是恆常。（18・10）〔什譯：若法從緣生，不即不異因；是故名實相，不斷亦不常。〕

> 原因與結果相同，那是決不可能的。又原因與結果亦絕不可能是相異。（20・19）〔什譯：因果是一者，是事終不然；因果若異者，是事亦不然。〕

> 原因與結果是同一時，則能生的東西與被生的東西便相同了。但倘若原因與結果是別異的話，則原因便和不是原因的東西相同了。（20・20）〔什譯：若因果是一，生及所生一；若因果是異，因則同非因。〕

此中，龍樹對於因果一主題，不是以經驗的立場來思考，而是以本質的立場來思考。倘若假定原因、結果是具有本體的存在，則會變成，這是單一、獨立、恆常的本性了。這樣，原因與結果的關係，便只能有「是同一」或「是別異」這兩個可能性。因為，本質是不可能作為「是同一亦是別異」的合成體的，「本質的一部分是如此的」一類特稱命題，是不能成立的。

至於原因這東西，原因只能是「與結果有同一的本體」，或「與結果是相異的本體」中的一種，而這任何一種場合，都不能說明因果關係。原因要具有同一與別異的複數的本體，那是不可能的。因為這違背「本體是單一」的前提。容許在本質的世界中相矛盾的兩種性質在同一物中共存，是錯誤的。經過這樣的考慮，龍樹即說，不管是原因抑是結果，其本體都是空。倘若它具有本體，則都不能作為原因與結果而成立，而其間的因果關係亦不能成立。

同一性與別異性的兩難，恐怕是龍樹邏輯中最基本的形式了。它不限於因果，原則上，它可適用於所有主題。現實世界的東西，並不單一地、自立地存在，亦不恆常地存在。它們常是複合地流動地存在著。即是，所有的東西都成立於與其他東西的關係中。這一方面是運動和因果狀態的變化——移行的關係，一方面又是全體與部分、對立和依存等邏輯關係。不過，這任何一種關係，限於這是關係，故把它編排入兩個東西的同一性與別異性的兩難中，是可能的。

（四）其他的邏輯

不過，龍樹並非只使用這類型的邏輯。他亦曾從另外的視點，來分析同樣的因果的主題。在 20・7-9 頌中，龍樹這樣地論述：倘若結果與原因諸條件的集合同時出現，便會陷於能生與被生同時而有的不合理情況了。〔什譯：若眾緣合時，而有果生者，生者及可生，則為一時俱。〕倘若結果在原因諸條件的集合之前出現，則結果會變成不為原因與條件制約的東西、無因的東西了。〔什譯：若先有果生，而後眾緣合，此即離因緣，名為無因果。〕但倘若在原因滅去時才有結果的話，則原因便只是轉換形態的東西了，而這亦陷入「先前存在的原因再次生起」的不合理的情況。

〔什譯：若因變為果，因即至於果，是則前生因，生已而復生。〕這議論是通過導入時間上的差異，來否定同樣的原因與結果。其他還有關於因果方面相同性質的議論，但不能一一記述了。

龍樹這樣地把因果作為移行的問題來把握，依同一性與別異性、時間的差異而批判之；此外，他還把同樣的因果問題，通過主體與作用的關係來研究。1・4 頌的後半部即以「原因並不是具有作用亦不是不具有作用」的形式來討論。這是把原因看作為生起結果的作用的主體的。

這作用與其主體的關係，在龍樹看來，本質上是語言的問題。譬如我們可以問：具有能見作用的東西是眼，能燃的東西是火，但正在睡眠而不能見的眼，為甚麼態能說是眼呢？這問題與「不能燃的火的本體何以被稱為火呢」一類問題是同性質的。關於原因與結果，當然可以同樣說。

> 由於某一東西依這些東西而生，故我們說這些東西是原因。倘若結果不生，則這些東西為甚麼不能說是非原因呢？（1・5）〔什譯：因是法生果，是法名為緣；若是果未生，何不名非緣？〕

依眼而有視覺生，故眼稱為原因。視覺不生時，眼便不能稱為原因了。也不能說這是眼。在龍樹看來，某一特徵與被附上特徵的東西，定義與被定義的東西，以至一般地說，語言與其對象，兩者的關係，是最本質的課題，能適用於一切。由於一切都是語言的對象，故它必能在與語言的關係中表現出來。龍樹以為，語言是虛構的，它並不具有它所表示的對象的本體，而是空的。

龍樹這樣地應用了多樣的類型的邏輯，來處理因果關係問題。次節以下，我們試選擇另外的主題，來看這些類型的邏輯。

四、對運動與變化的否定

（一）齊諾的弔詭

倘若我們把因果關係看作是某一東西從一狀態到另一狀態的變化，或在時間中移行，則我們亦可以把它就運動一點來研究；運動是事物在空間中位置的移動。《中論》的第二章即考察運動的問題。不管是時間抑是空間，其廣幅都可無限地分析為多數的極限點。由於各點都不具有廣幅，故在點中，事物不能移行，而常是靜止。即是集合了無限點，亦不能生出廣幅，故在點中靜止的東西，要在有廣幅的場所移行，是不可能的。這是伊里亞派的齊諾的弔詭。佛教很早便展開其刹那滅論與原子論，此中亦能成立同樣的弔詭。註釋者月稱即以齊諾的弔詭，來理解龍樹的議論。

> 已經去了的東西是不會去的。還未去的東西亦是不會去的。除了已經去了的東西與還未去的東西外，正在去的東西亦不會去。（2·1）〔什譯：已去無有去，未去亦無去；離已去未去，去時亦無去。〕

不管是時間抑是空間，除去已經去了的行程（已去）與當會去的行程（未去）外，現在正在去的行程（現去）這樣的東西，是不可得的。因為，這所謂現去的東西，作為已去與未去的接點，並不具有廣幅。月稱的註釋預想這樣的反對論者：他以為正在步行的人的足，在它所蓋者的位置中，是可以有去的動作的。對於這樣的思考方式，月稱以為，在這樣的事態中，嚴格來說，我們必須考慮足指尖端那個有關的原子。這原子前方的空間是未去，後方的空間是已去。但由於原子沒有大小的量可言，故原子所蓋著的所謂現去的空間，實在是不存在的。

月稱的這種論調，正與齊諾的弔詭相似。龍樹自己則由另外的觀點來分析這個問題。他在第二頌介紹了反對論者的意見（這意見以為去的事即發生在現在「正在去的位置」中）後，即說：

> 在「正在去的位置」中怎能有去的運動呢？沒有去一事的「正在去的位置」，是不能想像的啊。（2・3）〔什譯：云何於去時，而當有去法？若離於去法，去時不可得。〕

> 以為「正在去的位置」中有去的運動的人，糾纏於「離開去的運動有去的東西」這樣的不合理的想法中。為甚麼呢？因正在去的東西，是要去的。（2・4）〔什譯：若言去時去，是人則有咎；離去有去時，去時獨去故。〕

> 倘若在「正在去的位置」中有去一事，則變成有兩個去的運動了：使正在去的東西成為如此的去的運動，與在那裡正在進行的去的運動。（2・5）〔什譯：若去時有去，則有二種去；一謂為去時，二謂去時去。〕

這裡龍樹真正視為問題的，是「去的東西」與「去的運動」這兩個概念的關係，而不是「運動這樣的位置的移動是否可能」一點。對於「去的東西」與「去的運動」的關係，我們將在下一節討論。

（二）行的東西與行的運動

當我們說「行的東西行走」時，可想到行這一運動與獨立的「行的東西」。這即是，在不行走的「行的東西」中已有「行的事」了。順此，當說「行的東西行走」時，則可有兩個「行的運動」。（2・10-11）〔什譯：若去者有去，則有二種去；一謂去者去，二謂去法去。若謂去者去，是人則有咎；離去有去者，說去者有去。〕由於不能說「行的東西行走」，故「行的東西」當是不行走的。但「不行走的東西」亦是不行走的，在「行的東西」與「不行走的東西」之外，再無第三的行的主體。

（2・8）〔什譯：去者則不去，不去者不去；離去不去者，無第三去者。〕但，「行」這一運動是不能獨立於「行的東西」這一主體而有的。故「行的運動」不能成立；「行的運動」倘若不能成立，即「行的東西」亦不能成立。（2・7）〔什譯：若離於去者，去法不可得，以無去法故，何得有去者？〕倘若「行的東西」與「行的運動」是同一的話，則作用與其主體便會成而為一了。倘若這兩者是別異的話，則便會出現離「行的東西」有「行的運動」，離「行的運動」有「行的東西」這樣的不合理情況了。（2・18-20）〔什譯：去法即去者，是事則不然；去法異去者，是事亦不然。若謂於去法，即為是去者；作者及作業，是事則為一。若謂於去法，有異於去者；離去者有去，離去有去者。〕

龍樹在討論運動問題時，亦把某一作用與其主體的關係安排入同一性與別異性的兩難中。這與討論能起原因作用的主體與使結果生起的作用這兩者的關係（1・4）〔什譯：果為從緣生，為從非緣生；是緣為有果，是緣為無果〕，是同一的思考方式。

我們試在下節對這個相同的思考方式再稍作本質的分析看看。

五、對主體及其作用的否定

（一）作用與主體、客體

某一作用及其主體及對象這三者的關係，亦是在《中論》中屢屢論及的主題。前節所見到的「去的東西」、「去的作用」、「過去了的位置」亦是這樣；其他方面，龍樹曾在第三章考察過「見的東西」、「被見的東西」、「見的作用」；在第五章考察過「貪的東西」與「貪的作用」；在第八章考察過行為者與行為；在第十章考察過「能燃的東西」（火）與「燃燒的作用」與「被燃燒的東西」（薪）。在其他的章節中，同樣的問題，亦常斷片地、間接地出現。這些議論的基調，與前節用來分析行的人與行的作用的方式相同。譬如，龍樹在第十章的前頭部分說：

> 倘若薪即是火，則主體與其作用的對象便變成同一了。倘若火異於薪，則離薪亦可有火了。（倘若是這樣，則火）變成恆常地在燃燒，而不用燃燒的原因，也沒有重新開始燃燒的必要了。倘使如此，（火）便是不具有作用的東西了。（10・1-2）〔什譯：若燃是可燃，作作者則一；若燃異可燃，離可燃有燃。如是常應燃，不因可燃生；則無燃火功，亦名無作火。〕

不過，倘若我們稍為詳細地研究龍樹的辯論方法，則可見到他在分析作用、主體、對象的關係時，採用兩個相異的方法。其一是對作用與主體、或作用與客體的關係的分析，這與前節中見到的有關「去的東西」與「去的運動」，及「過去了的位置」與「去的運動」的關係相同。另一則是對主體與客體的關係的分析；最低限度，在邏輯形式中，這種分析異於對作用與主體或作用與客體的關係的分析。有關主體與客體的關係，且待後討論，現在先考察一下作用與其主體的關係看看。

（二）眼是不見的

第三章通常附上「對眼等感官的考察」一名，它的內容，是批判通過眼、耳、鼻、舌、身（皮膚）、意六種器官而來的認識，又批判色、聲、香、味、可觸物、被思考物這六種對象。龍樹在第一偈頌中，敘述了其主題後，即說：

> 這見的活動（眼）不能見其自體。不能見自體的東西為甚麼能見它自身以外的東西呢？（3・2）〔什譯：是眼則不能，自見其己體；若不能自見，云何見餘物。〕

> 燈火的譬喻並不能足夠地證明見的活動。我們亦可對這譬喻和見的活動，加以批判，只要依照上面（對）去了的東西、正在去的東西、仍未去的東西（的考察）方式便可。（3・3）〔什譯：火喻則

> 不能，成於眼見法；去未去去時，已總答是事。〕

> 不是在見的活動中的見的活動，不管怎樣，都不能存在，則我們何以能說「見的活動見」一類的話呢？（3·4）〔什譯：見若未見時，則不名為見；而言見能見，是事則不然。〕

> 見的活動不見。不見的活動不見。此中，亦可同樣就見的人說。（3·5）〔什譯：見不能有見，非見亦不見；若已破於見，則為破見者。〕

我們試由這個議論的結尾反溯上來看看。對「見的活動不見，不見的活動不見」這樣的說法，我們已很熟悉了。這與「行的東西不行走，不行的東西亦不行走」的說法完全相同。其根據亦無不同。見的活動並不是不見的活動。因此在說「見的活動見」時，含有作為見的活動的本質的見，與正在見的見，的兩個見的作用。這是重覆，是完全不必要的。而在另一方面，說「不見的活動見」，譬如「耳見」，那當然是不可能的。此中並無任何的必然性，且是自己矛盾。

我們倘若不以龍樹的本體的概念為前提，來理解他的這種想法，則勢必視之為反常識的冗詞，或者是含有詐術的詭辯了。當說「眼的本體」時，這本體到底是否有見的作用（眼的屬性）呢？倘若我們認為，本體是恆常的；因而不具有作用。眼在表現為現象時，才與作用結在一起，則眼的本體是沒有見的作用的。換言之，本體是空的。同樣，耳與鼻的本體都不具有作用。倘若是這樣，則眼的本體與耳鼻的本體，又何以要區別開呢？有部嚴密地把眼的本體與耳等的本體區別開來，但卻不能解決這個問題。

龍樹的定義是，本體不依存其他東西，它是自立的存在。因此，當說某一作用屬於本體時，並不能說這依其他的東西，以其他的東西為對象而作用。本體的作用必須是自己作用，對於自己自身的作用。不過，說本體對於自己自身而作用，這又與本體的另一規定相矛盾。本體是單一的東西，不具有部分。而對於自己自身的作用，實在是一物的一部分對於同一物的另一部分的作用。本體既不具有部分，故不可能有這樣的自己作用。這個意思是明顯的。指的尖端不能接觸指自身的尖端，摔角的力士不能打敗自身，雜技員不能攀上自己的肩膊上，眼睛亦不能見到其自體。龍樹也在第二詩頌的前半部，表示過這個意思。現在，且讓我們先研究一下第三詩頌的燈火的譬喻看看。

（三）燈火不照自身

在這個詩頌中，龍樹未有充分說明燈火的譬喻。他只說要把第二章所用的論點應用到這裡來。在印度哲學中，有一種譬喻，表示燈火具有能照自體亦能照他體的作用，但這是不能成立的。關於這點，在《中論》第七章的第八～十二詩頌、在《迴諍論》第三十四～三十九詩頌、在《廣破論》第六、九、十節中，有詳細的說明。龍樹說可以應用第二章的論點，即是說，我們可以這樣理解：在說燈火照暗時，仍未生起的燈火、已經生起而照過的燈火，都是不照暗的。在這兩者以外，並無正在生起的燈火可得，在這個時間點中，作用與主體的關係不能成立。

或許有人會說，在昏暗中不能見到的壺，其後為火所照，而變成可見；同樣，最初不在被照中的燈火，其後被照而變成可見，這樣，燈火即照其自體了。這樣的事亦說得通吧。但是，由於沒有那起初不在被照中的燈火，我們怎能確認它照其自體一事呢？又倘若火照其自體，如同照其他東西一樣的話，則火亦當燒其自體，如同燒其他東西一樣了。但這樣的事是不可能的。又倘若以為火照自它，則暗方當亦隱蓋自它了。但實際上不是這樣。你可能說，過去的燈火、未來的燈火都不照，這是對的，但在燈火正在生起時能照，這種想法當是可以了吧。但由於正在生起時的燈火尚未到達暗方，如何能照暗呢？倘若這是可能的話，則這裡所有的燈火，必須照到世界所有的暗了。但這樣的事是不能被經驗的。

可以見到，龍樹的燈火的論點，是非常多姿多采的。有關他的這個譬喻的邏輯原理，出現於《中論》（7・9）頌中，《迴諍論》第三十七詩頌，也有相似的敘述。

> 在燈火中沒有暗，有燈火的場所中亦沒有暗。照的動作實際上是破暗，但這燈火到底照甚麼呢？（7・9）〔什譯：燈中自無闇，住處亦無闇；破闇乃名照，無闇則無照。〕

這種批判，同時適合於照自體的場合與照他體的場合。想想自己作用看，當說燈火照自身時，在燈火自身，必須要有與光的部分相俱的暗的部分。倘若不是這樣，則不能有光照暗的作用了。但若在燈火中，有與自己對立的部分，則變成燈火具有相互矛盾的兩個本質了。這與燈火本體的單一性相違背。

（四）對自己作用的否定

這個道理，並不只是對燈火說的。當我們說本體自己作用時，這本體必須分裂為作用的主體與客體。這必然產生本體有兩個本質的不合理情況。本體並不對自己自身起作用；它在對其他東西起作用時，其邏輯的本質，亦是不變的。本體本來不依傍其他東西，是自立的，但為了要生作用，而需要一他者，這實已變成本體含有其他體了。

事物對自己自身不起作用，這對區別哲學一般，特別是說一切有部來說，是重要的原理。譬如，區別的立場把認識分析為六種認識與六種對象，或分析為六種認識、六種器官、六種對象，它絕不認許認識的「自己認識」。所謂認識，是認識與自己相異的對象；倘若容許認識是把自己（亦即是認識自身中所出現的表象）作為對象而認識，則外界對象便變成不必要了，則區別哲學的立場便站不住了。這立場把認識分析為主體與對象。主張認識是自己認識的，是經量部（Sautrāntika）與唯識派（Vijñaptimātratā）。在這些學派中，所謂主觀與客觀，不過是在認識這一事實中所有的邏輯的、假設的區分而已。說一切有部始終與這樣的觀念論的立場相對抗；其反對原理，即是對認識的、事物一般的自己作用的否定。

龍樹不加改變地承認這樣的說一切有部的原理，可以看到，他是以這原理為前提，而展開其論點的。不過，必須注意的是，他否定事物的自己作用，但並不如說一切有部（Sarvāstivādin）那樣，認許和主張其反面的律則，而承認事物對他者的作用。龍樹指出，在設定本體的立場時，事物不管是自己作用抑是對他作用，都不能成立。此中，他所真正否定的，實是本體的立場。

六、對主體與客體的關係的否定

（一）兩個邏輯的謬誤

由前節見到，若要追溯主體與作用的關係，則必然地會涉及主體與客體的關係問題。龍樹為了檢討主體與客體的關係，最低限度使用過兩種類的邏輯。其一是指出無限追溯的錯誤，另一是指出相互依存的錯誤。這無限追溯與相互依存的討論，並不只見於龍樹的作品中，在其後印度邏輯一般中，兩者都被視為邏輯上的謬誤。

（二）無限追溯的謬誤

首先就無限追溯的問題想想看。說一切有部說，所有被制約的存在（有為法），生起後只停留一瞬間，旋即滅去。但這所謂一瞬間，依據這學派的說法，即是生、住、異、滅這四個小瞬間集合起來的總和了。某一東西生起時，它自體與生、住、異、滅這四個相狀是同時起的。由於這生、住、異、滅四相狀，亦是為心不相應行法所包含，是被制約的存在，故各自又具有四個相狀。而第二次的四相狀復又各具有四相狀，這個關係勢必無限持續下去。

此中有部建立「生生」一相狀，令生得以生起，而說生生逆反地依生而被生起，因而斷除無限追溯。關於住以下的三者亦是，它建立住住、異異、滅滅這第二次的相狀，而把這第二次的相狀視為依第一次的住、異、滅而生起。當某一東西生起時，它與生、住、異、滅、生生、住住、異異、滅滅共九個要素一同生起。生使自體以外的其他八個要素生起，生生則只使生生起。關於住、異、滅亦如是，第一次的住、異、滅作用於自體外的八個要素，而異異等的第二次的相狀，則只對於異自身等一個東西作用。

龍樹《中論》第七章也論及這個問題。不過，此中的四個相狀，被約為生、住、滅三相。因為在經典與有部中，住相都包含住與異兩者，故只得三相。月稱便說龍樹的三相的指判，不是對於有部教義而發的，而是對於正量部（小乘學派）的教義而發的。但不管是哪一學派，在原理上都無相違處。

龍樹的批判是，倘若生、住、滅三相中更有第二次、第三次一類的三相的話，則這關係將無限地持續，而不知所止（7・3）〔什譯：若謂生、住、滅，更有有為相，是則為無窮，無即非有為〕。即是，若生中又有生、住、滅三相，這第二次的生中又有生、住、滅，則這關係即是無限。

一般來說，這無限追溯的關係是這樣的。不管是兩個實體，或是一個實體與屬性，倘若 A 與 B 二者具有 C 關係，則為了要連結 C 與 A，便需要 D 了；為了要連結 C 與 B，便需要 E 了。以這種方式推下去，勢必成為無限的關係。因為最終的根據，是不能得到的，故陷於這無限追溯的議論，便不能成立。

（三）相互依存的謬誤

相互依存的謬誤，由無限追溯的謬誤派生出來。生要以生生作為根據，生生又要第三者作為根據。這樣便出現無限追溯。阿毗達磨哲學為了避免這個困難，乃提出生是生起生生的，生生是生起生的說法，這是相互作用了。

> 生生淨使本生生起，本生又使生生得以生起。（7·4）〔什譯：生生之所生，生於彼本生；本生之所生，還生於生生。〕

對於這個相互作用的說法，龍樹說：

> 倘若依你說，生生由本生生起，則它既從後者而來，何以能生本生呢？（7·5）〔什譯：若謂是生生，能生於本生，生生從本生，何能生本生？〕

> 倘若依你說，本生由生生生起，則本生何以使生生生起呢？（7·6）〔什譯：若謂是本生，能生於生生，本生從彼生，何能生生生？〕

相互依存即是 A 生 B，B 生 A 的關係，或是 A 予 B 以根據，B 予 A 以根據的關係。這在邏輯上不過是循環論證的謬誤而已。

龍樹又應用這無限追溯與相互依存性來分析淨與不淨、父與子、認識與對象、原因與結果、長與短等對立概念。其中，關於認識及其對象的討論，最為週詳；我們即就這點看看。

（四）認識及其對象的問題

關於認識與對象的問題，龍樹在《廣破論》，特別是《迴諍論》中，有詳盡的考察。這都表示他對正理學派的知識論的批判。正理學派以知覺、推理、證言、比定，為確實的認識方法；又基此而表示，事物的存在，可由此中的一個認識而證明。龍樹提出其問題是，倘若種種對象可依認識而確立，則這認識又依何而確立呢？（《迴諍論》第三十一頌及自註）〔毘目智仙等譯：若我取轉迴，則須用現等，取轉迴有過，不爾云何過。〕倘若以一個認識可依其他的認識而成立，則第二認識需第三認識，第三認識需第四認識，這樣，便陷於無限追溯了，最終的根據畢竟不可得。而最初的認識，及其對象的存在，實在亦不可能確立起來。（第三十二頌）〔毘目智仙等譯：若量能成法，彼復有量成，汝說何處量，而能成此量。〕倘若說認識可不需要其他的認識即可成立的話，則「一般地說事物依認識而確立」的說法便站不住了；這是正理學派的主張。

此中，也談論到照自體同時亦照他體的燈火的譬喻，也提出「認識像燈火那樣一同使自他確立」一反對論調。龍樹自然一一予以駁斥，他是運用我們所已見到的那樣的論式來駁斥的。（第三十四～三十九頌）〔毘目智仙等譯：猶如火明故，能自照照他，彼量亦如是，自他二俱成。汝語言有過，非是火自照，以彼不相應，如見闇中瓶。又若汝說言，火能自他照，如火能燒他，何故不自燒。又若汝說言，火能自他照，闇亦應如是，自他二俱覆。於火中無闇，何處自他住，彼闇能殺明，火云何有明。如是火生時，即生時能照，火生即到闇，義則不相應。〕跟著龍樹說：倘若認識能自己成立，像火那樣，則認識可不待對象而成立了。倘若這樣，這認識變成無對象的認識了。（第四十一頌）〔毘目智仙等譯：若量能自成，不待所量成，是則量自成，非待他能成。〕又，正理學派與一切有部的區別哲學一向以為，認識必需具有對象；若認識可以無對象，這套哲學便破產了。倘若認識依對象而成立，則由於對象先於認識而存在，故必須說對象不依認識而成立。這樣便不能說認識使對象成立了。（第四十三～四十四頌）〔毘目智仙等譯：若所量之物，待量而得成，是則所量成，待量然後成。若物無量成，是則不待量，汝何用量成，彼量何所成。〕另一方面，倘若說認識必需依對象而成立，則變成對象是能成立，認識是被成立了。因而開頭說對象依認識而成立的關係，便變成逆轉了。（第四十五頌）〔毘目智仙等譯：若汝彼量成，待所量成者，是則量所量，如是不相離。〕

龍樹在這裡表示自己的結論：「又倘若依你所說，認識對象依認識而成立，同時，認識又依認識對象而成立，則會變成這兩者都不成立了。即是說，倘若以認識對象依認識而成立，而認識又是依對象而成立，則認識如何使（對象）成立呢？倘若以認識依對象而成立，而對象又依認識而成立，則對象如何使（認識）成立呢？倘若子依父而生，而父又依子而生，則這時候，你說誰生誰呢？誰是父呢？誰是子呢？這二人都一齊具有父與子的特徵了。我們不得不懷疑啊。」（第四十六～五十頌）〔毘目智仙等譯：若量成所量，若所量成量，汝若如是者，二種俱不成。量能成所量，所量能成量，若義如是者，云何能相成。所量能成量，量能成所量，若義如是者，云何能相成。為是父生子，為是子生父，何者是能生，何者是所生。為何者是父，為何者是子，汝說此二種，父子相可疑。〕

《迴諍論》的這些論點，與先前介紹過的《中論》第七章的邏輯，在本質上是相同的。龍樹環繞著主體、客體及其間的作用或關係一問題，首先指出無限追溯的錯誤，批判燈火的譬喻；這譬喻是要從這無限追溯中脫卻開來而被提出來的，它表示對於自己自身的作用。龍樹最後得到這樣的結論：兩個東西的相互依存關係，都不能使這兩者自主地存在。龍樹在對因果關係的批判中，用的是依同一性與別異性而來的兩難的武器，在對相互作用的批判方面，所用的武器，則是否定自己作用，和指出無限追溯、相互依存的困難。而否定自己作用，即必然地顯示出無限追溯、相互依存的錯誤。因為，倘若有所謂自己作用自己完滿的東西的話，則無限追溯、相互依存的非完滿的關係便不能成立了。（關於由「父生子」的因果關係轉換為「子使父為父」的邏輯關係的理由，及其他問題，將在下面總結論述。）

七、對語言與對象的關係的否定

（一）長與短

龍樹把兩個東西的關係，最後還原為兩個對立概念的相互依存性，他要使人知道，這各各的概念，並不具有自立地存在的本體。所謂本體，即是具有固定意義的概念在外界的對應物。父與子、長與短、原因與結果等對立的概念，都無本體。倘若是長依短，短依長的話，則長短都不是自立的本體。當某一東西A對於另一東西B來說是長，又對於C來說是短時，A 實具有長與短兩個性質。故 A 是不能作為單一的長或短的本體而存在的。「長」這一語詞，其所指並不涉及對象的實際存在性。

(二) 沒有相應於語言的實在

對淨與不淨的考察，如後述那樣，在龍樹的宗教觀中，具有重要的意義。現在我們把它作為語言的問題來想想看。相應於淨的梵語原文，是 śubha，這概念表示世俗意義的美、道德意義的善，和宗教意義的神聖。為了使議論的焦點明確起見，這裡姑且把淨作為美來處理看看。我們說「美的女子」、「美的山」，此中是否有共通於女子之美與山之美的所謂「美」呢？大概沒有人能夠從「像山的女子」這樣的形象中引出美的觀念吧。再說美的圖畫吧，很多是描寫掠奪與鬥爭的醜惡的事的。或者，在一幅圖畫中，其構圖是要以醜惡來強調美，人看到了這圖畫，會說這是美的麼？印度人說美女如象那樣優雅地步行。但對於日本人來說，把美女與象的形象拉在一起，恐怕是不可能的吧。

即使以美的形相為「生起對於感性與理性的調和統一的純粹感情的東西」（《岩波國語辭典》），但仍有很多事例，在這些事例中，所謂調和、統一、純粹，在對象自體中，正是不調和、不統一、複雜哩。倘若美不在對象中，而在觀察者的主觀中，則這是我們的觀念世界的事，實無理由往外界求取美的對象。

有些人持「多數個別物分有美的形相」的想法；龍樹又怎樣批判這想法呢？他的批判方式是很明顯的。倘若美的形相作為全體而又存在於多數個別物中，則形相變成是單一同時又是多數了，而移到個別物中的形相，亦會從自己自身分離開來。有人把所謂「單一同時又是多數」的情況，譬喻為張開帆而蓋著多數的人那樣，但由於一一的人分有帆的一部分，帆即變成不是單一的而是具有部分的東西了。美的形相，不管怎樣，作為單一的本體，是不存在的。

並不只是「美」那樣的抽象概念有這種困難。具體的普通名詞、固有名詞，其情況亦相同。如維根斯坦所說那樣，定義表示語言的意義，但與定義相應的東西，在形而上學領域以外是不存在的。當說紙牌遊戲、棒球遊戲、奧林匹克遊戲時，其所謂「遊戲」，到底是甚麼東西呢？我們先不用考慮在這些東西中是否有共通於其中的「遊戲」的形相，只要老老實實地看看，問題的困難便很明顯。就知覺的領域來說，在種種遊戲之間，又或在一個遊戲的多種樣相之間，所謂共通的形相，是不可得的。倘若說棒球是兩隊九人的隊伍相爭的遊戲，則何以職業棒球一隊二十五人、草棒球六、七人也能夠算是遊戲呢？倘若說遊戲是有趣的東西，則如何解釋選手們強要去作艱苦的練習呢？倘若說球戲有勝負，則小孩子接回投向牆壁而反彈回來的球，不也是球戲麼？

並不只限於遊戲。如桌子與杯，並無共通於多數個別物的形相。我們說杯是玻璃或石製的容器，但近日流行的紙杯與竹杯，卻沒有這個特徵。我們把桌子定義為一邊讀書一邊書寫所用的平台，但若把膝頭靠向桌子打字，這應當怎樣去理解呢？固有名詞亦是，譬如，白宮或 Big Ben，對不知曉美國與英國的政治史的人來說，是不具有任何意義的；試想想這一點，就可明白名稱與其對象的不能一致了。即使要海倫凱勒理解「我是梶山」一事，只使我不知如何是好而已。

（三）中觀學者對語言的否定

龍樹在《廣破論》及其註論中，討論語言的問題。依龍樹，「壺」一語詞及作為其對象的壺，其間並無同一的關係，亦無別異的關係。倘若是同一的話，則當說壺時，在外界即使沒有粘土、絞車、水等原因，壺當可生起；又當我們理解「壺」這一語詞時；壺亦要變成存在的東西了。又，當我們發出「壺」的聲音時，口應變成一盃狀了；當我們發出「火」的聲音時，口應在燃燒了。但實際上並沒有這樣的事。但倘若「壺」這一語詞與壺這一對象完全是相異的東西的話，則我們即使說「壺」，亦不必指涉壺的對象了，這亦是不正確的。

站在這個議論的相反方面的正理學派，提出這樣的反對論調：由於語言是依世間共通的契約而被使用的，故在語言與對象之間要求存在的一致性，是不可能的。然而龍樹說，正理學派（Nyāyavādin）建立認識、認識對象等十六範疇，其目的是要完全理解這些範疇，而得解脫。「論議」這語言的問題，亦是其範疇中的一種，故問題並不單是關於世間的契約與習慣，而是繫乎最高的真實了。所謂 Devadatta（由神所授與）或 Indrapālita（為因陀羅神 Indra 所守護）等人名，實際上亦可附在其他的人上面。倘若解脫可單純通過契約習慣而得，則即使是無知的牧人，亦可得解脫了。就通常的語言使用來說，賢人愚人都沒有差別，因而期望通過對語言的理解而得解脫，真是可笑的事。在作為社會契約、習慣而成立的語言使用中，語言及其對象是沒有一定的。龍樹以為，一個語詞表示多數的對象；反之，多數的語詞表示一個對象，這都是平常的事。由於有各種不同的用法，故語言與其對象間並無一定的連結。

（四）定義的不可能性

《中論》第五章亦是討論語言問題的。此中提出空間概念而展開議論，將之視為六大範疇（以地、水、火、風、空、識六者說明存在的狀態）的代表而提舉出來。龍樹的論點，對於六大範疇，以至於所有概念，都是的當的。依勝論、正理學派的學說，空間是單一、遍在和恆常的實體。在說一切有部，則把作為這個宇宙的容器的空間，稱為虛空，將之收入於無生滅無制約的東西（無為）中，和涅槃等量齊觀。又把與此相別的，在現象世界中物體與物體之間的間隙，稱為空界。這東西以明暗為本體，不具有抵抗性，但卻是有生滅的物質存在；是別於作為宇宙空間的虛空的另外的東西。六大中的空，即是這空界。不過，這二者的區別，只限於說一切有部；通常它們都被視為是同一的。至於經量部、中觀派、唯識派等，對於空間，則視為觀念的設定，並不承認它的實在性。

空間概念竟有這樣種種式式的理解方式。龍樹為了要否定語言與對象的關係，而取空間為例，大抵是基於其定義沒有一定的理由吧。即使有其他的理由，也顯得不重要了。在第二頌以下，他把空間的例子一般化，就所有的東西而展開其論點。這個議論所涉及的相關概念，是特質（lakṣaṇa）及其對象。lakṣaṇa是內在於事物中的特質。lakṣya則是被定義的東西。我們是不能離開人的定義與理解方式，而說事物的特質的。空間的特質，是「無抵抗性」的定義；地的特質，是「堅」的定義。

> 在空間的定義之先，任何空間都是不存在。倘若在定義之先有空間的話，則這變成未有被定義的東西了。（5・1）〔什譯：空相未有時，則無虛空法；若先有虛空，即為是無相。〕

> 但未有被定義的東西，是不存在的。未有被定義的東西不存在時，定義在甚麼地方實行呢？（5・2）〔什譯：是無相之法，一切處無有；於無相法中，相則無所相。〕

> 在未有被定義的東西中，定義不實行。在已被定義的東西中，亦不實行。在已被定義的東西與未有被定義的東西以外的任何地方，亦不實行。（5・3）〔什譯：有相無相中，相則無所住；離有相無相，餘處亦不住。〕

我們依據知覺，見不到別於物體、空氣和光的空間。空間不具有抵抗性，它提供場所給物體；這樣的定義被作成後，我們才依思維而知空間。在定義以前，換言之，限於是可見到的，空間是不存在的；未被定義的空間對於我們來說，是不存在的。但由於所謂定義或加上名稱，是對某一對象而行的，倘若完全沒有未被定義的對象，則加上定義，加上名稱，便沒有意義了。

畢竟定義與加上名稱，是在有某些東西時進行的。那來路不明的東西，只能說是存在的東西，倘若沒有時，定義是不生起的。存在亦必是一種定義，必須有被定義的東西，才需有嚴密的定義。反之，倘若已經有了嚴密地被定義的東西的話，便不必要再定義的努力了。因再定義是無意義的。

（五）語言的本質

「在既被定義的東西中，定義是不起的；在未被定義的東西中，定義亦是不起的。」這恰當地表示出語言及其對象的關係。我們對某一東西下定義，給它名稱，這語詞是絕不會固定在這個別物上的。因語詞可以立刻由被附與名稱的東西中分離開來，而投向同種類的其他東西。譬如「桌子」這一語詞，與「一邊讀書一邊寫東西的台」這一定義，倘若它們固著於一特定的桌子而不離，則我們便不能叫其他同種類的東西為「桌子」了。因此，在已被定義的東西，定義是不實行的，它是不存在的。而在完全未被定義的東西，定義亦是不實行的。定義之起，是在這兩者以外的場合。

不過，譬如說，當我們去野餐而要在草地上進食時，假定那裡有一台狀的石塊。當問到「應如何用這個東西」時，我們並不能答甚麼吧。我們肯定會把它作為座枱而放上飯盒；或作為櫈子，而坐在它上面吧。但大概誰也不能說，這樣做便是它的真正的定義吧。在這情況下，石塊是未經嚴密定義的，但亦不是完全未被定義的。這與已被定義的與未被定義的東西都不同，這樣地被作出的「定義」，是不具有意義的東西，真正的對象，不具有本體的空的東西。

> 在沒有定義的地方，不能有定義的對象；在沒有定義的對象的地方，不能有定義。（5・4）〔什譯：相法無有故，可相法亦無；可相法無故，相法亦復無。〕

> 因此，沒有定義的對象，也沒有定義。亦沒有別於定義與定義的對象的東西。（5・5）〔什譯：是故今無相，亦無有可相；離相可相已，更亦無有物。〕

龍樹所要說的是，嚴密地與語言和定義相一致的東西，是不可得的。

倘若語言具有與它相一致的東西，則何以這同樣的語言可適用到其他的東西呢？但倘若是完全不相一致，則給予名稱與下定義的事，都不可能了。語言與其對象的關係，不是同一亦不是別異。具有這種矛盾性質的語言和對象，都是沒有本體的空的東西。

八、本體的邏輯與現象的邏輯

（一）有關龍樹的邏輯形式

首先我們看看龍樹邏輯的特色。在龍樹的時代，作為印度的邏輯學派的正理學派，是否已是獨立的學派呢？這不能明白知道。龍樹曾說及耆那教、數論、勝論等學派，但並未有舉出正理學派的名字。不過，在另一方面，倘若就他的《廣破論》、《迴諍論》中的論點來看，則他最低限度確知《正理經》（*Nyāyasūtra*）（正理學派的基本論典）第一章與第五章的內容。這表示龍樹的時代，大約相當於《正理經》及正理學派的成立時期。按《正理經》理論的要點，早已具在於當時的一些傑出的邏輯學者與勝論學派的想法中；而正理學派理論的形而上的基礎，也是勝論學派所提供的。關於這點，龍樹亦是熟知的。龍樹批判正理學派的邏輯，正顯出他自身是屬於另外一個系統。

（二）龍樹的邏輯形式

宇井伯壽博士（見其《東洋之論理》），特別是魯濱遜（Richard H. Robinson）教授（前舉書」，曾簡要地研究過龍樹的邏輯形式。現在且參照這些成果，簡潔地記述如下。

對於西洋的形式邏輯的三個原理，龍樹事實上亦是認許的。特別是矛盾的原理，可以說是他的論點的支柱。他的「在單一的東西中不能有存在性與非存在性」（7・30）〔什譯：不應於一法，而有有無相〕的說法，即確切地表示這點。此外，這原理的應用，又頻頻出現於他的議論中。排中的原理，用於「行的東西是不行的，不行的東西亦是不行的。與這兩者相別的第三者何以行呢」（2・8）〔什譯：去者則不去，不去者不去；離去不去者，無第三去者〕的論點中。同一的原理，則在「當 A 依 B 而生時，A 與 B 非同一，亦非別異」（18・10）〔什譯：若法從緣生，不即不異因〕的論點中預認。在某一現象的因果關係中，具有本質意義的同一律不能適用，並不表示漠視同一的原理，而是其應用。這是構成龍樹的兩難的要素，與他的邏輯的特色也有關係。後者將會在後面敘述。又，他的中觀邏輯的本質，亦不是順從純形式性的矛盾、排中原理的。關於這點，後面會觸及。

典型的定言論證（三段論法）的方式，在「世尊說欺瞞的東西是虛構的。所有被制約的東西是欺瞞的東西。因此是虛構的」（13・1）〔什譯：如佛經所說，虛誑妄取相；諸行妄取故，是名為虛誑〕的論點中可見到。不過，由於他批判其他學派的理論，比提出自己的理論，更為專心，故並不多用定言論證式。他所常用的武器，卻是假言推理、兩難、四句否定。

假言論證（條件論證），例如「如 p 則 q，今 p 故 q」（p、q、r 等是要素命題）的構成式，可見於「眼不能見其自體。當（眼）不能見其自體時，何以能見它自身以外的東西呢」（3・2）〔什譯：是眼則不能，自見其己體；若不能自見，云何見餘物〕的論點中。（這可寫成「倘若眼不能見其自體，則眼亦不能見其自身以外的東西。眼不能見其自體，故眼不能見其自身以外的東西」的通常的形式。）不過，像「若 p 則 q，非 q，故非 p」一破壞式的用法，卻常出現。而結論部分、前提部分，在字面上亦多省略掉。如在第二章、B、柒中所討論的（5・1）頌，可寫成「倘若有空間，則這是在定義之後。在定義之後沒有空間，故空間不存在」。假言論證中的前提否定的謬誤，多為龍樹所發現。關於這點，且留待後述。

龍樹的具有代表性的兩難形式，是「（p 或非 q）若 p 則 r，若非 p 則 r。（故 r）」。例如，「倘若原因中無結果的話，則原因何以生結果呢？倘若原因中有結果的話，則原因何以生結果呢？」（20・16）〔什譯：若因空無果，因何能生果；若因不空果，因何能生果〕的論點，即是運用上述的兩難來表示的。

再有一頻出的兩難的形式是「（p 或非 p）若 p 則 r，若非 p 則 s。（故 r 或 s）」。（在「若 p 則 r，若 q 則 s。故 r 或 s」這樣的場合中，q 是 p 的矛盾命題。r 與 s 都是不希望出現的事實。）這個形式的例子如，「倘若薪是火，則主體與其行為變成是一了。倘若薪別於火，則雖沒有薪而可有火了」。（10・1）〔什譯：若燃是可燃，作作者是一；若燃異可燃，離可燃有燃。〕

（三）四句否定

四句否定（其稱呼並不一致，亦有學者為方便計稱為 tetralemma 的）並不是龍樹的創見；這種運用，在初期經典中已出現，他只是接受和繼承這個傳統而已。譬如龍樹的「世尊在其死後，他存在，他不存在，兩者皆是，兩者皆非，都不能說」（25・17）〔什譯：如來滅度後，不言有與無，亦不言有無，非有及非無〕的詩頌，在內容上與《鬘童子》（*Māluṅkyā-putta*，音譯作摩羅迦舅）作為釋迦牟尼佛的教訓而傳播的東西，是相同的，這載於《中部經典》（*Majjhima-Nikāya*）63 中。在《中論》中，這種形式的四句否定多的是。一面說事物不由自生，不由他生，不由自他生，亦不由無因（兩者之無）生（1・1）〔什譯：諸法不自生，亦不從他生，不共不無因，是故知無生〕；關於本體方面，又全部否定了自己的本體、他者的本體、存在（自與他）、非存在（兩者之無）（15・3-5）〔什譯：法若無自性，云何有他性？自性於他性，亦名為他性。離自性他性，何得更有法？若有自他性，諸法則得成。有若不成者，無云何可成？因有有法故，有壞名為無。〕如有名的詩頌「非有，非無，非有無，亦非兩者之否定，對於超越這四句的真實，中觀者是知道的」（智作慧 Prajñākaramati 的《入菩提行論注》第九章引用）所表示的那樣，四句否定正表示中觀真理。不過，關於四句否定，在邏輯方面與在應用面方面，亦有困難。

邏輯的問題如次。倘若以第一命題為 p，則四句可寫成 p、非 p、p 且非 p、非 p 且非非 p。就形式邏輯的立場看，換言之，倘若把這四句看成是屬於同一議論領域，則第三句 p 且非 p 明顯地與矛盾原理相違背。而由於第四句的非非 p 等於 p，故第四句即非 p 且 p 的意思，實質上等於第三句。當然，否定這四句的全部，亦不具有意義。因此，在形式邏輯上理解四句否定，是困難的。無寧是，必須這樣想，四句否定作為否定過程，具有辯證法的性格。即是：對於一在某一議論領域中成立的命題，由與之相異的較高次的議論領域否定之。

應用面方面，則有如下的問題。

⑴在其先舉出的智作慧引用的詩頌、原因與結果、本體問題等中，四句的全部皆被否定。但在需要時，第四句亦可不被否定。

⑵四句中其中一句可被省略。譬如「自我是有亦被說到，自我是無亦被說到。不管怎樣的自我都沒有、無我亦沒有，諸佛都說到」（18・6）〔什譯：諸佛或說我，或說於無我，諸法實相中，無我無非我〕中，即無相當於第三句者。

⑶四句一方面是具有不同程度的知能與根器的人對同一對象的不同的見解，一方面是對不同程度的被教化者的循序漸進的教訓。在後一場合中，四句中的最初三階段，可作為方便的教訓，特別是第四句，則表示最高真實，即最後亦不能否定。在這些場合中，可以清楚了解到四句的辯證法的性格。

例如，清辨對於上面所舉的 18・6 頌的解釋，即以第一句的「自我是有」表示婆羅門主義者的主張；第二句表示順世外道（Lokāyata Cārvāka）等學派的主張，他們只承認感官的對象，不承認推理的對象，從享樂主義立場來否定自我的存在；第四句（順序上是第三句）則表示諸佛的教誨。另外，清辨又作出別的解釋，他說佛陀對於否定業、輪迴的虛無主義者則說有自我，對於囿於我見的人則說無自我，對於深入佛教的人，則為了使他們了悟空性的真理，而說無自我亦無無我。

（四）作為教育的階段的四句

如魯濱遜教授亦說過那樣，上面所指出的作為教育方法的四句，不止是清辨的意思，且亦共通於青目與月稱。對於「一切都是真實，或不是真實，是真實而且非真實，不是真實亦不是非真實。這是佛陀的教說」一詩頌（18・8）〔什譯：一切實非實，亦實亦非實，非實非非實，是名諸佛法〕，清辨說，第一句表示一般理解（世俗）的真理，第二句表示最高真實（勝義），第三句表示總合這兩個真理的立場，第四句則表示瑜珈行者的神秘直觀的立場。

月稱則以為，為了使人們尊敬佛陀的全知性，因而說「一切皆真實」的第一句；為了教人知道變化的東西不是真實，真實的東西不變化，因而說「一切皆非真實」的第二句；第三句教人知道：事物對於凡夫來說是真實，對於聖者來說是非實；最後，對於那些已從煩惱與錯誤見解迴向自由的人，則教以「一切現象不是真實亦不是非真實」的第四句，如石女之子不是白亦不是黑那樣。

青目的註釋則說，像不同的顏色與味道流入大海而變成一色一味那樣，對於那些已理解了沒有相狀的真實、空性的人來說，所有東西，作為空的東西，是真實的（第一句）。當未悟到這階段的人依從各種見解而構想存在時，所有東西都不是真實，只是依存地成立的非實的東西而已（第二句）。眾生有上、中、下三種，上者直觀事物的相狀非實亦非不實（第四句），中者以為所有東西是實是不實，下者則以為一部分是實一部分是不實；即是，涅槃是實，有生滅的被制約的東西是不實（第三句）。第四句的非實非不實是為否定這第三句的實不實而成的。

這些理解的方式，各各不同。不過，有兩點是共通於這些註釋中的，即把第三句量化為某東西是真實某東西不是真實，將之作為兩個特稱命題的複合來理解；另外又以第四句為第三句的否定。把第三句量化，並不限於註釋者，龍樹自身亦這樣做。這即是《中論》第二十七章所提出的問題。它論到我人的生命之流永續與否，而進至神（天）變生為人的可能性的議論，在這種情況下，神與人是同一呢（第一句）抑不是同一呢（第二句）。龍樹認為，這樣構成的四句的第三句，表示變生出的人，一部分是神的，一部分是人間的。

倘若把這量化的做法導入先前的真正的四句中，則第一句「所有東西都是真實」，是全稱肯定命題；第二句「任何東西都非真實」，是全稱否定命題；第三句「某東西是真實，某東西非真實」，是特稱肯定命題與特稱否定命題的複合形；第四句是第三句要素命題的矛盾命題的複合，變成「任何東西都非真實，任何東西都非非真實」的形式。而「任何東西都非非真實」（第四句後半），事實上等於「所有東西都是真實」（第一句），故第四句是全稱肯定（第一句）與全稱否定（第二句）的複合。又關於第三、第四兩句，亦有這樣的相互關係：第三句的否定是第四句，第四句的否定是第三句。以上都是魯濱遜教授的解釋。

（五）四句否定的意義

像「所有的東西是真實」、「任何東西都非真實」、「某東西是真實某東西非真實」、「任何東西都非真實，任何東西都非非真實」一類的四句，表示出與這些問題有關的人的意見。對於四句的見解，實在只在持論者的特定的理論立場、特定的討論範圍中成立。不管是哪一命題，都只在一定的條件下被肯定被否定；無條件地絕對地真，那是不可能的。可以這樣說，四句否定的意義，在於把其中的任何一者，都作為絕對的東西而加以否定，這才是中觀的真理。

不過，「任何東西都非真實，任何東西都非非真實」這第四句，作為最高的真實而表示中觀的宗教真理，在這個意義下，畢竟不應被否定。但這真理並不是在使第一句得以成立的討論範圍中成立，也不是在與第二、第三句相同的範圍中成立。換言之，在使第一乃至第三句得以成立的諸範圍中，第四句都可以被否定掉。

這樣，中觀的真理亦不一定在世間的立場、一般的邏輯的領域中為真；這裡亦可以見到佛教的無執著的精神。對於執著於空的人，《般若經》即強調有把空亦空掉的必要。有些人認為，作為神秘的直觀的空，就這樣即可在世間的有的世界中妥當地應用，那是危險的。此中有分別一般的理解（世俗）世界與最高的真實（勝義）世界的必要，同時要自覺到這兩個領域的歧異處。如次章要詳細敘述的那樣，中觀學者所以說兩個世界的分別，即因此之故。當我們處理世間的事物時，若只是誇耀宗教的直觀，那是沒有意義的，我們亦應知道，要把世間的邏輯與知識作為方便法門來活用。悟到一切皆空的聖者，再度回歸到常識的有的世界、一般的邏輯的世界來，這亦是與上述的四句否定的精神相應的。

（六）兩難的意義

在四句否定中有量化，但在兩難中，量化是決不可能的。因此中的議論，只關於事物的本質，而本質是不能有部分是 A 部分是 B 的。倘若以先初所舉出的火與薪的兩難來說明，則在討論薪的本質是否與燃燒的東西是同一的兩難中，像「某些薪可燃某些薪不可燃」的論點，是不被容許的。在因果關係中，當作出 A 與 B 是同一或是別異的論斷時，亦是有關本質的議論。由這個立場說所有的現象非 A 亦非 B，表示不能應用同一這一原理。這並不漠視同一的原理，而是表示龍樹的邏輯不是現象領域中的邏輯，而是本體的邏輯。

要從龍樹的兩難的困境中逃離出來，並不一定是困難的事。譬如對於 18・1 頌「倘若自我與身心是同一，則這變成是生滅的東西了。倘若自我異於身心，則這即不存在了」〔什譯：若我是五陰，我即為生滅；若我異五陰，則非五陰相〕這一形式的兩難，若寫為「自我倘若與身心同一，則這即存在。自我倘若異於身心，則這即無生滅」，表面上是能否定他的議論的。不過，能夠從困境中逃離出來，只是在形式方面的，而不是在本質方面的。或者是現象意義的，而不是本體意義的。倘若不能證明恆常的無生滅的、內在於生滅的身心的自我本體的存在，則亦不能真正駁到龍樹。實際上，反對論者是不能證明自我本體的存在的。對手以為，由於有「自我」一詞，故〔在客觀方面應〕有其對應物，這種想法，結果還是為龍樹的兩難所論破，他指出「自我」這一概念自身即有矛盾——本體與現象的矛盾。

這點其實亦可就龍樹所謂前件否定或後件肯定的謬誤說。譬如，「離行者不能有行的事。沒有行的事，則何處有行者呢」（2・7）〔什譯：若離於去者，去法不可得；以無去法故，何得有去者〕這一假言論證，可寫成「倘若沒有去者則沒有去。沒有去，故沒有去者」，此中龍樹形式上是肯定後件的。倘若依形式邏輯，假言論證作為真的形式只有兩個：肯定前件因而肯定後件，和否定後件因而否定前件；只有這兩個是正確的。現在的場合，只有「有去，故有去者」與「沒有去者，故沒有去」這兩個推理是可能的。龍樹的本體的邏輯是，去者在未去時亦不是某一主體，它是以去的作用作為自己的本質的。換言之，去者與去，本質上是一。由這個立場看，有去者則必有去，有去則必有去者，這是真的；有去則有去者，沒有去則無去者，這亦是真的。

（七）換質換位問題

假言論證的規則，原本在本質上，等於換質換位的法則。譬如，由「如有結果則有原因」一命題，可推理出如無原因則無結果，但不能推理出如無結果則無原因。因在現象世界，沒有煙的火、不出芽的種子亦是火亦是種子之故。在龍樹看來，倘若煙本質地是火的結果，則火應必與煙俱；倘若種子本質地是芽的原因，而種子必需生出芽來。不出芽的種子，不是種子，亦不是原因。在本體的邏輯，原因必生結果；故如有原因，則不得不有結果。

如先初所見那樣，龍樹說過父生子、子生父的例，及結果依原因、原因依結果的事。這從現象的邏輯看，正是混同了因果關係與邏輯的根據。父生子是原因與結果的關係，由於有子因而有父，這則本於邏輯上的根據。不過，龍樹的本體的邏輯，並無這兩種關係的區別。

由於本體是自己充足的存在，故實在沒有與其他東西發生關係的事。倘若有任何關係，那不過是純粹的完全的同一性「A 是 A」而已。但在現象的邏輯中的所謂同一性，則只表示部分的同一性。說「薪是可燃燒的東西」時，雖然未燃的薪與其後才被點火的薪有不同，但我們卻漠視這不同，而提出薪與可燃燒的東西的同一性。但這樣的部分的同一性在本體的世界是不容許的。因此，像說一切有部假定本體而要說明現象，即混同了本體的邏輯與現象的邏輯。再一步說，龍樹實要指出和使人知道，在本體世界中，部分關係的邏輯是不能成立的。

（八）名詞與實在

龍樹要表示本體的邏輯與現象的邏輯的矛盾，因為他的哲學的目的，是要暴露名詞與現實存在的不一致。便是因為這點，他屢屢否定矛盾的原理。他十分清楚矛盾的原理，不過，他要展示出，在本體的世界中，這原理是不成立的。像「自我是不存在的，它亦不是不存在的」那樣，兩個相矛盾的命題同時是偽，那在形式邏輯上是不容許的。不過，倘若自我在現實上不存在，即是一不具有內容的概念的話，則這兩個命題同時是偽，同時是真，都是可能的。「不死的人不是美的亦不是不美的」，在當不死的人不存在時，是可成立的。

《般若經》的聖者與中觀的哲學家為了表示概念與實在的乖離，因而把沒有外延亦即是不具有成員的概念，作為譬喻來使用。如兔角、龜毛、在虛空中開的花、石女等。亦同時否定以它們作為主詞的相對立的兩個述詞。譬如，「兔角不是銳利的亦不是不銳利的」。這樣的立言之所以成立，是因兔角是不實在的虛構的名詞之故。

《般若經》的哲人與龍樹，並不是說只有兔角、龜毛、石女，是不具有實在的成員的名詞，而是說凡名詞都不具有實在的本體。由於在龍樹的議論中的名詞是變數，故在某一議論中的名詞可為其他任意的名詞所置換。即是，一切名詞不具有本體，是空的。

第七章　龍樹的空之論證

一、龍樹與空

空（śūnyatā）是佛教的根本概念，它的涵義是無自性，或對自性的否定。佛教以一切法都是依因待緣而生起，所謂緣起；沒有常住不變的獨立的自性，因而是空。這自性（svabhāva）指自己便能決定自己的存在形態的本性，是常住的、不變的和獨立的，它是形而上學的實體義（Substance in metaphysical sense）。佛教不承認有這種東西，以為一切物事都是流變無常，故說空。

空的思想，在原始佛教已很流行；對於現象世界與生命存在，總是說無常、苦、空、無我。大乘佛教的般若（般若波羅蜜多，prajñāpāramitā）文獻，更盛言諸法無自性、諸法空，甚至「五蘊皆空」（《心經》*Hṛdaya-sūtra* 語）。龍樹（Nāgārjuna）承接般若的思想傳統，繼續發揚無自性的空義。不過，他說空，與前此的不同。原始佛教與般若文獻說空，只是對宇宙與人生的深刻觀察的結果，此中當然表現出滲透到宇宙與人生的本性的深邃的智慧，般若文獻更說這是般若智慧（prajñā）所把得的。它們並未進一步去思考、證立空這一本性，未提出嚴格的論證來證成空。因而只有空之思想，沒有空之理論、空之哲學。後者需要嚴密的論證來支持，才能成就。龍樹所做的，便是這後一段的工作。因而有所謂空之論證。佛教的空之哲學，當自龍樹的空之論證開始。在這一點來說，他不單是中觀學的始祖，也是佛學的始祖。

龍樹的著作很多。其中最重要的，當推《中論》（*Madhyamakakārikā*）與《迴諍論》（*Vigrahavyāvartanī*）。特別是《中論》，討論的題材相當廣泛，其基調都在論證諸法無自性或空這一本性或真理。本文即要以《中論》為主，輔以《迴諍論》，選取有代表性的題材，看龍樹如何展開他的空之論證。

二、龍樹的空之論證的邏輯

龍樹對空的論證，採取一種很特別的方式或邏輯。他並不正面地鋪陳論證，建立諸法無自性因而是空這一義理。他是採取反面的方式，先設定事物有自性，或我們以自性的立場來看事物，由這種設定或立場所引生出來的種種矛盾或困難，以反證事物不能有自性，因而是空。即是說，倘若我們以事物（包括一切現象和關係在內）為有自性，則勢必導致一連串與我們的正常的認識與理性相悖離的情況，這些情況與我們世俗的或世間的知解相矛盾，它們足以擾亂甚至破壞世間的知解，或一般說的世間法。要避免這些矛盾，使它們不發生，世間法得以保全，勢必要放棄或否定自性的設定；即是說，不以自性的立場來看事物，不執取事物，以之為有自性。因而以事物為無自性，為空。

這種論證方式在邏輯上是否合法呢？是否有效呢？讓我們檢查一下。

設：p 表自性的設定

q 表困難的產生

則上面的意思——若設定自性來看事物，則會涵蘊種種困難——可以記號式表示如下：

$$p \supset q$$

依邏輯上的換位原理，可得

$$\sim q \supset \sim p$$

這表示，不帶來種種困難，涵蘊不作自性的設定。不作自性的設定即是否定自性，這即是空。換句話說，$\sim q \supset \sim p$ 表示世間法的保持，涵蘊無自性或空的真理。

我們可以看到，這種論證式不單有效，而且透露一個重要的訊息：世間法是涵蘊著空這一真理的；即是說，空不是甚麼超離的（transcendent）、不食人間煙火的真理，卻是包涵於世間法中。這可導出這樣一個意思：若要體現空這一真理，便不能遠離世間法，必須扣緊世間法來體證空，因為空包涵在世間法中。

這也同時透露另一與此有密切關連的訊息：空這一真理能維持世間法，使世間法能以世間法的性格而存在。這性格即是依因待緣的性格，亦即緣起的性格。《中論》第 24 品第 14 頌所謂「以有空義故，一切法得成」，說的正是這個意思。

這兩個訊息應以第一個為主。它展示空這一真理在世間法中的內在性（immanence），這在宗教實踐上有極其重要的意義。佛教以觀空為破除執著與煩惱的法門，由此可通至覺悟、成道、得解脫的宗教理想。在甚麼地方觀空呢？在世間法或現實的世界中。從實踐的觀點說，觀空只能在現實的世界中進行，離此之外，無空可觀。這也是《心經》的色空相即的意味。

在龍樹的空之論證中，有時有些詭辯意味。但這基本上並不影響整個論證的性格；而論證的意向，也是清楚可見。

上面說，龍樹透過對不同題材的處理，來展開其空之論證。這些題材包括因果關係、運動、時間與運動者、作者與對象的關係等多項，以下我們依次逐一闡釋。

三、論因果關係

因果關係（causal relation, causality）是知識論的一個重要範疇，通過它可解釋認識對象的關係與持續程序。在存有論方面，事物的交互變化，亦需因果關係來解釋。在現象層面，因果關係是連結不同事象的原理。在佛教，與因果關係最有密切關連的概念，自然是緣起（pratītya-samutpāda, pratītya-samutpanna）。一切法都是依因待緣而起，此中，一切法是果，因、緣是因。緣起也是佛教的正理的一面；一切法都是由緣（條件，因素，pratītya）的結集而生起（samutpāda），沒有自己的獨立的自性，故是空。[1]

下面我們看龍樹在《中論》中對因果關係的辯破，或更確切地說，對以自性立場來看的因果關係的辯破。

> 果為從緣生？為從非緣生？是緣為有果？是緣為無果？（1：3）[2]

首先，龍樹對生果的可能情況，作一窮盡性的檢舉。果的生，只有二可能情況：從緣生和從非緣生。「非緣」表示與果全無關連的東西。從世間的知見來看，果是不能從「非緣」生的，而是要從緣生的。而果從緣生，倘若以自性的立場來看，只有兩個可能：在緣中先已有果，然後生果；在緣中預先沒有果，然後生果。到底是哪一種情況呢？抑或兩種情況都不合呢？

> 因是法生果，是法名為緣。若是果未生，何不名非緣？（1：4）

在提出答案之前，龍樹先就世間的知解，提出因與果是相對比的：果不能獨立於果而說因。果是對因說的，因是對果說的。龍樹提出，由於某東西是生某果的因，故我們說它是緣；在果未生之前，它不能稱為緣。緣是對生果這一現實說的。在這一生果的現實出現之前，它與非緣沒有分別。離開生果這一現實，甚麼東西都是一樣，都是非緣。明白了因與果或緣與果的對比後，龍樹便處理上面提出的問題。

---

1 緣起或因果是佛學研究界的一個熱門的論題，在這方面的研究，可謂汗牛充棟，多得很。近年有一種著作，很受注意，這便是佛教思想研究會（日本）編的《佛教思想3：因果》（京都：平樂寺書店，1978 年發行，1982 年第 2 版），內收多篇重要論文，包括中村元的〈因果〉、梶山雄一的〈中觀哲學と因果論〉、武內紹晃的〈インド佛教唯識學における因果〉和高崎直道的〈如來藏思想と緣起〉，很受學界重視。

2 1：3 表示《中論》第 1 章第 3 偈頌。以下用例情況相同。

果先於緣中，有無俱不可。先無為誰緣？先有何用緣？（1：5）

龍樹的意思是，不管是果先有於緣中，或先無於緣中，都不能成就緣，不能建立因果關係。若是緣中預先沒有果，則緣是對於甚麼而為緣呢？上面說，因與果或緣與果是對比著說的，是在因生果這一事實中說的。倘若緣中預先沒有果，則緣由於沒有果和它對比，因而不能說緣。另外，若是緣中預先已有果在，則早已在那裡，又何必以緣來生果呢？倘若沒有生果，緣亦不能作緣看。

要注意的是，當龍樹說果先有於緣中，或先無於緣中，他是以自性的立場來說緣與果，即是說，以緣與果都各有其自性。而且他透過時間的分割，把緣生果這一因果關係所依的事實，化解開去，使緣與果不能在緣生果這一現前的事實中對比地成立，卻是成為緣預先沒有果與緣預先已有果的兩種斷然情況。在這兩種斷然的情況中，緣與果都無法透過一個歷程作此起彼承的作用，不能使緣與果在作用中對比起來。於是不能說因果關係。以自性的立場來看緣與果，這種結局是勢所必然的。自性是單一的、自足的、獨立的。緣的自性與果的自性不能有此起彼承的連續性的作用；而因果關係，就世間的知見來說，卻是表現於緣與果的此起彼承的連續性的作用中。故自性的設定不能建立因果關係，起碼不能建立在世間的知解下的因果關係。

跟著的偈頌，運用四句否定的思考作出。[3]頌文如下：

若果非有生，亦復非無生，亦非有無生，何得言有緣？（1：6）

若以自性的立場來看，果不能在它先有於緣中的情況下生起，也不能在它先無於緣中的情況下生起，亦不能在兩種情況的結合下生起（亦不能在與

3　關於四句否定，下面會有進一步的解釋。

緣完全無關涉的情況下生起）[4]，那麼怎能說有其緣呢？以下進一步敘述緣的不能生果。

略廣因緣中，求果不可得。因緣中若無，云何從緣生？（1：10）

若謂緣無果，而從緣中出；是果何不從，非緣中而出？（1：11）

無論總略地從因緣和合聚中看，或詳廣地從一一因緣中看，都得不到果。這樣，因緣中既然沒有果，又怎能說是從緣中生出果呢？此中實找不到因生果的事實或因果關係。緣中既然沒有果，而又說從緣中生出果，則這與說從非緣中生出果有甚麼分別呢？非緣是與果完全沒有關連的東西。

四、同一性與別異性

龍樹在論證中，特別是在破因果關係方面，喜歡運用不同的範疇（category），包括一些邏輯類型來處理。其中較有代表性的，是同一性（identity）與別異性（difference）。具體地說，是依據「原因與結果的同一與別異的可能性」為線索，運用四句否定與兩難的邏輯形式，論證原因與結果不管是同一抑是別異都有困難，以否定因果關係。當然這被否定的因果關係，是建基於自性的立場上的。

由先我們看龍樹如何把同一性與別異性這兩個範疇套在四句否定這一邏輯形式中來否定因果關係：

諸法不自生，亦不從他生，不共不無因，是故知無生。（1：1）

---

4 這是第四句的否定。在四句否定的運用中，應該有這第四句的否定的。不過，龍樹在運用四句或四句否定時，常會漏掉第三句或第四句，或兩者的分別的否定。這裡我們替他補上。

這裡我們有先交代四句與四句否定的必要。所謂四句（catuṣkoṭi）是指四個命題，依次表示肯定、否定、綜合（肯定與否定）與超越（肯定與否定）四種思考方式或層次。《中論》中表示四句的典型偈頌是：

一切實非實，亦實亦非實，非實非非實，是名諸佛法。（18：8）

這四句可依次寫成：

1.一切是實（肯定）

2.一切不是實（否定）

3.一切是實亦不是實（綜合）

4.一切不是實亦不是不是實（超越）

用記號式表示，可如：

1. p

2. ~p

3. p・~p

4. ~p・~~p

四句否定即是同時否定這四句所表示的思考。[5]上來所引龍樹有關生的偈頌，把生區分成四種情況或可能性：

1.自生

2.他生

3.共生

4.無因生

這便是以四句的方式來表示，起碼粗略地說是如此。[6]

這四句表示生的四種可能性：1.自生：果由自己生出來。2.他生：果由其他東西生出來。3.共生：果由自己與其他東西結合而生出來。4.無因

5　關於龍樹的四句與四句否定，參看拙文 "Chih-i and Mādhyamika", Ph. D. Dissertation, McMaster University, 1990, Part II, A.

6　此中牽涉的細微問題，這裡不多作討論，詳情參閱上註所引拙文。

生：果不必原因便能生出來。龍樹以為，這四種情況都有困難，故否定了這四句。生只能有這些情況，若都有困難，則生根本不可能，因此是「無生」。這即是沒有果生或因果關係這一回事。

案生只能有兩種情況：有因生與無因生；這兩者窮盡一切可能的生。有因生不外三種情況：自生、他生、共生。諸法的自生指從自己生起，以自己為因而生起自己的果。他生指從他者生起，以他者為因而生起自己的果。共生是自生與他生的結合，諸法以自己與他者合起來為因，而生起自己的果。無因生則是不需要任何原因，作為果的東西都能生起。

我們的理解是這樣。倘若以自性的立場來看生的問題，以能生的原因與被生的結果都有自性，則會有如下的情況出現，使生的事情無法在世間的知解中成立，因而生不可能。諸法從自生表示原因與結果是同一，諸法從他生表示原因與結果是別異。這兩種情況都有困難。若諸法能從自身生起，則我們可以說「手錶由手錶自己生起」了。這是違背常理的，手錶是由很多零件依據一定的設計（design）而成就。這裡有一種零件與手錶在時間上的此起彼承的情狀發生，這此起彼承的情狀使手錶在我們的感官前面宛然詐現。自生不能解釋這種情狀。另外，倘若手錶可由自己生起自己，則手錶應不限於只一次地生起自己，卻是恆常地繼續不斷地生起自己。若原因與結果是相異[7]，則兩者變得毫無關係；手錶的零件能生手錶，若手錶的零件與手錶別異，則與手錶別異的水，或麵粉，亦應可以生手錶了。這是正常的世間知解所無法接受的。對於手錶來說，零件與水、麵粉都是相異的東西，都是他者。因此自生與他生都不可能。

共生是自生與他生二者相合而生。即是在很多原因中，有某一東西是果的自身，這是因與果同一；其他東西都是他者，這是因與果別異。或者是在一個原因中，其中一部分是自身，另一部分是他者。[8]由於共生具備第一的自生與第二的他生所有的困難，故亦不能成立。

---

7 這裡說相同、相異，是就絕對的立場來說。關於這點，下面有解釋。

8 關於這點，倘若原因是以自性的立場來看，便不能說了，因自性是不能有部分可言的。參看下文。

無因生是由「又不是自身又不是他者」而生起，自身與他者窮盡一切東西，故這等於由無而生，這在世間的知解來說，是不能被接受的，自然不能建立因果關係。

四種生都被否定掉。龍樹藉著這樣的論證要強調的是，具有自性的諸法，要生起具有自性的另外的諸法，而以前者為因，後者為果，而成因果關係，是不可能的。因此說「無生」。[9]

以上我們看到龍樹把同一性與別異性套在四句否定一邏輯形式中來否定自性立場的因果關係。下面我們看他如何把這兩個範疇套在兩難的邏輯形式中來討論因果關係。所謂「兩難」（dilemma）指一命題的正面及其反面都有困難。這種情況顯示基本的預設有問題。要化解兩難，便得放棄基本的預設。下面先引《中論》在這方面有代表性的兩則偈頌看看：

> 因果是一者，是事終不然。因果若異者，是事亦不然。（20：19）

> 若因果是一，生及所生一。若因果是異，因則同非因。（20：20）

上一偈頌明說不管因與果是同一抑是別異，都有困難。這裡要注意的是，

9　青目（Piṅgala）對這一偈頌的解釋，與我們所作的，有同亦有異。他的解釋如下：

> 不自生者，萬物無有從自體生，必待眾緣。復次，若從自體生，則一法有二體：一謂生，二謂生者。若離餘因從自體生者，則無因無緣。又生更有生生，則無窮。自無故他亦無。何以故？有自故有他，若不從自生，亦不從他生。共生則有二過，自生他生故。若無因而有萬物者，是則為常。是事不然。無因則無果。……（《大正藏》30．2b）

青目以萬物待眾緣而生，不能從自體生，由此說不自生。這自不違緣起正義。不過，這是順著緣起說下來，不是先假定自性而遭遇困難地說上去，故論證的意味很輕。「一法有二體」的提出，則有論證意味。即是說，若自生能成立，則一法便可有二體：被生之體與能生（生者）之體。這是世間的知解所不能接受的。在因果事象中，因是能生，果是所生，兩者的分際，井然有別。若混同了這兩者，便違世間的因果見解。另外，青目以自生可引致生之生，以至於無窮，則是我們所說的「手錶應不限於只一次地生起自己，卻是恆常地繼續不斷地生起自己」的意思。

由於自性的設定，即是說，由於視因與果都有其自性，故原因與結果只能有同一或別異兩種關係。而且這同一與別異都是絕對義，即是絕對地、完全地同一與絕對地、完全地別異。理由是，自性是獨立地、常住的，特別是單一的。自性不能被分割為部分，它是完整的單一體；自性的因與自性的果不能有部分相同，有部分相異，因這預認自性內部可含有不同性質，這與單一性相違悖。即是說，自性的因與自性的果不是完全同一，便是完全別異。但這任何一種情況，都有困難，都悖離世間的知解。

這困難是甚麼呢？龍樹以為，倘若因果是完全同一，則能生與所生是一，沒有能所的分別，則「生」從何說起？倘若因果是完全別異，則因便與果完全無涉的東西等同，而成「非因」。如以泥造瓶，我們說泥是瓶因。如泥與瓶完全別異，則火、草與瓶亦完全別異，如是，則就與瓶都是完全別異一點來說，泥與火、草並無不同之處，即因與非因並無不同。

以上是龍樹把同一性與別異性套在兩難中來說因果關係，他從自性的設定來說，故因果關係不能成立。很明顯，自性的設定，必否定緣起的可能性。下面他直就果的自性的有無來觀察，仍然是依循正反的思路，結果不論說果的自性是有，或果的自性是無，都產生兩難，不能成立因果關係。不過，這裡擬設果的自性是無，是以絕對虛無的立場來說，果無自性，表示一無所有，不止無自性，而且也無緣起。

若果定有性，因為何所生？若果定無性，因為何所生？（20：21）

假定果確定地有其自性，則自性是獨立自存的，不能由他物所生，這樣，因的能生身分便不可能，故說：因是作為甚麼的所生而為因呢？但假定果確定地無自性（一無所有，如石女兒，如空中華），也不能說因有所生，不能說因能生果，故又說：因是作為甚麼的所生而為因呢？

表面看來，佛教盛言緣起，龍樹繼承之。這緣起即是因果關係，但龍樹又猛烈摧破因果關係。這似乎是矛盾的。實際情況是，龍樹在現象的層面說因果關係，但在自性的層面，則否定因果關係。現象層面的因果關係，可同時說因與果是同一和別異的，而這同一與別異，都不是絕對義。在這種關係中，由因至果，有一具有延續性的發展歷程，在這歷程中的任何一個段落，因與果都在變化，前者對後者不斷徹入、影響，以致最後形成結果。結果形成，原因可以消失掉，也可與結果並存，但肯定是變化了，與生果前的狀態不同。十年前的某甲與目下的某甲是因果關係，兩者是不同的。但這不同或別異是相對義，不是絕對義。這表示對於十年前的某甲，我們可以將之分成兩部分，其中一部分與目下的某甲不同，另一部分則與目下的某甲相同。從目下的某甲看亦然。故相對性的別異必包含相同在內，而這相同也是相對性的。這是就現象層面看的因果關係；在這關係的兩端的因與果，同時有同異可說。但從自性立場說的「因果關係」，關係的兩端的因與果，由於都以自性看，而自性是單一的，不能分割，故因不能分成部分，而說其中一部分與果同，另一部分與果不同。果的情況亦然。故因與果不能有相對性的同異，只能有絕對性的同異。即是，因與果完全相同或完全別異。而這兩種情況都不能作為世間的知解下的因果關係看。要成立世間知解下的因果關係，便得放棄自性的立場，不以自性來看諸法，而以諸法為無自性，為空。上面說龍樹在自性的層面否定因果關係，當然不是他的目的；這無寧是他要證立無自性或空這一諸法的真理的機括：自性的設定必排斥世間的因果法，要建立、保住世間的因果法，便要否定自性，以世間法為無自性，為空。[10]

10　對自性的否定，可以有兩面涵義：一面是認識論的，另一面是實踐的以至救贖的（soteriological）。認識論一面是認識到世間種種法都是緣起的，都沒有恆常的、不變的自性可得，這是世間法的本性。實踐的一面則是否定世間法的自性，不執取這自性，因而也不執取世間法。這樣便能免除種種由迷執而來的煩惱，因而有助救贖性的宗教目標的達致，這即是覺悟、成道、得解脫。在佛教特別是龍樹的哲學來說，實踐一面的意義尤其重要。

五、論運動、時間與運動者

所謂運動，一般來說，是物體的位置的轉移。當然這與空間、時間有密切關連。龍樹的看法是，物體的運動只能在現象層面說，作為現象的事物，在我們的感官面前宛然乍現，有變化，也有運動。但作為自性看，則事物是永恆地靜止不變的。以自性的立場來說運動，是不成的。與運動相關連的時間與運動者，都不能說自性。

《中論》中以去（來）表示運動。下面一連串的偈頌，都是有關運動無自性的論證。首先我們看第一偈頌；

> 已去無有去，未去亦無去；離已去未去，去時亦無去。（2：1）

這偈頌的梵文原文在意思上與漢譯有些微差別，原文為：

> gataṃ na gamyate tāvadagataṃ naiva gamyate,
> gatāgatavinirmuktaṃ gamyamānaṃ na gamyate.[11]

其意思是：

> 實際上，已經逝去了的東西是不會去的，還未逝去的東西亦是不會去的；除了這兩者之外，目下的正在發生的逝去活動不能被知。

兩個本子都在說沒有去的運動。不過，梵本以去的東西作為本位，而說去的東西與去的運動的關係。漢譯則以去的時間為本位，而說去的時間與去的運動的關係。兩者都是說得通的。下面我們先依梵本以去的東西為本位

---

[11] Louis de la Vallée Poussin, ed., *Mulāmadhyamakakārikās de Nāgārjuna avec ḷa Prasannapadā Commentaire de Candrakīrti*.（此書以後省作 *Poussin*）Bibliotheca Buddhica, No. IV, St. Petersbourg, 1903-13, p. 92.

說；之後便就漢譯以去的時間為本位說。實際上，漢譯在這偈頌後的幾則偈頌，都強調去時，即以去的時間為本位來談去的運動能否成立。

龍樹依時間的脈絡把宛如在運動（去）著的東西，置於三個階段：過去、未來與現在，而說在這三個時間階段下宛如在去的東西，其實並沒有去的運動。[12]所謂去的運動，或去法，並沒有自性，它只是我們描述事物在時間的遷流中位置不斷轉變而已。不單去法沒有自性，去的東西與時間自身，都不能說自性。若不以自性來看去法，則已經去了的東西，這東西自身已無自性，不能說有，它的去法，自然無自性，也當然不能說有了。未去的東西，其去法在時間上來說，尚未出現，自然無從說有。至於正在去的東西，或東西在正在去時，龍樹以為，其去法也不能說。關於最後一點，比較難解。一般的理解是，正在去的東西，其去正依附在這東西上，或正在去的東西「正在」表現去的運動，故應有去法，怎麼說沒有呢？我們以為，關鍵仍在不能以自性說去法一點上。龍樹並未否認正在去的東西有宛如的去的運動，或去法，卻是否認這去法具有能離開去的東西而獨立存在的自性，或「去法的自性」。實際上，去的東西與去的運動是相依待而成立的：某東西因為有去的運動，才成為去的東西；而去的運動又因為是某東西的運動，需要某東西在「去」，才能成為去的運動。兩者的成立，都有所依待，自然不能說自性了。關於這兩者的依待關係，龍樹在後面也有說到。

再就漢譯以去的時間為本位說。在事物已經去了的時間中，那是過去了的時間，當然不能有去的運動。在事物還未去的時間中，那是未來的時間，也自然不能有去的運動。即使在事物正在去的時間中，這是現在的時間，去的運動也不能說。龍樹的理由，基本上是去的時間是依待去的運動的，在邏輯上來說，運動在先，時間在後，沒有運動，根本不能說時間，故不能說去時有去，亦即去的時間不能有去的運動。關於這點，我們可以

12　這裡我們說到運動，說到去，加上「宛如」字眼，表示這運動或去在我們的感官前表現這樣的狀態，或使我們的感官覺得它們有這樣的狀態，而不表示實在有運動或去。運動或去，宛如也，只是好像是這樣，與實在無涉。

進一步說，活動是第一序（primary order）的，時間是第二序（secondary order）的。第一序的要先成立了，才能說第二序的。除非我們把兩序的東西都賦與自性，這樣，時間有了自性，便可離開活動而先說，說時間中有去的運動，當然這去的運動亦是以自性說。但這是不可能的。去的運動倘若以自性說，則它是自在自足的，不與時間或任何東西相涉，自然不能有於時間中。另外，「去時」也不能說。時間便是時間，它具有自性，是自足的，不能給去的運動加上去，來形容它，而成為「去時」。故去時不能說，去時有去也不能說。

再就時間這一點來說。所謂過去、未來、現在這種分法，不能執實，即不能就時間自身而把它清楚地分開為三個階段。過、未、現的分法只是依順著事象的發展而方便地、權宜地提出來的。若把時間執實，以之為有自性，則由於自性是一個整一體，不能被分割成為部分，因而亦不可能有過去、未來、現在的區別。

說去時無去，表面看似有詭辯成分。起碼在文字上有矛盾。不過，這是在自性的設定下提出的：不單設定去的運動有自性，同時設定去的時間有自性。若兩者都以自性說，則兩者互不相涉，不能說去的時間，也不能說時間的去。龍樹的意思殆是，諸法的運動是宛然呈現的，不能以自性說；時間是在諸法的運作變異中安立的，也不能說自性。若以自性來說運動與時間，則勢必出現去時無去的弔詭（paradox）。若不想出現弔詭，便不可以自性來說運動與時間，即以運動與時間為空。

跟著的一偈頌是擬設反對論者的質難。他認為已去與未去，由於沒有動作的現象呈現在感官前，故不能說去；但事物在正在去的當兒，總應有去的運動吧。他的論點是這樣：

動處則有去，此中有去時。非已去未去，是故去時去。（2：2）

這偈頌的梵文原文為：

ceṣṭā yatra gatistatra gamyamāne ca sā yataḥ,
na gage nāgate ceṣṭā gamyamāne gatistataḥ.[13]

其意思是：

有移動處，便有移動的途程。在現在正在發生的逝去活動中，也有移動；這不存在於已經逝去或尚未逝去的東西中。因此，移動的途程必定在正在發生的逝去活動中。

梵文原偈的意思有點曲折。主要還是說「在正在發生的逝去活動中」有移動，亦即有去的運動，「移動的途程」其實是就去的運動說。漢譯則作「去時去」。即是說，去的東西在去時，應有去的運動。意思差別不大。

龍樹的看法是這樣。「去時去」或去時有去，是「……時有……運動」的格局，此中，時間是本位，是邏輯地先在的，這便有問題。因時間不能離運動而成立，它是在諸法的動作變異中安立的。他以為我們不能離開具體的運動，而執著有具有自性的「時間」。[14]下面即涉及時間。

云何於去時，而當有去法？若離於去法，去時不可得。（2：3）

去時是依去法或去的運動而施設的，它自身並無實在的質體。現在去法的有無還在討論中，未有確定的說法，卻先立去時，在邏輯上，這是把結果

13　*Poussin*, p. 93.

14　「……時有……運動」這種格局，表示時間是本位，運動是次位，或在理論上時間比運動為先在。龍樹認為時間是依運動而施設安立的，故在理論上應以運動為先，時間為次，因而這個格局是有問題的。不過，目下討論的焦點是「去時去」，即「在去的時間中有去的運動」，或「在運動的時間中有運動」，這是一分析命題，即使是在以運動為先以時間為次的預設下，是否必不能成立，頗值得討論。關於這點，以後有機會容再交代。

置於原因之前的過失。龍樹的這種對時間的看法，與康德（I. Kant）的有點不同。後者以時間為感性形式，是我們的感性主體攝取外界感覺與料（sense data）的形式條件，這有視時間可獨立於外界而為我們的感性的一種內在形式之意。龍樹則視時間為我們接觸和處理對象時被施設建立起來的。

上面龍樹就在邏輯上因（去法）果（去時）的關係的不能逆轉來破斥去時去或在去的時間中有去的運動的說法。即是說，應以去法為先，時間為次。倘若把這次序逆轉過來，以時間為先，去法為次，則有把時間實體化之嫌，即以時間為具有自性。跟著的偈頌，對於這個意思，說得更為清楚：

若言去時去，是人則有咎；離去有去時，去時獨去故。（2：4）

龍樹以為，說「去時去」或去時的去法，有這樣的過失（咎），以為離開去的運動別有去的時間，以為去的時間可以獨自表現（去時獨去）。這是設定了時間的自性的必然結果。實際上，時間的自性是不可得的，它只能附在於運動中說。

以上兩偈頌表示若以自性的立場來看時間，或以時間為有自性，來說「去時去」，便會陷入困難，不能為世間的知解所接受。下面更展示同時以時間與運動具有自性來說「去時去」所帶來的困難，以反證時間與運動都不能說自性。

若去時有去，則有二種去：一謂為去時，二謂去時去。（2：5）

因此有兩種去。前者是在「去時」成立之前的去，「去在時先」的去；後者是在「去時」成立之後的去，「去在時後」的去。這兩種去的出現，是有過失的；這將是下一偈頌要提出的。這裡我們要檢討的是，何以會出現兩種去法呢？此中的關鍵在對自性有所執取的人，把去法與去時看成各別有其實體，因此有由去而成立去時的去，在去時之前；和去時成立後的去，在去時之後。因此便出現三個東西：在去時前的去、去時、在去時後的去。三者皆以自性說，前後二去法可以互不相涉，中間的去時也不能把它們串連起來。其實，從緣起正理來看，在去時前的去、在去時後的去，都是一樣的，都是說去的運動，而去的運動只是事物在我們的感官面前呈現為宛如是「去」的運動，並無自性可得。所謂「去時」，是我們留意到這去的運動而加上去的標識，是主觀的東西；在外面的世界，並無所謂「時」。

二種去的出現，有兩面運動者或主體的過失：

> 若有二去法，則有二去者；以離於去者，去法不可得。（2：6）

> 若離於去者，去法不可得；以無去法故，何得有去者？（2：7）

由於去法是去的主體或去者的去法，去法不離去者，既有二去法，便應有二去者與之相應，這是不可能的。去者只有一個，故有過失。事實上，去法與去者是相互依待的；去法要有去者來表現，去者要以去法來成就他的去者的身份。「以離於去者，去法不可得」，這是說去法依於去者；「以無去法故，何得有去者」，這是說去者依於去法。故兩者相互依待，其中任一者不成立，另外的一者亦不可能。[15]

以上龍樹論證了去時無去。以下他繼續論證運動者或去者不去。若以

15　這裡牽涉一個很深微的問題，值得提出來。當龍樹說有兩種去法時，這去法是以自性看，即這兩去法各有其自性。龍樹認為若「去時去」能成立，則應有兩種去：去在時先的去，與去在時後的去，而這兩種去又分別相應兩個去者，因去法總是去者的去法，但這是有困難的：去者只有一個，不能有兩個。這裡我們提出的質疑是，倘若去法具有自性，則去法便是自己的去法，不必依於去者，不必與去者相應。若說去法依於去者，與去者相應，這便不是以自性來看去法，而是在緣起的脈絡下說。龍樹一時以去法為有自性，以自性來看去法，一時又以去法與去者相應，以緣起來看去法，這便有二重立場之嫌。這個問題比較複雜，我們在這裡暫不多作討論。

時間為本位，而說去時不去，還較易理解，因時間不是一個活動者。但說去者不去，便難了解，因去者是一個活動者。他是去者，又不去，這在常理上是有矛盾的。問題是，若去者與去法都以自性來看，則兩者成了兩回事，互相獨立於對方，沒有交匯處。龍樹便是這個意思，因此說去者不去。

去者則不去，不去者不去；離去不去者，無第三去者。（2：8）

若言去者去，云何有此義？若離於去法，去者不可得。（2：9）

表面上，去的活動存在於「去者往那裡去了」和「不去者將往那裡去」這兩個可能性中。但這兩種去都不可得。去者已經逝去了，動作已過去了，故無去的運動可得，故說「去者則不去」。不去者尚未有動作，「去」無現實的內容，故說「不去者不去」。此外，並無第三者。不是去了，便是未去。在去與不去之間，找不到一個中介的去者。這點亦不難理解；在時間的任一點上，過了此點是已去，未過此點是未去，而此點並無量可言，無延展性（duration），去與未去都不能說。就空間來說，亦是一樣，某點的一邊是已去，另一邊是未去，此點也無廣延（extension），去與未去都不能說。這「離去不去者，無第三去者」，其實是運用了邏輯上的排中律（Principle of the Excluded Middle）來作出。

這裡又擬設外人的問難：已去者與未去者無去可說，也有道理，但正在去的去者，應該有去了吧。這點與上面說去時去的例子非常相似。龍樹以為，去者還是不去的。因去者之所以名為去者，是因為有去法而被安立。現在去法能否成立，仍是問題。在這問題未解決前，不能說去者。

在上面有關因果關係的討論中，我們提到龍樹喜歡運用同一性與別異性這兩個範疇，套在兩難的邏輯形式中，以展開其論證。這種論證的方式，在《中論》中非常普遍。在論運動方面，龍樹也採用這方式來進行。他把去法或去的運動視為作用，把去者視為主體。

> 去法即去者，是事則不然；去法異去者，是事亦不然。（2：18）
>
> 若謂於去法，即為是去者，作者及作業，是事則為一。（2：19）
>
> 若謂於去法，有異於去者，離去者有去，離去有去者。（2：20）

如上面論因果關係那樣，龍樹是設定以自性的立場來看去法與去者的，即以二者各有其自性。因此在談到它們的關係時，這關係只有二種形態：完全相同與完全別異。這兩種關係都是從絕對的眼光看。無論任何一種關係，都會陷入困難，這便是兩難。倘若去法與去者是完全相同，則會出現主體（作者）與作用（作業）完全是同一的情況。這是悖離世間的知解的。在世間的知解下，主體是能作，作用是所作，二者各有其分際。若泯失了這能所的分際關係，則甚麼在作甚麼，便無法理解。又倘若主體與作用是完全相異，即去者與去法完全相異，便會出現去者與去法可以完全分離，各不相涉的情況：離去者有去，離去有去者。這樣，是甚麼東西在去呢？去的東西在做著甚麼活動呢？都無法有確定的說法。我們固然可以說去者在去，也可以說坐者在去，反正去者與坐者對於去法來說，都是完全別異的東西，與去法都可以完全分離，各不相涉。在與去法完全別異一點上，坐者與去者並沒有絲毫分別。

自性是純一的、整一的，它不能被分割成部分。若以自性來看去者與去法，兩者只有完全相同或完全別異的關係。去者與去法都不能被分割為部分，因而亦不能說二者有部分相同，有部分相異的第三種關係。這便是排中律的作用所在。就緣起正理而言，所謂運動，或去法，是我們對運動者或去者在空間移動的位置的描述語，它自身並無自性，而運動者亦是五蘊（色、受、想、行、識）和合的結果，亦無自性可得。在去者在去的情況，去者透過去法在不斷變化，此中去者與去法有極其密切的相互徹入的關係，這關係是不為自性的設定所容許的。惟其有相互徹入，去才能是去者的去，而去者亦成了去的去者，此中的同與異，都可同時說，因而亦可說「去者去」。這便是世間知見所理解的主體與作用的關係。要建立這種關係，便必須放棄自性的設定。若以自性立場來說，我們不能提出「去者去」一命題，但若以緣起立場來說，「去者去」是可被接受的。

龍樹論證到這裡，應該是很明白了。但外人仍有所執，以為由於去，所以知道有去者，既有了去者，這去者當然可以有去了。故去者還是有去。龍樹又以偈破之如下：

因去知去者，不能用是去；先無有去法，故無去者去。（2：22）

去者的去（倘若有去的話），不能是因去的去。因為說去者的去時，去者是以去法而成去者，這以去法的去是在先，而「去者的去」中的去，卻是在後。即是說，「由於去而成去者」中的由於去的去，在去者之前，而「去者的去」中的去，在去者之後。「先無有去法」的意思是，去法在先的去法中，並沒有去者所用的去法。故因去而成去者的去，不能成為去者所用的去法，兩者有一時間上的差距。倘若以自性來看這兩種去，復又以自性看時間，則這兩種去不可能有交接點，因而不能以去者因有「去法」所以成為去者，而說去者有「去法」。這兩去法各具自性，而又被時間隔開，故純然是兩回事，不能以彼引此。

外人可能以為，若說因去而成去者的去，不能成為去者所用的去法，因而不能用，則不妨用另外相異的去法。龍樹強調這是不可能的。理由如下：

因去知去者，不能用異去；於一去者中，不得二去故。（2：23）

去者與去法是一一相應的，是相待而成的；去者只有一個，則只能有一去法與之相應，不能有二去法。若有兩去法，便應有兩去者與之相應。按以相異的去法來回應去者，使之有去，很明顯地是不可能的，不知何故反對論者會有這種想法。

綜合這種兩難的論證，龍樹的意思殆是，去法與去者，或作用與主體，都沒有常住不變的自性可得，它們只是緣起相待的存在，兩者在俗諦或世間知見的層面，相互影響與徹入，在我們的感官面前，宛然乍現有去的運動。若我們視兩者各有其自性，則兩者的關係不是同一便是別異，任何一種關係都會導致困難或矛盾。

以上是龍樹透過多種論證，逼出運動這種「東西」的無自性亦即是空的性格。不止運動是如此，與它有密切關連的主體與運動中的時間，都無自性可言。論證的方式基本上是一致的，即先以自性的立場來看運動，致引來種種困難；要消解困難，便得放棄自性的看法，而為無自性，為空。

六、論作者與對象

在一個作用中，倘若以緣起的立場來看，則作用的主體或作者、作用的對象與作用自身，都不能說自性，只是作者與對象在作用中不斷徹入（作者徹入對象中）與不斷承接（對象承接作者）而已。整個作用在我們的感官面前呈現為如幻如化的性格，基本上是那些緣或條件的交互接觸與影響的結果，此中並無自性可說。關於這點，龍樹在《中論》中有很有趣和生動的論證。以下我們即集中討論這些論證。

> 若燃是可燃，作作者則一。若燃異可燃，離可燃有燃。（10：1）

這是借燃燒作用為例來說。龍樹論證的方式，很明顯地是以同一性與別異性兩範疇套在兩難的邏輯形式中展開的。燃是火，是作者；可燃是薪，是對象。倘若火即是薪，則作者與其作用的對象變成同一的東西。倘若火異於薪，則離開薪當亦可有火了。這便是兩難。要知道龍樹是先預設火與薪各自有其自性的。這樣，火與薪只能有絕對的同一或絕對的別異的關係，而這兩種關係，都可導致反常識的情況出現。這即是：作者與對象混在一起和火可離薪而存在，或作者可離對象而存在。要消解這種反常識的情況，便得放棄對火與薪的自性的預設。

上面一偈頌是總說。跟著兩偈頌則盛言這自性的預設所帶來的悖理情況。

如是常應燃，不因可燃生。則無燃火功，亦名無作火。（10：2）

倘若離薪亦可有火的話，則火變成可恆常地燃燒著，不問有薪無薪。由於薪是燃燒的原因，因而火的燃燒，不用燃燒的原因了。「不因可燃生」實悖離了因果律。[16]而且，也沒有重新開始燃燒的必要；這樣，火便成了不具有作用的東西，變成「無作火」。

燃不待可燃，則不從緣生；火若常燃者，人功則應空。（10：3）

倘若作者與對象各有其自性，則火是作者，薪是對象，二者可各各獨立，燃不待於可燃，火不必賴薪而可燃燒，這變成不需原因便能燃燒，便能生起。這當然是過失。如上偈所說：火可離薪而燃燒，而且能恆常地燃燒，則添薪吹風的人為的助緣，便成空而不必有了。但實際上火要不斷添薪，不斷吹風，才能繼續燃燒。可見這是違背常情的。若要消解這種情況，則勢必要放棄自性的設定，即以火與薪為無自性，為空。

以上論作者與對象的關係，取的是火與薪的事例。以下更兼作用而論之，取的則是以燈照室破闇的事例。

燈中自無闇，住處亦無闇；破闇乃名照，無闇則無照。（7：10）

要注意的是，龍樹是先以自性的設定來看燈與室的。這偈頌的意思是：光明與黑闇不能同時存在。有光處（燈中）不能有闇，燈光生起，所到之處

16 關於這點，跟著的偈頌會說及。

（住處），亦不能有闇。現在是沒有所照破的黑闇，燈中及燈光所到之處都沒有，因此沒有照破黑闇的事，因而沒有照。龍樹強調，照的作用是在破除黑闇中成立的，既無黑闇，故沒有照。

說燈中無闇，住處亦無闇，結果不能交待照的事。這很明顯地是運用兩難的思考。

這裡龍樹假定反對論者這樣想：燈光未生起時，當然沒有照的作用；燈光生起後，黑闇已破，自然也沒有照的作用。但在燈光正在發生時，光線由近而遠地射出，應該有破闇或照的作用。這種論辯，與上面論運動與時間時外人提出的已去無去，未去無去，但去時應有去的論辯模式，完全一樣。龍樹的答辯是這樣：

> 云何燈生時，而能破於闇？此燈初生時，不能及於闇。（7：11）

以上的偈頌是以自性的立場來立說的。若以自性來看燈光所照之處，則照處不是已照，便是未照。已照沒有照，未照照未出現，因此也沒有照。在已照未照之間，我們找不到另外的可能性，如近處是已照，遠處是未照，燈光由近而遠地照。因為所照之處既然以自性看，自性無方所，不能有遠近的分別。總之，闇在時燈光還未來，燈光來時闇已前去，燈光與闇不能有相碰頭處，故還是不照，不破闇。這種思路，以燈光只有已照與未照兩個可能性，不能有由未照轉變為已照的情況出現，顯然是運用了排中律。

反對論者可能提出，燈光可以從未照到闇處，以達於闇處，而破闇，因而表現照的作用。龍樹復以偈頌駁斥之：

> 燈若未及闇，而能破闇者，燈在於此間，則破一切闇。（7：12）

若燈光本來未接觸到闇，而又能破闇，則以一燈放在一處，理應可破除一切闇了。因為燈在這裡，碰不到闇而卻可以破闇，則其餘一切地方的闇，也碰不著，卻也應該可以破闇了。這裡的闇與其他地方的闇，就燈光都是碰不著來說，是一樣的。這顯然是不通的，違悖常情的。

總之，未有燈光時闇在前面，有燈光後光明在後面，闇與明總是碰不上頭，因而不能有照的作用。照的作用是成立於光明遇到闇，而照破它，使之變為明這一事象中。但若闇與明碰不上頭，便不能說照。此中的關鍵在於，當說燈光照自身或照某一室時，在燈光自身，在該室中，必須要有與光的部分相俱的闇的部分。但若是這樣，則燈光自身及該室具有光的部分與闇的部分成了兩個在性質上相對反的部分了。這與燈光與該室的自性的單一性相違悖。單一的自性不能被分為部分，何況是性質迥異的兩個部分！這是我們以自性的立場來看燈光與室所引來的困難。要遠離這困難，便得放棄自性的立場，以燈光與室為無自性，為空。

平心而論，在火燒薪與燈光照室這兩個事例中，人或會執取薪與室有自性。但執取火與燈光有自性的，恐怕不多見。這二者可視為現象，在一定的條件匯合下，便會生起。火燒薪與燈光照闇，也是現象，以緣起事的姿態，出現在我們的感官面前。在緣起事中，作用者對被作用者或對象有一種此起彼承或一方徹入，他方吸納的回應關係；這種關係是自性的預設所不能容納的。自性從定義來說，即有自足、與別不相涉的涵意，這涵意必然排斥緣起事的相互交涉的關係。如在燈光照室這一事例中，燈光開了，先照周圍的部分，然後漸漸移動，由近而遠地照過去，以至充塞了整個室。這裡有一個歷程可說；室本來是全闇的，有燈光後，闇室慢慢改觀，明漸漸增多，闇漸漸減少，到了最後，全明無闇。緣起觀是要說歷程的，歷程預認部分。自性的立場則無部分可言，因而也不能容許歷程。由於有部分與歷程可說，闇與光可有一種此消彼長的發展狀態，兩者可以同時出現，有碰頭的機會。自性說或預設無部分與歷程可言，光便是全光，闇便是全闇，不能有光闇的彼長此消的情況出現，因光與闇所坐落的室以自性說，是一個整一，不能說部分與歷程，因而光與闇不能有同時出現的情況，因而亦無所謂照，無所謂以光照闇。

第八章　龍樹之論空假中

龍樹哲學中最重要的觀念，自然是空。這空又與他的兩個觀念：假、中，有一定的關連。這三個觀念及其間的相互關係，對中國佛學特別是天台宗的三觀與三諦理論，及華嚴宗的圓融思想，也有相當的影響。本文即要透過龍樹的主要論著《中論》（*Madhyamakakārikā*），看他如何論這三個觀念。我們也會參考他的《迴諍論》（*Vigrahavyāvartanī*）。[1]另外，這三觀念與龍樹的二諦論有直接的關連，故我們也論及二諦的問題。

一、空假中偈

龍樹的空假中觀念，出現於同一偈中。這偈我們稱為空假中偈。據鳩摩羅什的漢譯，這偈是：

> 眾因緣生法，我說即是空（無），亦為是假名，亦是中道義。[2]

若依這偈的文法，這是論及因緣生法與空、假（名）、中（道）三者的關連。因緣生法一氣貫下，是主詞；空、假名、中道則是受位。即是說，因緣生法是空，是假名，也是中道。若如此，則空、中、假三者都是對因緣生法而言；三者的地位為平行。

但梵文原偈，意思卻有些不同。這裡我們且研究一下原偈看。這原偈

1　另一鉅著《大智度論》，傳為龍樹所作。但現代學者多懷疑此是譯者鳩摩羅什所寫，而託名於龍樹；起碼有什公的潤筆。由於作者問題尚未解決，故我們暫時不涉及它。

2　《大正藏》30・33b。以下所引《中論》，皆取自《大正藏》。

是：

> yaḥ pratītyasamutpādaḥ śūnyatāṃ tāṃ pracakṣmahe,
> sā prajñaptir upādāya pratipat saiva madhyamā.[3]

在前半偈，yaḥ 與 tām 相應，是相應關係詞與關係詞的結構，而 tām 則是指涉及 śūnyatām（空）。這半偈的意思是，我們宣稱，凡是相關連而生起的，都是空。什公的翻譯，意思大抵是這樣。此中的主詞是因緣生法，空是受位。但後半偈則有不同。此中的主詞是 sā，是陰性單數，這顯然是指上半偈的 śūnyatā 而言；śūnyatā 亦是陰性單數，而 upādāya 或 upā-dāya 是「由……故」之意，表示某種理由。故這半偈的意思是，由於這空是假名，故它（空）實是中道。即是說，此中的主詞是空，而假名與中道是受位。又包含這一意思，空之又稱為中道，是由於它（空）是假名之故。[4]故梵文原偈並未把空、假、中三者放在平行位置，而強調由於空是假名，故是中道這一意思。由此我們可以看出中道之不同於空之處；關於這點，我將在論中道一節中交代。

此偈顯示一重要之點：龍樹把因緣生法、空、假名、中道這四者等同起來。到底它們是在那一方面等同呢？筆者在〈從邏輯與辯證法看龍樹的論證〉[5]一文中表示，它們是在邏輯意義的外延（extension）方面等同。以因緣生法與空這二者來說，它們實有互相限制、相即不離的特殊關係。即是說，因緣生法固然是空；從本質來說，因緣生法亦只是空；離開空，因緣生法並無另外的本質。在另一方面，空也只是因緣生法的空，並無另外的法的空。[6]這是從義理方面來說。在文獻學方面，也有很顯明的證

---

3 Ibid, 下註 5。

4 牟宗三先生直據羅什的譯文而推斷梵文原偈的意思，結果甚為正確。參看氏所著《佛性與般若》上冊（臺北：臺灣學生書局，1977 年），頁 94。

5 《能仁學報》第 1 期，1983 年。

6 參看該文。

明。關於這點，我在下面論龍樹的兩諦不分離時會有論述。

二、空與性

上面說，空是龍樹哲學的最重要的觀念。整部《中論》，可以說是發揮空義。《迴諍論》的論證，其目標也不外是破除自性觀念，以建立空觀。龍樹的空義，相當單純、清晰，這主要是就對性的否定而顯，或用以說因緣生法的本質。它並不大有後期大乘佛教的那種「不空」的意思。

就對性或自性的否定而言空，這顯然是順著原始佛教的無我、無常思想而來。《中論》並不多直接說自性是甚麼，但它的意思卻是很明顯的。所謂 svabhāva，還是指那個不變的、常住的實體。龍樹還是喜歡以否定的方式，來表示自性的意思，所謂「無作」[7]、「無異相」[8]。再由自性的否定，而說空。所謂「無性為空」[9]。若以 p 表示「作」或「異相」（變異）這一經驗層的意思，則性是 ~p；空是 ~(~p)，即 ~~p，即還歸 p，這仍通於經驗層。由此我們便可把作為經驗層面的因緣生法與空相連起來。這便是上引的空假中偈的「眾因緣生法，我說即是空」的涵意。龍樹又說：「未曾有一法，不從因緣生；是故一切法，無不是空者」[10]，也是這個意思。

由經驗層的因緣生法為 p，通過自性的 ~p，而得空的 ~~p，亦即 p，我們可以確定，因緣生法與空是邏輯地相涵的；亦可以確定緣起性空，或性空緣起，是一分析命題。[11]緣起必定包攝性空；性空必定包攝緣起。這二者互相包攝，表示甚麼意思呢？這實表示它們所指涉的，是同一的東西；具體地說，都是那個範圍的東西。這實通於我們上面所說因緣生法與

7　《中論》：性名為無作，不待異法成。（15：2）

8　《中論》：性若有異相，是事終不然。（15：8）

9　《中論》：諸法有異故，知皆是無性；無性法亦無，一切法空故。（13：3）

10　《中論》24：19。

11　空必是自性的空，因它是自性的否定。

空有同一的外延一意思。

這裡我們可以把龍樹的思路歸結為三句：遮相說性、破性顯空、相空相即。此中的相指現象，即經驗層的緣生諸法；性指自性；相即的「即」指具有同一的外延。基於龍樹對自性的徹底否定，和他的空觀並不正面指涉到實在方面去，我們不能同意穆諦（T. R. V. Murti）的看法，以龍樹的中觀學為一種絕對主義。[12]我們無寧同意彭迪耶（R. Pandeya）的看法，以中觀學並非一形而上學體系，故無與於絕對主義。[13]實際上，對於絕對主義來說，自性義的實體是最後真實；但在龍樹學看來，實體的否定，或空，才是最後真實。

三、假名

假名是在佛教常識中十分流行的觀念。一般都以之指緣生幻有的世俗法。一切諸法都無自性，本來空寂，故為空。但就諸法之從因緣和合而生起言，這些諸法都呈現為現象，在時空中有其存在性，我們即施設地以名字來指述之，分別之。這即是假名，假是施設、權宜之意，非究竟之意。在天台宗，假名有特殊的地位。在主體方面，它被建立為假觀，為三觀之一；在客體方面，它被視為假諦，為三諦之一。《摩訶止觀》又立「假名有」的名目。[14]

但在龍樹的思想中，假名顯然是另外一種風光。我們不能說龍樹很重視這個觀念。在《中論》中，除空假中偈外，只在另外一偈中提及它：

空則不可說，非空不可說，共不共叵說，但以假名說。[15]

---

12 穆諦以為中觀學為一種非常具有一致性的絕對主義形式。（T. R. V. Murti, *The Central Philosophy of Buddhism*, London: George Allen and Unwin Ltd., 1960. p. 234.）

13 R. Pandeya, *Indian Studies in Philosophy*, Patna: Motilal Banarsidass, 1977, p. 87.

14 《摩訶止觀》卷 5 下，《大正藏》46・63b。

15 《中論》22：11。

在《迴諍論》，則全然未有提及。這觀念的相應梵文為 prajñapti，為約定、同意、經營之意；漢譯除假名外，尚有假、假立、假安立、假施設、虛假、假名字、施設、施設假名多種。這些都列於荻原雲來所編的《梵和大辭典》中。[16]有一點要注意的是，荻原並未列出假名有。可見假名有大抵不常見於譯典中，而是天台宗的發明，以表示它對緣生的經驗世界的重視。

在龍樹學的論典中，假名的出現，與空比較，根本不成比例。即使連著與它有密切關連的言說及世俗、俗諦來說，也不能與空相較（關於言說、世俗、俗諦，見下文）。我們的看法是，龍樹強烈地意識到緣起事的假名性、施設性，那是毫無疑義的；但他還是不太強調這方面。緣起性空，他還是耿耿於懷於後者。我們說中觀學派是空宗，並沒有錯。

關於假名的意思，除了說緣起事的施設性外，還有一點極堪注意。空假中偈的後半偈，是這樣的意思：空由於是假名，故是中道。故假名並不限於說緣起事，且亦說空；即空亦只是假名，亦不能執實。這便有「空亦復空」之意；這即是中道。[17]我們可以進一步說，假名一指緣起事，一指空；龍樹似乎更重視後一意思。實在說來，龍樹在《中論》中，並沒有直接地說緣起事是假名，他只是在空假中偈中，透過說緣起事是空，空又是假名，而間接地把緣起事與假名連起來。而空是假名，卻是直接的說法，由此而引出中道。以下我們即討論中道。

四、中道

相應於中道的梵文為 madhyamā-pratipad。Madhyamā 是中指，pratipad 或 prati-pad 則是行跡或道。中指是取其中之意，但此中並不是指

16　Vol. 9. 1965. pp. 823-824.

17　青目解釋此偈頌謂：「眾緣具足和合，而物生。是物屬眾因緣，故無自性，無自性故空。空亦復空。但為引導眾生故，以假名說。離有無二邊，故名為中道。」（《大正藏》30・33b）

介乎兩個極端的中間，一如亞里斯多德的 the mean 之意，而是有一超越（transcendence）的意思。這可從空假中偈中的「空亦是假名」一意中見到。空亦是假名，故空亦是空。龍樹提出這點的用意殆是，他說一切因緣生法是空無自性，但又防人執著於空，以為有一個空自體，因而說空亦是假名，亦是空。這是超越以至破除對空的執著的說法。學者一般都這樣理解。這個意思，龍樹在《中論》的他處亦有說及，如：

> 無性法亦無。（13：3）

> 大聖說空法，為離諸見故；若復見有空，諸佛所不化。（13：9）

空亦復空，即是空空，這是否定之否定，或二重否定。這空空的二重否定，較之單純的空的否定，當有不同。就辯證法來說，二重否定較諸單純的否定，當能臻於較高的真理層面。關於這點，讓我們參考一下日本邏輯家末木剛博的說法：

> 否定之否定，在普通邏輯來說，歸於事物之肯定。在黑格爾的辯證法，否定之否定亦是肯定，但這是對較高層面的綜合命題或上位概念的肯定。龍樹的二重否定則不歸於單純的肯定，而是放棄理性，轉向超理性方面去。由於由言說而來的理性，必有非理性糾纏於其中，故要同時捨棄理性與非理性，捨去一切言說的思辯。結果便遠離言說，臻於解脫的直接體驗。[18]

即是說，以否定來「否定」（動詞）否定，或以空來「空」（動詞）空，是以言說來否定言說的一種思考，這即是《大乘起信論》的「以言遣

---

[18] 末木剛博：《東洋の合理思想》，東京：講談社，1970 年，頁 124。

言」，其結果是達致言亡慮絕的境界。[19]

這種理解方式，頗能與空亦是假名一義理相應。凡言說都有限制性，都不能與實在相應，故最後都要被否定掉。空作為一概念，自然是言說，故要被否定，而為空空。當然我們也不能住止於空空，空空到底也不能執著，故空空之後還要空，如是下去，以至於無窮。即是說，主體性要在不斷否定不斷超越的思想歷程中，以保住其言亡慮絕的境界。這樣，最後必逼出一無住的主體性，一如禪宗《壇經》之所言。龍樹的空之哲學，似要歸於這個方向。至於龍樹思想本身是否達到這個階段，自是另一問題，這裡暫置不論。

否定之否定當然不是只是對否定之否定，且亦涵對肯定之否定之意，故中道亦是「離有離無」，顯示超越有無或一切相對格局的絕對的理境。但這並不是一種形而上學的絕對主義，而無寧與上面所說的超越一切語言概念的限制相符應，其目標亦是言亡慮絕。這種離有無二邊的思路，在《中論》中相當普遍：

> 佛能滅有無，於（如）化迦旃延；經中之所說，離有亦離無。（15：7）

> 若法實有性，云何而可異；若法實無性，云何而可異。（15：9）

> 定有則著常，定無則著斷；是故有智者，不應著有無。（15：10）

> 諸法實相中，無我無非我。（18：6）

> 涅槃不名有。（25：4）有尚非涅槃，何況於無耶？（25：7）

---

[19] Ibid., p. 125.

是故知涅槃，非有亦非無。（25：10）

嚴格地說，空亦是假名和離有離無這中道的義理，都是空義的補充，其作用是防止對空的執著。這些義理都應包涵於空中。故龍樹並沒有特別多提中道的名目，在《中論》與《迴諍論》都只提過一次。[20]龍樹並沒有特別把中道提出來，別於空（諦）而成一中諦之意。特別重視中道，而立中諦的名目，以之與空諦並列，是天台宗的做法。

五、二諦

龍樹有二諦的說法。這在《中論》中可以見到：

諸佛依二諦，為眾生說法；一以世俗諦，二第一義諦。（24：8）

故二諦是世俗諦與第一義諦。但龍樹並沒有正面說明世俗諦是甚麼，和第一義諦是甚麼，他只說明兩者的關係，並牽涉到涅槃的問題：

若不依俗諦，不得第一義；不得第一義，則不得涅槃。（24：10）

這在《迴諍論》中亦有說到。[21]即是說，此中有一認識上的階段或過程：要證得第一義諦，便要通過世俗諦；要證得涅槃，便要通過第一義諦。此中龍樹特別強調一點：必須知道這二諦的分別，才能深入了解佛法的真實意義。[22]

此中便有兩個問題：世俗諦與第一義諦到底何所指？這兩者的分別在甚麼地方和這分別何以這樣重要？下面我們便就此而討論。

---

20 《迴諍論》：空自體因緣，三一中道說。（《大正藏》32．15a）

21 《迴諍論》：若不依世諦，不得證真諦；若不依真諦，不得涅槃證。（Ibid., 32．14a）

22 《中論》：若人不能知，分別於二諦，則於深佛法，不知真實義。（24：9）

相應於世俗的梵文為 lokasaṃvṛti 和 vyavahāra。鳩摩羅什把這兩者都譯為世俗。據梶山雄一所說，在中觀哲學，lokasaṃvṛti 與 vyavahāra 是同義的，都是世間的言說之意，這亦可表示一般的理解的世界。[23]故我們可視世俗為言說與由言說所表示的東西，兩者的特性都是相對性。在哲學上，這是所謂現象界，或經驗界。世俗諦則是有關這方面的真理。相應於第一義的梵文為 paramārtha，這是最高的、絕對方面的。第一義諦即是有關這方面的真理，所謂諸法實相（dharmatā, tattva）。《中論》論諸法實相謂：

諸法實相者，心行言語斷。（18：7）

自知不隨他，寂滅無戲論，無異無分別，是則名實相。（18：9）

龍樹似乎很強調實相的遠離言說一面，這則與世俗的東西的言說性成一強烈的對比。對於他來說，世俗的真理，以言說來表示；最高真理，則是超言說。但後者是如何接觸呢？梶山雄一以為，龍樹是順《般若經》的思想家一路，他們以為彼等所體得的神秘的直觀世界，是超越乎語言與思維之上；此世界是透過瞑想而得。[24]這神秘的直觀世界，實是最高真理的境界。這神秘的直觀，相當於康德哲學中的睿智的直覺（intellectual intuition），這當然是一種瞑想。此中我們似乎可以看到這兩諦的分別：言說與超言說。龍樹特別強調這分別的重要性，是因為它在實踐上提示出關鍵的一點：我們要由世俗諦以進於第一義諦，必須超越言說。這言說當然含一切思維、分別、判斷的作用。故梶山雄一說，龍樹以為，要由思維、判斷逆返而上，回歸至直觀世界。倘若能這樣做，即能離語言而叩實在。[25]

23　梶山雄一著，吳汝鈞譯：《空之哲學》，臺灣：彌勒出版社，1983 年，頁 113。

24　Ibid., pp. 41-42.

25　Ibid., p. 49.

若以空假中配二諦，則假名自然相當於世俗諦，因假名即表示言說之意。空與中相當於第一義諦。空表示諸法的本質，這自是最後的、究極的層面。中道雖不同於空，但它到底是空義之所涵。離有離無、空亦是假名，都是空的意思。[26]龍樹實在沒有把中道從空中抽離開來，別立為一中諦之意。

六、兩諦不離

龍樹一方面說兩諦的分別，一方面又說兩諦的不分離。關於後者，可從空假中偈的「眾因緣生法，我說即是空」中見到，更可明顯地見於《中論》的這兩句：

> 不離於生死，而別有涅槃。（16：10）

因緣生法、生死是世俗方面，空、涅槃則自然是第一義方面。這種兩諦的相即不離的關係，到底是什麼意思呢？龍樹在同書中特別論及涅槃時，曾明顯地表示世間法與涅槃有同一的外延：

> 涅槃與世間，無有少分別；世間與涅槃，亦無少分別。（25：19）

> 涅槃之實際，及與世間際，如是二際者，無毫釐差別。（25：20）

上一偈表示涅槃與世間法相互間無絲毫分別。下一偈則明確地點出，這無分別不是在別的方面，而是在「際」方面。這際的相應梵字為 koṭiḥ，是邊際、限制、領域之意；在邏輯上來說，這是外延。即是說，涅槃與世間

26 牟宗三先生說中道是形容假名說的「空」的。故《中論》雖有空假中三字，仍是二諦論。（牟宗三，op. cit., 頁 95）

法都指涉同一範圍的東西，在這方面，涅槃不在世間法之外，世間法亦不在涅槃之外。故兩諦是在外延方面相即不離，兩諦都指涉同一範圍的東西。

最後要說明一點，天台宗的「生死即涅槃」、「煩惱即菩提」的說法[27]，自然與龍樹的兩諦不離是同一思想格局，但龍樹並未進至天台宗的程度。龍樹只就外延方面，把煩惱、生死與菩提、涅槃等同起來，並未即此即直認煩惱、生死即是菩提、涅槃。「不離於生死，而別有涅槃」並不是生死即此即是涅槃之意，此中還有一段思路上的進程。最低限度，龍樹在《中論》只說到「若見因緣法，則為能見佛」（24：40）的程度，這仍是「眾因緣生法，我說即是空」一義之所涵。他究竟未至於「見煩惱法即見佛」的程度。故他還是要說「業煩惱滅故，名之為解脫」（18：5），強調業煩惱要先滅，然後得解脫，而未說業煩惱即此即是解脫。關於在這方面龍樹與天台的同異問題，以後有機會再談。

27　《法華玄義》卷 9 上：「觀生死即涅槃，治報障也；觀煩惱即菩提，治業障煩惱障也。」（《大正藏》33・790a）

第九章　從邏輯與辯證法看龍樹的論證

一、邏輯與中論

龍樹的論證，主要表現於其主要論著《中論》（*Mūlamadhyamaka-kārikā*）中。其論證頻頻牽涉到邏輯與辯證法的原理。關於這點，經過現代學者的研究，已相當明白。這些研究，就特別關連到邏輯方面言，有西方的魯濱遜（Richard H. Robinson）的《龍樹系統中的一些邏輯面相》（Some Logical Aspects of Nāgārjuna's System）[1]、《龍樹的邏輯》（Nāgārjuna's Logic）[2]、日本的中村元的《空觀の記號論理學的解明》[3]、宇井伯壽的《空の論理と形式論理學》[4]，及梶山雄一的《龍樹的思想》[5]。其中，宇井伯壽與梶山雄一基本上以傳統邏輯來看龍樹的論證，中村元則主要以邏輯代數來看，魯濱遜則集合了這二者，再加上真值函蘊系統來看。[6]這些學者各表所見。魯濱遜、中村元、梶山雄一基本上認為

1　*Phiosophy East and West*, Januray 1957, pp. 291-308. 以下省稱 "Logical Aspects"。

2　Richard H. Robinson, *Early Mādhyamika in India and China*, Motilal Banarsidass, Reprint: Delhi, 1976, pp. 50-58, 以下省稱 "Logic"。

3　《印度學佛教學研究》，卷 3，號 1，昭和 29 年，頁 223-231。以下省稱《解明》。

4　宇井伯壽：《空の論理》，頁 16-22（該書載於《宇井伯壽著作選集》第 5 卷，大東出版社，1968 年發行，1971 年再版）。以下省稱《論理》。

5　《空の論理（中觀）》，角川書店，昭和 44 年初版發行，昭和 51 年八版發行，頁 55-142。以下省稱《思想》。

6　據魯濱遜所說，波蘭的印度學學者沙耶（Stanislaw Schayer）是第一個著手研究龍樹的邏輯的人。他在〈關於對正理探究的方法〉（Ueber die Methode der Nyāya-Forschung）一文中，給《中論》其中的一個偈頌作了標記表示。在〈古印度的述語邏輯的預示〉（Altindische Antizipationen der Aussagen Logik）一文中，他提出早期佛

龍樹的論證大體上與邏輯的規則相符順，宇井伯壽則持保留態度，以龍樹的論證，有很多錯誤。[7]筆者基本上同意魯濱遜他們的看法；宇井伯壽的說法，未免過分；他所說的錯誤，其實主要是前項謬誤；而這在《中論》的邏輯運用中，只佔很少比重而已。

本文吸收了這些學者的研究成果，要對龍樹的論證的邏輯運用，作一較全面的探討。我們要通過傳統邏輯與符號邏輯兩面來檢查龍樹的論證。傳統邏輯是亞里斯多德（Aristotle）所傳的那一套；符號邏輯則包括布爾－舒露德（Boole-Schroeder）的邏輯代數（Algebra of logic）、羅素、懷德海的真值函蘊（Material implication）及路易士（Lewis）的嚴密函蘊（Strict implication）三個系統。[8]

要注意的是，這些學者對龍樹的論證的研究，主要限於《中論》一書中；本文的考察，亦以《中論》為限。對於龍樹的其他邏輯性強的論著，如《迴諍論》（*Vigrahavyāvartanī*）等的考察，則要俟另外的機會了。又本文的所論，基本上是補這些學者所未及論的；為省篇幅起見，這些學者所談論過的問題，如無必要，本文將不再重複。我們無寧希望多討論一下龍樹的辯證法（所謂「四句或四句否定」）；這是這些學者較少論及的一

教辯證家所應用的推理法則的問題，考察了四句否定法，認為是命題邏輯的特徵。（"Logical Aspects", p. 294）

7 魯濱遜肯定龍樹的邏輯知識水平，認為與柏拉圖不相上下。（"Logical Aspects", p. 295）他強調我們可以把《中論》全文逐品逐品地以符號寫出來。（"Logical Aspects", p. 307）中村元以為，就個別場合看《中論》的空的論證，它是充分遵守形式邏輯以至符號邏輯的。（《解明》，頁 227）梶山雄一以為龍樹的中觀邏輯的本質，不是順從純形式的矛盾、排中原理。（《思想》，頁 114）他的意思是，龍樹的邏輯有兩個層面：現象的邏輯與本體的邏輯；前者把握現象，後者把握本質，而以後者為尤重。這本體的邏輯其實是辯證法（《思想》，頁 112-124）宇井伯壽則以為，形式地看《中論》全體，其邏輯法則並不準確，其邏輯亦比較單純。他認為《中論》的論證所用的，大抵是直接推理，幾乎未有用間接推理；而其直接推理，形式地說，甚多是完全錯誤的。（《論理》，頁 17）

8 關於符號邏輯，可參考 C. I. Lewis and C. H. Langford, *Symbolic Logic*, Dover Publications, Inc., 1959.

點；但它在龍樹的思考中，有特殊的意義。

二、是——表示概念間的關係

我們要先討論「是」這個虛概念，是因為它牽涉《中論》一則極其重要的偈頌：「眾因緣生法，我說即是空（無），亦為是假名，亦是中道義」（24：18）[9]。這偈頌顯示《中論》的主旨，也成了爾後天台宗的三諦說的文獻基礎。它的相應的梵語原文是：

> yaḥ pratītyasamutpādaḥ śūnyatāṃ tāṃ pracakṣmahe,
> sā prajñaptirupādāya pratipatsaiva madhyamā.

其意思是，「我們宣說，任何東西只要是因關係而生起的，便是空性；它（空性）是假名；實際上，它是中道」。漢譯的意思，是眾因緣生法一氣貫下，是空，是假名，是中道。梵文的意思則是眾因緣生法是空，這空又是假名，是中道。無論如何，重要的是因緣生法是空這點。此中的繫詞「是」把因緣生法與空兩概念連結起來。明顯的是，此「是」不易表示內容上的連結，因「因緣生法」與「空」各有其意義，不易連結起來；即使有這個意思，其重點也不在此。魯濱遜以為這是空這一性質（lakṣaṇa）被配到眾因緣生法這一詞項（term）上，[10]也是這個意思。即是，以「是」為內容地表示謂詞概念與主詞概念之間的「意義連結」。此中的問題是，《中論》要透過這偈頌以顯示因緣生法與空之間的互相限制、相即不離的特殊關係。即是說，因緣生法固然是空；從本質來說，因緣生法亦只是

9　（24：18）表示鳩摩羅什譯《中論》第二四品第一八頌。按《中論》的梵本與藏譯、漢譯在偈頌的次序與總數方面都不完全相同；本文悉依羅什的漢譯本；有問題的，則拿梵本的原文來對照。這梵本原文是據 Kenneth K. Inada 之 *Nāgārjuna: Mūlamadhyamakakārikā* (The Hokuseido Press, Tokyo, 1970) 一書中所附者。

10　"Logical Aspects", pp. 298-299.

空；離開空，因緣生法並無另外的本質。在另一方面，空也只是因緣生法的空，並無另外的法的空。即是說，因緣生法與空在外延（extension）上是等同的。「是」實是主要顯示因緣生法與空在外延上的等同關係。倘若從內容上來解「是」，則因緣生法是空，亦可以是其他性質；而空可以是因緣生法的空，也可以是其他東西的空。這不是龍樹的意思。

這種具有同一的外延的關係，在邏輯代數中，是 a＝b 的表示式。這個意思在《中論》他處還有表示，如「不離於生死，而別有涅槃」（16：10）。另外，還有「涅槃與世間，無有少分別，世間與涅槃，亦無少分別」（25：19）；「涅槃之實際，及與世間際，如是二際者，無毫釐差別」（25：20）。相當於後一偈頌的「際」的梵字為 koṭiḥ，為邊際、限制、領域之意。故此兩偈頌實表示涅槃與世間具有同一的外延。[11]

與中觀思想有密切關連的《般若心經》（*Prajñāpāramitāhṛdaya-sūtra*），其「五蘊皆空」觀念，可說與「眾因緣生法，我說即是空」是同一格局，都表示世間法與空具有同一的外延。天台宗的名句「煩惱即菩提，生死即涅槃」，顯然是由這一格局發展出來的。

三、思想律

思想律有三條，這即是同一律、矛盾律與排中律。龍樹的論證極少涉及同一律；或者說，在《中論》裡，他並未有明顯地運用過同一律。[12]故在這裡我們不想討論同一律的問題，而只討論矛盾律與排中律。這兩種規則常出現於龍樹的思考中。

---

11 印順以實際連說，解為邊際、究竟、真實（《中觀論頌講記》，慧日講堂，民國 41 年初版，民國 52 年再版，頁 382），便不能顯外延義。

12 魯濱遜以為，《中論》未有肯認或否認同一律。不過，在很多處都以一種非邏輯的意義提到統一性（unity）與多數性（multiplicity）。（"Logic", p. 51）他又認為，龍樹是以同一為一絕對來討論。他反對絕對的同一，因同一的概念只能通過與別異的關係來界定。（"Logic", pp. 51-52）

矛盾律在邏輯代數中的表示式是 $a \times -a = 0$；在真值函蘊與嚴密函蘊兩系統中的表示式則是 $-(p \cdot -p)$。魯濱遜在其論文中，詳盡地考察過龍樹對矛盾律的運用；[13]他提出矛盾律對於龍樹的大多數論證，都是必須的，因龍樹的思考非常依賴二分法（dichotomy）。[14]梶山雄一更認為矛盾原理是龍樹的論點的支柱。[15]他們都列舉了龍樹運用矛盾律的例子。這裡我們不再重複，只想多列舉一些他們所未及者：

縛時有解者，縛解則一時。（16：8）

若言於生滅，而謂一時者，則於此陰死，即於此陰生。（21：21）

無作而有作，不作名作者。（24：36）[16]

關於排中律，其在邏輯代數中的表示式是 $a + -a = 1$；在真值函蘊與嚴密函蘊兩系統中的表示式是 $p \vee -p$。《中論》運用排中律，除這幾個學者所舉的例子外，尚有：

離相可相已，更亦無有物。（5：5）

離自性他性，何得更有法。（15：4）

13　他認為《中論》不斷引用矛盾律。在兩處地方曾一般地涉及此規律。另外，龍樹又普遍地以比較狹窄的語值加於這規律的應用上。（"Logical Aspects", p. 295）

14　"Logic", p. 50.

15　《思想》，頁 113。

16　此半則偈頌的意思是，無造作即肯定自性。倘若是這樣，又說世間有造作罪、福等事，這即等於以沒有造作的為有造作了。故這是矛盾。

離自性他性，何名為如來。（22：4）

四、三段論

三段論可分定然與假然兩種。後者是龍樹的主要推理形式。梶山雄一以為龍樹批判其他學派的理論，比提出自己的理論，更為專心，故並不多用定然論證式；他所常用的武器，是假然推理、兩難與四句否定。[17]以下先論定然三段論。

定然三段論通常有四個排列法，所謂四格；龍樹所運用的是第一格，這即是 $\begin{array}{c} M-P \\ \underline{S-M} \\ S-P \end{array}$。這相當於真值函蘊系統的 $p \supset q \cdot q \supset r \cdot \supset \cdot p \supset r$ 及 $q \supset r \cdot p \supset q \cdot \supset \cdot p \supset r$。龍樹對這種定然三段論的運用的典型事例，可以從下面一偈頌中看到，這也是學者們喜歡提出來的：「如佛經所說，虛誑妄取相，諸行妄取故，是名為虛誑」（13：1）。按這偈頌的相應的梵語原文是：

tanmṛṣā moṣadharma yadbhagavānityabhāṣata,
sarve ca moṣadharmāṇaḥ saṃskārāstena te mṛṣā.

其意是：「世尊說，虛妄性的東西是不真實的。所有意識制約的東西，其本性都是虛妄性的，因此都是不真實的」。即是說，漢譯偈頌的第二句「虛誑妄取相」，當解為妄取相是虛誑。這樣，這偈頌可化成 $\begin{array}{c} \text{妄取是虛誑} \\ \underline{\text{諸行是妄取}} \\ \text{諸行是虛誑} \end{array}$ 式。這即是第一格推理式。[18]

---

17 《思想》，頁 114。

18 如不修改，照漢譯的意思，則成 $\begin{array}{c} \text{虛誑是妄取} \\ \underline{\text{諸行是妄取}} \\ \text{諸行是虛誑} \end{array}$ 式，這則成了第二格的 $\begin{array}{c} P-M \\ \underline{S-M} \\ S-P \end{array}$ 式了。

另外，「眾因緣生法，我說即是空」（24：18）與「未曾有一法，不從因緣生，是故一切法，無不是空者」（24：19）兩偈頌合起來，可寫成：

凡因緣生法是空
凡法是因緣生法
凡法是空

，這又是第一格推理式。

另外，「諸煩惱及業，是說身因緣，煩惱諸業空，何況於諸身」（17：27），前兩句表示身因緣是諸煩惱及業；後兩句說煩惱諸業空，故諸身（身因緣）亦空。這又是第一格推理式。

關於假然三段論。這有兩種形式：建立式與破斥式。以真值函蘊系統表示，則建立式為：$\begin{array}{l} p\supset q \\ \underline{p\qquad} \\ \therefore q \end{array}$，破斥式為：$\begin{array}{l} p\supset q \\ \underline{-q\qquad} \\ \therefore -p \end{array}$。龍樹的論證，較多涉及破斥式。如「若無有本住，誰有眼等法，以是當故知，先已有本住」（9：2）這雖是外道建立自己的主張的偈頌，但其論證形式是建立式的假然三段論。這偈頌的意思是，倘若沒有本住（常住自我），則沒有眼等法（今有眼等法）；故知有本住。若以 p 表眼等法，q 表本住，則前半則可寫成 $-q\supset -p$，亦即 $p\supset q$；後半則可寫成 $(p),\ \therefore q$。

「若法從緣生，不即不異因，是故名實相，不斷亦不常」（18：10）一偈頌，則是以破斥式的假然三段論來表示。此偈頌先假定這個意思：若因與果有自性，則這兩者是絕對的同一，或是絕對的差異；因自性的意義是絕對的。然後此偈頌說，今因與果都不是絕對的同一與差異，故因與果不能有自性。這整個意思正好寫成 $p\supset q,\ -q,\ \therefore -p$。

「若其未有受，所受不名受，無有無受法，而名為如來」（22：7）論到如來的有無問題，其意思是：在沒有對於五陰之身的領受時，所受的五陰之身不能名為「所受」；並沒有無受法（未經過受五陰之身之法）而能稱為如來的。這意思即是，有如來，則應有受法，今無受法，故無如來。這正好寫成 $p\supset q,\ -q,\ \therefore -p$。

五、兩難

龍樹極喜歡用兩難的思考來展開他的論證。在他的論證中，兩難之所以出現，是基於自性這一假定。即是說，倘若以自性的立場來思考，則勢必出現兩難。故若要避開兩難，則要否定自性。

兩難推理也分建立式與破斥式兩種。龍樹的論證沒有涉及破斥式，故我們這裡不談它。就建立式的兩難推理言，可分簡單的與複雜的兩種。簡單的為：

$p \supset q$ 而且 $r \supset q,\ p \vee r,\ \therefore q$

複雜的則為：

$p \supset q$ 而且 $r \supset s,\ p \vee r,\ \therefore q \vee s$

在龍樹的論證中，構成兩難的那兩個可能，常是相對反的意思，即是互相排斥的。故那兩種推論式可寫為：

簡單的：$p \supset q$ 而且 $-p \supset q,\ p \vee -p,\ \therefore q$

複雜的：$p \supset q$ 而且 $-p \supset s,\ p \vee -p,\ \therefore q \vee s$

這兩個可能也多是窮盡的。故龍樹的兩難推理可說相當健全。

在簡單的論式與複雜的論式之間，龍樹較喜用前者；但後者的例子也著實不少。就筆者統計所得，在龍樹的論證中，兩難形式是最普遍的。

以下依次列出的，大體上是魯濱遜他們未有列出的兩難形式的偈頌。首先是簡單的形式：

若已有色者，則不用色因，若無有色者，亦不用色因。（4：4）

若果似於因，是事則不然，果若不似因，是事亦不然。（4：6）

染者染法一，一法云何合？染者染法異，異法云何合？（6：4）

若法有住者，是則不應滅，法若不住者，是亦不應滅。（7：28）

是法於是時，不於是時滅，是法於異時，不於異時滅。（7：29）

若法是有者，是即無有滅。（7：31）若法是無者，是即無有滅。（7：32）

是法不自合，異法亦不合。（14：8）

常不應往來，無常亦不應。（16：1）

諸行若滅者，是事終不然，眾生若滅者，是事亦不然。（16：4）

盡則無有成，不盡亦無成，盡則無有壞，不盡亦無壞。（21：6）

成壞若一者，是事則不然，成壞若異者，是事亦不然。（21：9）

若煩惱性實，而有所屬者，云何當可斷？誰能斷其性？（23：23）
若煩惱虛妄，無性無屬者，云何當可斷？誰能斷無性？（23：24）

若世間有邊，云何有後世？若世間無邊，云何有後世？（27：21）

複雜的形式則有：

諸法不自生，亦不從他生，不共不無因，是故知無生。（1：1）[19]

---

19 這偈頌雖是出之以四句否定，但亦有兩難之意：諸法或有因生（自生、他生、共生）或無因生，兩者皆有困難。

果先於緣中，有無俱不可，先無為誰緣？先有何用緣？（1：5）

去法即去者，是事則不然，去法異去者，是事亦不然。（2：18）
若謂於去法，即為是去者，作者及作業，是事則為一。（2：19）
若謂於去法，有異於去者，離去者有去，離去有去者。（2：20）

若生是有為，則應有三相，若生是無為，何名有為相？（7：1）

決定有作者，不作決定業，決定無作者，不作無定業。（8：1）

定有則著常，定無則著斷。（15：10）

若眾緣和合，是中有果者，和合中應有，而實不可得。（20：3）
若眾緣和合，是中無果者，是則眾因緣，與非因緣同。（20：4）

若因與果因，作因已而滅，是因有二體，一與一則滅。（20：5）
若因不與果，作因已而滅，因滅而果生，是果則無因。（20：6）

若眾緣合時，而有果生者，生者及可生，則為一時俱。（20：7）
若先有果生，而後眾緣合，此即離因緣，名為無因果。（20：8）
若因滅為果，因即至於果，是則前生因，生已而復生。（20：9）[20]

六、四句的矛盾

四句（否定）（catuṣkoṭi）是龍樹哲學中的一種很重要的思考方法；它的出現也很普遍。它通常是由四個命題構成，中間經過否定。或者我們

20 這則不是兩難，而是三難了。

應先稱為四句，然後看它如何表現否定的作用。那個相應的梵語 catuṣkoṭi，本來是四句的意思。說四句否定，其實可以引起另外的意思。關於這點，可參看下一節。

四句的典型例子，也是一般學者所喜歡提出的，是這則偈頌：「一切實非實，亦實亦非實，非實非非實，是名諸佛法。」（18：8）寫成四句，則如：

⑴一切是實

⑵一切不是實

⑶一切是實亦不是實[21]

⑷一切不是實亦不是非實

以真值函蘊系統表之，則如：

(1) p

(2) $-p$

(3) $p \cdot -p$

(4) $-p \cdot --p$

這樣，我們可以說，從邏輯來看，這四句充滿矛盾。首先，第一句 p 與第二句 −p 是矛盾的。第三句 $p \cdot -p$ 是第一句與第二句的結合，故亦是矛盾的。若以邏輯代數來寫，第三句可寫成 $a \cdot -a$，這即等於 0，是矛盾律的表示。又就邏輯代數來看，以 a 表「一切（法）」，以 b 表「實」，則「亦實亦非實」便成為 $a \subset b$ 而且 $a \subset -b$，這樣便得 $a=0$。就外延觀點看，$a=0$ 表示這類的分子並不存在，是空（不是佛教的空）的。[22]若就內容觀

21　這則偈頌的相應的梵語原文為：

sarvaṃ tathyaṃ na vā tathyaṃ tathyaṃ cātathyameva ca,

naivātathyaṃ naiva tathyametadbuddhānuśāsanam.

此中的 sarvaṃ（一切）是一氣貫下的，故四句的主詞應該都是一切。但魯濱遜以為第三句（亦實亦非實）的主詞是部分。他以 $ab \neq 0$. $a\bar{b} \neq 0$ 表第三句，以為是 I 形與 O 形的積。（“Logical Aspects”, p. 303; “Logic”, p. 57）這則與原偈頌的意思不符。

22　這與真值函蘊系統的 $-p \cdot \supset \cdot p \supset q$（一假命題函任何命題）相似；又與嚴密函蘊系統的 $-\Diamond p \cdot \prec \cdot p \prec q$（一自相矛盾命題函任何命題）相似。

點看，a＝0 表示自相矛盾的，或邏輯地不可思議的。[23]不過，邏輯地不可思議與不存在仍不同，前者為根本不可能，後者仍為可能，但只是不存在。前者如「不是白的白筆」，後者如「龜毛」。

關於第四句 −p・−−p，首先我們可以根據雙重否定原則，把其中的 −−p 轉成 p，這樣 −p・−−p 即等於 −p・p，也等於 p・−p，這即是第三句，故第四句也是矛盾的。另外，−p・−−p 依摩根定理（Augustus de Morgan's Theorem）[24]，可化為 −(p∨−p)，這即表示排中律假，即違反排中律，否定 p 與 −p 的對偶性。[25]

七、四句的辯證意義

由上面看來，四句顯然地是違反邏輯規律的。它的意義無寧是在辯證方面；−p 表示否定，−−p 表示否定的否定，這都是鮮明的辯證思考。我們可以這樣看，第一句 p 是肯定面，第二句 −p 是否定面，第三句 p・−p 是肯定與否定的綜合面，第四句 −p・−−p 則是第三句綜合面的否定，亦即是超越。第一句相當於辯證法的正；第二句相當於其反；第三、四句相當於其合，而又較它多一超越的意義。真理畢竟要到超越的層面，才有完足的意義。我們可以順著上面所舉的偈頌，由此四句推想龍樹思考真理的升進歷程：第一句「一切實」是對一切法的存在性的肯定，這是有，是俗諦；第二句「一切非實」是對一切法的自性的否定，這是空，是真諦；第三句「亦實亦非實」是真俗二諦的和合。第四句「非實非非實」是第三句的否定，表示要超越真俗二諦，不偏於真也不偏於俗，這便是中道，這便是龍樹的「中道義」。

這是就理論言。從應用說，天台宗即很善於運用這四句的思考，來發揮其判教說。它確立藏、通、別、圓的判教法，每教都有四門，由此而辯

23　這即是嚴密函蘊系統的 −(pop)，表示自身一致是假的；即表示自身不一致。

24　積的否定就是項的分別否定的和，和的否定就是項的分別否定的積。

25　嚴密函蘊系統的 −◇−(p∨−p) 即表示排中律的否定為不可能之意。

證地升入實相或最高真理的境域。所謂「四教四門」。這四門是相當於第一句的有門、相當於第二句的空門、相當於第三句的亦有亦空門、相當於第四句的非有非空門。[26]另外，四教亦可與四門相配：藏教配有門，通教配空門，別教配亦有亦空門，圓教配非有非空門。[27]由藏教經通、別二教以升進至圓教，也是一思想上的辯證歷程。

清辨在理解四句時，更把第四句從前三句中區分開來；以前三句仍是思議之境，第四句則是神秘主義者的不思議的境界。[28]

魯濱遜和梶山雄一他們都認為四句是辯證的意義。[29]魯濱遜更以為四句具有實踐上的教育的作用。[30]

此中還有一點要注意的是，龍樹的四句思考中，有四句與四句的否定的分別。四句如上所說；四句的否定則是對這四句再作一次總的否定。如「如來滅度後，不言有與無，亦不言有無，非有及非無」（25：17）在這偈頌中，有、無、亦有亦無、非有非無四句都同時被否定。四句既如上所說，但四句的否定是甚麼意思呢？

上面說，四句的最後一句是超越的境界，這還要否定，似乎不好說。我們應這樣理解，不管怎樣，四句所表示的，總仍是思議的境界；四句再

26　其詳可參看《摩訶止觀》卷6上（《大正藏》46・73b）以下。

27　智顗《四教義》卷4謂：「其四門者，一者有門，二者空門，三者亦有亦空門，四者非有非空門。但四教各明四門，雖俱得入道；隨教立義，必須逐便。若是三藏教四門，雖俱得入道，而諸經論多用有門。通教四門雖俱得入道，而諸經論多用空門。別教四門雖俱得入道，而諸經論多用亦有亦空門。圓教四門雖俱得入道，而諸經論多用非有非空門。」（《大正藏》46・731c-732a）

28　《般若燈論釋》卷11謂：「內外諸入色等境界，依世諦法，說不顛倒，一切皆實。第一義中，內外入等，從緣而起，如幻所作，體不可得，不如其所見故，一切不實。二諦相待故，亦實亦不實。修行者證果時，於一切法，得真實無分別故，不見實與不實，是故說非實非不實。」（《大正藏》30・108a）

29　魯濱遜以為四句是佛教的典型的辯證工具。（"Logical Aspects", p. 301）梶山雄一以為在形式邏輯上理解四句，是有困難的。四句作為否定過程，具有辯證法的性格。（《思想》，頁116）

30　"Logic", p. 55.

來一次否定，顯示由思議境界以進於不思議境界；後者才是龍樹最後的歸趨。魯濱遜以為，龍樹把四句中的每一句都否定掉，是由於它們的詞項（term）都是空的。[31]此點可與龍樹對語言的看法相連來說。龍樹以為，語言作為觀念或意識作用，是虛構的，與實在並不相應。[32]四句畢竟仍是語言作用；語言畢竟不能指涉到實在方面，它是空的。四句亦是空的。故最後還是要被否定掉。禪宗所謂「離四句，絕百非」，其密意亦在此。

以下列舉四句與四句的否定的偈頌。前者在《中論》中出現較少，除上舉的 18：8 則外，尚有「諸佛或說我，或說於無我，諸法實相中，無我無非我」（18：6），此仍缺第三句。四句的否定出現較多。除魯濱遜他們所列舉的外，尚有下列偈頌：

> 若果非有生，亦復非無生，亦非有無生，何得言有緣？（1：7）（缺第四句）

> 有法不應生，無亦不應生，有無亦不生，此義先已說。（7：21）（缺第四句）

> 作者不作定，亦不作不定，及定不定業，其過先已說。（8：9）（缺第四句）

---

31 "Logical Aspects", p. 303.

32 龍樹對語言的看法，可參考他的兩則偈頌：「相法無有故，可相法亦無；可相法無故，相法亦復無」（5：4），「是故今無相，亦無有可相；離相可相已，更亦無有物」（5：5）。這兩偈的意思是：在沒有定義的地方，不能有定義的對象；在沒有定義的對象的地方，不能有定義。（5：4）因此，沒有定義的對象，也沒有定義，也沒有別於這兩者的另外的東西。此中，定義（相）即是語言的主要作用，亦可以之來說語言。由此可見，語言與對象是相依的相對關係。這關係只在現象的範圍內建立，在實在方面，並無與語言相應的對象。

自作及他作，共作無因作，如是說諸苦，於果則不然。（12：1）

法不從自生，亦不從他生，不從自他生，云何而有生？（21：12）（缺第四句）

一切法空故，何有邊無邊，亦邊亦無邊，非有非無邊？（25：22）

何者為一異，何有常無常，亦常亦無常，非常非無常？（25：23）

如過去世中，有我無我見，若共若不共，是事皆不然。（27：13）

八、其他

龍樹還有不少其他論證方式，可以套在邏輯的論式中。此中最多見的，莫如表示相互依存關係者。在「若離於去者，去法不可得，以無去法故，何得有去者」（2：7）一偈頌中，若以 p 表去者，q 表去法，則可寫成：

$-p \supset -q, q \supset p$（前半則）

$-q \supset -p, p \supset q$（後半則）

據真值函蘊系統的基本定義，可得

$p \supset q \cdot q \supset p \cdot = \cdot p \equiv q$

p 等於 q，即去者與去法相等。這並不表示兩者的內容相等，而表示兩者具有相等的成立機會；同時成立，或同時不成立。這即是相互依存關係。要注意的是，這相互依存關係只能在現象的範圍中說，不能說及實相方面。後者是獨立自足的，不能說依存。這亦可配合緣起性空一基本主旨來說。即是，現象的諸法無自性，故不能獨立自在，只能依存他者而存在。

《中論》表示相互依存關係的偈頌還有：

若離於色因，色則不可得，若當離於色，色因不可得。（4：1）

相法無有故，可相法亦無，可相法無故，相法亦復無。（5：4）

因業有作者，因作者有業。（8：11）

離法何有人？離人何有法？（9：5）

若離於成壞，是亦無有法，若當離於法，亦無有成壞。（21：7）

不因於淨相，則無有不淨，因淨有不淨，是故無不淨。（23：10）
不因於不淨，則亦無有淨，因不淨有淨，是故無有淨。（23：11）[33]

又《中論》中表示四句的否定而最為人所留意的偈頌「諸法不自生，亦不從他生，不共不無因，是故知無生」中，表示「不自生不他生故亦不共生」的意思，與嚴密函蘊系統的一個論式很能相配合：

$$-\Diamond p \vee -\Diamond q \cdot ⥽ \cdot -\Diamond(p \cdot q) \quad (19 \cdot 18)$$

又可以與其中這個論式比較：

$$-\Diamond p \, -\Diamond q \cdot = \cdot -\Diamond(p \vee q) \quad (19 \cdot 8)$$

這種「不自不他故亦不共」的模式，亦表示於《中論》其他的偈頌中：

---

33 此二偈頌與梵語原文意思有不同。前一偈頌的原語為：anapekṣya śubhaṃ nāstyaśubhaṃ prajñapayemahi, yatpratītya śubhaṃ tasmācchubhaṃ naivopapadyate. 其意思是：我們施設地認為不淨不能離開與淨的相互關係而存在，同樣，淨只能相關於不淨而存在。因此，淨的自身（存在）是不可能的。後一偈頌的原語是：anapekṣyāśubhaṃ nāsti śubhaṃ prajñapayemahi, yatpratītyāśubhaṃ tasmādaśubhaṃ naiva vidyate. 其意思是，我們施設地認為淨不能離開與不淨的相互關係而存在，同樣，不淨只能相關於淨而存在。因此，不淨的自身（存在）是不可能的。這兩則偈頌各自分開來看，漢譯犯了前項謬誤；原文則無此錯誤。

自作及他作，共作無因作，如是說諸苦，於果則不然。（12：1）

法不從自生，亦不從他生，不從自他生，云何而有生？（21：12）

另外，《中論》談到果法的空、不空與生滅的關係方面，有兩偈頌：

果不空不生，果不空不滅，以果不空故，不生亦不滅。（20：17）

果空故不生，果空故不滅，以果是空故，不生亦不滅。（20：18）

這兩偈頌的論證形式，極吻合這樣的真值函蘊系統的論式：

$$p \supset q \cdot p \supset r \cdot \supset : p \cdot \supset \cdot q \cdot r \quad (4 \cdot 23)$$

具體地與上面兩偈頌相應，可寫成：

$$-p \supset -q \cdot -p \supset -r \cdot \supset : -p \cdot \supset \cdot -q -r$$

$$p \supset -q \cdot p \supset -r \cdot \supset : p \cdot \supset \cdot -q -r$$

最後看「以有空義故，一切法得成，若無空義者，一切則不成」（24：14）一偈頌。這表面上似是犯了前項謬誤：$p \supset q \cdot -p, \therefore -q$。實此是強調空義是一切法得以成立的理論根據。前半則是說一切法之得成一切法，是依空義；這不是純然 $p \supset q$ 的函蘊關係，而是若無空義則一切法不成之意，這即是後半則的意思，即也有 $-p \supset -q$ 之意。倘若以 x 表一切法，A 表空，B 表得成，則其符號式不是 $Ax \supset Bx, -Ax, \therefore -Bx$，而應該是 $Ax \supset Bx \cdot -Ax \supset -Bx$。即 $Ax \supset Bx$ 與 $-Ax \supset -Bx$ 同時成立。由 $-Ax \supset -Bx$ 可得 $Bx \supset Ax$。由是我們可得：

$$Ax \supset Bx \cdot Bx \supset Ax \cdot = \cdot Ax \equiv Bx$$

這即是說，空義與一切法得成又是相互依存的關係。一切法得成其實是得成其為緣起法。故空義與緣起是相互依存，互相函蘊：緣起是空的緣起，空是緣起的空。這正是龍樹的空之哲學的基本格局。

第十章　否定式與中觀辯證法*

譯者案：本文原名 Negation and the Mādhyamika Dialectic，載於默迪羅（Bimal Krishna Matilal）之《印度哲學分析中的知識論、邏輯及文法》（*Epistemology, Logic and Grammar in Indian Philosophical Analysis*）一書中。此書於 1971 年由荷蘭 Mouton & Co., N. V., Publishers, The Hague 出版。文中論及現代邏輯部分，略去不譯。

有關年代的話

《正理經》——正理系統之格言——是在公元前 100 年至 200 年編成的。到了公元二世紀下半葉，龍樹（Nāgārjuna）已有效地建立了佛教中觀學派。不過，要準確地判斷龍樹及《正理經》似乎是早於龍樹而有，而部分則是明顯地後於他的。

清辨（Bhāvaviveka）是繼陳那（Dignāga）之後的一位重要的大乘哲學家，他為龍樹的主要著作〔指《中論》〕作了註疏，批判了由佛護（Buddhapālita）所建立的歸謬論證派（Prāsaṅgika School）。他自己則是自立論證派（Svātantrika School）的主要創立人。而月稱（Candrakīrti）則是歸謬論證派的偉大哲學家和批判清辨的主將，他應該是在清辨及法稱（Dharmakīrti）之間出現的人物。

從鳩摩梨羅（Kumārila）及正理——勝論派（Nyāya-Vaiśeṣika）哲學家的一些著述中，我們可以找到一些對龍樹哲學的有用批評。

---

* 默迪羅（B. K. Matilal）原著，馮禮平譯，吳汝鈞校訂。原文為：B. K. Matilal. "Negation and the Mādhyamika Dialectic." B. K. Matilal, *Epistemology, Logic and Grammar in Indian Philosophical Analysis*. The Hague: Mouton & Co., N. V., Publishers, 1971.

一、中觀派的立場——「空」

在某種觀點下，中觀學派的立場可以說在邏輯上是無懈可擊的，但筆者想強調一下「在某種觀點下」這個特定的意思，因為它受到一般的誤解，而且自龍樹開始便有人試圖揭示他的立場所引致的弔詭（paradox），依此而運用邏輯去批判及評破中觀學。但在《迴諍論》（*Vigrahavyāvartanī*）中，龍樹已成功地解答了這些由邏輯弔詭而來的論難。與敵論者的意圖恰好相反，邏輯弔詭的效力不單沒有否定中觀派的立論，反而支持了它。

中觀派對其他一切哲學系統都採取懷疑態度。他不承認（在所謂勝義上）在真實裡有現象的多元性。他否認最高的真理（勝義）是相對的，或其存在是依賴其他事物而有的。中觀派在哲學上的努力，見於其說明人們日常的經驗和思維考察到的多元現象的不真實（或可說是無可確證）中。在這方面，他與不二論者（Advaitin）的精神是相近的。中觀派及不二論者都趣近哲學的絕對主義，不二論者在抉擇一般的思維及經驗時，似乎更偏向形而上的立場。而中觀派則對存有論保持一不取的態度。再者，這兩個學派都同樣認為最高的真理，不管是叫作「空」或「梵」，都是脫離人們普通的經驗和概念思維的，他們都假定要通過一直接而神秘的經驗，才可以達至那最高真理。這種神秘經驗是由一些特別人物的內省或直覺而致的。[1]由此可見，這兩派都接納哲學上的神秘主義。

我們不須把「神秘主義」或者「認知的神秘主義」（Cognitive Mysticism）認為是有害的語詞，因為當我們對語言的限制越有認識時，便越會察覺到有些東西是無可名狀的，雖然要對這「無可名狀」進行邏輯分析是困難的。無論中觀派或不二論者，都持有這種哲學觀點。

在某些情況下，絕對主義可被視作單純的學術懷疑主義。筆者認為，

---

1 龍樹《中論》第十八品第九頌。
漢譯為：「自知不隨他 寂滅無戲論 無異無分別 是則名實相」

要對中觀派所主張的絕對主義有正確的了解，必須在過分無知及過分懷疑之間打出一中道。「性空」主義其實是對一切見解及哲學系統的批判。但筆者認為這個主義不單會為敵論者危險地誤解作否定所有見解和哲學，即所謂提倡者亦會如此。其實，這套學說只是簡明地表示：去接受任何一套形上系統為絕對有效，是錯誤的和邏輯上（或辯證上）不能成立的。穆諦（T. R. V. Murti）曾明白的說：「中觀辯證法並非排斥，……所謂排斥是指一個自己有所立論的人去否決敵論者的見解。所謂批判是指理性對其自身的客觀分析。」[2]

龍樹運用了早期佛教的緣起論（pratītya-samutpāda）來說明所有概念都是相對（也就是說互相依存）的，他表示從絕對立場來看，這些概念都不能被視為真實。這裡的明顯的假設是真實必須是自有（self-sustained），獨存和絕對的。龍樹在《中論》（*Madhyamakakārikā*）裡檢討了「時」、「空」、「運動」、「因」、「緣」和「生」等等形上的和一般的概念，並表示這些概念如果被視作絕對真實的話，都會引致某些矛盾和謬論。他的論證方式可從以下的討論看到。如果我們假設 x 是一獨立存在的話，那麼，我們或者不可能給這存在作出首尾一致的（理性的）說明——這種說明可以使我們避免邏輯上的矛盾。或者這個獨立存在的假設，會引致一些與我們的經驗相違背的荒謬結論。

龍樹在《中論》第二十四品第十八頌中，把「空」、「緣起」和「中道」這些名詞等同起來。[3]頌文說：

2　穆諦（T. R. V. Murti）之《佛教之中心哲學》（*Central Philosophy of Buddhism*），頁145-146。

3　亞歷士・韋曼（Alex Wayman）聲言當代五位中觀系統的解釋者（即：徹爾巴斯基 Stcherbatsky、穆諦 Murti、梅耶 May、魯濱遜 Robinson 及史提連格 Streng）都把這頌譯錯和解錯。見韋曼所著之〈對佛教中觀派之貢獻〉（Contributions to the Mādhyamika School of Buddism）一文頁 144-145。原文刊於《美國東方學會會刊》（*Journal of the American Oriental Society*）第 89 卷。但筆者不同意這說法。我的翻譯支持了徹爾巴斯基的解釋，因為那解釋基於月稱為此頌所作的總結。韋曼給月稱註的首二句的重組，明顯地完全不符合月稱在末段所作出的明晰的說明，雖然月稱的註釋不符於梵文文法

眾因緣生法　我說即是空　亦為是假名　亦是中道義

依照月稱的解釋，我們可以建立如下的公式：

緣起＝空＝假名＝中道

頌中「中道」一義是排除對於虛無主義與常住主義兩極端的執著。這種說法可以溯源至佛陀與迦旃延（Kātyāyana）的討論。所謂「佛能滅有無，於化迦旃延，經中之所說，離有亦離無」（《中論》第十五品第七頌及月稱的註釋《淨明句論》*Prasannapadā*）。龍樹就是指這次的討論，月稱則認為這可從各部《阿含》經典中看到。

月稱指出空就是無有本源或無有自生的意思，也是離於有、生和無、滅這兩邊的，故此是中道。因為不是自存自有的，故此是非有，無生或無現。因為沒有顯現，故此它也沒有消逝，沒有幻滅或沒有非存在。所以空就是中道。（參看月稱註《中論》第二十四品第十八頌）

關於把緣起與假名當作是同一的看法，這裡需要補充一下。韋曼把 upādāya prajñapti 譯作「因依存而有的指謂」（designation when there is dependence）。韋曼曾把宗喀巴（Tsoṅ-kha-pa）對月稱的《入中論》（*Mādhyamakāvatāra*）的第六品內有關「緣起假名」的例子列舉出來。在《淨明句論》中，月稱至少舉出了一個例子。按韋曼所列舉的是：

所緣的：	假名：
1.五蘊	〔我〕
2.一套車輪、車軸之類	〔車輛〕
3.種子等	〔芽〕
4.地、水、火、風、空間及識等的和合	〔人〕
5.繩的一段	〔蛇〕（以繩為蛇之幻覺）
6.因及緣	〔空〕

及句法。如果筆者沒有誤解韋曼的話，他是說「法」（dharma）是「緣起的」，因此是「空」。但筆者卻同意月稱所指「緣起」就是「沒有自性的生起」，也就是「空」。

上述舉例說明了假名的意義。就筆者看來，所謂緣起和假名都是對空的兩種不同的指涉，正如晨星和晚間的星星一樣，都是同一顆星，只不過我們有兩種感受而已。緣起和假名都同時指謂一個所名謂項（nominatum），雖然它們可能各有不同的意思。

月稱把緣起解釋為一些東西（如芽及知覺）的產生或現起，這些東西都是基於「因」（hetu）和「緣」（pratyaya）和合而成的。「假名」就是給某些東西，如車輛，配以名稱，因為它是因其他東西，例如車輪及車軸之組合而有的。緣起及假名二者都表示同一的東西，即是空這絕對。緣起是站於形而上學的立場去形容空這個絕對，而假名則是站於認識論的立場去形容這個同一的不二的空。緣起就是剔除了形而上的因果論而以因緣和合論來取代之，而假名就是揭露了概念的無效性和否定了任何概念知識對了解真實的可能性，而本著眾緣和合以假名來取代這概念識知。在運作上，所有假名都是「綜合」的，我們把各項因素綜合起來而成一物，而稱謂它。簡單來說，緣起是成立於對象中的一個原則，假名則成立於對象與我們對它的知覺及認識中。不管如何，我們必會明白到「獨立」生或「自性」生是沒有的，所以我們必會歸於空。首先因為沒有一法是非因緣生的，再者，因為無生（non-origination）及沒有絕對的指謂，所以便可歸結到空。

龍樹避免對虛無主義及常住主義作任何取著，但這並非說他是站於一個立場去排斥另一個相反的立場。他之所以否定二者，因為他以為如果承認其任何一者是絕對正確的話，都會導致荒謬的結果。

龍樹表示其「性空」學說包含了「俗諦」（saṃvṛti-satya）及「真諦」（paramārtha-satya）[4]這兩種真理層次。俗諦是建立於未經考驗的前提及預設之上。如果以世間一般邏輯的範疇來考察這些預設，便必會揭示

4　龍樹《中論》第二十四品第八至十頌。
漢譯為：「諸佛依二諦　為眾生說法　一以世俗諦　二第一義諦
若人不能知　分別於二諦　則於深佛法　不知真實義
若不依俗諦　不得第一義　不得第一義　則不得涅槃」

出它們的內在矛盾。真諦是不能用語言來把捉的，但除了運用語言外，我們又無法揭示這真理。故此以世俗的語言運用來顯示語言的無效性是真諦的一種表現形式。正如龍樹所期望的，這個過程可以使人們憑著間接的方法去把握到那不能言會名狀的最高真理。對於那些對性空理論一知半解的人，龍樹曾警告說：「不能正觀空，鈍根則自害，如不善咒術，不善捉毒蛇。」[5]龍樹又說：「以有空義故，一切法得成，若無空義者，一切則不成。」[6]

在總結龍樹的性空理論前，筆者想談一談「空」（śūnyatā）一字的翻譯問題。這個詞項是由稍早於龍樹的印度數學家所提出的數學詞項[7]，而由龍樹在哲學上作出了極其重要的運用。在數學上，空表示零的意思，這是一個在自身上並無絕對價值的符號，但它卻有一位置價值（place value）。如果說一個概念是「空」的，則是指它像「零」一樣，因為它自己沒有一絕對價值，但卻就某一系統而言有一個價值。數學上的零與龍樹的空相配得如此吻合，我們估計龍樹是受到那些數學家所影響的。如果我們不怕被譏為別創新詞的話，我們甚至可用「零」來取代「空性」！

二、真理的兩個層次

佛教是依真俗二諦建立起來的。《中論》這樣說：「若人不能知，分別於二諦，則於深佛法，不知真實義。」（參見註 4）因此，佛的所有說法都可以區分為了義（nītārtha），即絕對的或終極的，和不了義

5　龍樹《中論》第二十四品第十一頌。

6　龍樹《中論》第二十四品第十四頌。

7　明顯地，在紀元時期的數學教本中，已應用到零及位置價值。參閱奇勒（W. E. Clark）之〈印度——阿拉巴數字論〉（Hindu-Arabic Numerals）頁 228，刊於《查理斯・洛維・蘭曼印度研究紀念集》（*Indian Studies in Honor of Charles Rockwell Lanman*），由劍橋哈佛大學出版社 1929 年出版。筆者假定在賓伽羅（Piṅgala）的《讚歌吠陀經》（*Chandas-sūtra*）的時代，零的概念已經出現。這《吠陀經》是一部在公元前 200 年出現的詩律學。

（neyārtha），即實用的或方便的二種。

方便的說教（世俗諦）亦可稱為世俗或世俗的理趣（saṃvṛti 或 loka-saṃvṛti）。月稱就語源學方面給 saṃvṛti 提出了三個解釋：

1.完全的覆蓋，或真理為無明所隱藏，

2.因緣所生法，

3.世俗的行為或言說的行為，包括假名和所假名，能知和所知等（參看其《中論註》第二十四品第八頌部分）。

第三個解釋對世俗（saṃvṛti）一字的本質提供了有用的見解：任何通過語言行為所表達的東西和語言行為自身共同構成了世俗的範圍，這是隨俗的、實用的範圍。

所謂假名或以文字、名詞來稱謂，其基礎在於對一些條件，或性質的認識。有些東西，通過我們所謂給予名稱的「條件」（nimitta）的方式，成為「心識的對象」（citta-gocara）。所以，假名就是指我們給一物配以條件或特質，而那被予以假名的和合體則是由此而被構想出來的。但月稱指出假名和所假名的領域，或與我們的日常世間無異的知識及對象的領域，有極大的實用價值。故龍樹說，如果我們不隨順「施設的言說行為」（vyavahāra），則無由了解第一義諦，亦不能把得涅槃（參看《中論》第二十四品第十頌）。

將真理分為兩種會明顯地受到批評。例如鳩摩梨羅曾論難說，我們怎能在世間方便上建立一種真理，而在形而上的終極層次上又另立一種完全不同的真理呢？鳩摩梨羅坦誠地懷疑這種真理的分層方法，他認為所謂世俗真理其實是對於邪謬（mithyā）或非真實的一種婉辭。[8]他的觀察是正確的。

真理是不能有兩種的，如果說因果律在世俗層次是真確的話，便是說因果律在實際上是不真的，或因果律隱蔽了事物的真實情況，也就是說因果律覆蓋了最高的真理。印度順世唯物論（Lokāyata Cārvāka 順世外道）

8　鳩摩梨羅（Kumārila）之 *Nirālambanavāda Section*，第六至十頌。

定然地判定因果律是非真實的，而中觀家則與之相反，他們寧可說因果律在世俗諦這層次上是真實的。鳩摩梨羅則認為此種說法是哲學上的自相矛盾，他論難說，世俗層次中的真實實際上與非真實無異。我們只有明確了解什麼是真諦之後才可以確立世俗層次上萬法均假這認識，但真諦又是被世俗諦所覆蓋的，而且我們也知道，若缺乏一種神秘的直覺，便不能把捉到真諦或真實（tattva）。再者，真諦亦不是語言文字所能表達的。因此，鳩摩梨羅這位實在論者認為，把真理分作兩種，並且在世俗諦上認定一切事物是非真，是不公平的。況且，因為世俗諦和真諦兩者之間沒有一共通的特性，故此用「諦」（satya）或真理一字來統攝二者，亦是不可能的。[9]

上述對中觀派的哲學動機的批判，中觀派可以反駁說是不公平的。中觀家堅持說因與果是基於人類理解上為達致客觀化的偏見而假定的概念。如果我們接受這些概念是形上地（勝義的）真實的話，我們會面對邏輯上的背反和偏謬。中觀家之所以跳越至究極的層面，說因與果皆為空概念，便是因為當我們想把自己的「運作假設」視為真實的和最後的時候，我們便陷於困境中。但中觀派從來沒有否認一般人是相信這些概念為真實的，也不否認這些概念在一定程度上在現象界中有實用價值。只有當一些自以為是的哲學家執著這些概念是勝義地真實時，他便犯了大錯。

實在論者可以反駁說，如果我們能對邏輯上的二律背反稍為容忍一下的話，那在實際生活上去確定因果法則亦不是不可的。在一合理的時間限制內，如果這信念——甲為乙的原因——並未被後來的試驗和經驗證實為不正確的話，那麼，去否決這個信念便是不適當的了。以筆者所知，中觀派並沒有反對去接受這些經過考驗的信念作為世俗立場上的真實，也就是說，它是世俗諦地真實的。他們只是否定這信念的最後性和終極性。只要中觀派不硬性地規定這個問題的絕對的答案，那麼他的態度便是慎重的，對哲學和科學都是有建設性的。但如果他執著說因與果的概念是事實上不

9 同上，第七及八頌。

可確定的話，他便肯定要被批評為迴避問題了。

中觀派可以為自己辯護說，除了接受因果概念有某些實用價值外，他便不能找到任何邏輯上的理由，去接受因與果等概念有內在真實性。根據中觀學，所有現象都是不確定和無法界說的；這些現象都不能在其自己而存在。[10]

三、現象世界的不確定性

在這一節裡，我們將會討論現象世界的不確定性。正如吉祥喜（Śrīharṣa）所指出，一個絕對的不二論者會與中觀學家同樣認為現象世界在性格上是不確定的。[11]在某種意義下，一現象就是一個被知覺的事實，故此我們不能把現象視為一純然的杜撰，如同石女之子那樣。我們得接受現象世界有其暫時的存在性。事實上，如果現象世界是非質體（non-entity）的話，那麼一切現實的活動都變得不可能，甚至倫理的和精神的教說都失去其意義了。故此，這個現象的世界是被視為非真非假的，在邏輯上是不確定的和不可證實的。在龍樹的語言裡，現象世界的不確定性是「一切法之緣起的性格」，或稱為「一切法之空性」。

於此，我們會面對一個有趣的表面矛盾。每一個現象都是邏輯上不確定的，它不能被視作存在、不存在、亦存在亦不存在、不存在非不存在之

10　龍樹《中論》第十八品第五至八頌。
漢譯為：「業煩惱滅故　名之為解脫　業煩惱非實　入空戲論滅
諸佛或說我　或說於無我　諸法實相中　無我無非我
諸法實相者　心行言語斷　無生亦無滅　寂滅如涅槃
一切實非實　亦實亦非實　非實非非實　是名諸佛法」

11　不過，吉祥喜終究把中觀派及不二論者的分別指示出來。參閱穆克己（S. Mookerjee）〈絕對論者的邏輯立場〉（The Absolutists' Standpoint in Logic）頁 138-147，此文刊於 *Nava-Nalanda Mahavihara Research Publication* 第 1 卷。

任何一者。[12]當此四句都被否定之後，那現象便變得不確定或空，那就是說，沒有任何絕對值。那終極的東西亦是不確定的、無可名狀的。事實上，那終極的東西就是所有事物或所有現象的空性（śūnyatā）。通過如上的分析，我們便會更加明白龍樹的名句[13]：「涅槃與世間，無有少分別，世間與涅槃，亦無少分別。涅槃之實際，及與世間際，如是二際者，無毫釐差別。」絕對和現象是不異的。當我們站在緣起條件及多元性的立場去看這世間，我們便叫它作現象的或是世俗諦的，但當我們不站在這立場去看世間時，它便被稱為涅槃，或稱作終極者。[14]

所以，我們發覺在這層意義下批評中觀派把真理分為兩種層次，是不公平的。現象就是終極者的「覆蔽」的形式，但它又與終極者不異。雖然是重複了，但我們也得再次強調性空的理論並非實際地包含在對現象世界的否定中，而是在於對現象世界的不執著態度中，和在於對以現象世界為最後有效的理論的拒斥中。……

四、空之弔詭

筆者上文曾論到空性可導引至世間的不確定性的理論，但此世間的不確定性的理論其自身本非一理論。我們不可視這個說法是文字遊戲，因為它能使「空性可導引至世間的不確定性」一語有一更緊密的意義。性空的理論其自身不是一理論，因為我們不可能成功地把它否定。以下我將較清楚地解釋這點。

不確定性的意思是指人們可以提出一全然自相否定的命題：那些不確定的並非不確定而同時也是不確定的。如是之故，對不確定的否定也是不

---

12 龍樹《中論》第十八品第八頌。
漢譯為：「一切實非實 亦實亦非實 非實非非實 是名諸佛法」

13 龍樹《中論》第二十五品第十九至二十頌。

14 龍樹《中論》第二十五品第九頌。
漢譯為：「受諸因緣故 輪轉生死中 不受諸因緣 是名為涅槃」

確定的。這個看法無疑與我們一般的邏輯見解背道而馳，我們得先試看它的意義。

如果說X是不確定的，這是說沒有一謂詞可以合適地應用來指謂它，或者，一切謂詞——包括與其相反的——都可應用於其中。如果要成功地否定「X 是不確定的」這個命題，我們便得提出一特別的謂詞「P」，而不是其對反的「非 P」，來應用於「X」。這是說，如果我們不能提出「P」這樣地來應用於「X」，那麼我們便不能替直接否定「X 是不確定的」這個命題加上任何正面的意義，不過，龍樹的辯證思考主要是說，如果我們不在某個程度上提出「非 P」這個謂詞於「X」中的話，我們是找不到「P」這個謂詞的。

否定「X 是不確定的」這個命題的另一種常用的方法，是把「不確定」當作另一個謂詞，然後循著龍樹用以驗證一命題為假的步驟去做。換言之，如果接受「X 是不確定的」，然後循著龍樹的推論方式，我們最後便會引致接受「X 並非是不確定的」這相反方向。這也是大部分正理派學者（例如烏地阿達克勒 Uddyotakara）[15]，用以否定龍樹的方法。不過，這並不是一有效的否定。說「不確定」是一個謂詞，犯上了「定然錯誤」（category mistake）——這是部分地引至語義弔詭（semantical paradox）的錯誤（見下節）。

正如說「空」的理論其自身並非一理論一樣，我們也可以說「不確定」這一謂詞其自身並不是一謂詞。因為在這個脈絡下的「不確定」是「無法應用任何謂詞」之意，如果「無法應用任何謂詞」是某些事物的謂詞的話，那麼這事物便不能被稱作「不確定」的了。

我們可從兩個方法去了解不確定性的弔詭。一種是簡單的方法，這方法簡易地顯示出這並非一真實的弔詭。另一種則是複雜的，富於哲學意味，在精神上更接近中觀學。

15　烏地阿達克勒《正理經》（*Nyāyasūtra*）4・1・40，此《正理經》即 1939 年由查哈（G. Jha）編訂的《喬達摩的正理經，附富差延納的正理註》（*The Nyāyasūtra of Gautama, With Nyāyabhāṣya of Vātsyāyana*）。

五、詭辯法與語義弔詭

早期的論辯及詭辯法傳統已對語義弔詭概略地察覺到。此種語義弔詭在印度，甚至在龍樹之前，已很流行。在《正理經》第五章裡提出的二十四種典型的詭辯的否定（jāti 誤難，過類）中，有一種稱為常住相似（nityasama），下面的例子正好說明這種「無用」的論難的詭辯技倆：[16]

> 論主提出的主張是：「聲是無常。」
> 論難者的反駁是；「『無常』這個謂詞是否（有關聲音的）一恆常的謂詞？如果這是恆常的謂詞，則聲音便是恆常的了，如果它不是恆常的謂詞，則聲音亦是恆常的。」

換言之，如果容許提出這種問題，那麼弔詭的情況便出現。

烏地阿達克勒[17]說這種問題是不許提出的，因為「一件事物是無常的」就是說這事物有著無常的存在，故不能問及無常的存在是否有恆常的存在（而不墮於自相矛盾）。烏地阿達克勒這種說法破除了弔詭的情況，但似乎沒有對原來的詭辯提出實際的意義。所以，烏地阿達克勒運用了最簡易的方法把那弔詭解釋為假弔詭，而且把那詭辯顯易地化解為一毫無意義的問題。

於此，烏陀耶納（Udayana）及瓦勒達勒查（Varadarāja）都作出一帶有語義弔詭的闡釋。[18]烏陀耶納說在上述例子中，「無常」這謂詞是任何一謂詞性質（predicate property）的變項。他說那詭辯性的否定成立於問及一特別的謂詞，即謂詞性質，是否指謂自身之中。在多數例子中，這可能是一完全無意義的問題，比如問：「藍色」這個謂詞，也就是作為顏色

---

16 富差延納（Vātsyāyana），見《正理經》5・1・35-36。

17 烏地阿達克勒（Uddyotakara），見《正理經》5・1・35-36。

18 烏陀耶納的 Nyāyapariśiṣṭa 頁 65-68。有關瓦勒達勒查的說法，見 *Pandit Journal* 頁 300-306。

的藍自身，是否藍色的？如是之故，迦那陀（Kaṇāda）在構思他底範疇理論時提出，一種顏色（如藍色）作為一性質（guṇa 德）[19]，不能再作為藍色的謂詞，或者說，不可作為任何屬性的謂詞。不過，在某些情況下，上述的問題並不一定含有直接的詞謬誤，例如問：「無常本身是否亦是無常的呢？」無論我們的答案是肯定的或是否定的，都會使我們放棄最初的論點：X 是無常的。

與上述技倆差不多的方法，亦曾被用來反對中觀派的立場。[20]按中觀派的主要論點是：現象界是不確定的，也就是說，現象界是不能被指謂的。這樣，中觀派即被詰難：究竟「不確定」本身是否一謂詞？如果是謂詞的話，現象界便不是不確定的了，因為最低限度它有一謂詞可以用來指謂它。如果「不確定」不是謂詞的話，那麼它是什麼呢？從另一方面來說，如果「世界是不確定的」這一命題是不確定的話，那我們便不能說現象世界是不確定的了。如果這個命題不是不確定的，則「不確定」便變成一謂詞，用以指謂現象界的確定的性質，這樣便破壞了原先的論點。

筆者在上文曾說明中觀派對這種論難的答覆：「不確定」本身並非一謂詞，「空」本身並不是對現象世界的一種理論。「不可能確定主詞 X 是有任何謂詞」這一主張，本身並非一「說明 X 有任何謂詞」的主張。……

這樣說來，好像是把這一哲學論題神秘化了。但正確的意思是說，確定的與不確定的，真實與現象，涅槃與生死輪迴的分界（koṭi 邊際），其自身是不確定的。換句話來說，我們根本上不能對此分別作出任何的說明。對於相信（沒有公然的說出來）它們是無分別的，不二的（advaya）來說，這是一個很好的理由。這種辯證方式引生了絕對論。

如果筆者上面對不確定性的批判的說法把大家和語義弔詭拉近了（好像謊者弔詭 Liar Paradox 及格麗林弔詭 Grelling Paradox），筆者會在下文說明一下。我們上文所說的「不確定性的弔詭」是與語義弔詭不完全相同

19　迦那陀（Kaṇāda）1・1・15。"… aguṇavān … iti guṇalakṣaṇam" guṇa 一字在勝論系統中有特別的意義，它被翻譯為「性質」。

20　龍樹《迴諍論》第一及第二頌。

的。以直接及簡單的方法去化解上述的不確定性的弔詭，可表示如下。「一切事物是不確定的」這句子是與我們普遍接受的邏輯原則相違悖的，因為我們都說「所有東西不是 P 便是非 P」。否定此原則，等於說「有東西既不是 P 亦不是非 P」，這就是「不確定」這謂詞的實際意思。如是，只要我們維持「所有東西不是 P 便是非 P」這邏輯原則，上述的弔詭便不會出現。這是解決弔詭的好方式，但卻會冒上錯誤地解釋中觀哲學動機的危險。

「所有東西不是 P 便是非 P」這簡潔明確的邏輯原則，建立在對於「不」的意義的清晰定義上，這是指否定的意思。其實上述的原則可以說是界定否定（negation）底意義的方法，也是說給否定下一確切的界定，以建立一個別的邏輯系統。再者，上述的原則也假設了每一謂詞都可以正面地或負面地應用於辯解的世界的任何分子中（關於否定的詳細論述，詳見下節）。筆者打算說明的是，中觀派的哲學動機並不是要否定上述的邏輯原則（這原則是公認的），而是想揭露這原則的限制，這樣我們便不會誤解它的應用範圍。

筆者以為，由不確定性弔詭而引至的處境，與一些語義弔詭所引起的處境，是有相同點的，兩者很可能有其共同的根源。如果真是這樣的話，則對於語義弔詭的廣面的解決，會給不確定性弔詭提供一些有用的解答。由三十年代開始的分析哲學的發展，給語義弔詭提供了好些答案，這些方法是否有助於解答上述中觀派的批判，則有待細考了。

六、否定的兩面

否定一詞的隱晦的意義所引生的混淆，也引起了邏輯及辯證法上各方的迷惑。筆者在下面會分析否定的概念，希望有助於釐清中觀派的立場。

普通的否定大致可分兩方面：否認（denial）和表態（commitment）。這裡先談談第二面。當我們以否定的態度回答一有意義的問題時，我們也同時對其他問題予以肯定的答案。這種表態有不同程度。當我們說「那朵花不是紅色的」，我們已承認那朵花是有別的顏色了（甚至是近於紅色的）。當我們說「人並非宇宙的創造者」，我們的介入程度則是很低的。對於這個問題，我們甚至可以辯說不一定要接受宇宙是有創造者這觀點。

否定的第一面是否認。這否認存在於一切否定中，但它的強度也是有變化的。如果我們將上述的例子改作「那朵花是非紅色的」或者說「這個人不省人事了」，這兩個句子中的否定強度是很弱的。在上述的情況，我們多半是陳述一種境況，並非否定主詞及謂詞間的任何特殊關係。但我們在「人未有創造宇宙」這句子中的否定態度則非常顯著了。不了解否定的這兩方面的強度，會引起哲學上很多問題。

印度底文法家及邏輯家為了把捉否定的這兩面，提出了名詞的否定（paryudāsa）及命題的否定（prasajya-pratiṣedha）[21]這兩種否定。在名詞的否定中，「表態」是強於「否認」的，而命題的否定則恰巧相反。至於人們能否在這否定的兩面裡找出反向轉變（inverse variation）的任何關係，則並非本文所討論的範圍了。不過可以一說的，就是在某些否定的情況下，「否認」的一面可以強烈地把「表態」一方減至全無。

所以，當中觀派預備去否定敵論者的命題時，大可運用命題的否定這種否定式而用不著顧及否定的結果，而最後可以成功地保持不予表態的立場。清辨（Bhāvaviveka）在以自立論證派（Svātantrika）的立足點來闡述龍樹哲學時就是運用這強而有力的命題的否定式。[22]

為了達致這強有力的否定式，中觀學者運用了四句（catuṣkoṭi）否定及雙遣的方法。當運用這些方法時，每句子中會有矛盾的地方都遣蕩了。在這種徹底的否定意義下，絕對或者涅槃可以說是含藏了對一切謂詞（或特性）的否定。當所有相待的可能性都被否定了，「空」便顯露出來。

21　在《巴尼尼經》（*Pānini-sūtra*）1・4・57 及 3・3・19 內，見 Patañjali。內有兩頌時常被引用來形容這兩種否定的作用。參閱拙著《正理派的否定理論》（*The Navya-Nyāya Doctrine of Negation*）頁 156-157，1968 年哈佛大學出版社。

22　梶山雄一著〈清辨及歸謬論證派〉（Bhāvaviveka and the Prāsaṅgika School），刊於穆克己所編 *The Nava-Nalanda Mahavihara Research Publication*，頁 304，1957 年出版。

在現代邏輯來說，否定是被當作「命題」之否定來處理的。而否定的記號是置於所有述句之前。對於這種意義的否定，可以作如下的界定。如果述句是真的，那個對它的否定便可被視為假；在任何和所有情況下，如果一述句是假的，那個對它的否定便可被視為真。[23]這似乎是個非常恰當的界說，此中「否認」和「表態」兩面都恰好地平衡起來。換言之，如果我們否定了 P 這述句，則我們也便接受了與之相反的非 P 為真實。不過，這看法雖然簡化了我們底邏輯的基本定律，但它卻忽視了中觀學所重視的極端的否定形式。這極端的否定式在否定了一立場之後並不表示要接受那相反的立場。

中觀派強調否定中的「否認」一面，正理——勝論派則可以說在某些獨特地方強調否定中的「表態」一面。在名詞的否定中，「表態」這一面自然地處於重要地位；正理派說我們把謂詞加到主詞的「被否定的項目的分別」上去。例如：把「那壺不是布」解釋為「那壺是不同於布的一些東西」。此中，壺的正面地被「不同於布」這一限制語規定了。我們即使應用了強力的否定（即命題的否定），正理學派也會使那「否認」面變得低次於那「表態」面。故此「那壺不存在於地上」便被解釋為「壺的不存在變成地面的特徵」，這裡，「壺的不存在」被視為地面上的客觀特徵。事實上，正理學派的方法是很基本的，因為它實際上否認了判斷中有或應有任何肯定的——否定的二分法（affirmative-negative dichotomy）。[24]它把「否認」面化解為零，而且把否定方面視為謂詞中不可或缺的部分。

有兩種否定式，通行於現代著述中所謂自由邏輯（free logic 無存在假定的邏輯）：選擇否定（choice negation）及排斥否定（exclusion negation）。上文所引用的「那朵花不是紅色的」的例子，如果是表示那朵花是有其他顏色的話，那便是選擇否定的一個例子。這個看法可以很好地與正理學派的否定概念配合起來，只要我們規定這例子中的「不」是

---

[23] 昆因（W. V. Quine）著《邏輯方法》（*Methods of Logic*）修訂版，頁 1，1961 年紐約 Holt 出版社。

[24] 見拙著《正理派的否定理論》頁 92-93。

「非紅」這謂詞中的一部分便可。事實上，正理學派並沒有要求我們重新把主詞配以任何顏色的謂詞，它只叫我們重新把謂詞改為「非紅」，而把這個新的謂詞處理為主詞下的一個整體。

至於排斥否定的例子則是：「2 不是紅的」。這裡，我們得明白到這個斷言並沒有意味著任何「其他選擇」。如果我們把排斥否定重新理解為純然的否認，這便可與中觀派的概念吻合了。……

七、「神秘主義」與中觀派

在最後一節裡，筆者打算討論一下那有時被認為與中觀立場一致的「神秘主義」假設。無疑的，龍樹的辯證法曾給予東方的神秘主義提供了豐富的資源。

中觀哲學裡有兩個主要特色，與一切神秘主義的普遍特徵有重要關連。首先，他們相信有一種知識，我們可叫作啟示、直觀，甚至叫作直接面對真實。而另外那些通過我們的感覺、推理和分析而得的知識則是浮面的、世俗的，是覆蓋那終極真理的。後一種知識是次於前一種的。因為直觀不用憑藉任何觀點或任何符號（語言的或其他的）[25]而得，所以直觀被視為終極真理的仲裁者。即是說，那另外的一種知識是基於我們一些不自覺的預設的觀點、假設及我們用來表達自己的一些符號而產生的。

中觀派的第二個特色是他們相信有一整體（unity），這個信念否定了一切差異和分別，以之為虛幻的表象。中觀派認為，所有表面的分別都是對那唯一無二的實相的覆蔽。這種實相不二（advaya）的觀念建立於那說明自性、虛無或因果之不可得的邏輯推理之上。

我們即使正確地掌握了邏輯技巧，也不一定可以批評中觀派的論證。說可以批評吧，那是因為對於這種辯證推理所引出來的，似乎是謬論及不

25　龍樹《中論》第十八品第九頌。
漢譯為：「自知不隨他 寂滅無戲論 無異無分別 是則名實相」

一致的觀點，可以用一較為深廣的邏輯系統來解釋、解決，或消融之。至於說我們不能批評，那是因為中觀學者可以隨時退居於其超然不執的態度，表示無印象，抑亦無興趣。如果中觀家的論證引致謬論，而這些謬論又被證明為暗藏的詭辯的話，這只能歸於反對論者自己的邏輯過錯，這也是人們認為當討論實相時，不予應用邏輯的好原因。月稱曾果斷地表示，中觀學派並未嘗否認邏輯在世俗層次上的有限作用。[26]在這點上，我們又要加一句，與其說弔詭或謬論是一些要經由較好的和較多面的理論去解決的問題，倒不如說是中觀學者視為推理的必然結果。

「不可名狀」這觀念是一切神秘主義哲學家所共許的。實相是無可名狀的，但卻可以憑著直觀來把捉。中觀哲學也持這個看法。通過這觀點，我們若明白到我們所把握的和我們的思想往往超乎我們用來表達它們的語言，則它會對我們的哲學有重大的教育價值，而且也可以作為對我們的哲學理論的修正、澄清和再建構的好挑戰。但是如果我們錯誤地將此解釋為應放棄一切理性的分析，我們便會面對哲學的死亡，一籌莫展了。

---

26 見月稱《淨明句論》所註《中論》第一品第三頌的註文。《淨明句論》收錄在《佛教文庫》（*Bibliotheca Buddhica*）第四卷內。

第十一章
現代學者的中觀學研究及其反思

一

西方學者對佛學的研究，在哲學方面，成就最大的，要數中觀學（Mādhyamika, Madhyamaka），特別是龍樹（Nāgārjuna）的中觀學。此中的原因可以是多方面的，其中一個重要的，可以說是中觀學與西方哲學有較多可以比較之處。如中觀學與康德的超越哲學、黑格爾的辯證法、現象學的虛無說、傳統邏輯以至符號邏輯，都可以有一定的關連。而事實上，中觀學的敏銳的思路，特別是它的表達方式與論證方面，在整個佛學來說，很有它的特色與精采處，充滿魅力，也很有刺激性。它不單是“interesting”，而且是“exciting”。因此吸引到不少西方的佛教學者的注意。他們對中觀學的研究，自俄國的徹爾巴斯基（Th. Stcherbatsky）[1]以來，可謂風起雲湧，後浪推前浪，其成績令人有山外有山之感。其中較著名的學者，有拉莫特（Étienne Lamotte）[2]、拉煮（P. T. Raju）[3]、穆諦

---

[1] Th. Stcherbatsky, *The Conception of Buddhist Nirvāṇa*. Leningrad: Office of the Academy of Science of the U. S. S. R., 1927.

[2] Étienne Lamotte, *Le Traité de la grande vertu de saggesse*. vol. I, 1944; vol. II, 1949; vol. III, 1970. Louvain: Brueaux du Muséon.

[3] P. T. Raju, *Idealistic Thought of India*. London: George Allen and Unwin Ltd., 1954.

[4] T. R. V. Murti, *The Central Philosophy of Buddhism*. London: George Allen and Unwin Ltd., 1955.

（T. R. V. Murti）[4]、法勞凡爾納（Erich Frauwallner）[5]、梅義（Jacques May）[6]、拉馬南（K. Venkata Ramanan）[7]、魯濱遜（Richard H. Robinson）[8]、史提連格（F. J. Streng）[9]。這些是較早期的。較近期的有彭迪耶（Ramchandra Pandeya）[10]、史培隆格（Mervyn Sprung）[11]與陸格（D. Seyfort Ruegg）[12]。最近期則有卡魯帕哈納（David J. Kalupahana）[13]。這些學者的成就，有目共睹，我們這裡不想多贅。總的來說，徹爾巴斯基與穆諦天分很高，哲學根柢很好，也精通梵文文獻，不過，有時也失諸浪漫，特別是穆諦，想像力很豐富，他在以西方哲學特別是康德與黑格爾的觀念論來詮釋中觀學方面，不無過當之處。較後的學者，特別是魯濱遜和陸格，則態度較為嚴謹。陸格這個人很厲害，他的思考認真，頭腦精密，堪稱中觀學研究的後起之雄。史培隆格本來不錯，他的那本 *Lucid Exposition of The Middle Way*，是月稱（Candrakīrti）的《中論釋》（*Prasannapadā Madhyamakavṛtti*）的重要部分英譯；他在緒論中對涅槃問題有很精闢的發揮，不過，亦有人評他的譯文過於自由，不是太忠實於原文。

要在中觀學特別是龍樹學的研究方面表現新的理解（new

---

5 Erich Frauwallner, *Die Philosophie des Buddhismus*. Berlin: Akademie-Verlag, 1958.

6 Jacques May, *Prasannapadā Madhyamakavṛtti*. Paris: Adrien-Maisonneuve, 1959.

7 K. Venkata Ramanan, *Nāgārjuna's Philosophy as presented in the Mahāprajñāpāramitā-śāstra*. Rutland, Vermont-Tokyo, Japan: Charles E. Tuttle Co., 1966.

8 Richard H. Robinson, *Early Mādhyamika in India and China*. Madison: The University of Wisconsin Press, 1967.

9 F. J. Streng, *Emptiness*. Nashville, New York: Abingdon Press, 1967.

10 Ramchandra Pandeya, *Indian Studies in Philosophy*. Delhi: Motilal Banarsidass, 1977.

11 Mervyn Sprung, *Lucid Exposition of The Middle Way*. London and Henley: Routledge and Kegan Paul, 1979.

12 D. Seyfort Ruegg, *The Literature of the Madhyamaka School of Philosophy in India*. Wiesbaden: Harrassowitz, 1981.

13 David J. Kalupahana, *Nāgārjuna: The Philosophy of the Middle Way*. New York: State University of New York Press, 1986.

understanding），是很難的。因為很多問題與論點都談過了。在國外的一流的印度學與佛學方面的學報中，有關中觀學研究的投稿很是不少，但遭到退回的恐怕也是最多，理由是稿件缺乏新意。

日本學者在中觀學的研究方面，也是做得不足夠的。他們主要的不足處，是哲學訓練與學養嫌薄弱，不足以應付龍樹的那種鋒利的思考。宇井伯壽[14]的研究，質樸而粗糙。宮本正尊[15]則流於鬆散而欠嚴謹。山口益[16]與安井廣濟[17]都只是文獻學的表現而已，談不上義理或哲學的理解。中村元[18]很有氣魄，他的論點，有時很有見地，有時卻是平凡，且有誤解。梶山雄一[19]做得算是好一些，他吸收了魯濱遜的好的因素，廣面地來論中觀義理；不過，深度還嫌不足。他在日本有些影響，同道的有瓜生津隆真、立川武藏、江島惠教、一鄉正道、御牧克己、田村智淳、原田覺等。有些還是很年青的。看來日本的中觀學研究，有急起直追之勢。另外還有久居美國的稻田龜男（Kenneth K. Inada）[20]和曾在德國留學的三枝充悳[21]，他們的研究，也有一定的成績。

在我國的思想界與學術界，中觀學的研究，還未開始。我這樣說，並非過甚其詞。就國際的學術標準來說，研究中觀學必須同時符合兩個標準。其一是能訴諸梵文原典來做；其二是具有足夠的哲學訓練或學養。至於要能參考和運用現代學者用日、英、德、法諸種語文來研究的成果，更

---

14 宇井伯壽：《東洋の論理》，東京：青山書院，1950；《宇井伯壽著作選集》第四冊，東京：大東出版社，1974。

15 宮本正尊：《根本中と空》，東京：第一書房，1943；《中道思想及びその發達》，東京、京都：法藏館，1944。

16 山口益：《中觀佛教論考》，東京：山喜房佛書林，1975。

17 安井廣濟：《中觀思想の研究》，京都：法藏館，1961。

18 中村元：《空》上冊，京都：平樂寺書店，1981。

19 梶山雄一、上山春平：《空の論理——中觀》，東京：角川書店，1969。

20 Kenneth K. Inada, *Nāgārjuna, A Translation of His Mūlamadhyamakakārikā with an Introductory Essay*. Tokyo: Hokuseido, 1970.

21 Mitsuyoshi Saigusa, *Studien zum Mahāprajñāpāramitā(upadeśa)-śāstra*. Tokyo: Hokuseido Verlag, 1969.

是餘事。我們要在國際的中觀學研究中爭一席位，目前來說，仍是很困難的。筆者在這方面寫過兩篇東西，但也只能說是初步的嘗試而已。[22]

在這篇文字中，我們要對現代學者對中觀學的一些重要問題的回應，敘述一下，由此可以在某一個限度下看到他們對中觀學的理解與研究，筆者也會在敘述了他們的回應後，抒發一下個人的意見。這裡所列出的問題，雖不能說是全面，但也頗具挑戰性。雖然它們的提出，是多年前的事，有些甚至已有定論，但重溫一下，對我們了解中觀學，還是有意義的。在討論這些問題前，我想先就中觀學產生的思想背景，特別是這個佛教學派出現時所面對的佛教內部與外部的思想問題，和這個學派的回應，簡單地重溫一下。這些說法，大抵都為現代中觀學研究界所認可，故不擬一一交代說法的出處。

二

中觀學派的創始人是龍樹。他的激蕩的生平，充滿傳奇性，與中觀學的思想的鋒銳與激越的風格，也很相應。關於他的傳記的梵文本已經失佚，現只存鳩摩羅什（Kumārajīva）的漢譯本。[23]這個傳記記述龍樹的事蹟，有很多異乎常人之處。這可總括為以下幾點：

a.具有隱身術。

b.曾在海底的龍宮中獲得大乘經典。

c.具有威神力，能把神祇的世界呈現在人們眼前。

d.能把自己變成一頭象。

在一些中文與藏文的資料中，龍樹被形容成一個煉金術士，或煉丹家，這則與道教的丹鼎派掛鈎了。

---

22 Ng Yu-Kwan, “The Arguments of Nāgārjuna in the Light of Modern Logic”, *Journal of Indian Philosophy*, 15(1987), pp. 363-384. “Chih-i and Mādhyamika”, a Ph. D. Dissertation, McMaster University, 1990.

23 《大正藏》50・184a-186c。《大正藏》即是《大正新修大藏經》。

就可靠的角度說，龍樹出身於尊貴的婆羅門階層。他的思想異常敏銳，智慧很高。在公元二世紀的下半期，他把佛教的「空」的思想發揮起來，並予以系統化，透過屈曲而又頑強的論證，建立他的空之哲學。他最初是在南印度活動的，這種空之哲學最初也在南印度流行，其後逐漸擴展，以迄於西北印度，影響越來越大。這種哲學自然主要表現於他的最重要的著作《中論》（*Madhyamakakārikā*）中。從這部名著中，我們可以看到，龍樹是深受兩種宗教思想主流影響的，其一是阿毗達磨（Abhidharma）學派對於存在的清理與分析，另一則是般若波羅蜜多（Prajñāpāramitā）思想在實踐方面的終極關心。後一種影響尤為重要。按在龍樹活躍時期推溯三百年，其間佛教內部出現一種龐大的文獻，這便是西方學者所謂的「般若波羅蜜多文獻」（Prajñāpāramitā literature）。它強調一種完全無缺的空之智慧，以這種智慧，來照見事物的無實體、無自性（svabhāva）的空的性格或本質，由之而得覺悟。龍樹即繼承這種空之思想，建立他的空或中道哲學，所謂「中觀學」（Mādhyamika）。這種空之思想，其基調可以說是一種神秘主義，它有以下三個特質：

a.亟亟鼓吹對於空的瞑想實踐。

b.不信任語言與概念，以為這些東西對真理並不相應。

c.要透過否定（遮詮）和辯證方式來接近真理。

有一點很重要的是，釋迦牟尼在創立佛教時期，並沒有很多敵論。他要傳揚甚麼，便傳甚麼。龍樹和其他中觀論師則不同。他們面臨很多敵對的說法，而一一予以批判駁斥。這些說法在當時都很堅強有力，較重要的有以下諸種：婆羅門（Brāhmaṇa）體系、數論（Sāṃkhya）、正理勝論派（Nyāya-Vaiśeṣika）。這是佛教外部的。佛教內部的敵論則有說一切有部（Sarvāstivādin）和經量部（Sautrāntika）。在這些論爭和駁斥中，他們把作為佛教的基本義理的緣起（pratītya-samutpāda）說發展和推進至一個高峰。以下我們看中觀學者如何辯斥這些說法。

三

婆羅門的體系源自《奧義書》（*Upaniṣad*）的思想，它也包括數論和正理勝論派。中觀學者對這個體系的批判的焦點，集中在它對靈魂（ātma）的說法方面。這靈魂是被置定於構成眾生的生命存在的五蘊（skandha）或色、受、想、行、識之外的。中觀學者以為，婆羅門中人一方面告訴我們有關這個在五蘊這些基本要素之上的靈魂的事，但另一方面卻承認它的不可知性，以為它不能直接地被知曉。即是說，有關靈魂的敘述，並不依於我們對它的直接的知識。這是矛盾的。

這個批判的意思是，婆羅門教說我們永不能追尋得靈魂是甚麼樣子，但又絮絮不休地說它是存在的，且能賜給我們福祉。中觀學者以為，這種所謂「靈魂」，只是一個假名而已，除此之外，它甚麼也不是。在客觀的真實方面，並沒有任何東西與「靈魂」相應。一種描述，倘若無客觀的所涉，沒有實在所指，則只能是言說的妄構（戲論，prapañca）而已；這種妄構，像「石女兒」（一個不孕的女人的兒子）那樣。

中觀學者也曾嚴厲地批評過說一切有部。這個學派以存在論的立場，把一切法或存在大分為兩類（category）：有為的（saṃskṛta）與無為的（asaṃskṛta）。有為的法又分四種：色（rūpa）或物質、心（citta）或心靈、心所（caitta）或心理狀態、心不相應（cittaviprayukta）或非心理的東西。他們繼續把這大量的有為法與無為法還原為更為根本的要素，其標準是每一根本的要素只能具有一種質體（svabhāva，英文作 entity）及一種作用。結果，他們還原得七十五種根本的要素，所謂七十五法。在這七十五種根本要素中，並無自我（ātma）的存在，於是他們歸結得「無我」（anātma）的說法。他們雖然說無我，但對那七十五種要素，卻因它們都具有質體或法體，而視之為實在（Reality），它們在過去、現在和未來三世都是存在的。這便是說一切有部的實在論（Realism）。對於這種實在論，中觀學是堅決反對的，因為它違離佛陀的根本教義。佛陀以為，不管是主觀的生命存在，或客觀的世界存在，都無自我或實體，沒有恆常不變的自性或質體（svabhāva）。

對於經量部，中觀學者也採懷疑和批判的眼光。經量部的主要課題，是在知識論方面承認外界對象的實在性。他們以為，我們要成立知識，便要承認外在世界的存在。必須認可外界對象，我們才能夠把可檢證的知覺從虛幻的認識中區別出來。他們有把外界的對象視為真實的感性與料（sense-datum）的傾向，以為必須把它們設定為知識的對象，才能有效地解釋那些在我們的知覺中呈現的現象。因此，雖然經量部承認外界對象的不可知性，還是堅持它們的存在是不可否決的。對於這種看法，中觀學者的回應是，知覺並不必然地需要外在的實物作為它的基礎，即使是在沒有實物的情況下，知覺仍是可出現的。例如對兩個月亮的知覺，並不需設定有兩個實在的月亮存在。他們以為，知覺只涵蘊一個指涉外在的某些東西的概念；而這「外在的某些東西」，並不需有實在性，或現實性。我們可具有可證驗為真實的知覺，也可同時生起幻覺。[24]

四

以下我們就中觀學提出一些重要的問題，跟著敘述現代學者對這些問題的回應及我的反思。現在先寫出文中所涉及的資料的略號如下：

Dasgupta　S. Dasgupta, *Indian Idealism*. Delhi: Motilal Banarsidass, 1975.

24　經量部與中觀學在知識論方面對對象的實在性的不同看法，有點像西方知識論中經驗主義（empiricism）與觀念論（idealism）的分歧。經驗主義的洛克（J. Locke）以為外在對象可離人心而存在，並強調若外在對象不存在，則我們的感覺便會因缺乏外面的來源，而不能發生。這便引出觀念論的伯克萊（G. Berkeley）一連串的問題：客觀的外在對象是甚麼？除了我們對這些對象的色、聲、香、味、觸、形狀、大小等的概念的知識外，是否還有離知識而存在的客觀的外在對象呢？在這方面，他採懷疑的態度。他以為，我們只能知外在對象呈現於我們面前的性質，卻不能知這性質背後的外在對象自身。我們只能說我們知曉外在對象的性質，而不能說外在對象是存在的。因此，他提出「存在即被知」（To be is to be perceived）一基本命題。伯克萊的這種看法，近於中觀學；而洛克的看法，則近於經量部。

Murti T. R. V. Murti, *The Central Philosophy of Buddhism*. London: George Allen and Unwin Ltd., 1955.

Pandeya R. Pandeya, *Indian Studies in Philosophy*. Delhi: Motilal Banarsidass, 1977.

Raju P. T. Raju, *Idealistic Thought of India*. London: George Allen and Unwin Ltd., 1954.

Stcherbatsky Th. Stcherbatsky, *The Conception of Buddhist Nirvāṇa*. Leningrad: Office of the Academy of Science of the U. S. S. R., 1927.

Streng F. J. Streng, *Emptiness*. Nashville, New York: Abingdon Press, 1967.

說到中觀學，自然離不開龍樹的最重要的著作《中論》（*Madhyamaka-kārikā*）。本文所參照的，是法國學者蒲桑（Louis de la Vallée Poussin）所校訂的梵文本子（略作 *Poussin*）：

Poussin *Mulāmadhyamakakārikās de Nāgārjuna avec la Prasannapadā Commentaire de Candrakīrti*, ed. By Louis de la Vallée Poussin, *Bibliotheca Buddhica*, No. IV, St. Petersbourg, 1903-13.

下面我們先看第一個問題。中觀學的最根本的概念是空（śūnyatā），這是沒有疑義的。但空的義理是否中觀學所獨有，抑共通於佛教的其他學派呢？

這個問題，以今日的眼光來說，似乎過了時。大概很少人會堅持空是中觀學獨有的義理。印度方面的學者，例如拉煮與德斯笈多（S. Dasgupta），都強調空是大乘佛教所有學派的一個基本的義理。不過，為甚麼會提出這個問題呢？我想其中一個重要的原因是中觀學是空宗的一個主要的組成分子（其他一分子為般若思想 Prajñāpāramitā）。人們自然會把空牽連到中觀學方面去。實際上，不單是大乘佛教說空，即使是原始佛教與小乘都說空。關於這個問題，我想提出以下幾點：

a. 佛陀的三法印中的諸法無我（anātma），即涵諸法沒有常住不變的我體（ātma）或自體之意。所謂沒有我體或自體，即是空。

b. 小乘的一個有力學派說一切有部提出我空法有的著名說法，亦在自我方面說空，說沒有常住不變的自體。不過，彼等卻在諸法方面肯定其有實體、實性，或自性，這則違離了佛陀的諸法無我的教說。

c. 般若系的文獻，例如《心經》（*Hṛdaya-sūtra*）便常說五蘊（skandha）皆空，顯示生命存在的無我的性格。

d. 唯識論者（Yogācārin）雖然強調唯識的義理，以為一切外境都是心識的變現，故識較境更為根本，更有實在性。但畢竟還是說，心識亦無實性、自性。即是，境是空，識亦是空。

相應於空的梵語 śūnyatā，在數學上是零或無有的意思。不過，在佛教的文獻，則絕不是無有或虛無（nothingness）的意思，卻是指向一否定的狀態，那是對自性、自體的否定。空即是自性空、性空，或沒有獨立不變的實體、自體之意。這個意思，基本上都是共通於佛教的各個學派的。但為甚麼人們總以為空的義理與中觀學有較密切的關連呢？關於這點，我想不無道理。從空思想的發展史來說，佛陀或原始佛教雖說空，但基本上是本於一種直覺或存在的智慧出之，即是，從對物事的無常性的體證而說空。至般若文獻說空，即使是說色空相即，亦只是就物事與空在外延上或所指涉的範域上相同來說空。[25]這兩種空的說法，哲學性與理論性都不是很強的。至龍樹說空，則提升至哲學性與邏輯性的層面，很富論辯（論證與思辯）的色彩。例如，他的空之論證，是透過遮相（相即是緣起法）說性、破性顯空、相空相即這三句所表示的思路來建立的。[26]龍樹實有意連著緣起來建立一套空之哲學或空之邏輯。[27]這是他在論空方面超越前此的原始佛教與般若思想之處。至於在他以後出現的唯識思想與如來

25　關於色空相即的涵義，參看拙著《佛教的概念與方法》，臺北：臺灣商務印書館，1988，頁 33-34。

26　參看同上書，頁 65-66。

27　日本學者梶山雄一寫《空の論理》（東京：角川書店，1969）一書，主要闡述龍樹的空觀，似也表示這個意思。

藏思想，則雖都承空的立場，但其重點已分別移至心識與不空的如來藏（tathāgatagarbha）方面去了。故空與龍樹，還是有較密切或特殊的關係。

五

第二個問題如下。有些學者以為中觀學的空等於西方哲學的絕對（Absolute），因而把空的義理看作一種絕對主義（Absolutism）。這種理解在哲學上是否正確呢？

按把中觀學的空的義理視為絕對主義最力的，莫如徹爾巴斯基和穆諦。徹爾巴斯基以為，中觀學者強調絕對者（the Absolute）與現象的等同，涅槃與生死的等同，俾能符順那種一元論的宇宙的看法。[28]穆諦也說：

> 我們沒有理由把中觀學者當作特別具有虛無色彩而列舉出來。它其實是絕對主義的一種非常一致的形式。[29]

他又說：

> 我們應把中觀學的絕對（空）視為對於理性的辯證機制的覺醒，對於「存在」（bhāva）和「不存在」的覺醒；它正是這種批判的意識〔的表現〕。[30]

對於這個問題的回應，德斯笈多與彭迪耶則持審慎的與保留的態度。前者的說法是：

---

[28] *Stcherbatsky*, p. 48.

[29] *Murti*, p. 234.

[30] Ibid., p. 326.

> 中觀學的觀點，並不包含一個究極的前提。它不是觀念論或絕對主義，而是純然的現象主義。這種現象主義只承認當前的現象世界，而不容許在它背後有任何形式的本質、基礎或實在。[31]

彭迪耶雖是穆諦的學生，但在這個問題上，並不同意穆諦的看法。他說：

> 概念是相對性的，因而不能〔使人〕達到絕對的真理的極峰。即使是有較高的真理，它也只能透過相對的概念來達致，故是相對性的。因此我們不能同意那種把絕對歸諸中觀學的見解。[32]

他也認為即使是涅槃（Nirvāṇa），也不應譯為「絕對」。[33]他強調中觀學派不是一個形而上的體系，因此，那些描述形而上的特性的詞彙，例如絕對主義、實在論、觀念論、經驗主義，都不能應用到中觀學上。[34]

關於這個問題，我想我們首先要弄清楚的是所謂「絕對主義」的涵義是甚麼。倘若它是表示一種超越乎種種相對性之上的絕對不二的境界的話，則中觀學的空，無疑是有這個意思的。筆者認為龍樹的空的涵義是對自性及種種邪見的否定。這種種邪見，自然包括以相對的概念為實在的那種見解。空是要超越或克服這種相對性。例如，《中論》說：

> śūnyatā sarvadṛṣṭīnāṃ proktā niḥsaraṇaṃ jinaiḥ.[35]

其意思是，那些有智慧的人曾說空即是揚棄所有的謬見（dṛṣṭi）。鳩摩羅什（Kumārajīva）的翻譯是：

---

[31] *Dasgupta*, p. 79.

[32] *Pandeya*, p. 75.

[33] Idem.

[34] Ibid., p. 87.

[35] *Poussin*, p. 247.

大聖說空法，為離諸見故。[36]

意思也很相近。但這些謬見指甚麼呢？《中論》未有明確地說出來。但它們顯然與概念化、分別、分化等的認識或認知層面有密切關連。《中論》謂：

aparapratyayaṃ śāntaṃ prapañcairaprapañcitaṃ,
nirvikalpamanānārthametattattvasya lakṣaṇam.[37]

其意思是：

非條件性地關連到任何質體，寂靜的，不為概念遊戲所概念化，無分別和無分化的。這些都是真理的特質。

鳩摩羅什的翻譯是：

自知不隨他，寂滅無戲論，無異無分別，是則名實相。[38]

《中論》的意思是，真理（tattva）是遠離概念（戲論，prapañca）、分別和分化的。這真理自是指空而言。這些概念、分別與分化活動，都基於相對性；或者說，它們是透過相對性的兩端的概念而成立，例如一多、生滅、常斷，等等。事實上，龍樹即強烈地否定這些相對性的兩端的概念能與於真理（第一義諦的真理，paramārtha）。《中論》開首即說：

anirodhamanutpādamanucchedamaśāśvataṃ,

36 《大正藏》30．18c。

37 *Poussin*, p. 372.

38 《大正藏》30．24a。

anekārthamanānārthamanāgamamanirgamaṃ.[39]

這便是「八不」偈，或「八不」中道。它同時否定生滅、斷常、同異、來去八個相對的範疇（category）以表示中道或空的理境的非相對性。鳩摩羅什的翻譯也很貼切：

不生亦不滅，不常亦不斷，不一亦不異，不來亦不出（去）。[40]

對相對性的否定，即顯示絕對的（absolute）涵義。即是說，作為真理（第一義諦的真理或最高真理）的空，是絕對的，它超越乎種種相對相狀，非相對性的概念或言說所能湊泊。因此，在這種脈絡下，我們可以把空說成是絕對的。

不過，倘若把這絕對義牽扯到形而上的實體（Metaphysical Substance）方面去，以為空是一實體，是一絕對者（Absolute），是作為流變的現象世界的基礎的不變常住的存有（Being），則是犯了中觀學以至佛教的大忌。佛教特別是中觀學是嚴厲地拒斥這種實體、絕對者或存有的假設的，以為它只是我人的妄識的虛構，是無實在性的。這種心識的妄構，佛教稱為性，或自性（svabhāva），要人堅決排棄它，否則便與覺悟無緣。因為這種妄構正與緣起（partītya-samutpāda）正理相違背。緣起的說法是不能容許自性的假設的。緣起的東西固無自性，即空作為一真理，顯示物事的無自性的根本性格，亦不能作自性看，否則執著會更深。關於這點，《中論》曾說：

yeṣāṃ tu śūnyatādṛṣṭistānasādhyān babhāṣire.[41]

39　*Poussin*, p. 11.

40　《大正藏》30．1b。

41　*Poussin*, p. 247.

其意即是，有說那些執取於空的概念是難以教化的。此中的 śūnyatādṛṣṭi，所謂空見，即指把空視為一實在物或實體的見解。中觀學者以為，這種空見是要徹底破斥的。鳩摩羅什的翻譯，也表示相似的意思：

> 若復見有空，諸佛所不化。[42]

故空不能實物化或實體化。在這方面，現代中觀學者陸格說得很好，他指出空見是表示那種思辯的見解，把空加以實體化（hypostatize）。[43]空不能被視為實體，其意甚為明顯。

我們若把空的絕對的問題，作了以上的清理，便可以很容易解答在這一節中所提出的問題。空超越一切相對概念，及由這些相對概念所表徵的相對領域或相對性；它是絕對的真理，因而有絕對的涵義。但這絕對，只能說是一種超越相對性的一種狀態，並不指涉任何形而上的絕對者或實體。在這點的討論上，德斯笈多與彭迪耶是對的。特別是前者提到「不容許它（指中觀學，其實是空）背後有任何形式的本質、基礎或實在」，更能揭示出空的根本性格。徹爾巴斯基與穆諦把中觀學的空說為是一種絕對主義，實有把空視為具有絕對義的實體之嫌。特別是穆諦的看法，很可能是受了黑格爾論絕對精神的影響，把空扯到絕對精神方面去。這是很容易引起誤解的，絕對精神（Absolute Spirit）在中觀學者以至佛教徒看來，仍是一種實體，一種經過精神的包裝的自性形式，是要否定的。

跟著我們討論第三個問題。中觀學喜用否定式與弔詭以達致較高的真理層面。我們能否因此說中觀體系是辯證的呢，或它所運用的方法是辯證

---

[42] 《大正藏》30・18c。

[43] D. Seyfort Ruegg, *The Literature of the Madhyamaka School of Philosophy in India*. Wiesbaden: Harrassowitz, 1981, p. 2.

法呢？

對於這個問題，不少現代的中觀學者的反應是肯定的。在拉煮的書中，多處顯示中觀學是辯證的；他並認為龍樹是一個辯證法專家，可比美巴洛德萊（Bradley）。穆諦則更全面認許中觀學的辯證性格。在他的書中，有兩專章分別貫以〈中觀辯證法的結構〉（The Structure of the Mādhyamika Dialectic）和〈中觀學和一些西方的辯證體系〉（The Mādhyamika and Some Western Dialectical Systems）之名。在後一章中，他把中觀學與康德、黑格爾和巴洛德萊相提並論。他明顯地提出中觀辯證法（Mādhyamika Dialectical）這一稱呼，並將之牽連到對那絕對者的直覺、涅槃和完全的存有（Perfect Being）方面去。他說：

> 作為思想上的否定式，中觀辯證法是對那絕對者的直覺；作為消除情緒〔的方法〕，它是自由（涅槃）；就與那完全的存有相結合來說，它是一個整全。[44]

史提連格也與穆諦取同一論調。在他的書中，他別立一章稱為〈龍樹的辯證結構〉（Nāgārjuna's Dialectical Structure）。他並且特別以「否定的辯證法」（negative dialectic）來說龍樹的思考方式。他說：

> 在龍樹的否定的辯證法中，理性的威力是實現究極的真理的有效的力量。[45]

他又說：

> 否定的辯證法和把究極的真實營構為「空」，是那同一的宗教路向

---

44 *Murti*, p. 143.

45 *Streng*, p. 149.

的結構的兩個面相。[46]

但彭迪耶卻唱反調，站在穆諦的對立面來看這個問題。他強調辯證法是要證立前提的，而中觀學則否。他說：

> 黑格爾意義的辯證法是一種綜合的思想歷程。每一個辯證法論者都要證立一個前提，例如理念（柏拉圖式的）、絕對者（黑格爾式的或巴洛德萊式的）。因此，a.辯證法是一個綜合的歷程；另外，b.它的目標是要證立一個前提。中觀學者分析一個概念，以決定它是否包含一些真實的要素，最後總結地了解到它並沒有〔真實的要素〕。因此，它並沒有向上追尋，以達致一些綜合的聯合體或那無限者，卻向下達到那個根本的東西：空。[47]

對於中觀學的方法是否辯證法這個大問題，我想我們首先要弄清楚兩點：一、所謂「中觀學方法」（Mādhyamika method）究竟何所指？二、所謂「辯證法」是從哪一個意義言？說到中觀學的方法，學者都會想到它的四句（catuṣkoṭi），而這四句亦有一定的代表性，故我們這裡便拿它來討論。關於這四句，學者論述已多，看法亦不盡相同。這裡我只就自己的看法來說。首先我想先寫出《中論》中顯示這個方法的典型的偈頌：

> sarvaṃ tathyaṃ na vā tathyaṃ tathyaṃ cātathyameva ca,
> naivātathyaṃ naiva tathyametadbuddhānuśāsanaṃ.[48]

其意思是：

---

46 Ibid., p. 150.

47 *Pandeya*, p. 84.

48 *Poussin*, p. 369.

> 一切都是真實，不真實，亦真實亦不真實，非真實亦非不真實。這是佛的教法。

鳩摩羅什的翻譯是：

> 一切實非實，亦實亦非實，非實非非實，是名諸佛法。[49]

這首偈頌包含四個命題，或句子：

1.一切都是真實

2.一切都不是真實

3.一切都是真實亦不真實

4.一切都不是真實亦不是不真實

這便是所謂四句。這四句很易以符號式分別表示如下：

1. p
2. ~p
3. p．~p
4. ~p．~~p

關於這四句的邏輯分析，筆者在自己的博士論文 Chih-i and Mādhyamika 中有詳盡的闡釋。我們這裡不想重覆，只想強調一點。第一句 P 與第二句 ~p 在邏輯上是矛盾的；第三句 p．~p 是第一句與第二句的結合，故也是矛盾；第四句 ~p．~~p 可轉成第三句 p．~p，故也是矛盾。但據梵文偈，四句的提出，是要顯示佛的教法（buddha-anuśāsana）的，亦即是顯示真理。四句自身充滿矛盾，如何能透顯真理呢？另外一點是，第一句與第二句矛盾；第三句是前二句的結合，第四句又是第三句的變形，顯然第三、四兩句都成了多餘。但原偈明明說四句，即第三、四兩句應有其涵義，不能視為多餘，這又應如何解釋呢？很明顯，這兩個疑問顯示出四句是不能

49　《大正藏》30．24a。

以邏輯的方式來處理的。

作為中觀學的方法的四句，究竟何所指呢？它有甚麼涵義呢？我在 Chih-i and Mādhyamika 一文中，提出四句有兩方面的涵義，其一是教育的（educational），另一是分類的（classifying），討論很詳細，兩方面都有把真理從一個較低的層面提升至較高的層面的用意。關於這點，這裡不擬重贅。

至於辯證法是哪一個意義的問題，提起辯證法，人們很自然地會想到黑格式的（Hegelian）那一套正、反、合（thesis, antithesis, synthesis）的方式。不過，辯證法並不是黑格爾的專利品，柏拉圖、巴洛德萊也有他們的辯證法。在東方的哲學方面，《老子》、《易經》都有濃厚的辯證成分，前者強調「反」的觀念，辯證意味很濃，黑格爾本人也曾稱許過。中國佛學的天台、華嚴與禪，都有辯證旨趣。宗門人士提出覺悟要以大疑團為基礎，必須「大死一番」，才能「絕後再甦」。這實在是很「辯證」的。我的意思是，當我們說辯證法，並不必須指涉黑格爾式的辯證法。我們可以對辯證法作較寬泛的理解。一種思想方法，透過否定的方式，使人臻於較高或較深的真理層面，並不必是一個綜合（只是綜合）的歷程，也不必要以證立一個前提為目標，如上面彭迪耶所提出者，這便是辯證法。如果我們這樣理解辯證法，則我們不單可說中觀學方法有辯證的成素，而且亦有超越辯證法之處。就上面所舉的偈頌所顯示的四句的情況來說，第一句「一切都是真實」可理解為從常識層面肯定世間法的真實性，這相當於辯證法的正命題（thesis）。第二句「一切都不是真實」可理解為從真理或空的立場來否定世間法的真實性或自性，這相當於辯證法的反命題（antithesis）。第三句「一切都是真實亦不真實」可理解為對常識層面與真理層面的同時肯定，不忽略任何一方，這相當於辯證法的合命題（synthesis）。但不忽略常識層面與真理層面，並不保證能防止對這兩層面的任何一方的執取，為了防止這種執取的出現，因而有第四句「一切都不是真實亦不是不真實」。這是超越常識層面與真理層面，從另一義看，它自顯一較高的超越的「真理層面」。這則是辯證法所沒有的。倘若我們對四句可以作這樣的理解的話，則我們可以說，中觀學的方法不止含有辯證成分，而且超過了辯證法。我們也可以進一步說，較高的真理層面，是要通過否定的和超越的方式來表示和達致的。不過，關於這點，並不只是中觀學特有的看法，整個佛教傳統，特別是般若思想，都持這種看法。

七

以下我們看第四個問題，這亦是本文要討論的最後一個問題。在本文第四節我們提到空在佛教來說不是無或虛無的意思，而有自性否定之意。這是我們到目前有這個程度的認定，這種看法在《般若經》中也有文獻上的根據。[50]不過，在較早時期，學者對空的涵義，並不如今日般有明確的理解。特別是它那種否定的意味，很易使人產生一種一無所有、空無或虛無主義的印象。到底空是否虛無的意思，空的義理是否一種虛無主義（nihilism）呢？

黑格爾與一些歐洲方面的哲學家以空等同於無，或虛無。一些印度方面的學者，也持相似的看法。例如，德斯笈多便說：

> 龍樹是一個空洞的現象主義者。他自信地說世界只是一些正在變化著的現象的呈現，此外便一無所有。這些現象在每一瞬間都在生起和滅去。[51]

這種看法表面看似乎不錯，在中觀學者特別是龍樹眼中，現象或事物恆時在生、滅的狀態中。不過，說龍樹是一個空洞的現象主義者（blank phenomenalist），顯然忽視了龍樹對空的真理的追求的熱誠，也透露出對空的虛無主義的看法。不過，持這種論調的人畢竟不多。另一印度學者拉

50　參看拙著《佛教的概念與方法》，頁 25-27。

51　*Dasgupta*, p. 79.

煮便持不同看法。他說：

> 空不是虛無。龍樹不是一個提倡絕對的斷滅論的人。「中觀學者」這個語詞，意指一個行於中道的人。空的所指，除了流變事物的無真實性外，還應有另外的涵義。
>
> 中觀學者從來不說真實是沒有的。他宣說他沒有自家的正面的主張，那是因為他認為真實是不可詮表的，和超越決定相的。倘若他要提出一個正面的主張，他便要提出一些決定相，這樣，他便會自相矛盾。[52]

拉煮的意思明顯得很，龍樹不是一個斷滅論者，而他的主要概念空也不是虛無，而「應有另外的涵義」。另外一個印度的中觀學者穆諦也否認空是虛無的說法，他說：

> 我們沒有理由把中觀學當作特別具有虛無色彩而列舉出來。它其實是絕對主義的一種非常一致的形式。[53]

不視中觀學為虛無主義，那自然是由於不以中觀學的空為虛無之意。

對於中觀學的空是否虛無的問題，我們的回應是，這種問題的提出，在早期是很自然的事。《中論》的空的涵義，如上面第五節所述，是對自性和種種邪見的否定，其否定的意味是很濃的。這是佛教特別是中觀學的一種獨特的義理，在其他思想中不易見到。這個義理傳到西方，西方學者在他們的思想體系中，找不到一個概念可以與之完全相應；由於它的濃厚的否定意味，因而權宜地以虛無（nothing, Nichts）來詮釋，這是可理解的。這種做法，在中國亦古已有之。當印度佛教傳來中國，當時人對它的

---

52 *Raju*, p. 256.

53 *Murti*, p. 234. note 29.

「空」的思想感到迷惑難解，便以道家的「無」來詮釋，這便是所謂「格義」。當然，格義並不常是正確的。以道家的無來解空，便是一種嚴重的錯誤。無是一形而上的實體、原理，在佛教來看來，是一種自性形態，如何能比配到無自性的空上呢？故其問題是明顯的。西方學者以虛無來解空，其誤導雖不如中國人以無來解空般嚴重，但仍是不正確的。如上面第五節所示，龍樹的空有對自性及邪見的否定的涵義，它有要否定的對象，顯示一種真理的狀態。不過，這種狀態有絕對的性格（absolute character），不能以相對性的言說來詮表，故我們不能以正面的命題來說它；倘若這樣做，則它的絕對的性格勢必受到限制，而失其原來的面目。不過，空不等同於虛無，不是甚麼也沒有的意思，也是很明顯的。

進一步說，佛教特別是龍樹的空觀，除了是以否定的方式表示真理的狀態這一主要涵義外，也有積極的一面。即是，它表示邪見的否定，這不單是一種狀態，同時可有實踐的意義（practical implication），甚至有實用的意義（pragmatic implication）。上面說的「揚棄所有的謬見」，或「離諸見」，便涵有積極的實用的意義。離諸見（邪見、謬見）最後是可導致覺悟得解脫的。另外，空是緣起的現象世界得以成立的義理基礎；若沒有這個義理，緣起的現象世界便不能成立。這個意思，《中論》表示得很清楚：

> sarvaṃ ca yujyate tasya śūnyatā yasya yujyate,
> sarvaṃ na yujyate tasya śūnyaṃ yasya na yujyate.[54]

其意思是：

> 若與空相應，則一切是可能的；若不與空相應，則一切都不可能。

54　*Poussin*, p.500.

鳩摩羅什的翻譯是：

以有空義故，一切法得成；若無空義者，一切則不成。[55]

梵文偈的意思是，一切法需與空相應，即以空為義理上的依據，才能成就其緣起的性格。因空是無自性之意，諸法惟其是無自性，故才能說緣起；有自性便不能說緣起了，即是，倘若不空，不與空相應，緣起的性格便不可能了。故空是緣起世界得以成立的義理基礎，就這點來說，它具有積極義，是很明顯的。

日本學者對空有較恰當的理解。他們多數不視空為純然是虛無的、消極的。特別是京都學派（Kyoto School）的學者，如西谷啟治、阿部正雄，更強烈反對把空詮釋為虛無或虛無主義。他們一方面視空有它的否定的、虛無的涵義，但另一方面卻視之具有充實飽滿的內涵，視之為妙有（wondrous being），能顯現絕對主體性（absolute subjectivity）。[56]關於這點，這裡不多所發揮了。

---

55 《大正藏》30・33a。

56 參看西谷啟治：《宗教とは何か》，宗教論集 I，東京創文社，1973。Masao Abe, *Zen and Western Thought*. Hong Kong: The Macmillan Press Ltd., 1985.

第十二章　般若經的空義及其表現邏輯

本文的目的，是要探究般若系統的經典的空義及表現這空義的邏輯形式。也要解答一些重要的問題。《般若經》是大乘佛典的先鋒；空是佛教教義最重要的觀念。《般若經》的空義，對構成佛教哲學的整個方向來說，起著極其重大的作用；它的表現形式，對佛教的思路，也有決定性的影響。

一、資料問題與研究限度

《般若經》有多種本子。最龐大的，有十二萬五千頌；最細小的，則為十四頌。我們這裡主要根據三個本子，即《般若波羅蜜多心經》（*Prajñāpāramitā-hṛdaya-sūtra*，以下省稱《心經》）、《金剛般若波羅蜜經》（*Vajracchedikā-prajñāpāramitā-sūtra*，以下省稱《金剛經》）及《摩訶般若波羅蜜經》（*Aṣṭasāhasrikā-prajñāpāramitā*，或《小品般若經》、《八千頌般若》，以下省稱《八千頌》）。這主要是由於時間方面的考慮。對於其他《般若經》的考察，特別是大部的，如《摩訶般若波羅蜜經》（*Pañcaviṃśatisāhasrikā-prajñāpāramitā*，或《大品般若經》、《二萬五千頌般若》）及《大般若波羅蜜多經》（*Mahāprajñāpāramitā-sūtra*，或《大般若經》），則要待另外的機會了。

不過，這三部《般若經》也各有其特色。《心經》是最精純的《般若經》。所謂精純，其意即是，它以最濃縮的文字，表達極其深微的義理，哲學性最高。《金剛經》則多詭辭，其無住思想，對禪宗有重要的影響。

《八千頌》則是最早成立的《般若經》。[1]其內容豐富；有不少重要說法，可與其他佛教思想相連。例如，它有清淨心觀念，這可連到如來藏思想方面；它提出我淨故色淨，這則近於唯識思想；它的無住觀則通於禪；它的菩薩不捨眾生的說法，與《維摩經》是同一論調；它又提出法身說，以法身為如來的精神主體，這對爾後大乘佛教的三身的說法，播下了種子。[2]

這三部《般若經》都有漢譯，而且都不止一個譯本。《心經》除玄奘譯外，另有鳩摩羅什、法月般若、利言、智慧輪、法成、施護等譯本。[3]《金剛經》除鳩摩羅什譯外，另有菩提流支、真諦、笈多、玄奘、義淨等譯本。[4]《八千頌》除鳩摩羅什譯外，另有支婁迦讖、支謙、竺法護、玄

---

1 有關《般若經》的成立與發展，可參閱 E. Conze, *The Prajñāpāramitā Literature*, sec. ed., Tokyo: The Reiyukai, 1978.

2 關於清淨心觀念，《八千頌》謂：「心相本淨。」（《大正新修大藏經》〔以下省稱《大正藏》〕8・537b）又謂：「眾生從本已來常清淨。」（《大正藏》8・541b）關於我淨故色淨說，《八千頌》謂：「我淨故色淨，……我淨故受想行識淨。」（《大正藏》8・551c）關於無住觀，《八千頌》謂：「菩薩住無所住。」（《大正藏》8・537c）又謂：「如來無所住。無住心名為如來。如來不住有為性，亦不住無為性。」（《大正藏》8・540b）又謂：「是心不住，住於寂滅，無所依止。」（《大正藏》8・558a）關於不捨眾生的說法，《八千頌》謂：「菩薩行般若波羅蜜，應如是思維諸法實相，而不取證。……是菩薩不捨一切眾生故。」（《大正藏》8・569a）又謂：「菩薩成就二法，惡魔不能壞。何等二？一者觀一切法空；二者不捨一切眾生。」（《大正藏》8・576b）關於法身說，《八千頌》謂：「諸佛如來不應以色身見，諸佛如來皆是法身故。」（《大正藏》8・584b）

3 這即是：玄奘譯《般若波羅蜜多心經》一卷、鳩摩羅什譯《摩訶般若波羅蜜大明呪經》一卷、法月譯《普遍智藏般若波羅蜜多心經》一卷、般若、利言等譯《般若波羅蜜多心經》一卷、智慧輪譯《般若波羅蜜多心經》一卷、法成譯《般若波羅蜜多心經》一卷、施護譯《佛說聖佛母般若波羅蜜多經》一卷。

4 這即是：鳩摩羅什譯《金剛般若波羅蜜經》一卷、菩提流支譯《金剛般若波羅蜜經》一卷、真諦譯《金剛般若波羅蜜經》一卷、笈多譯《金剛能斷般若波羅蜜經》一卷、玄奘譯《大般若波羅蜜多經第九能斷金剛分》一卷、義淨譯《能斷金剛般若波羅蜜多經》一卷。

奘、施護等譯本。[5]我們這裡所依據的，《心經》是玄奘譯本，《金剛經》與《八千頌》是鳩摩羅什譯本。遇到關鍵性的問題，才拿梵文原本和其他譯本來對照研究。

關於研究限度，是就本文而言。現代學者研究《般若經》與般若思想，以日本方面人數最多。但就研究的規模之盛大來說，則應推西方的抗塞（E. Conze）。他們的研究，多偏重於文獻學方面。抗塞本人便校過不少《般若經》的梵本，作了很多翻譯，也編過般若文學的辭典。在文獻學方面，他的成就無疑是空前的。但就詮釋般若義理一面來說，現代學者所做的工作還是不足夠的。此中的原因，除了文獻學的學風使然外，另外一點可能是，《般若經》常強調諸法實相的不可得不可說，其文字也常充塞著一些表面上違背一般邏輯思考的詭辭，《金剛經》便是一個顯著例子。因此，學者多以神秘主義視之，而不多作探討。例如，梶山雄一以《般若經》是神秘主義哲學者的舞臺，強調瞑想，不信任言說。[6]鈴木大拙認為般若思想不基於邏輯，而基於直覺。他認為般若波羅蜜多是一個直覺的體系，要完全理解它，需要由邏輯躍至「彼岸」。他又強調般若波羅蜜多與否定的、非理性的表現形式密切關連。[7]抗塞則說《心經》違背矛盾律的邏輯原理；[8]又說《金剛經》直接訴諸一種精神的直覺，拋離邏輯的規律。[9]這些學者的說法，表面來說，都是對的；但他們似乎說得太快。我們認為，關於諸法實相，或空，並非完全不可說；而般若思想也並非如他們所想像般違離邏輯。即是說，了解諸法實相，最後自然是直覺的事，這

5　這即是：鳩摩羅什譯《小品般若波羅蜜經》十卷二十九品、支婁迦讖譯《道行般若經》十卷三十品、支謙譯《大明度無極經》六卷三十品、竺法護譯《摩訶般若波羅蜜鈔經》五卷十三品、玄奘譯《大般若經》第四會十八卷二十九品及第五會十卷二十四品、施護譯《佛母出生三法藏般若波羅密多經》二十五卷三十二品。

6　梶山雄一著，吳汝鈞譯：《龍樹與中後期中觀學》，臺北：文津出版社，2000年，頁17-20。

7　D. T. Suzuki, *On Indian Mahayana Buddhism*, New York: Harper and Row, 1968, pp. 55-65.

8　E. Conze, *Buddhist Wisdom Books*, London: George Allen and Unwin Ltd., 1958, p. 84.

9　E. Conze, *The Prajñāpāramitā Literature*, p. 11.

是不可說的；但其何以為不可說，便是可說。即是，其不可說的理由，還是可說的。另外，般若的思考，亦有是順從邏輯規律的，可以透過理性來理解。

本文要處理的，是這另外一點，即以理性的理路來詮釋般若的概念與思路，把可說的說出來，顯示其邏輯思考。附帶一說，本文所謂邏輯，有兩個意思：其一是思想形式，其一是形式邏輯。抗塞等人所謂邏輯，是指後者而言。

二、空的表面的矛盾性

我們要先研究《般若經》的空義。讓我們先從《心經》說起。《心經》云：

> 觀自在菩薩行深般若波羅蜜多時，照見五蘊皆空，……色不異空，空不異色；色即是空，空即是色。受想行識，亦復如是。……是諸法空相，不生不滅，不垢不淨，不增不減。是故空中無色，無受想行識，無眼耳鼻舌身意，無色聲香味觸法，無眼界，乃至無意識界，無無明，亦無無明盡，乃至無老死，亦無老死盡，無苦集滅道，無智亦無得。[10]

這些文字，當然都是說空。整部《心經》，可以說在闡發空義。就表面看這些文字，可發現有四點矛盾：

1. 色是現象，空是真實；色是經驗，空是先驗。二者各有其不同性

---

[10] 《大正藏》8．848c。關於色等五蘊皆空一點，《八千頌》謂：「菩薩行般若波羅蜜，應觀色空，應觀受想行識空。」（《大正藏》8．568c）關於空與色等五蘊的相即關係，《八千頌》亦有相似的表示，其文謂：「幻不異色，色不異幻；幻即是色，色即是幻。幻不異受想行識，識不異幻；幻即是識，識即是幻。」（《大正藏》8．538b）此中鳩摩羅什譯空為幻。

質，如何能「不異」與「即」？

2. 既然說「空不異色」、「空即是色」，何以又說「空中無色」？
3. 空是最高真實，是絕對的原理；相則是特徵、標記或相狀，是相對的性質。兩者何以能合在一起，而成「空相」？倘若能說相，則生、滅、垢、淨、增、減等都是相，何以又說「不生不滅，不垢不淨，不增不減」呢？
4. 說空中無色，乃至無無明，似無問題。因這些東西通常都是染污邊，自應被否定掉。但何以說「（空中）無無明盡」？無明盡滅，即表示解脫，何以復又被否定？老死盡亦然，何以又被否定？

第三點與第一點是相同性質。這個矛盾，就形而上學而言，表示真實與現象的混淆；就知識論而言，表示先驗與經驗混淆。第二點則與第一點矛盾，這是矛盾更有矛盾。第四點則顯示《心經》是虛無主義路向，連作為最高價值的解脫也要否定。

三、空是自性的否定

筆者認為，這空的表面的矛盾性，並不難消解。拆穿了，不外是對空義的多重理解與對「色即是空」等命題的詮釋面相問題。讓我們先研究《般若經》的空義。

我們還是就《心經》的「五蘊皆空」一命題說。此中的空究是何義？《心經》言簡意精，未有對這命題作進一步解釋。不過，這命題的梵文原句，充分解答了我們的問題。原來這命題中的「空」，在梵文原本中為自性空之意，但玄奘未有譯「自性」一詞。即是，在梵文《心經》的長、短本[11]中，相應於「五蘊皆空」中的「空」的，都作 svabhāva-śūnya，這恰

11　《心經》的梵文原本，有長本與短本兩個本子流傳下來。長本為二十五頌，短本為十四頌。玄奘譯本是據短本譯出。又這長短本的原文，載於抗塞下書中：E. Conze, *Thirty Years of Buddhist Studies*, Oxford: Bruno Cassirer, 1967, pp. 148-167. 本文所參考的《心經》梵本原文，皆出於此。

好是自性空之意。故「五蘊皆空」當是「五蘊皆自性空」。[12]

由此可見《心經》說空，是就自性而言：空即是無自性，或自性的否定。所謂自性（svabhāva），自是指那不變的、常住的實體。

這個意思，《八千頌》中也有反映。其文謂：

> 一切法性空。一切法無我無眾生。一切法如幻、如夢、如響、如影、如炎。[13]

此中，性空自然是自性空。所謂「無我無眾生」，及「如幻、如夢、如響、如影、如炎」，顯然是性空的解釋。[14]

又，相應於空這一義理，在《八千頌》中，有一極為重要的論點，這即是「無決定法」。《八千頌》謂：

> 是般若波羅蜜甚深。此中無修法，無所修，無修者。何以故？……是深般若波羅蜜中無決定法。[15]

所謂「決定法」，是由自性的決定而來的法。決定即是自性的決定。自性決定了，法本身才能定得住，而成為構造論的現象。但這是與空或性空一義理相抵觸的。性空排斥自性，故不能成立決定法。這是般若智的所照。由於無決定法，故亦無修法、所修與修者的分別。這三者相當於活動自

---

12 附帶一說：在上面提到的幾種《心經》譯本中，法月譯本、智慧輪譯本、法成譯本與施護譯本中有「自性」一詞（法成譯本作「體性」）；其他譯本則無此詞。參看《大正藏》8．847c-852c。

13 《大正藏》8．580c。

14 另外，《八千頌》也說到五蘊無自性；由於無自性是空，故這可視為五蘊皆空的另一說法。其文謂：「色無形無處，自性無故；受想行識無形無處，自性無故。」（《大正藏》8．579c）又謂：「色離色性，受想行識離識性，般若波羅蜜離般若波羅蜜性。是法皆離自性。」（《大正藏》8．538a）

15 《大正藏》8．562a。

身、活動對象與活動主體。這三者的成立，基於決定法。這三者自身便是決定法。《八千頌》的總的意思是，在般若智所照見的空的世界中，自性不能成立，故亦無決定法，因而不能有主體、客體等的區別。

般若思想的這種空義，正為龍樹所繼承。他的「無性為空」的說法，很能表示這點。[16]

四、雙邊否定

對於這樣的空義，《般若經》有幾種表現形式。這可以說是般若邏輯。較常見的一種，是所謂雙邊否定。這種思考是對於表示相對的兩邊的概念，都予以同時否定。此中的關鍵在於，這些表示相對的兩邊的概念，如有無、斷常、大小、合散等等，都無定常性，都無自性，都不能作決定概念或決定法看。同時否定，如「非有非無」，表示所要顯示的理境，超越乎所否定的概念（有無）所聯同指涉的範域，這範域即是構造論的現象世界。在般若思想家看來，現象世界本來是相對的，此中並無自性可得。一切有、無等概念也都是相對的概念。但常識的知見，卻往往以自性的立場來看這些概念，將之視為決定概念，或決定法，而以之來建構現象世界，而成就構告論的現象世界，執取之為實有。般若思想家以為，這種構造論的現象世界，就其真相而言，都無自性，都是空。「非有非無」型的雙邊否定，便是要顯示這一空的理境。

這種雙邊否定或「雙非」的思考，散見於《八千頌》中。以下是一些顯著的例子：

16　關於龍樹論空，請參閱拙文〈龍樹之論空假中〉（《華岡佛學學報》第 7 期）及〈龍樹與華嚴哲學〉（《內明》第 151 期）。二文也收入於本書中。又關於空義一般，抗塞曾就文字學、精神性、技術性（etymological, spiritual, technical）三方面來說明。第三方面的技術性，是特別就佛教的空義而言。他也提到中觀學強調空即是無自性一點。（E. Conze, *Buddhist Wisdom Books*, pp. 80-81.）

菩薩為斷我見、眾生見、壽者見、人見、有見、無見、斷見、常見等而為說法，是名摩訶薩義。[17]

般若波羅蜜於色不作大不作小，不作合不作散；於受想行識不作大不作小，不作合不作散。[18]

若菩薩摩訶薩行般若波羅蜜，不見色增，是為行般若波羅蜜；不見受想行識增，是為行般若波羅蜜。不見色減，是為行般若波羅蜜；不見受想行識減，是為行般若波羅蜜。乃至不見法，不見非法，是為行般若波羅蜜。[19]

若色不縛不解，不生不滅，是名色不著。若受想行識不縛不解，不生不滅，是名識不著。……一切法不縛不解，故不著。[20]

離相法無垢無淨，空相法無垢無淨。[21]

色中善不善不可得；受想行識中善不善不可得。[22]

五、空空邏輯與無住

在般若思想中，雙邊否定是否定整個現象界或經驗界，以之皆無自性。較此更為深微的，是連實在界或先驗界也予以否定，以之為無自性。

---

17 《大正藏》8．538c。

18 《大正藏》8．550b。

19 《大正藏》8．554c。

20 《大正藏》8．561b。

21 《大正藏》8．571c。

22 《大正藏》8．580a。

我在〈龍樹之論空假中〉一文中謂，龍樹以一切因緣生法是空無自性，但又防人執著於空，以為有一個空自體、空自性，因而說空亦是假名，亦是空。這種思考，其實在般若思想中早已有了，這便是所謂「空空邏輯」。這是顯示無自性空的進一步說法。[23]

這種思考廣泛地表現於《八千頌》中。該書並不直接用「空空」字眼，而說非心心有無不可得、涅槃如幻如夢等；無論如何，其否定先驗主體或先驗原理的意思，甚為清楚。以下且舉一些例子看：

> 菩薩行般若波羅蜜時，應如是學，不念是菩薩心。所以者何？是心非心，心相本淨故。……有此非心心不？……非心心可得若有若無不？……不也。[24]

> 是（法）性亦不生，「不生」亦不生。[25]

> 無生法不可得。[26]

> 如來不住有為性，亦不住無為性。[27]

> 設復有法過於涅槃，我亦說如幻如夢。[28]

23　空空，梵文作 śūnyatā-śūnyatā. Cf. E. Conze, *Materials for a Dictionary of Prajñāpāramitā Literature*, Tokyo: Suzuki Research Foundation, 1973, p. 383.

24　《大正藏》8．537b。非心心即不是經驗主體的先驗主體。不可得為有無，即此先驗主體亦不能以自性說，不能執為是有或是無。

25　《大正藏》8．539b。

26　《大正藏》8．539c。

27　《大正藏》8．540b。

28　《大正藏》8．540c。

菩薩行空解脫門，而不證無相，亦不墮有相。[29]

《金剛經》謂：「無法相，亦無非法相。……不應取法，不應取非法。」（《大正藏》8・749b）其否定非法相，或非法，都是空空的格局。

空是對經驗世界自性的否定；空空是對先驗的空的世界自性的否定。對於這空空，也不能執取其自性。故在理論上來說，空空之後還要空。如是下去，可至於無窮。這表示主體性要在不斷否定的思想歷程中，使自身遠離對自性的執著。這便是所謂「無住」。無住即不住著於任何法，不執取其自性，不管這些法是經驗的抑是先驗的。《八千頌》便曾透露這種無住邏輯：

當知是菩薩畢竟住不退轉地，住無所住。[30]

如來無所住。無住心名為如來。[31]

是心不住。住於寂滅，無所依止。[32]

《金剛經》更以顯示無住觀而出名。其文謂：

菩薩於法應無所住。[33]

諸菩薩摩訶薩應如是生清淨心：不應住色生心，不應住聲香味觸法

---

29 《大正藏》8・569a。

30 《大正藏》8・537c。「住無所住」的前一「住」，只是虛說。

31 《大正藏》8・540b。

32 《大正藏》8・558a。「住於寂滅」的「住」，亦是虛說。

33 《大正藏》8・749a。

生心，應無所住而生其心。[34]

菩薩應離一切相，發阿耨多羅三藐三菩提心。不應住色生心，不應住聲香味觸法生心，應生無所住心。[35]

六、即非的詭辭

另外一種顯示無自性空一義理的，是《金剛經》所獨擅表現的即非的詭辭。這種思考的運用，有一定的規律：要成就某一法，必須先否定它，而後成就。其公式是：p 即非 p，然後是 p。這「即非」的步驟是必須經過的。以下是《金剛經》的例子：

如來所說身相，即非身相。……凡所有相，皆是虛妄。若見諸相非相，則見如來。[36]

所謂佛法者，即非佛法。[37]

莊嚴佛土者，則非莊嚴，是名莊嚴。[38]

34　《大正藏》8・749c。抗塞以這無所住而生的心是完全自由的，不依於對象或動機。（E. Conze, *Buddhist Wisdom Books*, p. 48.）這樣說自是正確，但若不點出不住於自性，或無自性，終不夠徹底。

35　《大正藏》8・750b。

36　《大正藏》8・749a。

37　《大正藏》8・749b。此處之意當是，所謂佛法，即非佛法，才是佛法。這個即非過程，經三步完成：第一步所謂佛法是泛說，第二步即非佛法是否定，第三步才是佛法是肯定。在經文中，第三步有時會略去。

38　《大正藏》8・749c。

佛說般若波羅蜜，則非般若波羅蜜。[39]

諸微塵，如來說非微塵，是名微塵。如來說世界非世界，是名世界。……如來說三十二相，即是非相，是名三十二相。[40]

《金剛經》中這種即非的例子很多，這裡不能窮盡地枚舉出來。我們要集中討論這種即非邏輯的本質。表面看，即非顯然是矛盾的，違背形式邏輯規律。抗塞便曾表示，該經邏輯地宣說每一重要的佛教概念都等於它的矛盾的反面。[41]這是不錯的。但若只就這點來看般若思想，則未免把它估計得太低了。我們以為，即非的思考，表面是詭辭，內裡卻含有一種智慧，一種空之智慧。這其中亦涉及語言或概念的層次問題。即是，第一步 p 是一般的提舉；第二步非 p 是對自性的否定，即對以自性的立場來看 p 而得的 p 的否定；第三步顯示在無自性空的真理下的 p。若這樣看，則前後三步中的 p，其涵義都不同，三者都處於不同的語言或概念層次。這樣，即非便可不表示邏輯上的矛盾。辯證的意味卻是有的：必須否定自性的 p，才能臻於空的 p。這實表示認識層面的升進歷程。若以實法（如微塵）代 p，則可說，就微塵來說，必須否定微塵的自性，才能見微塵的真相，或空的微塵。這便是「諸微塵，如來說非微塵，是名微塵」的涵義。

若以邏輯來說，即非形式不外是一概念（空）透過他概念（自性）的否定而顯而已，此中並無矛盾，不必如抗塞所謂「拋離邏輯的規律」。

如上述的了解不錯，則由於即非是《金剛經》的主要思辯形式，雖全書未及空[42]，我們仍可以說，它的主要內容是在說空。

---

39 《大正藏》8．750a。

40 Idem.

41 E. Conze, *The Prajñāpāramitā Literature*, p. 11.

42 關於《金剛經》未提及空一點，抗塞亦有說及。Cf. Eonze, Idem. 又《金剛經》雖未提及空，但其「空」的情調，卻甚顯明。這可由以下一總結的偈頌中見到：

「一切有為法，如夢幻泡影，如露亦如電，應作如是觀。」（《大正藏》8．752b）

七、對世界的態度

至此我們可以對以上所論，作一簡單的交代。我們說，《般若經》的空義，是以無自性來規定。這空或無自性，又透過三種思考形式來表示，這即是雙邊否定、空空與即非。實這雙邊否定與空空，合起來正是龍樹的中道之涵義。[43]

由空自然會想到有，即這個現實的世界。在這裡我們的相關問題是：《般若經》對世界取何種態度？

我在開頭時說，《般若經》是大乘佛教的先鋒。在對世界的態度的問題方面，它不同於小乘，不全偏向捨離，而相當重視世間法。這種態度，主要顯示於《八千頌》中。該書在這方面顯示一非常清楚確定的態度：

> 不壞假名而說實義。[44]

所謂「假名」，指一般的世間法，或現實世界。其詳參閱拙文〈龍樹之論空假中〉。實義即是實相之義，亦即是空義。這命題的意思是：不破壞或拋棄世界來顯示空。目的自然是說空，但並不背離世間。這雖不必表示入世，亦不必有後期大乘的不空的積極意味，但起碼表示空與世界可以並存，不必相排斥。這種不捨世間的態度，在《八千頌》的他處復有表示：

> 不離色故，觀色無常。不離受想行識故，觀識無常。[45]

> 隨如來生，如如來如，不離諸法。如是如，不異諸法。[46]

43　參看拙文〈龍樹之論空假中〉。

44　《大正藏》8・541a。

45　《大正藏》8・546c。

46　《大正藏》8・562c。

> 譬如工匠，於機關木人，若男若女，隨所為事，皆能成辦，而無分別。……般若波羅蜜亦如是。[47]

> 菩薩成就二法，惡魔不能壞。何等二？一者觀一切法空；二者不捨一切眾生。[48]

我們在上面說，《八千頌》有清淨心觀念，可連到如來藏思想方面。這與這裡的不捨世間的態度，不無關連。清淨心如只是先驗的，而不能包容經驗內容，決開不出如來藏思想。

以下我要本著以上的基本理解，來解答《心經》的問題，化解其空的表面的矛盾性。以下先看第一個表面矛盾。

八、關於「色即是空，空即是色」

《心經》說色空相即，又說受想行識與空相即，因而說五蘊皆空；這即是五蘊與空相即。五蘊泛指現象世界，或現象。故《心經》說色空相即，實涵現象與空相即之意。又現象是因緣生法，故現象與空相即，實是因緣生法與空相即之意。

色空相即似是矛盾，是就內容來看之故。因就內容言，色與空各有其涵義，其不能等同是顯然的。

色與空到底在哪一方面相即而不矛盾呢？這則要看《心經》提出這命題的用意所在，這又自與般若思想論空的明確義有關。我認為，《心經》是要本著現象世界是無自性因而是空這一基本認識，與不離現象世界的基本態度，來顯示現象與空之間的互相限制、相即不離的特殊關係。即是說，現象固然是空；從本質來說，現象亦只是空；離開空，現象並無另外

---

47 《大正藏》8・576a。

48 《大正藏》8・576b。

的本質。在另一面，空也只是現象的空，並無另外的法的空。即是說，現象與空是在邏輯意義的外延上等同，兩者具有相同的邊際。這「即」實顯示現象與空在外延上的等同關係。這種關係若以邏輯代數式來表示，是 a＝b；a、b 相當於現象與空。[49]

對於色與空的關係，在西藏《大藏經》中也有提到。無垢友（Vimalamitra）解釋「空不異色，色不異空」，謂色與空都沒有外在的質體（bāhyārtha）；即是說，空不外在於色，色不外在於空。[50]更清楚地說，即是，在色之外無空，在空之外無色。這顯然指色與空有相同的領域、邊際。這即是外延。

現代學者研究這種關係，也有透露這同一邊際之意，不過未明確點出外延一概念。如抗塞解「色不異空，空不異色」時說，色空就其範域與內涵來說，都沒有差異。[51]說範域沒有差異是對的；但說內涵沒有差異，則有問題。色與空各有其性質（attribute），不能說沒有差異。印度學者穆諦（T. R. V. Murti）亦有同一範域的東西的說法，不過不是就空與色言，而是就涅槃與生死言；這自亦適用於空與色的關係，因涅槃可相應於空，生死可相應於色。他認為，涅槃與生死並沒有任何區別；本體與現象並不是兩組分開的質體。[52]這「不是兩組分開的質體」的說法，非常具體；但這預認一條件：兩者必須具有同一的外延。

49　關於現象或因緣生法與空在外延方面的等同關係，參看拙文〈從邏輯與辯證法看龍樹的論證〉（《能仁學報》第 1 期）第二節。此文亦收入於本書中。

50　Cf. A. Wayman, “Secret of the Heart Sutra”, in L. Lancaster, ed., *Prajñāpāramitā and Related Systems*, Berkeley: Buddhist Studies Series, 1977, p. 143. 此中無垢友是解「空不異色，色不異空」，亦可說是解色空相即。

51　E. Conze, *Buddhist Wisdom Books*, pp. 83-84.

52　T. R. V. Murti, T*he Central Philosophy of Buddhism*, London: George Allen & Unwin 1955, p. 274.

九、關於「空相」問題

以下我要跳論《心經》的第三個表面矛盾。玄奘譯「諸法空相」句，就字面言，可有三種解釋：

1.「空相」作「無相」解。諸法空相即是諸法無相。這樣解，其意即是，諸法就其本質言，是空無自性，因而不具有由自性分別而來的種種相狀。這是可通的。

2.「空相」作「空性」解。這樣，即是以相為性。這不是在意義上混現象為本體，而是在文字上以相作性。諸法空相即是諸法空性，因而有以下「不生不滅，不垢不淨，不增不減」的三句。這亦是可通的。[53]

3.「空相」之「相」，非實指字，而是虛字；即是，相不指現象，而是狀態之意。諸法空相即是諸法之為空無自性這一狀態之意。這亦是可通的。

這三種解釋，都不必生矛盾。事實上，在《般若經》中，「空相」一詞的出現，並不限於《心經》；在《八千頌》中便屢屢出現。[54]但漢譯有這幾種可能解釋，當以何種為準，一時不易確定。這裡，讓我們查究一下梵文原典。此原典載於上面註 23 所提及的 Conze 的書中。

按梵文《心經》中，相當於「是諸法空相，不生不滅，不垢不淨，不增不減」長句為：

sarva-dharmāḥ śūnyatālakṣaṇā anutpannā aniruddhā amalā avimalā

53 印順講《心經》，即取此種解釋，以「空相」為「空性」。（印順講：《般若經講記》，《妙雲集》上編之一，頁 191）

54 如：「諸法以空為相，以無相、無作、無起、無生、無滅、無依為相。」（《大正藏》8・558b-c）「甚深相者，即是空義。」（《大正藏》8・566a）「一切法空相不可得說。」（《大正藏》8・566c）「一切法離相，一切法空相。」（《大正藏》8・571c）「離相法無垢無淨，空相法無垢無淨。」（Iedm.）

anūnā aparipūrṇāḥ.

此中，sarva-dharmāḥ 相當於諸法，是整句的主詞，其他皆是賓詞，處平行位置，都是描述此 sarva-dharmāḥ 的。再進一步來看，這些賓詞都是所屬複合詞（bahuvrīhi）；sarva-dharmāḥ 則是其前述詞。把相當於「諸法空相」者抽出來，則得短句：

sarva-dharmāḥ śūnyatālakṣaṇāḥ.

後一字的最後一字母 ḥ 本來是有的，在長句中因連聲（saṃdhi）規則被刪去。這裡我們補回它。在短句中，śūnyatālakṣaṇāḥ 這一所屬複合詞是關鍵字眼，其意思是空之相，或空這一相。梵文 "lakṣaṇa" 一詞，含義甚廣，可正面地指光、色等性質，也可負面地指無光、無色等狀態。漢譯皆作「相」。故就梵文文獻學言，「諸法空相」當解為諸法都具有空這一相，或狀態，或表徵。

就梵文語法來看，śūnyatālakṣaṇāḥ 應被視為所屬複合詞來解，這是最自然的。故幾個漢譯上面的短句，都作「諸法空相」。但亦有作諸法空而無相意的。這則是以另一方式來解 śūnyatālakṣaṇāḥ 所致。即是，不視此詞為複合詞，而將之拆分為 śūnyatā-alakṣaṇāḥ，這樣，śūnyatā 與 alakṣaṇāḥ 成為 sarva-dharmāḥ 的兩個平行的賓詞，其意是，諸法一方面是空，一方面是無相。在這裡，alakṣaṇāḥ 自身仍是一所屬複合詞。這樣理解自亦可通，但不如把 śūnyatālakṣaṇāḥ 視為所屬複合詞來理解來得自然。[55]

---

[55] 在漢譯中，鳩摩羅什、玄奘、法月、般若、利言、施護等譯都取諸法空相意；法成譯則取諸法空而無相；智慧輪譯則作「諸法性相空」，其意似近於諸法空而無相。（參閱《大正藏》8・847c-852c）現代學者如抗塞與韋曼（A. Wayman），則譯作「諸法空相」。（Cf., E. Conze, *Buddhist Wisdom Books*, p. 85; A. Wayman, "Secret of the Heart Sutra", in L. Lancaster, ed., *Prajñāpāramitā and Related Systems*, p. 143.）這些學者解「空相」，近於上面所列的第三種解釋，即空的狀態或表徵、性格。

若取諸法空相，其意是諸法之為空這一狀態，或表徵。若取諸法空而無相，則其意是諸法為無自性，為空，不具有由自性分別而來的相狀。兩種解釋都不必有矛盾。

「空相」在表面上之所以似有矛盾，那是由於把空與相分開，以空歸於絕對，以相歸於相對之故。若訴諸梵文原本，作「空而無相」，固無矛盾；即仍作「空相」，但如以重點置於空，解為無自性，而以相為虛說，作徵狀解，而附於空上，則仍無矛盾。

空為無自性，而生、滅等都是自性分別所起；因此自然可以空的立場，說不生、不滅等了。

十、關於「空中無色」與「無無明盡」

「空中無色」，其意當是，在無自性空這一究極義理下，不見有任何依自性分別而來的種種相，不管是色，抑是受想行識。這是依以無自性來解空而來的必然的結果；這「空中無色」其實是一分析命題。即是，無自性空必然包涵依自性分別而來的色相的否定。這命題與「空即是色」並不矛盾。筆者認為，這兩命題無寧具互補的關係。「空即是色」指空即是色之空，不能離色求空，不能遠離世界以求空。但空色究竟不能相混；就本質言，空是無自性，色是自性分別而成，空必排斥色。「空即是色」是就外延言，「空中無色」則就自性言，亦即就內容言。兩者立論的基點不同，故不必引生矛盾。

關於「無無明盡」，以至「無老死盡」，這顯然與空空是同一格局。即是，無明盡固是理想，但亦不能執實，以為有無明盡的自性可得。故無明盡亦要否定，而為無無明盡。這種思路，不能說是虛無主義。它的背後架構，實是上面說的無住邏輯。

總觀《心經》的這幾項表面的空的矛盾，其實都不必成為真正的矛盾，都可通過理性的路數，扣緊空即是自性的否定這一基本認識來詮釋。現代學者理解般若思想，似乎過分強調其與邏輯規律或形式邏輯相違之處；這方面通不過，便將之歸到辯證法與直覺方面去。如抗塞解《心經》，便強調它的空之辯證，並認為這種辯證有三步。第一步是色空不異相即；第二步是諸法空相，否定生、滅、垢、淨、增、減諸相；第三步是空中無色，乃至無智、無得、無「無得」。[56]我以為，這三步所牽涉的論點，基本上都可通過無自性空一義理來作理性的詮釋。說這是三步辯證，不必中肯，徒增加問題的複雜性。特別是當他試圖解決空即是色與空中無色的矛盾，而提出「絕對的同一同於絕對的別異」時，他提出的理由是，一由絕對者與任何東西所成的關係，是一種「絕對的關係」，與一般的關係甚為不同。[57]這種說法，只會使人遠離理性，增加神秘感而已。事實上他自己也承認，這種論點難以令人信服。

56　E. Conze, *Buddhist Wisdom Books*, pp. 81-92. 按第三步中的無智、無得、亦無「無得」，鳩摩羅什與玄奘譯皆作「無智亦無得」。但查梵文《心經》，其相應句為 na jñānaṃ na prāptir na-aprāptiḥ，其意是無智、無得、無「無得」。就義理言，這都不離空空格局。

57　Ibid., p. 90.

284 佛教的邏輯、辯證法與知識論

第十三章
金剛經的思考法：四相否定與即非詭辭

一、《金剛經》與空

如所周知，《金剛經》（*Vajracchedikā-sūtra, Diamond sūtra*）是般若思想的重要文獻；它與般若系的另一文獻《心經》（*Hṛdaya-sūtra, Heart sūtra*）齊名，都是通過精簡的文字以闡釋般若大義。所謂「般若大義」，自然是空（śūnyatā），或無自性。即是說，事物都是依因待緣而生起，因而其中並沒有獨立不變的自體、自性（svabhāva），作為它們的存在基礎。這沒有自體、自性，便是空。這是事物的根本性格。全經都沒有「空」或「無自性」字眼，但卻是闡發空義的重要文獻。這是《金剛經》很獨特的一點，很多學者都提過。

般若系的文獻是以遮詮方式顯真理見稱的。《金剛經》也不例外。所謂「遮詮」即是否定（negation）之意，那是與「表詮」對說的。表詮即是肯定（affirmation）。在眾多遮詮式的表述式中，《金剛經》最擅用「無住」、「四相否定」與「即非詭辭」這幾種方式。無住是以實踐為基調的，它實是佛教的一種重要的實踐。它也包括「無相」、「不住於相」或「無所得」一類的表述式。這在《金剛經》中的表現，可具列如下：

不住於相。（《大正藏》8・749a）[1]

---

[1] 指《大正新修大藏經》或《大正藏》第 8 冊（卷）第 749 頁上欄。又本文所用的《金剛經》經文，係採自鳩摩羅什（Kumārajīva）譯本。

於法實無所得。（《大正藏》8・749c）

無有少法可得。（《大正藏》8・751c）

不應住色生心，不應住聲、香、味、觸、法生心，應無所住而生其心。（《大正藏》8・749c）

不應住色生心，不應住聲、香、味、觸、法生心，應生無所住心。（《大正藏》8・750b）

在這些表述式中，都表達同樣的訊息：諸法是因緣和合，故無獨立的自性，我們不應執取它們，也不應住著於其中。我們若執取它們，或住著於其中，心靈便會為它們所束縛，而失卻自由，不能自由無礙地運轉。事實上，這些法是沒有獨立的自性的，執著它們亦得不著甚麼。這無獨立的自性，即是空意。而不住著本身即是一種實踐，也可以說是空之實踐。無住是在這種脈絡下展示的。要注意的是，我們說無住是實踐，並不表示它沒有義理一面。其義理的一面，即是緣起無自性。在佛法中，實踐是與義理連在一起的，不能分開的。我們說無住是實踐，只表示無住是偏重於實踐一面而已，並不表示它沒有義理的一面。

相對來說，「四相否定」與「即非詭辭」雖然有實踐意，但它們比較富有思想性，涉及概念或義理上的一些曲折，需要在思想上轉一些彎，多做一些工夫，才能解得明白，故我們說它們是展示空義的表述式。我們也可以通過它們了解《金剛經》的思考方式。這些思考方式在《金剛經》中用得最多，與《金剛經》的關係至為密切。

二、四相否定

這裡所說的四相否定又稱四句偈，它包含對與諸法相關的四種面相的否定，通過這否定以顯示空的義理。這四相否定的典型表示式是「不起我相、人相、眾生相、壽者相」。在《金剛經》中，有關這四相否定的表示，可列如下：

> 若菩薩有我相、人相、眾生相、壽者相，即非菩薩。（《大正藏》8・749a）

> 若菩薩有我相、人相、眾生相、壽者相，則非菩薩。（《大正藏》8・751a）

> 是諸眾生無復我相、人相、眾生相、壽者相。（《大正藏》8・749b）

> 我昔為歌利王割截，我於爾時，無我相，無人相，無眾生相，無壽者相。何以故？我於往昔節節支解時，若有我相、人相、眾生相、壽者相，應生瞋恨。……又念過去於五百世作忍辱仙人，於爾所世，無我相，無人相，無眾生相，無壽者相。（《大正藏》8・750b）

此中的關鍵性字眼在「相」（lakṣaṇa）一概念，或「無相」一表述式。相一般來說是分別相狀，就《金剛經》言，這可分為自我主體的相狀（我相）、一般人的主體的相狀（人相）、普泛地說的眾生的相狀（眾生相）及具有生命延續性的主體的相狀（壽者相）。這即成了四相，所謂我相、人相、眾生相及壽者相。沒有我相、人相、眾生相、壽者相，即是不對這些東西的相狀起自性分別。這些東西都是因緣和合而成，其相狀是由因緣決定，並不具有決定自家相狀的自性，故我們不應以自性的立場對這些相狀起種種分別，不應以自性的立場來作分別的基礎。倘若不如此，倘若以自性的立場來作為分別的基礎，來作自性分別，便會生起所謂自性我、自性人、自性眾生、自性壽者，而執取之，這便有問題了，便會引來煩惱。

這種分別其實是不應理的，世間根本沒有作如是分別的基礎的自性，自性是空的。以為四相中有自性，而追逐之，妄圖執取之，不啻水中求月，虛中求實，不但沒有結果，反會惹來種種顛倒的見解，產生種種顛倒的行為。

此中要注意的是，本經要我們在我、人、眾生、壽者上不要起分別的對象，由我經人、眾生至壽者，顯示範圍不斷擴大。我是個別自我、個別主體；人是人類的普遍主體；眾生則由人推廣至一切有情識、有感覺的生物；壽者則更在時間上作延伸，指那些在時間下能持續其狀態因而可以說壽命的眾生。四相否定的直接的或表面的意思是不要對個別主體、人的普遍主體、有情識的主體與主體的延續性起自性分別和執著。若仔細觀察，這四項目應有少許區別。即是，個別主體與主體的延續性是屬於「我」方面的，人的普遍主體與有情識的主體則是屬於「非我」或「他」方面的。人通常有執取與拒斥的意識：一方面執取自我的東西，而癡戀不捨；另方面拒斥非我的東西，要滅去它而後快。這兩種心理傾向是相對反的。這樣一執著一拒斥，心靈便分裂了開來：這一面是執著，那一面是拒斥。心靈若呈分裂狀態，分開為相對反的兩面，這兩面便會互相矛盾，互相鬥爭，互相排斥，這會使人陷於苦痛煩惱之中。

執著是取，拒斥是捨。在心理上言，兩者都是極端，都足以使人陷落到相對的格局中，而不見絕對的真理。故正確的做法應是對種種對象不取不捨；惟其能這樣，心靈才能不為對象所繫縛，保持絕對自由自在的狀態，在世間任運地流通轉動。這正是般若思想的精神所在。般若思想便是要透顯一種不取不捨、任運流通、能在世間生起種種大用的心體。

還有一點要闡明的：不執取相或對象，並不表示可以執取非相或非對象。相固然是對象，相對於相來說，非相亦是某種意義的對象；相是依於非相而成立，非相亦是依於相而成立。兩者都是極端，故都不應執取。實際上，相是對象，沒有自性可言；非相亦無「非相」的自性可言。既無自性可言，便不應加以執取。我們要超越相與非相所構成的相對的領域，以行於中道，達於絕對之境。

關於不可執取非相，《金剛經》亦有明文說及：

> 無法相，亦無非法相。（《大正藏》8・749b）

> 不應取法，不應取非法。（《大正藏》8・749b）

以上是以「相」為主題來說《金剛經》的四相否定。在經文的他處，「相」有時作「見」：

> 若樂小法者，著我見、人見、眾生見、壽者見，則於此經不能聽受讀誦，為人解說。（《大正藏》8・750c）

在這裡，見（dṛṣṭi）是執見；在佛教來說，見通常指邪見而言，而非正見。我見即是對於自我或個別主體的見解；人見即是對於人的普遍主體的見解；眾生見即是對於具有情識的主體的見解；壽者見即是對於具有延續性的主體的見解。這些見解都是基於自性來確立的，以為有我的自性、人的自性、眾生的自性和壽者的自性。這些都是邪見，都不應執取。另外，「相」字有時略去，如：

> 以無我、無人、無眾生、無壽者，修一切善法，則得阿耨多羅三藐三菩提。（《大正藏》8・751c）

沒有了「相」字，意思還是一樣。無我即是沒有我的自性，不對我的自性起執。無人、無眾生、無壽者意思順是類推，指沒有人、眾生和壽者的自性，不對它們起執。《金剛經》的意思是，能夠這樣做，便能破除種種障蔽，顯現阿耨多羅三藐三菩提的智慧，得到無上正等正覺。所謂「阿耨多羅三藐三菩提」，是梵文 anuttara-samyak-saṃbodhi 的音譯，其意是無以上之的平等的正覺。

三、即非詭辭

這種即非詭辭的一般的表示式可示如下：

說 x，即非 x，是為 x。

這表示式由三個命題構成，每一命題都包含 x，x 可表示任何東西，但三個 x 的意思都不同。所謂「即非」即是當下否定（immediate negation）的意思。所謂詭辭便發生在這「即非」中。現在讓我們先把 x 的三個意思闡明一下。

a) 第一個 x 是就現象或常識的層面說，它是被肯定為一種存在狀態，一種有。但這是以自性的眼光來看，即是說，x 是被視為具有自性的。既然說自性，便有執著，執取 x 的自性也。籠統地說，這實相當於辯證法的正命題（thesis）。

b) 第二個 x 是就本質或超越的層面說，把 x 視為具有自性的東西。或更確切地說，把 x 視為自性自身。非 x 則指否定 x 的自性；自性被否定，空的真理便當下呈現出來。這相當於辯證法中的反命題（antithesis）。

c) 第三個 x 是就現象與本質的交互融和的觀點說，表示 x 是被肯定的一種存在狀態或有，不過，這種存在狀態是在滲透至空無自性之理後體會出來或建立起來的，它以空理為基礎，故不被執取為具有自性，只是如如地被肯定為一種「妙有」。有是存在，妙是妙空。故妙有是立根於空理的存在。由於它的存在性格被肯定，不是一無所有，故不是虛無主義；由於它立根於無自性的空義，不對任何自性或實體起執，故不是實體論。這是佛教的終極境界。在辯證法來說，這相當於合命題（synthesis）。

我們可以進一步以黑格爾的辭彙來說，在 a 階段的了解是具體的（concrete），了解事物的具體的現象性相。在 b 階段的了解是普遍的（universal），了解事物的普遍性相，這即是無自性空的性格。在 c 階段的了解則是既具體而又普遍的，即是說，對事物的具體的與普遍的性相同時把握：具體的性相以普遍的性相為基礎，普遍的性相顯示於具體的性相中。現象的性格即此即是空，空的性格即此即是現象。在這種了解下，事物都是一具體的普遍（concrete universal）。

即非詭辭的作用是否定事物的自性，以展示事物的真正的無自性的、空的性格。上面說，「即」有當下的、當體的意思，英文是 right here and now。對於 x 來說，它的自性當下被否定，即顯出它的緣起的、無自性的、空的本性，這是它的真理，是具體而普遍的真理。

我們以正、反、合來說即非詭辭的三個步驟，表示它具有辯證性格。進一步說，這端在「即非」自身所顯示的反的意思。透過這一即非或當下的否定，我們可以看到事物的本質的亦即深一層的面貌、無自性空的面貌。故即非可提高我們對事物的認識層面，由現象的、俗諦的理解以進於真理的、真諦的理解。

另外，即非詭辭之所以是詭辭（paradox），在於 x 在 b 階段與在 a、c 階段在表面上有矛盾之故。但由於 x 的所指在三個階段都不同，故這矛盾不是真正的矛盾。

四、即非詭辭的具體用例

所謂即非詭辭的用例，或上面所說的 x 的所指，是指一些具體的事例或題裁，透過它們，可顯示即非詭辭。在《金剛經》，即非詭辭有兩個典型用例，其一是心，另一是世界；兩者恰巧概括了主客觀一切東西。心是指主觀方面，世界是指客觀方面。關於心的用例如下：

> 如來說諸心，皆為非心，是名為心。（《大正藏》8・751b）

心或心識的特徵是功用或作用。心具有動感（dynamism），能活動，引發種種行為，功用或作用便在這行為中說。我們的心識念念不住地在作用，也念念不住地依生、滅、滅、生的程序在運轉，因而無常住不變的自性可得，這是心的真正性格，故經文跟著說：「過去心不可得，現在心不可得，未來心不可得。」即是說，過去心已過去，故不可於現前把得；現在心正在生滅滅生，故也不可於現前把得；未來心還未發生，故也不可於現前把得。心的自性不可把捉，因它根本是無；但心還是有它的生起的因緣，還是有它活動的相狀可追尋，作為現象，它是有其痕跡的，故心相宛然。故說「皆為非心，是名為心」。即是說，心沒有自性，這是非心。但心有現象的性格，能思考，能發動行為，做成種種影響。故還有心的作用，不能忽視。這便是「是名為心」。

關於世界的用例如下：

> 如來說世界，非世界，是名世界。（《大正藏》8・750a）

世界或外境是因緣和合而成，因緣聚合便成立，而固定下來；因緣離散便改變或消失。故沒有世界的常住不變的自性。但世界還是世界，它在時空中存在，有其延續性與展延性，有其一定的情狀與影響，不是一無所有。我們的生息，是在世界中進行的，我們的一切活動，不管是宗教的，文化的，都要在世界中表現出來。故說「非世界，是名世界」。

以上是即非詭辭的兩個典型用例。除此以外，還有很多其他的用例，如對於一般的東西、好的東西，以至殊勝的出世間法，或與解脫有直接關聯者，都加以「即非」之。

> 所言一切法者，即非一切法，是故名一切法。（《大正藏》8・751b）

> 所言善法者，如來說非善法，是名善法。（《大正藏》8・751c）

> 如來說第一波羅蜜，非第一波羅蜜，是名第一波羅蜜。（《大正藏》8・750b）

是實相者，則是非相，是故如來說名實相。（《大正藏》8．750b）[2]

這樣，對於一切法、善法、第一波羅蜜（波羅蜜指完全性）、實相，都同時否定其自性。一切法固然沒有自性可得，善法亦無自性可得。至於第一波羅密，應指完全的智慧而言，即是般若波羅蜜（prajñāpāramitā），它連同它所照見的實相（satya）或真理，都不能說自性。這如許的東西的自性否定掉，便能以無執的態度處理它們，還它們一個恰當的本分。[3]

即使是修行、宗教行為，或如來的殊勝相狀，也要否定其自性，也要即非：

莊嚴佛土者，則非莊嚴，是名莊嚴。（《大正藏》8．749c）

如來說具足色身，即非具足色身，是名具足色身。……如來說諸相具足，即非具足，是名諸相具足。（《大正藏》8．751c）

對於一些方便說法，如有我，亦要即非：

如來說有我者，則非有我，而凡夫之人以為有我。（《大正藏》8．752a）

有我的說法，是如來提出來對治那些持虛無主義的人的邪見。這些人不知

2　這裡說非相，就文意看，應是非實相。

3　一般的東西（一切法）與好的東西（善法）的沒有自性是可以了解的。但殊勝的出世清淨法如般若智慧與實相或真如實相都沒有自性，則需要解釋一下。般若智慧是一種照見實相的心能，它的源頭是佛性或清淨心，它是佛性或清淨心的作用，它不是實體（substance），故不是自性。只有實體才以自性說。實相是經般若智慧所展示出來的諸法的真實性格，是性質方面的事，不是實體，故也不是自性。這個不以殊勝的出世清淨法為有自性或不執取它們的意思，在中觀學中也有不同的表示式，如「空空」、「空亦復空」、「我說涅槃亦如幻如化」等是。

我是緣起而成，不知我在時間上的延續性格，也不知我在日常生活中所起的作用，如我能思想，能作抉擇，能活動，而直以我等同於不存在，等同於無有（nothingness）。[4]

《金剛經》的這種即非思考，實可與禪門的山水公案相比較。這段公案述說一個禪人在修道歷程中所經驗到的三個步驟：初看山與水時，見山是山，水是水。再看山水時，見山不是山，水不是水。最後看山水時，見山還是山，水還是水。[5]初看山時，見山是山，這明顯表示是一般的常識

4　以上是分門別類地整理出即非的題裁。其實，《金剛經》的即非的表示語句是很多的。以下我們要把這些語句都依原經文的次序列舉出來，俾讀者參考。這些語句所指涉的事例或題裁，都可歸入上面分類的多項題裁中。

如來所說身相，即非身相。（《大正藏》8．749a）

所謂佛法者，即非佛法。（《大正藏》8．749b）

佛說般若波羅蜜，則非般若波羅蜜。（《大正藏》8．750a）

諸微塵，如來說非微塵，是名微塵。（《大正藏》8．750a）

如來說三十二相，即是非相，是名三十二相。（《大正藏》8．750a）

如來說一切諸相，即是非相；又說一切眾生，則非眾生。（《大正藏》8．750b）

如來說人身長大，則為非大身，是名大身。（《大正藏》8．751b）

若福德有實，如來不說得福德多；以福德無故，如來說得福德多。（《大正藏》8．751c）

按福德是行善所積下的東西，它自身無自性、無實自體。多少是對緣起的福德說，不對實體義的自性說。故若以福德為有實自性，則不以多說；若以福德為無實自性，為緣起法，則可以多說。

眾生眾生者，如來說非眾生，是名眾生。（《大正藏》8．751c）

我於阿耨多羅三藐三菩提，乃至無有少法可得，是名阿耨多羅三藐三菩提。（《大正藏》8．751c）

佛說微塵眾，則非微塵眾，是名微塵眾。（《大正藏》8．752b）

如來所說三千大千世界，則非世界，是名世界。（《大正藏》8．752b）

如來說一合相，則非一合相，是名一合相。（《大正藏》8．752b）

所言法相者，如來說即非法相，是名法相。（《大正藏》8．752b）

有些表述式略去第三步驟，如「如來所說身相，即非身相」，但第三步驟的意思還是在那裡，沒有影響。

5　這是青原惟信的山水公案，見普濟《五燈會元》卷17，臺北：臺灣中華書局，1984，頁1135。

層面，把山看成是現象，在時空的形式下呈現出來的表象。這種見法是有執取成分的，執取山有其自性。同時亦是以相對的眼光來看山，把它視作一對象，擺在二元格局（duality）的一邊，而另一邊則是看者自己。這樣便成一主客對立的格局。在下一階段見山不是山，表示山不成其為山，不成其為具有自性的山。這時只見山的無自性空的本質，這本質同樣是一切存在的本質，不必限於山這一特殊東西，故山不是山。又由於此時的所見是空這一絕對的真理，這是與真理冥合為一的關係，故沒有主客、能所的二元格局。到最後階段，所見的仍然是山，這是由絕對的真理，並基於這絕對的真理下落回表象層面，重新了解山的全面性格。即是說，就山的本性言，它是緣起的，是沒有自性的，是空的，這是它的普遍面；亦是由於它是緣起的，因而具有作為現象的東西的種種性格，例如它的高度、顏色、形態之類，這是它的特殊面。普遍面與特殊面同時把得，都在山這一個體物中展示出來。此時對山的了解，雖然與第一階段的了解同樣有肯定山的意味，但卻沒有了對山的自性的顛倒見與顛倒的執著，只是如如地見山呈現在目前。這是對山的正見，這是真如。[6]

《金剛經》的即非詭辭實很類似禪門的這種三階入正理，雖然後者的表述較為成熟和真切，也較平實化。這也不奇怪，般若思想與禪本來便有很密切的關係，據說六祖便是由於聽聞五祖弘忍講說《金剛經》至「應無所住而生其心」句而大悟的。

五、四相否定與即非詭辭的結合

以上我們分別討論了四相否定與即非詭辭。在《金剛經》，四相否定與即非詭辭多是分開的。但有兩個處所，這兩者被結合起來，其主旨還是

6　真如（tathya）即是佛教所謂的真理。但這真理有不離開世間事象的意味。例如，光是說世間事物的空性，是不夠說真如的，真如是就我們觀取世間事物而得其空性而說的，更確切地說，我們以空性的立場，而觀取世間事物，知其為無自性，而不執取之。此時我們的所見，便是真如。

說空。這兩個處所是：

> 無我相、人相、眾生相、壽者相。所以何者？我相即是非相，人相、眾生相、壽者相即是非相。何以故？離一切諸相，則名諸佛。（《大正藏》8・750b）

> 世尊說我見、人見、眾生見、壽者見，即非我見、人見、眾生見、壽者見，是名我見、人見、眾生見、壽者見。（《大正藏》8・752b）

關於我、人、眾生、壽者的理解，作為現象看，有種種分別，人通常容易對它們起執著，以為有常住不變的自性。必須否定其自性，不對自性起執取。所謂「離一切諸相，則名諸佛」，其意即是，要遠離對一切相或相狀的自性執著，不執實這些相狀為自性，便能臻於覺悟，進入涅槃境界，與諸佛無異。這涅槃之境並不是空寂的，它卻是與世界諸相諸法融和的；我們畢竟不能離開諸相諸法，要肯定它們的存在性，這才是最圓實的境界。諸相諸法一方面無自性，是空；這空亦不是頑空，不是虛無主義，它卻是能含藏萬法，即在這萬法中顯示其自己，作為萬法的本質、真理而被確立起來。

　　關於我見等，這是對我、人、眾生、壽者等的理解。其理解是心的活動，亦無自性可得。否定了這些見解的自性，則這些見解仍不失為正確的、如理的見解。

　　要之，全經主旨是教人體會空的義理，了達諸法自性無所得，「無所得」亦無所得。我們不應住著於諸法中，不應執著諸法，以為有自性，也不應住著於「無自性」中，故要無住。關於無住，我們在本文開始已說得很清楚了。

第十四章　陳那的邏輯*

中期大乘佛教的邏輯以陳那（Dignāga，480-540 左右）為代表。邏輯到他而面目一新，成為新的體系。他以前的邏輯稱為古因明，他以後的邏輯稱為新因明，亦源於此。以下我們要略說陳那的體系；但在進入本論前，我想先就方法論方面說說自己的管見。

一、印度邏輯研究的方法論

近來很多學者研究印度邏輯，發表種種卓越的成果。在這些學者間有一個慣例，即是以亞里斯多德系統的邏輯亦即是形式邏輯[1]的術語來說明印度的邏輯。實際上，以這樣的方法來研究印度的邏輯，有很大的問題。當我們研究未知的思想體系時，應首先就這思想體系的本來的姿態來把捉它。依管見，以形式邏輯的術語來說明印度的邏輯，並不能就其原來的姿態來再現印度的邏輯，而是裝作是印度的邏輯的研究，實際上卻是在弄形式邏輯的應用的玩意。此中，讓我們先從這方法論上的問題考察看。

例如，在自陳那以來的佛教邏輯所用的論證式中，有被稱為「三支作法」的。這即是這樣的論證式：

（宗）聲是無常。

---

* 北川秀則原著，吳汝鈞譯。原文為北川秀則著〈中期大乘佛教の論理學〉，《講座佛教思想》第二卷，東京：理想社，1974，頁 189-241。題目為譯者所改。又文中有些地方，譯者認為不必要，故略去不譯。

1 近時，「形式邏輯」這一詞亦相對於符號邏輯而被運用。在本文中，此詞指自亞里斯多德以來的西方的傳統的形式邏輯。

（因）所作性之故。

（喻）同喻：凡是所作的東西都是無常。例如瓶。

異喻：凡是常住的東西都非所作。例如虛空。

就自來學者所喜歡用的說明來說，宗相當於三段論法的結論，因（hetu）相當於小前提，喻相當於大前提。「相當」的用法是有限度的；當以「聲」、「所作性」、「無常」來與形式邏輯的小詞、中詞、大詞相配合時，便會發現此中有重大的分歧之點。即是，倘若在上述的三支作法中，具有以形式邏輯的術語「中詞」來稱呼的東西的話，則這應是第三支喻中的「所作的東西」，而不是第二支因（hetu）中的所作性。關於這點，倘若把上述的三支作法改寫成形式邏輯的三段論法，便很清楚了。即是，在：

（大前提）凡是所作的東西都是無常。

（小前提）聲是所作。

（結論）　故聲是無常。

這樣的三段論法中，作為中詞的，明顯地是「所作的東西」，或「所作」，而不是「所作性」。

但自來學者對此點都未有予以嚴密的注意，都先入為主地以「所作性」為中詞，而屢屢以上面的三支作法為如下的三段論法的變形來理解：

（大前提）凡是所作性的東西都是無常。

（小前提）聲是所作性。

（結論）　故聲是無常。

倘若把上述的三支作法視為這樣的三段論法的變形來理解，則亦可以「所作性」為中詞了。但這是一種誤解，由於把「所作性」與「具有所作性的東西」或「所作的東西」（或「所作」）視為同一意思來應用而來。我們必須說，這種解釋忘記了相應於「所作性」的梵語 kṛtakatva 是所作的東西的性質，即表示屬性的抽象名詞，不是表示具有所作的東西的性質的東西（所作的東西）的普通名詞（或形容詞）一點。畢竟「聲是無常，所作性之故」這樣的宗、因，並不是主張聲是所作性故是無常，而是主張聲由於其所作性故是無常，即是，由於在聲中存有所作性這樣的性質、屬性，故是無常。

這樣，倘若「所作的東西」是中詞，而「所作性」不是中詞，則可以明顯看到，自來流行於學者之間的一般的解釋，以印度邏輯中的「因」（liṅga）[2]相當於形式邏輯的「中詞」，是不當的。因為「中詞」這一語詞，是意味著共通於大前提與小前提中的名詞的語詞，因而「所作的東西」這樣的名詞，被視為中詞；而「因」（liṅga）這樣的語詞，則本來是意味著符號的語詞，因而這語詞所表示的，不是「所作的東西」這樣的名詞，而是所作性這樣的屬性。

筆者的這種見解，認為自來以「因」（liṅga）相當於「中詞」的解釋為錯誤，更可通過檢討多一個例子進一步表示出來：

（宗）此山中有火。

（因）有煙之故。

（喻）同喻：凡有煙的東西都有火。例如竈。

　　　異喻：凡無火的東西都無煙。例如湖水。

在這三支作法中，煙是因（liṅga）。因為在這個場合，對於山中有火一事而為其記號的，是煙。不過，若以三段論法來改寫這三支作法，則成：

（大前提）凡有煙的東西都是有火的東西。

（小前提）此山是有煙的東西。

（結論）　故此山是有火的東西。

明顯地，「有煙的東西」是中詞。即是，因（liṅga）是由山升起的煙這樣的物體，中詞是共通於「凡有煙的東西都是有火的東西」這樣的大前提與「此山是有煙的東西」這樣的小前提間的「有煙的東西」這樣的名詞。這

2　先前對於「因」附上 hetu，這裡則附上 liṅga，這是由於，相應於「因」的梵語，有 hetu 與 liṅga 兩者。前者表示使認識得以生起的原因，後者則指記號。這兩者中，前者的意思較廣。即是說，前者一方面是三支作法的第二支的名稱，也用作表示記號的語詞——這些都是使認識生起的原因的意思，後者則只用作表示記號的語詞。以下為了區別起見，以前者為「因」，以後者為「因」（liṅga）。但像「因的三相說」那樣的語詞的場合，則不在此限。

兩者完全不同，是毫無疑義的。

而這樣的分歧並不單存在於「因」（liṅga）與「中詞」之間。這差不多都存在於自來以屬於印度邏輯的某些術語相當於屬於形式邏輯的某些術語的說明中。因此，這種以形式邏輯的術語來說明印度邏輯的做法，並不能如其本來面目地再現印度邏輯的姿態。這也意味著我們不能知道印度人是以怎樣異於西方人的角度來處理邏輯的問題。

此中的問題是，這種分歧何以會生於這兩種邏輯的術語間呢？依我的管見，這是由於形式邏輯是處理名詞的邏輯，印度邏輯則是處理直接的物體的邏輯之故。我們試考究這樣的三段論法：

（大前提）凡是人都是有死的東西。

（小前提）蘇格拉底是人。

（結論）　故蘇格拉底是有死的東西。

這三段論法之為正確的三段論法的根據，依形式邏輯的思考法，在於小詞「蘇格拉底」的外延為中詞「人」的外延所包攝，而中詞「人」的外延又為大詞「有死的東西」的外延所包攝。在形式邏輯中，構成三段論法的命題，都必須取「主詞—繫詞—賓詞」的形式，其理由實亦在此。形式邏輯方面的學者是這樣地從名詞的外延的包攝關係中來把握邏輯的，而印度的邏輯學者則不是就名詞而是就直接的物體來把握邏輯。因此，在印度邏輯中，構成三支作法的各分支並不取「主詞—繫詞—賓詞」的形式，是不難理解的。對於相當於形式邏輯的「主詞」與「賓詞」的東西，在印度邏輯中，以「有法」（dharmin）與「法」（dharma）這樣的術語來表示。實在來說，這兩個術語並不是說明相當於「主詞」與「賓詞」的東西的術語。在印度邏輯來說，「法」表示所屬物，「有法」表示具有這所屬物的東西。[3]即是說，「主詞」、「賓詞」這些語詞，是指構成命題的名詞，

3　此中要注意的是，在印度哲學中，一般所謂「法」，常是指與實體對立的屬性；但作為邏輯上的用語的「法」，卻不必指這種意思的屬性。譬如說，當說「此山中有火」時，火雖不是山的屬性，卻是山的法。在印度邏輯來說，只要乙屬於甲，則乙是法，而甲便是具有這法的東西，即有法。

而「法」、「有法」這些語詞，則是指物體。例如，當形式邏輯方面的學者處理「蘇格拉底是有死的東西」一命題時，他是以「蘇格拉底」這樣的名詞為主詞，以「有死的東西」這樣的名詞為賓詞的。但當印度邏輯的學者處理「聲是無常」時，卻是以聲這樣的東西為有法，以屬於這聲的無常性這樣的性質——性質亦是物體而不是名詞——為法。換言之，形式邏輯方面的學者處理「蘇格拉底是有死的東西」這樣的命題，是以之顯示「蘇格拉底」這樣的主詞的外延是包攝於「有死的東西」這樣的賓詞的外延中的，而印度邏輯的學者處理「聲是無常」這樣的命題，則以之顯示在聲這樣的有法中存在著無常性這樣的法的意思。

有人可能對筆者這樣的見解提出疑問：「說印度邏輯處理物體，形式邏輯處理名詞，恐怕不正確吧。因為，形式邏輯方面的學者即使說『蘇格拉底是有死的東西』，亦可以不是主張『蘇格拉底』這樣的名詞為『有死的東西』這樣的名詞所包攝，而是主張蘇格拉底這樣的人是有死的東西哩。」筆者的解答是這樣。筆者並不是說，在印度邏輯中，「聲是無常」這樣的命題是有關聲這樣的東西的主張，而在形式邏輯中，「蘇格拉底是有死的東西」這樣的命題是有關「蘇格拉底」這樣的名詞的主張。當然，「聲是無常」這樣的命題是有關聲這樣的東西的主張，同樣地，「蘇格拉底是有死的東西」這樣的命題亦是有關蘇格拉底這樣的人，亦即是這樣的東西的主張。筆者所要區別之點是，當我們把聲是無常這樣的事情，或蘇格拉底是有死的東西這樣的事情，安排入論證式中時，我們是要施之以怎麼樣的操作呢？筆者並不是問，通過「聲是無常」或「蘇格拉底是有死的東西」這樣的命題來表示的事情，在印度邏輯與形式邏輯之間，是怎樣的不同。關於這點，倘若以另外的說法來表示，則是這樣：例如，某人說「蘇格拉底巧妙地游泳」，為了把它納入論證式中，形式邏輯方面的學者首先要做的是，將之改寫成「蘇格拉底是巧妙的游泳手」。在印度邏輯的學者來說，則會將之理解為敘述蘇格拉底具有巧妙的游泳能力這樣的事實的文字。形式邏輯方面的學者之必須把「蘇格拉底巧妙地游泳」改寫成「蘇格拉底是巧妙的游泳手」，那是由於在形式邏輯中，只有「主詞—繫詞—賓詞」這樣的形式的命題能納入論證式中之故；而印度邏輯的學者之必須把同樣的表現理解為敘述蘇格拉底具有巧妙的游泳能力這樣的事實的文字，因為印度邏輯是只適用於能分析為法與有法的世界的邏輯。事實上，在形式邏輯中，只有表示「蘇格拉底」、「巧妙的游泳手」、「是」這樣的話語的「主詞」、「賓詞」、「繫詞」這樣的術語，而表示「巧妙地游泳」這樣的話語的術語，並不存在。而在印度邏輯方面，表示巧妙的游泳能力與蘇格拉底的「法」、「有法」這樣的術語是有的，但表示「巧妙的游泳手」這樣的名詞的術語，當然是沒有的，即使是表示「蘇格拉底」這樣的名詞的術語，亦不存在。因為印度邏輯中的「有法」這樣的術語，是表示蘇格拉底這樣的人的術語，而不是表示「蘇格拉底」這樣的話語的術語。

由以上的了解，筆者相信，⑴在形式邏輯的術語與印度邏輯的術語間有分歧存在；⑵這分歧在於，形式邏輯是在名詞上建立其學問體系的邏輯，而印度邏輯則是在直接的物件上建立其學問體系的邏輯。所有術語與其所屬的學問體系有密接不離的關係；屬於某一學問體系的所有術語，與它們所屬的學問體系緊密連接著，結成一個術語體系。因此，印度邏輯的學問體系與形式邏輯的學問體系既是完全不同，則在這兩種邏輯的術語間存在著分歧，自是當然的事。這樣看來，我們與其以形式邏輯的術語來說明印度邏輯，無寧應致力於以這種分歧為線索，視印度邏輯為對立於形式邏輯的另外的學問體系，就其原來的姿態而再現之。

二、三支作法的基本構想

三段論法是形式邏輯的中核；同樣，三支作法是陳那的邏輯的中核。因此，以下我們介紹陳那的邏輯，以這三支作法為中心。

如所已敘述過那樣，三支作法是這樣的形式的論證式：

（宗）聲是無常。

（因）所作性之故。

（喻）同喻：凡是所作的東西都是無常。例如瓶。

異喻：凡是常住的東西都非所作。例如虛空。

首先讓我們考察一下，本著這樣的形式的論證式，是基於甚麼樣的構想的論證式呢？

如所已敘述過那樣，為了要如其本來面目地把捉陳那的邏輯，我們必須避免以形式邏輯的術語來說明。即是說，我們不應視「因」（liṅga）為相當於「中詞」的術語，而應視之為表示記號的術語；不應視「法」、「有法」為相當於「賓詞」、「主詞」的術語，而應視之為表示所屬物與具有所屬物的東西的術語。這裡在進入本論以前，我們又擬先對陳那的邏輯的術語中較有關係的說明一二。

宗（pakṣa）——有以下三個意思：⑴三支作法的第一支，就先前所舉的例子來說，如「聲是無常」這一話語。⑵這話語所表示的事實，這事實是，聲這樣的有法存在於為無常性這樣的法所限定的狀態中。⑶這事實的主體，即聲這樣的有法。

所立（sādhya）——sādhya 原來的意思是應確立的東西之意。這術語在應用上有以下三個意思：⑴宗的第二個意思。⑵宗的第三個意思。⑶在宗（第三個意思的宗）中所要確立的法，就先前的例子來說，這即是無常性。又這第三個意思的所立，常作為所立法（sādhya-dharma）而被應用。

為了避免混亂起見，本稿以下作這樣的區分：

宗：指第一個意思的宗。

宗（pakṣa）：指第三個意思的宗（即第二個意思的所立）。

所立：指第一個意思的所立（即第二個意思的宗）。

所立法（sādhya-dharma）：指第三個意思的所立。

復次，宗（pakṣa）與所立法（sādhya-dharma）常被視為相當於形式邏輯的小詞與大詞，但這是不正確的。因形式邏輯中的小詞與大詞，就上面的例子來說，是構成「聲是無常」（「聲是無常的東西」）這樣的命題的主詞與賓詞，亦即是「聲」與「無常的東西」這樣的名詞；而宗（pakṣa）

與所立法（sādhya-dharma）則是聲這樣的有法、無常性這樣的法；不是名詞而是物體、事物。

我們現在已進入論述三支作法的基本構想的階段了。這裡筆者想起在第一節中的「形式邏輯是處理名詞的邏輯，印度邏輯則是處理直接的東西的邏輯」的說法。例如，構成

（大前提）凡是人都是有死的東西。

（小前提）蘇格拉底是人。

（結論）　故蘇格拉底是有死的東西。

這樣的三段論法的三個命題，都是「主詞—繫詞—賓詞」形式的命題，亦即是「A 是 B」形式的命題，這是基於三段論法是利用名詞的外延間的包攝關係的論證式一點的。即是，「主詞—繫詞—賓詞」形式的命題是表示名詞的外延間的包攝關係的最適當的命題，故要把命題納入三段論法中，都要改寫成這種形式的命題，或至少必須理解為這種形式的命題的變形。在上面列舉出來的三段論法的場合，都是構成這種關係的命題，依於「主詞—繫詞—賓詞」的形式，小詞「蘇格拉底」的外延為中詞「人」的外延所包攝，中詞「人」的外延為大詞「有死的東西」的外延所包攝，這都明顯地顯示出來，故我們可以這樣理解，小詞「蘇格拉底」的外延為大詞「有死的東西」的外延所包攝。但在陳那方面，自來學者所屢屢視為相當於小詞、中詞、大詞的宗（pakṣa）、因（liṅga）、所立法（sādhya-dharma），實際上都不是名詞，而是物體、事物。這點對於理解三支作法的基本構想，有極其重要的意義。因為物體、事物並不能如名詞那樣具有外延，這即顯示三支作法是基於與三段論法完全不同的構想的一種論證式。讓我們先就上面屢屢引用的「此山中有火。有煙之故。云云」這樣的三支作法考察看看。在這三支作法中，「此山中有火」是宗，但就陳那的邏輯的術語體系來說，在遠方的山是宗（pakṣa），火是所立法（sādhya-dharma）。因此，「此山中有火」這樣的宗，並不是「宗（pakṣa）是所立法（sādhya-dharma）」，即不是「A 是 B」這樣的形式的命題，而是「在宗（pakṣa）中有所立法（sādhya-dharma）存在」，即「在 A 中有 B

存在」這樣的形式的命題。[4]又就「有煙之故」這樣的因來看，這因不是「此山是有煙之故」的省略形，而是「存在於此山中的煙之故」或「因在此山中有煙存在」的省略形。即是，在三支作法，因亦不是以「A 是 B 之故」的形式來敘述，而是以「存在於 A 中的 B 之故」或「因在 A 中有 B 存在」的形式來敘述。何以會是這樣的呢？依我的管見，這是由於三支作法是以這樣的事情作為其基本構想的論證式之故；這事情是：通過指出在「有法」甲（在上例來說，是遠方的山）中有「法」乙（上例中的煙）這樣的因（liṅga）亦即記號存在，而使對方了解到在這同一的「有法」甲中有「法」丙（上例中的火）存在。即是說，在預想這樣的基本構想時，必須假定「在 A 中有 B 存在」的形式的命題，這在論證式的處理來說，遠較「A 是 B」的形式的命題為適切。

對於筆者的這種見解，或許有人會提出以下的疑問。「在『聲是無常。所作性之故。云云』這樣的三支作法中，作為宗的『聲是無常』這樣的命題，不是『A 是 B』的形式的命題麼？」但此中要注意的是，在這個場合，所立法（sādhya-dharma）不是無常的東西，而是無常性。因此，「聲是無常」（即「聲是無常的東西」）這一命題，確是「A 是 B」這樣的形式的命題，不是「宗（pakṣa）是所立法（sādhya-dharma）」這樣的形式的命題。陳那的體系雖有對應於無常性的「所立法」（sādhya-dharma）這樣的術語，但並沒有相當於形式邏輯中的「賓詞」的術語；在這個體系中，「聲是無常」這樣的命題不過是「在宗（pakṣa）中有所立法（sādhya-dharma）存在」這樣的命題，即「在聲中有無常性存在」這樣的命題的變形而已。這點在三支作法的因方面來說，亦是同樣的。即是，三支作法的因，是「所作性之故」，但這「所作性之故」的因，如在

4　相應於「此山中有火」的梵語為 parvato vahnimān 和 parvate vahniḥ 等。後者可譯為「在〔此〕山中有火存在」，故取「在 A 中有 B 存在」的形式；前者則直譯為「〔此〕山是有火的東西」，故必須取「A 是 B」的形式。這樣，筆者的說法便似不能成立了。不過，在這種情況，若依陳那的邏輯的術語體系，「〔此〕山是有火的東西」這樣的命題應視為「在〔此〕山中有火存在」這樣的命題的變形來了解。

第一節所已觸及的，並不是「聲是所作性之故」的省略形，而是「存在於聲中的所作性之故」或「在聲中有所作性存在之故」的省略形。即是說，在這個場合，應視其原型為「在 A 中有 B 存在」這樣的形式的命題。

要之，關於三支作法，倘若就第一支宗與第二支因來觀察，則可以說三支作法是以這樣的事情作為其基本構想的論證式：通過指出在「有法」甲中有「法」乙這樣的因（liṅga）亦即記號存在，而使對方承認在這「有法」甲中有「法」丙存在。倘若只止於此，則何以法乙能夠成為對於法丙的記號，仍是未明瞭的。關於這點，便要涉及第三支的喻了。即是，對於「此山中有火。有煙之故」這樣的宗、因，有這樣的喻被顯示出來：

同喻：凡有煙的東西都有火。例如竈。

異喻：凡無火的東西都無煙。例如湖水。

對於「聲是無常。所作性之故」這樣的宗、因，有這樣的喻被顯示出來：

同喻：凡是所作的東西都是無常。例如瓶。

異喻：凡是常住的東西都非所作。例如虛空。

此中要注意的是，筆者以為構成三支作法的命題，都不是以「A 是 B」這樣的形式作為其基本形式，而是以「在 A 中有 B 存在」這樣的形式作為其基本形式，的這種主張，並不單是對構成宗、因的命題而言，亦包括構成喻的命題在內。關於這點，讓我們先研究「凡有煙的東西都有火」這樣的命題看看。這個命題，倘若以有煙的東西為「A」，以有火的東西為「B」，則確是「A 是 B」這樣的形式的命題。不過，相應於「凡有煙的東西都有火」的梵語是 yo yo dhūmavān sa so 'gnimān 或 yatra dhūmaḥ tatra vahniḥ，這是運用關係代名詞或關係副詞的結構的文字，其直譯當為「如 x 是有煙的東西，則這 x 是有火的東西」、「如在 x 中有煙存在，則在這 x 中有火存在」。即是說，「凡有煙的東西都有火」一命題，倘若就含有關係代名詞或關係副詞的構造的相應的梵語來說，可以視為是由兩個命題合成的複合命題。對於構成這複合命題的兩個命題加以考察看，若先就「如 x 是有煙的東西，則這 x 是有火的東西」這樣的命題來說，則構成它的兩個命題，都是「A 是 B」這樣的形式的命題。但若就「如在 x 中有煙存在，則在這 x 中有火存在」這樣的命題來說，則構成它的兩個命題，都是「在 A 中有 B 存在」這樣的形式了。哪一種是基本形式，是跟著要討論的問題。就陳那的邏輯來說，它不具有相當於形式邏輯中的「賓詞」的術語，卻具有與煙、火相當的「因」（liṅga）、「所立法」（sādhya-dharma）這樣的術語；它的基本形式，仍是「如在 x 中有因（liṅga）存在，則在這 x 中有所立法（sādhya-dharma）存在」這樣的命題，即是「如在 x 中有煙存在，則在這 x 中有火存在」這樣的命題。即是說，在三支作法中，不單是構成宗、因的命題以「在 A 中有 B 存在」形式為其基本形式，甚至是喻，倘若就梵語而將之理解為複合命題時，其構成的兩個命題，亦是以「在 A 中有 B 存在」形式為其基本形式的命題。這點就「凡是所作的東西都是無常」這樣的命題來說，都是同樣的。即是說，相應於「凡是所作的東西都是無常」的梵語是 yo yaḥ kṛtakaḥ sa so 'nityaḥ，若直譯，則成「如 x 是所作，則這 x 是無常」，這仍是由兩個命題合成的複合命題。而這複合命題，雖然其構成的兩個命題表面上是「A 是 B」的形式，但若以陳那的邏輯的術語體系來處理，則仍可視為是由「在 x 中有因（liṅga）存在」這樣的形式的命題與「在這 x 中有所立法（sādhya-dharma）存在」這樣的形式的命題而成的複合命題。換言之，「凡是所作的東西都是無常」這樣的形式的命題，可視為「如在 x 中有所作性存在，則在這 x 中有無常性存在」這樣的命題的變形。[5]以上我們是就構成同喻

5　「凡是有煙的東西都是有火的東西」或「凡是所作的東西都是無常」這樣的命題，其相應梵語可譯為「如在 x 中有煙存在，則在這 x 中有火存在」、「如在 x 中有所作性存在，則在這 x 中有無常性存在」（更嚴密的直譯是「不管是 x 抑是 y，只要在其中有煙存在，則在這 x 或 y 中便有火存在」、「不管是 x 抑是 y，只要在其中有所作性存在，則在這 x 或 y 中便有無常性存在」）這樣的複合命題，這與近期的符號邏輯中的全稱命題的表記法是一致的。即是，在符號邏輯，「凡 A 是 B」這樣的全稱命題可寫成：

$$(x)(x \in A) \supset (x \in B)$$

的命題而加以考察，這考察對於構成異喻的命題，也是同樣適合的。唯一不同的地方在，構成同喻的命題，是由以「在 A 中有 B 存在」這樣的形式作為其基本形式的兩個命題合成的複合命題，而構成異喻的命題則是由以「在 A 中 B 不存在」或「在 A 中有非 B 存在」這樣的形式作為其基本形式的兩個命題合成的複合命題。這樣，很明顯地看到，構成三支作法的命題的基本形式，通於宗、因、喻三支的，是「在 A 中有 B 存在」這樣的形式。

要之，我們可以說，三支作法建基於這樣的既知的事實：在法乙存在的東西中必有法丙存在，在法丙不存在的東西中絕對沒有法乙存在；其基本構想是通過指出在「有法」甲中有「法」乙這樣的記號存在，而使對方承認在相同的「有法」甲中有「法」丙存在。構成三支作法的命題，不是「A 是 B」的形式，而是以「在 A 中有 B 存在」作為其基本形式，這是由於三支作法是基於上述那樣的構想的論證式之故。

三、因的三相說

依以上的論述，可以清楚地看到，三支作法是基於與形式邏輯的三段論法完全不同的構想而來的論證式。以下為了確立基於這樣的基本構想的三支作法，必須闡明陳那所運用的理論。首先讓我們說明所謂因的三相說。

「因的三相」中的「因」的相應梵語是 liṅga 和 hetu 兩種。hetu 就其原語來說，亦不是作為三支作法的第二支的因的意思，liṅga 就其原語來說，同樣是記號的意思（關於這點，可參看註 2）。因此，所謂因的三相

在這個論式中，x 可以是任何東西。倘若 x 是集合 A 的構成要素，則這 x 亦會是集合 B 的構成要素。現在倘若我們把 x 是集合 A 的構成要素理解為在 x 這樣的有法中有 A 性這樣的法存在，把 x 是集合 B 的構成要素理解為在 x 這樣的有法中有 B 性這樣的法存在，則「如在 x 中有煙存在，則在這 x 中有火存在」、「如在 x 中有所作性存在，則在這 x 中有無常性存在」這樣的形式的命題便正是近代意義的全稱命題了。……

說，是對於具備正確的記號的三個條件的規定之意。例如，當見到煙由遠方的山升起，而推理出在那山中有火存在時，作為記號的，是煙，為了使這煙作為正確的因（liṅga），必須具足三個條件；對於這三個條件的規定，即是因的三相說。

這因的三相是哪三相呢？這即是遍是宗法性（pakṣadharmatva）、同品定有性（sapakṣe sattva）和異品遍無性（vipakṣe ’sattva）三者。其各各的意思可如下說。

首先，第一相的遍是宗法性，是這樣的規定：正確的因（liṅga）必須是宗（pakṣa）的法。依煙而推理出在遠方的山中有火存在，就這個場合而言，遠方的山是宗（pakṣa），煙是因（liṅga）；為了使煙成為這個場合的正確的因（liṅga），便要有這樣的規定：這煙必須是作為宗（pakṣa）的遠方的山的法。換言之，這規定是，這煙必須是由現今正指涉著的遠方的山升起的煙，不能是由其他的山或竈升起的煙。又，倘若就依所作性而推理出聲的無常的場合而言，聲是宗（pakṣa），所作性是因（liṅga）；為了使所作性成為這個場合的正確的因（liṅga），便要有這樣的規定：所作性必須是作為宗（pakṣa）的聲的法。換言之，在聲中必須有所作性這樣的屬性存在。對於具有這樣的意思的遍是宗法性，倘若以形式邏輯來說，我想可以 barbara 式的三段論法中小詞的外延為中詞的外延所包攝的關係來說明吧。即是，「此山中有火。有煙之故。云云」這樣的三支作法，倘若改寫成三段論法，則為：

（大前提）凡是有煙的東西都是有火的東西。

（小前提）此山是有煙的東西。

（結論）　故此山是有火的東西。

「聲是無常。所作性之故。云云」這樣的三支作法則可寫成

（大前提）凡是所作的東西都是無常。

（小前提）聲是所作。

（結論）　故聲是無常。

順此，要求煙或所作性存在於山或聲中的因的三相的第一相，對於「此山

是有煙的東西」或「聲是所作」這樣的小前提的成立的要求，是可以說明的，即是，它對於作為小詞的「此山」或「聲」的外延為作為中詞的「有煙的東西」或「所作的東西」的外延所包攝的要求，是可以說明的。但這只是以形式邏輯來說明遍是宗法性是如此，而不是如其所如地對陳那的邏輯的把握與說明。如前節所述，三支作法的基本構想，並不在於對名詞的外延間的包攝關係的利用方面，而在於通過指出在有法甲中有「法」乙這樣的記號的存在，而使對方承認在相同的有法甲中有「法」丙存在方面。因此，要求正確的因（liṅga）必須是宗（pakṣa）的法的因的三相的第一相，就陳那的邏輯來說，當以法乙為因（liṅga）而推理出在有法甲中有「法」丙存在時，這法乙必須是有法甲的法。

以上說明了因的三相的第一相遍是宗法性。以下說同品定有性與異品遍無性。稍先更必須說明一下陳那的邏輯的一兩個術語。

同品（sapakṣa）的意思是，在具有所立法（sādhya-dharma）這一點上，與宗（pakṣa）相似的東西。例如，就「此山中有火。有煙之故。云云」這樣的三支作法能夠成立的場合來說，山是宗（pakṣa），火是所立法（sādhya-dharma），在這個場合，以具有火一點而與山相似的東西，例如竈一類，即是同品。又就「聲是無常。所作性之故。云云」這樣的三支作法而言，聲是宗（pakṣa），無常性是所立法（sādhya-dharma），而以具有無常性一點而與聲相似的東西，例如瓶一類，即是同品。

異品（vipakṣa）的意思是，在不具有所立法（sādhya-dharma）這一點上，與宗（pakṣa）不相似的東西。就上面的例子來說，以不具有火一點而與山不相似的湖水，以不具有無常性而與聲不相似的虛空，都是異品。

由是，因的三相中的第二相同品定有性，是規定因（liṅga）必須存在於同品中，第三相異品遍無性則規定因（liṅga）不存在於異品中。就上面的例子而言，煙必須存在於竈中，而不存在於湖水中；又所作性必須存在於瓶中，而不存在於虛空中。不過，此中要注意的是，就第三相異品遍無性來說，因（liṅga）是橫亙於異品的全體都不存在，但就第二相同品定有性來說，並不要求因（liṅga）橫亙地存在於同品的全體中。就以所作性為因（liṅga）而推理出聲是無常的場合來說，由於凡是所作的東西都是無常，凡是無常的東西都是所作[6]，因而在以具有無常性一點而與聲相似的東西，即在同品中，凡是所作性都存在於其中。但就以煙為因（liṅga）而推理出在山中有火存在的場合而言，由於煙並不是從有火的東西的全體中升起，因而並不是在以具有火一點而與山相似的東西，即在同品的全體中，有煙存在。[7]

具有這樣的意思的因的三相的第二、第三相，倘若合起來說，可以說是要求因（liṅga）存在於同品的全體或其中的一部分中，而在異品中，則橫亙其全體都不存在。倘若以形式邏輯來說，或許可以說是要求在 barbara 式的三段論法中中詞的外延包攝於大詞的外延中吧。不過，如最初所述那樣，我們的目的並不是把印度邏輯弄成形式邏輯的應用問題來說，而是要如其所如地再現陳那的邏輯。因此，我們在這裡一方面要就其文字來了解因的三相的第二、第三相的意思，還要把陳那的邏輯作為與形式邏輯相對立的另外的學問體系重新組織起來。……

由以上的說明，我們知道因的三相是甚麼東西。所謂正確的因（liṅga）必須具備這三個條件，其意思是，倘若因（liṅga）只具備這三相中的一相或二相，則表面上是因（liṅga），實際上卻不是正確的因（liṅga）。此中，陳那把只具備這三相中的一相的因（liṅga），與只具有二相的因（liṅga），視為似因（liṅgābhāsa 或 hetv-ābhāsa，似因（liṅga）而實非因（liṅga）的東西）。……

6　所作性是被制作的性質之意，但在這個場合被制作出來的東西，並不必是基於人為的。一般來說，作為某種結果而被生起的東西，都是所作。因此，如同凡是所作的東西都是無常那樣，凡是無常的東西也都是所作。

7　例如燒至紅熱的鐵丸的場合。此中，有火存在，但沒有煙存在。不過，就筆者所知，陳那並未有以鐵丸的例子來說明這點。

四、九句因說

因的三相說，在無著的《順中論》中，被視為是若耶須摩論師的說法而被介紹出來。[8]因此，上述的陳那的因的三相說，不管是原原本本地承受若耶須磨論師者，抑是加以改良者，明顯的是，因的三相說不是陳那的獨創。下面要敘述的九句因說，可以說是以因的三相說為基礎而進一步發展整理的結果。這是陳那以前所無的學說。在這個意義下，我們可以說，這是陳那的獨創說。

陳那首先將一切的因（liṅga）區分為宗（pakṣa）的法與不是宗（pakṣa）的法，亦即是能滿足因的三相的第一相的東西與不能滿足的東西兩種。後者稱為「不成因」，把所立從可以確立為正確的因（liṅga）的東西中排除開來；前者則有正因與似因混在一起。九句因說即通過把屬於前者的因（liṅga）分類為九種，而顯示出決定哪些宗（pakṣa）的法是正確的因，哪些宗（pakṣa）的法不是正確的因的基準。即是，陳那首先把所有宗（pakṣa）的法分類為存在和不存在於同品的全部的場合，和存在於同品的一部分不存在於同品的一部分的場合三種，又進而把這分類為三種的宗（pakṣa）的法，區分為存在和不存在於異品的全部的場合，和存在於異品的一部分不存在於異品的一部分的場合三種。3×3＝9，這樣便把能滿足因的三相的第一相的因（liṅga），亦即宗（pakṣa）的法，分類為九種。這即是下列的「九句因」（為了簡潔起見，茲從玄奘的譯例，以存在於同品或異品的全部中的場合為「有」，不存在於全部中的場合為「無」，存在於一部分中不存在於一部分中的場合為「俱」）。

（第一句）因（liṅga）在同品中有，在異品中有：例如在作「聲是常住。所量性（認識對象這種性質）之故」的立論時的所量性。

（第二句）因（liṅga）在同品中有，在異品中無：例如在作「聲是無

8 參看《大正藏》30・42a 以下。

常。所作性之故」的立論時的所作性。

（第三句）因（liṅga）在同品中有，在異品中俱：例如在作「聲是勤勇無間所發（意志努力的直接所產）。無常性之故」的立論時的無常性。[9]

（第四句）因（liṅga）在同品中無，在異品中有：例如在作「聲是常住。所作性之故」的立論時的所作性。

（第五句）因（liṅga）在同品中無，在異品中無：例如在作「聲是常住。所聞性（可聞得的這種性質）之故」的立論時的所聞性。

（第六句）因（liṅga）在同品中無，在異品中俱：例如在作「聲是常住。勤勇無間所發性之故」的立論時的勤勇無間所發性。

（第七句）因（liṅga）在同品中俱，在異品中有：例如在作「聲是非勤勇無間所發。無常性之故」的立論時的無常性。

（第八句）因（liṅga）在同品中俱，在異品中無：例如在作「聲是無常。勤勇無間所發性之故」的立論時的勤勇無間所發性。

（第九句）因（liṅga）在同品中俱，在異品中俱：例如在作「聲是常住。無觸對性（透入的性質）之故」的立論時的無觸對性。[10]

陳那這樣地把作為宗（pakṣa）的法的因（liṅga）分類為九種後，即作出如下的結論。

⑴能夠把所立確立起來的正確的因（liṅga），限於屬於第二句、第八句的因（liṅga）。

9　在異品的非勤勇無間所發的東西中，如閃電般的無常的東西與虛空般的常住的東西並存。因此，無常性這樣的因存在於異品的一部分中不存在於一部分中。

10　在同品的常住的東西中，有如虛空般的無觸對的東西與如極微（原子）般的有觸對的東西並存；在異品的無常的東西中，亦有如業（運動）般的無觸對的東西與如瓶般的有觸對的東西並存。因此，無觸對性這樣的因（liṅga）在同品中與在異品中都是俱的因（liṅga）。

⑵把與所立不相容的結果確立起來的因（liṅga），是「屬於第四句與第六句的因（liṅga）」。

⑶屬於餘下的五句，即第一、第三、第五、第七、第九句的因（liṅga），是不具有充分的能力把所立確立起來的因（liṅga），亦即是不確實的因（liṅga）。

其次的問題是，何以只有屬於第二句、第八句的因（liṅga）是正確的因（liṅga），屬於第四句、第六句的因（liṅga）是把與所立不相容的結果確立起來的因（liṅga），而屬於餘下五句的因（liṅga）是不正確的因（liṅga）？現在我們試以與陳那的邏輯的整個體系最調協的圖式來加以說明。首先以第一圖表示全宇宙。

⑴以標為 a 的半月形的部分表示宗（pakṣa）所存在的領域；

⑵以標為 b 的部分與標為 c 的部分合起來的半月形的部分表示具有因（liṅga）的東西所存在的領域；

⑶以標為 b 的部分與標為 d 的部分合起來的矩形的部分為同品（即具有所立法（sādhya-dharma）的東西）所存在的領域；

⑷以標為 c 的部分與標為 e 的部分合起來的矩形的部分為異品（即不具有所立法（sādhya-dharma）的東西）所存在的領域。

這樣，

⑸標為 b 的部分是同品，同時又是具有因（liṅga）的東西所存在的領域；

⑹標為 c 的部分是異品，同時又是具有因（liṅga）的東西所存在的領域；

⑺標為 d 的部分是同品，同時又是不具有因（liṅga）的東西所存在的領域；

⑻標為 e 的部分是異品，同時又是不具有因（liṅga）的東西所存在的領域。

九句因中屬於第二句與第八句的因（liṅga）之為正確的因（liṅga），可以這個圖式作如下的表示。首先要說明第二句，即在同品中有在異品中

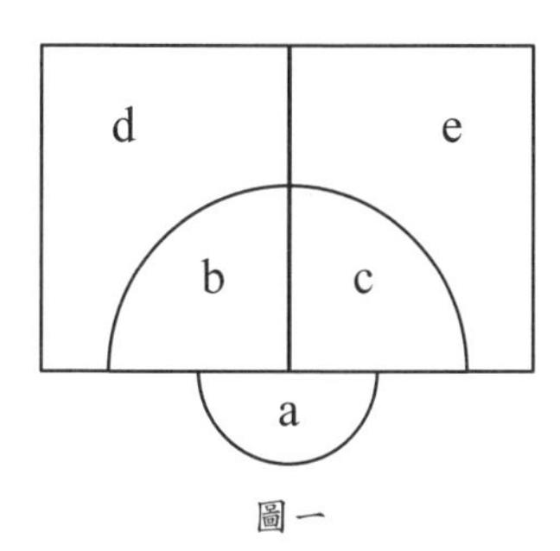

圖一

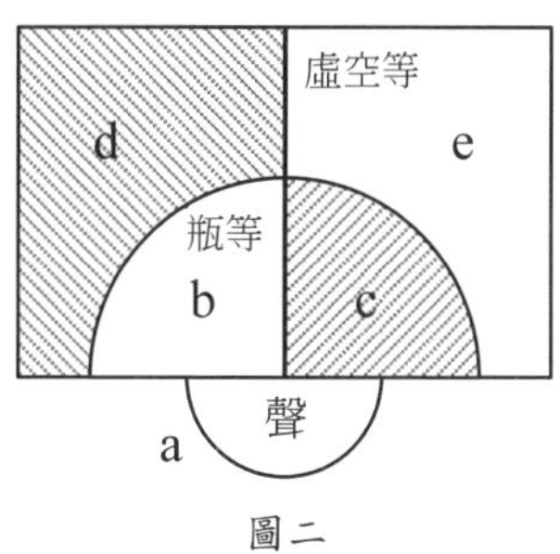

圖二

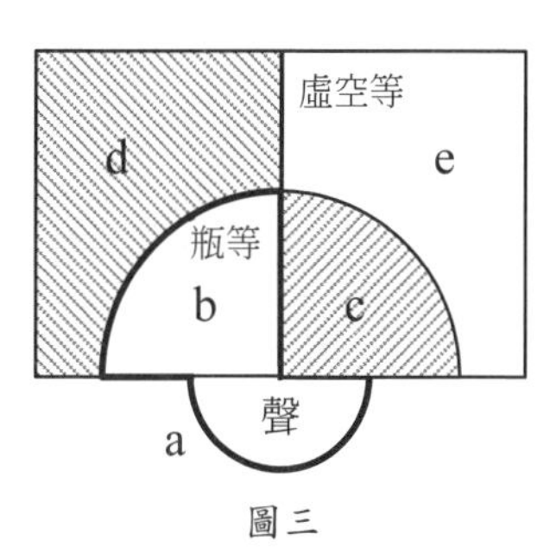

圖三

無的場合。在這個場合成為因（liṅga）的，舉例來說，是作「聲是無常。所作性之故」的立論時的所作性。但這所作性的因（liṅga），由於橫亙地存在於同品的無常的東西的全體中，因而是同品，同時又是不具有因（liṅga）的東西是不存在的。即是，在第一圖的 d 領域，無任何東西存在。故我們以斜線把這領域消去。其次，由於橫亙異品的常住的東西的全部，所作性都不存在，因而是異品，同時又是具有因（liṅga）的東西是不存在的。即是，在第一圖的 c 領域，無任何東西存在。故我們也以斜線把這領域消去。這樣，未有為斜線消去的部分，為 a、b、e 三領域。其次我們試在這各各領域中，寫上存在於這各各領域中的東西的名字。即是，在 a 領域中寫上「聲」，在 b 領域中寫上「瓶等」，在 e 領域中寫上「虛空等」。這樣，便有第二圖出現。現在的問題是，對確立聲的無常，這在同品中有、在異品中無的所作性這樣的因（liṅga），果真是正確的因（liṅga）麼？換言之，以在聲中有所作性存在為根據，而要把聲從 a 領域移到其他領域去的話，果真地聲要移到 b d 領域（即 b 領域與 d 領域，即同品與無常的東西所存在的領域）方面去麼？上面說過，在以斜線消去的領域中，沒有任何東西存在。又存在於 e 領域中的，只有不具有所作性的東西。因此，若以聲中有所作性的存在為根據，而將聲移至其他領域去，便應移到 b 領域。而由於 b 領域是 b d 領域亦即無常的東西所存在的領域的一部分，故所作性的因（liṅga）可以把聲是無常一點確立起來。又為了顯示聲移到 b 領域中去，我們把 b 領域與 a 領域用粗線括出來，這即是第三圖的所示。

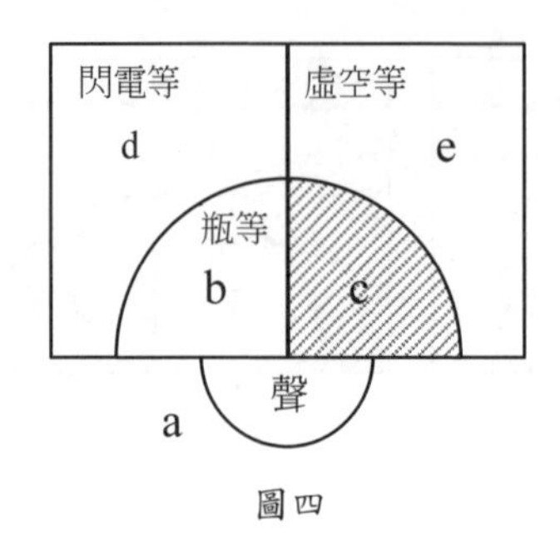

圖四

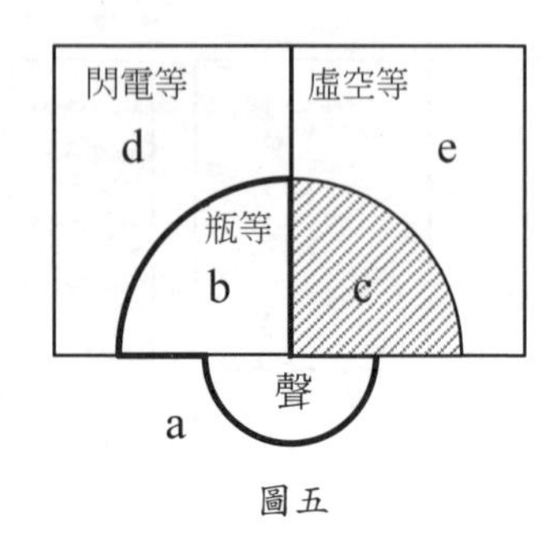

圖五

以上我們用對陳那的思考方式最為恰當的圖式顯示出屬於第二句的因（liṅga）為正確的因（liṅga），這圖式可以說是與陳那的整個邏輯體系最為協調的；同樣，屬於第八句的因（liṅga）是正確的因（liṅga），也可以說明。即是，屬於第八句的因（liṅga）是在同品中俱異品中無的因（liṅga），例如，在作「聲是無常。勤勇無間所發性之故」的立論時的勤勇無間所發性，即是了。在這個場合，相當於第二圖的是第四圖，相當於第三圖的是第五圖。即是，由於勤勇無間所發性存在於同品的無常的東西的一部分（例如瓶等）中，而不存在於一部分（例如閃電等）中，因而在 b 領域中即注為「瓶等」，在 d 領域中注為「閃電等」。b 領域是是同品同時亦是具有因（liṅga）的東西所存在的領域，d 領域則是是同品同時亦是不具有因（liṅga）的東西所存在的領域。又由於勤勇無間所發性在異品的常住的東西中都不存在，因而在 c 領域中，無任何東西存在，這 c 領域是是異品同時亦是具有因（liṅga）的東西所存在的領域。因此我們以斜線消去之。而 e 領域是是異品同時亦是不具有因（liṅga）的東西所存在的領域，我們在其中注為「虛空等」，以表示有虛空等存在。這便形成了第四圖。第五圖則以粗線表示存在於 a 領域中的聲移至 b 領域方面去，這種移動，是以聲具有勤勇無間所發性為根據的。

以上我們以圖式表示了第二句、第八句可作為正確的因（liṅga）的理由。以下我們以相同的圖式表示屬於第四句、第六句的因（liṅga）是把「與所立不相容的結果」確立起來的因（liṅga）的理由；和表示屬於餘下五句的因（liṅga）之為不具有充足能力把所立確立起來的不確實的因

（liṅga）的理由。（以下略）

要之，陳那首先就能滿足因三相的第一相的因（liṅga），即宗（pakṣa）的法，就其在同品中是有是無是俱，又在異品中是有是無是俱，而分為九種因（liṅga），這即是九句因。然後把這樣分類而得的九句因區分為三類：⑴因（liṅga）（第二句、第八句）；⑵把與所立不相容的結果確立起來的因（liṅga）（第四句、第六句）；⑶不具有把所立確立起來的充分能力的不確實的因（liṅga）（餘下五句）。此中，⑵類的因（liṅga）稱為「相違因」，⑶類的因（liṅga）稱為「不定因」。不定因又可更分為共不定因與不共不定因。前者是九句因中屬於第一、第三、第七、第九句的因（liṅga），它是在把所立確立起來一點上不確實的因（liṅga），那是由於具有因（liṅga）的東西跨越同品與異品兩方之故。後者則是屬於第五句的因（liṅga），它也是在把所立確立起來一點上不確實的因（liṅga），那是由於具有因（liṅga）的東西不存在於同品中亦不存在於異品中之故。

相違因與不定因大抵能滿足因三相中的第一相，但卻是不能把所立確立起來的因（liṅga）；而稱為「不成因」的，則是不能滿足因三相的第一相自體，因而不能把所立確立起來的因（liṅga）。這我們在上面已敘述過了。由於「不成」是表示不能確立的意思的語詞，故不成因的意思是其宗（pakṣa）的法一點不被確立的因（liṅga），即是，其宗（pakṣa）的法一點不被承認的因（liṅga）。陳那把這樣不成因分類為以下四種：

⑴立論者與對論者兩方面對宗（pakṣa）的法一點都不承認。

⑵宗（pakṣa）的法一點為立論者與對論者中的一方所不承認。

⑶其存在為可疑；實際上，作為宗（pakṣa）的法，是存在抑是不存在，未能清楚知道。

⑷宗（pakṣa）的存在不被承認，宗（pakṣa）的法不能成立。

此中，屬於⑴的不成因的例子，如作「聲是無常。眼所把性之故」的立論時的眼所把性。由於沒有人承認聲為眼所把捉，故在這場合，眼所把性這樣的因（liṅga），作為宗（pakṣa）的法，立論者與對論者兩方面都不承認。其次，屬於⑵的不成因的例子，如對聲顯論者作「聲是無常。所作性之故」的立論時的所作性。聲顯論者屬彌曼差學派，這學派強調吠陀之聲的絕對性，以為聲不是生起的，永恆之聲只藉發音的機會顯現出來。因此，對聲顯論者作「聲是無常。所作性之故」的立論，所作性作為聲的法，並不為對論者所承認。又屬於⑶的不成因的例子，如看見有些東西從遠方的山升起，還未能肯定是不是煙，便作「此山中有火。有煙之故」的立論，此中的煙便是不成因。最後，屬於⑷的不成因的例子，如作「靈魂遍在。存在於一切處的樂等屬性（guṇa）之故」中的存在於一切處的樂等屬性。勝論學派與正理學派以為，靈魂是遍在（即無限大）的，身體只佔其中一部分而已。因此，即使靈魂是無活動，上述的宗、因仍可根據由於身體的移動因而使樂等的心的狀態在一切場所被經驗一點，而論證靈魂的遍在。但由於佛教徒奉無我說（即無靈魂論），不承認靈魂的存在，因而以存在於一切處的樂等屬性存在於靈魂中一點，亦即因（liṅga）是宗（pakṣa）的法一點，便不能成立。陳那說明了這四種不成因，但未有一一對它們給予名稱。但在《入正理論》中，則名之為「兩俱不成」、「隨一不成」、「猶豫不成」、「所依不成」。這裡，若把依上述的九句因說而來的因的分類與對不成因的分類合起來，則陳那的因（liṅga）的分類法可示如下：

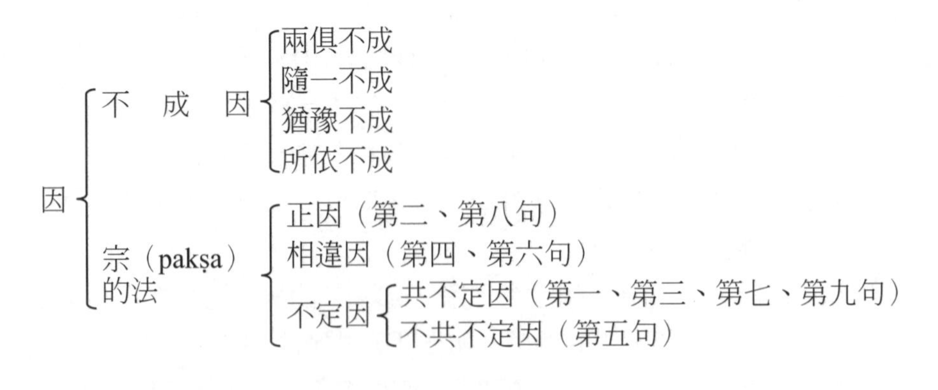

五、喻與似喻

以上是說因方面。以下我們說喻方面。

我們在上面已說過，三支作法的基本構想在於指出在「有法」甲中有「法」乙這樣的因（liṅga）亦即記號存在，而使對方承認在相同的「有法」甲中有「法」丙這樣的所立法（sādhya-dharma）存在，一點上。這樣的形式的論證之可能進行，在於必須先承認法乙對於法丙來說，是確實的記號。這在三支作法中，表示於喻方面。在喻中，分同喻與異喻。如對於「聲是無常。所作性之故」這樣的宗、因來說，同喻是：

凡是所作的東西都是無常。例如瓶。

異喻是：

凡是常住的東西都非所作。例如虛空。

在這個場合中，作為因（liṅga）的，是所作性；作為所立法（sādhya-dharma）的，則是無常性。因此，在同喻中所顯示的因（liṅga）與所立法（sādhya-dharma）的關係是，因（liṅga）所存在於其中的東西，全都有所立法（sādhya-dharma）存在於其中的關係；而在異喻中所顯示的，則是所立法（sādhya-dharma）不存在於其中的東西，全都沒有因（liṅga）存在於其中的關係。此中要注意的是，在異喻中所顯示的關係，不是在因（liṅga）不存在的東西中沒有所立法（sādhya-dharma）存在的關係，而是在所立法（sādhya-dharma）不存在的東西中沒有因（liṅga）存在的關係。這意味陳那知道所謂對偶性（contraposition）法則，這形成印度邏輯史上重要的一環節。這是甚麼意思呢？就現存的文獻來看，在陳那以前的邏輯學著作中所顯示的論證式方面，對應於在同喻中說在有因（liṅga）存在的東西中都有所立法（sādhya-dharma）存在一點，在異喻中並不說在所立法（sādhya-dharma）不存在的東西中都沒有因（liṅga）存在，卻說在因（liṅga）不存在的東西中都沒有所立法（sādhya-dharma）存在。例如，在《正理經疏》（*Nyāyabhāṣya*）[11]中，便這樣表示論證式的例子：

（宗）聲是無常。

（因）生起的性質之故。

（喻）同喻：凡具有生起的性質的東西都是無常。例如皿等。

異喻：凡不具有生起的性質的東西都是常住。例如靈魂等。

（合）⑴聲亦是這樣（即像皿等）具有生起的性質。

⑵聲亦不是這樣（即像靈魂等）〔不具有生起的性質〕。

（結）故聲是無常。

這論證式由宗、因、喻、合、結五論證支構成，故稱為「五分作法」。此中，同喻是「凡具有生起的性質的東西都是無常。例如皿等」；與它對應的異喻則是「凡不具有生起的性質的東西都是常住。例如靈魂等」。即是，在同喻中所述及的關係，是在因（liṅga）存在的東西中都有所立法（sādhya-dharma）的關係，而在異喻中所述及的關係，則是在因（liṅga）不存在的東西中都沒有所立法（sādhya-dharma）存在的關係，而不是在所立法（sādhya-dharma）不存在的東西中都沒有因（liṅga）存在的關係。由於《正理經疏》的著者瓦茲耶耶納（Vātsyāyana）的活動時代，較諸陳那活動的時代，要早出百年左右，故即使在《正理經疏》中對對應於同喻的異喻的關係有如上面的敘述，我們似乎仍未能以這點而直接地決定要到陳那才自覺到對應於同喻的異喻應是對偶的關係。不過，在陳那的時代，如上面的《正理經疏》所傳下來的同喻與異喻確實流行於正理學派（即以邏輯學為專門的學派）中。[12]又陳那自身對於有關在同喻與異喻中所出現的因（liṅga）與所立法（sādhya-dharma）的正確的關係的問題，每有機會，便亦說及。因此，我們不能否認，陳那以為對應於同喻的異喻應是對偶性的關係的說法，在當時的學界來說，是極新的說法。筆者

11　參看對於《正理經》（*Nyāyasūtra*）I-i-33~39 的疏釋（*bhāṣya*）。

12　參考拙著《印度古典論理學》頁 138 第 17 行至頁 140 第 13 行。

相信把這說法的始源歸諸陳那，沒有大的問題。

另外，不管是誰開始自覺到對於同喻來說的異喻是對偶性關係一點，只就具有這種自覺的邏輯學來說，便有重大的意義。如陳那所亦指出那樣[13]，倘若在異喻中所顯示的因（liṅga）與所立法（sādhya-dharma）的關係，是在因（liṅga）不存在的東西中都沒有所立法（sādhya-dharma）存在的關係，則對於「聲是無常。勤勇無間所發性之故」這樣的宗、因的異喻，便會是「凡非勤勇無間所發的東西都是常住。例如虛空」了，在承認這樣的關係能夠成立的同時，亦必須承認如閃電一類東西由於是非勤勇無間所發因而是常住這樣的事了，這是不合理的。因此，陳那以為對應於在同喻中所顯示的在有因（liṅga）存在的東西中都有所立法（sādhya-dharma）存在的關係，在異喻中所顯示的關係，應是在所立法（sādhya-dharma）不存在的東西中都沒有因（liṅga）存在，倘若這是陳那的獨創，則應受到高度的評價。

這裡還有一點要注意。由於對應於同喻的異喻是對偶性的關係，因而同異二喻在邏輯上是等值的。因此，在三支作法中，只要舉出同異二喻的任何一方，便足夠了，並沒有兩者並述的必要。

以上是有關喻的說明。以下要說明似喻的問題。所謂似喻，是似喻而非喻，亦即是錯誤的喻。喻有同喻與異喻，似喻亦有似同喻而非同喻的，與似異喻而非異喻的。現在先說明前者，即似同喻而非同喻的似喻。

首先，我們已闡明了喻是由全稱命題與實例構成；又說明了在同喻的場合，在有因（liṅga）存在的東西中都有所立法（sādhya-dharma）存在這樣的關係應在全稱命題中被表述出來，而同時具有因（liṅga）與所立法（sādhya-dharma）的東西應作為實例被表述出來。這兩者未有正確地被表述出來的同喻，都是似喻。陳那把這似喻分類如下。

⑴所立法（sādhya-dharma）存在而因（liṅga）不存在的東西作為實例被表述出來的場合——例如對於「聲是常住。無觸對性之故」的

13　參考同上拙著頁 245 第 16 行以下，及頁 248 第 13 行以下。

宗、因，以極微（即原子）作為實例而被表述出來的場合。

⑵因（liṅga）存在而所立法（sādhya-dharma）不存在的東西作為實例被表述出來的場合——例如對於與上相同的宗、因而以業（即運動）作為實例而被表述出來的場合。

⑶因（liṅga）與所立法（sādhya-dharma）都不存在的東西作為實例被表述出來的場合——例如對於與上相同的宗、因而以瓶為實例而被表述出來的場合。

⑷在全稱命題中因（liṅga）與所立法（sādhya-dharma）的關係未有被正確地表述出來的場合——例如對於「聲是無常。勤勇無間所發性之故」這樣的宗、因，而以「凡無常的東西都是勤勇無間所發」這樣的形式把全稱命題表述出來的場合。

⑸只表述實例而未有表述全稱命題的場合。

以上是似同喻而非同喻的似喻的分類。至於似異喻而非異喻的似喻，亦可作同樣的分類。即是說，在異喻中，在所立法（sādhya-dharma）不存在的東西中都沒有因（liṅga）存在的關係，應在全稱命題中被表述出來，而因（liṅga）與所立法（sādhya-dharma）都不存在的東西，則應作為實例而被表述出來。倘若它們不是正確地被表述出來，這異喻便是似喻。陳那對這似喻作如下的分類。

⑴所立法（sādhya-dharma）不存在但因（liṅga）存在的東西作為實例被表述出來的場合——例如對於「聲是常住。無觸對性之故」的宗、因而以業作為實例被表述出來的場合。

⑵因（liṅga）不存在但所立法（sādhya-dharma）存在的東西作為實例被表述出來的場合——例如對與上相同的宗、因而以極微作為實例被表述出來的場合。

⑶因（liṅga）與所立法（sādhya-dharma）都存在的東西作為實例被表述出來的場合——例如對與上相同的宗、因而以虛空作為實例被表述出來的場合。

⑷在全稱命題中因（liṅga）與所立法（sādhya-dharma）的關係未有

正確地被表述出來的場合——例如對於「聲是常住。勤勇無間所發性之故」這樣的宗、因，其全稱命題以「凡非勤勇無間所發的東西都是常住」的形式被表述出來的場合。

⑸只有實例被表述出來，全稱命題則未有被表述出來的場合。

陳那這樣地把似喻分類，但未有一一給出特別的名稱。其後《入正理論》則給出這樣的名稱：

似同喻而非同喻的似喻
- 一、能立法不成
- 二、所立法不成
- 三、俱不成
- 四、倒合
- 五、無合

似異喻而非異喻的似喻
- 一、能立不遣
- 二、所立不遣
- 三、俱不遣
- 四、倒離
- 五、不離

又在上表的述語中，「能立法」是對「所立法」而說的語詞，是因（liṅga）的意思。又「能立不遣」、「所立不遣」中的「能立」、「所立」，是「能立法」、「所立法」的略稱，「合」、「離」則顯示同喻、異喻中的因（liṅga）與所立法（sādhya-dharma）的關係。其他方面都很容易理解。

第十五章　龍樹與天台哲學

就義理一面來說，龍樹對天台宗有一定的影響。後者的基本思想，如三觀與三諦，都可以說是龍樹哲學的空、假、中觀念的直接開展；龍樹的文字，特別是主要論著《中論》（*Madhyamaka-kārikā*）者，也常出現於天台論師的著作中。本文即要以《中論》為基礎，看龍樹哲學與天台哲學的理論關連，並試圖說明後者之不同於及有進於前者之處。關於後者，我們主要是以智顗為中心；他是天台理論的奠基人物。[1]

一、三觀與三諦

天台宗的解脫的知識論，[2]可見於智顗《摩訶止觀》的一段話中：「所照為三諦，所發為三觀，觀成為三智。」[3]此中，所照的三諦，可視為相當於認識對象；所發的三觀，相當於認識活動；觀成的三智，相當於認識主體。這當然不是一般的認識，而是觀照，由此可使人得解脫。所謂三諦、三觀與三智，都是就空、假、中言。三諦是空諦、假諦、中諦；三觀是空觀、假觀、中觀；三智是空智、假智、中智。[4]分解地言，這種觀

1　漢維茲（Leon Hurvitz）以為，在佛教各哲學流派中，影響智顗思想最大的，是中觀學派。（Leon Hurvitz, *Chih-I*, Mélanges chinois et bouddhiques, Bruxelles, 1962, p. 24）而中觀學派的祖師，則是龍樹。

2　在哲學上，一般所謂知識論，是就客觀知識的建立而言的那種理論。這裡我們說的「解脫的知識論」是借說，取其比配的意思。這種知識論的目的自然不是在建立客觀知識，而是在解脫。

3　卷5上，《大正藏》46・55c。

4　對於三智，另有其特別的稱呼，這即是：一切智、道種智、一切種智。見下文。

照關係有三：一切智在空觀中觀空諦；道種智在假觀中觀假諦；一切種智在中觀中觀中諦。[5]這裡我們先論三觀與三諦。

關於觀，《摩訶止觀》謂：「觀有三。從假入空，名二諦觀；從空入假，名平等觀；二觀為方便道，得入中道，雙照二諦，心心寂滅，自然流入薩婆若海，名中道第一義諦觀。」[6]此中首先點出三觀的名目：二諦觀、平等觀、中道第一義諦觀。但這三觀各有其重點所在。就前二觀而言，二諦觀是從假入空，其重點在空。所謂二諦，並非一般的兩重真理之意，而是能所兩面合論之意。即是，假或假名是言說，透過言說可詮釋空之意，或空是透過言說的詮釋而會得。這樣，假是能詮，空是所詮，由能詮到所詮，而成觀照，為二諦觀。[7]平等觀則是從空入假，其重點在假。此種觀法可分兩面說：從空與入假。修行之人證得空理後，並不滯留於空的境界，知道這空還不是最後真實，而還要從空回轉過來，重入經驗的世界，以言說化導眾生，這是從空。在化導眾生方面，能因應彼等的特殊需要，而施以不同的藥療，這是投身到言說的經驗的世界所要具足的分別能力，這是入假。[8]所謂平等，是對前此的二諦觀的不平等言。二諦觀是從假入空，否定假名的自性，而以之為空；這是以空來否定假名，未有反過來以假名否定空；即是，只否定假名，未有否定空。平等觀則是從空入假，否定對空的執著，而還歸於假名；即是，以假名來否定空；這與前此的空的會得，是通過以空來否定假名，恰好構成空與假名各被運用一次，

---

5 空、假、中的名目，這裡先提出來，其出處見下文；這觀照關係也在這裡先提出來，其詳情見下文。

6 卷 3 上，《大正藏》46．24b。

7 《摩訶止觀》謂：「所言二諦者，觀假為入空之詮，空由詮會，能所合論，故言二諦觀。」（Idem.）

8 《摩訶止觀》謂：「從空入假，名平等觀者，……當知此觀為化眾生，知真非真，方便出假，故言從空；分別藥病，而無差謬，故言入假。」（卷 3 上，《大正藏》46．24c）

也各被否定一次的平均局面。故稱平等。[9]

關於中道第一義諦觀，上面所引《摩訶止觀》文字，只說得雙照二諦一面，並未全面。《摩訶止觀》在下面更全面地說：

> 中道第一義觀者，前觀假空，是空生死；後觀空空，是空涅槃。雙遮二邊，是名二空觀。為方便道，得會中道。故言心心寂滅，流入薩婆若海。又初觀用空，後觀用假，是為雙存方便。入中道時，能雙照二諦。[10]

即是說，二諦觀是觀經驗世界的自性的否定，所謂假空。平等觀是觀超離或空的世界的自性的否定，所謂空空，而還歸於假。兩者各有所偏，各只歸於一邊，仍未完足。必須綜合這兩者，而成雙邊否定（雙遮），所謂二空，才能完足。這便是中道的境界。又就另一面來看，二諦觀以空來否定經驗世界的自性，實亦是肯定空；平等觀以空空來否定超離或空的世界，而還歸於經驗世界，還歸於假，實即是肯定假。兩者的綜合，又可成雙邊肯定（雙照）。這亦是中道的境界。故中道的雙遮與相照，在邏輯上有互相涵攝的關係：假的否定即涵空的肯定，空的否定即涵假的肯定。倒過來說亦然。設 P 為假，則假的否定為 ~P，這即是空；空的否定即是 ~(~P)，這還歸於 P，即是假。

上面說，二諦觀或從假入空觀的重點在空，故可稱為空觀，就諦來說，可稱空諦。平等觀或從空入假觀的重點在假，故可稱為假觀，就諦來說，可稱為假諦。中道第一義諦觀則是對空、假的雙遮雙照，或雙邊否定與雙邊肯定，綜合兩邊同時又超越兩邊，故為中觀，就諦來說，可稱為中諦。

9　《摩訶止觀》謂：「平等者，望前稱平等也。前觀破假病，不用假法，但用真法，破一不破一，未為平等。後觀破空病，還用假法。破用既均，異時相望，故言平等也。」（Idem.）

10　Idem.

二、三觀、三諦與空假中偈

以下看三觀、三諦與龍樹思想的關連。即是說，龍樹的思想如何在義理上影響天台宗的這種理論，及後者之有進於前者之處。首先，無可懷疑地，三觀、三諦的三個基本概念空、假、中，與龍樹《中論》的一個偈頌有極其密切的關連。這偈頌是：

眾因緣生法，我說即是空（無），亦為是假名，亦是中道義。[11]

這是鳩摩羅什的翻譯。空、假、中三個概念同時在偈中出現，以下省稱為空假中偈。我們大概可以說，三觀、三諦理論是直接從這空假中偈引發出來的。因在這偈中，空、假、中三概念都是處於平行的位置，都是作為對於主語眾因緣生法的謂語，在義理上表示龍樹思想的三種理境。天台宗論師把這三個概念引用過來，以之表示對存在的三種觀法，那是很自然的事。雖然他們對這三個概念的了解，不必同於龍樹。

要注意的是，這空假中偈的梵文原偈與鳩摩羅什的翻譯在文法上並不相同。關於這點，可參看拙文〈龍樹之論空假中〉。[12]在梵文原偈，空假中三個概念並不是處於平行位置。我們相信天台論師了解這空假中偈，是根據羅什的漢譯，而非根據梵文原偈。[13]這除了上述的理由外，尚有一點，即是，在智顗的著作中，常引用羅什的譯偈。[14]

---

11 《大正藏》30・33b。

12 刊載於《華岡佛學學報》第 7 期；也收入在本書中。

13 牟宗三先生亦認為漢譯的空假中偈，大體是天台宗的講法。參看氏所著《佛性與般若》。

14 如《摩訶止觀》卷 3 下（《大正藏》46・28b）、《摩訶止觀》卷 5 上（《大正藏》46・55b）、《修習止觀坐禪法要》（《大正藏》46・472c）、《維摩詰經玄疏》卷 3（《大正藏》38・534b、c）、《維摩詰經玄疏》卷 3（《大正藏》38・535a）。

以下我們分別就空、假、中三概念以比較龍樹與天台宗的看法。首先就空言。我們在〈龍樹之論空假中〉一文中說，龍樹的空義，相當單純、清晰，這主要是就對自性的否定而顯，或用以說緣生法的本質；它並不大有後期大乘佛教的那種「不空」的意思。天台宗論師一方面吸收了龍樹的這種空義，這可從三觀中的從假入空觀的以空為重點中見到；另外，他們又在空的消極的否定的意義之上，賦與一種積極的肯定的涵義，把它與中道、涅槃諸概念連結起來。[15]這是他們發展中道思想與空假中三觀的相互涵攝的圓融思想的自然結果。空不再局限於消極的靜態的涵義，而亦可以開出積極的能動的內容。

關於假，或假名，我們在〈龍樹之論空假中〉一文中謂，龍樹強烈地意識到緣起事的假名性、施設性，但他還是不太強調這方面。緣起性空，他還是耿耿於懷於後者。總之龍樹並未特別重視假名。但在天台宗，假有相當特殊的地位。三觀中的假觀，或平等觀，被安排在空觀或二諦觀之後。這不同於龍樹《中論》把空與假並列，視之為兩諦：第一義諦與世俗諦，而有突顯作為第一義諦的空之意；卻是透過這空前假後的順序，顯示一真理層面的擴展歷程。即是，就空與假兩觀對比來看，天台宗強調假觀，以之顯示較完全的真理層面。這可從空觀的二諦觀與假觀的平等觀的分別看出。如上面所已表示出，二諦觀只是以空來否定假，只是單邊否定，其理境未免淪於抽離狀態，出世意味極重。平等觀則是在以空來否定假後，復又以假來否定空，使還歸於假；其結果是由出世還歸於世間，不致停滯於抽離狀態。這是雙重否定，結果還歸於肯定。

嚴格來說，天台宗的假，其實有兩個層面。上面所論，是平等觀的從空入假的假。這是在證得空觀後再回看這個存在世界而表現的假。這與二

15　《摩訶止觀》謂：「《大經》云：二乘之人但見於空，不見不空；智者非但見空，能見不空。不空即大涅槃。」（《大正藏》46・28a）諦觀《天台四教儀》又謂：「然於菩薩中有二種，謂利鈍。鈍則但見偏空。不見不空。……若利根菩薩，非但見空，兼見不空。不空即中道。」（《大正藏》46・778a）

諦觀的從假入空的假自是不同。由是可有空前的假與空後的假。空前的假是常識的層面，以執取的態度來看存在世界，以之為有實性；空後的假則是在滲透入空理後，不滯於空理，而回頭肯定存在世界，而洞悉其空、平等的本性，此中自有一種智慧在。天台宗的假，應以這後者為重。知禮在其《金光明經玄義拾遺記會本》中即分別兩種假：在空觀前的是生死假；在空觀後的是建立假。[16]很明顯看到，這分別與智顗的二諦觀的假與平等觀的假相應。

關於中，或中道，我們在〈龍樹之論空假中〉一文中指出，龍樹的中道的義理是空亦復空和離有離無；並謂這些義理都是空義的補充，龍樹並沒有特別把中道提出來，別於空而成一中諦之意。天台宗在這兩方面，則有不同的做法。首先，不管是空亦復空或離有離無，都是偏於否定的思路，這都只相當於天台宗的中道第一義諦觀中的雙遮一面；雙照的思路，則是天台宗的發揮。雖然在邏輯上，雙遮可以涵雙照，如上面所說，假的否定涵空的肯定，空的否定涵假的肯定。但佛學不能只是一種邏輯，或一種哲學，它還是一種指導人生路向的宗教；肯定的思路，特別是對假的肯定，無疑可影響人對存在世界、經驗世界的關注。在這一點上，天台宗無疑是較龍樹更接近世間。大概也因為這點，天台宗特別重視中道，把它提出來，別立為中諦，而視之為空、假二諦的綜合。

說到二諦，我們在〈龍樹之論空假中〉一文中說，龍樹是二諦說：假是俗諦，空與中是第一義諦，或真諦。天台宗則是三諦說，且以空假中偈作為區分三諦的線索：「眾因緣生法，我說即是空」是說真諦；「亦為是假名」是說俗諦；「亦是中道義」是說中道第一義諦，或中諦。[17]天台宗更強調，此三諦分別表示不同修行的人所見的真理層面：俗諦是世人所見的真理層面；真諦是出世人所見的真理層面；中道第一義諦是諸佛菩薩所

---

16 《金光明經玄義拾遺記會本》謂：「假有二種。若在空後，即建立假；若在空前，即生死假。」（卷下中，《續藏經》3．429a）

17 參看《維摩詰經玄疏》卷3（《大正藏》38．535a）。

見的真理層面。[18]此種區分法，似有貶抑真諦與俗諦而表揚中諦之意，因真俗二諦只是一般人與二乘人的所見，中諦則是諸佛菩薩的所見，而只有諸佛菩薩，才是大乘佛教的理想人格。龍樹則不如此。他以真諦的所涉，是諸法實相，這仍是諸佛菩薩的所見。此中的關鍵點似仍在中道：龍樹的中道仍歸於空，未有將之別立為諦；天台宗則特別重視中道，將之別立為諦。這又與天台宗對世間取較積極的態度有關：其中道第一義諦觀的雙照有對假法的肯定，而它也實在很重視假觀。

三、三智與無我智

上面說，天台宗的解脫的知識論，就活動言，是觀；就對象言，是諦；就主體言，是智。這觀、諦、智各自開三，各各相應，而成三種不同層面的以智慧觀照真理的活動。三觀與三諦如上說。關於三智，則是一切智、道種智及一切種智。這三智的名目，散見於天台宗的不同論著中；其分別與空、假、中相應，則亦源於龍樹《中論》的空假中偈。《摩訶止觀》謂：

> 若因緣所生一切法者，即方便隨情道種權智；若一切法一法，我說即是空，即隨智一切智；若非一非一切，亦名中道義者，即非權非實一切種智。[19]

此中以觀空者為一切智，觀假者為道種智，觀中道者為一切種智。文中雖列因緣所生一切法，而未列假名；但這是指假一面，是無疑的。因《中論》的假或假名，是指施設的緣起法或緣起事，或泛指存在世界、經驗世

18　《維摩詰經玄疏》謂：「有諦者，如世人心所見理，名為有諦。亦名俗諦。無諦者，出世人心所見理，名為無諦。亦名真諦。中道第一義諦者，諸佛菩薩之所見理，名中道第一義諦。亦名一實諦。」（《大正藏》38・534c）

19　卷 5 上，《大正藏》46・55b。

界，這是俗諦的所涉；故可以名之為因緣所生一切法。

現在要注意的是，這三智到底是指甚麼樣的智慧，其所知了的對象，到底是甚麼對象？關於這些點，智顗在《修習止觀坐禪法要》中有很詳盡的說明：

> 能了知一切諸法皆由心生，因緣虛假不實故空，以知空故，即不得一切諸法名字相，則體真止也。……是名從假入空觀，亦名二諦觀，亦名慧眼，亦名一切智。若住此觀，即墮聲聞辟支佛地。……若菩薩為一切眾生成就一切佛法，不應取著無為，而自寂滅。爾時應修從空入假觀，則當諦觀心性雖空，緣對之時，亦能生出一切諸法。猶如幻化，雖無定實，亦有見聞覺知等相，差別不同。……若能成就無礙辯才，則能利益六道眾生，是名方便隨緣止。乃是從空入假觀，亦名平等觀，亦名法眼，亦名道種智。……故經云：前二觀為方便道。……若菩薩欲於一念中具足一切佛法，應修息二邊分別止，行於中道正觀。……心性非空非假，而不壞空假之法。若能如是照了，則於心性，通達中道，圓照二諦。……如《中論》偈中說：因緣所生法，我說即是空，亦名為假名，亦名中道義。深尋此偈意，非惟具足分別中觀之相，亦是兼明前二種方便觀門旨趣。當知中道正觀則是佛眼，一切種智。[20]

很明顯地看到，一切智是觀空的智慧，體真即是體空。其所觀的對象是因緣虛假不實的空理。其活動是從假入空觀，或二諦觀；這兩個名相，也見於《摩訶止觀》。至於道種智，就應修從空入假觀及其活動亦名平等觀看，自是觀假的智慧無疑。「不應取著無為，而自寂滅」，正是從空之意；「成就無礙辯才，利益六道眾生，方便隨緣」，正是入假之意。這是指涉以至處理存在世界的種種事物與事象的智慧。一切智是觀一切事法的

---

20 《大正藏》46．427b、c。

平等無自性空的智慧；這道種智則是辨別一切事法的分別的個別的特性的智慧。前者的對象是普遍性（universality）；後者的對象則是特殊性（particularity）。文中的「見聞覺知等相，差別不同」，正是指這種特殊性而言；這是現象世界的經驗性，正好與空理的本體世界的超越性對揚。一切種智則是觀中道的智慧。「非空非假，不壞空假」是對空與假的雙邊否定與雙邊肯定，這即是雙遮與雙照。這是一切智與道種智的綜合，是同時觀照對象的普遍性與特殊性的智慧。[21]文中的「兼明前二種方便觀門旨趣」，實是指一切種智綜合前二種智慧而言。智顗實以為空假中偈的歸宿，在於一切種智的這種「中道正觀」。

三智之說，是天台宗根據空假中偈而來的發明。據上面的引文，可知一切智是二乘的智慧，為慧眼；道種智是菩薩的智慧，為法眼；一切種智則是佛的智慧，為佛眼。三智雖各自不同，但在修行歷程上卻有一定的關連，即一切智與道種智是方便，一切種智是終極。這些點若與龍樹比較，則龍樹是二諦說，並無三智的說法；他大抵是二智說：相應於俗諦的是俗智；相應於第一義諦或真諦的是真智。就《中論》來說，龍樹並未有特別提到俗智，即使有這個意思，也應與道種智不同。因道種智雖指涉存在的世界，但卻是菩薩的智慧，此中不應有任何執取。其相應的假應是從空入假的假，不應是從假入空的假。龍樹若言俗智，則這俗智似不能離於執取，故應相應於從假入空的假，而不應相應於從空入假的假。即是說，天台宗的道種智，是空後假的層面；龍樹若有俗智，則這應是空前假的層面。關於相應於第一義諦或真諦的智慧方面，龍樹在《中論》中有確定的說法，並稱之為無我智，這其實是空智；這種無我智的活動，龍樹稱為實觀。這實應該是實相，指空理而言；空即是無我，無自性也。[22]在龍樹來說，這無我智應該是佛的智慧，它的對象，應該包括中道在內；因龍樹的

21　《大智度論》謂：「佛盡知諸法總相別相，故名一切種智。」（卷 27，《大正藏》25．259a）這也是這個意思。總相指對象的普遍性；別相指對象的特殊性。

22　《中論》謂：「滅我我所故，名得無我智。」（18：2，《大正藏》30．23c）又謂：「得無我智者，是則名實觀。」（18：3，idem.）

第一義諦包括中道在內。這在天台宗來說，便很不同。在三智中，無我智似較相應於一切智，天台宗視之為二乘的智慧。它猶在道種智與一切種智之下。這樣對比來看，天台宗實有特別看重道種智與一切種智的傾向，它尤其把後者限於佛所具有。這自然顯示它對中道的特別重視。

智慧的深淺，就其自身看，恐怕不易決定。但若通過它所觀照的對象來看，便較易決定了。這所觀照的對象，就關聯於天台宗的三智來說，可有四重：空前假、空、空後假、中道。三智相應於後三重。龍樹若有俗智，似應相應於空前假。他的無我智，其所觀的對象，似可同時涉及後三重，但自未如天台宗那樣確定地以三智來配此三重對象；而他也未如天台宗般重視假或假名，他的中道也缺乏天台宗的中道的雙照一面。故就這些點言，天台宗的三智論似較龍樹的無我智論為圓熟。

四、相即與不離

天台哲學有很濃厚的圓融意味。這可見於它的一些名句中，如「生死即涅槃」、「煩惱即菩提」一類。[23]這種相即的圓融，在宗教來說，是染淨打成一片；在哲學來說，是經驗與超越、現象與本體打成一片 。這在思路上，與《維摩經》非常接近。《維摩經》謂：「諸煩惱是道場」[24]又謂：「淫怒癡性即是解脫。」[25]這種思路，在《中論》中也很明顯，這便是龍樹的兩諦不離的思想格局。其詳請參見〈龍樹之論空假中〉一文。在這方面，天台宗恐怕受到龍樹的影響；但它究與龍樹不同，它把這種關係，說得更為徹底。龍樹只就外延方面，把煩惱、生死與菩提、涅槃等同

---

23 智顗《法華玄義》謂：「觀生死即涅槃，治報障也；觀煩惱即菩提，治業障煩惱障也。」（卷 9 上，《大正藏》33・790a）《摩訶止觀》謂：「陰入皆如，無苦可捨；無明塵勞，即是菩提，無集可斷；邊邪皆中正，無道可修；生死即涅槃，無滅可證。」（卷 1 上，《大正藏》46・1c）

24 《大正藏》14・542c。

25 Ibid., 548a。

起來，並未即此即直認煩惱、生死即是菩提、涅槃。最低限度，他在《中論》只說到「若見因緣法，則為能見佛」的程度。他究竟未至於「見煩惱法即見佛」的程度。故他還是要說「業煩惱滅故，名之為解脫」，強調業煩惱要先滅，然後得解脫，而未說業煩惱即此即是解脫。[26]這裡我們把龍樹在這方面的脈絡稱為不離，天台宗的稱為相即，以示分別。我們以為，由不離到相即，還有一段思路上的進程。不離是外延上的等同，表示所指涉的還是那個範圍內的東西；這在意思上還較浮泛。相即則是在體方面的同一，表示非常確定和具體的圓融關係。知禮在《十不二門指要鈔》說到天台宗的即義，提供很重要的消息。他說：

> 應知今家明即，永異諸師。以非二物相合，及非背面相翻，直須當體全是，方名為即。[27]

此中他把相即解為「當體全是」，即是，煩惱、生死當體全是菩提、涅槃。這兩者是同體，不能分離。淨時全淨，染時全染，還是那些東西。這猶如熱時全冰為水，冷時全水為冰。故煩惱、生死不能捨去，如龍樹所云：在這方面，知禮更提出「性惡法門」觀念。他說：

> 煩惱生死即是修惡，全體即是性惡法門，故不須斷除及翻轉也。諸家不明性惡，遂須翻惡為善，斷惡證善。[28]

故煩惱、生死雖是性惡，但作為法門，卻恆常地有工具的作用（instrumentality），以利益佛、菩薩方便度生。[29]故法門不改，不須「斷

26　參看〈龍樹之論空假中〉一文。

27　《十不二門指要鈔》卷上，《大正藏》46・707a。

28　Ibid.,《大正藏》46・707b。

29　例如佛、菩薩要度酒鬼、妓女。若能先化身為酒鬼、妓女，便較易進行化導工夫。此化身為酒鬼、妓女之事，即是性惡法門。這當有工具義。

除及翻轉」。這同體、法門觀念，特別是後者，都是天台宗有進於龍樹的開展。

五、關於四教四門

天台宗有著名的判教說，立藏、通、別、圓四教，而與四門相配。四門是四種思考層面，或觀照層面，這即是有門、空門、亦有亦空門、非有非空門。就邏輯來說，有門是肯定，是正；空門是否定，是反；亦有亦空門是同時肯定，是綜合；非有非空門是同時否定，是超越。這四門的說法，實來自《中論》的一個偈頌：

一切實非實，亦實亦非實，非實非非實，是名諸佛法。[30]

其中，有門相當於一切實，空門相當於一切非實，亦有亦空門相當於亦實亦非實，非有非空門相當於非實非非實。[31]

天台宗以為，四教與四門相配，可有分別的與總合的兩面。就分別一面言，四教每教都各自有四門，門門升進，以臻於較高的理地。[32]就總合

30 《大正藏》30・24a。

31 這是所謂四句（catuṣkoṭi），或四種命題。這四句可以符號邏輯的真值函蘊系統來表示，其表示式請參看拙文〈從邏輯與辯證法看龍樹的論證〉（《能仁學報》第 1 期，1983 年，頁 19-36）。這文字亦收入於本書。

32 四教各有四門的情況如下。藏教所修的是析空觀，所證的是偏真之理。其有門可以一切有部的三世實有、法體恆有的實在論為代表；其空門可見於成實宗立三種假而空我法之理中；其亦有亦空門即《毘勒論》的雙照實有與空理；其非有非空門即《那陀迦旃延經》的雙非實有與空理。這後兩部經論並未有傳來中土，我們可通過《大智度論》而知之。通教的有門是有不離空之有；空門是空不離有之空；亦有亦空門是雙照有空；非有非空門是雙遮有空。別教則以但中之理為所觀。其有門觀虛妄色盡，別有妙色，名為佛性；其空門觀如來藏、大涅槃皆空；其亦有亦空門雙觀妙有與真空；其非有非空門觀但中之理。其觀法為離四句，絕百非，言語道斷，心行路絕，泯絕一切言說思慮的相對性，而直契法性。圓教有門觀見思假法即是法界，具足一切佛法，是

一面言，四教中每一教可與一門相配：藏教配有門，通教配空門，別教配亦有亦空門，圓教配非有非空門。這種相配，基本上是就應用上的方便言，其意義是權宜的，而非究竟的。智顗《四教義》謂：

> 四教各明四門，雖俱得入道，隨教立義，必須逐便。若是三藏教四門，雖俱得入道，而諸經論多用有門。通教四門雖俱得入道，而諸經論多用空門。別教四門雖俱得入道，而諸經論多用亦有亦空門。圓教四門雖俱得入道，而諸經論多用非有非空門。[33]

很明顯地看到，四門是邏輯格局，也很有辯證的意味；與四教相配，則是此種邏輯格局的運用。由這種相配可以看到，天台宗以為，四教在義理上並不是各自孤立的，而是有一辯證的發展：從藏教的肯定思考到通教的否定思考，經別教的雙邊肯定思考，最後臻於圓教的雙邊否定思考。亦是因為這樣，圓教的雙邊否定才能包攝雙邊肯定，而成雙照與雙遮的中道觀法。故四門的運用，可以說是巧妙的邏輯運用；通過它，可以建立四教的重重向上升進的連續性，而成一統一體。

另外，天台宗又把四教與空假中偈相連起來，以「眾因緣生法，我說即是空」為申述通教教理，「亦為是假名」為申述別教教理，「亦是中道義」為申述圓教教理。[34]即是說，通教基本上是說空，別教基本上是說假，圓教基本上是說中道。這裡姑不論這種理解是否得當，單就方法論

三諦相即的假面；空門觀幻化見思及一切法不在因，不屬緣，我及涅槃皆空，這是三諦相即的空面；亦有亦空門觀空假相即；非有非空門觀幻化見思即是法性，故為非有，法性即幻化見思，故為非空。由此而顯非有非空的中道。參看《摩訶止觀》（卷6上，《大正藏》46．73b以下）。

33　卷4，《大正藏》46．731c-732a。

34　《維摩詰經玄疏》謂：「偈云：因緣所生法，我說即是空，此偈申通教大乘，詮無生四諦四沙門果三寶也。偈云：亦名為假名，即是申別教大乘，詮無量四聖諦四沙門果三寶也。偈云：亦名中道義，即是圓教大乘，詮無作四實諦四沙門果三寶也。」（卷3，《大正藏》38．534b、c）

言，已顯示天台宗實有透過這種相連，在外延上把通、別、圓三教結合起來。因龍樹在空假中偈中，有一基本的意向，這即是要在外延方面把空、假、中三個概念等同起來。[35]外延上的等同，即表示三個概念的所涉，都是那個範圍內的東西。這三個概念分別與通、別、圓三教相連，即表示三教在外延上也互相包攝了。由此更可見天台宗有把這幾個教建立成一統一體的意向。這與上面一點，實在可相互印證。

35 參看〈從邏輯與辯證法看龍樹的論證〉與〈龍樹之論空假中〉二文。

第十六章　智顗的四句及四句否定

一、從中觀學到智顗

關於四句的問題，我們必須注意，在中觀學裡，四句由兩種形式組成，包括四句的肯定式和四句的否定式。這兩種形式實際上都不是中觀學者創造的，而是源自原始佛教。[1]四句被認為是對四種極端的表達，而四句的否定則表示中道，即析除這些極端的狀態。這是天台的宗師智顗大師的做法。龍樹並沒有清晰地對比四句和其否定，反而傾向同時地正面評價它們，認為它們都有助於揭示真理。即是說，四句的肯定式具有教導性，引領各聞法者順應各自的條件去認識真理的不同面相，或是引領他們從低至高，逐步去認識真理。這四句在前面的章節中已交代過。至於四句的否定式，龍樹視之為一種揭示真理的直接工具。在運用這工具時，「四句」陳述所代表的四種形式，包括肯定、否定、綜合和超越，都同時被否定。在這種同時間的否定中，真理直接地被揭示開來。由於沒有跡象顯示龍樹有意貶抑四句的肯定式，而抬高其否定式，故此，我不擬稱後者為「四句的否定」（negation of the Four Alternatives），而是稱為四句的否定（negative of the Four Alternatives），意思是四句的否定方式。中文翻譯難以區分這兩個名稱的意思。請注意，著者所指兩者的區別並不是「四句」和對「四句」的否定，而是兩種同屬於「四句」的形式：肯定式和否定式。就龍樹而言，四句與其否定之間，並沒有互相對反的區別，智顗則有

1　例如在漢譯的《雜阿含經》（*Saṃyutta-nikāya*）第十三章，《大正藏》2．86a 中就有提及。

此傾向。我們在比較智顗和龍樹關於四句的問題時，必須緊記這一點。

智顗的系統對四句的問題有專門而全面的處理。他在主要的著作中，經常引用兩首《中論》裡的著名偈頌去展示四句和它的否定。無疑，智顗從龍樹繼承了四句及其否定，而且是運用和發展這種方法的傑出的中國佛學思想家。[2]

智顗對龍樹的方法的運用是一個很大的題目，需要一整部書去處理，因為在他的主要著作中隨處可見，而且有相當詳細的說明。我們特別注意的，是智顗在某些不同情況下運用這些方法，而且牽涉到不同的概念和問題。在描述這些方法的運用之前，我想提出一些統計數字和在文獻上的觀察，以反映這些情況。

a. 就著四句和它的否定來說，前者在《中論》裡較少出現，只有兩次被提及。在運用這兩種方法的次數上，智顗並沒有偏重於某一種，各有大致上相同的使用次數。四句主要在《四教義》和《法華玄義》[3]中找到，而其否定則較多出現在《摩訶止觀》中。[4]

b. 關於四句，鳩摩羅什在《中論》一首著名偈頌中把四句陳述的主詞翻譯為「實」、「非實」、「實非實」和「非實非非實」。這在上

2　據說，在智顗之前，中國佛教界一位被尊稱為傅大士的人曾作過一首短詩，當中提及四句和無生的問題。參考湛然的《止觀義例》，《大正藏》46・452c。又可參考安藤俊雄著《天台性具思想論》，京都：法藏館，1953, p. 26。傅大士是一個含糊的人物，而被視為他所作的那首詩過於簡短，難以確定是否提及四句和無生的問題。

3　例如《四教義》（《大正藏》46・729a-730a, 731c-732a, 747a, 751c, 760a）；《法華玄義》（《大正藏》33・682b-c, 687a, 782b, 784a-790b）；《摩訶止觀》（《大正藏》46・20c-21a, 缺少第三句，53c）；《維摩經玄疏》（《大正藏》38・520c, 528b, 557b-558b）；《維摩經略疏》（《大正藏》38・695a）。在這些情況下，四句的提出被視為有助於真理的實現。

4　例如《摩訶止觀》（《大正藏》46・4c, 8a, 21c-22a, 29a, 46c, 54a-b, 54c, 63c-64b, 70b, 82a, 82b-c, 111b, 127b）。在《維摩經玄疏》中亦提到（《大正藏》38・525a-b, 526c, 528b, 550a）；《維摩經略疏》（《大正藏》38・564a, 638c-639a）；《法華玄義》（《大正藏》33・696a-b, 699c）；《法界次第初門》（《大正藏》46・691b）。在這些地方，四句的否定被視為是可以趨向真理的方法。

面諸章中都出現。智顗有時會沿用這翻譯，但有時又會將主詞稱為「有」、「空」等等，甚至將「有」、「空」變為「有」、「無」等等。[5]坦率地說，這些不同只是文字上的差別，沒有任何概念上的分別。

c. 在《中論》裡，四句的典型表述是以「實」為主題的，而其否定則以「生」為主題。原則上，以實、生或任何事物為主題都不會影響這兩種方法的性質和理論效力。其中的分別只在文字變化上，因為無論採用什麼為主題，其邏輯符號化的結果仍是不變的。舉例來說，以實、非實、實非實、非實非非實組成的四句，跟以自生、他生、共生、無因生所組成的四句，符號化後都同樣是 P, ~P, P・~P, ~P・~~P。智顗很清楚這一點，因此，他在運用四句及其否定時，將實、生，以及其他主題交替地使用。

d. 然而，在實踐上，運用這兩種方法的含意卻不單止在它們的邏輯符號化的結果上。這些含意往往關連到表述這兩種方法的主題。例如經常以無明和妄心為主題，表示在揭示和達致真理的實踐上，對這些主題的關注。在智顗運用這些方法時，這一點尤其重要。由於主題可以相互轉換，他可自由地選取那些與實際和救贖目的關係較密切的主題。我們會在適當時候再進一步討論這一點。

二、智顗對四句的運用

龍樹如何運用四句的問題，已有很多學者進行過研究。然而，智顗怎樣運用四句的問題卻未有得到足夠的注視。因此，以下的研究主要會反映我自己對有關問題的看法。實際上，華嚴宗的法藏也曾運用和發展四句思維，但在發揮和進一步開拓它方面，智顗做得更為出色。

5　詳情可參考《法華玄義》第八章，《大正藏》33・784a-785b；《四教義》第八章，《大正藏》46・747a；第九章，《大正藏》46・751c。

對於四句的方法，智顗似乎關心怎樣運用多於它代表什麼。但在《維摩經略疏》中仍有一處間接地處理四句代表什麼的問題。在引述中觀學另一鉅著《大智度論》中一首關於實與非實的典型的偈頌以及說明該首偈頌亦出現在《中論》裡之後，智顗指出：

> 故知諸佛說法，無不約此四門。若實者，即是法性實理，用有為門。若非實，即是約畢竟空為門。若亦實亦不實，即是上文無明即明，明即畢竟空，即是亦實亦不實為門。若非實非不實，即空有雙非之義，如用中道非空非有為門。如是四門，為向道之人，聞說即悟。[6]

智顗在這裡選了《中論》裡一首典型的偈頌作例子，去表達他自己對四句的看法。一方面，他以四門，包括：有、空、亦有亦空，以及非有非空來說四句。另一方面，他把四句關連到我們對世間或事物的四個知識論觀點，包括：實、非實、亦實亦非實，和非實非非實。他又運用一些辭彙和關係，例如「法性」、「空」以及「無明即明」去說明這些觀點。這些辭彙和關係都帶有濃厚的實踐和救贖的主旨，特別是「無明即明」。在智顗的思想中，無明與明的等同，在達致真理上有著非常重要的地位。這種關係會在本書後面再詳細研究。基於這種連繫，這四種觀點與真理的實現有密切關係。它們可視為對真理的四種尋求方式或真理的四個層次，智顗是要透過四門或四條途徑去解釋相應的四個真理層次。

智顗運用四句是基於上述的觀念，因此四句是一個實踐真理的問題。這種運用稱為「四門入道」[7]或「四門入理」[8]。追求與體證佛教真理有很多途徑，就智顗而言，這些方法可以簡化為四種形式，他稱之為「四門」。這四門為「有門」、「空門」、「亦有亦空門」以及「非有非空

---

6 《維摩經略疏》第九章，《大正藏》38・695a。

7 《四教義》第四章，《大正藏》46・731c。

8 《四教義》第三章，《大正藏》46・729a。

門」。[9]我要指出，智顗的判教理論是他的思想體系的骨幹，而這裡亦是在同一背景下運用四句。智顗指出，這四門是各自以相應的四教教義去解釋，而每一門都有助於透進真理的內蘊。然而，為方便起見，當關連到實現四教中每一教所解釋的真理時，經論中通常都集中運用一門。即是說，藏教強調和使用有門；通教用空門；別教用亦有亦空門，而圓教則用非有非空門。[10]很明顯，智顗希望借助經論的權威性去支持他的四教觀點，把四門與四教以一種相應的和漸進的次序連繫起來。我們無需關注他尋求權威來支持自己的觀點的做法，但我們觀察到這種連繫與智顗對四教的理解是完全吻合的。即是說，四門可分為兩組，其中一組包含有門和空門，另一組包含亦有亦空門和非有非空門。這種區分是建基於一種說法，以藏教和通教所說的真理是偏真性格的。於是，智顗就把這兩種教義分別連繫到有門和空門，並認為它們各自偏於一面。相反地，別教和圓教所說的真理則是圓滿的。智顗稱這真理為「中道佛性」。因此，這兩種教義分別與亦有亦空門和非有非空門連繫。[11]基於這種連繫，亦有亦空和非有非空應能夠關連至「圓」的概念。智顗並未有詳細解釋這一點，但亦有亦空和非有非空怎樣也不會是偏於一面的。在中文的意義中，不偏於一面就是切合於圓滿。關於每一組之中兩種教義的差異，智顗把藏教與通教在達致真理的方法上作對比，判別為拙劣與靈巧，以「偏門」和「正門」分別代表它們

9　「尋佛三藏，赴緣多種，尋其正要，不出四門入道。其四門者，一者有門，二者空門，三亦有亦空門，四非有非空門。」（《四教義》第四章，《大正藏》46．731c）

10　「四教各明四門，雖俱得入道，隨教立義，必須逐便。若是三藏教四門，雖俱得入道，而諸經論多用有門。通教四門雖俱得入道，而諸經論多用空門。別教四門雖俱得入道，而諸經論多用亦有亦空門。圓教四門雖俱得入道，而諸經論多用非有非空門也。」（《四教義》第四章，《大正藏》46．731c-732a）這裡說四教都能以四門體證真理（入道），但各教有其自己特別用力的重點，這便是「逐便」。在這逐便中，藏教偏重有門，通教偏重空門，別教偏重有門與空門的綜合，圓教則偏重有門與空門的超越。

11　「今明佛法四門，皆得入一理，但有二種不同。一者，三藏、通教兩種四門，同入偏真之理。二者，別、圓兩教四門，同入圓真之理。」（《四教義》第三章，《大正藏》46．730a）

的法門。他也把別教與圓教的門徑作對比，以前者為「偏門」，後者為「正門」。[12]

智顗的判教是以升進的次序來鋪排。最後的一種教義（圓教）對智顗而言是最高的。由於四門跟四教有著一種平行的關係，故此可以合理地推斷四門亦是以一種升進的次序來排列的。事實上，智顗已注意到這一點：

> 三界人見三界為異，二乘人見三界為如，菩薩人見三界亦如亦異，佛見三界非如非異，雙照如異。今取佛所見為實相正體也。[13]

智顗在這裡以四句代表四個層面來說真理。這亦意味著四門與真理的四個層面相對應，雖然這裡以「異」和「如」代替了有和空。異指作為現象的種種不同的事物，它們各有自身的時空性格，作為個體性的存在，各自不同，這是「異」。如則指一切現象事物都是無自性空，亦即是「空如」或「如」。異相應於有，如則相應於空，雙方的對反性格是相同的。字眼上的改變並無實質性的不同。其中的「四句」陳述和四門的升進模式可從當中人物所屬修行層次的升進次序見到，這些層次是慾界、色界、無色界（合稱三界）、聲聞（梵：śrāvaka）、獨覺（梵：pratyekabuddha）（合稱二乘）、菩薩和佛，他們循著不同的法門趣向真理。這升進的過程以佛為最終，他超越其餘三者，達致實相正體。就智顗而言，在體證終極真理的層次來說，佛境是最高的，高於其餘三者。相應地，建基於「四句」陳述而達致實相正體的法門是高於其他法門的。這亦顯示出智顗在達致真理方面，把優越性歸予第四句陳述。

---

12 《四教義》第三章，《大正藏》46．730a-b。

13 《法華玄義》第一章，《大正藏》33．682b-c。

三、四句作為類比的工具

現在，我們試借助龍樹對四句的觀點去反思智顗的觀念，前者認為四句有教化和分類的含意。讓我們從一個問題開始：什麼是智顗的四句在運用上的最大特色？答案很明顯是：他運用四句去類比四門以表達真理依序上升的四個不同面相，而且全都是在他的判教的基礎上說的。具體來說，第一句陳述作為有門的類比，用以表達藏教所說的真理。第二句陳述是空門的類比，用以表達通教的真理。第三句陳述類比亦有亦空門，表達別教的真理。最後，第四句陳述類比非有非空門，用以表達圓教的真理。對不同的聞法者採取最切合他們個別條件（包括興趣、關心的事情、資質等）的法門去進行教化。智顗很清楚地指出：

> 〔四門〕皆是赴機異說。[14]

按照這種方式，聞法者被引導去認識真理的不同面相。然而，由於四門跟四教一樣是以升進的次序排列，所以每一個聞法者最終都會得到非有非空門的教化，由此，聞法者會被引進圓教的真理，即實相正體的內蘊。從這個意義上說，四句被用作為一種工具、機制，為教化和救贖的目的作類比。在這教化的含意上，智顗和龍樹是一致的。

在這裡或許可以提出兩個問題：第一，為什麼這個類比要以如此方式去表達呢？這種表達方式有沒有邏輯基礎呢？換句話說，為什麼第一句陳述用以類比有門，第二句類比空門等等？第二，為什麼有門與藏教連繫，空門與通教連繫，如此類推？這種連繫有沒有義理上或實踐上的依據呢？

對於第一個問題，我們知道該類比的表達必須按照包含「四句」陳述（肯定、否定、綜合和超越）的四個邏輯形式。第一句陳述的肯定式揭示

14　《法華玄義》第九章，《大正藏》33．791a。這是智顗對從四門進入真理的問題作深入討論後得出的結論。參考《法華玄義》第九章，《大正藏》33．784a-790b。

我們對真理的肯定或正面理解現象的面相，這是從對世間和事物的重視而說的。因此，第一句陳述的類比是適合以有門來表達的，事物作存有看。第二句陳述的否定式展示真理的否定的或非實在的面相，在這種情況下，第二句陳述的類比最適宜以空門來表達，意謂一切事物都無自性，都是空，我們不應對它們起執取之心。第三句陳述的綜合式結合了真理的上述兩個面相，或者可以說，同時揭示事物的這兩方面的面相。相應地，第三句陳述的類比可以很清晰地以亦有亦空門來表示。第四句陳述的超越式反映出超越以上兩個面相的狀態，敞開一個或表詮或遮詮的關口，為真理的多元性格鋪路。所以這句的類比最適合以非有非空門來描述。「四句」所表達的每一個類比，實際上都有著邏輯的基礎。

關於第二個問題，智顗沒有明確地解釋這種連繫。然而，藉著他的判教，這個問題並不難交代。智顗認為，藏教著重事物的現象方面，傾向於將事物視為一些實在的東西。這很自然會連繫到有門，例如說一切有部（Sarvāsti-vāda）。通教強調事物的非實體或空的性格，由此而連繫到空門，般若思想與中觀學即持這種說法。別教提倡體證事物真理的漸進過程，在當中，修行者必須經歷對真理不同層面的了解，從最低層升進至最高層。這不同的層面表現為有和空，所以連繫到亦有亦空門。圓教提倡頓然地體證事物的真理，當中一切分別，包括有和空必須在瞬間超越和克服。基於這個原因，圓教應連繫於非有非空門。從這個意義上說，四門與四教的連繫兼有義理上和實踐上的理據、基礎。

讓我們回到智顗與龍樹的比較問題。智顗把四句用作類比的工具，是建基於他的判教理論。從以上的解釋可見，他把四句與四教平行排列，每句陳述都對應於某一種教義。由於每種教義都傾向於某種真理層次，因此每一句陳述會連繫到某種真理層次的法門。我們要特別注意，這個包含四層的方案並非意味對真理的割裂，而是表示不同的真理面相可通過不同的途徑或法門去達致。智顗更指出：

實相尚非是一，哪得言四？當知四是入實相門耳。[15]

智顗的論點是，以數量來表示的東西是可以數算的，而且是屬於相對性格的，而終極的真理的性格是絕對的，而且超越了可數算的範域。即使是以「一」這個數目來數算真理，也是不可能的，更不要說其他更大的數目了。如果說真理是一，只能是絕對意義的一：絕對一。「四」或四門只表示對真理的不同理解。因此，智顗以類比的形式運用四句，可說是佛教思想發展中一個有建設性的設計、方案，原因是它能把不同的佛教義理綜合起來，並且能引導人們對佛教真理達致更全面的、更深入的了解。再者，在以判教去說明這個類比當中，智顗更巧妙地運用四句去闡釋和開拓他的判教理論。第一句陳述表示藏教，第二句陳述表示通教等等。至於龍樹，他的情況是不同的。他沒有將「四句」陳述與四種教義相配，甚至未有清晰的判教的想法。然而，我們不要忘記龍樹的四句思想本身有分類的含意，這有助於對同一事物的不同理解劃分開來。實際上，以四句的分類含意作基礎去發展出一套判教的理論體系並非不可能。基於智顗與龍樹在思想上的密切關係，智顗的判教很可能受到這分類含意所影響。我們在這裡不打算進一步探索這可能性，但我們至少可以肯定，智顗把四句用作一種類比的工具的做法，是承襲了這分類的含意的，因為把「四句」陳述（或四門）與四教並列預設了各種佛教義理之間的一個分類的藍圖。

四句的方法，就智顗和龍樹而言，同樣有教化意義，引領有情眾生學習真理的不同面相，最後帶領他們到終極的實相正體。智顗以判教為基礎，將「四句」陳述類比四門，在方法論上是一種積極的和有建設性的發展，原因是它幫助我們了解佛教的充實的、多元的義理。然而，我們必須把注意力轉向一個重點，就是運用四句作為一種類比工具是有限制的。即是說，該類比是權宜地和約定地被闡釋的，而且是透過一些相對的概念或名字，例如「有」或「空」而進行的。這讓四句落於一種相對的格局中。

15　《法華玄義》第八章，《大正藏》33・784a。

再者，在這類比中，真理並不是直截了當地展示出來，而是透過一個類比作為中介。這個類比不能引領我們面對面地與真理相遇。在這個意義上，智顗對四句思維有所保留，並指它為「思議」的。

「思議」與「不思議」是在相對的脈絡下說的。以智顗的用辭來說，思議指一些可以用名字來表達，因而是相對性格的東西；不思議則指那些不能用名字表達，因此是絕對性格的東西。亦可以說，思議是屬於思維層次的，而不思議則超越了這個層次。實際上，智顗便曾將思議和不思議與四句的關係作了對比：

> 四句立名，是因待生，可思可說。……〔絕待止觀〕待對既絕，即非有為。不可以四句思，故非言說道，非心識境。[16]

智顗直接地將四句連繫到因果性和相對性，這些都被視為屬於生起的亦即是有為的（梵：saṃskṛta）事物的性格。他認為生起的事物都是可思議和可說的。在這個脈絡下，智顗謹慎地評價四句的方法。他認為這種方法有助於對真理的了解，然而，這了解只限於可思議的和相對的層面。[17]這裡很清楚表示四句只能引領我們了解相對的真理，與絕對真理無關。絕對真理的性格是不思議的、超越思議的，必須循另一種方法達致，所謂「離四句，絕百非」也，這隱含了超越一切文字言說、相對思維的意味。再進一步說，智顗留意到對四句執著的危險，於是警誡我們避免這種執著。他指出，我們對四句中採用的範疇（有、空等等）不能執實地堅持，否則便干

---

16 《摩訶止觀》第三章，《大正藏》46．22a。智顗在這裡討論相對的與絕對的止觀的關係。

17 對四句的這個評價見於智顗對「悉檀」（梵：siddhanta）的討論中。悉檀表示真理或實相。智顗把悉檀分為不可說的和可說的。關於可說的，他列出「四句」陳述，並總結說它們全都有助於對真理的了解。「第一義悉檀者，有二種：一、不可說；二、可說……約可說者，一切實，一切不實，一切亦實亦不實，一切非實非不實，皆名諸法之實相。」（《法華玄義》第一章，《大正藏》33．687a）

犯了愚癡的見解。[18]這一點似是表示這些範疇不應以任何方式連繫到決定的自性方面去，對自性（梵：svabhāva）的執著是一切邪見的起因。實際上，依康德的說法，範疇只能用於可能經驗的現象或對象，是知性（Verstand）所處理的東西，是可思議的。過此以往，在超越方面，範疇、知性便無能為力，必須讓位予實踐理性（praktische Vernunft）來處理。

四、智顗對四句否定的處理

接著要討論智顗系統中的四句的否定或四句否定。跟四句的情況一樣，智顗較著重運用四句否定多於給它一個清晰的定義。但是，在一處地方，他作了以下的註解：

> 諸法不自生，哪得自境智？無他生，哪得相由境智？無共生，哪得因緣境智？無無因生，哪得自然境智？若執四見著，愚惑紛論，何謂為智？今以不自生等破四性。性破，故無依倚，乃至無業苦等。清淨心常一，則能見般若。[19]

18　「若定謂是有，即是著法。乃至定謂是非有非無，亦名著法者。……若定言諸法非有非無者，是名愚癡論。」（《法華文句》第十章，《大正藏》34．141b。）這裡所謂「愚癡」，大體上是指思維上傾向常住論，不能活轉。

19　《摩訶止觀》第三章，《大正藏》46．29a-b。鈞按：此段文字不好解，原英文本有此段文字的英譯，中譯本僅列出原文，未有將英譯譯為中文，今補上我自己對此段文字的中譯如下：

> 事物倘若沒有自生，則怎能有作為對象的自我的知識呢？倘若沒有他生，則怎能有作為對象的相互依存的知識呢？倘若沒有自他共生，則怎能有作為對象的因和緣的知識呢？倘若沒有非原因生，則怎能有作為對象的自然的（生起）的知識呢？倘若有人繫縛或執著於這四種觀點（：自生、他生、自他共生和非原因生），則會有多種愚癡與迷惑生起，那這些東西（：愚癡與迷惑）又怎能被視為知識呢？現在，有了對無生等等（的理解），我們便可破除（對）這四方自性

在這註解中，「自境智」和其餘三種智，並不構成真正的知識（智）。它們是在繫縛於自性的脈絡中說的。即是說，「自境智」代表以自身作為對象的知識，而這自身被視為具有其自性。「相由境智」代表以某個「他者」為對象的知識，而該「他者」是某些事物生起時所依靠的。這個「他者」被視為具有自性。[20]其餘兩句與自生、他生引伸的結論相同，同樣是以自性來說。因此，回應這四種生，引伸出四種自性。智顗似認為四句所代表的這些見解都是邪見，由於它們繫縛於自性，這自性並非什麼，而只是一種思維構想。他提出，我們應以非自生等等的正確理解去解除這四種對自性的繫縛，而非自生等等就是無生的表達。解除對自性的繫縛會達致無二分的心的境界，即「清淨心」。這清淨心能生起般若智，對佛教徒而言，這是能夠實現真理的智慧。

智顗的論點是，如果以自生等代表的四句繫縛於自性及與之連繫，就必會產生邪見。他似又這樣想，對自性的繫縛是導致心的二分化和障礙般若智呈現的原因。因此，我們應拒斥四句以及否認任何自性的構想。這樣做，就能揭示知識的真實性格，即般若，而體證到真理。在這裡，智顗似把四句關連到自性的繫縛以及心的二分化的傾向，此二者只會阻礙我們對非實體和非二分的真理的了解。我們相信，智顗拒斥四句並強調它的負面意義，用意在指出真理是透過否定自性和拒斥二分化或邪見而達致的。龍樹亦同樣有這種意思。因此，在四句否定的問題上，智顗與龍樹基本上有相同的想法。

智顗曾多次，並在不同主題，例如無明、真如、夢、諸法和妄心上運用四句否定。在這些主題之中，最常提及的是妄心。由於篇幅所限，我們

（的執著）。當（對）自性（的執著）被破除，便沒有（對於自性的）倚賴，也沒有任何業或苦，等等。本於清淨心恆常地在不二的狀態，（我們）便能展現般若（智慧）了。

20 這裡用「相由」來表達似不太自然。智顗把自生連繫到自境智，很自然應把他生連繫到「他境智」而不是「相由境智」。因此，我們似乎應該把「相由」解作「他」較為合適。

不能詳細介紹所有的主題。我們只能集中於一個例子，從中可見到智顗運用這個方法的態度和基本關心的問題。這例子如下：

> 觀此欲心，為從根生？為從塵生？為共？為離？若從根生，未對塵時，心應自起；若從塵生，塵既是他，於我何預？若共生者，應起兩心；若無因生，無因不可。四句推欲，欲無來處。……畢竟空寂。[21]

對於這段文字的意思，我們可以先作如下的說明：就欲心（亦即妄心）的生起來說，從根生、從塵（對象）生、從或不從根與塵合起來生，都有困難。對於這些困難，我不想作詳細的說明，讀者若把它們與龍樹的四句否定合起來比觀，便會清楚。智顗的總的意思是，以四句的方法來推求欲心的生起，是不可能的。依於此，欲心自身是沒有的，是沒有自性、實在的。再重複說一遍，「欲心」是一種妄心。智顗表示在這裡運用四句，試圖追溯這種虛妄性格的根源，但這努力是無效的，因為每一句都不能避免出現困難。在這裡需要略為解釋四句在這例子中的形式，尤其關於第二句。「從根生」在這裡是第一句陳述，這沒有問題。然而，在第二句陳述，智顗提出對象（塵）並試圖以「塵生」來建立一否定句。這就出現問題，因為塵並不是根的反面，塵生並不能成為一否定句，與作為肯定句的根生相對比。若以符號來表示，如果根生是「P」，塵生就不能以「~P」來代表。這種情況跟運用他生作為基本上是否定的第二句陳述有著同樣的困難。在這個例子中，我們的理解是應該以一種較寬鬆或有彈性的角度去處理。我們無需太過執著於否定的邏輯形式，因為智顗對邏輯不感興趣，他更關心的是實踐和救贖的問題。在根生的肯定句中，根是作為主題。任何事物只要不是根，即「非根」，寬鬆地說都可以作為根的反面，由此得出「非根」生作為根生的否定式。在這例子中，塵代表了任何不是根的東

21　《摩訶止觀》第六章，《大正藏》46・70b。

西。故此，塵生是非根生的一種表達，因而成為根生的否定式。在這個意義上說，根據四句陳述的正常關係，可以配合第一句而制訂第二句陳述。

這段文字亦顯示出關於四句否定的另外兩點。首先，妄心不能來自任何地方，妄心的生起不能源自任何背景。第二，妄心的性格基本就是空。關於第一點，人們很自然會將某東西的生起關連到一個原因，這原因是自身、他者、自他共同或是非自非他呢？在現在的例子中，根代表自因，塵代表他因。實際上，自、他、自他共同和非自非他是窮盡了一切可想象到的可能性，關於原因的邏輯形式的可能性。智顗並不反對尋找一個原因來解釋事物生起的做法，只要把這種生起視為經驗現象和相對性格的便可。他亦指出，心之生起必須依靠主要和輔助的因素。[22]事實上，生起的範疇是用來描述質體的形成，這過程先於我們的感官和在我們思想中出現的印象。從這個意義看，生起只是一種協約的工具，因此有相對的性格。除這意義之外，生起沒有其他意思了。但人們傾向將一種終極性賦予生起的概念，並設想在相對的範疇以外，有一些東西具有生起的性格，由此引伸出自生、他生、共生和無因生的問題。他們認為這四種生都有絕對的地位，而且單憑自身便能存在。這樣的屬性和看法完全是來自我們的觀念構想和那些不能避免地產生的邪見。這屬性和看法就是智顗所反對的，而四句否定正表達這種反對。關於這一點，智顗指出：

> 妄謂心起。起無自性，無他性，無共性，無無因性。起時不從自、他、共、離來。[23]

智顗提出四種性格，這窮盡了一切可想像的性格。這四種性格可連繫到四

22　「夫心不孤生，必托緣起。意根是因，法塵是緣，所起之心，是所生法。」（《摩訶止觀》第一章，《大正藏》46．8a。）即是，心需要由主要的因素意根加上輔助的因素，法、塵或對象才能生起。有了這些因素，心自然能成就。這其實是緣起（梵：pratītyasamutpāda 或 pratītya-samutpāda）。

23　Idem.

句陳述的四種邏輯形式（肯定、否定、綜合和超越）。具體地說，「從自性生」是肯定式。「從他性生」代表從非自性而生，因此是否定式。「從自他（共）性生」是綜合前二者。最後，「從無因（離）生」代表超越這個綜合。故此，四種性格與四句陳述相對應，基於這種對應，四句否定顯示出於四種性格的否定。這四種性格實際上同樣是絕對意義的自性所表達的。在這裡，智顗所做的是運用四句否定來提醒我們，心（或任何事物）以任何形式（即自生、他生等等）的生起都確定地是沒有自性或任何絕對的存在基礎。這就是龍樹深切關注的無生的真理、教法。

智顗的第二點，即妄心的性格基本上是空，從邏輯上說已經在他的第一點中設定了。如果一件事物的生起不具有自性，在絕對的意義上，根本就沒有生起。因此，在相對意義上生起的事物，就完全沒有在絕對意義上的生起。即是說，它沒有絕對的自性，因此是空。

生起以及生起的任何事物都沒有自性，因此具有空的性格。從智顗這個論證可以清楚見到，他運用四句否定的目的，是實現真理，即具有絕對性格的無生的真理。這無生只是空的另一種表達。這是絕對真理的直接實踐，當中沒有運用類比。智顗基本上以中道佛性來說真理，這中道佛性包含了空的意思。在運用四句否定去展示真理時，智顗在大多數情況下都沒有提及中道佛性。然而，他仍有一次在運用這方法時，把真理說為空、假名和中道。那是他在一個三重的過程（三番）中運用這個方法，並得出結論說，通過這三番，人們可透入空、假名和中道的意義裡。[24]對智顗而言，空、假名和中道是中道佛性的真理的不同面相。

五、從實踐和救贖的角度看智顗的四句否定

我們現在試從龍樹的四句否定反思智顗的四句否定。直至現在，我們

24　《摩訶止觀》第六章，《大正藏》46・81c-82c。這三番是智顗運用四句否定來展示真理的其中一個最複雜的例子。對這三番的闡釋會遠離了本書的範圍。因此在這裡擱下。

的研究已顯示出智顗和龍樹都毫不保留地認同四句否定有助於直接地揭示絕對意義的真理。智顗在他去世前所寫的一部短篇著作《觀心論》中指出，《中論》裡一首包含四句否定的偈頌的用意在詮釋無生的義理。[25]這無生是《中論》開首的歸敬偈頌中提到的「八不」的第一個「不」。[26]這首八不偈頌透過否定八個範疇（生、滅、斷、常，等等），傳達佛教最深奧的義理。這義理是說絕對真理超越一切相對性格的極端，因此不能歸於相對性格的範疇。這教法帶出不生、不滅、不斷、不常等義理。《中論》中又有著名的無生偈：「諸法不自生，亦不從他生，不共不無因，是故知無生。」[27]智顗認為四句否定的目的是達致無生的絕對真理。無生是空的一種表述。這顯出智顗在這問題上與龍樹的密切關係。智顗特別重視無生，認為《中論》所有章節都是在表達無生。事實上，在智顗眼中，無生代表了《中論》所說明的絕對真理，並且應用四句否定展示出來。在理解和應用四句否定上，智顗基本上與龍樹是一致的。在這方面，我們可以確定地說智顗繼承了龍樹的思想。

然而，在應用四句否定上，這兩位偉大思想家之間仍有一個重要分歧。從關於無生的這首偈頌可以看到，龍樹通常引用普遍事物，因為他不太著重突出個別事例。在這首典型的偈頌中，歸於無生的性格的主題事物是「法」或「存在」（梵：bhāvāḥ），這普遍地代表一切質體或諸法。關於這點，智顗的做法很不同，而且很精確。在很多處，他特別指明該主題是心，或更確切地說是妄心。他經常運用四句否定來論證妄心並非生於自身、他者、自他共同或非自非他。他由此得出結論說，妄心屬於無生的性格，或從絕對意義上說是不可得。[28]從理論上說，無論以什麼東西作為主

25　《觀心論》《大正藏》46・586a。

26　《中論》第一章，《大正藏》30・1b。

27　《大正藏》30・2b。

28　這個論點大多在《摩訶止觀》中找到，例如第一章，《大正藏》46・8a；第五章，《大正藏》46・54b, 46・63c-64b；第六章，《大正藏》46・70b。在《摩訶止觀》第五章，《大正藏》46・63c-64b，對這個論證有非常精巧和詳細的解釋。

題，都不會影響四句的角色，即是透過實踐無生的性格去喚醒人們趨向真理。真理就是無生，並且能夠在任何事物中展示出來。然而，在喚醒人們趨向無生的真理的實踐當中，找一種親切的或個別的主題事物，總勝過墮進外在的、不確定的事物當中。妄心產生於我們的自身的存在中，因此是一種親近的主題事物。當我們透過四句否定實踐這心的無生性格，我們就會自我約束，以免產生虛妄的動機，這樣，妄心就會逐漸得到控制。智顗很清楚知道突顯這個妄心在實踐中非常重要。在《摩訶止觀》中，他把止和觀的主題事物分為十類。第一類包括五陰（梵：skandha）、十八界（梵：dhātu）和十二處（梵：āyatana）。[29]在這一類中，智顗選用了識陰（梵：vijñāna-skandha），並提示我們在觀的實踐中要集中於這識陰，因為這對於我們每一個人都是親近的。這識陰並非什麼別的東西，而是心，是煩惱的根源。他指出：

> 心是惑本，其義如是。若欲觀察，須伐其根，如炙（譯按：「炙」當為「灸」之誤，灸為一種治病方法）病得穴。今當去丈就尺，去尺就寸，置色等四陰，但觀識陰。識陰者，心是也。[30]

智顗在這裡的觀點很明顯，當親近的妄心的無生性格實現之後，這無生性格的實現自然地會函攝一切其他疏遠的東西。從實踐的角度看，這是一個值得讚賞的序階。[31]有關這個意思，我們可以較具體地就引文說明一下。智顗的意思是，我們考察某些事物應從最根本、最切近的做起，不應捨近

29　《摩訶止觀》第五章，《大正藏》46・49a-b。關於五陰、十八界、十二處的詳細內容，可參考中村元《佛教語大辭典》第一卷，東京：東京書籍社，1975, pp. 355a, 660c, 657c。

30　《摩訶止觀》第五章，《大正藏》46・52a-b。這裡的丈、尺、寸是長度單位。一丈等於十尺，一尺等於十寸。一寸約等於一英吋或三厘米。

31　唐君毅在他的《中國哲學原論・原道篇》第三卷（香港：新亞研究所，1973，頁1159）亦曾指出，在運用四句的否定當中，對心的強調的實踐意義。

圖遠，這便是「去丈就尺，去尺就寸」。就構成我們的生命存在的五蘊來說，最根本、最切近的，應是識，而識是源於心，故應由識開始。

再進一步說，在無生性格的實現中，對心的突顯代表了心的無生性格。從救贖的意義說，這是一項極為重要的實踐活動。我們對心的無生不應採取虛無的意義而解作心的滅絕。心在每一刻同時具備清淨和非清淨的因素（例如法性和無明），並且一般來說是虛妄的。在心的無生的實踐中，我們關心的是克服心中的非清淨因素而揭示其清淨一面。其結果是，妄心轉化成為清淨心，而這清淨心就是覺悟和解脫的基礎。從這個意義說，賴以揭示心的無生的四句否定，具有很高的救贖意味。

為強調四句否定的救贖意味，智顗再進一步以解脫作為主題展示這方法的運用。他指出：

> 〔解脫〕不從自脫起，故不約自性以立名。不從他脫起，故不約他性以立名。解脫不從自、他起，故不約共性以立名。解脫不從離自、他無因緣起，故不約無因緣性以立名。……解脫不依四邊起。[32]

這裡的形式很近似否定心的生起所用的形式，同時是以四句否定的模式來表示。智顗的論點是，解脫的生起不能關連到任何自性的形式，無論是自、他、自與他共同，或是無因，因此，解脫與自性沒有任何關係。智顗在這個意義上，從救贖的角度指示我們說，解脫並不是生於該四個極端，這四個極端很明顯是代表與自性關連的四句陳述。一言以蔽之，倘若自生、他生、共生、無因生與自性有任何關聯的話，則解脫與它們亦即是「四句」陳述毫無關連。這即是四句否定；這其實即是解脫與具有自性涵意的四句思維完全沒有交集。

作為救贖的目的之解脫，與妄心構成互相對反的兩極。很明顯，妄心的生起應予以否定。然而，解脫的生起亦同樣需要否定，這就有點難理

---

32 《維摩經玄疏》第五章，《大正藏》38・550a。

解。在運用四句否定時，智顗並未有將兩者區分，這產生了一些混淆。我的理解是這樣，智顗運用這個方法的目的是否定歸於自性的任何事物或任何事件的生起，甚至包括作為覺悟的結果的解脫。這種否定當然關連到真理的實現問題。在這方面，智顗與龍樹相當一致。智顗在論證無生時，以解脫作為主題，這並非表示他反對解脫。他只是認為解脫的生起並不與自性有任何關連。他指示說，解脫不能產生於該四種極端的說法，這似表示他認為超越該四種極端可讓解脫成為可能。這樣的指示反映出對解脫的深切關注，而不是反對或漠不關心。

然而，這裡仍存在一個問題。對龍樹而言，真理是空，而他對空的理解主要是自性的否定。四句否定的目的就是要排斥自性。因此，這個方法是相應於，而且是有助於真理的實現。故此，這方法看來已足夠。不過，智顗的情況不同。對他來說，真理是中道佛性。這中道佛性有很豐富的內容，包括空。四句否定並不完全相應於這真理的實現，因此，這方法是不足的。從這個觀點看，智顗提出三觀的問題。

第十七章　三觀的知識與救贖性格

在四句與四句否定之間，智顗認為後者才是真正的哲學方法，可以帶引修學者到真理的實現。然而，他不會滿足於這種方法，因為這方法只能排除謬誤，而不能正面地揭示真理。四句否定只是一種方法，它建基於否定相對的範疇，這些範疇經常被錯誤地關連到絕對真理方面去。例如生起是一個重要範疇，以一種絕對的意義歸於事物的真理，不論是自生、他生、共生或無因生。中觀學認為，這四種生之中，沒有一種與絕對真理相吻合，它們必須要加以否定，以揭示真理的方法。這種否定的方法代表揭示真理的一種否定的表達方式，即指出真理不是什麼。它不能夠揭示出什麼是真理。

中觀學的空和中道，分別被理解為自性和邪見之否定，以及超越兩端，這正是要以四句否定這種方法去揭示。無生、無滅等的性質亦相當配合這方法的否定性格。基於這種特徵，我們可以理解為何龍樹經常在《中論》裡運用四句否定。但智顗的情況則不同。縱使他沒有忽略真理的否定和超越方面，但他肯定地更關心真理與世間事物之間的正面和有建設性的關係。從中道佛性的功用和具足諸法的性格可見，他堅決地認為，如果不著眼於經驗世間，便不能夠講述或完全明白真理。對智顗而言，這真理的內容是整全的，涵蓋了否定和肯定，超越和世間等方面。它同時是空和不空。它不能完全實現，直至兩方面都同時顧及。這個目的不能以四句否定來達到，因它只顧及否定方面。三觀正是針對這個目的而提出的。

三觀由空觀、假觀和中觀組成。作為揭示真理的一種哲學方法，三觀不同於四句否定。這不同在於後者只處理對象的無生或空的性格，而三觀則同時處理對象的空的性格和假或世俗的性格，以及這兩種性格的綜合。

智顗聲稱，三觀是來自中觀學。具體地說，它能追溯至龍樹的空、假名和中道的概念。[1]事實上，三觀與中觀學的空、假名和中道並沒有密切關係。因此，我們在研究三觀的性格前，首先必須檢視在中觀學的脈絡中，這三個概念的意思。由於空和中道在本書多處處理過，我現在會集中處理假名。

一、龍樹思想脈絡中的假名

假名（梵：prajñapti）出現在《中論》裡共兩次。它與空和中道一起在三諦偈中被提到（參考註 1）。在這首偈頌中，龍樹提醒我們關於「空」的權宜性、施設性，或者說，空是一個假名。他似乎要指出一點，空只是施設性地被建立，用以代表真理。「空」作為一個名稱或概念，並不表達任何終極的東西。龍樹對施設性或假名並不採取正面的看法。

假名亦在以下的偈頌中提到：

> 沒有東西可以斷定是空（梵：śūnya）、不空（梵：aśūnya）、亦是空亦是不空，以及不空亦不是不空。它們只是為著作暫時的理解

---

1 智顗在兩個地方明顯地將三觀關連到《中論》：《摩訶止觀》第三章，《大正藏》46．25b；第五章，《大正藏》46．55b。當提到《中論》時，他特別指出天台傳統所稱的「三諦偈」。這首偈頌提出了空、假名和中道的概念。參考《中論》24：18，《大正藏》30．33b。智顗認為這首偈頌提出了三觀。然而，他聲稱三觀的名稱來自《菩薩瓔珞本業經》某處。（《維摩經玄疏》第二章，《大正藏》38．525c）按照佐藤哲英所述，這部經是在中國偽造的，而不是源自印度。（《天台大師の研究》，京都：百華苑，1961，pp. 699-703）佐藤又指出，這部經的建立受到《中論》的影響。（Ibid., pp. 702-703）我們亦要注意，三觀被關連到傅大士方面去，他寫了一首詩，當中提及三觀。（參考湛然《止觀義例》，《大正藏》46．452c。又參考《天台大師の研究》pp. 717-718 以及安藤俊雄《天台性具思想論》，《天台性具思想論》，京都：法藏館，1953，pp. 26-27。）然而，即使「三觀」的字眼出現在傅大士的詩中，但我看不到這「三觀」代表什麼。而且，傅大士在中國佛教界是很模糊的人物。基於這兩點，我不認同在三觀的問題上可見到智顗與傅大士有任何確實的關係。

而說。[2]

空則不可說，非空不可說，
共不共叵說，但以假名說。（《中論》22：11，《大正藏》30．30b）

在這首偈頌中，龍樹否定了四句，這四句由空（梵：śūnya）、非空（梵：aśūnya）、空與非空，以及非空非非空組成。他並且認為這種思想方式有施設性的性格。在本書他處，我分析過龍樹以教化、分類和方便的角度說四句。四句的假名性格可能跟這個脈絡有關。龍樹要說的是，四句並不關連及任何絕對或終極的東西。因此，從四句否定，以及將四句降為權宜性或暫時性，可見龍樹不太願意對假名採取正面的看法。

「假名」在梵文為 prajñapti，意思是選定（appointment）、協議（agreement）以及約定（engagement）。[3]一般來說，它代表某種思維的建構，當中運用了一個名稱來代表某種世間事物，這事物具有緣生的性格。從終極真理的立場看，一切事物都是無自性，因而是空。然而，這些事物生於種種因素或條件的結合，因而我們假設它們作為現象而存在於空間和時間中。我們因此而權宜地選定一些名稱來代表和辨別這些事物，從而出現假名，例如雞蛋、眼鏡、鉛筆等等。權宜性在這裡指涉選定名稱這種特性。「假」這個中文字眼表示「借用」或「工具性」，因此沒有絕對意義。在一般情況，我會就不同的場合、脈絡以種種語詞來多元地說這 prajñapti 或假名性，例如施設性、權宜性、暫時性、假借性、非終極性，

2　śūnyamiti na vaktavyamaśūnyamiti vā bhavet, ubhayaṃ nobhayaṃ ceti prajñaptyarthaṃ tu kathyate. (Louis de la Vallée Poussin, ed. *Mūlamadhyamakakārikās de Nāgārjuna avec la Prasannapadā Commentaire de Candrakīrti. Bibliotheca Buddhica*, No. IV, St. Petersbourg, 1903-13, p. 444.)

3　參看 Moiner Monier-Williams, *A Sanskrit-English Dictionary*, Delhi, Patna, Varanasi: Motilal Banarsidass, 1974, p. 659.

等等。

關於假名的意思，史培隆格指出：

> 我理解假名為一個非認知的、指導性的辭彙，用作一種適當的方法以應付推定的實在物。這個假名的意思依附於這些實在物，同時又向這些實在物提供意義。例如，「人」依附於這個推定的實在物的心理物理的（psycho-physical）特徵，而「戰車」則設定了車輪、車軸等等。在真理中，沒有稱為「人」或「戰車」的事物。[4]

在真理中，沒有稱為「人」或「戰車」的事物，意思是沒有具有獨立自性的人和戰車等事物。「人」是一個假名，是我們選定來代表某些心理物理特徵的聚集，而這個聚集並不表示任何具有自性而能獨立存在的東西。我們要注意假名的非認知性格。若是認知性格，則可以講客觀性、實在性。假名不指涉實在性，它只有權宜性、施設性。

《中論》裡沒有給予假名清晰的意思。龍樹可能認為這裡描述的意思已是眾所周知的，無需再解釋了。或者，他根本不重視假名。在他另一部重要著作《迴諍論》（*Vigrahavyāvartanī*）中，完全沒有提及假名，這可以支持我們後一種猜測。

然而，若深入研究假名的問題，情況會更為複雜。為一件事物設定名稱，並不等同於真有該事物本身。前者是一種意識上的處理，其性質是概念性的；後者則指涉經驗和世間的存在。這裡說的假名是就前者的脈絡而言，並非後者。換言之，假名基本上是指為某東西施設名稱的一種行為，而不是指有該東西的存在，或更精確地說：存有論的存在。這種行為就是施設名稱，目的是辨別某些東西。由於施設名稱是運用名稱或概念，例如「戰車」、「枱」等等來進行，這行為很明顯地是概念性的，概念性的行

---

[4] Mervyn Sprung, *Lucid Exposition of the Middle Way*. London and Henley: Routledge and Kegan Paul, 1979, p. 17.

為或活動是邏輯性格的，例如分類、綜合之屬，與事物在存有論上是否存在無關。而且，名稱和概念是屬於語言的範圍，而施設名稱是語言功能的一種表現，因此，這種行為是語言的一種運用。此外，我們亦要留意，由於施設名稱這種行為是在暫時的或約定的基礎上為某東西立名，這種行為自然地推導出名稱的暫時性或約定性。因此，假名亦可表示暫時性或約定性。

關於假名作為一種立名的行為，這牽涉到對概念性的關注。而在被立名的對象的意義上解釋假名，則牽涉到對經驗和世俗的關注。這樣的區分非常重要，尤其在決定某人對經驗世間的取向方面。以龍樹的情況而言，當他宣稱空是一個假名，他是針對著空作為一個名稱或概念的施設性而言。即是說，在真實境界中，沒有任何名稱或概念，包括「空」，可以毫無限制地代表終極性。「空」並非什麼，只是一個被營構的名稱或概念，用以代表終極真理。在這裡，假名明顯是指營構名稱或概念的一種行為。從這概念的營構，我們亦可推導出空作為一個名稱的暫時性的訊息。當龍樹把四句連繫到假名時，他將四句還原為語言的運用，其內容是名稱和概念。因此，假名在這裡亦被視為一種運用名稱和概念的行為。從《中論》可見，龍樹無疑是將假名理解為施設名稱或運用語言的行為。事實上，梵文 parjñapti 是表達一種行為。麥迪羅（B. K. Matilal）以依待的命名（dependent designation）來解釋假名。按他所說，假名是為某東西，例如戰車命名的行為，而這命名是依待其他東西的，例如一套車輪和車軸。他指出，我們所有的命名在運作上都是「綜合」性格的，在當中，我們綜合各種元素在某些事物中，從而為它們命名。[5]對某東西命名的行為正是我們對龍樹的假名的理解，即是施設名稱的行為。

5　B. K. Matilal, "Negation and the Mādhyamika Dialectic," in his *Epistemology, Logic and Grammar in Indian Philosophical Analysis*. The Hague: Mouton, 1971, p. 150.

二、在《大智度論》的脈絡中的假名

假名在《大智度論》（*Mahāprajñāpāramitā-śāstra*）中涵有的意思相同於它在《中論》裡所具有的意思，但它更進一步。在某些情況，假名作動詞用：

> 五眾和合，假名眾生。[6]
>
> 離二邊故，假名為中道。[7]
>
> 諸法和合，假名為老。[8]

在第一種情況中，假名表達一個思想過程，在當中權宜地構成了「眾生」這個名稱。在第二種情況，權宜地引用了「中道」這個名稱來代表超越兩端的狀態。因此，我們可以斷定，「中道」是一個假名。這個斷言跟空是一種假名的斷言相同，因為空和中道兩者都是權宜地造出來的名稱，用以代表終極性。在最末一種情況，「老」是權宜地設立的名稱，用以描寫在各種因素結合下形成的人的狀態。在這三種情況，假名的意思無疑是立名的行為。

然而，《大智度論》的作者視假名不單只是立名的行為，更將假名連繫到對象或事物方面去，從而賦予它某些實質的性格。例如他說：

---

6 《大智度論》第八十一章，《大正藏》25・630b。

7 《大智度論》第八十章，《大正藏》25・622a。

8 《大智度論》第八十章，《大正藏》25・622b。可比較拉馬南（K. Venkata Ramanan）的較輕鬆和詳細的理解：「把一切必須的要素聚合起來，依於這種聚合性，老的狀態便現成了。」（K. Venkate Ramanan, *Nāgārjuna's Philosophy as presented in the Mahāprajnāpāramitā-śāstra*. Putland, Vt. & Tokyo: Charles E. Tuttle Co. Inc., 1966, p. 244.）

凡夫顛倒見故有。智者於有為法不得其相，知但假名。[9]

這裡的假名是指作為現象的事物，例如戰車、房屋、身體等等。由於這些東西都是從因緣生成，或者如引文中所述的「有為」（梵：saṃskṛta），所以根本沒有任何東西是具有自性或能夠獨立存在的。假名所代表的是各種原因的聚集，倘若沒有這種聚集，則無任何東西能夠存在。例如，頭、腿、腹、脊椎等等的聚集，權宜地稱為「身體」。[10]假名代表這些原因的聚集，而不是該「質體」自身。

假名有（provisional name-being）與假名相（provisional name-form）兩個辭彙的建立，進一步加強了假名跟對象的連繫。在這兩個辭彙中，主辭是有和相，但它們都建立在假名或施設性的基礎上。關於假名有，《大智度論》說：

假名有者，如酪有色、香、味、觸四事。因緣合故，假名為酪。雖有，不同因緣法有；雖無，亦不如兔角龜毛無。[11]

這假名有是一種處於實有與虛無之間的存在。這種存在是建立於種種因素的結合；它很明顯是代表「結合」本身，這表現為事物。在《大智度論》裡，假名相指例如戰車、房屋、森林等事物。[12]由於假名有和假名相都表示作為對象的事物，所以假名亦與對象的關係更為密切。

在另一處，假名與事物被等同起來，並且受到相當的重視。《大智度論》說：

9　《大智度論》第三十一章，《大正藏》25．289a。所謂「於有為法不得其相」，即是對於一切因緣成立的事物，都不從自性立場執取它們的相狀，視之為常住不滅。

10　如頭、足、腹、脊和合故，假名為身。（《大智度論》第八十九章，《大正藏》25．691a。）

11　《大智度論》第十三章，《大正藏》25．147c。

12　《大智度論》第六十一章，《大正藏》25．495b。

> 〔須菩提〕不壞假名，而說諸法實相。……菩薩知一切法假名，則應般若波羅蜜學。所以者何？一切法但有假名，皆隨順般若波羅蜜畢竟空相故。[13]

描繪種種事物的終極真理，而不滅除假名的思想，最初來自《般若經》。[14]這正是體法入空的另一種表達方式。這體法入空的實踐方式被智顗視為通教的特點。按智顗的看法，中觀學和般若思想都屬於通教。在這個脈絡當中，假名很明顯地指涉事物或現象，而所說的終極真理（諸法實相）就是空。這裡要表達的是，絕對的真理的實現跟相對的經驗事物是不能分開的，這帶出了這些事物在救贖方面的重要性。在這裡，假名是在對象的意義上建立的。所謂事物在救贖方面的重要性，實展示大乘佛教對經驗的、現象的世界的重視。這世界雖遍佈著種種染污的東西，但我們要做的不是要析離、摧毀這些東西，而是要點化、超越它們，即在它們之中證得沒有自性的空的性格。這種思考最後發展為圓教圓融思想。

三、在智顗思想脈絡中的假名

到目前為止，我們已討論過在中觀學的脈絡中的空、假名和中道的概念。接著，我們要看智顗怎樣理解這些概念。由於空和中道已在本書上面一些篇章中討論過，我們現在集中討論假名。

關於假名的意思，我們可以在智顗的系統中見到一些重要的改變。首先，「假名」這個辭彙很多時被簡化為「假」。「名」這個字被取消，這不單只表示用辭上的改變，更表示從對名字方面的強調轉變為對實質方面的強調，這是基於對實質的、世俗的關注大於對名字的、概念的關注。在

---

13 《大智度論》第五十五章，《大正藏》25・453a。

14 不壞假名，而說諸法實相。這種思想出現於漢譯的《八千頌般若經》（*Pañcaviṃśatisāhasrikā-prajñāpāramitā-sūtra*），而《大智度論》正是這部經的註釋。參考《大智度論》第五十五章，《大正藏》25・452a。

我們的用辭上，對名字方面的強調揭示了將假名視為一種立名的行為；而對實質方面的強調，則揭示將假名理解為對象的傾向。

第二，智顗著重以境來說空、假名和中道。在描繪三觀的活動時，他指出：

> 以觀觀於境，則一境而三境；以境發於觀，則一觀而三觀。……觀三即一，發一即三，不可思議。[15]

「以觀觀於境」的前一個「觀」代表三觀；而「三境」則代表境的三方面，即空、假名和中道。這顯示三觀作為一種認識方式可以理解對象或境的多元面相：空、假名和中道；而觀作為理解對象的認知，亦可有多元的層次：空、假名和中道。這樣，三觀分別與三境相比配，序列歷然。「三境」則並被視為「不思議」：

> 一心三觀所成三智，知不思議三境。[16]

這裡以三智說三觀，表示觀的主體性認知的三個層面：空智、假智、中智。這三個層面分別認識三個層面的對象，這是不可思議的。在這裡，我們以非邏輯的，而是辯證的來理解便可。我們在這裡先注意境的問題。就智顗而言，空和中道明顯地是非實在的對象或境。歸於這二者的境亦不能視為實。只有「假」能夠在正確的意義上被視為對象，即是具體的事物或具體事物的世間。這個「假」在另一處有更詳細的介紹：

> 所觀之假者，有二種假，攝一切法。一者愛假，二者見假。[17]

15　《摩訶止觀》第三章，《大正藏》46・25b。

16　《摩訶止觀》第三章，《大正藏》46・26b。

17　《經摩經玄疏》第二章，《大正藏》38・525c。

智顗在這裡試將假分類。然而，我們現在無需關注這分類。我們關注的，是假包含了一切法，因而是諸法世間的另一種表達。無疑，在智顗的脈絡中，假基本上建立在對象的意義上，這指具體的世間，具有經驗的和相對的性格。將這種理解關連到所謂的出假和入假，會有助於我們的討論。假是經驗事物的世間的表述，這包括了有情和非有情的事物。

我們應注意，當以假來說具體的事物或具體事物的世間時，它們是具有相對的或緣起的性格。它們是非實在的，因而是空的；它們是假的或施設性的，不是終極的。智顗完全明白到它們的施設性，但並不採取悲觀的態度。他反而認為這種施設性只是讓事物和世間呈現為目前狀態的因素。正由於這種施設性，世間才能夠改變和轉化，而這轉化是由中道佛性的功用所啟動的。我們亦可以說，惟有在這假或施設性當中，中道佛性的功用才得以發揮。智顗就在這個意義上強調和關注這假以及它的施設性。嚴格來說，倘若世間事物不是施設性，而是實體性的、有其實體、自性的，則不單存有論的變化不可能，宗教救贖的轉化義也不可能。這是非常危險的。

再要一提，雖然智顗把假名具體化，並將一種對象的意義歸於它，他並沒有忘記假名原本的意思是一種立名的行為或活動。例如他在說明由空入假觀（我們稍後會再詳細解釋這個表述式）的時候，指明該虛妄是施設性地名為世俗的真理（世諦）。[18]假名在這裡表示立名的行為。智顗亦將假解釋為「無而虛設」。[19]即是說，在存有論或真諦方面，假名是不存在的，只是我們施設性地提出來的。他又應用了「假名有」[20]的說法，這「有」不是獨立地、絕對地存在，只是權宜地提出來的。這種表達方式未有出現在《中論》裡，但在《大智度論》中可見到，而且似乎關連到對象意義的假名。無論如何，在智顗的著作中，很少見到將「假」解作「立名的行為」的地方。因此，我們不擬在這裡討論。假名所代表的意義，從

18 《維摩經玄疏》第二章，《大正藏》38・525c。

19 同上書，《大正藏》38・525b。

20 《摩訶止觀》第五章，《大正藏》46・63b。

《中論》，經《大智度論》到智顗，顯然有著一種過渡性。這種過渡性是從強調名言性和概念性，轉移至強調具體性和世間性。很明顯，龍樹較關注前者，而智顗則較著重後者。

四、觀的知識性和救贖性特質

釐清了空、假名和中道在中觀學脈絡中的意義，以及智顗對這些概念的理解後，我們現在要詳細討論智顗的三觀的方法了。智顗首先給予觀一個總持的解釋：

> 法界洞朗，咸皆大明，名之為觀。[21]

> 法性寂然名止，寂而常照為觀。[22]

很明顯，這裡的觀具有知識論的意義，不過，這不是一般西方哲學所說的知識論，不是康德所強調的外界事物的雜多（Mannifaltige）被範疇所整合成對象（Objekt）而確立的知識的理論。它很具實踐性和救贖性。所觀的並不是一種作為現象的對象，而是真理本身，或更適當地說，是終極真理，即實相。在觀中達致的不是關於相對的經驗世間的客觀知識，它主要關心的是一種廣泛意義的真理的體證、實現。透過如此的觀，可以正確地了解和實現真理。智顗所說的「洞朗」、「大明」，都不是西方哲學所流行的知識論語詞，與感性直覺（sinnlische Anschauung）沒有直接關連。它毋寧是睿智的直覺（intellektuelle Anschauung）所起的作用的結果。而

21　《摩訶止觀》第五章，《大正藏》46．56c。

22　《摩訶止觀》第一章，《大正藏》46．1c-2a。止和觀在智顗的著作中經常一同列舉，作為兩種實踐的方法，透過它們而達致真理。事實上，「摩訶止觀」這個書名是依據這兩種方法而立名的。在目前的研究中，我們不準備特別解釋「止」，因為在這種方法上，我們看不到智顗與中觀學的密切連繫。

觀自身亦沒有動靜的不同狀態，卻是恆常地發揮作用的，這便是「常照」。

智顗以「觀達」和「觀穿」去解釋觀。觀達的意思是達致真理以及有情眾生的原本清淨的性格，而觀穿則指克服一切煩惱，並逐漸無障礙地透入絕對。[23]這裡有一點值得我們注意。智顗要我們修行，以達致生命的本源清淨或清淨的本源，這本源應該是說心的，這樣便混入如來藏自性清淨心的思路了，不能純粹地說一念無明法性心了。後者是智顗的天台圓教的基礎，是綜合的、弔詭的思維形態。前者則是華嚴宗及《大乘起信論》的基礎，是分解的、理性的思維形態；達摩及早期禪、北宗神秀禪和神會、宗密禪都有這種傾向。智顗未能區別開來，顯然是一間未達。不過，倘若我們以較寬鬆的眼光看，把焦點放在佛性方面，而以佛性是本來清淨的，但在後天上夾雜有種種染污成分，便可以說得過去，不會產生嚴重的問題。這個問題非常複雜，這裡沒有篇幅來討論。另外，觀不單只涉及真理的實現，亦涉及我們的清淨性格的實現。這清淨性格指我們的佛性，對智顗而言，這亦即是心。這種等同性不會令我們感到驚訝，如果我們記得智顗以中道佛性來說真理的獨特觀念。這中道佛性同時是道或真理，以及我們的佛性或心。人們或許會想，這道或真理是客觀的，而佛性或心則是主觀的，但這種主、客的二元性並無出現在智顗的思想系統中。在中道佛性之中，中道與佛性的綜合和等同已克服了這種二元性，而這中道佛性對智顗而言就是真實的和終極的真理。

另一點值得我們注意的是，這裡所說的觀具有很強的能動性，並且與事物的經驗存在有著密切的連繫。在以上引文中，智顗指出觀的特點是寂

---

23 「觀以觀達為義，亦是觀穿。言觀達者，達眾生本源清淨，如從假入空觀之所照達。雖復凡聖有殊，同歸空寂，一如無二。……觀穿義者，菩薩從假入空時，貫穿俗諦見思之磐石，滯真無知之沙，無明覆蔽一實之礫，洞徹無礙。即是窮至心性本際金剛。」（《維摩經略疏》第八章，《大正藏》38・672b）。「觀以觀穿為義，亦是觀達為能。觀穿者，穿見思、恆沙、無明之惑，故名觀穿也。觀達者，達三諦之理也。」（《維摩經玄疏》第二章，《大正藏》38・525c）

而常照，如剛剛提到的。對比於「止」的寂靜，帶出了一個觀念，就是觀是建立於恆常能動以及恆常有功用的基礎上。在這樣的觀之中，所觀的就是真理，即是中道佛性。這真理並不是一種超越的、孤立的真理，而是有具足一切的性格，因而是一切事物的實實在在的真理，這就是經驗世間的真理。觀在與經驗事物的緊密連繫之中進行，它的能動性亦指向這些事物。這種觀的能動觀念以及經驗的連繫亦反映於智顗對小乘藏教的批評中：

> 〔二乘〕止觀，雖出生死，而是拙度，滅色入空。此空亦得名止，亦得名非止非不止，而不得名觀。何以故？灰身滅智，故不名觀。[24]

智顗在這裡指斥小乘佛教徒是虛無主義者。在尋求真理（空）的過程中，他們犯了兩項錯失。首先，為求達致空，他們析離以至摧毀事物，即經驗範疇的事物。他們以分解的方式破壞事物。結果，真理在與經驗世間沒有任何連繫之下被觀照，成為孤懸狀態，它的終極關懷無落腳處，四無掛搭。第二，智顗指出小乘毀滅身軀和滅絕智慧。這種批評與他所強調的中道佛性的常住性格成了強烈的對比。智顗的觀點似是，小乘人沒有建立常住的、等同於心的佛性，作為尋求覺悟的精神基礎。基於這個原因，小乘佛教徒相信，當一個修行者的形體寂滅時，他不會留下任何東西，所謂「灰身滅智」，因此不能說任何形式的功用或力動，而只是虛無一片，淪於極端的虛無主義（nihilism）。由於小乘的觀缺乏經驗的連繫和動力，智顗認為這並不是真正的觀。故此，我們可以推斷，智顗賦予觀一種很強的力動意義以及與經驗世間的密切關連。我們在以下章節討論智顗的三觀時，會再詳細解釋這點。這種對觀的觀念，跟中道佛性的常住、功用和具足一切的特點完全一致。事實上，智顗的三觀正是從中道佛性的觀點建立的。以中道佛性為基礎，在主體性方面開出三觀，在客體性方面發展出三

24　《摩訶止觀》第三章，《大正藏》46・23c-24a。

諦。主體性與客體性最後又在中道佛性的綜合、融攝下證成統一。以三觀觀三諦，不是一種西方式的認識論活動，而是在實踐論、救贖論上完成圓融的覺解。

現在，我們需要討論止和觀這兩個辭彙的翻譯問題，尤其是後者。很多中國的佛教學派都將止和觀視為達致真理的重要實踐方法。我們現在所關注的，是在智顗的系統中，這兩種方法代表著什麼。智顗以法性的靜止來理解止，這表示斷絕一切阻礙我們見到諸法的真實性格的顛倒和執著。因此可以翻譯為「cessation」，表示克服以至停止這些顛倒和執著的行為或活動。關於觀，翻譯的問題較為複雜。學者們有不同的建議。例如漢維茲翻譯為「view」[25]，玉城康四郎譯為「observation」[26]，W. T. de Bary 譯為「insight」[27]，以及張鍾元譯為「contemplation」。[28]張鍾元把智顗的三觀譯為「Threefold Contemplation」。[29]把觀譯為「view」或「observation」都是可行的，但問題是 view 和 observation 這兩個語詞的意思都較浮泛，難以令人想到真理的達致的方法。在救贖的意義上說 viewing the truth 或 observing the truth 似乎有點不自然。「insight」和「contemplation」是較佳的翻譯，因它們較切合救贖目標的達致。智顗把觀說為是「寂而常照」，似乎要強調觀的常照方面，這牽涉到很深邃的功用和能動的意義。在「insight」和「contemplation」中，後者似乎更能直接表達動感的意味。因此，我把觀譯為「contemplation」，而三觀就是「Threefold Contemplation」。

---

25 Leon Hurvitz, *Chih-I. An Introduction to the Life and Ideas of a Chinese Buddhist Monk*. Bruxelles: Juillet, 1962, p. 315.

26 玉城康四郎著《心把捉の展開》，東京：山喜房佛書林，1961, “Introduction” (English section), p. 11.

27 W.T. de Bary, ed., *The Buddhist Tradition in India, China and Japan*, New York: Vintage Books, 1972, p. 165.

28 Chung-yuan Chang, *Original Teachings of Ch'an Buddhism*, New York: Vintage Books, 1971, pp. 12, 39.

29 Idem.

五、三觀的知識救贖論的特性

在智顗的系統中，一種獨特的，用以照見真理的觀法就是三觀。正如以上所述，這三觀具有知識救贖論的（epistemic-soteriological）特性，以下文字特別指出這點：

所照為三諦，所發為三觀，觀成為三智。[30]

三諦和三智的問題在三觀的脈絡中提出。三諦在這裡可視為認知的對象，三觀為認知活動，而三智則是認知主體。三觀的知識論架構相當清晰。現在關注的不單是對經驗世間的知識，更是在救贖意義上的覺悟。「三」在所述的「三諦」、「三觀」和「三智」中，均同樣指涉空、假名和中道。三諦由空諦、假諦和中諦組成。至於三觀的組成，本文開首已解釋過。這裡需要較詳細解釋三智。三智在多處列舉為一切智、道種智和一切種智。[31]一切智與空連繫；道種智與假名連繫；一切種智則與中道連繫。即是說，它們是分別照見空、假名和中道的智慧。就智顗而言，⑴空表示事物的普遍性格；⑵假表示有多樣性和特殊性的經驗世間；⑶中道的含意包括空和假的綜合。根據這幾點，我們可以很有把握地說：⑴一切智

30　《摩訶止觀》第五章，《大正藏》46・55c。

31　例如《法華玄義》第九章，《大正藏》33・789c；《摩訶止觀》第三章，《大正藏》46・26, 28c；《法華文句》第二章，《大正藏》34・22c。這三智極難準確地翻譯為其他語文。為避免誤解，我不予翻譯。智顗提到，目下所涉的三智來自《大智度論》（《四句義》第一章，《大正藏》46・723c）。而我們亦在《大智度論》中找到這三者的討論（《大智度論》第二十七章，《大正藏》25・258c-259b）。然而，由於該討論較為含糊，較難確定該三者代表什麼。關於三者的進一步討論，參考 Paul Swanson, *Foundations of T'ien-t'ai Philosophy: The Flowering of the Two Truths Theory in Chinese Buddhism*. Berkeley: Asian Humanities Press, 1989, p. 116; pp. 276-277, note 5. 然而，Swanson 沒有翻譯一切種智為「the wisdom of both universality and particularity」（普遍的同時也是特殊的智慧），卻翻譯為「universal wisdom」（普遍的智慧）。但我使用這名稱時，指的是一切智。

是普遍性的智慧；(2)道種智是特殊性的智慧；(3)一切種智是綜合普遍的和特殊的智慧。我們亦可粗略地畫出一幅三觀的知識的圖像：在空觀中，普遍的智慧照見空；在假觀中，特殊的智慧照見假名；在中道觀之中，普遍而又特殊的智慧照見中道。另外，有一點我想附帶提一下。智顗的這種三智思想，在佛教中有沒有相近的說法呢？我們很自然地會聯想到護法（Dharmapāla）的《成唯識論》（*Vijñaptimātratāsiddhi-śāstra*）所提出的四智或四智相應心品。這四智是成所作智（梵：kṛtyānuṣṭhāna-jñāna）、妙觀察智（梵：pratyavekṣanika-jñāna）、平等性智（梵：samatā-jñāna）和大圓鏡智（梵：sādarśa-jñāna）。粗略地說，一切智相應於平等性智，道種智相應於成所作智與妙觀察智，一切種智則相應於大圓鏡智。對於這種比對，有很多問題要交代，我在這裡不能細說，只有點到即止。

我們仍然需要再進一步勾繪一幅更細緻和精確的三觀的知識救贖論圖像。智顗在《摩訶止觀》中說：

> 觀有三。從假入空，名二諦觀。從空入假，名平等觀。二觀為方便道，得入中道，雙照二諦，心心寂滅，自然流入薩婆若海，名中道第一義諦觀。[32]

智顗在這裡更專門地討論三觀。組成三觀的空觀、假觀和中道觀，並非個別在孤立的脈絡上看，而是空觀和假觀相互承接，而中道觀則綜合二者。空觀特別作為二諦觀，它順著「從假入空」的方向進行而以空為其焦點。假觀則定為平等觀，它是順著「從空入假」的方向進行並以假名為其焦點。關於「二諦」和「平等」這兩個名稱，智顗解釋說，「二諦」指兩方面（空和假名）在空觀進行當中的結合。換句話說，假名是空的基礎，透過假名，空得以表達出來。故此，假名是一種表達，而空就是所表達的東

32 《摩訶止觀》第三章，《大正藏》46・24b。可參考 Swanson 在其書中的英譯和解釋，pp. 118-120。三觀與《小止觀》的討論可參考新田雅章的《天台實相論の研究》，京都：平樂寺書店，1981，pp. 317-320。

西。二諦觀得以實踐就是透過這兩方面的結合。[33]「平等觀」中的「平等」可藉著把這個觀分為兩個步驟——「從空」和「入假」來解釋。修行者在實踐空以後，不會住著於這個超越的空的境界，因為他知道這仍然未是終極的真理。他從空回轉，進入假名（施設性的世間），委身去幫助他者，這就是「從空」。在幫助他者當中，針對個別的需要，他提供不同的輔助方法，這就是「入假」。這裡所說的「平等」，是對比於二諦觀的不平等而言，因為在二諦觀中，我們否定假名的自性，並將假名視作空。在這種行為中，我們以空去否定假名。然而，我們未有反過來以假名去否定空。在平等觀中，我們否定對空的住著而回轉至假名，以假名去否定空。空與假名是平等地應用，每一方都被否定一次。因此，這觀稱為「平等觀」。[34]

現在來到中道觀，或中道第一義諦觀。以上《摩訶止觀》的引文只說這種觀是同時照見空、假二諦，「雙照二諦」。該篇文章繼續對這觀有更詳盡的描述：

> 前觀假空，是空生死，後觀空空，是空涅槃。雙遮二邊，是名二空觀。為方便道，得會中道。故言心心寂滅，流入薩婆若海。又初觀用空，後觀用假，是為雙存方便。入中道時，能雙照二諦。[35]

33　「所言二諦者，觀假為入空之詮，空由詮會，能所合論，故言二諦觀。」（《摩訶止觀》第三章，《大正藏》46・24b）

34　「從空入假名平等觀者，若是入空，尚無空可有，何假可入？當知此觀為化眾生，知真非真，方便出假，故言從空。分別藥病，而無差謬，故言入假。平等者望前稱平等也。前觀破假病，不用假法，但用真法。破一不破一，未為平等。後觀破空病，還用假法，破用既均，異時相望，故言平等也。」（《摩訶止觀》第三章，《大正藏》46・24c）

35　《摩訶止觀》第三章，《大正藏》46・24c。我們應注意，智顗在這裡所說的假是指 saṃsāra（梵）或生死輪迴，他顯然視假為經驗世間，將假具體化的意圖很明顯。我們又必須注意，這三觀的描述在智顗的著作中經常出現。我們所舉的引文是最簡明這裡需要稍作解釋。在二諦觀之中，觀照經驗世間的自性之否定，這經驗世間在佛教一般稱為 saṃsāra（梵）或生死輪迴。這是假名的空，或假名的否定。在平等觀中，觀照空的自性的否定，這是空空，或對空的否定。這兩種否定，若各自來說，都成為一種極端，都不切合完全的境界。要達致完全境界，它們必須加以綜合，構成一個雙重否定（雙遮），即同時否定空和假名，這表達出中道的境界。然而，二諦觀和平等觀的圖像可從另一角度看。一方面，二諦觀以空否定假名，這可被視為空的肯定。另一方面，平等觀以空否定空，在邏輯上，這表示回到假名，或對假名的肯定。因此，這綜合的結果是同時肯定或同時觀照空和假名。這實際上就是雙重肯定或雙重觀照（雙照）空和假名，由此表達出中道的境界。因此可以見到，在中道觀中不單是同時否定和超越空和假名，達到一種超越的和無分別的境界，亦綜合了空和假名。這綜合可以藉著無分別心面向經驗世間帶出一種正面和積極的態度。在這種觀中，從修行者採取的角色：對假名的肯定或入假，功用的意味很明顯。如以上所述，這角色如上面所說，是透過對個別的需要提供不同的輔助去利益他者。[36]

的。更詳細的描述可參考《維摩經玄疏》第二章，《大正藏》38・524c-532a；《法華文句》第八章，《大正藏》34・110c-111a。《維摩經玄疏》的文字太長，不便引述，今只引《法華文句》之文如下：「一約觀門，二約教門。觀門者，眾生之心，具諸煩惱，名高原。修習觀智，名穿掘。方證理味，如得清水。依通觀，乾慧地如乾土，性地為濕土泥，見諦為得清水。別觀從假入空，但見空，不見不空。斷四住，如鑿乾土，去水尚遠。從空出假，先知非假，今知非空，因是二觀得入中道，能伏無明，轉見濕土，去水則近也。圓觀中道非空非假，而照空假，如漸至濕泥，四住已盡，無明已伏，已得中道，相似圓解，故言如泥。若入初住，發真中解，即破無明，如泥澄清，得見中道，如見清水。……次約教門者，土譬經教，水喻中道，教詮中道，如土含水。三藏教門未詮中道，猶如乾土。方等、般若滯於方便，說中道義，如見濕土。法華教正直顯露，說無上道，如見泥。因法華教生聞思修，即悟中道，真見佛性，所發真慧，不復依文，如獲清水，無復土相。」按這是以四教作為背景來說三諦，以泥、土、清水為喻，十分傳神有趣。

36　參考註 34。

六、一心三觀如何可能

空觀、假觀和中道觀已分別討論過，我們必須注意，這三種觀實際上構成了一種「三觀」。即是說，在實踐中，三種觀不是分開地和逐漸地進行的，而是同時在一瞬間成就的，就好像只有一觀。這種三觀的同時性和瞬間性表達在「一心三觀」之中。關於這種說法，智顗表示：

> 若一法一切法，即是因緣所生法，是為假名，假觀也。若一切法即一法，我說即是空，空觀也。若非一非一切者，即是中道觀。一空一切空，無假、中而不空，總空觀也。一假一切假，無空、中而不假，總假觀也。一中一切中，無空、假而不中，總中觀也。即《中論》所說不可思議一心三觀。[37]

智顗在另一處亦有近似的描述，而且補充說：

> 但以一觀當名，解心皆通。[38]

智顗在這裡分別以「一法」和「一切法」來說空和假名。「一法」代表一切事物的普遍的空的性格，即是空。「一切法」代表經驗存在事物的多樣性，因而是假名。一法和一切法的等同，表示智顗沒有把空和假名各自孤立，而是把它們的意思視為互相承接的，如不以其中一個為參照，則不能正確了解另一個。空和假名的這種關係，讓我們想起《中論》裡所說的空和緣起的關係。以上第一段引文的後半部分很有意思，因為它透露了智顗對空、假名和中道三方面的觀的和諧理解。這種理解包含了一個想法，就是其中任何一方面的觀，必定具備其餘兩方面。即是說，個別的空觀、假

37　《摩訶止觀》第五章，《大正藏》46・55b。這「一心三觀」在某處倒轉稱為「三觀一心」（例如《摩訶止觀》第九章，《大正藏》46・131b），意思並無改變。

38　《維摩經略疏》第七章，《大正藏》38・661c-662a。

觀或中道觀，同時亦是空、假名和中道作為一個統一整體的觀。個別三種觀的差異只在於重點的不同。即是說，空觀強調空，如此類推。基於空、假名和中道的同時照見，這種觀稱為「三觀」。此外，由於它的證成是在一瞬間，而非逐漸達致的，因此稱為「一心三觀」。

從終極的角度說，實際並沒有這三種觀，因為無論是空觀、假觀或中道觀，其內容都是一同觀照三方面。所以，實際只有一種觀，在當中，空、假名和中道是同時實現的。智顗正是在這個脈絡上提出他的名句「即空即假即中」，意思是空、假名和中道的實現，沒有時間上的差異。「即」在這裡表示同時性或否定時間上的間隔。智顗指出：

> 三諦具足，秖在一心。分別相貌，如次第說，若論道理，秖在一心。即空即假即中，如一剎那，而有三相。[39]

「三諦」指空、假名和中道。在這裡吸引我們注意的，是三諦的同時間實

[39] 《摩訶止觀》第六章，《大正藏》46・84c-85a。這裡要解釋一下引文中「道理」的英譯問題。我們很難為這個辭彙找到一個直接的翻譯。梁實秋主編的《遠東實用漢英辭典》（臺北：遠東圖書公司，1988）將它翻譯為「reason」、「rationality」、「right way」以及「proper way」（p. 1112）。這些都不是合適的翻譯。在引文中，智顗將「道理」跟「相貌」或空、假名、中道三種真理的特徵對比。相貌代表顯現的狀況，因而是外在的，而道理則表示內在的，或某事物的真實性格或原理。此外亦要指出，「一心三觀」中的「心」可以指淨心或妄心。如果指淨心，這淨心將是觀的知識方面的行動主體，因此是三智（參考前一節）的來源。從這個脈絡上說，引文的意思是，淨心本身能同時實現空、假名和中道。然而，如果「心」是指妄心，這妄心將是觀的作用對象，這與我們日常生活中虛妄的「念」沒有分別。在這個脈絡而言，一心三觀就表示這心或念，雖然屬虛妄，但是在同一時間被觀照為空、假名和中道性格的事物。這樣的理解預設了一個行動或觀照的主體，不論它是清淨心或非清淨心。「即空即假即中」在「一心三觀」的兩種脈絡中，都有著相同的意義。在前一種脈絡中，它展示了清淨心在同一時間照見空、假名和中道。而在後一種脈絡中，它表示妄心被透入，該妄心作為空、假名和中道的性格，在同一時間被體證出來。在智顗的著作中，前一種脈絡似較為主導。在我們的研究中會集中於這種脈絡，在當中，心會被視為一個清淨心。

現。正是由於這同時性，該三種真理才能稱為「三諦」，這表示真理的不可分割的性格。這種同時性亦是智顗在以上文字中所特別強調的重點。[40] 三諦完全具備於一心的觀念亦值得我們注意。它作為以上語句的補充，宣示了三諦的同時間實現純粹是心本身的作用。

在我們認知的經驗中，如果我們要清楚地認識，則在一個時間只能認識一個對象。如果兩個對象，例如一個橙和一個蘋果同時被認識，就會產生混淆，而且不可能產生兩個對象的清晰形像。要分別認識兩個對象，只能逐步進行，不可能同時認識兩個對象，兩個以上就更不可能。這樣便要面對一個關鍵問題：三觀如何可能，而其中的空、假名和中道同時間由一心照見呢？這個問題之所以重要，原因是它緊密連繫著絕對地真實的真理，達致這真理是佛經所真正關心的問題：覺悟。[41]這三觀是智顗視為達致絕對真理的方法。它甚至比四句否定更為重要，因為它提供了一個正面的方法去達致真理，而後者則只是一個負面的方法。

然而，我們很失望，因為智顗並未有在他的主要著作中正面地處理這個問題，他只是把圓教所解釋的三觀理論，跟別教所解釋的相對比，並宣

40　這一點從我們所觀察到的「即空即假即中」在智顗的主要著作中頻密地出現可以證明。例如它在《法華玄義》出現了十三次（《大正藏》33・692c, 695b, 714a, 721b, 726a, 733a, 739a, 736b, 777b, 781a, 781b, 789c, 811b）；在《摩訶止觀》十八次（《大正藏》46・7b, 8c, 25b, 31c, 41b, 67b, 84b, 85a, 87b, 88b, 88c, 95b, 99c, 100a, 100c, 128b, 130c, 131b）；在《法華文句》四次（《大正藏》34・4c, 5a, 17a, 25a）。我們要特別注意，這句說話只出現在智顗的後期作品，例如《法華玄義》、《摩訶止觀》、《法華文句》、《維摩經玄疏》和《維摩經略疏》中。這顯示三觀同時的觀念是在智顗思想成熟時才發展出來的。在他早期的著作中，未有提及三觀實現的同時性。關於三觀的對象，即三諦，詳細的解釋可參考新田雅章的《天台實相の研究》頁 497-512。而新田的解釋是參考了《法華玄義》、《摩訶止觀》和《法華文句》的。

41　「一實諦即空即假即中。……一實諦者，即是實相。實相者即經之正體也。如是實相即空假中。」（《法華玄義》第八章，《大正藏》33・781b）「一實諦」是指絕對地真實的真理，亦即是「諸法實相」中的「實相」。這一是指絕對義，不是一個數目。

稱後者以漸進的方法進行三觀，而前者則提倡頓然的方式。[42]智顗又以一

[42] 即是，智顗曾從自己的判教觀點來說三觀，而歸宗於圓教的說法。《維摩經略疏》謂：「略明三觀之相。三藏既不見真，不須論也。通教三觀但約二諦，只成二觀，無第三觀，非今答意。今但約別、圓以簡三觀，則有三種：一別相，二通相，三一心。一別相者，歷別觀三諦，從假入空，但得觀真，尚不觀俗，豈得觀中？從空入假，但得觀俗，亦未觀中。若入中道，方得雙照。玄義已具。二通相者，則異於此。從假入空，非但俗空，真中亦空。從空入假，非但俗假，真中亦然。若入中道，非但知中是中，俗、真亦中。是則一空一切空，無假、中而不空。一假一切假，無空、中而不假。一中一切中，無空、假而不中。但以一觀當名，解心皆通。雖然此是信解虛通，就觀除疾，不無前後。三一心者，知一念心不可得，不可說，而能圓觀三諦。即此經云：一念知一切法是道場，成就一切智。」（第七章，《大正藏》38・661c-662a）對於這段文字的解讀，需要對智顗的判教法有點了解才行。智顗把全體佛法判為藏、通、別、圓四教。藏教或三藏教強調要析離諸法才能見空的真理；另外，屬於藏教的小乘說一切有部（Sarvāsti-vāda）說法有我無，智顗都不滿意，認為他們處理真理的問題不正確，即使是他們要證得的空，也不能作周延的真理看。既然如此，三觀是照見真理的觀法，真理有問題，三觀也就不能說了。通教說空與假名，視之為真、俗二諦，或兩層真理。他們雖然也說中道，但如上面提過，智顗認為通教的中道內容貧乏，不涉佛性，不講中道佛性，「無中道體」，因而不能說為中道之諦，或中諦，只能說空與假名二諦，因而三觀也無從說起。

剩下的只有別教與圓教，他們都講中道佛性，而成空諦、假諦和中諦，因此可以講三觀，而且是一心三觀。但其中仍有差別。三觀雖是一心的活動，但別教依歷別的方式來講三觀，只能依序一觀一觀地講，不能一下子、一瞬間講，這便是「歷別」。因而在觀的活動中，任何一觀只是它自己，不能同時涵有其他二觀的作用。如空觀或從假入空觀只能在一個時間中觀照空或本真的真理，但不能觀照假名或世俗的真理，更不要說觀照中道或中道佛性的真理了。假觀或從空入假觀只觀照假名或世俗的真理，不能同時觀照空與中道的真理。到了中觀，才能以中道的觀法為基礎，而觀照空和假名的真理，所謂「雙照」。圓教的觀照則不同。空觀或從假入空觀不但照見世俗的假名為空，亦能照見本真的空和中道的空。到了中道的境界，不但能觀照中道是中道，亦能觀照世俗的假名和本真的空是中道。這樣便能達致「一空一切空，無假、中而不空；一假一切假，無空、中而不假；一中一切中，無空、假而不中。」最後是，三觀中任何一觀，都同時能涵攝其他的觀。這樣才能使三觀的分解的、分離的作用作綜合的、圓融的轉向，而發自一心，這便是一心三觀的歸宗處。不過，智顗並沒有忽略在觀照中照顧到眾生的疾患問題。在義理上、信念上是一心同時發出三觀，但在去除眾生的後天的缺憾、疾患上，仍會依眾生的個別的條件而持守三觀進行的先後次序。即

種美麗和優雅的表達方式描繪三觀的認知脈絡，他說「不權不實，不優不劣，不前不後，不並不別，不大不小」[43]，並且指出在這種觀當中，智慧就是對象，對象亦就是智慧，二者互相透入，毫無障礙。[44]這些描述從常識來看相當弔詭。它們透露出相對的範疇，例如權和實，優和劣等等，都不適用於三觀。此外，它們又顯示出三觀的認知脈絡不同於主、客二分的認知脈絡。然而空、假名和中道這三方面如何在同一時間被觀照的問題仍未交代。同樣地，現代學者亦未有特別指出和認真地處理這問題。

田村芳朗提出了一心三觀的問題。他指出：

> 一般人繫縛於世俗的假名，而不知道假名是空。空諦因此被提出來。小乘的聲聞和僻支佛繫縛於空，忘卻了要離開空而入假名。因此要提出假諦。大乘菩薩降生至假名世間，但他們仍有一種危機，他們過份投入於這假名世間，以至忘卻了空。……因而要提出中道，讓大乘菩薩在假名世間中仍不忘空。最終的結果是空、假名和中道（完全和頓然的止和觀，一心三觀）三者的結合和相互等同的知識論被建立起來。[45]

在這裡，田村從歷史上追溯三觀如何出現在佛教的脈絡中。他從實踐和教化的角度說為何需要三觀。我們相信智顗會同意他的說法。但田村並未有突出和回應我們所提出的問題，即是三觀如何可能。

是，對世俗的假名有特別凝滯的，便先行加強從假入空觀；對本真的空有執取而有落於虛無主義的傾向的，則先行加強從空入假觀；對能持守中道正觀的，不偏於假名、空的，則讓他同時作三觀相互涵蘊的實踐或觀法。這種工夫現成後，便能以一心同時觀照世間事物的空、假名、中道三個面相，而成三諦，而這一心或一念心亦渾忘掉，以臻於圓觀三諦之境。

43 《摩訶止觀》第三章，《大正藏》46・25b。

44 「智即是境，境即是智，融通無礙。」（《法華玄義》第三章，《大正藏》33・714a）

45 田村芳朗、梅原猛著《絕對の真理：天台》，東京：角川書店，1969，頁 79。

七、三觀裡的中道佛性

我們現在嘗試透過參考智顗的觀念，去處理上面提出的問題，即在一心裡，三觀如何可能。我們相信解決問題的關鍵就在中道佛性，對智顗而言，這就是真實的真理，即實相。按照我們的觀察，在三觀中所觀照的必定是真實的真理，即是中道佛性。而空、假名和中道不是別的，正就是中道佛性的三個面相。

智顗的中道佛性有三種特徵：常住、有功用和具足的性格。[46]這些性格的提出是要與藏教和通教（這兩教被智顗嚴厲地批評）所提倡的空相對比。這三種特徵當然未能涵蓋中道佛性的所有性格。可以肯定，智顗不會反對把空（即非實體性）歸於中道佛性作為它的一種屬性。它會激烈反對的，是單純把空當作真理。事實上，他曾宣稱：

> 空觀通於小、大、偏、圓。[47]

這句說話的意思是，空是通於所有佛教的教派和教義。基於這個原因，我們有理由相信，代表圓教的真理的中道佛性包含了空的意涵。

從中道佛性的具足性格，明顯可以知道假名亦包含在當中。我們已經弄清楚智顗將假名實質化和具體化，把它視為概括種種事物的經驗世間的一種表述，這正是具足性格所強調的。毫無疑問，中道佛性在中道觀之中包含了中道的含意。這個含意，正如「雙遮」和「雙照」所表示，空和假名會一同被否定及肯定。「雙遮」是對空和假名的雙邊否定；「雙照」是對空和假名的雙邊肯定。[48]

因此，空、假名和中道就是中道佛性的三個面相。然則，我們所說的

---

[46] 關於這點，其詳參看筆者著，陳森田譯：《中道佛性詮釋學》，臺北：臺灣學生書局，2010，頁 97-139。

[47] 《摩訶止觀》第六章，《大正藏》46·85b。

[48] 雙遮和雙照分別是同時否定和同時肯定。

空、假名和中道被觀照於一心又是什麼意思呢？這個意思包含了一種情況，就是空和假名的性格（即事物的非實體性和施設性或假名性）都融匯於中道佛性的實現當中，而沒有住著於其中任何一種性格。在這種觀當中，我們所關心的，基本上並不是空、假名和中道各自的面相，而是中道佛性作為一個整體，同時具備著這些面相。在這種脈絡中，我們所處理的並不是特殊的一、兩種元素，而是單一的整個觀的性格。

對三觀的這種理解，即是把空、假名和中道化約成中道佛性，看來較為合理。但這裡仍然有一個重要問題：在三觀的認知方面，它關心的並不是在一種主、客二分的關係上（不論它是中道佛性或任何東西）認知任何東西，而是牽涉一件具有深刻救贖目的的事情。智顗察覺到這點。事實上，他透過轉化經驗世間來詮釋三觀，以確立這事情的這種含意。他在《維摩經略疏》指出：

> 初，從假入空，是破法折伏義也。次，從空入假，是立法攝受。中道正觀，即是教化眾生，入實慧也。入實者，名法久住，法久住者，則法身常存。[49]

> 法久住者，令見佛性，住大涅槃。[50]

這是極為有意義和具啟發性的對三觀的描述。其大意是，從假入空觀是要在工夫論上破除對諸法的執取。從空入假觀是要在存有論上匡扶諸法，不讓它們受到拒斥以至摧毀。中道正觀則是總持的宗教的救贖目標，讓眾生都能證成法身，而臻於精神不朽。這裡很清楚揭示三觀具有一種終極關懷，就是建立諸法以及轉化有情眾生。這建立和轉化都是中道佛性三種特點發揮出它們的正確意義所成就的事情，以下再作詳細闡釋。

49　《維摩經略疏》第三章，《大正藏》38・597b。

50　同上，《大正藏》38・597a-b。註 49 和這裡的近似說法亦見於《維摩經文疏》第九章，《續藏經》28・19a。

在三觀中，空觀的角色是消滅和克服諸法。這傾向於對經驗世間的否定的意涵。然而，這裡的空不單是空，而是連繫著假名的空，正如引文所說「從假入空」。在這個脈絡上，對經驗世間的否定並非完全是虛無主義的，所消滅的並不是諸法本身，而是智顗所說的以破除對諸法的執著來處理、安頓它們。[51]假觀的角色是建立和具足諸法。這有存有論的意味，但亦帶有救贖的意義，教化眾生以及引導他們達致覺悟是主要關心的問題。智顗亦將建立和具足諸法視為致力於佛身的證成[52]，這亦表示達致佛境界。這裡展示了對諸法或經驗世間的肯定，這經驗世間，就智顗而言，是假名所代表的。跟上述空的情況相近，假名亦不單只是假名，而是連繫著空的假名，如引文所述「從空入假」。既與空有連繫，則對經驗世間的肯定的同時，也察覺到這世間並非實在，因而不會對它產生執著。

關於中道觀，智顗以它的教導和轉化有情眾生的角色說，讓他們達致一種智慧、洞見，能透入終極境界而得覺悟。這個角色具有非常深刻的宗教意義。「實」指實相，簡單地說就是真理，它與經驗世間有著相當密切的連繫。這點可見於智顗將透入真理（「入實」）跟「法久住」等同一點中，這清楚突顯了對經驗世間的肯定和保留。這裡明顯看到智顗對世間的深切關懷。但無論如何，我們需要問：「入實」跟「法久住」等同究竟有什意麼意思呢？從「法久住」跟常住的「法身」和「佛性」的連繫，似乎顯示法身和佛性是支持和加強諸法或經驗世間的重要性的。由於法身和佛性都具備常住性，經驗世間亦承襲了這種常住性。對智顗而言，法身和佛性是等同的，而且就是中道佛性。這中道佛性正就是「實」所指的。這中道佛性的實現亦具備了經驗世間的實現，而且給予後者一種常住的性格，由此引伸至入實與法久住的等同關係。在這種理解下，把中道佛性視為智顗對終極真理或原理的周延的表述，是毋庸置疑的。

這三觀實際展示於對中道佛性的實現或體證中，其結果是對經驗世間

---

51 《維摩經略疏》第三章，《大正藏》38・597a。

52 同上。

的認知的轉化（epistemological cultivation）。這種轉化牽涉到對經驗世間的肯定和保留的深切含意，而且緊密對應著中道佛性的具足性格。這種性格只有在將對經驗世間的認知轉化為集中於諸法的有情部分時，才能完全發展和實現。這一點可見於智顗對真正的中道觀的解釋中，他以教導和轉化有情眾生，讓他們培養出悟入終極境界的智慧來說真正的中道觀。這真正的中道觀，即中道正觀，無疑比空觀和假觀更受重視。

至於對非有情事物的轉化和建立，智顗未有詳細講解。我們認為，智顗只是運用了誇張的手法，並沒有實質的含意。即是說，轉化是涵蓋一切的。如果該轉化是由菩薩進行的，由於菩薩的慈悲是涵蓋一切的，所以不單只是包括有情眾生，還包含了非有情事物。在轉化的工作中，所作的努力是建基於中道佛性的功用性格。這轉化的恆常和堅持的意義亦來自中道佛性的常住性格。實際上，中道佛性的三種特質，在轉化經驗世間，尤其在有情眾生方面，都顯出它們的重要意義。

基於以上的研究，我們現在較能回應那個困難問題了：三觀如何可能？首先，諸法的經驗世間的建立與對經驗世間的執著的消除是不能分開的。這過程不是逐步進行的，而是兩者在同一時間實現。正當執著滅去，經驗世間就得到建立。經驗世間的建立，正就在滅除執著的一刻，沒有任何時間上的差距。它們並不是兩件事情，而是同一件事的不同面相。因此，空觀和假觀基本上就是一觀的兩個方面。這一觀主要關心的，總結起來就是經驗世間的建立。我要再三強調，建立經驗世間或法（立法）必須在某特定意義上理解。即是說，經驗世間的建立的含意在於有情眾生，特別是人類對於經驗世間採取一種正確的取向。我們要強調經驗世間的重要性，由於它是（而且惟有它是）達致覺悟的地方。然而，我們不應執著這經驗世間，以為它具有自性和實在性。雖然智顗並沒有清楚道出這個含意，但從他對中道佛性的具足性格的強調，可以推斷出來。

第二，有情眾生的教導和透入真理的智慧的證成，與經驗世間的建立是在同一時間實現的。它們並不是先後發生的事情，而是一件事情的兩個方面。因此，我們可以理解前兩種觀跟中道觀其實是同一個觀，這即是三觀。在這三觀當中，在中道佛性的實現之下，經驗世間得以轉化，同時間，在經驗世間的轉化之中，中道佛性得以實現。就智顗而言，這就是覺悟的經驗。在這個脈絡之下，三觀應理解為中道佛性觀，而這觀不單具有認知的含意，同時亦具有實踐和救贖的意義。而且，以智顗對實踐和救贖的深切關注來說，後一種意義更為重要。據以上所述，空、假名和中道不能分開來處理，而是統一於中道佛性之中；而三觀所關心的，正是中道佛性的實現問題。由於這實現只是單一事情，所以從時間方面看，處理空、假名和中道並無先後次序的困難。因此，在同一瞬間達致三觀的可能性並無問題。這跟我們在同一時間中認知放在不同位置的橙與蘋果的情況很不同。

八、三觀與三諦偈

我們在本文首個註解中指出，智顗明顯地把三觀連繫至《中論》裡的三諦偈。在某些地方，他把即空即假即中作為緣起事物的謂語，似要將這句話歸於《中論》。[53]他又把該偈頌的空視為超越的真理，假名為施設的真理，中道則為中道－勝義的真理，並總結這首偈頌為對大乘佛教和三諦義理的解說。[54]智顗甚至以滅除和克服對諸法的執著去解釋三諦偈所列的空；以建立和具備諸法去解釋假名；並以教導和轉化有情眾生以及確立諸

53 例如《法華玄義》第一章，《大正藏》33・682c；《摩訶止觀》第五章，《大正藏》46・67b。在前者，智顗說：「中論云：因緣所生法，即空即假即中。」

54 「中論偈云：因緣所生法，我說即是空，此即詮真諦。亦名為假名，即詮俗諦也。亦是中道義，即詮中道第一義也。此偈即是申摩訶衍，詮三諦之理。」（《四教義》第二章，《大正藏》46・728a）同樣的描述亦見於《維摩經玄疏》第三章，《大正藏》38・535a。超越的真理（真諦）亦稱為「絕對的真理」，施設的真理（俗諦）又稱「相對的真理」。引文的最後一句亦解釋了為什麼稱之為「三諦偈」。

法的恆常性去解釋中道。[55]智顗亦很清楚承認他的三觀與三諦偈之間的密切關係，但從義理角度看，這密切關係是否屬實呢？讓我們細心檢視這個問題。

從智顗經常在主要著作中引述三諦偈，可證明他實在非常重視這首偈頌。[56]偈頌中的三個概念，即空、假名和中道，在三觀的組成上佔著重要位置，以三觀在很大程度上繼承了這三個概念的意思，這亦是事實，尤其對於空而言。智顗以滅除和克服諸法（如前面所述，這實際是指對諸法的執著）來理解空，這合乎龍樹的空的概念，即對自性和邪見的否定。智顗和龍樹二人均強調這概念的實踐和救贖意義。

但無論如何，這種相似性畢竟被它們的差異性所掩蓋。三觀和三諦偈的密切連繫難以獲得確認。首先，雖然三觀可被追溯至中觀學，但是以智顗自已所理解的中觀學為主。在中觀學中，空表示真理，而且是一個獨立的概念，表示它是根本的。即是說，作為真理的表述，空能夠不與任何東西連繫而獨自成立。在三觀中的空就有很大差別。空觀更適合地被稱為智顗所說的「從假入空觀」。空在這個脈絡中不單是空，而且是有著假名為背景的空。空是在一個過程的脈絡中說的，當中牽涉到空和假名，而不單只是空。這個空不能與假名分開。純然的空只是片面的和超越的，因此不能代表完全的真理。由假名支持著的空，是與經驗界有密切連繫的空，因此是更有具足性。就智顗而言，空似乎不能獨自代表真理，而只是真理的一個面相，中道佛性才是真理。假名的情況亦是一樣。空和假名都同是附屬於中道佛性。從這個意義上說，空並不是一個獨立而根本的概念。假名

55　「因緣所生法，我說即是空，破法折伏也。亦名為假名，立法攝受也。亦是中道義，教化眾生，令法得久住。」（《維摩經略疏》第三章，《大正藏》38．597a）近似的說法亦見於《維摩經文疏》第九章，《續藏經》28．18a。

56　例如《法華玄義》《大正藏》33．682c, 695c, 758a；《摩訶止觀》《大正藏》46．1b-c, 5c-6a, 7a, 28b, 31b；《法華文句》《大正藏》34．3a, 4a；《四教義》《大正藏》46．724a, 727b, 728a, 728b；《維摩經玄疏》《大正藏》38．525a；《維摩經略疏》《大正藏》38．597a-b。

在《中論》裡（正如第一節所述）代表立名的動作，而在智顗的系統中，假名被實質化，代表一個對象或經驗世間。兩者的差別是毋庸置疑的。關於中道，龍樹的中道代表超越兩端的狀態，而智顗的中道則在佛性的範疇中真實化。前者是附屬於空，後者則被視為真實的真理，即中道佛性。對於這三個概念，智顗作出了差異很大的修訂和解釋，是龍樹和他的中觀學門人所難以想像的。但智顗自身卻認為他的修訂和解釋是合乎龍樹的意思的。

第二，在三觀中，所觀的是三諦，這是空、假名和中道真理的結合。智顗稱為「真諦」和「俗諦」[57]的，分別是空的真理和假名的真理。一個我們必須注意的重點，就是三諦的架構是建基於一個假設，認為空、假名和中道是處於平行的位置，每一個都是獨立於其餘二者。只有在這個假設之上，我們才能得出空諦、假諦和中諦，以及將三者結合成為三諦。然而，龍樹完全沒有這個假設。在三諦偈的梵文原本中，空、假名、中道的概念並不是處於平行的位置上，而是以一種巧妙的方式串連著，用以揭示空所蘊含的意義：基於空具有的假名性，因此空就是中道。很明顯，這裡的主題是空，而假名和中道則只是用以補充解釋空的意義。[58]再清晰一點說，就是龍樹把空視為真理。他沒有把中道視為獨立於空的真理，至少在空是真理這個意義上是如此。在《中論》裡，中道是附屬於空的真理。至於假名，我們前此已說明，在《中論》裡，它只代表一個立名的動作，並不太受重視。要將這個假名提升至假名的真理，如智顗所強調的，概括整個經驗世間，還有很遠距離。這裡沒有任何跡象顯示龍樹把空、假名和中道視為三諦。將這首偈頌稱為「三諦偈」其實並不適當，而且有誤導性。

---

57 參考註 54。

58 我們應該謹慎地判斷，錯誤詮釋這首偈的責任應在鳩摩羅什（Kumārajīva）多於在智顗。在前者的漢譯本中，空、假名和中道是作為對緣起的平行的、對等的謂辭。很自然，智顗是從平行的角度看這三個概念；而且，由於真理性格被歸附在空方面，因而認為它們是三諦的表述。從這個錯誤的詮釋，亦可證明智顗沒有參考該首偈頌的梵文原本，只是透過鳩摩羅什的翻譯去理解中觀學。智顗大概並不懂梵文。

因此，以三諦來詮釋這首偈頌是不能成立的。[59]在三諦偈以至整部《中論》，很明顯地沒有任何文字顯示龍樹有三諦的觀念，即空即假即中的思想更是沒有。

59　對於龍樹的思想，特別是在三諦偈所顯示的思想，跟智顗在三觀和三諦所顯示的三重架構的關係，史旺遜所持的觀點跟我們有很大差異。在這個問題上，他認為智顗與龍樹之間有著肯定的和緊密的關係。他表示，在《中論》裡已隱含了三重架構（Swanson 的書，pp. 14-15），並且聲稱，智顗的詮釋是漢傳佛教對該首偈頌的意義加以發揮，令到中觀哲學更為清晰明了。（同上書，p. 8）基於我們的研究以及提出的論據，我們會較著重智顗不同於龍樹的地方，而不是相似之處。但這不同點並不代表一種越軌的做法。

第十八章　相即或等同的實踐意義

在真理的實踐當中，我們難免遇到一個問題：我們對真理應以什麼方式去實現？這個問題可以更直接地表達如下：

1. 我們是否應在一種孤立的脈絡中實現真理，離開這個時空的世間，假設真理不以任何形式與這個經驗環境發生關係？抑是，我們應該連繫著這個經驗環境來實踐真理呢？
2. 如果對上述後一截問題的回應是肯定的，那麼，真理與我們這個經驗環境的連繫應有多緊密呢？

我們稍後會見到智顗和中觀學同樣持肯定的立場，認同真理應在與經驗世間緊密連繫的情況下實現。他們以等同或無差別來說這種連繫。龍樹聲稱生死輪迴（梵：saṃsāra）與涅槃（梵：nirvāṇa）沒有差別，因此，它們是互相等同的。這種等同在一種有所保留的意義上出現，我們稍後會解釋。智顗則採取相當進取的態度，他宣稱煩惱本身就是覺悟，而生死輪迴本身就是涅槃。[1]這裡的生死輪迴屬於經驗世間，而涅槃和覺悟則是實現或體證真理的結果。我們會在這個意義上討論真理與世間的相即或等同。[2]由於涅槃、覺悟、解脫和實現真理在有情眾生尋求救贖目標的意義上的理解是相同的，除特別情況外，我們討論等同的問題時不會區分它們。龍樹通常用涅槃來表達這個目標，而智顗則用「解脫」（梵：

1　參考下文關於這些述句的詳情。

2　這種等同的實踐意義在佛教是很明顯的。實際上，沒有一個大乘佛教學派可以否認這種等同。稻田龜男曾指出，對這種關係的了解是大乘佛教哲學的持續不斷的挑戰和最為深沉的特性。Kenneth K. Inada, *Nāgārjuna: The Philosophy of the Middle Way*. New York: State University of New York Press, 1986. p. 12. 此書以下省作 Inada。

mokṣa），基本上，這兩個辭彙沒有差別。

這種等同關係展示一種方法去實現真理。這裡的「方法」是以廣義來說，意思是真理與經驗世間的等同的一個正確的實踐關係。它亦可代表一種合適的態度：真理應該在與經驗世間緊密連繫的基礎上實現。[3]

然而，我們應注意，智顗除了跟中觀學者有一些共同理解之外，他跟這些人以及龍樹對於這種等同性持不同的觀點。在這等同性的問題上，他更對通教，包括中觀學派採取批評的態度。為了清楚了解智顗在這問題上怎樣跟中觀學關連而又區別開來，讓我們先檢視龍樹在他的等同性的實踐意義上的立場。

一、涅槃與生死輪迴的等同

在《中論》裡，龍樹很清楚地宣稱涅槃與世間或生死輪迴無異：

> 輪迴世間本質上跟涅槃無任何差別。涅槃跟輪迴世間在本質上沒有任何差別。涅槃的界限就是輪迴世間的界限。兩者之間亦沒有任何差別。[4]

> 涅槃與世間，無有少分別，
> 世間與涅槃，亦無少分別。（《中論》25：19，《大正藏》30・36a）

> 涅槃之實際，及與世間際，
> 如是二際者，無毫釐差別。（《中論》25：20，《大正藏》30・

3 印順亦曾以方法論來說二諦。他說，二諦的教義是引領有情眾生由無明步向覺悟的基本方法。（《中觀今論》，臺北：慧日講堂，1971，頁 205）在這個脈絡中，二諦的教義主要代表中觀學所宣揚的教法，即是空之真理與施設性的世間無差別。

4 Inada, p. 158.

36a）

我們應細心注意，關於涅槃與世間的關係，龍樹說為「沒有分別」，而不是說「等同」。我們的理解是，「沒有分別」的意思可以邏輯地推論為等同。然而，沒有分別跟等同在語調上仍有不同，這代表對涅槃與世間的等同性有著不同的程度的認同或取向。具體來說，若說涅槃就是世間，這代表對涅槃與世間的等同性一種直接的和堅決的肯定。但說涅槃與世間沒有分別，則顯示對這種等同性的肯定是有點保留的。當我們對比智顗跟龍樹在實現真理中對經驗世間的取向時，這個保留的含意就會活現出來。當我們說龍樹把涅槃與世間等同時，必須記著這個保留的含意。

在以上引述的兩首偈頌中，涅槃指那種不平常的覺悟的生命，是從實現空之真理而達致的；而世間或輪迴世界則指日常生活在這經驗世間的平常生命。在這個意義上，涅槃與輪迴世界的等同，就是真理與經驗世間的等同的另一種表達方式。由於佛教徒，包括龍樹自己，一般都承認涅槃是清淨的，而輪迴世界是不清淨的，所以我們應該問：在什麼意義上兩者是互相等同呢？出現在第二首偈頌上半部的梵文 koṭi 表示，它們是在界限或領域上等同。即是說，涅槃與輪迴世界共同處於一個領域中，它們其中一方的領域完全就是另一方的領域。龍樹在這裡的意思是，涅槃的達致，並非在輪迴世界以外的任何地方。能夠建立涅槃之處，是輪迴世界的領域，或就是輪迴世界本身。因此，涅槃與輪迴世界的等同有著一個實踐的含意——真理的實現正發生在輪迴世界之中，不是在其他地方。龍樹更提醒我們，離開了生死世間，涅槃不可能存在。[5]

在這裡要特別注意，涅槃與輪迴世界處於同一個領域，這句說話只能單純以實踐和救贖的意義來理解。涅槃在輪迴世界中達致；它的領域就是輪迴世界的領域。涅槃並不是某個地方，因此，它不能具有本身的領域，

5　參考拙著《中道佛性詮釋學》，陳森田譯，臺北：臺灣學生書局，2010，第四章第八節，頁 131-136。

但當達致涅槃時，它就有著一個領域，這個領域是輪迴世界的領域，或說就是輪迴世界。

鑒於涅槃是清淨，輪迴世界是不清淨的對比，龍樹傾向於解釋為不同生命在不同的生活情況的結果。一個人繫縛於他的周遭環境，因而被操控，他就會停留於輪迴世界中；而當一個人沒有繫縛，他就會達致涅槃。涅槃與輪迴世界的這種分別，可見於以下的偈頌中：

> 生死輪迴的狀態是由於對〔結集（即蘊）的〕存在的緊握以及〔存在物的〕關係條件。那個非緊握和非關係性的，稱為涅槃。[6]

> 受諸因緣故，輪轉生死中；
> 不受諸因緣，是名為涅槃。（《中論》25：9，《大正藏》30・35b）

因此，一個人生活在涅槃抑是輪迴世界中，全視乎他是被因緣（梵：pratītya）操控抑是不被操控。無論結果是什麼，他仍須緊密連繫著這個現實的經驗世間。涅槃必須並且只能夠在這個經驗世間的基礎上達致，這經驗世間是涅槃獲得真正意義的唯一領域。這個經驗世間就是輪迴世界，在當中，有情生命尤其是人類生命的解放是最受重視的。龍樹指涅槃與輪迴世界沒有分別，就是在這個脈絡上說。

關於本節引述的偈頌，穆諦（T. R. V. Murti）指出：

> 涅槃與世間沒有任何分別；本體（Noumenon）與現象並非兩組分離的事物，亦不是同一事物的兩種狀態。只有絕對者才是真實，它

---

6 Inada, p. 156. ya ājavaṃjavībhāva upādāya pratītya vā, so 'pratītyānupādāya nirvāṇamupadiśyate. Louis de la Vallée Poussin, ed. *Mūlamadhyamakakārikās de Nāgārjuna avec la Prasannapadā de Candrakīrti. Bibliotheca Buddhica*, No. IV. St. Petersbourg, 1903-13, p. 529. 此書以下作《梵本中論》。

> 是世間的真實狀態，這世間是建立於虛妄的構想（梵：kalpanā）之中。[7]

穆諦在這裡把涅槃與輪迴世界分別歸類為本體與現象，並認為它們指著同一組事物，這表示我們在經驗世間所面對的東西。他在文中亦特別指出涅槃與輪迴世間處於同一個領域。這領域正就是該組事物所處的領域。此外，關於龍樹對涅槃與輪迴世間的關係的看法，史培隆格（Mervyn Sprung）指出，涅槃並不具有輪迴世間以外的其他境域（ontic range, 梵：koṭi）。[8]這境域代表的不是別的，正就是實際經驗的東西的領域。無疑，史培隆格亦認為涅槃與輪迴世間有著同一領域。

二、空與色的等同

關於涅槃與輪迴世間或出世間與世間的等同，有一個相似的概念，在當中空與色（梵：rūpa），或擴展至空與五蘊（梵：skandha）是互相等同的。這個觀念補充了涅槃與輪迴世間的等同的意味。它雖然未有在《中論》裡出現，但在《大智度論》中卻多處可見。

事實上，這個觀念最早出現於般若文獻。當中的思想在《大智度論》中有詳細的解釋。例如《心經》載：

> rūpaṃ śūnyatā śūnyataiva rūpaṃ, rūpān na pṛthak śūnyatā śūnyatāyā na pṛthak rūpaṃ, yad rūpaṃ sā śūnyatā yā śūnyatā tad rūpaṃ; evam eva vedanā-saṃjñā-saṃskāra-vijñānaṃ.[9]

---

[7] T. R. V. Murti, *The Central Philosophy of Buddhism*. London: George Allen and Unwin Ltd., 1955, p. 274.

[8] Mervyn Sprung. *Lucid Exposition of the Middle Way*. London and Henley: Routledge and Kegan Paul, 1979, pp. 19, 260.

[9] E. Conze, *Buddhist Wisdom Books*. London: George Allen and Unwin Ltd. 1958, p. 81.

譯成中文，可如：

> 色即是空，空即是色，色不異空，空不異色，一切色皆是空，一切空皆是色，受想行識亦復如是。

在這裡，色與空是相互等同的。我不打算詳細研究這種等同關係。[10]我要指出的是，在「色即是空」這一句中，空是作為一個謂詞去解釋色，意思是：色是非實在的，故空。這裡在色方面嵌進了一個知識論的關注。在「空即是色」一句中，色用作謂詞去解釋空，但情況則不同。空表示非實在的狀態，它無需色去進行知識論上的解釋，因此，很難說空帶有知識論上的關注。我認為，這種關注是實踐性的。即是說，「空即是色」表示空必須在色之中了解和實現。如果我的詮釋合理的話，有可能空與色的等同亦指在領域上的等同，空的領域就是色的領域。雖然空並不是一個處所，它不能具有自己的領域，但它仍具有一個自己將要實現於當中的領域。這領域不是別的，就是色的領域。因此，空與色處於同一個領域，而在實踐的角度說，它與色是等同的。「一切色皆是空，一切空皆是色」（梵文本的意思是，是色的東西，便是空；是空的東西，便是色）表示空與色指著同一東西。這個意思可從不同途徑去理解。但無論怎樣，它都涉及實踐上的含意，表示空必須在色的領域中的一切事物裡實現。按照這個意思，我們可以說，空與色處於同一領域，並且，它們是互相等同的。[11]

---

10 對這種等同的詳細解釋，可參考同上書，pp. 81-85。

11 我們應注意，藏文資料亦有提及空與色的關係。在解釋空與色相互間沒有差異時，無垢友（Vimalamitra）指出色與空沒有各自的外在質體（梵：bāhyārtha）。即是說，空不是外在於色，反之亦然。參考 A. Wayman, "Secret of the Heart Sutra," in L. Lancaster, ed., *Prajñāpāramitā and Related Systems*, Berkeley Buddhist Studies Series. Printed in Korea, 1977, p. 143.（Wayman 把 śūnyatā 譯為「voidness」而不是「emptiness」）空與色不是相互外在，表示離開色就沒有空，以及離開了空就沒有色。離開色就沒有空的說法，帶有一種實踐的含意，即是空只能在色之中實現，這色的領域完全等同於空的領域。結果是，基於空與色有著同一領域，它們是等同的。

色包含了五種結集，包括：色、受（梵：vedanā）、想（梵：saṃjñā）、行（梵：saṃskāra）和識（梵：vijñāna），這是構成人類的生命存在的一切元素。人類的生命存在的性格是緣起，而且，基本上與經驗世間無分別。因此，色亦同樣是指述經驗世間。因此，我們可以說，在實踐的意義上，空與經驗世間有著同一領域，即是，空需要在經驗世界中被體證。

如果以上的理解是正確的，我們就可以把空與色的同一性跟涅槃與輪迴世間的同一性關連起來，把它們理解為真理實踐的內在性格的不同表述方式。即是說，真理必須在經驗世間中實現。其實，基於它們同樣是表述這種內在性格，我們亦可將這兩種同一性等同起來。基於龍樹與般若思想的緊密連繫，我們相信他繼承了般若思想（《心經》是一部般若文獻）的這種看法，把出世間與世間等同，並認為出世間的境界需在世間中實現。

事實上，《大智度論》的作者確實把空與色的等同，跟涅槃與世間或輪迴世間的等同關連起來。他指出：

> 佛告須菩提：色即是空，空即是色。……空即是涅槃，涅槃即是空。《中論》中亦說：涅槃不異世間，世間不異涅槃，涅槃際世間際，一際無有異故。[12]

在這裡，《大智度論》的作者不單把空與色跟涅槃與世間的同一性關連起來，他更把空和涅槃相互等同起來。他明顯認為，兩種同一性都帶著相同的訊息，當中包含涅槃或空必須在經驗世間中達致的實踐含意。

三、日常行為的重要性

龍樹把涅槃與輪迴世間等同，顯示他對我們在本章開首所提的第一個

12　《大正藏》25・198a。

問題採取肯定的回應。這回應是，我們應該在與經驗世間緊密的連繫中實踐真理。涅槃，即真理，必須而且只能在經驗世間中達致。這一點非常重要，但至目前仍只是說說而已，談得多，做得少。譬如說，我們與經驗世間的聯繫應該如何變得緊密呢？具體來說，在我們生活的經驗世間中，我們運用言語互相溝通，我們作出某些行為，例如教導孩子和照顧病人。這些活動能否關連到真理的實現呢？由於這些因素牽涉到我們的第二個問題，故應在同一性的問題中作出交代。要處理這些問題，我們必須先檢視龍樹的二諦理論。就此，我們先看《中論》有關的偈頌：

> 諸佛所說的法是以二諦為基礎，這二諦是相對（世俗）真理和絕對（勝義）真理。[13]

> 諸佛依二諦，為眾生說法，
> 一以世俗諦，二第一義諦。（《中論》24：8，《大正藏》30・32c）

> 那些不明白兩種真理的差別的人，不能了解佛陀教法的深奧性格。[14]

> 若人不能知，分別於二諦，
> 則於深佛法，不知真實義。（《中論》24：9，《大正藏》30・32c）

在這裡見到，二諦是由世俗諦（梵：lokasaṃvṛti-satya）以及勝義諦（梵：paramārtha-satya）組成。在《中論》裡，龍樹未有明顯地指出二諦

---

13 Inada, p. 146. dve satye samupāśritya buddhānāṃ dharmadeśanā, lokasaṃvṛtisatyaṃ ca satyaṃ ca paramārthataḥ.（《梵本中論》頁 492）

14 Inada, p. 146. ye 'nayorna vijānanti vibhāgaṃ satyayordvayoḥ, te tattvaṃ na vijānanti gambhīraṃ buddhaśāsane.（《梵本中論》頁 494）

代表什麼，他只強調在理解深奧的佛法時，需要把這二者區分開來。關於這二諦的問題，現代學者已經有很全面的研究，他們的工作廣為人知，一般佛學研究者都可接觸到。[15]毫無疑問，這裡的勝義諦表示空的真理，它的性格是絕對的。然而，世俗諦又表示什麼呢？梵文辭彙 saṃvṛti 的意義相當含糊，然而，它是了解這種真理的關鍵所在。它可解作語言，亦可解作語言所表達的東西。關於這點，麥迪羅（B. K. Matilal）指出：

> 我們的言說行為所表達的一切東西，加上言說行為本身，即構成 saṃvṛti 的領域，即是「施設的」、「實踐的」。[16]

麥迪羅以建基於語言及其所表達的東西的言說行為去解理 saṃvṛti。語言是約定地及相對地發揮其作用的，它所表達的亦是約定的和相對的。因此，saṃvṛti 所牽涉的是約定的和相對的東西，這只能是經驗世間的事物和行為。故此，我們可以很有把握地說世俗諦大概表示經驗世間的真理或知識。「真理」（梵：satya）其實並不是一個很好的用辭，因為它通常是關連著絕對的觀念。龍樹告誡我們應區別開勝義諦和世俗諦。這種區別是建基於勝義與世俗，以及空與經驗世間的區別上。

由於本章的篇幅所限，我不能詳細地探討龍樹的二諦理論。我目前所關心的，是這個理論如何有效地關連到真理的實現與經驗世間的關係上。在這方面，空與經驗世間的區分便不太重要。然而，這問題線索就隱藏於以上所引兩首偈頌後接著的一首裡面。這首偈頌是前兩首的闡釋，頌文說：

15　例如 Mervyn Sprung, ed., *The Problems of Two Truths in Buddhism and Vedānta*. Dordrecht: D. Reidel, 1973; T. R. V. Murti, *The Central Philosophy of Buddhism*, pp. 228-255; 梶山雄一、上山春平著《空の論理：中觀》，東京：角川書店，1969，頁 130-136。

16　B. K. Matilal, *Epistemology, Logic and Grammar in Indian Philosophical Analysis*. The Hague: Mouton, 1971, p. 153.

不依靠日常的一般的行為（即相對真理），就不能表達那絕對的（真理）。不透過那絕對的真理，就不能達致涅槃。[17]

若不依俗諦，不得第一義；
不得第一義，則不得涅槃。（《中論》24：10，《大正藏》30・33a）

同樣的偈頌亦出現在《迴諍論》[18]，龍樹在這裡以梵字 vyavahāra 來說世俗諦。這 vyavahāra 表示我們在日常生活中所進行的活動。這些活動肯定包括教導孩子和照顧病人等事情。青目著眼於言說或語言的行為，強調它的世俗性和約定性。[19]梶山雄一指出，在中觀哲學中，vyavahāra 與 saṃvṛti 是同義辭。[20]正如上面指出，saṃvṛti 可解作語言。要讓日常活動得以進行，語言無疑是一項重要元素，它本身就是我們日常生活中不可缺少的活動。因此，我們應可理解 vyavahāra 為代表日常活動，尤指語言及行為。在以上的偈頌中，龍樹運用一個序列來說明涅槃的達致：人要透過一般的實踐行為、活動（譯按：即世俗諦）去表述勝義諦（譯按：即第一義諦），並要透過勝義諦以達致涅槃。他斷定，若不依靠一般行為，就不能表述（梵：deśyate）勝義諦。換句話說，勝義諦只能透過一般行為來表述。

我們必須非常小心注意這個斷言。讓我們再檢視它的梵文原本：

vyavahāramanāśritya paramārtho na deśyate.

---

17 Inada, p. 146. vyavahāramanāśritya paramārtho na deśyate, paramārthamanāgamya nirvāṇaṃ nādhigamyate.《梵本中論》，頁 494。

18 《大正藏》32・14a。

19 《大正藏》30・33a。

20 梶山雄一、上山春平著《空の論理》，頁 131。

稻田的翻譯：「若不依靠日常的一般行為，絕對真理就不能得以表述」是適當的。宇井伯壽的譯本亦同樣正確。[21]他們都把梵文本中的動詞（āśritya 用進行式，deśyate 用被動式）分別譯為「依靠」（relying）及「被表述」（to be expressed）。卡魯柏克納（David J. Kalupahana）將 āśritya 譯為「依靠」（relying），而 deśyate 則譯為「教導」（taught）。全句譯為：「若不依靠約定，則該終極成果未得以教導。」（Without relying upon convention, the ultimate fruit is not taught.）[22]在文法上及字面上，把 deśyate 譯為「教導」（taught）是較為正確的。然而，此中的差別不太重要。這些學者都傾向於把一般的行為或約定視為表述勝義諦的工具。即是說，一般的行為有方法的功能，讓我們能認識勝義諦。

穆諦亦有著相近的看法。他以目的或目標來說勝義諦，而以方法來說 saṃvṛti。他視 saṃvṛti 為一個階梯或踏腳石，讓我們能夠到達目標，即勝義諦。[23]他以 saṃvṛti 來指稱那些一般地說是有理解默契的東西。[24]這樣的指稱近似於我們以 vyavahāra 所指的東西，即是在經驗世間中的行為。對於穆諦而言，約定的或經驗的東西在揭示勝義諦中是不可缺少的。

我們仍然可以再進一步看。龍樹《中論》的梵文本中，ā-śri（āśritya 的字根）除了表示依賴（「relying on」、「depending on」）之外，亦可解作附上（「affix」）、粘附（「adhere」）、依靠（「rest on」）或居住（「inhabit」）。[25]這些附加的解釋把出世間（梵：paramārtha）與世間（梵：vyavahāra）在一種更強的意義上連繫起來。勝義諦不單只依賴日常行為來表述，甚至就在日常行為本身中表現出來。離開了日常行為，勝

---

[21] 宇井伯壽著《宇井伯壽著作選集》第四冊，東京：大東出版社，1974，頁 51。

[22] David J. Kalupahana, *Nāgārjuna: The Philosophy of the Middle Way*. New York: State University of New York Press, 1986, p. 333.

[23] *The Central Philosophy of Buddhism*, p. 19.

[24] Ibid., p. 17.

[25] Monier Monier-Williams, *A Sanskrit-English Dictionary*, Delhi, Patna, Varanasi: Motilal Banarsidass, p. 158b.

義諦就不能得以表述。依賴日常行為去表述真理，與就在日常行為本身中來表現真理，兩者間有著微妙而重要的差異。在前一種情況，日常行為仍然只是一種工具，因此是外在於勝義真理的表述。而在後一種情況，日常行為成為勝義真理表述的一部分，完全沒有工具或外在的含意。理論上，有工具含意的日常行為，在勝義諦表述完成後是可以捨掉的。但如果日常行為是真理表述的一部分，則絕對不能捨掉。

其次，被動式的 deśyate 可表示「被表述」的意味。它亦可以一種較強的行動意義表示「被展示」或「被實現」。鳩摩羅什翻譯 deśyate 為「達致」，看來較切合後者的情況。[26]因此，關於勝義諦的問題，不單在於它的表述，亦在於它的實現或達致。

基於這些理解，龍樹的陳述可包含一個更具實踐性和救贖性的意義。即是說，我們依賴日常行為，不應僅是用以表述勝義諦，而是應該就在這些行為中達致勝義諦，永不能捨棄日常行為。由於這些行為只能在經驗世間中進行，所以，經驗世間亦是不能捨棄的。這種實踐和救贖的意味亦與龍樹把涅槃跟輪迴世間所作的等同相吻合。這種等同確定地明示涅槃與輪迴世間共處於同一領域中，而且，涅槃只能在這個領域中達致。關於這點，卡魯柏克納曾作以下評論：

> 自由（涅槃）不是與人類生活完全無關的絕對自由。它只是在人類生活中去除了某些限制（例如貪、瞋、癡）。[27]

卡氏在這裡所說的絕對自由（absolute freedom），帶有負面的意義，指那種遠離世界、不食人間煙火的超離的或超絕的（transcendent, transzendent）心靈狀態，真正的自由是從種種煩惱（梵：kleśa）解放開來的、具有救贖性格的精神境界，它不表示要遠離經驗世界，它的證成亦

26　參考註 17。

27　*Nāgārjuna: The Philosophy of the Middle Way*, pp. 89-90.

只能表現於經驗世界，只是不受後者的種種具有染污性的東西所束縛而已。

四、煩惱的滅除

當我們說及真理的實現或解脫的獲得，我們已承認自己是普通人，並生活在充滿苦難的輪迴世間之中。為什麼是這樣？所有佛教徒都會同意這是基於邪見和執著所形成的種種煩惱（梵：kleśa）所致。自然地，解脫的獲得就是透過滅除這些煩惱才行的。從上面闡述的等同的義理可以見到，中觀學的目標是從實現真理而來的、即在經驗世間的日常生活中證成的解脫，但要滅除煩惱。龍樹在《中論》裡便堅持煩惱的斷滅：

> 破壞那些概念化的業煩惱（karmaic defilements）就有解脫（梵：mokṣa）。這些（業煩惱）只是從概念遊戲（即戲論，梵：prapañca）產生，它們都會在空之中被驅除。[28]

> 業煩惱滅故，名之為解脫。
> 業煩惱非實，入空戲論滅。（《中論》18：5，《大正藏》30・23c）

龍樹的立場很清晰，在獲得解脫之前，必須消滅或根除煩惱，這是在一種很強的實踐意義上說的。煩惱障蔽我們的解脫。而解脫並非別的東西，就是從苦難和煩惱中得到自由。解脫和煩惱不能並存，我們只能在滅除煩惱的情況下才能獲得解脫。此外，由於戲論是煩惱的來源，所以亦應被驅除或滅絕。在《中論》裡到處可見到龍樹要求我們滅除戲論和邪見，以達致

---

[28] Inada, p. 114. karmakleśakṣayānmokṣa karmakleśā vikalpataḥ, te prapañcātprapañcastu śūnyatāyaṃ nirudhyate.（《梵本中論》頁 349-350）

解脫或涅槃。卡魯柏克納在前面引述的評論中亦以去除貪、瞋、癡等限制來說自由或解脫。這些限制其實可理解為煩惱，去除它們即代表煩惱的滅除。

要達致解脫就必須滅除煩惱，這種說法在《大智度論》中清楚看到：

> 諸法實相常住不動。眾生以無明等諸煩惱故，於實相中，轉異邪曲。諸佛賢聖種種方便說法，破無明等諸煩惱，令眾生還得實性，如本不異，是名為如。實性與無明合，故變異，則不清淨。若除卻無明等，得其真性，是名法性，清淨實際，名入法性中。[29]

在這段引文中，實相、實性、如、真性、實際和法性都是同義辭，它們的共同基礎都是空。這裡的重點在於由實相與無明等煩惱結合而產生的轉異和邪曲。這些轉異和邪曲會令眾生遭受苦難，並停留在生死輪迴之中。這原本內在於眾生的實相或真理，能夠透過滅除煩惱而復歸清淨，從而達致解脫。從思考形態方面說，《大智度論》是屬於分解形態的。即是，實相或真理本身是超越性格的，是清淨的，只是遇到無明諸煩惱，才變得「轉異邪曲」。要獲得解脫，便得作工夫，讓實相與無明分開，由後者方面解離開來，便能回復原來的明覺，而得解脫。這與智顗所代表的天台的弔詭思考不同，後者是綜合性格的，即是，作為真理的實相或法性（梵：dharmatā, dharmatva）本來便與無明緊密地連結在一起，兩者是分不開的，不能只要法性而不要無明。這是智顗的弔詭的「一念無明法性心」的意涵。要得解脫，便要從無明與法性所成的背反（Antinomie）突破開來，超越上來。不能以法性克服無明，要法性，不要無明。

回到《大智度論》的說法。滅除煩惱是在中觀學中達致解脫的一種重要的實踐工夫。這種滅除煩惱的實踐跟《中論》所說的世間與出世間的等同問題有密切關連。然而，我們必須特別留意，這種實踐並非表示世間本

---

29 《大正藏》25．298c-299a。

身都要同時滅除，雖然煩惱與世間的性格都同樣是經驗的，並且經常都連繫在一起。關於這方面，《大智度論》的作者作出如下的區分：

> 般若波羅蜜中，但除邪見，而不破四緣。[30]

這邪見（梵：dṛṣṭi）是一種煩惱，而四緣則代表經驗世間的因果關係。[31]當實踐般若智以實現真理時，所滅除的是煩惱而不是經驗世間本身，因為空就是在經驗世間中實現的。

龍樹自己亦曾反對滅除經驗世間，他在《中論》裡說：

> 你會破壞所有相應於經驗世間的日常行為，因為你破壞了那具有相關地生起意義的空。[32]

> 汝破一切法，諸因緣空義，
> 則破於世俗，諸餘所有法。（《中論》24：36，《大正藏》30・34b）

在這首偈頌中，龍樹駁斥那些否定緣起和空的義理的敵論者。龍樹的論點是，現存的經驗世間是依靠這些義理而成就的，如果否定了這些義理，經驗世間亦會被毀滅而變成了一無所有。這是徹底的虛無主義的說法。從龍樹強調在經驗世間的日常行為中實現勝義諦，可見他並不是虛無主義者。

30　《大正藏》25・297b。

31　佛教所有學派都認同經驗世間是透過眾緣（梵：pratyaya）和合而建立的。瑜伽行派（Yogācāra）更以一套精細的四緣理論來清楚解釋。在這套理論中，原因可分為主要原因，即「因」（梵：hetu-pratyaya）和次要原因，即「緣」。而緣又再分為所緣緣（梵：ālambana-pratyaya）、等無間緣（梵：samanantara-pratyaya）和增上緣（梵：adhipati-pratyaya）。

32　Inada, p. 152. sarvasaṃvyavahārāṃśca laukikān pratibādhase, yatpratītyasamutpādaśūnyatāṃ pratibādhase.（《梵本中論》頁513）

我們可以肯定地說，龍樹傾向於保留經驗世間的性格或領域。這種對經驗世間的積極態度正符合「體法」的觀點，或在保留、懷抱著諸法的脈絡中實踐真理，這正是智顗用以判別通教的一種特質。這與藏教的情況很不同，後者強調要先析離以至摧毀諸法，才能展現空的真理。

五、智顗對等同問題的看法

讓我們暫時停下來，總結一下中觀學在出世間與世間的等同問題上的立場。它將涅槃跟輪迴世間等同起來，致勝義諦（或真理）必須在經驗世間的日常活動中實現。它認為在達致解脫之前必須滅除煩惱。在中觀學的脈絡中所說的等同，是指涅槃或解脫跟輪迴世間的等同，而不是跟煩惱等同。由於煩惱是世間存在或輪迴世間的一部分，我們必須要清楚辨別現時所說的等同，並非指解脫跟煩惱的等同，而是指解脫跟煩惱以外，輪迴世間的其他方面的等同。在價值論（axiology）來說，解脫是正價值，煩惱是負價值，世間則是中性的。

要達致解脫，我們是否必須滅除煩惱呢？事實上，在日常生活中，煩惱經常障礙著解脫，而且，解脫正是指從煩惱中解放出來。然而，我們能否想像一種情況，在當中，我們透過克服或超越煩惱，無需滅除煩惱而達致解脫呢？龍樹和《大智度論》的作者都沒有察覺這種可能性，並且對煩惱採取完全負面的、負價值的看法。讓我們先記著這點，再來就智顗的等同觀念進行討論。

基於智顗跟他早期的研究重點——《大智度論》——的密切關係，以及他對通教的體法觀念的高度評價，可以確定他在等同的問題上，跟中觀學有著緊密連繫。他指出：

《大品》云：即色是空，非色滅空。《釋論》解云：色是生死，空是涅槃。生死際、涅槃際一而無二。此豈非染淨俱融？[33]

這裡鮮明地揭示了智顗意識到輪迴世間與涅槃處於同一的領域（際，梵：koṭi）。他認為輪迴世間充滿染污的因素，而涅槃則是清淨的。雜染的輪迴世間與清淨的涅槃之間的融和，代表一種等同的關係。在這裡，《大品般若經》以「融」來闡釋涅槃與世間的關係。這兩者是怎樣合在一起呢？這還有待進一步的探討。

關於真理的實現，智顗跟中觀學一樣，斷定真理應在經驗世間中實現，而不是離開這世間。他通過以下的說明表達這種關係：

法性與一切法無二無別。……離凡法更求實相，如避此空，彼處求空。即凡法是實法，不須捨凡向聖。[34]

聖、清淨的法性與染污的凡法的無別異或等同，表示真理與經驗世間處於同一個領域、際之中，或是真理實現之處正是這經驗世間。毫無疑問，智顗對真理的實現有著很深的俗世關懷，然而，他還有更進一步的看法。他聲稱，在涅槃或解脫的達致當中，即使是煩惱也不應滅除，即是，不必也不應斷除煩惱；「不斷」煩惱。解脫與煩惱可以共存，前者並不會被後者障蔽。在智顗的主要著作中，到處可見以不同的方式表達「不斷」這個著名的觀念，例如「不斷煩惱而證涅槃」、「煩惱即菩提」、「無明即法性」、「魔界即是佛界」。[35]這些描述雖然數目很多，而且涉及不同的主

33　《法華玄義》第十章，《大正藏》33・804c-805a。《大品》即是《大品般若經》（*Pañcaviṃśatisahasrikā-prajñāpāramitā-sūtra*，或作《二萬五千頌般若》），《大智度論》是解釋這部文獻的。

34　《摩訶止觀》第一章，《大正藏》46・6a-b。

35　認為解脫的條件等同於煩惱（無論後者被稱為無明或渴愛）或不斷煩惱而達致解脫的觀念，經常出現在智顗的著作中，這讓人想到這是智顗思想的一個重要特點，尤其在《摩訶止觀》裡，這種觀念至少出現了十八次：《大正藏》46・9a, 11c, 14b, 21b, 47c, 49c, 56b, 82c, 100b, 103b-c, 104c, 116b, 126c, 127a, 128c, 129a, 131a, 140b。

題，但基本上可總結為兩種模式：「不滅除雜染而達致清淨」以及「雜染即是清淨」。兩種模式中的雜染都可指無明、煩惱等等，而清淨則指涅槃、解脫等。兩種模式都可理解為對涅槃或解脫跟煩惱的等同的描述。這樣的等同或相即，確實是連繫出世間與世間的一種徹底的方式。相即即是在存有論上相即不離也。由存有論上的相即不離可發展至工夫論的相即不離。

正是這種徹底的、進取的取向，讓智顗在等同的問題上與中觀學出現了嚴重分歧。正如前面所總結，中觀學認為真理應在經驗世間中實現，而滅除煩惱就是解脫的必需條件。他們所說的等同指的是涅槃與輪迴世間的等同。智顗認同這種世間性的連繫，但他更進一步，認可在解脫中仍可有煩惱的存在。因此，他所說的等同就不單是指著涅槃與輪迴世間的等同，亦是指涅槃與煩惱的等同，當中的煩惱一般被視為解脫的障礙。智顗特別強調的，就是後一種的等同。按照智顗的看法，煩惱不一定是有害的，它們亦可有兩方面的正面意義。這個問題的確展示出智顗思想的獨特模式以及他的深邃的實踐旨趣。

六、煩惱的方便意義

智顗認為煩惱的第一種意義是它們能夠成為渡化眾生的有用方法。煩惱的這種方便意義有主動的和被動的兩方面。關於主動方面，智顗指出：

> 若身子等斷惑入般，如破壁得出，怖畏生死，不能用煩惱而作佛事。菩薩以趣佛慧，不斷而入，如得道者壁不能礙。是則還用煩惱以為佛事。是名不斷煩惱而入涅槃。[36]

36 《維摩經略疏》第四章，《大正藏》38．612b。「得道者」這個語辭很有道家意味，似是指獲得或實現道的人。然而，由於文中描述這個人不被牆壁所障礙，我們可理解這個人已獲得神通，能夠穿牆而不受障礙了。

這是說，倘若要斷除一切煩惱，才能得到覺悟而證得涅槃境界，這便等於要破除牆壁，才能出得房間。這便是對生死輪迴的事有所顧忌，為煩惱所束縛，奈何它不得，拿它沒有辦法。這是被煩惱所主宰，不能利用它來進行成佛渡眾生了。菩薩則不是這樣，他不必斷除煩惱便能證入涅槃，不為牆壁所阻擋，便能穿過。這樣便能運用煩惱來進行渡生的事。煩惱有如牆壁，不能阻礙他修行渡生的志業。智顗提到作佛事的人物，把他們跟煩惱連繫起來。什麼是佛事呢？雖然智顗沒有列舉出來，但很明顯，它跟引導眾生實現真理和成佛有密切關係。對於這個人物，煩惱可以成為有用的工具。智顗的主要著作中未有詳述煩惱怎樣作為有用的工具，但我們不難想像，煩惱，包括邪惡的行為能夠有效地被運用來渡化邪惡的眾生。佛或菩薩在渡化盜賊的過程中，可以示現成一個盜賊，與其他盜賊一同作惡，從而建立彼此的親密關係，這有助於渡化那些盜賊改過從良，甚至覺悟成佛。從這個意義上說，煩惱可以是有用的，而渡化及讓盜賊成佛就是佛事。在這種情況下作惡就不是邪惡。從以佛事作為最終目的這個角度看，這樣的「作惡」，作為一種有效的方法，是可以的、適當的。

煩惱在方便方面的主動意義涉及所運用或採取的一些東西，不論它是一種行為或是一種模式；然而，被動方面就很是不同。後者所指的是這樣：

> 譬如對寇，寇是勳本。能破寇故，有大功名，得大富貴。無量貪欲是如來種，亦復如是。能令菩薩出生無量百千法門。多薪火猛，糞壤生華。貪欲是道，此之謂也。若斷貪欲，住貪欲空，何由生出一切法門？[37]

煩惱能夠生出法門以助推行佛事，但這煩惱並不是為人在一般生活上使用的東西。卻是在推行佛事當中，煩惱作為一個扳機（按：即槍械的扳制，

37　《摩訶止觀》第四章，《大正藏》46・47a。

一按即能發動）的角色，但不是一個主動的和機械的（mechanical）意義，而是被動的和辯證的意義。這個「扳機」可以促發修行成佛的行動。即是說，因為煩惱的存在，我們必須以修行的方法去克服它們，正由於對煩惱的克服而得以成佛。佛之境界不能在毫無約制的情況下建立，而是建立於克服煩惱的努力之上的。這情況就好像大功名和大富貴是建立於攻破寇賊，這些寇賊就是功勳的來源。倘若天下太平，到處都沒有寇賊，則專事捉賊的警察也不需要了。這樣，便沒有捉賊立功的事。從這個意義上說，煩惱成為了有助於推行佛事的辯證的扳機，正如寇賊可帶來功名和富貴。這裡的「被動」，指煩惱在推行佛事中的被動意義。即是說，煩惱並不是主動地、直接地推動佛事，而是被作佛事的人在克服煩惱當中被推動而產生效用。因此，無論是什麼負面的東西，原則上都可被適當地用來助成有價值的行為。但我們必須注意一點：在運用任何東西作為法門來助成宗教的轉化時，當事者必須恆時保持自己的主體性，讓自己能永遠監控種種法門，不讓法門脫卻開來，任由它活動。倘若是這樣，則法門不單不能助成有益的事，反而會帶來災害了。

智顗在這裡以寇賊來比喻煩惱，當中仍有一個問題。大功名和大富貴是藉著破滅寇賊而獲得的，這寇賊最終會消失；但另一方面，佛事的完成是基於克服同時保留煩惱的。因此，這個比喻仍有所偏差，看來智顗並沒有察覺。對於克服同時保留煩惱的問題，我們在下面會再作詳細討論。

智顗有時會區分煩惱的主動和被動方面，但有時卻不作區分。例如在前面引文中，智顗指出貪和欲能令菩薩做出種種法門，就同時涉及這兩方面。貪和欲作為主要的煩惱，很明顯有辯證的扳機的角色，人可以因貪和欲而去行劫，成為寇賊，被抓而成就人的立功、得到功勳，同時鼓舞自己與他人。這是被動方面。但法門亦可表示某種被運用的煩惱，例如貪和欲會使人淪於作妓女，要渡化、點化妓女，不能正襟危坐地教訓、斥責她，而是先跟她同流合污，一起和她當妓女，以取得她的信任，讓她把你視為同路人、知己，然後伺機勸化她，解釋這不是正當的謀生方式，這樣做到頭來會害已害人，而誘使她棄妓從良。這種扮演妓女的角色，可以反彈，發揮有效的力量，如污泥生蓮花。這是主動方面。在任何一方面，煩惱的方便意義都是毋庸置疑的。

基於煩惱的方便意義，智顗很自然地提出不斷煩惱而入涅槃的觀點。[38]很明顯，「不斷」預設了對煩惱的性格的一種特殊理解和處理。這種理解先於煩惱的運用，而且是讓這樣的運用成為可行的。在前一段引文（即註 36）中，智顗將菩薩的智慧比作神通。他闡釋該比喻如下：

> 問曰：若不斷煩惱結業，云何而得解脫？答曰：譬如未得神通之人，若在牢獄，必須穿牆破壁，方得走脫。若是得神通之人，處在牢獄，雖不穿牆破壁，而出入無礙也。[39]

智顗的論點是，以不斷的方式而達致的解脫是基於一種特殊的智慧，這種智慧不會為煩惱所障礙，反而能夠包容煩惱。這種智慧將煩惱理解為因緣和合而生起的，沒有恆常的自性，它們的性格都是空的。實際上，智顗正是把無明這種根本煩惱的性格等同於空。[40]唐君毅亦指出，智顗所說的解脫顯示出對煩惱性空的理解。[41]究極地說，由於煩惱是空，它們不能實質地影響及傷害我們；亦由於它們是空，我們可在行事上運用它們。就是基

38　在這方面，智顗的一位出色門人知禮（公元 960-1028）更進一步將法門跟佛性包含邪惡的觀念連繫起來，建立一個巧妙的觀念「性惡法門」。在這個觀念中，煩惱被強調是修行中的一個重要元素。知禮提出：「煩惱生死既是修惡，全體即是性惡法門，故不須斷除及翻轉也。諸家不明性惡，遂須翻惡為善，斷惡證善。」（《十不二門指要鈔》，《大正藏》46・707b）知禮的意思是，煩惱、生死等事，都可作為法門來處理，由於這是佛性所展現的，我們可視之為佛性內裡存在著性惡的法門。這便是「性惡」一觀念的依據。這個觀念最早出現於《觀音玄義》中，這被視為是智顗所作，或所述。但日本很多學者都作過研究，認為不是智顗的作品，而是他的門人或後學所為。在這裡我不想討論這個問題。

39　《維摩經玄疏》第五章，《大正藏》38・550c-551a。

40　「畢竟空即是無明之性。」（《維摩經略疏》第十章，《大正藏》38・701a）

41　唐君毅著《中國哲學原論・原道篇》卷 3，香港：新亞研究所，1974，頁 1174。

於這種理解，我們能夠不為煩惱所障礙，而且能控制它們，讓它們成為渡化眾生的有用的工具。當我們能夠這樣做，煩惱就會成為有用的工具，我們無需要滅除它們。這便是「不斷」的意涵。

七、法性與無明的當體等同

方便的意義為煩惱開啟了一個新的面相，它在救贖上可以扮演重要的角色，發揮關鍵性的作用。然而，這是有條件的，就是它必須在最終目的上得到確認：確認有渡生的作用。當渡生目的完全達到後，它的存在便要被捨棄。在理論上，當一切眾生都獲得解脫，再沒有什麼需要覺悟時，煩惱就自動失去那種方便意義而要被滅除。由於有這種條件性，不斷的觀念就不是終極的，而基於這個觀念而建立的等同性就不能堅持下去了，除非當事人認為下一波的渡化任務即將到來。倘若渡化是無窮無盡的，則煩惱還是可以有理據地繼續存在。

對智顗而言，煩惱有著另一種意義，這開啟了等同性的一個全新圖像。智顗再進一步聲稱，法性與無明是等同的，而且是同一東西的兩方面。在這個脈絡中，法性和無明分別代表解脫和煩惱。法性和無明的關係就好像水和冰的關係一般。智顗指出：

> 無明癡惑，本是法性。以癡迷故，法性變作無明，起諸顛倒，善不善等；如寒來結水，變作堅冰，又如眠來變心，有種種夢。[42]

按照這種說法，法性和無明就是同一東西在不同的情況下的不同狀態。這種關係就好像水和冰，是同一東西（H_2O）在不同溫度下的兩種狀態。實質上，惑闇的無明本來就是明覺的法性，就是終極的真理，只是由於迷闇，而變得與本性完全不同，不單沒有明覺，反而出現種種顛倒歪邪的樣

42 《摩訶止觀》第五章，《大正藏》46・56b。

貌。智顗特別強調法性和無明並非指兩種不同的東西：

> 但有名字，寧復有二物相即耶？如一珠，向月生水，向日生火；不向，則無水火。一物未曾二，而有水火之珠耳。[43]

智顗的論點是，法性和無明並不是由同一來源分割成的兩樣東西，而是同一東西以不同方式運作或被運作的兩種結果。按智顗所說，這情況就好像水和火，它們不是由同一顆珠分割而成的兩樣東西，而是同一顆珠在不同的操作下的兩種結果。雖然這個珠的比喻不太清晰，但我們應注意的，是智顗把法性與無明的分別說成只是名字與字眼的問題。即是說，兩者的分別只是名義上的，而不是實質的、內容的。「兩樣東西如何能夠具有等同性？」這個問題，跟法性與無明的等同並沒有矛盾。反之，這個問題否定了以法性和無明為兩樣分離的東西然後兩者變為等同的說法。智顗認為，這種想法是對法性和無明的性格的誤解。

智顗把法性和無明等同是基於兩者是同一東西的不同狀態，而不是兩樣分離的東西的想法。用智顗的說法，法性與無明是當體即同，就事體來說是相同的。智顗曾指出，種種顛倒當體即是法性。[44]這裡所說的顛倒是指從無明而來的對真理的顛倒。這樣的等同，其實是一種最徹底的方式，無明或煩惱亦從中獲得它們的積極的、正面的意義。[45]

按照這樣的等同觀念，解脫或覺悟就是在狀態上的過渡，即是從遍佈

43　《摩訶止觀》第六章，《大正藏》46・83a。

44　「當體諸顛倒即是法性。」（《摩訶止觀》第五章，《大正藏》46・56b）

45　關於等同的方式，天台的後學知禮列舉了三種：一是兩種東西的結合（二物相合）；二是一體而兩面相背（背面相翻）；三是完全同一事體（當體全是）。知禮把最末一種視為真正的等同。（《十不二門指要鈔》，《大正藏》46・707b）關於這三種等同的解釋，可參考田村芳朗的解釋（田村芳朗、梅原猛著《絕對の真理：天台》，東京：角川書店，1969，頁 121-122）。很明顯，在前兩種中，有關的事物是兩種分離的東西，而第三種則將事物說成是同一東西的不同狀態。可以肯定，知禮把智顗在這裡所說的等同視為第三種。他的看法是對的。

著無明的狀態，過渡至克服無明和展現法性的狀態。這種過渡並不必能暢順地進行，而是會涉及法性與無明間的道德或宗教上的掙扎，進一步就是對兩者的同時突破。因此，這種等同的性格必須在實踐的和動態的脈絡上理解，這讓智顗所說的等同成為佛教哲學和修行上一個最困難的問題。要處理這個關鍵之處，讓我們引述智顗的說話：

> 由惡有善，離惡無善。翻於諸惡，即善資成。如竹中有火性，未即是火事，故有而不燒。遇緣事成，即能燒物。惡即善性，未即是事。遇緣成事，即能翻惡。如竹有火，火出還燒竹。惡中有善，善成還破惡。故即惡性相是善性相也。[46]

智顗將惡比喻為竹，將善比喻為火。惡蘊含著善的潛能（性），就好像竹蘊藏著火的潛能。善透過推翻惡而成就自己，正如火以燃燒竹來實現自己。智顗的觀點是善與惡不會妥協，而是不斷在鬥爭當中。善必須推翻惡以證成自己，而且只有透過推倒惡，善方能成就。由此得出，對惡的推倒是成就善的必需條件。然而，推倒惡並不表示要滅除惡。前者表示要克服惡，阻止它遍佈和影響我們的生命；而後者就有斷滅的意思，即是要滅除惡，令它永不能再出現。智顗的看法是，惡不必也不應被滅除，因為善只有在惡之中才能存在，離開了惡就沒有善了。這種善與惡的關係並不是在功效或工具的意義上說。惡不應被滅除，並非由於它有助於善的實現，而是由於善與惡的關係是在當體即同的等同意義上說的。善與惡均歸於同一事物，因此不能彼此分離。如果沒有惡，就不會有善。因此，惡不應被滅除。[47]即是，我們不能在存有論上以善來消滅惡，因為若消滅惡，善的存

46　《法華玄義》第五章，《大正藏》33，743c-744a。引文中的性和事分別代表事物的潛存和實現狀態。

47　這裡又是關於比喻的問題，正如冉雲華教授在本論文初稿時批評：「竹具有火的潛能，然而當竹產生火時，竹會被火燒毀。這樣，雜染或煩惱（即是竹）如何不被滅除呢？」他的論點是，當竹被火燃燒，竹會被毀滅以致完全消失，但當邪惡或煩惱被善

在便無從說起。我們要做的，是在善中突顯主體性，克服惡的流行、泛濫，甚至點化惡，讓它在宗教的救贖中扮演積極的角色，而展現正面的意義。這便出現了在宗教現象學中一個頂困難但又必須妥善解決的問題。在必須保存惡但又要讓它被克制、被引導的工夫實踐中，人的行為即使已達致純善無惡的程度，但仍不能保證這種情況必定能夠維持下去。人一朝不能對惡警覺，心一旦游離到虛妄的一方，精神即會馬上下墮到惡的深坑中去。在這個問題上，我們可以說人是最自由的，但也是最無保障的。人有完全的自由去行善，作道德上與宗教上的提升，但在艱難的生命歷程中，妄念會隨時而來。妄念一旦生起，在道德上、宗教上所成就的功德便有完全被摧破的危險。人怎能不戒慎恐懼呢？

善和惡之間存在著恆常的爭鬥，然而亦具有恆常的連繫。善和惡分別代表法性和無明，在此二者之間亦有著同樣的爭鬥和連繫。從邏輯和實踐上說，法性與無明之間，難以找到一個共通點讓兩者的爭鬥和連繫得到平衡。鬥爭是指法性跟無明的爭鬥，要推倒後者，或至少要從後者中脫離出來。然而，同時間，清淨的法性與染污的無明卻有著當體即同的相即不離的關係。在法性與無明這兩極之間有著恆時的鬥爭以及持久的連繫這種巧妙的背反。這種背反令智顗的思想極為難以明瞭。因此，很少學者能認真地、妥善地去處理他的思想。

克服時，卻不會完全消失。這是智顗未有察覺的矛盾之處。我們應注意，善和惡的問題具有實踐和救贖的含意，而火和竹的問題則帶有存有論的含意。正如我們稍後會展示的，善和惡有著共同的基礎或來源，就是心。由於心永不會完全消失，故此善與惡總能夠留存。至於竹和火，由於它們沒有共同的存有論的根源，因此，雖然智顗斷定心具備諸法（見下文），包括火和竹，但這斷言並不是在存有論的意義上說。即是說，心沒有產生火和竹，所以不是二者的存有論根源。在智顗的著作中，我們看不見他對存有論的問題感到興趣。

八、心及其作用

這個背反的解決辦法不能在法性與無明的任何一方，以至雙方之中找到。它只能在第三種可能情況中找到，這種情況綜合了法性與無明。由於現在所說的等同是指法性與無明的當體即同，而二者是指同一東西的兩種狀態，故此，這第三種情況不可能是其他東西，只能是具備法性與無明的心。關於這心，智顗指出：

> 此心是無明、法性、法界、十界、百法、無量定亂、一念具足。何以故？由迷法性，故有一切散亂惡法，由解法性，故有一切定法。……迷解定散，其性不二。[48]

智顗嘗試列舉一切存在的狀態，並總結為集中（即「定」）和分散（即「散」），同時把二者分別連繫至清淨的法性和雜染的無明。他的論點是，一個人是在定的狀態抑或在散的狀態，在精神集中或精神分散的狀態，視乎他是否醒覺到法性，而這又在於他的心如何作用。當智顗聲稱醒覺法性與不醒覺法性之間（即是定與散之間）在性格上沒有差別，他是針對著心及其作用而言。如果心依法性而作用，結果就是覺悟；否則，就會產生無明。法性和無明就好像一個環輪的相對兩邊，而心就在當中循環流轉。法性和無明就在心的這個脈絡之中相互等同。同樣地，法性跟無明爭鬥和連繫，亦是在這脈絡中說。這爭鬥和連繫並不具有獨立或終極的意義，它們都與心有關，是心具備的法性和無明的兩種關係。

關於法性與無明的鬥爭和連繫跟心的關係，智顗解釋說：

> 無明法法性，一心一切心，如彼昏眠。達無明即法性，一切心一

48 《摩訶止觀》第九章，《大正藏》46・131a。

心，如彼醒寤。[49]

雖然智顗沒有明言這是指法性與無明的連繫和鬥爭，但不能否認有這個含意。「無明法法性」（意即無明決定法性）指法性與無明的連繫，在當中，法性順服於無明。這表示從一心分解為一切心的一種情況。在智顗的用辭中，「一心」通常表示絕對意義的清淨心，而「一切心」則表示相對意義的雜染心。無論如何，該清淨心和雜染心並不是兩個分開的心，而是同一個心，在不同作用的情況下的不同展示。智顗是要指出，當無明決定法性，心會順著無明的方向作用。在這情況下，心就是雜染的。反之，當我們醒悟到無明本質上與法性無異，並且順應著後者而作用，我們的心就是清淨的。這表示在法性與無明的鬥爭中，前者勝過了後者。按這裡說法性與無明鬥爭，法性勝過無明，是象徵性的說法，不能看得太死煞。我們不能說在心中，有兩種東西：法性與無明，兩者總是相互鬥爭，最後法性得勝，克服了無明。倘若是這樣的話，則法性與無明是兩種相互分開的東西，「一體」、「同體」便無從說起。我們毋寧應這樣理解：在心之中，總是有一個背反、矛盾：法性與無明的背反、矛盾。這背反的兩端，實際上不能在心中同時出現。倘若是這樣，兩端便不能在存有論上說同體，同以心為其體。心只能是一體，不能是被法性與無明分成異體。作為一體、同體的心，要麼便是法性，是全體法性，要麼便是無明，是全體無明，不能有部分法性有部分無明在其中相互鬥爭，而成為背反。心可以是法性之體，也可以是無明之體，不能同時既是法性之體，也是無明之體。無明與法性的鬥爭，是在工夫論上鬥爭，不是在存有論上鬥爭。只有在前一種情況可以說同體、一體。鬥爭是心內部起掙扎，不是傾向法性，便是傾向無明。這傾向是全體傾向，不是部分傾向。因此這種鬥爭形態是頓然的，不是漸次的。頓然的形態排斥在心內有部分是法性，有部分是無明的情況。卻是全體是法性，或全體是無明的情況。這點極難理解。我們或可借意識

49　《摩訶止觀》第五章，《大正藏》46・55c。

與潛意識這兩個概念來助解。在心內的法性與無明的鬥爭，是在潛意識中發生的事，誰勝誰敗，則顯現在意識的心中。在這個層次，不是全體是勝出的法性，便是全體是勝出的無明。我們可以進一步對法性與無明的鬥爭進一步作如下的理解：在潛意識中發生的鬥爭，是分解性格的；在意識中出現的或法性或無明，則是綜合性格的。我們作工夫，讓法性在與無明在潛意識內的鬥爭獲勝，便得在日常生活中多作覺識、醒察，盡量保持心的清明狀態，不要讓它昏沉下來。這樣累積功德，聚集法性的種子，自然會在意識層次產生效用，而捨染得淨。

由於法性與無明是同時間具備於心之中，所以它們的碰觸是必然的。此外，因為它們在性格上是相對反的——法性是清淨的，而無明是雜染的——它們之間的矛盾亦顯然是無可避免的。視乎該連繫和鬥爭的結果如何，心會相應地以無明的方式作用，或者是順著法性而作用。法性與無明一同地指示出心作用的方向，因此，它們是相互對等的。就這樣，這個惱人的背反能夠在心及其作用之中找到解決方法。

我們要特別注意，前面提到心同時具備法性與無明的說法，並不表示二者同時出現在我們的現實生活中，倘若是這樣，心就要同時間順應著法性與無明而作用。這是不可能的，而且會令法性和無明的等同變成一個背反。其實，上述的說法表示法性與無明只有其中之一會成為主導。至於何者主導，則視乎心如何作用。從理論上說，心有著完全的自由去順應或對抗法性，以相應地達致覺悟或留於迷執當中。然而，達致覺悟或揭示法性，必須建基於對無明的推倒。在法性的揭示中，無明再無處隱藏。揭示法性與推倒無明在同一時間發生，智顗亦曾經指出這一點：

> 法性顯，則無明轉變為明。[50]

> 無明轉，則變為明，如融冰成水。更非遠物，不餘處來。但一念心

---

[50] 《摩訶止觀》第六章，《大正藏》46・82c-83a。

普皆具足。[51]

當無明被推倒，它會轉化為智慧或光明，即是法性之光，這就是法性的展現。事實上，無明的推倒與法性的展現是同一事情——心的作用——的兩個面相。無明和法性都同樣具備於心之中。在迷執中作用的是這個心；推倒無明，同時展示其法性的亦是同一個心。當智顗指出善的持守所依靠的就是種種惡的推倒（參考上引文），他亦是指著這兩種面相，即是以心的作用來說種種惡的推倒，以及令到善能夠持守。智顗就是在這個意義上說善和惡（或法性與無明）當體全同，並聲稱它們不是兩個分離的東西。

到了現在，我們應該較容易解釋不斷煩惱這個艱深的觀念。以惡和無明為代表的煩惱，跟善與法性在性質上都是心所具備的。從一種虛無的意義說它們的滅除，將代表把心一同滅除。同樣的情況亦會出現於善和法性的滅除中，這會令涅槃和解脫都變成不可能。這一點可支持智顗「由惡有善，離惡無善」的說法。因此，煩惱只能被超越或推倒，但永不能被滅除。

心在同一瞬間具備著法性和無明（或清淨和雜染）的因素，在智顗和他的門人的著作中隨處可見，而且很受重視。[52]「一念」其實是指任何一瞬間。這是心的世俗性格的特點，即是指我們日常生活中，在任何一瞬間現起的心。故此，這是指在一般狀態中的心，不是在一種特殊狀態中。在這一念心或「一念無明法性心」之中，一般來說，似是心在一念之中，包含有無明與法性等多元的成分。實際上不是如此。心在一念之間，可以是無明心，也可以是法性心，但不能是同時兼具無明與法性或更多因素的心。心是整一性的，它可以是無明狀態的心，也可以是法性狀態的心。是無明時，全心是無明；是法性時，全心是法性。這是從意識的層面說。說

51　《摩訶止觀》第一章，《大正藏》46．9b。

52　例如在《四念處》，這觀念被確立成一個很複雜的複合概念「一念無明法性心」。（參考《四念處》第四章，《大正藏》46．578a-c。）這部以智顗之名刊行的著作，實際上是他的門人所寫的。

一念心有無明、法性等多元成分，只能在潛意識或下意識的層面說，如上面所提到的。倘若心可以在一時間具有正負性格的話，則這心便不能說一體性，不能是全一的心。

上文說到，智顗對法性和無明作出的等同，可以安放在心的脈絡中。在這脈絡中，該等同顯然是表達著心的某些性格，即是說，心具備法性與無明，因而可以順應著法性或無明而作用。它亦傳達一個訊息，就是法性或解脫之達致，正是在超越無明或煩惱的一刻，而我們的修習工夫就是在日常生活中的平常心之中，而不是在任何其他東西中。這平常心完全不是遠離我們的。我們無需離開我們的平常心和日常經驗，到別處去尋求解脫。作為我們追尋救贖的起步點，這平常心是最具體和跟我們最親密的東西。從這個意義上說，上述訊息很具有實踐意味。只有在推倒煩惱的情況下，全體無明被點化、轉化，解脫才是可能的。

在這種追尋開始之時，可以見到好像到處都充滿著煩惱。分解地說，我們不能同時推倒所有煩惱，而必須選擇其中一部分先處理。在這個浩瀚的煩惱之海裡，人們通常如處身黑暗之中，不懂怎樣去選擇。因此，人在日常生活實踐中，必須隨時提醒、警惕自己，盡量不生歪念。歪念一旦生起，便得警覺，正視這些歪念，盡力停止它們，當它們停下來，法性就能展現。這種潛移默化的工夫，可讓我們在潛意識中累積善性的、法性的功德，絲毫不讓惡性的、無明的因素有藏存的空間。以這種方法處理，日子久了，心會完全順應法性而作用，在意識層面表現頓然的明覺。實際上，關於如何修養此心，令它順應法性的方向行事而捨棄無明，智顗提出了一些善巧的和專門的方法。不過，我不想在這方面著墨太多，這需要寫一本專書來說明。我在這裡只想表明，這種實踐方式可以交代智顗何以說他的圓教的實踐法是圓頓入中，而不是歷別入中。

九、智顗對通教的批評

我們已詳細討論過煩惱的兩個重要因素。一個是指它們的權宜的、施設的意義；另一個是指心具備無明與法性，這讓心成為追尋救贖的起步點。由於煩惱具有這兩種意義，所以它們不應被滅除。智顗就是在這個意義上提出不斷煩惱的觀念，以及在這個觀念的脈絡上把法性與無明，或解脫與煩惱等同起來。「不斷」的確是一種非常重要的實踐。由此亦引申出解脫與煩惱的等同的實踐意義。此中自然有弔詭的或辯證的思維在裡頭。智顗以這種等同為基礎，批評包括中觀學在內的通教。這些批評很值得我們注意，因為它有助我們理解智顗所用的兩個辭彙：思議解脫和不思議解脫。這是他區分兩種實踐方法的關鍵之點。

智顗從法性與無明那種獨特的等同，判別兩種解脫形式，分別是：思議解脫和不思議解脫，他對後者較為重視。這種劃分主要視乎該解脫是否以不斷的形式來達致。如果該解脫是不斷的，它就是不思議；否則，就是思議。智顗將不思議的性格關連到兩個特點，分別是不脫離文字和不斷除煩惱。[53]後者是智顗最為強調的，他甚至單就不斷來說不思議。[54]智顗始終認為，只有建基於不斷的解脫，才是不思議。至於為什麼是這樣，他指出：

> 須彌入芥，小不障大，大不礙小，故云不思議耳。今有煩惱結惑，

53　「思議解脫即脫離文字之解脫。……若不思議解脫即是不離文字之解脫。……若離文字之解脫，即是斷煩惱入涅槃。不離文字之解脫，即不斷煩惱而入涅槃。」（《維摩經玄疏》第五章，《大正藏》38・550a-b）關於這點，我們應提醒自己，智顗曾經分別以思議和不思議來說四句和四句否定。

54　「雖言斷盡，無所可斷，不思議斷。不斷無明愛取，而入圓淨涅槃；不斷名色七支，而入性淨涅槃；不斷行有善惡，而入方便淨涅槃。……是名不可思議境也。」（《摩訶止觀》第九章，《大正藏》46・127a）「不斷凡夫陰身，而能成就法身，即是不思議。」（《維摩經略疏》第三章，《大正藏》38・607a）這裡有一點很有趣，在前一段引文中，智顗弔詭地將基於不斷觀點而成的解脫稱為「不思議斷」。「斷」在這裡解作解脫。但在「不斷」的觀點中，卻不能把當中的「斷」同樣地解作解脫，而應解為斷除。進一步，智顗又有「不斷斷」的稱法。前一「斷」表示斷除煩惱，後一「斷」則表示解脫。故「不斷斷」意即不斷除煩惱而得的解脫。

不障智慧涅槃，智慧涅槃不礙煩惱結惑，乃名不思議。[55]

涅槃需通過智慧的作用而達致。智顗提出，涅槃與煩惱互不障礙，就好像細小的芥菜種子與巨大的須彌山互不障礙那樣。在這兩種情況，雙方都有互不障礙的關係。我們要特別注意的，是智顗所說，清淨的涅槃不被雜染的煩惱所障礙，就好像細小的芥菜種子不被巨大的須彌山障礙一般。這種關係在我們的常識而言，是不可思議的。它牽涉一種特殊的智慧，這種智慧把煩惱和須彌山的性格都看為空，空即是因緣生起故無常住不變的自性的狀態，因此就沒有對礙。自性是有對礙的，沒有自性便沒有對礙。從這種智慧的立場來說，煩惱無需要斷滅。這近似於早前提到的一個比喻，當中智顗將這種智慧與一種讓人可不被牆壁阻礙而能逃出牢獄的神通相比較。不斷的觀念就是來自沒有對礙，而這就是智顗以「不思議」來代表的意思。

智顗亦將思議解脫與不思議解脫的對比關連到他的判教方面去。他認為，藏教和通教所達致的解脫是思議的；而別教和圓教所達致的解脫則是不思議的。[56]根據智顗的判教理論，藏教或三藏教法講「灰身滅智」，要滅除色身和一切分別智慧，認為這些東西會障礙覺悟。通教則如《中論》所說的「業煩惱滅故，名之為解脫」，即是要破除種種行為煩惱，才能得到解脫。關於這一點，我在自己的很多著作中，已說過了。至於別教和圓教，他們講中道佛性、大般涅槃、留惑潤生，惑即是煩惱。菩薩隨時可證入涅槃，但為了渡化眾生，因此保留煩惱、色身，目的是要更能親近眾生，方便解救他們。

由於智顗把以不斷來說的不思議性格歸於圓教，毫無疑問，他是認為圓教達致的解脫是建基於不斷的，即是法性與無明，或涅槃與煩惱的等

55　《維摩經玄疏》第五章，《大正藏》38・550b。

56　「若思議解脫，即是三藏教、通教三乘人所得二種涅槃灰身滅智解脫也。若是不思議解脫，即是別、圓兩教菩薩諸佛所得大般涅槃常寂，即是不思議之解脫也。」（《維摩經玄疏》第五章，《大正藏》38・550b-c）

同。這不單通於天台的同教一乘，也通於華嚴的別教一乘。他對通教的批評亦是基於不斷和等同而說的。關於這方面，他指出：

> 問曰：若不斷而入是不思議者，通教亦說不斷而入涅槃，何故非不思議解脫？答曰：通教不見惑相，名為不斷，而實是斷。如明時實自無暗。不同有芥子之小不妨須彌之大也。[57]

在這段對話中，無論問者或智顗，在講述通教時，心中都指某部經典，雖然未有特別指出。「名為不斷」這一句顯示這部經典一般是列入具有不斷思想的類別。這是哪部經典呢？我推斷這是指《維摩經》（*Vimalakīrtinirdeśa-sūtra*）。這部經典智顗判為是講述通教的典籍，它的內容到處可見有「不斷」的思想的論述。[58]智顗的論點是，《維摩經》講述斷除的義理而不是說不斷，因為它並不了解煩惱的真正性格。這裡的意思不夠清晰，頗難索解。我的了解是，引文中的「惑相」應作「惑性」（在漢文佛典中，「相」很多時等同於「性」）解。即是，惑或煩惱的性格是緣起，是空，對我們求解脫的志業不會構成真正的妨礙，故不必斷。《維摩經》順著通教要滅除業煩惱的想法，要斷除業煩惱。它知道光明時沒有黑暗，因光明與黑暗不能並存。但芥菜種子與須彌山的關係不是這樣，兩者可以並存。要言之，智顗對通教的批評是指它未有了解到煩惱的真正性格，在解脫中只簡單地要滅除它們，因此，它的解脫是一種思議解脫，並非不思議解脫。智顗並沒有解釋通教在哪些地方顯示它不了解煩惱的真正性格。他只是將這種過失比喻為火沒有進入黑暗當中（案：引文說

57　《維摩經玄疏》第五章，《大正藏》38・550b。

58　智顗沒有清楚指明《維摩經》屬於通教。在他對這部經典的註釋，即《維摩經略疏》中，他以方等（Vaipulya）來說這部經。方等在中國佛教界代表一系列大乘經典。在《四教義》中，智顗列舉講述通教的大乘佛教著作時，把方等經列入當中。同樣的列舉亦重覆於諦觀的《天台四教儀》中（《大正藏》46・778a）。因此，我們可以確定，智顗將《維摩經》關連到他的判教中的通教，而且視之為通教的經典。

「如明時實自無暗」，意思是在光明之中根本沒有黑暗，即是說，光沒有進入黑暗之中，與黑暗共存），而將這種情況對比於細小的芥菜種子不妨害巨大的須彌山（案：即是說芥菜種子能與須彌山共存）。對於這兩種情況，智顗顯然是欣賞後者而貶抑前者。黑暗與光明的關係是對礙，而須彌山與芥菜種子則顯出無對礙。智顗的理想是無對礙，並極力指出這是「不思議」。由於煩惱與解脫被安放在這種不思議關係的脈絡中，其結果是煩惱並不障礙解脫。因此，在解脫中無需要斷除煩惱。

「煩惱的性格」指什麼？要回應這個問題，我們必須提醒自己，智顗是以歸於圓教的不斷的立場去批評通教。在這個脈絡中，我們相信煩惱的性格是指前面所說的煩惱的兩種意義。智顗基於這兩種意義，提出不斷煩惱在修行境界上為較高，並且詳細說明解脫與煩惱的等同。智顗認為通教未有注意到這兩種意義，反而視煩惱為障礙，以致提倡要滅除它們。

智顗對《維摩經》的批評是否公平，並不是我們現在關心的問題。然而，由於這些批評是直指通教，自然就是指著中觀學，這對中觀學又是否公平呢？這個問題主要牽涉中觀學對煩惱的觀念。讓我們先檢視中觀學，特別是龍樹如何看煩惱。在《中論》裡，龍樹說煩惱具有空的性格。[59]他又說煩惱像空中虛構之城，又似幻像和夢境。[60]龍樹又曾說煩惱沒有真實性格（「實」，梵：tattva）。[61]青目以自性來說這實，並解釋煩惱沒有自性。[62]龍樹和青目都相信煩惱的性格是空，從緣起的立場來看，這是可以理解的。即是說，一切東西或質體，包括煩惱，都是從互相依賴的關係生起的，因此沒有自性，而且是空的。

---

59 Inada, p. 110；《梵本中論》頁 327；《中論》17：27，《大正藏》30・23a-b。

60 Inada, p. 112；《梵本中論》頁 334；《中論》17：31，《大正藏》30・23c。

61 《梵本中論》頁 326, 453；《中論》17：26，《大正藏》30・23a；23：2，《大正藏》30・31a。

62 《大正藏》30・23a；《大正藏》30・31a。

十、不斷與中道佛性

從以上可見，智顗是在不斷煩惱的脈絡中說解脫與煩惱的等同。這不斷煩惱在智顗的系統中是極為重要的實踐方法。故此，現在所說的等同，是一個實踐的問題。它主要關心的是救贖目標，即解脫的達致。我們亦可以說，對於智顗而言，解脫基本上是在「不斷」的實踐中達致的。然而，智顗亦聲稱解脫是在中道佛性的實現中達致的。不斷和中道佛性之間必定有著密切的關係，「不斷」的實踐直接地連繫到中道佛性的實現。由於煩惱的兩種意義是不斷的基礎，所以，要弄清不斷的實踐與中道佛性的實現的關係，就必須考慮它們。

我將會從兩點去討論這種關係，並集中於煩惱的兩種意義上。首先，中道佛性的三個特點之一是它具足諸法。這諸法並不只限於善和清淨，它們亦包括惡和虛妄，即煩惱。故此，中道佛性的實現亦涉及煩惱的實現，或至少是保留。然而，這亦不表示人們可在終極和獨立的意義上虛妄地行事，而是因為煩惱可在教導眾生時作為權宜的方法來使用，因而要保留煩惱。智顗要表達的，是煩惱藉著它的權宜的、施設的意義，在推動佛法時可以很有效用，因為教導眾生是推動佛法的重要環節。很明顯，煩惱的權宜、施設意義可以放在中道佛性的實現的脈絡中，而且亦能提供中道佛性具足諸法的性格一個更佳的理解。

中道佛性的另一個特點是它的功用性。若離開了它的功用的行使或展示，中道佛性不可能實現。正如前文指出，這功用集中於轉化經驗世間，特別是有情眾生。菩薩這樣做時，可運用種種方法和技巧。煩惱的權宜意義無疑可幫助菩薩應付較棘手的情況。即是說，菩薩可先假裝煩惱或虛妄地行事，以求與罪惡中的有情眾生建立親密的關係，再逐漸教化他們。在這個意義上，煩惱作為權宜的方法，有助於教化有情眾生，而且在中道佛性的實現中可以確立它的意義。

第二，在同時具備清淨和雜染的法或元素的中道佛性的實現中，主要任務是揭示清淨的元素和克服雜染的元素。但我們在種種清淨的和雜染的法當中，如何能做到呢？煩惱的另一種意義提出，我們可以從我們的平常心開始，這平常心在任何一瞬間都可以向法性或無明傾斜。決定我們是在覺悟抑是迷妄中的，就是這心。我們必須要全心注意這個心，確定它不會迷妄地作用，而是按著法性的指導行事。如果它迷妄地作用，它就是一個妄心；如果按著法性的指導而行，它就是一個清淨心。這清淨心實際就是真心。智顗將此心與佛性等同起來。[63]由於佛性與中道佛性無異，所以這清淨心亦無異於中道佛性。因此，中道佛性的實現可以透過達致清淨心而做到，這清淨心是基於我們平常心的修行達致的。這種修行的重點就是展現法性的明覺，在生活上不隨順無明或煩惱的腳跟轉。

我們已經從實踐上把煩惱的兩種意義關連到中道佛性方面去。我們對此完全不感意外，因為不斷煩惱是一種有深厚根基的修行特性。

十一、煩惱的斷滅與不斷

最後，我們以兩個問題來結束對等同這個艱深問題的討論。第一個問題是：為什麼龍樹堅持在解脫中滅除煩惱呢？第二個是：不斷煩惱的思想是否斷滅煩惱的思想的一種正面發展呢？

在真理之實現或涅槃之達致的問題上，龍樹沒有區分涅槃與輪迴世間，而是傾向於把它們等同起來。他告誡我們說，真理應在經驗世間的日常實踐中表現和達致，而解脫就在滅除煩惱的情況下獲得。在日常實踐中表現和達致真理，揭示真理的內在性格。即是說，真理不是遠離經驗世間的東西。這亦表示真理是我們內在的救贖目標。然而，這種內在性似被煩惱所障礙。龍樹傾向於把煩惱摒除於日常實踐之外。他認為，真理是內在於日常實踐中，卻不是在煩惱中。正如上文提出，龍樹未有察覺煩惱的兩種意義，卻認識到它們的空的性格。跟大部分佛教徒一般，他把煩惱視為覺悟的巨大障礙。因此，他堅持要滅除煩惱，這是可以理解的。

63　參考拙著《中道佛性詮釋學》第四章。

煩惱跟其他事物一樣，都有緣起的性格，因而是空的。而且，事實上，在大多數情況下，煩惱都不利於我們追尋覺悟，因為它們經常阻礙我們揭示法性或佛性的光輝。故此，煩惱可以，而且應該被滅除。然而，我們能否從另一角度看這個問題呢？我們能否去想一下，正由於煩惱是空的，它們根本不能傷害我們，因而無需滅除它們呢？再者，如果煩惱的性格是空，不具有不變和不動的自性，它們能否被我們運用，在某些情況下帶來利益呢？

智顗一定細考慮過這些問題，而且，他的答案是肯定的。最關鍵之處，是他沒有將煩惱看成是完全負面的東西。他認為，我們可以透過修行去培養「不障礙」的智慧，從而避免煩惱所造成的傷害。這種情況近於監牢的牆不能阻止一個具有神通的囚犯自由活動，甚至獲得自由。智顗又發現煩惱具備的兩種意義，這有助於我們追求解脫。他就是在這種背景中提出不斷煩惱的實踐，並且將涅槃或解脫與煩惱等同。正如上文所說，這種等同在任何意義下，都沒有否定龍樹對涅槃與輪迴世間所作的等同，並藉此提醒我們要在日常實踐當中追求真理的意味。從智顗對中觀學的體法思想的高度讚許，可以肯定智顗會極為推崇這種追求真理的態度。只是，智顗更進一步將煩惱納入日常實踐當中，但龍樹並未有意識到這種做法的可能性及其意義。

基於這種理解，我們可以總結說，在等同的問題上，智顗沒有否定龍樹。在龍樹的涅槃與世間無差別或等同的觀念的基礎上，智顗建立他自己的等同觀念，這觀念在採取適當方法去應付個別事件的情況中，大大提升了它的整合性和適應性。在智顗這種等同的新觀念中，煩惱是無需滅除的東西，但必須被克服、超越和適當地運用。這種等同的確為修行者在追求救贖的目標上，開創了新的景象。在這個意義上，我們可以確定，智顗基於不斷煩惱而說的等同，是在龍樹涉及滅除煩惱的無差別或等同的基礎上的一種正面發展。換句話說，不斷煩惱是超越了滅除煩惱的一種正面進展。

第十九章　龍樹與華嚴哲學

關於華嚴思想，一般認為是沿《華嚴經》、唯識與《起信論》發展而來。其實它與龍樹思想有一定的理論關連。在思考方法上，華嚴的論典便常引用龍樹的四句法。[1]華嚴的開祖法藏更明言四句為入法的方便。[2]本文即要從理論著手，看龍樹與華嚴的關連。我們亦會論及華嚴有進於龍樹之處。關於華嚴，我們以法藏為主。

法藏判五教。[3]其中的大乘始教，分空始教與相始教。空始教即指龍樹與《般若經》的空觀，兩者都宣說「諸法皆空」。這空始教在法藏所綜合的十宗中，相當於一切皆空宗。[4]在修行的姿態來說，這始教與終教同被列歸漸教。[5]

1　例如，法藏在其《五教章》（《華嚴五教章》、《華嚴一乘教義分齊章》）中，即以四句說三性，以真如（圓成實）、依他、徧計分別是有、無、亦有亦無、非有非無。（《大正藏》45・501b、c）關於四句，參看筆者另文〈從邏輯與辯證法看龍樹的論證〉（《能仁學報》第 1 期，1983 年，頁 19-36）。此文亦收入於本書。

2　《大正藏》45・503a。

3　《五教章》謂：「聖教萬差，要唯有五：一小乘教，二大乘始教，三終教，四頓教，五圓教。」（《大正藏》45・481b）

4　《五教章》謂：「一切皆空宗謂大乘始教。說一切諸法悉皆真空。然出情外，無分別故。如般若等。」（《大正藏》45・482a）

5　《五教章》謂：「以始終二教所有解行，並在言說。階位次第因果相承，從微至著，通名為漸。」（《大正藏》45・481b）案此處法藏以始教為漸，其理由是「所有解行，並在言說」。此中似有未諦。最低限度，龍樹是否定言說的；他以實相為遠離言說者。他與《般若經》的思想家都以為，彼等所體得的神秘的直觀世界，是超越乎語言與思維之上。關於這點，參看筆者另文〈龍樹之論空假中〉（刊載於《華岡學報》第 7 期）。此文亦收入於本書中。

一、空與緣起的關係

筆者在拙文〈龍樹之論空假中〉[6]中曾謂，龍樹哲學中最重要的觀念是空，整部《中論》可以說是發揮空論。空的另一面表示，即是緣起。這可見於《中論》的一偈中：

眾因緣生法，我說即是空（無）。[7]

這裡龍樹把因緣生法或緣起（因緣生法亦即緣起之法，亦是指緣起）與空等同起來。它們是在哪一方面等同呢？筆者在〈從邏輯與辯證法看龍樹的論證〉[8]一文中表示，它們是在邏輯意義的外延方面等同。它們實有互相限制、相即不離的關係。即是說，空是緣起的空，緣起是空的緣起。並無緣起以外的空，也無空以外的緣起。

何以空與緣起可以相連起來呢？這是因為，空即是無自性，或自性的否定。緣起的東西，都無自性，故是空。這仍是「眾因緣生法，我說即是空」之意。而亦由於有自性的否定，或空，因而可有緣起。故無緣起，即無空。另一面，無空，即緣起不可能。筆者在〈龍樹之論空假中〉一文中表示，緣起與空是邏輯地相涵的。緣起性空，或性空緣起，是分析的命題：緣起必定包攝性空，性空必定包攝緣起。

「無緣起，即無空」，或空依於緣起，這是顯明的。「無空，即緣起不可能」，或緣起依於空，則有進一步解釋的必要。空是無自性。自性是自足的、不依待的、不需條件的；它自然排斥作為條件的緣。故無自性的空，才能容納條件，使緣起可能，成就緣起法。這種關係，龍樹在《中論》中亦有表示，他說：

---

6 關於該文，參看上註。

7 《大正藏》30．33b。

8 參看註1。

> 以有空義故，一切法得成。若無空義者，一切則不成。[9]

他又說：

> 若一切不空，則無有生滅。[10]

此中所謂「一切法」、「生滅」，實亦指緣起。另外，龍樹又說：

> 若汝見諸法，決定有性者，即為見諸法，無因亦無緣。[11]

以諸法為「決定有性」，即是不空；「無因亦無緣」即是緣起不成。故若不空，則不能成就緣起。

對於龍樹的這種空與緣起的關係，法藏有相應的了解，而且能發揚之。他在答覆問者提出何以《中論》等論典普泛地宣揚緣起為畢竟空的義理時說：

> 聖說緣生以為空者，此即不異有之空也。何以故？以法從緣生，方說無性。是故緣生有者，方得為空。若不爾者，無緣生因，以何所以，而得言空？是故不異有之空，名緣生空。此即聖者不動緣生，說實相法也。[12]

9　《大正藏》30．33a。牟宗三先生在解釋這前半偈「以有空義故，一切法得成」時，特別指出，這是說以無自性義，所以才成就緣生義；以緣生義得成，故一切法得成也。他強調這「因此所以」是「緣起性空」一義的詮表上的邏輯因故關係。（《佛性與般若》上，臺北：臺灣學生書局，1977，頁 95）

10　《大正藏》30．33b。

11　Idem.

12　《大正藏》45．501a。

此中法藏強調，我們之所以說空（無性），是由於緣生之故。若無此緣生，則不能說空。故緣起是空義成立的必要條件。他即由此提出「緣生空」的新概念，來表示空是由緣起來規定之意。他又把緣生與有合說，把緣起視為現象的有，而言其性空。這是把現象的有與其性空突顯出來，即在現象的有中說其性空，以現象的有為當體即空。這便是「不動緣生，說實相法」。實相自然是指空而言。法藏的這種理解，一方面守住龍樹以緣起來規定空之意，即是，空必須是緣起的空，離緣起之外無另外的空；另一方面則突出對現象界經驗界的重視。後一點雖非《中論》所明說，但亦為其所涵。這由龍樹的「兩諦不離」的思想格局可見。這兩諦相應於緣起法與空。關於這點，參看拙文〈龍樹之論空假中〉。

以上是有關以緣起來規定空，或空依於緣起一面。至於以空來規定緣起，或緣起依於空一面，首先，法藏強烈地意識到這點；他曾在自己的著作中，多次引述龍樹「以有空義故，一切法得成」的語句。[13]他在《五教章》論十玄緣起無礙法門義時即明顯地指出：

> 只由無性，得成一多緣起。[14]

對於這方面的理解，他表示：

> 若非無性，即不藉緣。不藉緣故，即非似有。[15]

即是，倘若不是空，而是有自性，則作為自足的自性排斥一切條件，因而不能建立緣（藉緣）的概念。這樣，世界便不能成宛然似有，而是實在的有。緣的概念，必須建立在無自性的空之上。這正是龍樹的意思。

---

13 如《五教章》卷四（《大正藏》45・499b）、《般若波羅蜜多心經略疏》（《大正藏》33・553b）。

14 《大正藏》45・503c。

15 《大正藏》45・499b。

二、龍樹的空義與法藏的解空

龍樹說空，基本上是對自性而言。諸法都是依緣而起，都無自性，因而是空，故云「性空」。這是實相的境界，遠離種種相對性，超越一切言說思維。《中論》謂：

> 未曾有一法，不從因緣生；是故一切法，無不是空者。[16]

又謂：

> 如是性空中，思維亦不可。[17]

故空是最高真實。在這個意義下，可以「絕對」言之。但這「絕對」，只是對實相的描述語，表示對一切相對性的否定。它絕不指涉任何形而上的實體。同樣，空亦只是對實相的描述語，絕無實體的意思。龍樹說空，其目的之一，是要否定實體，揭破一切形而上的自性自體的虛妄性。若復視空為體、為性，則更墮於更嚴重的虛妄。[18]為了防止這種執著，龍樹特別在《中論》中表示：

16　《大正藏》30．33b。

17　《大正藏》30．30c。

18　牟宗三先生即在這個意義下，強調「空性」或「空理」是抒義字，即抒緣生法之義，非實體字。（《佛性與般若》上，頁93）他並表示《中論》所謂「以有空義故，一切法得成」並不是說以空性為實體而生起萬法；此中的空義與一切法，並無客觀的實體生起一切法的存在的因果關係。（Ibid., p. 95；又參考註 9）魯濱遜（Richard Robinson）亦謂「空」並不是一在基層系統下指涉世界的語詞，而是一在描述系統（後設系統）下指涉那基層系統的語詞。因此它並不是一質體，亦不是一存在物或非存在物的性質。（Richard Robinson, *Early Mādhyamika in India and China*, Madison: University of Wisconsin Press, 1967, p. 43）

> 無性法亦無，一切法空故。[19]

> 大聖說空法，為離諸見故；若復見有空，諸佛所不化。[20]

無性法即是空，即空亦無其自體可得。見有空即見有空的自性；這非正見，非諸佛所說。

另外，如上面所說，龍樹的空與緣起有互相限制、相即不離的關係。這有這樣的涵義：空義只能在緣起中成立；在緣起之外，並無空可得。又空與緣起並不相礙，兩者不但可同時成立，而且必須同時成立。

法藏很能把握龍樹的這樣的空義。他對空的理解，明顯地表示於他對《心經》的疏解中。他謂：

> 汝宗（案指小乘）即色非空，滅色方空。今則不爾，色即是空，非色滅空。……空亂意菩薩有三種疑。一疑空異色，取色外空。今明色不異空，以斷彼疑。二疑空滅色，取斷滅空。今明色即是空，非色滅空，以斷彼疑。三疑空是物，取空為有。今明空即色，不可以空取空，以斷彼疑。[21]

這裡法藏批判了小乘與某種菩薩對空的錯誤的看法，提出正確的空義。關於後者，法藏總結為以下三點：

⑴空義只在緣起（包括色在內）中成立。緣起之外無空。

⑵空並不妨礙緣起。空即在緣起處成立，不必要滅去緣起，才有空。

⑶空不是物事，我們不應執之為存在的物事。

這三點完全與龍樹的空義相符順。第二點更顯出法藏所理解的空是在緣起的當體上即空的空，所謂「體法空」，不是要緣起滅去才空的空，所謂

---

19 《大正藏》30・18a。

20 《大正藏》30・18c。

21 《般若波羅蜜多心經略疏》，《大正藏》33・553a。

「析法空」。後者是小乘之見。對於空與緣起不相妨礙的義理，法藏更提出「真」與「幻」兩概念來表示：真空與幻色，互不相礙。[22]真空是緣起的空，幻色是緣起的色；兩者是緣起的一體二面，故不相礙。若去掉緣起，空成了斷空，色成了實色，便相礙了。

又關於不能把空執實一點，法藏更強調：

> 此真空雖即色等，然色從緣起，真空不生色。從緣謝，真空不滅（色）。[23]

色等指包括色在內的五蘊，泛指現象界。即是說，現象界的成立，由緣起，其謝滅亦由緣起。此中並不涉及一形而上的實體，作為現象界生起與謝滅的根據。空更不是這形而上的實體。它「不生色」，也「不滅色」，只是顯示這緣起的現象界的實相的描述語。

三、八不緣起與六相緣起

由上可見，在對空與緣起的關係及對空義的理解方面，法藏都能相應於龍樹的原意，且不無適切的發揮。以下我們集中討論對緣起的了解一點。在這方面，可以說，法藏基本上仍是沿承龍樹的精神，不過他有較多的發揮。

龍樹論緣起，主要是通過《中論》的八不偈來表示：

22　法藏謂：「以色是幻色，必不閡空；以空是真空，必不妨幻色。若閡於色，即是斷空，非真空故。若閡於空，即是實色，非幻色故。」（《般若波羅蜜多心經略疏》，《大正藏》33・553a、b）

23　《般若波羅蜜多心經略疏》，《大正藏》33・553c。

> 不生亦不滅，不常亦不斷，不一亦不異，不來亦不出（去）。[24]

此中龍樹以四對相對的範疇（亦即八個範疇）的否定，來表示緣起法的實相。範疇的四對八個的數目，並無必然性。龍樹的基本意思是，對於緣起法的實相，生、滅等範疇都不能說。即是，它們都不能表示緣起法的實相。要注意的是，龍樹說生、滅等，是以自性的立場來說。緣起法不生不滅，即是緣起法並沒有自性的生，自性的滅。關於這點，龍樹在《中論》雖未有明顯說出，但可由其論證見到。例如，他曾運用兩難的方式來否定自性的因果關係：

> 若法從緣生，不即不異因。是故名實相，不斷亦不常。[25]因果是一者，是事終不然。因果若異者，是事亦不然。若因果是一，生及所生一。若因果是異，因則同非因。[26]

即是說，作為實相的緣起法，其原因與結果不能是絕對的相同，亦不能是絕對的相異。這兩者對解釋因果關係來說，都有困難。而絕對的相同與絕對的相異，預認了自性的立場。因自性是單一的，不能分為部分。原因與結果若是有自性，則兩者只能有絕對相同與絕對相異的關係。這兩關係與因果關係都有矛盾。故在因果關係中，我們不能設想有具有自性的結果在生，有具有自性的原因在滅。這即是「不生不滅」。[27]

法藏亦論緣起，且充量發揮之，視之為法界觀的內容。他基本上是透過六個範疇，所謂六相，來說緣起。這六相是總、別、同、異、成、壞，

24　《大正藏》30．1c。

25　《大正藏》30．24a。

26　《大正藏》30．27b。

27　關於不能以自性的立場來說生、滅一點，亦可參考梶山雄一著，吳汝鈞譯之《空之哲學》，臺北：彌勒出版社，1983，頁 68-69。

計為三對。其具體說法，載於《五教章》中。[28]不少現代學者對之都有疏解。[29]這裡不擬重複。我們只想總論一下八不緣起與六相緣起的特色。按龍樹論緣起，是透過否定的方式來說。他以緣起法沒有自性的生、滅，自性的常、斷，自性的一、異，自性的來、去。這生、滅等範疇，都是決定的概念，其決定性依自性而來。它們都可以構造成現象的世界。法藏論緣起，則採肯定的方式。他以舍喻緣起的世界，以椽、瓦等喻成就此世界的緣。他的意思是，舍是一個總體，椽等諸緣，在六相所表示的義理下，成就這個總體。緣起世界亦如是，它自身是一個總體，由諸條件依六相的義理而成就。但這緣起的特色在，六相並不以自性說，而純採緣起的立場。故法藏有「椽即是舍」的說法。即是，椽不是構成舍的一個部分，而是它自身即是舍，它「全自獨能作舍」。這個意思是，就緣起以成就舍而言，椽是必不可少的條件。沒有椽，即不能成就舍。故「椽即是舍」。此中的關鍵在於，有無椽，即足以決定成不成舍：有椽即成舍，無椽即不成舍。故就緣起而成就舍的立場言，椽即是舍。推而言之，緣起世界作為一個總體，其中任何事物，都是成就這緣起世界的必不可少的條件，故這每一事物，其自身的有無，即可決定能否成就如是的緣起世界。故可以說，這每一事物自身都是這緣起世界。[30]

此中有一點很明顯的是，如上所說，在六相緣起中，六相並不以自性

28　《大正藏》45・507c-509a。

29　如牟宗三著《現象與物自身》，臺北：臺灣學生書局，1975，頁 380-391。又如 Francis H. Cook, *Hun-Yen Buddhism*, Pennsylvania: Pennsylvania State University Press, 1977, pp. 76-89.

30　這種否定自性的緣起立場，及以一事物決定整體的觀點，在他處亦可見到。如法藏謂：「一切緣起皆非自性。何以故？隨去一緣，即一切不成。是故一中即具多者，方名緣起一耳。」（《五教章》卷 4，《大正藏》45・503c）這種立場，更遍及於數目。即數目亦不以決定之數看，而視為一種緣起法。如法藏謂：「所言一者，非自性一，緣成故。……乃至十者，皆非自性十，由緣成故。」（Idem.）又謂：「所言一者，非是情謂一，緣成無性一。」（《五教章》卷 4，《大正藏》45・504a）此中，「情謂一」即是常情所理解的決定之數。六相緣起不與於此。

說，即是，六相所指涉的事物，不管是舍，抑是椽、瓦，都不是有自性的東西；故六相緣起並不是構造論，它所呈現的世界，並不是一般的現象的世界，而是緣起實相，或是無相的空相。而在八不緣起中，八個範疇所指涉的事物，都是以自性說，八個範疇自身亦是以自性的立場說。但在緣起的立場下，八個範疇都被否定掉，所指涉的事物亦被否定為無自性。故所顯現的，仍然不是現象，而是緣起實相，或無相空相。這兩種緣起論可說是殊途而同歸。[31]牟宗三先生在論及這兩種緣起的異同時，指出真常心系的華嚴宗言及大緣起陀羅尼法，種種玄談，奇詭的義理，都不悖龍樹「緣起性空」的通義。它與空宗的不同，乃在講圓教，把「緣起性空」套於「真常心」上說。[32]最後，他總結謂：

> 大抵言總、別、同、異皆是借用世間既成的詞義以明緣起無性，故必須首先明此所借用的詞語，在世間知識中，皆是決定概念，而此等決定概念皆是執，故在借用之以明緣起無性上，皆必須被轉成非決定的概念。……此雖是經由一弔詭而仍歸於正面說的總、別、同、異，不似龍樹之純遮顯。然而既知其非決定概念，則此無總之總，無別之別，不合之合（按這應是不同之同），不異之異，仍只是「生智顯理」，而終歸於無相也。遮詮表詮其致一也。[33]

四、相即相入

由上見到，龍樹以否定的方式論緣起，法藏則以肯定的方式論緣起，兩者都歸於緣起法的性空無相。但否定與肯定的方式的不同，即影響對緣起法的態度。龍樹以八不來否定地說緣起法，判定它沒有「自性的生起」等，其生起等義不可解，這就完了。他不必正面地描述緣起法的實相，也

---

31 殊途是否定方式與肯定方式的相異，同歸是都是說緣起實相，或空義。

32 《現象與物自身》，頁 380。

33 Ibid., pp. 387-388.

顯得對緣起法沒有足夠的重視。法藏便不同。他以六相來肯定地說緣起法，說它的「沒有自性」的生起。這樣，他必須正面地描述這緣起法的實相，解釋它如何在沒有自性的情況下生起。要做到這點，便必須正視緣起法，予以適當的重視。法藏在這方面，顯得很積極。在他的緣起觀下，一切事物都被提升為成就他的大緣起法界的不可或缺的要素，而具有不可被取代的價值。[34]要注意的是，在這種緣起觀下，一切緣起「現象」並不被視為現象，而被視為實相。我們即在這樣的意義下，看法藏如何論這緣起的邏輯。

這種緣起的邏輯即是相即相入。按這相即相入是就待緣的諸法的關係而言，相入也包括相攝在內。即是，法藏先就諸緣起法的關係分為兩門：同體門與異體門。同體門為不待緣，異體門為待緣。[35]相即相入即在待緣的異體門中說。這相即相入又分為相即與相入。相即是就緣起法自身的或空或有說；相入則是就緣起法在表現上或為有力或為無力說。前者相應於體，後者相應於用。

關於相即，法藏謂：

> 初中，由自若有時，他必無故，故他即自。何以故？由他無性，以

34　在這一點上，Francis H. Cook 亦謂：「在法藏的方法下，此中有一種對正面的姿態的強烈的重視。在這種姿態下，任何法都作為其他法的必需的支持者而運作；結果是，在相依關係的連鎖中，任何現象必須被視為具有絕對的價值。」（*Hun-Yen Buddhism*, p. 49）

35　法藏謂：「此中有二：一異體，二同體。所以有此二門者，以諸緣起門內有二義故。一不相由義，謂自具德故，如因中不待緣等是也。二相由義，如待緣等是也。初即同體，後即異體。」（《五教章》卷 4，《大正藏》45．503b）關於異體與同體的分別，鎌田茂雄謂：「在思考種種緣起法時，可有兩種可能的情況，由此即有異體、同體的概念。即是，某一東西如能獨立（不相由），把其他一切東西包攝於其中，而成緣起的世界，這東西與其他東西即是『同體』。若一切東西互依（相由），而成緣起的世界，這一切東西即是『異體』的關係。即是，若以某一東西為中心，即是同體；若以現象的世界為由一切東西的依存關係而成，則是異體。」（《華嚴五教章》，東京：大藏出版株式會社，1979，頁 252）

> 自作故。由自若空時，他必是有，故自即他。何以故？由自無性，用他作故。以二有二空各不俱故，無「彼不相即」。有無無有無二故，是故常相即。[36]

關於相入，法藏謂：

> 二明力用中，自有全力故，所以能攝他。他全無力故，所以能入自。他有力，自無力，反上可知。不據自體，故非相即；力用交徹，故成相入。又由二有力，二無力，各不俱故，無「彼不相入」。有力無力，無力有力，無二故，是故常相入。[37]

此中，相即相入對等地說，都以「相」來表示所指涉的東西，這即是自、他，故這兩概念所指涉的，應都不是相同的東西，而都是不同的東西。這在緣起中，就緣因的一方結集而緣成結果的他方言，只有兩個可能：

⑴指涉緣因與結果。自為緣因，則他是結果；自為結果，則他是緣因。自、他相即相入是異時的因果關係。

⑵指涉在因果關係中的因的一面。即指涉共同為緣因以緣成某一結果的那些緣因。自、他相即相入是同時為緣因的關係。

又在相即中，空與有雖對說，但不必含有相對反的意思。空自是無自性；有則不能是有自性。因有自性便是執，不能是實相了。有在這裡只能是幻有，或似有。空、有似可就在緣起事中的顯現不顯現說；顯現是有，不顯現是空。在相入中，有力可解為在緣起事中表現主導力量，無力則可解為不能表現主導力量，只作伴隨。

36 《五教章》卷 4，《大正藏》45．503b。

37 Idem.

不少學者取第一可能，以相即指涉緣因與結果。[38]相入與相即對等，應都有同樣的指涉。若就法藏的緣起因門六義[39]來說，種子有空、有二義，則空、有二義指涉同一東西（種子），這便難以說相即。因相即是預認有自、他不同東西的。不過，法藏論有力、無力，則是就種子與緣的關係言。這則不單指涉不同的東西，且特別指涉緣因了。這有力、無力若與相入的有力、無力為同義，則相入便是指涉緣因，而相應於第二個可能了。

我們這裡無意詳論相即相入到底指涉哪一種可能。若純就義理言，兩個可能都是可通的：緣因與結果固然可相即相入；諸緣因亦可相即相入。法藏可能兼有這兩個意思。實際上，在緣起的世界中，任何一法都可具有因果的身分：A 對於 B 來說，可是其緣因，對於 C 來說，可是其結果。

38　牟宗三先生解釋相即關係時表示，「由自若有時，他必無故，故他即自」意即自己這個緣起法若存在時，其他緣起法即無獨立之存在（「他必無」），即在此義上說「他即自」。他是以自為緣而作成。反之，「由自若空時，他必是有，故自即他」意即自己若因無性而為無時，「他必是有」，即必須有他。他必須存在而緣成自，故「自即他」。（參考《現象與物自身》，頁 393-394）由「他是以自為緣而作成」及「他必須存在而緣成自」，可見牟先生以自、他的緣起諸法相應於因果諸法。牟先生並謂此中的「即」是待緣相由中緣成的「即」，不是謂述語中的即。自有他無，他就是自，他之存在即在自之存在中。自無他有，自就是他，自之存在即在他之存在中。（Ibid., p. 394）另外，日本的邏輯家末木剛博以為，「即」即是一方的否定成為他方的肯定的必要條件。例如種子在成長為草時，由於種子的存在為無，故有草生；草的存在為無時，故成種子。這是種子與草的相即。（參看《東洋の合理思想》，東京：講談社，1970，頁 205-206）故種子與草互為自他，互為因果。自、他相應於因果諸法。

39　按緣起因門六義是法藏以在緣起事中作為因的六面涵義來解釋唯識宗的種子理論的基本問題，即是，作為因的種子與其他的緣，在性質與內容上都不同，如何能組合而生結果？這六面涵義是：空有力不待緣、空有力待緣、空無力待緣、有有力不待緣、有有力待緣、有無力待緣。法藏的意思是，種子實兼有空、有二義：就有言，種子有一定的性質內容；就空言，它是剎那滅而無自性。因此，種子與緣的關係，可從兩面言。⑴從結果依種子而生言，則作為因的種子是有力，而緣是無力。⑵從結果待眾緣而後有言，則眾緣是有力，而種子是無力。參看《五教章》卷 4（《大正藏》45．502a）。其詳盡解釋，可參考唐君毅《中國哲學原論．原道篇》卷 3，香港：新亞研究所，1974，頁 1269-1288。

另外，A 又可與其他法有共同為緣因的關係，以成就某一結果。法與法的關係可以是多向的，則相即相入的關係自也可是多向的。

關於相即相入指涉第一可能，可參看註 38 所列資料，此處不擬重複。我們擬在此論述一下相即相入指涉第二可能的情況。在緣起世界中，當數個因素共同作用，而緣成某一結果時，其中必有些因素在主位，在顯面，發揮主導的力量；這即是有、有力。另外一些因素則在賓位，在隱面，隨順其他因素，不發揮主導力量；這即是空，無力。隨順為即，為入；領引為攝。緣起事即在這種即、入、攝的關係中，而得成就。有能自作，這是實位；空是無性，這是虛位。在虛位者容讓在實位者，以後者之存在為己之存在。這是即。自作者有力，無性者無力。無力者隨順有力者，以後者之力為己之力。這是入。反之即是攝。

若專就緣起的結果言，這種即、入、攝的關係是必然的；即從緣起的結果之涵義必然地可分析出這些關係來。因在緣起事中，眾緣若不相即相入相攝，則眾緣始終是多數的眾緣，不能成就整一的結果。眾緣必須相即相入相攝，而圓融無礙，才能成就整一的結果。

要注意的是，在緣起中，所成就的結果自是空無自性的。而成就它的諸緣亦是空無自性；這不單由於這些諸緣自身亦是緣起的結果，更重要的是，在華嚴宗的法界緣起觀下，它們全被視為空無自性；若是不空而有自性，則相即相入的邏輯便不能說。自性即決定它自即是自，自在自中，而不能即他入他。

這種理論是一種現象學，是緣起的現象學，或空的現象學。

五、事事無礙與兩諦不離

相即相入這種邏輯結果成就事事無礙的現象學。這事事無礙是四法界中的最後一個法界。按四法界之說，源於傳為華嚴初祖的杜順的《法界觀門》。該書存於宗密對此書的註釋中。宗密在其註釋中，舉出四法界為事法界、理法界、理事無礙法界、事事無礙法界。[40]杜順在本文中，並未列出這四法界；他只列出真空第一、理事無礙第二、周遍含容第三三種。宗密以真空第一為理法界，理事無礙第二為理事無礙法界，周遍含容第三為事事無礙法界。[41]事法界是迷妄的心識所對的世界，或常識所表象的世界。此中的特性是特殊性（particularity），或差別性。理法界則是空理的世界，表示一切現象都是無自性空。此中的特性是普遍性（universality），或同一性。理事無礙法界是理中有事，事中有理；特殊性與普遍性不相礙。兩者可以綜合起來。事事無礙法界是每一特殊性的事都顯現同一性的理，因而事事之間都可通過此理而融通無礙。[42]這四法界實顯示一智慧的發展歷程。由觀常識層面的事進到觀真理層面的理，而至於觀兩者的綜合而不相礙；最後泯去理事的對立，每一現象從理中解放開來，而自身又包涵著理，以臻於現象與現象間的大和諧境地。

事事無礙法界被置於四法界中的最後位，自是被視為華嚴宗的最高理境。依杜順，這理境是「事如理融」，宗密的解釋是一一事皆「如理」，故能「融通」。[43]此中的理當然是性空之理。一一事都本著此無自性的空理而成其為事，這即是緣起。融通實是相即相入所表示的那種關係，故「事如理融」實是法藏的六相緣起依相即相入的邏輯而成的法界觀的概括的描述。

就龍樹而言，他的八不緣起使他不需建立現象學。他總是以自性的立場來看生、滅等概念，因而不得不從實相一面來否定這些概念；他並且用

40　宗密《注華嚴法界觀門》，《大正藏》45．684b。

41　Ibid.,《大正藏》45．684c。

42　宗密謂：「心融萬有，便成四種法界。一事法界；界是分義，一一差別，有分齊故。二理法界；界是性義，無盡事法，同一性故。三理事無礙法界；具性分義，性分無礙故。四事事無礙法界；一切分齊事法，一一如性融通，重重無盡故。」（Ibid.,《大正藏》45．684b、c」末木剛博曾依據杜順的說法與宗密的解釋對四法界作邏輯的解析。參看其《東洋の合理思想》，頁 188-215。

43　宗密《注華嚴法界觀門》，《大正藏》45．689c。

四句否定來證成對這些概念的否定，由此透露空的實相。[44]這就究極一面言，當然是正確的；但他未能照顧緣起的世界，未能對之正面作一現象學的描述，則使人不無不完足的感覺。華嚴宗的六相緣起，歸結於事事無礙的現象學，可以補這方面的不足。

若以四法界為參照，我們可以說，龍樹的理論可以與前三個法界相應，不能與最後的事事無礙法界相應。在〈龍樹之論空假中〉一文中，我們說龍樹的理論是二諦論：世俗諦與第一義諦。世俗諦指涉言說的世界。相應於事法界；第一義諦指空理，相應於理法界。他的中道仍屬於第一義諦。不過，他有兩諦不離的觀念。這即是，世俗諦與第一義諦有同一的外延；亦即是，世俗諦即此即有第一義諦在其中，第一義諦即此即有世俗諦在其中。或竟可以進一步說，第一義諦不在世俗諦之外，世俗諦亦不在第一義諦之外。這種關係恰好相當於理事無礙法界。

事事無礙的關係則不僅非龍樹思想所有，亦非其他佛教思想所有，而是華嚴宗的獨創。這種關係之所以可能，在於相即相入的邏輯。這種邏輯成立於對現象的生、滅、成、壞，不以自性的立場來看，不視之為決定的概念，而視之為緣起幻有。正面地肯定地描述這種緣起幻有，便成實相的現象學，或空的現象學。

44　如《中論》云：「諸法不自生，亦不從他生，不共不無因，是故知無生。」（《大正藏》30．2b）

第二十章　華嚴宗的相即辯證思維

華嚴宗強調「大緣起陀羅尼法」，以之為其法界觀的內容。它對於這大緣起陀羅尼法，即透過同體、異體兩個概念來說明。而在同體、異體方面，都可說相即相入。相入其實是相即的另一面意思的表示，兩者本可相通。我們可以將之包含於相即的思考中。

法藏的《華嚴一乘教義分齊章》卷四論同體與異體謂：「此中有二：一異體；二同體。所以有此二門者，以諸緣起門內有二義故。一不相由義；謂自具德故，如因中不待緣等是也。二相由義；如待緣等是也。初即同體，後即異體。」[1]即是說，同體是「不相由」，是「自具德」，如「因中不待緣」。異體是「相由」，是「待緣」。用現代的語言來說即是，一個東西若是獨立的，把其他一切東西包攝於其中，而成立緣起的世界，則這東西與其他東西是同體。「不相由」即是獨立不待緣。即是，以某一東西為中心，是同體。一切東西倘若互相依賴，而形成緣起的世界，則這一切東西是異體關係。「相由」即是相依。

上面說，相即與相入可在同體與異體方面說。這其實是表示事物的關係的思考方式。相即是透過空、有兩概念來闡明；相入則透過有力、無力兩概念來闡明。空即是否定、被動、潛存之意，有則是肯定、主動、實現之意。或者可以說，空的東西是參予的、伴隨的東西，有的東西是領導的、主導的東西。有力則相應於有，無力則相應於空。以下我們看《華嚴一乘教義分齊章》的說法：「初中，由自若有時，他必無故，故他即自。何以故？由他無性，以自作故。二，由自若空時，他必是有，故自即他。

1　《大正藏》45・503b。

何以故？由自無性，用他作故。以二有、二空各不俱故，無彼不相即。有無、無有，無二故，是故常相即。若不爾者，緣起不成。」[2]

這裡以一自一他的兩面的緣起法為例來解說。「相即」即是「互相地即」、「交互地即」之意，這即是「他即自」與「自即他」，或「A 即 B」與「B 即 A」。這「即」當然不是數學上的等同之意。[3]「他即自」的成立，是「自若有時，他必無」，其理由是「由他無性，以自作」。即是，己方的緣起法若是居於有的、實的、肯定的、現實的狀態，則相應的他方的緣起法必居於空的、虛的、否定的、潛存的狀態。這是「他即自」。他方的緣起法處於虛位、否定位，是「無性」，因而趨順於處於實位、肯定位的己方的緣起法，後者因而能「自作」。這是緣起法的本性如此。「自即他」的成立，則是「自若空時，他必是有」，其理由是「由自無性，用他作」。總之都是處於虛位、否定位、潛存位的一方趨順於處於實位、肯定位、實現位的一方之意。故「即」即是空的一方趨順於有的一方。

要注意的是，兩方面的緣起法，不能同時是有的狀態，或同時是空的狀態（「二有、二空各不俱」），因而便沒有兩者不能相即的情況出現（「無彼不相即」）。另外，兩方面的緣起法總是相符順的，沒有抵觸的（「有無、無有，無二」），因而總能夠相互趨順（「常相即」）。若不是這樣，緣起的義理便無法成立。

這便是華嚴宗的相即思維。這表示一種關係。整個大緣起陀羅尼法界，即依這種關係而成立。其結果即成就事事無礙法界。

若仔細考察這種由相即的辯證思維所表示出來的關係，我們以為這包含以下四面意義。

1.就兩物 A、B 相互為緣說。當 A 存在時，這即是有的狀態，A 即為

2　同上。

3　美國學者 Francis H. Cook 譯「相即」為 mutual identity，即相互等同，這是錯的。參看他所著 *Hua-yen Buddhism: The Jewel net of Indra*, Pennsylvania: The Pennsylvania State University Press, 1977, p. 140。

緣，而生起 B。這樣，B 即無獨立的存在，而是空的狀態。故 B 即 A。又當 A 為空時，則以 B 為緣，而生起 A。此時，A 即為空，而 B 即為有。故 A 即 B。「即」即是無自性的空的一方依於作為有的一方，以之為緣，而生起自身。這個「依於」關係是交互的。

2.就整個緣起事中的兩個分子交替為實現的狀態與潛存的狀態說。所謂「由他無性，以自作」，「由自無性，用他作」，其意即是，當他者是無（空）時，自身是有；當自身是無（空）時，他者是有。故「即」即是，一方的潛存或否定成為他方的實現或肯定的必要條件。若 A 與非 A 這樣地互為必要條件：A 的肯定依於非 A 的否定，非 A 的肯定依於 A 的否定，或者 A 的實現依於非 A 的潛隱，非 A 的實現依於 A 的潛隱，則兩者相「即」。所謂「即」，是否定的、潛存的一方投向、歸向肯定的、實現的一方。舉例言之，在種子長成為草，及草復歸為種子的情態，由於種子的存在為無，故有草生；草的存在為無時，則成種子。這是種子與草的相即。

3.就整個緣起事中的分子間交替為主從的關係說。此中，「有」是主導、領導之意，「空」是伴隨、參予之意。就 A、B 等多個分子構成某一緣起事來說，此中必有一分子，如 A，為主導因素，其他皆與之相配合，而伴隨之，而成整個緣起事。隨著時空關係的改變，主導因素可變成伴隨因素，伴隨因素亦可變為主導因素。故這種為主導為伴隨的身分，是交替的。「即」即是伴隨因素配合、應合主導因素，而構成緣起事。

4.就一切萬法都各自具空、有兩義說。這是由上一面意思導出。即是說，每一法都是依因緣而生的，就它是有所依而被生起為如是如是現象說，它是有而非空；但這種有並不是本來的實有，而是因緣生的有，因而它可由因緣離散而成空；這又成了空而非有。而在它與其他因緣相合而更成其他緣起法時，其空、有義可交互出現：有義出現，則為主導因素；空義出現，則為伴隨或附從因素。兩個法不能同時以有義出現，不能同時以空義出現，因「二有、二空各不俱」。不然，則會有不相即的情況發生。必須要是一有一空，或一空一有，才能相即。

以上說的是相即。以下看相入問題。《華嚴一乘教義分齊章》卷 4 謂：「二，明力用中，自有全力故，所以能攝他；他全無力故，所以能入自。他有力，自無力，反上可知。不據自體，故非相即；力用交徹，故成相入。又由二有力、二無力，各不俱故，無彼不相入。有力無力，無力有力，無二故，是故常相入。」[4]相即是就有空說，相入是就有力無力說。有自是有力，空自是無力。前者是有實際作用，是現實義；後者是無實際作用，是潛隱義。故由相即自然可說相入。而相入又可分為「攝」與「入」：攝是就有力的一方對無力的一方言，入是就無力的一方對有力的一方言。這便是所謂「攝他」與「入自」。「攝他」是實現的或現實的東西包含潛隱的或非現實的東西；「入自」則是潛隱的或非現實的東西入於實現的或現實的東西。就上面所舉種子與草的例子來說，現實的種子具有生長為草的能力，故能攝草的可能性；而草的可能性亦入於現實的種子中。但這種關係是可逆轉的，故是交互的，是「相」。即是，當種子變成草時，則草是現實，所生的將來的種子是潛藏，因而現實的草又能攝種子的可能性，而種子的可能性亦入於現實的草中。

上面我們說到相即可有四面意義，其中的第二面意義有較濃的邏輯意味。現在我們可就這面意義看看相即與相攝相入的不同處。這不同處在於：相即是 A 與非 A 的肯定與否定的相互依存關係，相攝相入則是 A 與非 A 的現實性交互包含其非現實性。前者是就體言，後者是就用言。

這種相即相入的關係擴大起來，便可說「一即多，多即一」，和「一攝多，多入一」。法藏的《華嚴經探玄記》卷 1 即謂：「一能持多，一是有力，能攝多；多依於一，多是無力，潛入一。由一有力，必不得與多有力俱，是故無有一而不攝多也；由多無力，必不得與一無力俱，是故無有多而不入一也。」[5]又謂：「一緣有力，能攝多一；多一無力，依彼一緣。是故一能攝多，多便入一。」[6]

---

4 《大正藏》45．503b。

5 《大正藏》35．124b。

6 《大正藏》35．124c。

由相即相入便可說四法界。事實上，相即相入是華嚴宗的思考模式、邏輯形式，四法界則是這邏輯形式的應用。以下我們分析四法界，並看相即相入的思考在四法界中的意義。

四法界是事法界、理法界、理事無礙法界、事事無礙法界。事法界指一一緣起的現象說，這是差別的現象。此中只見差別性，不見同一性。一一現象都是相互為孤立的現象。理法界則是緣起無自性的空理，這是同一性，從差別的現象所顯的同一性。即是，這是從殊相的現象所顯的共相。

就單提事法界與理法界言，都無與於相即相入的思考。相即相入只表現於理與事、事與事的關係中，這即是理事無礙法界與事事無礙法界。理事無礙法界是理與事互為條件，互相限制：理是事的理，事是理的事；因而全理是事，全事是理。沒有在事的理之外的其他的理，也沒有在理的事之外的其他的事。用邏輯的語言來說，理與事在外延上是等同的。這是理與事的相即相入。事事無礙法界則是個別的事象通過共同的空理而互相關連起來。這是事與事的相即相入。這時的理，不是作為與事相即相入的對象，而是作為事與事的相即相入的形而上的依據。[7]

此處我們可有兩種相即相入的關係：一是理與事的相即相入，一是事與事的相即相入。

從邏輯語法來說，事法界是個別的主詞；理法界是普遍的謂詞；理事無礙法界是普遍的謂詞與個別的主詞相互依附而可能，兩者互為對方的必要條件而不可分；事事無礙法界則是所有個別的主詞通過共同的普遍的謂詞而互相關連起來。只有後二者才說相即相入。就大緣起陀羅尼法作為華嚴宗的最終構想來說，相即相入基本上還是指向事事無礙法界。

7　宗密的《注華嚴法界觀門》謂：「一事法界，界是分義；一一差別，有分齊故。二理法界，界是性義；無盡事法，同一性故。三理事無礙法界，具性分義，性分無礙故。四事事無礙法界，一切分齊事法，一一如性融通，重重無盡故。」（《大正藏》45．684b、c）

第二十一章　佛教的眞理觀與體用問題

一、兩個根本的問題

佛教作為一種重要的宗教，它的目標是引導人遠離以至揚棄人生的種種煩惱，得到覺悟與解脫，臻於寧靜寂滅的境界。要達致這個目標，關鍵在對宇宙人生的真理有正確的、如實的理解，把它體現出來，使在生活中落實。因此便出現兩個根本的問題：真理是甚麼？如何去體現真理？前者是概念的問題，牽涉到對真理的根本的理解，或本質的理解；後者是實踐問題，關涉到真理如何在時空中實現問題，或體現真理的方法問題。

邏輯地說，概念是先在於方法的。我們應先處理對於真理的理解問題，然後再研究真理的實現問題。我們對真理的理解決定實現真理的方法；前者決定後者，而不是後者決定前者。不過，由於佛教是一種宗教，有很強烈的實踐旨趣，因而在實際的情況來說，對真理的理解常常牽連到它的實現問題；光是理解真理而不把它體現出來，在宗教上是沒有用的。宗教理想必須要能實現出來，因而與這理想有密切關聯的真理的實現便顯得非常重要。

這篇文字要討論的便是佛教的真理及其實現問題，並從功用一點關連到它在體用問題上所涉及的一些問題。

二、真理的稱呼及其空寂性格

在佛教中，不同學派對真理有不同的稱呼，其稱呼與學派所著重的真理的某一些性格常有密切的關連。在印度佛教來說，真理通常有下列多種稱呼：如、真如、真實（tathatā）；實際（bhūtakoṭi）；如實（yathābhūta）；諦（satya）；諸法實相、法性（dharmatā）；真實相（tattvasya lakṣaṇaṃ）；空（śūnyatā）；性空（svabhāva-śūnyatā）；中道（madhyamā pratipad）；如來藏（tathāgata-garbha）；法界（dharmadhātu）；佛性（buddhatā）；緣起（pratītya-samutpāda）；假名（prajñapti）；唯識（vijñaptimātratā）。在中國佛教，華嚴稱真理為理；禪稱真理為心、心地、本心、自性；《大乘起信論》稱真理為眾生心、心真如；天台則稱真理為中道佛性、佛性真心、不空、法身（dharmakāya），等等。有些稱謂強調真理的不動義、寂靜義，如如、真如。有些稱謂強調真理的如實不改義，如如實。有些強調它的對形而上的自性或實體的否定義，如空、性空。有些強調它的不偏不倚、超離兩邊義，如中道。有些強調它與現象世界的關連，如緣起、假名、諸法實相、法性。有些強調它的心靈義、能活動義，如本心、眾生心、心真如、佛性真心。有些強調它的原理義、規範義，如理。有些則強調它作為成佛的基礎，如佛性。有些則強調它有無量功德，如如來藏、不空。

在這種種義理中，最為一般的，要數空寂的義理，配以真實不虛（妄）、不顛倒的意思。佛教中最龐大的文獻結集般若文獻，主要便是要宣示諸法的空寂的義理。關於這點，已是佛教的常識，這裡不多贅了。中觀學亦盛說空寂的義理。如《中論》（*Madhyamakakārikā*）云：

> 諸法實相中，心行言語斷，無生亦無滅，寂滅如涅槃。（《大正藏》30・24a）

唯識學亦常說真理的空寂性。如《成唯識論》（*Vijñaptimātratāsiddhi-śāstra*）云：

> 無住處涅槃，謂即真如出所知障，大悲般若常所輔翼，由斯不住生死涅槃，利樂有情，窮未來際，用而常寂。（《大正藏》31・

55b）

這裡雖強調用或功用的問題，但用的底子，還是空寂的真理。禪思想雖很強調真理的現實性與功用性，但還是時常把真理關連到空寂或虛空方面去。如黃蘗《傳心法要》云：

如來藏本自空寂，並不停留一法。（《大正藏》48‧386c）

又云：

盡十方虛空界元來是我一心體，縱汝動用造作，豈離虛空？（《大正藏》48‧387a）

又云：

心體如虛空相似，無有相貌，亦無方所，亦不一向是無有而不可見。（《大正藏》48‧386b）

天台智顗的《摩訶止觀》也謂：

法性寂然名止，寂而常照名觀。（《大正藏》46‧1c-2a）

總之，在佛教中，有關真理是寂滅或空寂的性格，說得很多。這可說是真理的最為一般的性格。

甚麼是空寂呢？空（śūnyatā）是空卻自性（svabhāva），是自性的否定。沒有自性的那個狀態，便是空。自性是獨立自存、不變化的形而上的實體。佛教以諸法是緣起的，因而不能有獨立的自性或自在性，因而是空。這是從概念上來說空。從實踐上來說，便是不執取事物的那個虛妄的自性，如其為沒有自性的狀態來了解事物，便是空。寂（śānti）則是寂滅，煩惱熄滅之意。煩惱（kleśa）常伴隨著我們的心識而來。心識在認識事物時，常執取事物的虛妄的自性，而追逐不捨。但自性本來是沒有的，故我們的追逐亦永無結果，只招來無盡的煩惱而已。煩惱常困擾我們的身心，使不得自在，感到痛苦。故要滅除煩惱，心靈才得安樂與寧靜。比較來說，空的概念與實踐義是並重的；寂則傾向於實踐義方面。

三、從三法印到一法印

佛教說真理，早期已有所謂諦與法印的說法，這即是四聖諦與三法印。所謂諦（satya），便是上面提到的真實不虛、不顛倒的意思。《中阿含經》有云：

> 彼一切是真諦。不虛、不離於如，亦非顛倒，真諦審實。（《大正藏》1・645b）

《大毗婆娑論》也謂：

> 實義是諦義，真義、如義、不顛倒義、無虛誑義，是諦義。（《大正藏》27・398a）

這樣說諦或真理，很明顯地是用遮詮的方式，透過否定真理的反面，如虛、顛倒、虛誑，等等，來顯出真理的面貌。這其實未有說真理是甚麼，只是說真理不是甚麼。這與以空、寂來說真理，非常相應。空是沒有自性的狀態，寂是沒有煩惱的狀態。

三法印說法印或真理，其說法與這也是一脈相承。法印（dharma-uddāna）即是真理之印，真理需要以生命來印證，故稱法印。佛教有三法印的說法。《雜阿含經》云：

色無常，受、想、行、識無常；一切行無常。一切法無我。涅槃寂滅。（《大正藏》2・66b-c）

這便是諸行無常、諸法無我、涅槃寂靜三法印。這是說五蘊、諸法都沒有常自不變的自體，涅槃（nirvāṇa）則是寂靜境界，滅除一切煩惱。前者是說世間的法印或真理，後者則是說出世間的真理。無常、無我、寂滅都是遮詮的表述式。

就究極的角度來說，真理是絕對的、唯一不二的真理。三法印並不表示有三種真理，卻是從實踐的角度說真理的實現有三個歷程，首先是印證了世間方面的真理的兩個面相：種種念慮都沒有定止處（諸行無常），種種物事都沒有常住不變的我體、自體（諸法無我）。這兩點做到了，便能在出世間方面證得涅槃的寂靜境界。

到了大乘佛教成立，三法印的說法漸趨式微，起而代之的，是一法印的一相或無相。《大智度論》有云：

摩訶衍法中，雖說一切法不生不滅，一相所謂無相，無相即寂滅涅槃。（《大正藏》25・223b）

即是說，大乘（Mahāyāna）佛法說諸法不生不滅，沒有生與滅的相對相，卻是無生的寂滅相。即是說，不再立諸行無常、諸法無我這兩個法印或相，而直證一切事象當下不生、當下寂滅的性格。[1]這不生是就自性的立場來說，即是沒有具有自性的東西在生起，也沒有具有自性的生起這回事。既然沒有生起，自亦沒有滅去，而當下寂然。這便是無相，也就是絕對義的一相。

1　不生或作無生，是中觀學特別用來強調真理的當下寂滅性格的說法。《中論》云：「諸法不自生，亦不從他生，不共不無因，是故知無生。」（《大正藏》30・2b」其意是，諸法沒有從自性立場下說的生起，不管是自生、他生、自他共生，抑是無因生。故自性意義的生起不可得，因而是無生、不生。

對於這由三法印所化約而成的一法印，智顗視之為一實相印。他在《法華玄義》中，對這化約有很詳盡的解釋：

> 《釋論》云：諸小乘經若有無常、無我、涅槃三印印之，即是佛說，修之得道。……大乘經但有一法印，謂諸法實相，名了義經，能得大道。……何故小三大一？小乘明生死與涅槃異。生死以無常為初印，無我為後印。二印印說生死，涅槃但用一寂滅印，是故須三。大乘生死即涅槃，涅槃即生死，不二不異。《淨名》曰：一切眾生常寂滅相，即大涅槃。又云：本自不生，今則無滅。本不生者，則非無常無我相；今則無滅者，則非小寂滅相。唯是一實相。實相故言常寂滅相，即大涅槃。但用一印也。（《大正藏》33・779c）

這是透過大乘佛教的生死、涅槃的等同思想來化解三法印中的諸行無常、諸法無我兩個法印，使與涅槃寂靜一法印同歸於涅槃常寂滅相的一實相印。智顗以為，小乘把生死與涅槃或世間與出世間分割成兩截來看，生死是染污的、有漏的；涅槃則是清淨的、無漏的。小乘修行人要先證得世間的諸行是無常的、諸法是無我的這兩個法印，才能進於出世間的涅槃寂靜這第三個法印。即是說，無常與無我的世間與寂靜的涅槃是兩碼子事，不是一碼子事，故要分開兩個歷程來證取，因而需要說三法印。大乘佛教則以生死與涅槃為等同，而提出「生死即涅槃」的口號。這兩者的等同，並不就內容言，而是就外延言，即兩者都指涉同一的領域，這即是存在的世界。生死是存在世界的生死，涅槃是存在世界的涅槃；離開了存在世界，生死便無處立足，我們也無處實現涅槃。進一步說，即就還滅一面來說，克服生死與證得涅槃並非兩碼子的事，卻是同一事體的不同陳述：能克服生死煩惱，當下便證得涅槃寂靜，而不是在這個時刻克服生死煩惱，要等到另一時刻才能證得涅槃寂靜，卻是兩者同時出現，同時成就，中間沒有時間上的隔閡。[2]生死與涅槃既涉同樣的存在世界，而克服生死與證得涅槃又是同一事體，故只用一實相印便可，即克服生死與證得涅槃同時證成一諸法實相印，而不必分成三個法印來證成了。

四、真理的實現與世界

上面我們說過，對於真理的理解，是邏輯地先於對真理的實現的。由剛才說到的一實相印的問題，可以轉到這個真理的理解與實現的問題。關於這點，《般若心經》（*Prajñāpāramitā-hṛdaya-sūtra*）的兩句話有很好的啟示：

> 色即是空，空即是色。（《大正藏》8・848c）

這裡色（rūpa）相當於現象世界，空（śūnyatā）是空理，無自性之理，自然指真理而言。「色即是空」表示色當下、當體便是空，現象世界當下即是沒有自性。這可說是一種認識論的陳述，提供給我們現象世界方面的本質的知識，這知識是，現象世界當下便沒有自性。這空或沒有自性也可說是對真理的理解。即是說，真理或現象世界的真理是空，是沒有自性。

「空即是色」則是另外一種陳述方式，它不是認識論意義的，它並不是以色或現象來作空或真理的謂詞，以提供真理的知識。它卻是一種實踐

2　智顗在《法華玄義》中，盛言生死即涅槃，煩惱即菩提之事。（《大正藏》33・789c-791a」又謂：「《大品》云：即色是空，非色滅空。《釋論》解云：色是生死，空是涅槃。生死際、涅槃際一而無二，此豈非染淨俱融？」（《大正藏》33・804c-805a）這是以圓融的眼光來說生死與涅槃，其中所謂際（koṭi），指邊際、外延而言，即指存在世界。另外，龍樹在《中論》中也強調涅槃的境界只能在生死世界中證得，離開了生死世界，便無處可證涅槃。他說：「不離於生死，而別有涅槃。」（《大正藏》30・21b）又說：「涅槃與世間，無有少分別；世間與涅槃，亦無少分別。涅槃之實際，及與世間際，如是二際者，無毫釐差別。」（《大正藏》30・36a）這基本上仍是智顗的意思。這裡的「世間」，即指生死世間而言。

的、實現的意義的陳述，提出真理的實現，需要在現象世界中進行。邏輯地也包括離開現象世界便無處實現真理之意。

龍樹在其《中論》中立真諦與俗諦。他以真諦（paramārtha-satya）為第一義諦，即是空之真理，而以俗諦（saṃvṛti-satya）指述世間的東西，即現象世界。他認為要實現空之真理，需依一漸進歷程，即是，要以現象世界為基礎，來實現空理。他說：

> 諸佛依二諦，為眾生說法；一以世俗諦，二第一義諦。若人不能知，分別於二諦，則於深佛法，不知真實義。若不依俗諦，不得第一義；不得第一義，則不得涅槃。（《大正藏》30‧32c-33a）

龍樹的意思也很清楚：真理只能在現象世界中實現；離開了現象世界，真理便沒落實的地方，只能以抽象的姿態存在於思想中，不能在時空中有真實的涵義。

五、真理的功用

現象世界對於真理來說，提供實現的場所，俾真理能落實，取得真實的涵義。佛教的真理亦可以發出一種功用或作用，直指現象世界，以轉化眾生。

真理一般被視為一種原理、原則，或規範，靜態地存在著，提供一種標準，俾世界能有所遵從、仿效，例如柏拉圖（Plato）的理型（Ideas）。通常很少說到真理有甚麼功用、作用。但在佛教並不如此。在佛教，真理除具有以上所述的意味外，是一種客體性的原理、原則外，又被多個大乘學派如如來藏思想、禪、天台等視為也是主體性的心，與心等同。心是能思慮、能活動、能引發行為的；真理既與心等同，自亦可以思慮、活動，引發行為。在這樣了解下的真理，不單有其靜態的一面，且有其動感的一面。它具有能動性（dynamism），是功用性格（functional）。

佛教中最強調真理的動感性的，要數天台宗的智顗。這種真理的動感性，主要顯示於他的中道佛性的實相觀或真理觀中。他以中道為實相或真理，而中道又等同於佛性與真心，因而有「中道佛性」一複合概念，有時也叫「中道真心」。[3]心有能動性，能起功用，因而中道也有能動性，也能起功用。關於心有能動性，能起功用一點，智顗自己也留意到。他在解釋鳩摩羅什譯《法華經》所說的十如是（範疇）中的如是力與如是作時曾說：

> 如是力者，堪任力用也。如王力士，千萬技能，病故謂無，病差有用。心亦如是，具有諸力。煩惱病故，不能運動。如實觀之，具一切力。如是作者，運為、建立名作。若離心者，更無所作，故知心具一切作也。（《摩訶止觀》，《大正藏》46・53b）

即是說，就心的本來狀態來說，它具有種種力（諸力），能運作，在現象的世界中引生具體的活動，所謂運為、建立，以影響現象世界。這便是心的功用性格。中道或中道佛性等同於心，故亦可說具有功用的性格。以下我們即詳細地討論這中道佛性的真理的功用問題。

智顗首先把功用拆開成功與用，兩者的意思不同。《法華玄義》云：

> 功論自進，用論益物。合字解者，正語化他（《大正藏》33・736c）

即是說，功是主體性自家的修為工夫，用則指利益眾生的作用。這作用是教化或轉化性格的，即是轉化眾生，使能從種種苦痛煩惱中解放開來，而覺悟得解脫。對於這功用，他更以樹木為譬。《法華玄義》云：

3　智顗曾明言佛性即中道。（《法華玄義》，《大正藏》33・761b）又立「中道真心」一概念，把中道與真心等同起來。（《維摩經文疏》，《續藏經》28・148b）至於「中道佛性」或「佛性中道」，則多次見於他的《法華玄義》中。

> 若豎功未深，橫用不廣；豎功若深，橫用必廣。譬如諸樹，根深則枝闊，華葉亦多。（《大正藏》33・736c）

故功是垂直方向的札根工夫，用則是向橫面擴展，對周圍的影響。札根的工夫越是深厚，則影響力便越廣遠。

這功用若直接落在菩薩出假化物，轉化眾生上來說，又應怎樣表示呢？智顗提出「以圓力用建立眾生」的說法。《摩訶止觀》云：

> 菩薩聞圓法，起圓信，立圓行，住圓位，以圓功德，而自莊嚴。以圓力用建立眾生。……云何圓建立眾生？或放一光，能令眾生得即空即假即中益，得入、出、雙入出、不入出益。歷行、住、坐、臥、語、默、作，亦如是。……〔龍王〕興種種雲，震種種雷，耀種種電，降種種雨。龍於本宮，不動不搖，而於一切，施設不同。菩薩亦如是，內自通達即空即假即中，不動法性，而令獲種種益，得種種用。是名圓力用建立眾生。（《大正藏》46・2a-b）

菩薩首先依圓教教法去修行，以莊嚴自己，這是功的方面。這方面做妥，便施行教化，「以圓力用建立眾生」。即是說，以圓教的教法去化度眾生，教導他們圓教的義理與修行法。這裡特別提出「即空即假即中」及「入、出、雙入出、不入出」，正是三觀與四句，是智顗的圓教體現真理的方法。三觀是同時觀取現象世界諸法的無自性（空）、約定俗成性（假名）及不偏於任何相對邊見（中道）的性格。四句則是對諸法施以肯定、否定、綜合與超越的辯證的處理，俾能滲透入諸法的本質方面去。[4]這點做到了，眾生便能了達圓教的真理，而開悟成佛。

關於功用的具體進程，智顗還類比到醫者的知病、識藥、授藥的整個

---

4 關於三觀與四句，限於篇幅，這裡不能詳加解釋，可參考筆者之英文著作 Ng Yu-kwan, *T'ien-t'ai Buddhism and Early Mādhyamika*, Honolulu: University of Hawaii Press, 1993, pp. 90-152. 這有關三觀與四句的兩章，亦收入於本書中。

治病過程方面去。即是說，教化眾生，令他們從生死苦惱中解脫，轉迷成覺，需要像醫生醫治病人那樣，知道眾生患的是甚麼病，清楚藥物的性能，然後施予適切的藥物，才能治好疾病。他先分析眾生生命的病痛如下：

> 我見為諸見本，一念惑心為我見本。從此惑心起無量見，縱橫稠密，不可稱計。為此見故，造眾結業，墮墜三塗，沉迴無已。（《摩訶止觀》，《大正藏》46・76a）

他認為眾生之所以墮陷於三惡道，而流轉生死，是由於生起基於我見而來的無量數的顛倒見，而這我見又是由一念煩惱心而來。這便是「知病」。病源清楚了，又要弄明白諸種藥物的性能。他說：

> 一一法有種種名、種種相、種種治，出假菩薩皆須識知。為眾生故，集眾法藥，如海導師。若不知者，不能利物，為欲知故，一心通修止、觀、大悲、誓願及精進力。（《摩訶止觀》，《大正藏》46・77c）

法藥或真理之藥有多種，能治療眾生的不同病痛。到世間來化導眾生的菩薩（出假菩薩）都要認識。自己也要做一些基礎的工夫，如修止、觀之類。這便是「識藥」。藥性弄明白了，便要把適當的藥物授與眾生，治療他們的病痛。智顗說：

> 隨其病故，授藥亦異。謂下、中、上、上上。下根……智慧鈍故，斷婬、怒、癡，名為解脫，是為授因緣生法之藥。……次中根人授藥者……為說因緣即空，……授即空藥。上根人授藥者，……次第斷五住，得入中道，是為授即假藥。……上上根授藥者，……為如理直說，善如空生，障如空滅，入究竟道，是名授即中藥。（《摩

訶止觀》，《大正藏》46．78c-79a）

這很明顯地以《中論》在三諦偈[5]依次序論述因緣生法、空、假、中道，喻示不同藥物，而以這些不同藥物回應下、中、上、上上不同根器。即是說，若是下根，則以因緣生法藥應之；若是中根，則以空藥應之；若是上根，則以假藥應之；若是上上根，則以中藥應之。而這藥之分為因緣生法、空、假、中四種，亦是相應於智顗判教之分為藏、通、別、圓四教，兩者的排列，俱依一漸次上升的次序。智顗顯然是以他的判教法作為參照，來處理授藥的問題。

六、空寂之性如何能有功用？

要注意的是，一切功用都是對向著世間，是施予眾生方面的。它是教化、轉化的目的。即是說，真理其自身便能活動，或引發一些動作，影響世間，在世間生起繁興大用，以化度眾生，使轉迷成覺。如上所云，這些功用面對著各式各種類的眾生，他們根器不同，興趣不同，所受的精神病痛也不同。背負著真理而來的菩薩，需要因應眾生的特殊情況，而施展其功用，作相應的診斷與治療。由於眾生無量，其病痛亦無量，因而診治亦無量。這實需要極其堅實的力量，才能奏其功。這力量從哪裡來呢？無可置疑，這力量來自堅強的真理質體。這是一個體用的問題，有堅強的真理質體，才能發出有力的功用。智顗自己以法身為真理，在說到常住法身時，也提出「體堅用利，徹至本際」[6]，其意即是要有堅實的質體，才能有敏銳的功用，直下滲透至事物的本質的、究極的方面去。這個意思，倘

5　《中論》的三諦偈為：「眾因緣生法，我說即是空，亦為是假名，亦是中道義。」（《大正藏》30．33b）偈中四句每句都包括一重要的概念：因緣生法、空、假名、中道。天台宗人以為這偈是闡述因緣生法同時是空、假、中三個面相的，他們以真理或諦來稱這空、假、中，因而有空諦、假諦與中諦三諦，故為三諦偈。

6　《維摩經略疏》，《大正藏》38．632b。

若落到我們日常生活的層面來說，也不難了解。我們處理日常事務，必須要有強健的體魄、飽滿的精神，才能把事務處理得好，有效率。若身體衰弱，精神萎靡，事情便會弄得一團糟；倘若身體有病痛，更不用說了。實際上，智顗在解釋十如是中的「如是力」這一如是（範疇）時，便這樣說：

> 如是力者，堪任力用也。如王力士，千萬技能，病故謂無；病差有用。（《摩訶止觀》，《大正藏》46・53b）

故身體或體方面是很重要的，必須體強力壯，精神飽滿，才能發揮有力的功用，把事情做好。如身體衰弱，即使有百般技能，也不能施展出來。

此中的「體」可以就兩個層次來看。其一是物理學意義的，這即是物理之體、體力之體。有堅強的體魄，才能做粗重的事，而應付裕如。我們日常生活的勞作，都要依靠這樣的體魄，才能順利成就。另一則是哲學特別是形而上學的精神意義的實體。這形而上的實體是一種精神的力量、意志的力量，它雖無形無相，但能堅定與持久，任勞任怨。偉大的事業，都必須有這種精神的力量在背後撐持，才能成就。孟子所說的「浩然之氣，至大至剛」，可以說是這種精神的力量的表現。它實是推動一切歷史與文化前進的動力。

這種意義的精神實體，在西方哲學中，黑格爾（G. W. Hegel）稱為精神（der Geist），柏格森（H. Bergson）稱為創衝的機制（Vital Impetus）；在中國哲學，儒家稱為天道、天命、誠體、仁體，道家稱為道、無；在印度哲學，則是《奧義書》（*Upaniṣad*）的梵（Brahman）。這都成了各種學派的哲學的核心概念。但在佛教，精神實體是不被認可的。它相當於佛教所要嚴厲排斥的自性（svabhāva）。佛教以為這種東西根本不存在，是意識的虛妄構想；它不單不要建立這種概念，並且要否定它。把它否定了，便能證得空理，而入涅槃。在佛教徒來說，這實體義的自性，正是覺悟的障礙；人們若執取它為實有，而追逐不捨，便會生起種種煩惱，在生死域中流轉打滾。

佛教的根本立場是否定這種意義的實體，因而是空寂。佛教所說有關真理的概念，如諸法實相、涅槃、如來藏、心體、法性，如上面所說，都是空寂，都不是這種意義的實體。中道佛性也不是。有體便有力，無體便無力。佛教的空寂之性不是精神實體，它如何能有功用呢？這真是佛教的大問題。

佛典中有時也提到「體」一概念，如黃檗《傳心法要》「心體如虛空相似，無有相貌，亦無方所」（《大正藏》48．386b）、「盡十方虛空界元來是我一心體，縱汝動用造作，豈離虛空」（《大正藏》48．387a）、智顗《維摩經略疏》「二諦無中道體」（《大正藏》38．702c）、《維摩經玄疏》「法身為體，應身為用」（《大正藏》38．545b），其中提到的心體、中道體、法身之體，都不是精神實體的意思，而是本源、事體之意。嚴格來說，佛教是不能說精神實體的，因這概念直接與佛教的根本立場緣起性空相違悖。既然說諸法都是依因待緣而生起，沒有恆常不變的自性或實性可得，自然不能容許實體的概念。實體與緣起性空在意義上是相衝突的。

七、本跡義的體用關係

體用義的最恰當的表示，應是精神實體與它的功用的那種關係。這種關係即是，作為體的實體，在形而上方面具有一種精神的力量，能在現實的經驗世界中發揮其功用，推動某些經驗現象，使發生變化。佛教由於緣起性空的根本立場，不能確立精神實體，因而也不能確立以精神實體為主幹的體用關係。但佛教特別是大乘佛教是非常強調與世間的關係的，因而也很重視在世間起用的問題；所謂菩薩「留惑潤生」或「出假化物」，都是就大乘菩薩要在世間生起種種功用以化度眾生而說。為了要交代這功用的問題，為了替功用找尋一個根源，佛教不得不另立另外一種意義的體用關係。這即是這裡所說的本跡義的體用關係。

本跡義的體用關係是以本源、本根來說體，以表現、痕跡、蹤跡來說用。本源是痕跡的本源，它要藉著痕跡來顯示它自己；痕跡是本源的痕跡，是本源在時空方面的表現或示現。這種本跡關係也可說是潛存（potentiality）與實化（actualization）的關係。本相當於潛存，跡相當於實化。不管是潛存與實化也好，本與跡也好，都是指述同一的東西，只是狀態不同而已。當本源在潛存狀態，一切是無聲無臭；當它實化為痕跡，在時空中有所表現，則是驚天動地。

佛教中最明顯展示本跡義的體用關係的，莫如法身（Dharma-kāya）與應身的關係。法身是一切實踐、一切行為的主體性，是從覺悟一面說的主體性。應身則是法身的示現，是法身在時空中表現教化利生活動的痕跡。作為主體性，法身可以只有實踐上的意義，不必有存有論方面的意義。即是說，它只需被說為應身及其一切活動的依據、本根。應身與一切活動應有其所自來的源頭，這即是法身。它不必被安立為一種形而上的精神實體，一如《奧義書》所說的梵那樣。

天台的智顗便常常以法身與應身的關係來說本跡義的體用關係。在《法華玄義》中，他說：

> 初得法身本故，即體起應身之用。（《大正藏》33．764c）

又在《維摩經玄疏》中說：

> 法身為體，應身為用。（《大正藏》38．545b）

這都是以法身為根本的所依，由此所依起現應身，一切具體的作用都從這應身上說。他又進一步從顯現的角度來說應身對法身的關係。

> 由於應身，得顯法身。（《法華玄義》，《大正藏》33．764c）

由此法身，故能垂不思議應用之跡；由此應用，能顯法身。（《維摩經玄疏》，《大正藏》38．545b）

應以佛身得度，即作佛身說法、授藥；應以菩薩、二乘、天龍八部等形得度，而為現之。（《摩訶止觀》，《大正藏》46．79c）

最後一段文字更提出由體而起的用，可有種種表現方式，展示在用方面的靈活性。採取哪一種表現方式，端在看具體的需要為何而回應，這更切合應身的「應」的意味。關於法身的這些表現方式，禪門的《馬祖道一禪師語錄》更有扼要的發揮：

法身無窮，體無增減，能大能小，能方能圓，應物現形，如水中月，滔滔運用，不立根栽，不盡有無，不住無為。有為是無為家用，無為是有為家依。[7]

這裡說法身「能大能小，能方能圓，應物現形」，更富有神秘主義的意味了。

上面說在這種本跡義的體用關係中，體與用是同一的東西，只是狀態不同而已。關於這點，僧肇的《般若無知論》也說到：

用即寂，寂即用，用寂體一，同出而異名。更無無用之寂，而主於用也。是以智彌昧，照逾明；神彌靜，應逾動。（《大正藏》45．154c）

相應於體的寂與用就其事體上來說是同一，即是指它們所指涉的是同一東西，這也是「同出」的意思。但兩者卻有寂與用的異名，這是由於兩者處

---

7 《禪宗全書》語錄部（四），冊 39，日本慶安年間刊本，四家語錄卷 1，頁 8-9。

於不同狀態：寂是本根、本源的狀態，是在隱面，用則是表現、發用的狀態，是在顯面。

對於這種體用指涉同一的東西一點，《馬祖道一禪師語錄》更有進一步的發揮：

> 理事無別，盡是妙用，更無別理，皆由心之回轉。……種種成立，皆由一心也。建立亦得，掃蕩亦得，盡是妙用，盡是自家。非離真而有立處，立處即真，盡是自家體。……行住坐臥，悉是不思議用。[8]

這裡以理說寂說本，以事說用說跡。故理為體而事為用。理事無別，指體與用終究沒有不同，都是指同一東西。理全化為事，猶體全現為用，盡是妙用。所謂「妙用」指那些事象不是寡頭的、無根的事象，卻是具有本根的、本源的現象，因它內裡有體也，這即是妙用的妙處。這理或體也不是別的東西，只是心的另一狀態而已，是心的「回轉」。妙用即是不思議用，我們日常的生活行為，如行、住、坐、臥，莫不都是體的妙用表現。行、住、坐、臥都在體中現也。這些動作云為，都是有痕有跡的，在在都能顯現作為本的體。

八、含藏義的體用關係

佛教解釋真理的功用性格的另一種方式是確立含藏義的體用關係。這種涵義的體用關係是設定真理自身含藏種種功德與能力，這些功德與能力能在世間起用，進行教化、轉化的工作。這些功德與能力與真理有甚麼關係呢？佛教的說法是它們含藏於真理之中，真理也能生起它們。這也可說是真理含藏種種用，這用能表現在對眾生的教化、轉化中。這種體用關係

8　同上，頁 8。

中的「關係」，不如本跡義的體用關係完整，而它的用似乎可以在真理所包含的功德與能力方面說，也可以就這些功德與能力在世間所施展出來的教化、轉化的活動上說。而其體的意思，亦似由本源、本根義轉移到功德、能力的貯存的場地方面去。故體與用的意思都鬆了下來，其所成的體用關係也有缺乏完整性之嫌。

在佛教典籍中，闡發這種含藏義的體用關係的，首推《大乘起信論》。它的眾生心在體、相、用三方面都有其殊勝之處，所謂體大、相大、用大。這眾生心是最高主體性，也有真理的涵義。《大乘起信論》這樣說：

> 所言義者，則有三種。云何為三？一者體大，謂一切法真如平等不增減故。二者相大，謂如來藏具足無量性功德故。三者用大，能生一切世間出世間善因果故，一切諸佛本所乘故，一切菩薩皆乘此法到如來地故。（《大正藏》32・575c-576a）

體大、相大、用大都是說眾生心自身。它一方面具足無量功德，一方面能生起一切世間的與出世間的善因果。憑著這些功德與善因果，眾生心自身得以常自起動，從內部發出一種力量，在世間起用，對眾生發揮一種教化、轉化的熏習作用，使他們生起出世求道心。這便是《大乘起信論》所謂真如自體相與真如用：

> 真如自體相者，……從本已來，性自滿足一切功德，所謂自體有大智慧光明義。（《大正藏》32・579c）

> 真如用者，所謂諸佛如來，本在因地，發大慈悲，修諸波羅蜜，攝化眾生，立大誓願，盡欲度脫等眾生界。（《大正藏》32・578b）

眾生心具足種種無漏功德是體，憑著這些功德，熏習世間的眾生，使精進求道，則是用。這種體用關係完全是在一種實踐的脈絡下說，完全沒有存有論的意味。

這種含藏義的體用關係，在《壇經》中亦有發揮。該經云：

> 自性能含萬法，名含藏識；若起思量，即是轉識。生六識，出六門，見六塵，如是一十八界，皆從自性起用。自性若邪，起十八邪；自性若正，起十八正。若惡用即眾生用，善用即佛用。用由何等？由自性有。（《大正藏》48・360b）

《壇經》是以自性來說心，說佛性，說真理的。一切法都含藏於自性中。不過，這裡所說的一切法，包括作為善法的無漏功德，也包括種種惡法。眾生如何表現，在迷抑在悟，為凡夫抑為覺者，都決定於自性，決定於一心。一切都是自性的起用。因此這裡說體用關係，不單從無漏方面說，也從有漏方面說。若是自性中的無漏法作主，自性則會表現種種妙用。但若是自性中的有漏法作主，則自性便轉而表現種種迷執。所謂「自性若邪，起十八邪；自性若正，起十八正」。又謂「若惡用即眾生用，善用即佛用」。便是這個意思。

九、邏輯義的體用關係

以上所說的兩種體用關係，不管是本跡義的，或是含藏義的，都有其實質意味。即是說，作為體的真理，都是實際地有其事體。不管那真理是稱為法身也好，眾生心也好，自性也好，都有其真理的當體；而由真理所發出來的用，亦與真理或體有一實質的與內在的關聯。體不是抒意的虛浮的體，體與用的關係也不是虛浮的空架子的關係。不過，在佛教思想中，也確有一種不是實質意義的體用關係。體不是實際的事體，而只是一種抒意的表示方式；體與用的關係也不是具有內在的、實質的關聯的關係，卻只是虛浮的空架子的關係。這便是以空理為體和以緣起為用的體用關係，我們把這種涵義的關係稱為邏輯義的體用關係。

明顯地強調這種體用關係的，是以《中論》為主的中觀學。中觀學盛言緣起性空的道理，以為現象界的諸法都是依因待緣而得成就，由於它是依待外在的條件或緣的聚合而得成立，因而不可能具有決定它的存在性的本性或自性，故是空的。空即是沒有自性的意思。即是說，事物是緣起的，因而是無自性的。[9]倒過來說，正是由於事物是沒有自性，是空的，因而成就它的緣起的性格。倘若事物不是空，而是具有自性的，它便能自己獨立地存在，自己便能決定自己的存在性，而不能也不必依因待緣而成立，因而不能緣起，不能有緣起的性格。這個意思，在《中論》的一首偈頌中說得很清楚：

> 以有空義故，一切法得成；若無空義者，一切則不成。（《大正藏》30．33a）

即是，便是由於有無自性或空這種義理，才能成就一切法的緣起性格。倘若沒有無自性或空的義理，則一切法便不能有緣起的性格了。這裡顯然有一種體用的關係在裡頭：以空為體，諸法的緣起為用。由於有空這樣的體，因而有諸法的緣起狀態。不過，空作為事物的真理，並不指一事體，而是一種表述狀態或抒意的字眼，指沒有自性的狀態。故緣起的事物雖依待空而成就，這種依待只是一種義理上的依待，而不是實質的、內在的依待。我們把這種義理上的依待稱為邏輯的依待，因而說這種體用關係是邏輯義的體用關係。

華嚴宗也盛言邏輯義的體用關係。法藏《華嚴經義海百門》總舉十門，別開百義，其中兩門涉及體用義。這即是差別顯現門第六與體用開合門第九。有關差別顯現門，法藏的說法如下：

---

[9] 這裡說的自性自然不同於《壇經》的自性。這裡說的自性是意識的虛妄構想的結果，根本上是沒有的。《壇經》的自性則是最高主體性，是本心本性、佛性。

> 塵體空無所有，相無不盡，唯一真性。以空不守自性，即全體而成諸法也。是故而有萬像繁興，萬像繁興而恆不失真體一味，起恆不起，不起恆起。良以不起即起，起乃顯於緣生；起即不起，不起乃彰於法界。（《大正藏》45・632b）

塵是指現象界的東西，它是沒有自性的，是空的。便是由於無自性空，現象界的東西因而可作種種配搭、種種安排，而構成這個多姿多采的現象世界。這裡說空不守自性的「自性」，並非無自性空的自性，而是指空理自己。空理自身沒有一個實質的規格，實空理亦無所謂自己，它只是在緣起的配搭下被浮現出來的一個虛架子，它不是指某一事體，更不相應於某一實質性的東西，只是提供一個虛架子，讓種種因緣在這整個虛架子中自由地作種種配搭、種種安排，而成就種種物事。這便是「全體成諸法」，「萬像繁興」。但不管物事或萬像如何興起，它們總是空無自性，平等一如。這「真體一味」的狀態總是維持在那裡。不管萬像如何繁興而起，它的根本，總是那如如不動的空性、無自性性，這是法界的本性，這是起即不起。而在如如不動的空性、無自性性中，總有森羅萬像在種種配搭、種種安排下生起，這便是緣生的實際，這是不起而起。

有關體用開合門，法藏有如下的解說：

> 了達塵無生無性，一味是體。智照理時，不礙事相，宛然是用。事雖宛然，恆無所有，是故用即體也，如會百川以歸於海。理雖一味，恆自隨緣，是故體即用也，如舉大海以明百川。由理事互融故，體用自在。（《大正藏》45・635a）

作為現象的塵從究極說，是無生，也無自性[10]，現象的全體都是空理，以智慧觀照作為體的空理，不妨礙森羅萬像的事相，因一切事相都浸潤在空

10　這無生實通於中觀學的無生，參看註 1。

理中，而成其妙用。就事相方面言，雖是多姿多采，卻都是無自性空，一無所有，畢竟歸於空寂，像百川流歸大海，這便是用即體。就空理一面言，它雖是一個整一體，卻提供一個虛架子供現象界的事相羅列其中，隨順因緣而現起一切法，如舉大海以明百川，這便是體即用。故空理與事相互不相礙，空理提供無自性的空架子讓事相安插於其中，事相也憑著緣起的情狀以烘托出無自性的空理，兩者是圓融自在的關係。由於空理是體，事相是用，故體與用亦是圓融自在的關係。

禪的體用關係，如上面所示，有本跡義，也有含藏義。在邏輯義的體用關係方面，禪也有它自家的說法。淨覺在《楞伽師資記》的序中說：

> 是故體空無相，不可為有；用之不廢，不可為無。則空而常用，用而常空。[11]

這裡直接以空說體。但空是指無自性的狀態，是抒寫的作用，不是實指一事體或理體。即是說，並不是對應於空有一稱為空的東西，卻是指述一種沒有自性的狀態的那種空架子，那種「空間」，它是虛的，不是實的。有了這個架子、空間，事物才能在內裡遨遊，發揮種種妙用。由於只是一架子，一空間，故不是有；又由於能承託事物的妙用，故不是無。這種空與用的關係，不是實質的，而是意義的、邏輯的。

十、反思

如上所說，佛教的體用問題由空寂的真理如何能有功用一問題逼引出來。倘若真理是一精神義的實體，則這問題不會出現，因這真理本身便有一種形而上的精神力量，可引發行為，產生功用。但佛教的真理不是精神義的實體，卻是真空如理，體性空寂，才有如何能有功用的問題。關於佛

---

[11] 柳田聖山：《初期の禪史》一，禪の語錄二，東京：筑摩書房，1985 年，頁 82。

教的體用問題，學者一向很少研究，即間中有提到，亦不作詳盡的討論，更與功用無涉。牟宗三先生寫《心體與性體》，研究宋明儒的道德形上學，在第一冊最後的附錄部分，相當詳盡地討論到佛教的體用問題，題為〈佛家體用義之衡定〉。[12]這篇附錄主要是談《大乘起信論》、華嚴與天台的體用問題，而作者討論體用問題，也不是回應「空寂之性如何能有功用？」一問題而提出的。

但對於佛教來說，這一問題是一定要回答的。特別是在中國佛教來說。天台宗說功用，華嚴宗說力用，禪宗說作用，都一致強調用的問題。這用是直指向世間的，指在世間中起用，產生種種活動，對眾生進行教化、點化和轉化，使能覺悟真理，成就解脫，而離苦得樂。大乘佛教是以入世（worldliness）著稱的，菩薩的不捨世間的精神，四弘誓願中的第一誓願眾生無邊誓願度，都是在這個脈絡下說的。這功用的問題若不解決好，大乘佛教的入世性格便很難建立起來。

佛教所強調的菩薩的六波羅蜜多又怎樣呢？即是說，慈悲與智慧能不能解決功用的問題呢？[13]還是不能。慈悲與智慧就體用來說，應該屬於用方面，所謂「悲智雙運」，便是指這兩者的運作。它們二者應是從作為體的佛性或本心本性發出來的。《壇經》便明言自性可生起一切般若智慧：

> 一切般若智皆從自性而生。（《大正藏》48．350b）
>
> 本性自有般若之智。（《大正藏》48．350c）
>
> 智慧常現，不離自性。（《大正藏》48．350c）

智慧與慈悲二者應都是從自性或佛性發出來的妙用。佛性或真理是空寂性

---

[12] 牟宗三著：《心體與性體》，第一冊，臺北：正中書局，1968年，頁571-657。

[13] 六波羅蜜多是菩薩所修習的德目。這即是布施、持戒、忍辱、精進、禪定、智慧。前五者可化約為慈悲，與智慧合，故成慈悲與智慧。

格，如何能有慈悲與智慧的功用呢？問題還是在那裡。

若不強調功用則已，若強調功用，則這個問題是必須要解決的。最好的解決方式，自然是設定那形而上的精神實體，一切力量與功用，都可從這個實體說。佛教基於緣起性空的立場，不能作這樣的設定，只能委曲地解決這個問題，提出本跡義、含藏義與邏輯義的體用關係。邏輯義的體用關係不是實質的，自然不能真正解決問題。含藏義的體用關係中所提到那些含藏於真理中的功德與能力，與真理自身的關係為何？它們與真理自身是一抑是二，是同抑是異呢？這種意義的體用關係對這些問題都未有交代清楚。嚴格來說，只有本跡義的體用關係觸及問題的關鍵點。在這種關係下，體與用都是同一東西，只是狀態不同而已。體是潛存狀態，用是實現狀態。就究極的意義言，潛存的體與實現的用可同時就一活動義的主體性來說。既然是活動義，便不必牽涉到形而上的精神實體方面去，而只就宗教義與救贖義立說。這涉及非常深微的哲學問題，限於篇幅，不多談了。

第二十二章 陳那的知識論*

一、正理學派對佛教的批判

在《正理經》（*Nyāyasūtra*，正理學派的提綱挈領的文獻）第四編第二章定句 26-37 中，曾批判過佛教學派的思想；這思想「不承認對應於觀念的外物在外界的實在性，認為所有觀念都是謬誤」。在這一批判中，我們可以見到一些與龍樹（Nāgārjuna，紀元 150-250 左右）的《中論》（*Mūlamadhyamaka-kārikā*）的詩節相類似的表現，和一些與《迴諍論》（*Vigrahavyāvartanī*）的內容有關係的論述。這個批判，與《正理經》第二編一樣，其批判對象，都被認為是中觀思想。[1]本文的目的，在檢討代表中期大乘佛教的唯識學派的知識論（譯者案，即主要是陳那的認識論）；首先，我們要對這裡提到的正理學派對中觀思想的批判，研究一下。

觀念的對象，其真性是不能透過理性的分析考察來認識的。譬如，對應於「布」一觀念的布的實在物，是被認為是實在的；絲則據分析的考察，被確認出來。倘若我們把絲一根一根地抽去，則被確認為實在的布，便變成無有了。由於布不能外於絲而被認識，故所謂「布」一觀念，不過是在沒有對象的情況下生起的錯誤觀念而已。所有的觀念，都是如此。因此，觀念全是虛妄的。——這即是定句二六所介紹的佛教學派的主張。對此，正理學派展開其反駁的論點，如下面所示。

---

* 服部正明原著，吳汝鈞譯。原文為服部正明著〈中期大乘佛教の認識論〉，《講座佛教思想》第二卷，東京：理想社，1974，頁 103-143。論文題目為譯者所改。

1 參考宇井伯壽：〈正理學派の成立並に正理經編纂年代〉（載於《印度哲學研究第一》中），頁 227 以下。

透過理性的分析考察來識別物件，正是認識物件的真性。正理學派以為，知有之物為有，知無之物為無，這些知，亦是對物件的認識。因此，說物件依理性而被識別，但又說其真性不能被認識，這是矛盾的。（定句 27）

一實體以其他實體為質料因，通過它而使自己能以結果的身分來存在；這實體，是不能外於質料因的實體而被認識的。兩個實體，例如布與壺，沒有質料因與結果的關係，可以分別地被知覺。但絲是布的質料因，布依絲而存在，故布不能外於絲而被認識。（定句 28）

我們的認識，都是通過知識手段（pramāṇa）的；不管這被認識的東西，是存在的，抑是不存在的。對於在房間的一個角落的壺，我們透過知覺來認識它的顏色與形狀。對於遠方的山嶺，我們則藉著煙的知覺，透過推理，來認識它的火。又，我們對於一些事，如提婆達多不在家（他在家中的非存在），牛不是馬（馬在牛中的非存在），都透過知覺來認識。乃至於人的種種活動，都是以對象的認識為基礎；而這對象的認識，是通過知識手段而來的。通過理性而來的識別，正是倚賴知識手段去認識對象。因此，倘若物件的真性不能被認識的話，則人的一切活動，便都不能成立了。（定句 29）

「一切都不存在」，這個認識，倘若能通過知識手段而成立，則由於在這個認識中，有某些點不能被否定，故「一切都不存在」一肯認，不免自己矛盾。「一切都不存在」，這個認識，倘若不能通過知識手段而成立，則我們根據甚麼能說「一切都不存在」呢？「一切都不存在」一事，倘若能夠不倚靠對這事的認識而成立，則「一切都存在」，當亦能夠不倚靠認識而成立了。由此可以見到，所謂「一切都不存在」一肯認，不論我們對它的認識能否成立，都是不合理的。（定句 30）

這是正理學派的實在論，我們會在後面作總結來敘述它。正理學派認為，不管是存在的抑是非存在的東西，都要透過知識手段來認識；故觀念不單純是主觀的事。佛教學派與這個學說不相容，它的主張，在這裡再度被提出來。——所謂知識手段（pramāṇa）、知識對象（prameya）一類觀念，與在夢中出現的對象的觀念一樣，都只是妄想而已，與實在並不相應。我們也可以用夢幻、海市蜃樓一類東西，來比喻這些觀念。（定句 31-32）以下是正理學派的批判，這批判即環繞著這些比喻而展開。

首先必須指出的是，佛教學派為了證立知識手段等觀念的虛妄性，只舉比喻，而未有陳述理由。缺乏理由的陳述，要達到證立其主張的目的，是不可能的。[2]夢中對象的知覺之所以為虛妄，是由於覺醒時同樣對象不能被知覺之故。倘若夢的比喻，含有這樣的意思——覺醒時不能被知覺，即非實在，則應有這樣的結論，即是，覺醒時可被經驗的知識手段、知識對象，是實在的。「A 不能被知覺，故 A 非實在」，這種說法，只能在肯定「能被知覺即是實在」這一前提下成立。倘若以為，不管 A 能否被知覺，A 皆非實在的話，則不能被知覺這一事實，便不能作為證立 A 的非實在的理由了。（定句 33）

又，在正理學派看來，說夢中能被知覺的對象非實在，亦是不能肯定的。人在夢中知覺種種對象，相應地有畏怖和欣喜的感覺。倘若夢中出現的東西全非實在，則要說明這樣的夢的多樣性，便不可能了。正理學派以為，夢中知覺，是以醒覺時被知覺的東西為對象的。這與想像、慾望以過去曾經驗過的東西為對象，是同樣的。因此，依醒覺時意識的功能，能知夢中知覺之誤。以非 A 為 A，是錯誤的認識，人在誤以非 A 為 A 時，他當是預先已知道過 A 了。未嘗見過象的人，是不會誤認岩石為象的。關於夢中的知覺，亦可同樣說。當說「在夢中見象」、「在夢中見馬」時，象與馬雖不在夢中存在，但對它們所生起的知覺，是以曾經被知覺過的象與馬為對象的。由是，夢中知覺亦以實在的東西為對象，不能說為全是虛妄。（定句 34）

夢中的知覺，是這樣的構造，即是，在沒有 A 的場合中，見到過去認識的 A；依夢醒時的意識，知道夢中的 A 的非存在，A 的存在不過是一錯

2　用五支中只要缺乏任何一支的論證，在討論中，屬「敗北的立場」（nigrahasthāna）的一種。cf. NS: *Nyāyasūtra* (ed. Gangānātha Jhā, Poona Oriental Ser., 58), V. 2.12.

覺時，這個知覺便會消失。同樣，在平時，由於一些原因，致有錯誤的認識，但當對象的真性被認識時，這個錯誤的認識便會消失。人們由遠方看直立的樁子，以為這是一個站立著的人。但當走近樁子，而知覺這是樁子時，這個錯誤的認識，便會消失了。因此，當知道某一觀念是錯誤的認識時，即是事物的真性被正確地認識之時。

佛教學派為了證示觀念的謬誤性，舉出了幻象、蜃樓和海市的比喻；這都是以特定的東西作為對象的錯誤的認識，不能說為是欠缺對象的虛妄。因此，當對象的真性被認識時，這些錯誤的認識，便會消滅。（以下我們看看一些例子）

⑴當魔術師向具有馬的形狀的木片念咒時，觀眾即知覺到虛幻的馬。

⑵當濃霧順著街巷的形狀擴散開時，從遠方看的人便會生起「這是街巷」的錯誤的認識。沒有霧時，這種認識便不會生起。

⑶當太陽光線由於地熱關係而搖曳時，在遠方的人便會升起「這是水」的錯誤的認識。在這地點附近的人，便不會生起是水的認識。

像這樣，不管是哪一種場合，在錯誤的認識中，都有特定的對象，使這錯誤的認識生起。同時，在這些例子中，其共通點是，對同一東西具有兩種認識。觀眾認識為馬的東西，在魔術師則知其為木片。對遠看的人為街巷，為水的，附近的人則知其為霧，為搖曳的太陽光線。前者是錯誤的認識，後者則是認識對象的真性。對象的真性倘被認識，錯誤的認識便會消滅。假若我們以觀念全是虛妄的話，則這樣的情況，便不能成立了。（定句 35）

佛教學說否定知覺、推理等的知識手段，以認識為虛妄。正理學派則主張，即使在錯誤認識的場合下，對象仍是實在的。因此，正理學派自然沒有理由容許佛教學說了。錯誤的認識，有其發生的原因。當錯誤地以樁子為人時，其認識即以兩者的相似性為原因。即是說，從遠方看對象，它具有人立著的形狀；這錯誤的認識的生起，是由於我們把不在知覺中的人的特殊性，付託給這個對象之故。虛幻的馬和蜃樓的街巷的情況，也是一樣，錯誤的認識的發生，其原因都是可理解的。我們不能否認具有原因的認識，以為它只是虛妄。再者，譬如說吧，當患眼疾的人說有兩個月亮時，旁人都可明顯地知道，他犯有認識上的錯誤。被確認是存在的，即不是虛妄。錯誤的認識，只有在具有其原因而存在的情況下，在正確的認識生起時，才會像夢中出現的對象那樣，消失掉。（定句 36）

佛教學派認為「以香為香是錯誤的認識」，這是由於它對錯誤認識的構造，未有理解。按在錯誤的認識中，作為觀念所本的別的對象，被覆蓋在真實的對象之上。作為「人」這一觀念的本來對象（pradhāna）的人，由於形狀的相似性，被覆蓋在真實對象（tattva）的椿子之上；由此而認椿子為人，這是錯誤的認識。在認旗幟為鶴，認石頭為鳩的場合，也是一樣，在真實的對象之上，蓋上別的與它相似的對象。這樣地分兩重來執取被覆蓋的對象，是錯誤的認識。但對香這一對象，我們並不在其上用別的對象來覆蓋它，而把它認識為香。故這不能說是謬誤。（定句 37）

二、龍樹對正理學派的批判

通過多位學者的研究，我們可以普遍地知道龍樹在《迴諍論》、《廣破論》（*Vaidalyaprakaraṇa*）中對正理學派的批判了。[3]龍樹的批判的旨趣，是這樣表示的；他指出容許知識手段（pramāṇa）和知識對象（prameya）的實在性，在邏輯上是矛盾的，由此而表明這兩者都無本體（svabhāva）。以知覺為例而言，倘若以為知覺能在不需對象的情況下，自體即能成立，則知覺便會變成不是任何東西的知覺了。但說知覺依於對象而成立，亦是不可能的。因為（知覺尚未發生，）尚未發生的東西，是

3　山口益〈正理學派に對する龍樹の論書—ヴアーイダルヤについて—〉（載於《中觀佛教論考》；上述宇井伯壽之論文頁 205 以下；梶山雄一〈廣破論と正理經〉（《印度學佛教學研究》第 5 卷第 1 號，頁 192-195）；G. Tucci, *Pre-Diṅnāga Buddhist Texts on Logic from Chinese Sources*, Baroda 1930 (G. O. S., 49)；E. H. Johnston and A. Kunst (ed.), *The Vigrahavyāvartanī of Nāgārjuna* (Mélanges chinois et bouddhiques, 8), Introduction, p. 106.

不能依存其他東西的。我們也不能有這種想法：在依存對象以前既已生起的知覺，可依存對象，重新成立。又，倘若容許知覺依存對象而成立，則由於對象在知覺之先，已作為對象被確立了，故根據知覺來確立對象，便變成不必要了。再者，在這個情況，由於知識手段與對象間的確立與被確立的關係變成逆轉，故對象必須說是知識手段，知識手段必須說是對象，（這如何可能呢？）龍樹在《迴諍論》中，即舉出父與子的例子。子由父而生；但由於父在子生時，才開始成為父，故說子生父，亦當是可以的。從這個觀點看，變成子即是父，父即是子。實際來說，「父」、「子」都是為了成就日常的習慣而被假構出來的語言；父這一實體，子這一實體，實在是沒有的。對於知識手段與對象，亦可同樣說。兩者不過是習慣上的名稱而已，並無對應於名稱的本體。

龍樹即通過這樣的批判，證示知識手段、對象不能各各有其本體。他強調，名稱與概念是與實在不相應的假構。倘若在事物中，有對應於名稱與概念的不變異的本體，則由於本體恆常是自己同一的和不變化的，故我們便一定要否認在事實上的現象的流動變化了。龍樹的意思是，名稱與概念是日常習慣的基礎，我們要透過闡明這名稱與概念的虛偽性，強調要遠離語言的虛構，直接觀照現象事實的真實相狀，而開示出「圓滿的智慧」（prajñāpāramitā，般若波羅蜜多）的立場。

三、正理學派的認識論

現存的《正理經》，由五編構成。第一和第五兩編的內容，是討論論證法的標示、定義和分類各事項，這論證法以知識手段和知識對象為開始。第二、三、四編則是檢討他人對於定義的批判，和檢討對這些批判的反應和答覆；這檢討稱為 parīkṣā。由於在這檢討部分中，預認了在《廣破論》等作品中所表示的龍樹的學說，故這部分的成立，最低限度是在龍樹以後。正理學派為了確立論證法則，因而考察過知識手段問題。它對於語言與概念，並無不信任。「圓滿的智慧」的意向，離開言說，那是在邏輯思考的領域以外的；後者立根於日常的經驗。龍樹即使批判了正理學派，但其基本見解，卻未有改變，仍然以為，概念必須以在外界存在的東西，作指示的對象。

不過，正理學派並不是如龍樹所批判的那樣，視知識手段為實在 pramāṇa（知識手段）這一語詞，是由接尾辭 -ana 附加在 pra-mā（測量）之上而成的名詞，-ana 是道具、手段之意。這語詞的原來意思，是「測量用的道具」，即秤、準繩等，亦有知覺、推理的意思，這即是測量或測知對象的手段。換言之，所謂 pramāṇa，即是認識的原因（upalabdhi-hetu）。[4]

不用說，認識的原因，因個別的認識而不同。譬如說吧，認識的原因，只在知覺中特有的，是感官與對象的接觸。知覺壺的顏色與形狀，與知覺太鼓的聲音，無論在感官、對象，甚至是兩者的接觸，都是不同的。知覺壺時，眼睛或者它與壺的接觸，稱為「知識手段」；但眼與這接觸，並不恆常地是知識手段。因此，說對應於「知識手段」這個名稱的東西是存在的，並不表示它能恆常地保持它作為知識手段的同一性。被稱為「知識手段」的東西，依對應於不同的個別的認識，而有不同。帶來某一種認識的「知識手段」，在別的認識場合中成為「知識對象」，這種情形亦是有的。例如，在知覺中，感官是「知識手段」，我們對它並不能直接地知覺，但它的存在，可通過知識的發生的事實，推理出來，因此，這便是「知識對象」。《正理經》曾以秤為例子，顯示出同一物可以是「知識手段」，也可以是「知識對象」。[5]當測量金屬的重量時，秤是「測量用的道具」，金屬是「被測量的對象」。但當金屬被量出有這樣的重量，而被用來決定秤的刻度時，金屬即變成「測量用的道具」，秤即成「被測量的對象」。「知識手段」與「知識對象」的關係，亦與這相同。因此，所謂「知識手段」，是認識的原因每次給予的名稱，並無恆常地對應這個名稱

4　NBh: *Nyāyabhāṣya* (ed. G. Jhā, Poona Oriental Ser.), p. 81.3; *Nyāyavārttika* (Kashi Skt. Ser., 33), p. 5.16-18.

5　NS, NBh, II. 1.16.

的不變異的東西。不過，說這個名稱缺乏對應物，是虛妄的東西，也是不行的。

復次，正理學派以為，作為知覺的原因的感官，或感官與對象所成的接觸，被知覺的對象，都不是有恆常不變的本體。除了單體的原子，及虛空、時間、空間等之外，所有的實體，都是由多數的構成要素，集合而成，故是會消滅的。知覺對象與感官，也是這樣的實體。兩者的接觸（saṃnikarṣa），是感官與對象這兩種實體所有的屬性的結合（saṃyoga），這是在具有一定原因的情況下生起的，是會消滅的。[6]

故對於正理學派來說，說知識手段這樣的不變異的存在是有，說知識對象有本體，是實在，都是不可認許的。正理學派批判的矛頭，指向龍樹，在它的檢討中，以再確認自家學說的立場的正當性作結；這即是，所有的名稱與概念，必對應於外界的實在。即使是錯誤的觀念，由於它是透過把別的對象，覆蓋在實在的對象之上而生起，故它不能是缺乏對象的虛妄。若依知識手段來認識實在，即會帶來正確的觀念。正理學派即基於這樣的見解，來考察知識手段的問題。

現存最古的《正理經》的註釋，有五世紀前半期左右的學者瓦茲耶耶納（Vātsyāyana）所著的《正理釋論》（*Nyāyabhāṣya*）。這書的前頭，這樣地記載著：「在通過知識手段來理解對象時，由於（人的理解的）活動是有效的，故知識手段也具有效果。」[7]這表示一個意思：知識的真偽，可通過（研究）以這知識為基礎的活動是否有效，即知識與活動間有無整合性，而被檢證。例如，知對象為水的知識，在限於「飲」或「沐浴」一類活動是以這知識為基礎，而後能實現出來，這樣的情況下，是真知。知陽炎為「水」的知識，因不能成就這樣的活動，故是偽知。「知識手段」帶來真知，因而這是「具有效果的」（arthavat）。瓦茲耶耶納又說，人以義務、實利、幸福和解脫，作為他的目標，而放棄與它們相反的

---

6 Cf. *Vaiśeṣikasūtra* (ed. Muni Jambuvijaya, G. O. S., 136), VII. 2.10.

7 NBh, p. 1: pramāṇato ’rthapratipattau pravṛttisāmarthyād arthavat pramāṇam.

東西；這人的作為，是以這樣的意識為前提的：自家的知識，是通過正確的知識手段而得的。[8]總之，人的一切合目的的行為，其基礎，是依知識手段而來的對於對象的理解。

唯識思想通過無著（Asaṅga，390-480 左右）與世親（Vasubandhu，400-480 左右），而成為系統的哲學。在此之前，正理學派曾經考察過知識手段；其他學派也有進行這個工作。五世紀左右的學者撒巴拉斯瓦明（Śabarasvāmin），是最先注解《彌曼差經》（*Mīmāṃsāsūtra*）的人，即認許六種知識手段；即在正理學派所列舉的知覺、推理、證言（śabda）和類比（upamāna）之上，再加上邏輯的要求（arthāpatti）和非存在（abhāva），共六種。[9]彌曼差學派意圖樹立原則，來解釋祭式的規定；它很早已展開有關知識手段的學說了。《正理經》的第二篇，曾批判過視邏輯的要求和非存在為獨立的知識手段的見解。[10]另外，數論學派的毗梨沙伽那（Vārṣagaṇya，400 左右）曾在他的《六十科論》（*Ṣaṣṭitantra*）中，詳論有關知識手段的事。[11]

四、早期佛教的知識論

佛教的各派，特別是說一切有部與經量部，也有精緻的認識論。世親所寫的《阿毗達磨俱舍論》（*Abhidharmakośa*，略稱《俱舍論》），比《唯識二十論》（*Viṃśatikā Vijñaptimātratāsiddhiḥ*）和《唯識三十頌》（*Triṃśikā Vijñaptimātratāsiddhiḥ*）為早出；這書吸收了由經量部立場而來的批評，對說一切有部學說作了總結。其中含有不少關於認識條件與過程的考察。這裡的主題，常與《大毗婆沙論》的論點相應。按《大毗婆沙論》是在迦膩色迦（Kaniṣka）王時代編纂的說一切有部的百科全書。

8　NBh, ad NS, II. 1.20.

9　Cf. *Śabarabhāṣya* (*Bibliotheca Indica*, New Ser., 44, etc.), p. 18.7-11.

10　NS, II.l. 1ff.

11　E. Frauwallner, “Die Erkenntnislehre des klassischen Sāṃkhya-systems”, WZKSO, II (1958).

《俱舍論》第一章（界品）中，[12]記有學者對某一問題的不同見解。這問題是有關「見」顏色與形狀的機能的；即是，這機能是屬於感官的眼呢，抑是屬於心識呢？倘若以為眼中有認識機能，則心在作聽覺以至觸覺的活動時，視覺認識應該都能生起，但這便與說一切有部的基本說法矛盾了；這說法是，兩種以上的認識，不能同時生起。另一方面，倘若以為見的機能屬心識，則由於心識不為其他的存在要素所抵觸，這樣，人便亦應該能夠看到為牆壁所遮隔的對象了。此中，各種說法的支持者，對這樣的疑點，都提出了解答；世親即採取非難與應答的方式，詳細討論這些解答所更生起的問題，他也說及經量部的主張。說一切有部認為，正統的說法是，正在作視覺活動的心，即是眼識，而與眼識一齊作用的眼，能夠見物。《俱舍論》更進而討論很多問題，例如，在感官知覺對象時，感官是否與對象接觸呢，又感官能否知覺到與它自身不同大小的對象呢，等等。[13]六種感官中，嗅覺、味覺、觸覺這些器官，直接接觸它們的對象；視覺、聽覺器官則知覺遠方的東西，其所知覺的，不必限於與自身等量的東西；思考器官則由於對過去、未來的東西都能認識，故不與對象接觸，而且由於思考器官是沒有形體的，故不能與對象的大小作比較。凡此都是此中論及的內容。

這樣的考察，並不只在部派佛教中進行。《正理經》第三篇，採取數論學派與正理學派間的非難與應答的方式，展開議論，其內容幾乎與上面的相同。[14]五世紀左右的自在黑（Īśvarakṛṣṇa）曾寫有《數論頌》（*Sāṃkhyakārikā*），這是對數論學說的提綱挈領書；在對這書作註釋的古註中，即記載有這一議論，作為對正理學說的批判。[15]正理學派以為，感官由元素所構成，具有知覺元素屬性的能力。數論學派則直接地視感官

---

[12] AKBh: *Abhidharmakośabhāṣya* (ed. P. Pradhan, Patna 1967), p. 30 (ad. V.I. 42). 櫻部建《俱舍論の研究》，法藏館，昭和 44 年，頁 218-222。

[13] AKBh, pp. 32-34. (ad. V.I. 43cd-44ab). 上引櫻部書，頁 223-228。

[14] NS, III. 1.32-51.

[15] *Yuktidīpikā* (ed. R. C. Pandeya, Delhi 1967), p. 103.23-28.

為由自我意識（ahaṃkāra）開展出來的東西，更追溯遠些的話，可說是由理性（buddhi）所開展出來的東西。這學派把認識中的主要任務，歸劃給理性。很明顯地看出，認識機能在眼中的主張，近於正理學說；認識機能在識中的主張，近於數論學說。由自我意識開展出來的感官，被認為具有心的性格，故能及於即使是在遠方的對象，能捕取與其自體的大小相異的對象。由元素構成的感官，則不能離開其處所，亦不能接觸與自身不是等量的東西。另外一些問題，例如，心的感官何以不能知覺為牆壁所遮隔的東西呢，而需要與對象接觸的感官，又何以能知覺為水晶等透明體所隔的對象呢，等等，這些問題，與《俱舍論》的看法亦相同。

對於認識機能屬感官抑屬心一問題的考察，我們可以追尋它的更遠古的淵源。在古《奧義書》中，可以找到視覺、聽覺等機能各各有其獨立性的說法，亦有這樣的說法，謂各個機能可由自我開展出來，像火花由火源飛散開來一樣。前一種說法，與正理學說的關係，已不能透過思想史來追尋了；但關於後一種說法，則我們可以清楚地了解到其中的過程：這說法經過大敘事詩中的哲學思想，而向數論學說展開。[16]

原始佛典把六種感官及其對象，列舉出來，成為「十二領域」；此中並無認識論的考察的意味。由感官接觸對象而生的感受，引起對對象的執著；執著即生渴愛（tṛṣṇā）。這渴愛帶來生命的苦惱，成為輪迴的原因。要從輪迴中解脫，必須把感官從對象方面引回來，不斷地監視它，不使它投向對象。原始佛教即這樣地從解脫論的觀點，來處理感官與對象的問題；但未能檢討感官是否由元素構成的問題，也沒有討論有關認識過程的種種問題。但到部派佛教，則同時與其他學派考察知識手段的問題，並在與其他學派共通的課題的意識下，使其認識論學說化。

部派佛教中最有力的說一切有部，將所有事象，分析為存在要素（dharma），而開展出獨特的實在論。這不是我們目前要考察的主題。不過，在「知識以外界實在的東西作為對象」的這一界限中，部派的見解，

16　Cf. Frauwallner, *Geschichte der indischen Philosophie*, I. Bd., Salzburg 1953, pp. 106-107.

與正理學說共通。龍樹曾尖銳地指出知識不與實在相應，但他只把知識主體與知識手段放在與對象相同的平面上，把它們只作為存在的東西來討論；卻未有把有關知覺表象與概念的成立過程，及這過程中的感官機能與意識機能，當作問題來討論。因此，他對正理學派及說一切有部學說的反駁，不能算是對其認識論的內在的批判。不過，（我們可以這樣說，）正理學派的立場，是把知識真偽的決定基準，放在以這基準為根本的活動的有效性上；它以通過知識手段而得的對象的知識，作為人的種種活動的前提。龍樹與它卻不相同，他的立場，清楚地闡明，使習慣得以成立的概念，實際上正是虛構。龍樹的這個立場，成了大乘佛教哲學思想的基石。唯識學派的認識論，即在這個基石之上，復活部派佛教的阿毗達磨傳統，而使之樹立起來。按知覺如實地捕捉實在，而概念、判斷和推理則以非實在為對象。唯識學派的認識論的特徵，即表示於它把知覺從概念、判斷和推理中判別開一點上；又可以從它確立表象主義的立場上看到。這表象主義的立場，由對外界實在論的批判而來。

五、勝論學派的實在論

以外界實在論為立足點的學派，認為與外界對象對應的知識（yathārthajñāna），是真知；這即是如實地模寫對象的知識。（他們以為，）與對象不一致的知識，則是偽知。上面引過的《正理釋論》，開首即表示，知識的真偽的檢證，可以看由這知識而來的活動的有效性來決定；《釋論》並明確肯定，能帶來真知的知識手段，「具有效果」（arthavat）。不過，在依據活動的有效性來檢證知識的真偽以前，知識的真偽，應當作為屬性而具備於知識自體中。真偽是知識屬性，而決定真偽，則要看知識與實在的對象是否一致。知陽炎為水的知識，由於欠缺與實在對象的一致性，故是偽知；基於偽知而來的活動，不可能有效。因此，知識手段若要「具有效果」，它必須要「有」實在的「對象」（arthavat）。後世的註釋家，即這樣理解瓦茲耶耶納所要說明的旨趣。

知識與對象的對應，以甚麼樣的意義來表示呢？要弄清楚這個問題，我們得先研究一下勝論學派的實在論。正理學派即是繼承它的。

在與佛陀同時代的思想家中，有些是自然哲學的思考方式的，它的源流，歷歷可見；這便成了勝論學說的基礎。勝論學說能作為一哲學體系而成立，其特色在依據六原理來對存在分類。在《勝論經》（*Vaiśeṣikasūtra*，紀元二世紀初左右成立的勝論學說綱要書）中，存在的東西，被分類為實體（dravya）、屬性（guṇa）、運動（karman）、普遍（sāmānya）、特殊（viśeṣa）和內屬（samavāya）六種。這些原理，由所謂「句義」（padārtha）來表示。這些並不是判斷所依據的普遍的概念，而是語詞（pada）所指示的對象；這語詞被認為是概念的指標。勝論學派的見解是，只要有概念，便有作為它的根據的東西存在；語詞即表示這存在物。

對應於「牛」這一語詞，有牛的實體存在；對應於牛的述語「白色」、「步行」，有白色這一屬性和步行這一運動存在。對於「牛」這一語詞，白牛、斑牛、步行中的牛、立著的牛，都可適用。此中。「牛」所表示的，不是個體的牛，而是多數的牛的共通形態（ākṛti）；這種說法，由來已久了。依勝論學說，由於形態是構成部分的一定的配置（saṃsthāna），故是實體所有的屬性中的一種。不過，共通性不只是在多數的實體中見到。例如，關於牛與布，有「白色」這一共通的觀念生起；「步行」這一共通的語詞，對牛、馬和對人，都可適用。此中，勝論學派把相關於多數的實體、屬性、運動的同一觀念所生的根據，視為內在於這些多數的實體、屬性和運動的獨特的實在，而名之為普遍。所有的牛，由於內在有牛的普遍「牛性」，人即把它們認識為牛，而可用「牛」這一語詞來表示。這「牛性」不單是關涉多數的牛的同一觀念的根據，亦是把牛從異種的東西（例如馬）區別出來的根據。從這觀點看，「牛性」是特殊的。《勝論經》曾這樣說：「普遍和特殊，都以觀念為基礎。」[17] 對於同一的牛，人持「牛」一觀念呢，抑持「非馬」一觀念呢，（實兩者

[17] *Vaiśeṣikasūtra*, I. 2.3.

都可能，）由此看，「牛性」可以是普遍的，也可以是特殊的。又牛的白色和步行，倘若與牛本質地結合起來，則不能自牛中分離開來。普遍與特殊，對於實體、屬性和運動的關係，亦是同樣的。恰如把斧頭釘在木塊上那樣，本來是分離而存在的兩實體，當結合時，這結合便被認為是實體所有的一種屬性，則那不可能分離的本性的結合關係，便作為內屬而被視為實在了。白色、步行內屬於牛，普遍、特殊內屬於實體、屬性和運動。

六種「句義」，全都是有，但並不是並列地存在著。實體占中心位置，其他則內屬於實體，作為實體的限定要素（viśeṣaṇa）而存在。實體是被屬性及其他所限定的東西（viśeṣya）。但一實體亦可成為其他一實體的限定要素。「持杖的人」和「有角的動物」這些語詞所表示的，是以杖和角作限定要素的人和動物。對於作為實體的限定要素的屬性和運動，更有各各的普遍，內屬於它們。但屬性和運動，則不能更有別的屬性和運動了。《勝論經》所舉的「句義」，有六種，後世更加上非存在（abhāva），而成七種；這是對應於否定觀點的實在。當說「牛棚中無牛」時，牛棚中的牛的非存在，即被指示出來；當說「牛非馬」時，牛中的馬的非存在，即被指示出來。因而這些非存在，各各以牛棚、牛作為處所，而成為處所的限定要素。

所謂知識與對象一致，其意即是，存在物的這樣的構造，在知識中如實地被捕取。知識是自我的屬性，它的發生，通過與感官接觸的統覺器官（manas）把直觀內容傳達到自我而成。直觀內容是在知覺中感官與對象接觸而生起的。感官與對象接觸時，亦同時知這對象的限定要素。《勝論經》中即有這樣的記載：「相關於實體、屬性和運動方面，（知覺）依存於普遍、特殊」，「相關於實體方面，（知覺）依存於實體、屬性和運動」。[18]這即是，由於屬性、運動不能獨立於其所內屬的實體而被知覺，[19]感官在知覺被實體、屬性、運動及普遍、特殊所限定的實體時，同時亦

---

[18] Ibid., VIII. 6-7.

[19] Ibid., VIII. 4.

知覺內屬於各各實體、屬性、運動這些限定要素的普遍、特殊。

《正理經》舉出自我、身體等十二事項，作為知識對象；這些東西，應當通過解脫與輪迴的觀點，作為對象而被考察；這觀點是：「通過對真性的認識，有解脫；錯誤的認識則生輪迴。」瓦茲耶耶納也同意，我們可依據六原理，來總括知識對象。[20]（正理學派的）烏地奧陀卡勒（Uddyotakara）曾以六原理為基礎，把感官與對象的接觸，加以分類。[21]他的接觸論，即為後來的學者所承繼。

在通過眼而知覺黑褐色的壺的場合中，感官（眼）與實體（壺）的接觸，是結合（saṃyoga），感官同時亦接觸實體的屬性（黑褐色），這屬性是通過對於結合物的內屬（saṃyuktasamavāya）而來的。另外，感官同時又接觸內屬於實體屬性的普遍（黑褐色性），這普遍是通過對於「內屬於結合物的東西」的內屬（saṃyuktasamavetasamavāya）而來的。在耳感官知覺聲音的場合，為中耳所包的虛空（ākāśa），即是耳；由於聲音是虛空的屬性，故感官與對象的接觸，是內屬（samavāya）。另外，耳感官更通過對於內屬物的內屬（samavetasamavāya），而接觸聲音的普遍。又，知覺小牛棚和牛的感官，通過限定要素與被限定物的關係（viśeṣaṇaviśeṣyabhāva），而接觸限定其處所的牛的非存在，及馬的非存在。

順這樣的勝論學說下去，即會變成，即使是最單純的知覺，在構造上，也要通過知覺限定要素與被限定物而成立。對於牛的知覺，或者說，對於具有「牛性」的東西的知覺，包含著對於「牛性」這一普遍的知覺，及對於為它所限定的基體的知覺，這知覺又與使這兩者結合的思維，同時而起。順此，這知覺即為「這是牛」這樣的判斷，作為命題而被表示出來。其後，為了更明確地弄清楚知識的構造，「這個東西具有『牛性』（asya gotvam）」這樣的命題形式，便一般地被採用了。「這個東西」對應於基體，「牛性」對應於限定要素。由於「基體包涵限定要素」這樣的

20　NS, NBh, I. 1.9.

21　*Nyāyavārttika*, p. 31.

對象的構造，原原本本地在知識中被模寫出來，因而知識亦以主詞（viśeṣya）包涵賓詞（prakāra）的形式被表現出來。

至於知覺的心理過程方面，在以命題形式來表現知識之前，應該經過一階段；在這階段中，對象的基體及其限定要素都未分化，而只把對象作為某物來直觀。關於這點，在《勝論經》中未有明顯的說法；不過，這階段其後即作為「不伴隨著思想的知覺」（nirvikalpaka-pratyakṣa），而與「伴隨著思想的知覺」（savikalpaka-pratyakṣa）區別開來；後者與基體、限定要素都拉上關係。不過，「不伴隨著思想的知覺」與「伴隨著思想的知覺」，只是明晰性的程度不同而已；在知識對實在的關係上，兩者之間並無質的差異。知識不管在哪一階段中，都是對應於外界實在的東西的。

六、唯識學派的知識論

以上的知識論，依勝論學派與正理學派而構成。龍樹的思想，在指出概念的虛妄性。唯識學派依據龍樹思想，通過對意識體驗的分析，而展開其獨特的知識論，重視認識的主觀性。倘若我們以為概念完全是虛妄的話，則必須這樣理解認識主體：它不只模寫對象，而且可以在不被對象規定的情況下，具有形成概念的能力。唯識學派即在「識」（vijñāna）中，認許這個能力，且確立這樣的說法：「識」可不待外界的對象，自身即能生出基本的表象，甚至是作為概念的基礎的表象。

所謂唯識（vijñāptimātra），即表示只有表象（vijñapti，識）；被表象的東西，在外界是無存在的。唯識學派舉出各種理由，來證立作為表象而在心中映現出來的形象，並不屬於外界的存在物。例如，人的眼睛，見到有清澈的水在流動的河，但這河對於在地獄的罪人，則作為火河而被表象出來。但對於同樣的河，餓鬼則視為滿佈著污物和漿液的東西，而表象出來。這樣，同一的東西，對應於見者的境遇的差別，而不同地被表象出來，這可被理解為，這表示表象並不是通過映寫外界的實在而生的，而是由主觀內部自發地顯現出來的東西。又，在夢與想像等的日常經驗中，或是在瑜伽與禪定等的修習過程中，外界的對象，即使不是實在，我們也可以生起對象的表象。關於這點，亦可看作是證實了「唯識」的真理性。[22]因此，唯識學派即以這樣的見解為本：一般人以為，離開心識，還有外界的存在；但實際上，這些外界的存在，不過是在識上的顯現而已。

「識」（vijñāna）這一語詞，有認識機能的意味；「心」（citta）、「意」（manas）被認為是它的同義語。[23]嚴格地言，「識」是以視、聽、嗅、味、觸覺器官及思考力為媒介的六種認識機能；「意」表示伴隨著識的自我意識（末那識）；「心」則是潛在意識（阿賴耶識），在通常的認識機能的底層。[24]不過，一般來說，心、意都是認識機能的一部，都被包括在廣義的「識」一概念中。六種認識機能與自我意識，對於潛在意識來說，被視為「現勢的識」（pravṛtti-vijñāna，轉識，現行識）。現勢的識並不認識外界存在的對象。所謂識在生起作用，是指識在自己內部知覺對象的形象；對象的形象和知覺對象的能力，都以潛勢的形式，存於潛在意識中，其現勢化，即表現認識作用。故真實的只是，識自己了知自己，這個被了知的自己，帶著表象而生起。此中並沒有外界對象，也沒有對外界對象作認識的自己。現勢的識在作用的同時，即把自己的餘習，殘留在潛在意識中。潛在意識是一個藏（倉庫），內面儲藏著由無限過去而來的認識和經驗的餘習。這些餘習作為未來的作用的潛勢力而成熟著，機會到時，即現勢化。現勢化的識，在生起作用的瞬間即滅去，而與次一瞬間的識相交替。這樣，識一面擁有現勢與潛勢的二重構造，一面不斷生滅的識，即形成一個流向。作為認識主體的自己，與作為客體的物質存在，都不過是在這「識之流」（vijñāna-saṃtāna，識相續）上被假構出來的東西而已。

22　真諦譯《攝大乘論》依慧學相品（《大正藏》31・128c）。在玄奘的譯本中，該詩節並未見出現；在西藏譯本中則可見到。

23　*Viṃśatikā* (ed. Sylvain Lévi, Paris 1925), p. 3.3.

24　《瑜伽師地論》卷 63（《大正藏》30・651b）；《成唯識論》新導本，卷 5，頁 8-9；《攝大乘論》所知依分。世親的這樣見解，以為心、意、識是同義異語，大抵是基於經量部的學說而來。cf. AK, I, v. 34a.

假構非實在的自己的，是自我意識。從無限的過去重複下來的自我的假構，其餘習（我執習氣）被保持在潛在意識中；這餘習的成熟現勢化，即成自我意識。它的思維的本質，是以潛在意識的流向為自我。六識的機能，都為自我意識所伴隨著；它們都帶有這樣的性格：自己以器官作媒介，認識在自我以外的對象。在識之上顯現的表象，通過知覺器官而被把捉，作為被思維的對象，通過意識而被客體化。表象是個別的東西，意識則通過思維，來把它們分類，而一一給予名稱。通過語言來表示對象的習慣，由於在潛在意識中，已培植出它生起名稱和表示對象的潛勢力（名言習氣），是以「壺」、「布」等語詞，能適用到個別的表象上去；同時，表象亦被視為對應於「壺」、「布」等語詞的實在。

由語言來表示的東西，概念所指的東西，是通過思維而「被假構的東西」（parikalpita），「被想像的東西」（utprekṣita）；實際上，這不過是在識上顯現的表象而已。視「壺」、「布」等在外界有實在，恰如視幻象、幻馬為實在一樣；這是經過魔術師把咒文念向木片方面而顯現出來的東西。依據唯識觀的修習，當完全脫離自我意識時，思維上的假構即被除去，同時亦可明確地知道，只具有表象的那些名稱和概念，並沒有相應的實在物。

七、陳那論直接知覺與概念

思維的根本，在於無限過去的經驗餘習；而概念的虛妄性，則來自思維。關於這點，無著與世親的著作，已有清晰的闡述了；這兩人使唯識學說系統化。陳那（Dignāga，480-540 左右）則更進一步，考察思維的機能。他屬於唯識思想家的譜系，但他未有談到自我意識與潛在意識；他只是純粹以知識論的觀點，闡明思維的機能和概念的特質。

《集量論》（*Pramāṇasamuccaya*，《知識論集成》）一書，集陳那學說的大成。在此書的第一章中，他把直接知覺（pratyakṣa）與概念、判斷、推理（anumāna）區別開來；前者捕取對象的個別相（svalakṣaṇa），後者則捕取一般相（sāmānyalakṣaṇa）。他明確地表示，知識手段只有這兩種。[25]正理學派以為，證言（śabda）與類比（upamāna）是獨立的知識手段；陳那則將之都歸到推理方面去，而限定知識手段只有二種。關於這點，他的學說是有創新性的。必須重視的是，對象的兩種相，各各依其個別的知識手段而被知。倘若以外界實在論的立場來說，則為知覺所知的東西，與依其他知識手段而被知的東西，是同一的對象。由於見到遠方的煙，因而推知有火的存在；這由推理而得的火，與目光所及而知覺到的火，是同一物，是對應於「火」這一概念的實在的東西。正理學派清脆地認定，對於同一對象的各種知識手段，是並存的。[26]陳那則不同，他肯定直接知覺與概念乃至推理間的本質的區別。

陳那作這樣的定義：「直接知覺是離思維（kalpanā）的東西」。他又給予思維這樣的性格：「（在直接被知覺的東西中）把名稱（nāman）和種類（jāti）等結合起來」。[27]把名稱和種類等結合起來，其意即是，把那些自身不能表示的東西，通過語言表示出來。陳那說：「在偶然的語詞（yadṛcchā-śabda，固有名詞）的場合，為名稱所限定的東西，以『達多』（Ḍittha）來表示，在表示種類的語詞（jāti-śabda）的場合，為種類所限定的東西，以『牛』來表示……」他即根據這樣的說明，闡明依據語言而來的對象的表示，與思維有不可分的關係。他列舉了名稱、種類、性質（guṇa）、作用（kriyā）和實體（dravya）五種，作為與直接被知覺的東西相結合的要素。《大註解書》（*Mahābhāṣya*）是對於巴尼尼（Pāṇini）法典而作的；由於在這書中，可見有表示種類、性質、作用的語詞與偶然的語詞（固有名詞）這四種語詞的區別；又由於在同書開頭解釋語詞部分，所出現的概念，是實體、作用、性質和形相（種類），[28]我們可以這樣理解，陳那即根據法典學派的說法，而列舉出（上述的）五種

25　M. Hattori, *Dignāga, On Perception*, Cambridge, Mass., 1968, p. 24.

26　Cf. NBh, p. 11 (ad NS, I. 1.3).

27　Hattori, op. cit., p. 25.

28　*Mahābhāṣya* (ed. Kielhorn), I. p. 19.20-21, p. 1.6ff.

範疇。思維即通過這五種中的一種，來規定直接被知覺的東西，據語言來把它表示出來。

直接被知覺的東西，是個別相，這是不能用語言來表示的。當牛直接被知覺時，作為知覺內容的，是特定的牛，例如，正在樹下休息的白牛。它不僅異於馬、象等，與其他的牛也不相同哩。但「牛」這一語詞，則可適用於任何的牛。倘若以「牛」這一語詞，來表示直接被知覺的特定的牛，則它便不能稱在道路上步行的斑牛，和繫在車旁的黑牛為「牛」了。「牛」的表示對象，並不是具有特定顏色的和在作特定動作的個別的牛，而是共通於一切牛的牛一般。不過，所謂牛一般，其自身並不具有獨自的存在性。又不是白牛，又不是斑牛、黑牛，又不是步行的牛，又不是坐著的牛，這樣的牛，是不存在的。因此，牛一般，實即是種類（jāti），是思維作出來的概念。

表示性質的語詞，例如「白」，亦是同樣的。牛的白色、布的白色，是個別的；對應於「白」的白一般，是不存在的。「煮食」的作用，「枴杖」的實體，亦是由思維所產生，不能被認為是實在的東西。關於這點，在偶然的語詞，或固有名詞的場合，亦是一樣；通過「達多」一名而被表示的實體，是不存在的。就佛教學派的見解來說，識是一種流向狀態的存在要素群，它每瞬間都在更生；由於人的存在，即是這種識之故，故倘若以「達多」表示某人的幼年期，則同樣的名稱，便不能表示其人的老年期了。即使是主張有人格實體，（也是有問題的。）因為在這實體中，那些構成要素是會變化的，那是隨著身體的成長與老化而來的。另外，在這實體中，亦會有狀態的差異，那是由步行、飲食等動作而來的。因此，即使是主張有人格實體的人，亦必須承認，人自幼年期起到老年期止，會有多數實體存在。這恰如由同樣粘土而造成的東西，亦有壺與皿的區別一樣，又如牛奶由於狀態的變化，而變成凝乳一樣。順此可見，「達多」這一名稱所表示的，是思維所生出來的東西；即是說，在由生到死的時間推移中，思維把繼起不斷而成為一個流向的多數的人的存在，加以概括；（其結果即是「達多」。）[29]

八、陳那與勝論論概念的歧異

思維通過範疇，來表示被直接知覺的對象，陳那的五種範疇，與勝論的基體的限定要素，大抵一致；勝論以為，這些基體的限定要素，是在對象中的。勝論學說中的普遍與特殊，本來是同一的東西；這相當於陳那的種類一範疇。勝論學派在限定要素中，並沒有舉出名稱；我想我們可以這樣理解：名稱是普遍，內在於多數個別的「達多」中。陳那的見解與勝論學說的決定相異處在，勝論所視為實在的普遍，陳那則認為是通過思維而被假構的東西，非實在的東西。再進一步，勝論學說以為，作為述詞來描述牛的「白」、「步行」，對應於實在的白色和步行；後者是牛的屬性和運動。由於這屬性和運動，各含有其自身的普遍，即「白色性」與「步行性」，因此，這屬性和運動即成為述詞「白」、「步行」的表示對象。陳那的看法則是，當我們說牛是「白」時，作為個別相的白，已被白的一般相所置換了。白的一般相，是種類。實際上，陳那以法典學派的語詞分類為基礎，而列舉出五種範疇；我們可以把這些範疇，都當作種類來理解。[30]而種類是不實在的。實在的是個別相，從其他的東西區別開來。這個別相只有透過直接知覺而被捕取，而直接知覺是「離思維」的。這樣，陳那闡明直接知覺與概念（語言）在關連到對象方面的本質的區別；這概念亦可包括基於它而來的判斷與推理。直接知覺是以實在的個別相為對象的知識手段；概念則是以非實在的一般相為對象的知識手段。正理學派以為，知識手段可並存；即是說，同樣的知覺對象，亦能透過推理而被認識。陳那認為這是不可能的。

29　Cf. *Tattvasaṃgrahapañjikā* (Bauddha Bharati Ser., 1), ad v. 1225.

30　*Tattvasaṃgraha*, vv. 1226-1227.

九、對於語詞認識的考察：他者之排除

陳那在《集量論》第五章中，對於由語詞而來的認識（śābda），作了考察，這亦即是有關概念的考察。在這考察中，他闡明對應於語詞和概念的實在，是不可能的。他提出「對於他者之排除」（anyāpoha）的說法，認為語詞在對象方面的表示機能，是「他者之排除」。這「他者之排除」，在共通於多數的個別物這一點中，相當於實在論者所認許的種類。

陳那在被分類為五種的語詞中，取出表示種類的語詞（jāti-śābda）來論究，目的在證立語詞並不表示實在的東西。他最初處理的學說，認為表示種類的語詞，可以表示屬於種類的一切個別物。[31]譬如說，當說「不要危害婆羅門啊」時，由個別的婆羅門組合而成的全體，即通過「婆羅門」這一語詞，而被表示出來。但當要限定其表示對象，即在多數個別物中，要表示某一特定的東西時，便要使用表示個別物的語詞（bheda-śābda）了。當說「帶那婆羅門高地尼（Kauṇḍinya）來啊」時，其人本來已通過「婆羅門」被表示出來了，但為了要把表示對象，限定在婆羅門中的一個特定的人物身上，他不是馬特勒（Mātra）等人，則用「高地尼」這一語詞。

陳那對於這一學說的處理是，他舉出兩種理由，說明語詞的表示對象，不能是個別物。⑴個別物是無數的，依據約定來確定一語詞與所有個別物的關係，是不可能的。語詞既不能確定它和表示對象的關係，則它只能使人理解它自身的語形而已，並不能表示任何東西。⑵例如，所謂「存在物」（sat）這一語詞，它可適用於「存在物」中的實體、屬性和運動中任何一項。因此，當聽到「存在物」一語詞時，它所表示的對象，是實體呢，抑是屬性運動呢，那是不明確的。換言之，對於「存在物」一語詞的表示對象的關係，並無決定性，便是因為這緣故，我們不能以個別的實體、屬性或運動，作為「存在物」的表示對象。陳那即這樣否定了語詞可

---

31 *Pramāṇasamuccayavṛtti*, V, ad v. 2ab.

以表示屬於種類的個別物的學說。

另外一種說法，以為語詞以種類為其表示對象；陳那也加以批判。[32] 他指出，倘若「存在物」（sat）一語詞的表示對象，是種類的話，則文字中的兩語詞的同格關係（sāmānādhikaraṇya），便不能成立了；這些文字包括：「有實體」（sad dravyam），「有屬性」（sam guṇaḥ），「有運動」（sat karma）。在文學中，有同格關係的兩個語詞，表示同一的基體。例如，在「他是婆羅門」（sa brāhmaṇaḥ）的場合，同格關係的「他」（saḥ）與「婆羅門」（brāhmaṇaḥ）所表示的東西，存在論地是同一的。但倘若「存在物」（sat）所表示的東西是種類（sattā）的話，則這便不能與「實體」（dravya）、「屬性」（guṇa）或「運動」（karman）是同格了；這些都表示包括在這種類之下的個別物。在這種情況下，倘若說「實體之存在性」（dravyasya sattā）的話，在兩者之間必有語格的語尾的差異（dravyasya 是屬格，sattā 是主格）。但 sad dravyam 一類的表現，實際上卻被使用。因此，我們不能認為語詞表示種類的說法為妥當。

另外有些說法，以為語詞的表示對象，是個別物與種類的關係（saṃbandha）、種類的基體（jātimat，為種類所限定的個別物，還有其他各種解釋），陳那都詳細檢討過了。最後他表示，由於這些都不可能是語詞的表示的對象，故語詞並不表示實在的東西，它只有「排除他者」的機能。[33]

陳那以為，語詞表示對象的機能，與在推理中的證因的機能，是相同的。例如，在以「煙」為證因而推理出「山有火」的場合，火的被認識，並不是作為個別的東西，在火燄與熱度方面與其他的火不相同，而被認識；它卻是作為純然是「火一般」，而被認識。實在的火，完全是個別的東西；共通於所有的火的「火一般」，是不存在的。不過，由於不是火的東西，不具有煙，例如地、水等，我們可以從火與地、水的不同，而想

32　Ibid., V, ad v. 2cd.

33　*Pramāṇasamuccaya*, V, v. 11d.

到，所有的火都有其共通性。「火一般」是通過「對於不是火的東西的否定」，亦即「他者之排除」，而被假構出來的概念。這並不是火所有的肯定形式的性質，而是思維所交託給火的性質。陳那對有關證因的機能的見解是：「對象所有的性質是多數的，它們不能通過證因而（各各）全面地被認識。（證因）只通過他者之排除，使人認識（它自己）所被結附著的（性質）」。[34]

語詞表示對象的機能，也完全是同樣的。「表示對象是多樣的。（對象的多樣性）不能通過語詞而全面地被理解。這（語詞）按照自己（與對象）的結合關係，而有（他者之）排除的效用。」[35]例如，這裡有一株樹。有人用「波羅舍」（palāśa）一語詞，把它表示出來；也可用「樹」（vṛkṣa）、「實體」（dravya）、「由地元素所成的東西」（pārthiva）、「存在物」（sat）這些語詞來表示。這些語詞都表示同一的東西。換言之，在語詞所表示的東西中，有波羅舍性、樹性、實體性等多數性質，語詞不過表示其中的一部分而已。由於所謂實在，是無數性質的統合性，是完全個別的，不能分割的東西；故語詞所表示的一部分，只是通過思維而被抽取出來的東西，並非實在。倘若語詞即此即表示實在的話，則變成多數的語詞（譯者按：即「波羅舍」、「樹」、「實在」……）都是同義語了。或變成，通過這多數的語詞來表示的東西，一方面是一，一方面又是多的實在了。作為多數性質的統合體的實在，如實地為直接知覺所捕取；後者是離思維離言說的。對於語詞的機能，我們可以這樣理解，它把被直接知覺所把握的實在，從其他東西區別開來。「樹」這一語詞，把實在從「不是樹的東西」中區別開來。當我們把同樣的實在，從「不是實體的東西」中區別開來時，即使用「實體」這一語詞。按照被區別的東西的不同，不同的語詞，可適用於同一的實在。這樣，陳那即樹立這樣的學說，

---

34 Ibid., II. v. 13. 北川秀則《インド古典論理學の研究——陳那の體系》，鈴木學術財團，1965，頁 112。Frauwallner, "Dignāga, sein Werk und seine Entwicklung", WZKSO III (1959), p. 102.

35 Ibid., V, v.12., cf. *Ślokavārttikaṭīkā* (Śarkarikā), Madras Univ. Skt. Ser., 17, p. 46.7-8.

通過「他者之排除」，語詞可表示對象，或表示由對象的他者（譯者按：指對象之外的其他東西）區別開來的那一部分。

「對不是樹的東西的否定」，亦共通於正在存在著的赤松、黑松、稚杉、老杉中；這些都各自具有與其他相異的個別相。另外，「對不是樹的東西的否定」，由於有個別的樹，作為它的根據，故我們必須認許它，把它看作是常有。另外，對於無數樹中的任何一顆樹，這都是可承認的；而且，它不會分為部分，而是常是全體地表現其機能的。即是說，實在論者所舉出的普遍（種類）的特質，例如⑴在多數物件中的同一性（ekatva）、⑵恆常性（nityatva），和⑶在個別物中的完全的存在（pratyekaparisamāpti），這些特質，都具備於「他者之排除」中。[36]「他者之排除」具有種類的性格，當我們將之作為語詞的表示對象來理解時，即可全部解決認為實在的個別物和種類由語詞來表示的想法的困難。

龍樹指出概念與實在乖離；他的思想發展到陳那，則檢討語言的機能和概念的特質，歸結於「他者之排除」的學說。他的排除論，招來了正理學派的烏地奧陀卡勒（六世紀後半左右）和彌曼差派的古摩里拉（Kumārila，600-660 左右）的反駁；[37]正理學派以為，語言的表示對象是實在。其後（佛教）有法稱（Dharmakīrti，600-660 左右）的精緻的理論，[38]成為後期佛教概念論的基礎。法稱以後，佛教學者對排除論有不同解釋，不過，本文的考察範圍，到陳那而止。

十、有形象知識論：知識與知識手段的同一

我們在上面所闡明的陳那的思想是，認識的對象，或是個別相，或是一般相；其中，一般相是思維所假構的概念，只有個別相是實在。上面也

36　*Pramāṇasamuccayavṛtti*, V, ad v. 36d. Cf. *Tattvasaṃgrahapañjikā* ad v. 1000-1001.

37　*Nyāyavārttika*, ad sūtra II. 2.64; *Mīmāṃsāślokavārttika*, apohavāda.

38　*Pramāṇavārttika*, Chap. I (ed. R. Gnoli, Roma 1960), vv. 40-185. Cf. Frauwallner, "Beiträge zur Apohalehre. I. Dharmakīrti", WZKM, 37-39-40-42 (1930-35).

已說過，陳那屬於唯識思想家的譜系。唯識說以為，由於外界的對象並不存在，故在外界亦無個別相，個別相是識自己生出來的表象。陳那在《集量論》中，對於是否有外界的對象一問題，並未有給出肯定的答案。不過，他曾評斥外界實在論，如在正理學說中所見到者。但他卻未有否認經量部的外界實在論。他建立了這樣的說法，以為知識手段與作為結果的知識，是同一的東西。他表示，這說法對於唯識學說，和承認外界有對象存在的經量部學說，都是相符順的。

正理學派與說一切有部的前提是，外界有物件存在；他們的見解是，這物件的形象，在知識中被攝取。就這個立場來說，感官對向外界物件，和接觸它；這感官與接觸，可被視為知識手段。知識手段與知識的區別，是自明的事；後者是通過知識手段而有的結果。不過，陳那以為，外界有物件存在，並不是明晰的事實。即使是存在，但由於不可被知，故與不存在是同性的。所謂可知，是指在知識中有形象的出現。在我們看來是確實的，只是某一形象明顯地在知識中顯現這一事實而已。離開知識的外界物件，不具有形象的知識本身，都決不能為我們所經驗到。因此，說無形象的知識模寫外界物件的形象，是不適切的。知識必須具有形象，而無論怎樣的形象，都不能在知識之外被見到。唯識說以為只有表象，而外界物件是不存在的。陳那在接受唯識說的同時，亦認許經量部的學說。這學說以具有形象的知識為基點，再而推理出那些把它的形象給予知識的外界物的存在。他在論述知識手段與結果是同一時，所著力的地方，即是知識是有形象的（sākāra）這一事實。

某一東西的形象在知識中顯現，即表示這東西已被知，故在第一義方面，我們可以把具有形象的知識，理解為知識作用的結果。但我們亦可以假定，在作為結果而生起的知識中，有攝取形象的作用在；這作用，一如容貌與其父相似的兒子，在出生時。被稱為「攝取其父的肖像」那樣。陳那把這知識自體攝取形象的作用，看成是知識手段。他以為，對於知識來說，知識手段必須是最具有決定力量的重要因素。我們把某一知識，由其他的知識區別開來，而把它成立為知識；這種做法，是通過這知識攝取特定的形象而來的。同時，由於攝取形象的作用，是在知識之上被假定出來的，這知識是一種結果，故我們可以說，知識手段與結果，只是從不同的側面看同一的知識而得到的東西而已。[39]

陳那又從知識的自己認識（svasaṃvitti）一點，而論知識手段與結果的同一性。[40]自己認識是以形象的知識論為前提的唯識學派與經量部的理論。在某物被知時，或者說，當知識持有某一形象而生起的同時，這知識自身被自覺到，這即是知識的自己認識。關於這個理論，請留待後述。我們可以這樣了解，當知識在作自己認識時，有形象的知識，即成為對象；這有形象的知識與認識它的能力，是在知識中。陳那的論旨是，自己認識是結果，對於這一結果來說，其能力可被看成是知識手段。但倘若依從經量部的說法，而以為在外界有對象的話，則由於認識「具有形象的知識」的能力，並不以外界的東西為對象，因此，知識具有對象的形象（viṣayākāratā）一點，或者說，知識的形象與對象的相似性（sārūpya），可以看成即是知識手段。他的結論是，無論如何，知識手段及其結果，只是通過邏輯的分析而建立起來的假說而已；這分析是對於本來是同一的知識而作的。實際上所有的，只有知識作為具有形象的東西而顯現這一個事實而已。

十一、世親對外界實在論的批判

陳那在《集量論》中，採取與唯識學派、經量部的學說相符順的方式，而論述其知識論。他的基調是唯識思想，但他亦採納經量部的學說。但他的《觀所緣緣論》（*Ālambanaparīkṣā*，對認識對象的考察）則不同；在其中，他闡明自己的唯識思想，而評斥經量部的外界實在論。

在《觀所緣緣論》中的對外界實在論的批判，在世親的《唯識三十

39　Hattori, op. cit., p. 28, F.

40　Ibid., pp. 28-29, G.

論》中，已有其端緒了。唯識思想本來是與止觀的修習密切地連結起來而形成的，關於這點，在《解深密經》（*Saṃdhinirmocanasūtra*）中也可見到。說外界的對象不存在，在於止觀的體驗，這止觀的體驗，一方面抑止心的作用，使它不趨向外界；一方面又在心中隨意描劃對象。關於這點，在《攝大乘論》（*Mahāyānasaṃgraha*）論證外界對象的非存在的部分中，也可推知到了。世親是最早通過對實在論的批判，理論地明示出知識對象不能是外界存在的人。[41]

世親在《唯識二十論》中，對三種外界實在論，都一一予以評斥。這些說法都是就作為認識對象而被視為外界的存在而言的。即是說，這些東西，⑴如勝論學派所視為全體（avayavin）那樣，是單一的東西；⑵或如說一切有部的見解那樣，在這些東西中，多數的原子，並不凝集為一體，而是在相互之間留有空隙的情況下集合起來；⑶或如經量部的說法那樣，在這些東西中，多數原子集結起來，相互之間不留間隙，而成為一粗大形象，這粗大的形象，不能在單一的原子中見到。

一、依勝論的說法，所有的實體，除單體的地、水、火、風的原子，與虛空、時間、空間等外，都是由多數的構成要素而成，所謂「作為結果的實體」。原子集合起來，形成各種實體；被形成出來的實體又集合起來，更形成別的實體。這樣地被形成出來的「作為結果的實體」，都具有與「作為原因的實體」不同的獨自的存在性。故有所謂布的實體，與絲不同；有壺的實體，與兩個碗型不同。布與壺是作為全體（avayavin）而存在，具有單一性；這全體與構成它們的各個部分（avayava），都是不同的。世親否定勝論的這個學說，他的理由是，與對象各部分不同的所謂全體，這一單一的東西，根本不存在。按原始佛教的想法，把人的存在，解體為若干物理的和心理的要素，否定人格實體；其後這一想法進展至這樣一個學說，把所有現象的存在，都解體為構成要素。倘若我們通過世親在

41　有關《唯識二十論》與《觀所緣緣論》的內容，在服部正明、上山春平共著的《佛教の思想四・認識と超越（唯識）》（角川書店，昭和 45 年）第二章〈實在論と唯識思想〉中，有詳細的討論。此中我們在若干處引用了同書的文字，謹此誌明。

《俱舍論》與《成業論》（*Karmasiddhi-prakaraṇa*）所表示的思想立場來推論，則可以這樣說，他對勝論的批判的思想背景，是經量部的學說；這學說以全體為假象（saṃvṛtisat），而非實在（dravyasat）。

二、說一切有部的見解是這樣，多數的原子集合時，一個個的原子只是互相接近而已，並不接觸。由於原子是極限，由分析物質的空間廣度而得，故不具有部分。因此，在兩個原子接觸時，不能有其部分的融合。但倘若兩個原子全體地接觸的話，由於兩者完全重合，故變成與只有一個原子時的同樣的情況。因此，說一切有部主張，原子是在互相不融合的情況下集合起來。[42]對於這個說法，世親指出其中的困難如下：由於個別的原子不能被知覺，故即使多數原子集合起來，亦不能成為知覺的對象。

三、經量部的見解以為，多數的原子集合起來，相互間不留空隙。這個見解，世親自己在《俱舍論》中也承認。[43]他說明接受這個見解的理由，表示倘若原子之間有空隙，可為其他原子涉入的話，則物質的不可侵入性（障礙有對）一原理，便要被否定了。不過，他在《唯識二十論》中，卻批判經量部的這個說法。他表示，由於我們不能證明原初作為集結體的一部分的原子是一實體，故不能說多數原子構成集結體。倘若原子能集結，則由於一原子的上下與四方都與其他的原子結合，這原子便變成有六個部分了！而具有部分的東西，是可更分割的，不能說為是單一的實體。反之，倘若原子沒有部分，則一個原子和六個原子結合，它們會完全重合起來；因而作為原子的集結體的物體，亦會變成一個原子的大小了。這樣，被知覺的東西將變為一點也不存在了。故不管原子具有部分，抑是不具有部分，都不能避免不合理的情況出現。由此可得，構成集合體的單一的原子的存在，不能被證明；既然這不能被證明，則原子的集結體，便不可能是認識的對象。

世親這樣批判了三種外界實在論，即確立唯識說，強調「這世界所有

---

[42] AKBh, p. 32 (ad v. I. 43). 上面所舉櫻部書，頁 225。

[43] Ibid., p. 33 (ad. V. I. 43). 上面所舉櫻部書，頁 226。這個說法，世親歸之於某個大德（bhadanta），自己亦表示贊許。

的東西，只是表象而已」。《唯識二十論》未有說到潛在意識（阿賴耶識）與自我意識（末那識），但卻明瞭地表明這樣的思想：表象是透過自身的心識流向（saṃtāna）的特殊變化（pariṇamaviśeṣa）而生起，而不以存在於外界的東西為對象而生起；這心識流向是生命過去的行為餘習所熏染而成的。

十二、陳那對外界實在論的否定：認識對象的兩個條件

《觀所緣緣論》以《唯識二十論》為藍本；在這部著作中，陳那明確地表示出認識對象所要具備的兩個條件，而由這觀點來研究外界實在論。「倘若有某一東西能生起具有自身形象的表象，則這東西是認識的對象。」[44]他的想法即是，認識的對象必須滿足下面兩個條件：

一、它使表象生起；

二、它具有與表象相同的形象。

要滿足第一條件，對象必須是實在；不是實在的東西，不能觸發感官而生起表象。倘使不是實在的東西亦可生起表象的話，則即使是兔角，人亦當可見到了。第二個條件是對象是個別地限定知識內容的重要因素；這亦是必須要滿足的。個別的知識，並不作為知識一般而成立，而是以各各特有的表象為其內容的。表象是在知識中顯現出來的對象的形象；對象則把自身的形象，給予知識，通過這種過程，對象即在內容方面，限定知識。這樣的對象，必須具有與表象相同的形象。人倘若能以圓形的東西作對象，而又具有四角形的表象，則以三角形的東西作對象，亦當可有相同的表象（譯者按：即四角形的表象）了。這是由於，在這種情況下，所有的知識都變成相同內容的東西了。

陳那即就這個觀點，來考究有關認識對象的三種學說。最初提出來處

44　*Ālambanaparīkṣāvṛtti*, ad v. 2a.

理的說法，以個別的原子為認識對象。這說法的旨趣是，原子並不是單獨地存在著，它恆常地作為多數的集合體而存在；不過，恰如一個物體的色、味等為各各與它們相對應的感官所個別地捕取那樣，作為集合體的原子，亦個別地成為知覺的對象。這種旨趣，《俱舍論》亦有說及，[45]被認為是說一切有部的學說。由於個別的原子是實在，故可滿足作為認識對象的條件。但第二條件要求與表象相同的形象，這在原子中卻找不到。陳那指出這點，表示倘若只有使認識生起的條件的話，則這條件，在感官中亦具足，但誰也不會認為感官是認識對象。

陳那跟著考究經量部的說法；這說法以為，認識的對象，由多數原子集結而成。可以這樣想，在原子的集結體中，有一粗大的形象，與表象相一致。不過，依據經量部的確定的說法，能夠分析成構成要素的，是假象（saṃvṛtisat），而非實在（paramārthasat）。[46]而不是實在的東西，是不能生起表象的。即是說，經量部的學說，只滿足認識對象所要具備的第二條件，卻不能滿足第一條件。有眼病的人，把月看成是兩重表象；但兩重月並不是實在，因而我們不能肯認這兩重月是使這表象生起的原因。

以上兩種說法，都有困難，都不能滿足兩條件的全部。陳那所舉出的第三種說法，則是要避開這些困難的。這說法以為，所有的物體，不止只具有一種性質，卻是具有各種性質的，如香、甘的味道與粗大的感觸。原子亦是一樣，它可被看成具有微細的形狀，同時亦具有粗大的形狀。通過感官而被知覺的，只是粗大的形狀，微細的形狀，則不被知覺。因個別感官的能力，都是固定了的。例如，眼只知覺顏色與形狀，對象中雖有堅性和濕潤性，但眼並不具有知覺它們的能力。原子的細微形狀不被知覺，亦是基於同樣的理由。這第三種說法，是哪一學派提倡的呢？關於這點，目前已不能明確地知曉了。[47]總之，依據這說法，由於對象是原子，是實

45　AKBh, p. 189.24-190.2 (ad v. III. 100ab).

46　*Abhidharmakośa*, VI. 4.

47　在 Vinīdeva 的註釋中，曾舉出 Vāgbhaṭa 之名，但他是屬於哪一學派的學者呢，已無法弄明白了。另外，有關這第三說，可參閱 Frauwallner, “Dignāgas Ālambanaparīkṣā”,

在，且具有粗大的形狀，與表象相一致；故我們似可這樣理解，它已滿足兩個條件了。但陳那卻指出由這說法所導致出來的結論，是不合理的。他的議論如下：

倘若在原子自身中，有粗大的形狀，與表象相一致，則由同種原子所成的東西，應當都像同樣形狀的東西了。即是說，土製的東西，都成壺的形狀，或都成鉢的形狀，而不能有壺與鉢的區別了。倘若以為在壺與在鉢中，原子的配列形態不同，則兩者之間的相異，不能說為是在實在的原子中；只是由於它是多數的原子所構成的東西而已，即是說，它的因素是假象意義的。然而，在批判經量部學說時已說過，假象是不能作為使表象生起的對象的。

十三、認識的對象即是知識的形象

陳那這樣地全盤否定了外界實在論後，即表明自己的說法：認識的對象，正是知識內部所有的形象。「在知識內部，要認識的東西的形狀，恰如是外界的東西那樣地顯現，這即是認識的對象。」[48]

上面我們說過，唯識學派否認外界對象的存在，建立這樣的學說：作為被捕取者（grāhya）的對象，與作為捕取者（grāhaka）的主體，都不過是在識之流向上被假構出來的東西而已。在很多這個學派的論書中，都有這樣的說法：被看作是對象與主體的東西，實際上是識自身中的「對象的形象」（arthākāra, viṣayākāra）與「識自體的形象」（svākāra）而已，或者是識「作為對象的顯現」（arthābhāsa）與「作為其自體的顯現」（svābhāsa）而已。陳那即以這唯識學說為基礎，表明認識的對象，正是知識內部所有的形象。

倘若認識的對象是在知識內部顯現的形象，則知識成為認識知識自身

WZKM, (19), pp. 186-187. 另外，又有山口益之〈觀所緣論の原典解釋〉（載於《世親唯識の原典解明》，頁 450-451，參考註 1）。

48 *Ālambanaparīkṣā*, v. 6a-c.

的事了。陳那在《集量論》中，詳論知識的本質，是自己認識（svasaṃvedana）。無著與世親的著作，未有提到自己認識。但我們不能確定，自己認識是否首先由陳那提出的。因為，如前所述，陳那曾經證示出這說法亦可在經量部的立場下成立；另外，在他的學說中，我們可以看到很多方面都受到經量部的影響，只是在《成唯識論》中，曾根據《集量論》的論述，把識的「三分說」，介紹出來。這「三分說」，提出在識中除了有「相分」（對象的形相）和把握相分的「見分」（識自體的形象）外，還有「自證分」，那是作為知識作用的結果的自己意識。[49]因此，自己認識的說法，在世親直系的唯識思想家中，即被推定為陳那所特有的學說。

正理派的學說以為，照見對象的知識，不能照見自己。知識只能通過其他的知識而被知。對象的印象，通過感官而被接受，當這印象由統覺器官傳達到認識主體時，即生起「這是壺」的知識。其後，當認識主體依統覺器官而知道知識自體時，即有「我知這是壺」、「我有關於壺的知識」這樣的追認識（anuvyavasāya）生起。這是正理學派的說法。倘若就數論學派來說，理性（buddhi）具有認識機能，它屬於由物質原理（prakṛti）所開展出來的東西的行列，而不是精神。因此，它能認識由知覺器官和思考器官所提供出來的對象，卻不能自覺自己的機能。知道理性的機能的，卻是精神原理（puruṣa），它好像那些眺看舞台上的舞女的觀眾那樣，觀察由物質原理所開展出來的一切東西。陳那的見解，以為知識能認識自己，正顯著地與這些學說相對照。

知識的本質，是自己認識，這點可以燈火來做譬喻。在昏暗的房間，倘若點亮燈火，則在此之前見不到的牆壁、天花板與桌子、椅子等對象，都被照出來了。與此同時，我們亦可以看到燈火自體。燈火在照出對象的同時，亦照出自身。我們也可以說，知識也有與燈火相同的性質。當我們知覺青色時，同時亦意識到這一知覺。即是說，知識在知覺對象的同時，

49　《成唯識論》新導本，卷2，頁29。

亦認識自身。所謂青色被知覺一事，其知覺（活動）若不被意識，則這件事便不明白了。倘若燈火只照對象，而不照其自體，則可見的只是對象，而燈火自體不可見，我們即無法弄明白，到底是對象自體在顯現呢，抑是燈火把它照出來呢？由此可見，對象為燈火所照出這一事，亦通過燈火的自照，而變得更為明顯了。知識亦如燈火那樣，照見自己，由於這點，使對象為知識所照出一事，也變得更明顯了。所謂知識的自己認識，大致可以這樣來了解。知識的特質，即是說，它與無感覺的物體的不同之處，可以說在於自己認識。陳那在《觀所緣緣論》中，並未有表明這個見解，但把知識內部所有的形象，看作是認識的對象，這個立場，總關連到知識的自己認識的證明吧。

十四、知識之外無對象

知識內部所有的對象的形象，能滿足認識對象的第二條件——具有與表象相同的形象，那是自明的事。不過，我們何以能把那些東西——它是知識的一部分，因而與知識同時發生——認作是使知識生起的原因呢？陳那對於有關這第一條件的疑問，提供了兩種解答。[50]首先，他說知識內部所有的形象，對於知識來說，即使不是在時間上先行，也是在邏輯上先行，故我們可把它看成是原因。即是說，有前者便有後者；沒有前者便沒有後者。第二，他說前者在時間上亦是先行的原因。知識每瞬間地生滅，先前一瞬間的知識在滅去時，把自己的作用的餘勢，存留在識之流向中，而成為生起同種知識的潛勢力（śakti）。這潛勢力即在次一瞬間的知識中，生起同樣的形象。因此，在先前一瞬間的知識內部的對象的形象，與次一瞬間的知識內部所生起的形象，是同一的東西；它存留在識之流向中，作為潛勢力，成為後者的原因。陳那以為，感官是知識取得對象的能

[50] *Ālambanaparīkṣā*, v. 7ab.

力，這潛勢力正是感官。[51]

陳那在《觀所緣緣論》中的結論是，知識內部具有對象的形象，它在作用時，同時生起潛勢力，潛勢力又生出具有形象的知識。這樣，知識即通過兩者的相互作用而繼續下去，由無限的過去，形成一個流向。知識之外，無對象存在。

勝論學派與正理學派視普遍為實在；陳那則證立這普遍不過是概念而已，它通過思維而被假構出來。他只承認個別相是實在；不過，就他在《觀所緣緣論》中所表示的思想立場看來，我們可以這樣理解，他的所謂個別相，不外是知識內部所有的形象而已。《集量論》被認為是他的最後的著作；在這部書中，他容許經量部的外界實在論。因為經量部並不以外界的存在為前提，它是由具有形象而顯現出來的知識這一事實，來推定外界的存在的。他的立場，只以知識內部的形象為真正地存在的東西；這立場與這點亦是一貫的。

佛教的知識論，最先在部派佛教中展開，那是本著佛教與其他學派對知識手段作考察這樣的背景下展開的；陳那的學說，其基礎在唯識思想；他的學說，也確定了佛教知識論的基本原則。他的概念論與直接知覺論，其後又通過法稱而進一步細密化，給予爾後的佛教哲學決定的影響。

51　Ibid., v. 7cd.

第二十三章　pratyakṣa 與知覺

日本學者服部正明氏寫了一篇有關陳那的知識論的文字，我翻譯了，連載於《內明》88、89、90、91、92、93 各期中，以「一默」的筆名發表。遠在美國紐約的易陶天先生讀了譯文的一部分後，寫了一封信給沈九成主編，對文中的一些概念的翻譯問題，提出質疑。易先生在「一天為生活像潮水一樣湧來湧去」的處境下，還提起筆來討論學術思想的問題，這番熱誠，是值得欣喜與重視的，特別是當我們想到目前我國佛學界正充斥著一大群不願讀經典的懶人的時候。

易先生的質疑，是針對服部氏的原文在翻譯上的問題（當然也牽涉到義理上的了解）而提出的，本來不必由我作答。不過，中譯是我作的，自己也曾受學於服部先生，姑且也表示一下自己的意見吧。

細心拜讀易先生的大函，我的印象是，文中並無新意，只感到作者好大的口氣！雖然如此，我還是很欣賞易先生的盛意。

易先生不滿意服部用「知覺」來譯梵語的 “pratyakṣa”。他認為「知覺」一詞含混不清（當是「知覺」一詞的詞義含混不清吧），它既可指感知，又可指心悟，甚或泛指知覺過程，語值極不確定。pratyakṣa 則是目證、直覺、感官知覺等含義，兩者難以相應。他以為 pratyakṣa 的古典譯語是「現量」、「證量」、「現證」，三者都信、雅和達，云云。

此種說法，有多處可議的地方。首先，說「知覺」一詞詞義「含混不清」，「語值極不確定」，倘若就一般的角度，就常人所關心的面相、旨趣與思考（泛說的思考）水平言，是無可厚非，也確顯示出一些現實的事情。就這意義來看「知覺」，我們甚至可以說，它與一般的所謂「清醒」、「不麻木」，具有相近的涵義。在心理學上，除了有這方面的表示心理狀態的意思外，也有「意識」的意思，對某些東西的存在，表示心理上的察覺作用。

不過，倘若就嚴格意義的思考言，就哲學言，特別是就知識論言，「知覺」卻有相當確定的意義，顯示一種特定的認知，通過感官，建立對外在世界的存在與性質的知識。[1]它的所涉，雖然可以是感性經驗的全部，與判斷、思考、記憶等意識方面的作用也有一定的關係，但基礎卻在感性、感官。這已是知識論的常識了。[2]在知識論上，就比較言，「知覺」的意義，容或不如「感覺」（英、法語 sensation，德語 Empfindung）、「推理」（英語 inference，法語 inférence，德語 Schluss）等認知方式確定，但由於知覺基於感性、感官，其意義即可確定；不然的話，說「基於」作甚？「語值極不確定」云云，只能就常識層面或心理學一面言；若論哲學便不如是。

現在看「知覺」與梵語 "pratyakṣa" 在涵義上是否相應。讓我們就兩點看此詞的意思：⑴關於此詞的文字學的剖析及其一般意思；⑵此詞在印度哲學特別是佛教知識論上的涵義。以下先論第一點。

"pratyakṣa" 由兩部分組成：prati 與 akṣa。akṣa 是主要詞，指感官、感性，是印度文獻中十分常見的詞彙。prati 是附加詞，猶英語中的 prefix，或德語中的 Vorsilbe，指「相對於」、「相關於」、「在其前」、「相近於」、「在於」，等多個意思。這兩個部分合起來，成一個複合詞，意思非常明朗，都是環繞著「相對於感官」、「相關於感官」、「在感官的範圍下」一類；如易先生所表示，「作形容詞用，含有呈現在眼前、可見、可感知；明白、判然、顯了、直接等含義；作名詞用則含有目

---

1 相應於「知覺」的歐洲語詞彙，英、法語是 perception，德語是 Wahrnehmung。

2 荷爾斯特（R. J. Hirst）在詳盡地寫《哲學百科全書》中的「知覺」（perception）條時，開首便一語道出「知覺」在哲學上的這種確定性。（P. Edwards, ed., *The Encyclopedia of Philosophy*, New York: The Macmillan Co., V. 6, p. 79.）

證，直覺，感官知覺等含義」。[3]這也可以說是它的一般性的意思。

關於第二點，pratyakṣa 是印度哲學中的一個重要的概念，表示一種認知手段或成素（pramāṇa）[4]，且與感官有極為密切的關聯。就佛教因明學言，陳那更舉出認知手段是 pratyakṣa 與 anumāna（漢譯作現量，比量）二者。[5]他更嚴格規定 pratyakṣa 為「離分別」的一種認知能力。[6]分別是比量的事，比量所把握的是對象的共相；離分別的 pratyakṣa，則只把握對象的自相，或個別相，這顯然是感官或感性方面的事。在註 5 與註 6 中，我曾引述過他的大著《集量論》與《正理門論》的名句，在《正理門論》的另一處，他更正面地直接地表示 pratyakṣa 與感官的關係。他說：「現現別轉，故名現量。」[7]此中的意思應該是，就各個個別感官而分別運轉的，是現量，是 pratyakṣa。我們也可以說，pratyakṣa 的作用，要通過感官來表現。《正理門論》一書的梵文本子已失，也沒有西藏文譯本，只有漢譯現存，我們似無法確知此中「現現」的現，是否就感官言。不過，在後期中觀學者蓮華戒（Kamalaśīla）的文獻中，我們卻找到他引述陳那的一段文字，顯示出「現現」的現，正是感官。這段文字是這樣表示的：

---

[3] 麥當奴爾（A. A. Macdonell）的《實用梵語詞典》（*A Practical Sanskrit Dictionary*, Oxford Univ. Press）非常重視梵語的文字學或語源學上的分析，其中對 “pratyakṣa” 一詞的解釋，相當詳盡，也包含易先生的那些意思。（頁 176）

[4] pramāṇa，漢譯作量。印度哲學中的重要學派，包括唯物論的順世外道、勝論、數論、正理、彌曼差、吠檀多，和陳那法稱所代表的佛教，都認為 pratyakṣa 是一重要的認知手段。

[5] 陳那《集量論》（*Pramāṇasamuccaya*）：pratyakṣam anumānaṃ ca pramāṇe. (*Pramāṇavārttikavṛtti* of Manorathanandin, ed. R. Sāṃkṛtyāyana, *The Journal of the Bihar and Orissa Research Society*, vols. XXIV(3)-XXVI(3), Patna, 1938-1940; Vibhūticandra's notes, p. 140.)

[6] 《集量論》：pratyakṣaṃ kalpanāpoḍham.（同註 5 書，頁 174）《正理門論》又稱：現量除分別。（玄奘譯本，《大正藏》32．3b）

[7] 《大正藏》32．3b。

akṣam akṣaṃ prati vartate iti pratyakṣam.[8]

這段文字，意思是「所以稱為 pratyakṣa，是由於它與每一感官有密切的連結之故」，意思與結構，與「現現別轉，故名現量」句，非常相應。可以確定，漢譯的「現現」的現，表示各個個別的感官之意。

陳那法稱學說的傑出信徒法上（Dharmottara）更明顯地表示 pratyakṣa 與感官的關係：

pratyakṣam iti pratigatam āśritam akṣam.[9]

其意思是，pratyakṣa 指那種屬於感官，或以感官為基礎的認知。

由上可見，在印度哲學，特別在佛學，pratyakṣa 都表示一種以感官為基礎的認知，就知識論言，它與知覺有極其可相通處，這即是基於感官一點。故就這個意義言，這兩個詞語互譯，我以為並無不妥。服部正明氏譯 pratyakṣa 為知覺，是在知識論的前提下譯的，他文中所談論的問題，都是知識論方面的問題。易先生謂為「想花樣翻新」，實不正確。

實際上，服部正明氏對自己譯 "pratyakṣa" 為「知覺」一點，也作過交待。他曾翻譯了陳那《集量論》中論 pratyakṣa 一章[10]；在這個翻譯中，他說：

有限定的知覺（savikalpaka-pratyakṣa）覺知某一東西，是就它是與某一普遍連結起來的東西（jāti-visiṣṭa-vyakti）而覺知的；陳那視這

---

8 *Tattvasaṃgraha* of Śāntarakṣita, ed. E. Krishnamacharya, 2 vols., G. O. S., XXX, XXXI, Baroda, 1926; Kamalaśīla's *Pañjikā*, p. 373.

9 *Nyāyabinduṭīkā* of Dharmottara, ed. D. Malvania, Tibetan Sanskrit Works Series, vol. II, Patna, 1955, p. 38.

10 M. Hattori, *Dignāga, on Perception*: being the Pratyakṣapariccheda of Dignāga's *Pramāṇasamuccaya*, Harvard University Press, 1968.

> 有限定的知覺為一種推理（anumāna）。因此之故，在這個作品中，我們把“pratyakṣa”與“anumāna”，視為分別表示直接的認知，或當下的覺識，和間接的認知。在翻譯中，為了方便起見，我譯 pratyakṣa 為知覺，譯 anumāna 為推理。[11]

按當時的勝論學派與正理學派以為，每一存在物，基本上都有普遍性（jāti）與個別性（vyakti）。人了解一存在物，最初是一片模糊的印象，沒有普遍面相與個別面相的區分，這時的認識，是「沒有限定的」（nirvikalpaka）pratyakṣa。其後認識深入了，意識到普遍性與個別性，且把它們總合起來，這認識是「有限定的」（savikalpaka）pratyakṣa。陳那不同意這個說法。他以為存在物不能同時具有普遍面相（sāmānya-lakṣaṇa）與個別面相（sva-lakṣaṇa），因這兩者互不相容；普遍面相並無真實性，它只是心在概念上的構造而已；只有個別面相有真實性。他以為，對應於這兩種本質上截然不同的對象，我們有截然不同的認知模式：anumāna 把握普遍面相，而且只把握這一面；pratyakṣa 把握個別面相，而且只把握這一面。陳那以為 savikalpaka-pratyakṣa 其實是一種 anumāna 作用。anumāna 的認識是間接的，pratyakṣa 的認識則是直接的。所謂間接直接，其分別在是否以感官為基礎。anumāna 的認識與感官無關，pratyakṣa 的認識則以感官為基礎。服部氏即在這個區分的意義下，譯“pratyakṣa”為「知覺」。

其實，譯“pratyakṣa”為「知覺」，並不是服部正明氏一個人的譯法，日本方面的佛教論理學者，包括服部正明、梶山雄一、戶崎宏正，和已故的北川秀則，都譯“pratyakṣa”為「知覺」。有時為了強調“pratyakṣa”的「直接的」意思，譯作「直接知覺」。這些學者研究因明學，據我所知，態度相當嚴謹，並不隨便濫用西方的哲學理論與概念來描述。在處理譯語問題，他們便比著名的俄國學者徹爾巴斯基（Th. Stcherbatsky）慎重得

11　上書，頁 78。

多。後者在他的大作《佛家邏輯》(*Buddhist Logic*)中，便用多個方式，來表示 pratyakṣa，有時作「直覺」(intuition)，有時作「知覺」，有時作「感性知覺」(sense-perception)，有時作「感覺」(sensation)。

以上是我對 pratyakṣa 與知覺問題的看法。請易先生指教。易先生另外還批評了服部氏文中的一些譯語，但沒有提出具體的理由，只給人一個傲慢的印象，覺得他是一個高不可攀的大學者。

第二十四章　法稱的知識論*

一、緒言

在大乘佛教中，集其知識學的大成的，是陳那（Dignāga，公元 500 年前後）。在他以前，佛教作為一宗教，為了要向別人有力地宣示自己的教義，故亦有論證學的發展。不過，其中只以寥寥數語來處理作為知識的泉源的知覺（現量）與推論（比量）的問題。陳那則將這知覺與推論提高到與論證相同的地位，而將之發展成一套有系統的知識學。這知識學為後來者所繼承，而成一體系。其中以法稱（Dharmakīrti，七世紀中葉）尤為傑出。所謂「後期大乘的知識論」，即指他以後的知識學，特別是知識論方面而言。「佛教知識論」一名稱，意思本來非常廣泛，但由於陳那的知識學被作為一學問體系而繼承下來，而成一大流派，故「佛教知識論」有時又特別指這系統的知識論。以下我們說佛教知識論，即就這後一意思而言。

這裡我所用的資料，主要是法稱的原典著作，以及這些原典著作的註釋。

首先要弄清楚的是，他們的知識論，是討論覺悟的智慧的呢，抑是討論世間的知識的呢一問題。說起來，作為佛教的知識論與邏輯學的前身的論證學（因論，因明），自古以來，畢竟被視為世俗的學問（《大毘婆沙論》，《大正藏》27・885b）。其後論證學發展成知識學，這種想法並沒

---

* 戶崎宏正原著，吳汝鈞譯。原文為戶崎宏正著〈後期大乘佛教の認識論〉，《講座佛教思想》第二卷，東京：理想社，1974，頁 145-186。題目為譯者所改。

有變化。故知識論、邏輯學所討論的，並不是深遠的覺悟的智慧（般若），而是以世俗的日常生活的正確知識為其主題。

但這並不表示是純粹知識的興趣，所謂「為學問而學問」；這到底是一種宗教內的知的活動，其指向總是覺悟的智慧。即是說，為了達致覺悟的智慧，便要修行，這修行的初階所表現的知，便是世間的知。倘若世間的知是錯誤的知，則這修行便不能作為達致覺悟的智慧的原因了。故確立正確的世間的知，是必要的。知識論、邏輯學便是在這種要求下發展開來。（P Vin, p. 100, 11.20-26）[1]

覺悟的智慧稱為般若，這不是主觀認識客觀的那種形態。這是甚深微妙的知，沒有主觀與客觀的區分。這不是世間的人所能計度而知的。知識論所論的知，不是這樣的智慧，而是有主觀客觀的區分的世間的知。

關於這種有主客的區分的知，在佛教內部，亦有不同的看法。一種立場以為，此中所知的，是個別的外界的存在；另一種立場以為，所知的是「知自身」中的東西。前者以小乘佛教的有部為代表，為外境實在論者；後者則是大乘佛教的有相唯識學派，為外境非實在論者。這兩者之間有經量部，採中間的立場。經量部以為，所謂知覺，並不是能動地對外界實在的東西自身有所作用，而只是把某些特定的相狀（ākāra）從對象方面接受過來，映現出來而已。他們與有相唯識學派都以為，知是對象相（影像）的顯現。但他們以為，這知的對象相，來自外界；這則與有相唯識學派相對立了。後者以為，這完全來自知的自身。另外，經量部與有部都承認外境的實在。不過，有部極其素樸地以為外界的東西完全獨立於知覺而為實在，知覺可直接地把握外界的東西。這是立足於素樸實在論上的素樸知覺論。經量部則這樣想，外界的實在的東西與知覺無關，我們果真能知覺它們麼？換言之，我們能作為一體來知覺那些在知覺的經驗圈外的東西麼？經量部以為，外界的存在，只是推理而得。即是說，我們只能依知的對象相來推理出外界的存在，如同我們由明鏡映現影像，而推想在明鏡外

1 我把所依據的資料表示在（ ）內，其略號參看最後的略號欄。

必有外界的存在那樣。

至於祖述陳那的系統的人，其知識論又是立於怎樣的立場呢？表面看來，陳那是唯識學派的學僧，應是取外境非實在論的立場了。但問題並不如是簡單，我們無寧應說，他們多方面參照了中間立場的經量部的說法，而展開其知識論。

他們本屬於不承認外境的實在性的唯識學派，而又廣泛地參照其他派別的外境實在論的說法，這從表面看來，是矛盾的。但問題並不如是。上面我們說過，他們並不視知識論為絕對唯一的真理，而只視之為修行中的一個階段的方便，這修行還是指向覺悟的智慧。即是說，為了引導凡夫入覺悟的智慧，必須先把凡夫的知的層面正確地處理好。在超越了凡夫的知，而進向較高層次的知時，否定的事，自是難免的了。法稱說過：

> 我們可以推理出（外界的對象）作為（感官知的）原因而別立地存在著。（PV III-391d）

跟著他又說：

> （對於這感官知的）決定，若根據在此之前的知（等無間緣），是無從說的。（PV III-392cd）

即是說，我們可以推理出作為決定感官知的東西——換句話說，在感官知中使某一特定的影像顯現出來的東西——的外界存在。而容許這外境實在的推理，並不是立足於唯識說上。唯識說以為，感官知的決定，完全是依內在的要因；這即是心的相續過程中迄此為止所積蓄而得的內藏的知。故這種說法，在唯識說看來，是要被否定的。法稱又說：

> 這（唯識）說是你們所持。但我們卻要（為了凡夫）而以外界（實在）為基礎……來說明……（PV III-398）

為了凡夫而確立的知識論，可以說是基於外境實在說而來。這在站在較高層次的立場的唯識說看來，自是要被否定的。

而這立於較高層次的立場的唯識說，亦分有相唯識說與無相唯識說兩說。前者以知依主觀與客觀的區分而顯現；後者的層次更高，它站在無主客對立的覺悟的智慧的立場而否定前者，視之為錯亂。法稱說：

> 認識的東西（主觀）是在內面；與此相別的被認識的部分（客觀），則以在外界存在的姿態而顯現。但以本來無區分的知區分（為主觀部分與客觀部分）而顯現，則是錯亂。（PV III-213）

> 在這個場合，當一方（客觀）不存在時，（主觀與客觀）二者亦被否定。由此，在這（知）中的二者都是空，這即是真實。（PV III-213）[2]

由以上可見，知識論的展開，雖屬於唯識學派，但亦可吸收外境實在說，此中並無矛盾。在其他方面，亦有這樣的例子。如屬於中觀學派——這派亦不承認外境的實在性——的清辨（Bhāviveka，六世紀），便立於世俗的立場，作為方便，而引用經量部的說法。

陳那的系統的人，即這樣地立於外境實在論，引用經量部的說法，來構成其知識論。這與經量部的做法相同，在理論上承認外界的實在性，來說明認識的成立的構造。關於這點，我們將在下面解說他們的知識論的過程中，一一闡明。

---

2 此中法稱還說：「此中的真實，非劣知的人所能理解。……因此，觀察真實義的人（覺者）……即基於世俗知，而顯示對外界的思索。」（PV III-218, 219）

二、正確的知識的泉源——知覺與推理

自陳那以來的佛教知識論，都以直接知（現量）與間接知（比量）兩種，作為正確的知識的泉源（量）。前者相當於所謂知覺（perception, Wahrnehmung），後者相當於推理（inference, Schluss）。

在印度，有關正確的知識的泉源有哪幾種一問題，是知識論中的重要的題材。如上所述，佛教知識論自陳那以來即將之限定為兩種。這是依於甚麼根據而來的呢？陳那以為，由於對象（所量）只有兩種，即個別物（自相）與一般概念（共相）兩種，故能帶來知識的認識，亦只有兩種，即對於個別物的直接的知覺，與對於一般概念的間接的推理。其他的一些學派，則以知識的泉源除了知覺、推理之外，還列舉聖者的話語與比喻等多種，都視為認識手段；有些則只承認直接知覺為知識的泉源。陳那和他們都不同，他是以對象的種類來限定其認識手段的數目。正理學派則以為對於同一對象可有不同的認識手段。陳那則嚴別對象為二種，以對象來決定認識手段，以正理學派的說法實不能成立。不過，在陳那的這種「二種類對象決定二種類知識的泉源」的主張中，仍遺留下一些問題：何以對象只有這兩種呢？何以一定是知覺對於個別物，推理對於一般概念而為認識手段呢？陳那對這些問題都未有積極的論證，因而在理論上留下曖昧之點。

法稱承襲了陳那的學說（PV III-1ab），又獨自開展新的理論體系，消解了上述陳那的未盡善之點。他的論述，可以以下四項來總括之。

1.首先論述對象實際上只是個體物的問題。法稱學習陳那的做法，把對象分為個體物與一般概念。不過，他又以為只有個體物是「具有有效的運作能力的東西」，只有它能是對象。何以只有「具有有效的運作能力」的個體物是對象呢？根據他的看法，人要認識某一對象，因為在該對象方面期待某些利益；只有具有能力，能提供某些利益——有效的運作——的東西，才能是對象。（PV III-54ab）所謂「對象有二種」，是指作為唯一的對象的個體物能在兩種場合中被認識：依「個體物自身之相」而被認識

與依「他相」——換言之即依概念化——而被認識。（PV III-54cd，並請參照後面第 4 點）

2.這樣，真正能成為對象的，只有個體物。這是具有有效的運作能力的東西。但何以對作為唯一的對象的個體物有兩種類的認識，而且是限定兩種呢？以下是他的答覆。作為唯一的對象的個體物（例如火），當成為對象時，它或是在現前，或是不在現前（例如在山的另一邊）。除了這兩者外，沒有其他的情況了。由此可得，「對個體物的認識」，亦限定於對現前的個體物的認識與對非現前的個體物的認識二種。

3.「認識現前的個體物」，其實正是知覺，而且只是知覺。由現前的個體物而來的對個體物的認識，即表示直接的知覺的生起；這是不需其他媒介的自立的認識。除此以外，沒有其他的知生起了。另一方面，非現前的個體物，不能生起對直接的個體物的認識，即不能生起知覺。在這種情況，對個體物的認識，便要藉其他的媒介。這其他的媒介，只有在具備一定的條件時，才能使個體物被認識。這樣，「在個體物非現前時對個體物的認識」，必須依待具有一定的條件的媒介。這正是推理，而且只是推理。（PV III-59, 60, 62）

4.但由推理而來的對個體物的認識，其實並不是對個體物自身的認識。因為由其他媒介導致出來的東西，是一般概念（共相）。因此，這種「對個體物的認識」，較正確地說，應是通過一般概念而來的對個體物的認識；這一般概念是由其他的媒介導出。（PV III-61）這樣，推理依一般概念——這與個體物雖有某種關係，但畢竟不是個體物自身之相——而認識個體物，這本來是一種錯亂。但我們又不能說這不是正確的知識的泉源。因推理最後使人得到他所追求的個體物——具有有效運作能力的東西。（PV III-55, 56）

三、知覺的真偽

（一）正確的知的定義

能夠帶來正確知識的知（量），是怎樣的東西呢？法稱在此提出以下兩個定義：

1.不矛盾

2.闡明「未知的實在」的知

（二）知覺的無矛盾性

以上的定義，同時適用於知覺與推論。現在我們這篇文章的主題是知覺論，故先以知覺為焦點來敘述。

所謂「不矛盾」，是指其知的內容與實在不矛盾。這似乎沒有甚麼了不得的困難，其實是含有極難解的問題在內。這問題即是，知與實在不矛盾，所謂知的妥當性的知，如何成立呢？又這妥當性如何被知呢？前者是知的妥當性的根據問題，後者是知的妥當性的判斷問題。

關於這些問題，我們且先介紹一下正理學派與彌曼差學派的見解。[3]

正理學派以為，知覺之為真為偽，其原因並不在知覺自身，而在其他方面。即是，使知覺生起的各種因素的殊勝的性質——具體地說即是感官的健全性、對象的接近、足夠的光、感官與對象的足夠的結合——能把其妥當性給予知，或各種因素的缺陷——感官的疾患、對象的不接近、光的不充足、感官與對象的不充分的結合——給知覺帶來非妥當性。即是說，知覺的妥當性是「他立的」。

另外，正理學派以為，有關知覺的妥當性與非妥當性的判斷，都是「依待他者」。例如，當看到白色沙狀的物質，而知覺其為砂糖，關於這

3　詳述方面，請參考 S. Chatterjee, *The Nyāya Theory of Knowledge* (2nd ed., Calcutta 1950), chapter V. 又可參考 S. Dasgupta, *A History of Indian Philosophy* vol. 1 (5th ed., Cambridge University Press, 1963), pp. 372-375.

知的真偽的判斷，必須等待後來的體驗。例如，後來知覺其為甜味，便可由此推理出前此的知覺為真；若知覺其為鹹味，便知前此的知覺為偽。

正理學派即這樣地從其他的因素中尋求知覺的妥當性與非妥當性的根據，其判斷亦在他處尋求。因此，他們的這種想法，被稱為「他立妥當性說」。[4]不過，這種思考實有如下的重大的弱點。如先前所舉的砂糖的知覺的場合，藉以檢證這知覺的妥當性的後來的體驗——甜的知覺——亦一定要是真的。但這真實性如何被知呢？依正理學派的想法，當然這又是「依待其他的體驗」了。這樣下去，必至於「無窮推溯」而後已。結果，知的妥當性還是無法確證出來。

現在看彌曼差學派的說法。他們以為知的妥當性本有地具足於知的自身中。所生起的知能以自己的力量來認識對象，其妥當性本有於知的自身中。

又關於其妥當性如何能被知一問題，這學派以為，這在與知的生起的同時，已清晰地被自覺出來了。例如，當我們知覺到火時，同時即明確地自覺到這知覺是真的。……故知覺的妥當性對於知覺自身來說，是自明的。他們的這種思考，被稱為「自立妥當性說」。

在知覺的非妥當性方面，他們與正理學派一樣，視之為「他立的」。即是，知覺的非妥當性，其基本原因在於使知覺生起的各種因素的缺陷——如感官的疾患等。其次，關於知的非妥當性的判斷，亦可在發現各種因素的缺陷後作出，或可根據與這知覺相異的體驗而作出。譬如，知覺到「蛇」以後，平心靜氣再看，或在足夠明亮的條件下再看，而知為一條繩時，則可依對這繩的知覺，而否定前此的蛇的知覺的妥當性。

彌曼差的這個說法，並沒有像在正理學派中所見到的「無窮推溯」的難點，但其中卻有另外的困難。的而且確，在我們的日常生活中，在多數情況下我們知覺某些東西時，總是同時相信這知覺的妥當性的。這是由於我們在日常生活中少遇到障礙少出錯而使然。彌曼差學派的「自立妥當性

---

4 但推理的妥當性是自立的。依聖者的言說而來的知（聲量）的妥當性則是他立的。

說」，即依這極其一般性的經驗而來。但此中已顯示出理論的弱點了。例如，他們說，與知覺生起的同時，即自覺到其妥當性，那是由於在知覺的各種因素中見不到其缺陷的緣故。的而且確，倘若見不到缺陷，即此——不需任何的努力——便可排除對知的謬誤性的疑惑。（ŚV II-52）不過，所謂「見不到缺陷」，是極其主觀的事。這並不表示「無缺陷」。由於不能在各種因素中確定「無缺陷」，故這知覺的妥當性即成可疑。（Kā ad ŚV II-52）

另外，對於彌曼差的說法，我們可作如下的批判。倘若知覺其自身即本有地是妥當的話，則何以會由後來相異的其他的知的生起，而被視為偽呢？例如，在知覺為「蛇」以後，其後經驗到這其實是繩的場合，倘若知覺本來是妥當的話，因而蛇的知覺本來亦應是妥當的，則這蛇的知覺便不能因後來的繩的知覺而被視為偽了。（Kā ad ŚV II-57）這是彌曼差學派的「自立妥當性說」的難點。

法稱又如何想呢？他說：「無矛盾即是實現（被期待著的）有效能力。」（PV II-1bc）例如，假定現在有人看見有火燒著一些東西，則由眼知覺到火時，這火的視覺的妥當性，可以說成立於這人的能夠經驗到「燒」這樣的有效的動作中。根據註解法稱著作的帝釋覺（Devendrabuddhi，630-690 左右）、釋迦慧（Śākyamati，660-720 左右）、意車喜（Manorathanandin，10 至 13 世紀左右）的說法，法稱的意思是這樣：火的視覺的妥當性在於這些現象，例如把一些東西置於這火上，而能看到它燃燒；又或接觸火，而感到熱。就下圖來說，視覺 A 的妥當性，成立於視覺 B 乃至觸覺 C 的存在。換句話說，視覺 B 乃至觸覺 C 是視覺 A 的妥當性的決定因素。因此，這是「他立妥當性說」。

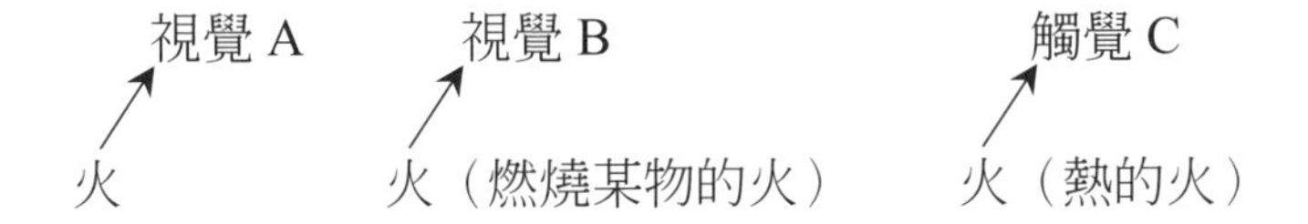

這並不是說，在視覺 B、觸覺 C 在現實中生起之前，視覺 A 的妥當

性不能決定。由於某些緣故，視覺 B、觸覺 C 也可以不生起的，即使如此，對於視覺 A 也可以說其妥當性。我們應說，視覺 B、觸覺 C 的生起的可能性，可保證視覺 A 的妥當性。

這裡要問的是，視覺 A 如何能獲致這可能性呢？即是說，火的視覺 A 對火來說沒有矛盾，其根據是甚麼呢？這即是這樣的事實：火的視覺基於火的實在而生。即是說，由於火的視覺基於火的實在而生，故火的視覺對於火的實在來說，沒有矛盾。由是，知覺的無矛盾性在知覺的生起的同時，即具足於其自身中，這即是「自立的」之意。

又，如以上所說，知覺的妥當性依待後來的經驗而被知。但在某些場合，知覺的妥當性亦可依待知覺自身而被自覺出來。這是對象不斷被經驗被熟習的場合。最初的經驗的場合是「他立的」。譬如，最初見到煤氣的火的人，並不能明確地知道是火。他懷著疑心，或者把某些東西放到上面吧，或者把手移過去吧。當他見到那東西燃燒時，或他的手感覺到熱時，才能確定，最初的火的視覺是真的。這即表示，對於知覺的妥當性的判斷是「他立的」。但假如人時常經驗到煤氣的火，則在看到煤氣的火的同時，即能明確地就視覺自身而知道這視覺的妥當性、確實性。這種對知覺的妥當性的判斷則是「自立的」。

在另一種情況，譬如人見不到火，卻在想著，這是甚麼事故引起的呢？是赤紅的寶石呢？抑是火呢？因而感到迷惘。當人不能消解這迷惘，又不能以其他的知覺——例如觸覺——來確定時，卻見到有煙從那裡冒出，因而推理出那是火。這種情況，是透過由煙的推理以確定最初的火的知覺的妥當性。故這種對妥當性的判斷是「他立的」。

釋迦慧即得出這樣的結論：對知覺的妥當性（的判斷），是「自立的」和「他立的」。[5]（PVT(Ś), 91b^2）

5 他以推理的妥當性是自立的。

（三）剎那滅說與無矛盾性

不過，佛教知識論者吸收了經量部的剎那滅說，視對象為剎那的存在。這就論究知覺的真偽來說，有一問題是必須解決的。這即是，當我們說依後來的知覺來確定某一知覺的妥當性時，我們是假定這知覺是以同一東西為對象的。就下圖來說，當以視覺 B 來確定視覺 A 的妥當性時，我們是假定火 b 與火 a 是同一的火的。但剎那滅說卻否定了這個假定。由於火只是剎那地存在，故火 b 與火 a 是各別的存在。由於對象的相異，故不能以視覺 B 來決定視覺 A 的妥當性。

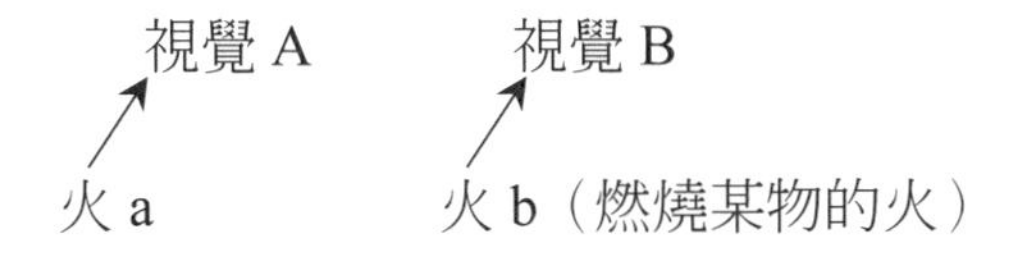

對於這個問題，帝釋覺的想法如下。通常人們並不意識到火 a 與火 b 的差別，而視兩者為同一，故此中並無問題。就真實來說，兩者是有差別的；但若無火 a，則亦無火 b，故視覺 B 的對象，還是以火 a 為基本。（PVP, 3a$^{2-5}$）即是說，此中的問題，可依現實的日常體驗得到解決，其理論則要放棄了。

（四）關於新的知

如上所述，作為正確的知識的泉源的知，必須是沒有矛盾的妥當性。且這必須帶來新的知識。法稱說這是「闡明『未知的實在』的知」（PV II-5cd）。我們認識「已經被知的對象」，此種知，即使是沒有矛盾的，是真確的，也不能算是知識的泉源（量）。法稱的註釋者們則以為，這定義中的「實在」一概念，可以把錯亂從知識的泉源中除卻開來。例如，人在某些情況之下，會把月亮看成兩重。這樣的錯亂，自不能闡明「實在」，因而亦不能加到知識的泉源方面去。

四、知覺的要素

（一）認識者與認識

一般視知為「某人認識某對象」。即是說，知可分為認識者（pramātṛ）、對象（prameya）與認識（pramā）三要素。或者再加上認識的原因（karaṇa）這一要素。[6]在印度，很多學派都把認識的原因加上去，而成四要素。此中我們亦就四要素來考察佛教知識論的知覺說。

首先看認識者。佛教並不承認有作為獨立主宰者的自我的存在，當然不視認識者為認識活動的主體。然而在佛教中，是甚麼東西去認識呢？關於這點，在佛教內部亦有不同的說法，如感官認識說、知認識說等。感官認識說以感官為認識者，知認識說則以知為認識者。這兩者的論爭，在《俱舍論》（《大正藏》29．10c 第 20 行以下）中有說明。感官認識說是有部的正面的理論；《俱舍論》亦有介紹其他經量部的說法（同上，b 第 1 行以下」。根據此中的記載，經量部並不取以上兩者的說法。他們以為，由於「認識」作用其自體並不存在，因而對「是甚麼東西去認識」一問題的討論，並無意義。他們的想法是這樣：當感官、對象與心和合時，便生知覺。但在這種情況的知覺中「把握對象」的能動的作用，並不是實在。當感官等和合時，其結果只是知覺的產生。知覺與對象的關係，並不是知覺把握對象這種關係，這不是以手握物的那種。在對象與知覺之間，只有由對象而生知的那種因果關係而已。

但知覺總是「對於對象的認識」，這是不變的。則知覺的「對於對象的認識」，是怎麼一回事呢？經量部的想法是這樣：知對於對象來說，是完全不起作用的，它只是擬似對象而生。果對於因雖不起任何作用，但在擬似因而起時，可以說「取因之相」。同樣，知亦可在擬似對象而生時，「把握對象」。（同上，頁 157b 第 20 行以下）例如，子女（果）擬似雙

---

6 karaṇa 多譯為作具因、手段。如下面考察所知，這在佛教，並不限於這個意思。以下我們將就「直接的決定因」的意思來使用這個語詞，而避免譯為作具因、手段。

親（因）而生時，可以說，這子女「套取」雙親的容貌。同樣，知覺認識對象，也可以表現為「擬似對象而生」。

依從陳那說法的佛教知識論者，在這方面，全部採取經量部的這種說法。法稱說：

> 自己具有這（對象的相似性）的這（知覺），宛如以對象認識為自體，把作用加到對象方面去而顯現。何以故呢？（實際上）自己並沒有（能動的）作用，不過根據這（對象的相似性），這（知覺）便確立起來。（PV III-307cd, 308）

> 例如，世間中的果，即使沒有對於因的能動的作用，由於能擬似於因而生，故可稱為取因之相。（PV III-309）

知覺不能好像以手握物那樣，把握對象。在知覺中，並沒有這種意思的對於對象的把握。知覺只是挾帶對象的相狀而顯現，換言之，即擬似對象而生起。所謂知覺認識對象，只是知覺擬似對象而生的比喻表現而已。

法稱與經量部同樣以知覺是由感官、對象與心的和合而生，與陳那的意見並無大的差異。此中並無所謂「認識」的能動的認識作用，只是就挾帶對象的相狀而生起，而稱為「對於對象的認識」。

（二）對象

現在說到對象方面。在知中，並沒有所謂「認識」的積極的能動的作用，對象並未直接地被認識。在知中，所謂「對於對象的認識」，只是挾帶對象的相狀而生起這相狀；這在對象方面來說，是把自己的相狀給予知覺，這是所謂「被認識」。（PV III-247）

經量部以對象（所緣）的條件有二：

1.作為知的原因

2.能把自己的相狀給予知

法稱全盤承襲了經量部的這種說法。他說：

> 實際上，果（知覺）具有多種的因，當隨順著這些因中的某一東西（甲）而生時，可以說，「這（知覺）持有相狀，這是這東西（甲）所給予者」；或說「這東西（甲）為這（知覺）所把握」。（PV III-248, cf. PV III-224）

法稱的所說，實是經量部所說的對象的兩條件之意。

對象與知的關係既如上面所說，但這對象——「把自己的相狀給予知」的對象——自身到底是怎樣的存在呢？這是一個存在論的問題。不過，由於這與知識論有重要的關連，故要略加討論。

印度的各哲學學派各持其自身的存在論，而互相爭論。佛教內部亦有一些不同的說法，這裡不一一述說。但就佛教知識論者所依據的見解來說，則是剎那滅說與極微說。簡單地說，前者指一切存在只有剎那的存在性；後者指真正存在的，只有極微。法稱大抵全盤承襲了這些說法，不過，他的存在論的基礎，卻在「所謂存在即是具有有效的運作能力」的說法，亦即是「存在等於能力」的說法。而當他以其存在論關涉到其自身的知識論時，亦以「存在等於能力」說為基礎。此中有兩點值得注意：

1.只有具有有效的運作能力的東西，才是真正的存在（勝義有）。[7]（PV III-3ab）這是知——知覺、推理——的唯一的對象。關於這點，我們在上面已敘述過了。簡單地重述一遍，即是，人的認識的活動，必期待某種利益的獲得，或某一目的的達成。因此，只有具有某些有效的運作能力的東西，才能成為認識的對象。這表示法稱的知識論具有實用主義的傾向。

2.其次，在「存在等於能力」的說法中，即使視這能力為使知生起的

7　說勝義有（paramārthasat）亦只是世俗中的勝義有。這相當於中觀派清辨所說的實世俗，與月稱所說的世間的世俗諦。

能力，這亦是知識論的問題。法稱仿傚經量部的說法，舉出「知的原因」，視為知覺的對象的兩個條件之一，亦是此意。這樣，以有效的運作能力作為使知覺生起的對象的能力，在佛教知識論處理極微說時，能夠擔當一定的理論任務。

聖典中有「感官知（知覺）以極微的集合為對象」的說法。我們當如何解釋這說法呢？這涉及極微說與知識論的關係問題。極微是實在的東西。但個別的極微不能成為感官知（知覺）的對象；極微要集合起來，才能成為對象。但這「極微的集合」是甚麼東西呢？此中便有一疑問：極微的集合可能只是概念（共相）而已，在外界並無其實在性。

對於這個疑問，法稱有如下的看法。當散在的極微 a b c……集合起來時，這些集合起來的極微，與散在時比較，已成為異質的東西。即是說，這已具有能力，能使一種知 A 生起了。在這種場合中，極微 a b c……並不是各各單獨生起知 A，而是由於與其他極微相互近接，而生起知。極微 a 與近接的極微 b c……相應合，因而具有生起知 A 的能力；極微 b 亦與近接的極微 a c……相應合，因而具有生起知 A 的能力；其他的極微 c d……亦依於同樣方式，而具有生起知 A 的能力。知 A 即這樣由各極微所具有的能力，綜合起來而生起。這若從知 A 方面說，在知 A 中，並不是對於集合起來的極微 a b c……，逐個一一地認識，卻是以極微 a b c……的集合為對象。（PV III-196）

這樣，極微即由於相互接近，而具有散在的極微所無的殊勝之點——生起知覺的能力。而且，這些極微亦把一種表象給予知覺。因此，可說集合起來的諸極微是「被認識的東西」。（PV III-223, 224）

這種以沒有間隙的近接的諸極微為感官知的對象，可以說是經量部的主張。

（三）認識的原因

對於知覺四要素之一的「認識的原因」，法稱的意見是怎樣的呢？我們的知覺經驗的結果，必須是對對象的認識。這所謂「對對象的認識」，即是知覺挾帶對象的相狀而生，換言之，即擬似對象而生。在這個場合，其認識的原因是甚麼呢？

為了突出佛教知識論的特色，我們先介紹與佛教相對立的正理學派與彌曼差學派的看法。正理學派承認兩種因果關係。據瓦茲耶耶納（Vātsyāyana，350 左右），這即是

1.感官與對象的結合→感官知（知覺）

2.感官知→「這是應捨棄的」或「這是應取的」或「這是無關係的」的判斷（NBh ad NSI-i-3）

的因果。烏地奧陀卡勒（Uddyotakara，六世紀後半）則以第 1 者為　感官→感官與對象的結合→認識作用（量）→知識　的關係。（NV, p. 5, 1. 16f.）烏地奧陀卡勒又就知識的原因方面提出兩點，解釋本來認識者與對象亦是原因，何以只取認識作用之故。

1.認識者與對象在認識作用進行的時點中，其目的已達成；但認識作用則在這時點中，其目的尚未達成，故只有認識作用是知識的原因。（NV, p. 5, 11. 26-28）

2.認識作用是最為殊勝的原因。認識者與對象不是最為殊勝的原因。現在問題中的「因」（量）是最殊勝的原因。故只有認識作用是原因。[8]（NV. p. 6, 11.20-23）

又，不管是瓦茲耶耶納或烏地奧陀卡勒，都只舉出感官與對象的結合，作為感官知乃至認識作用的原因。這只是舉出感官知中的某一特定的原因而已。實際上，其他如自我與意（內官）的結合，意與感官的結合，亦是原因的。（NBh ad NS I-i-4）

彌曼差學派的想法則如下。感官、感官與對象的結合、意與感官的結合、自我與意的結合，這些作用，都是感官知的原因。我們可以都視之為原因；另外，又由於倘若沒有了其中任何一者，感官知都不能產生，故我

8　有關認識作用是最殊勝的原因一點，在 NV, p. 6, 1.20 以下曾給出一些理由。其第一理由是，即使人與對象都存在，亦未必得到知識；但若有感官知（量），則必得到知識。

們可把它們全體，視為一個原因。（ŚV IV-60, 61）又在這些原因中，由於自我與意的結合，與感官知最為接近，最為殊勝，故亦可以視為唯一真正的原因。（ŚV IV-68）總結以上，可得

1.感官、感官與對象的結合、意與感官的結合、自我與意的結合→感官知

的因果。另外，彌曼差學派又從其他的觀點敘述知的因果關係。例如「持杖的人」這種知。這是以對限定物（杖）的知為因，而生起結果，這即是對所限定物（持杖的人）的知。（ŚV IV-70）而這對限定物的知，又由對限定物的感覺（ālocanā）而生。（ŚV IV-71）又由對所限定物的知，可生起對所限定物的判斷，如「這是應捨棄的」，或「這是應取的」，或「這是無關係的」。或者就這些判斷，而想起與這所限定物糾纏在一起的過去的經驗。（ŚV IV-73）由以上可得

2.對限定物的感覺→對限定物的知→對所限定物的知（→想起）→「這是應捨棄的」等的判斷

的因果。

至於法稱的看法又是怎樣的呢？如上面所述，正理學派與彌曼差學派都把知的原因與結果，視為互相別異的東西。例如以斧切木的情況，斧是因，切斷是果，這兩者是互相別異的存在。（ŚV IV-75）法稱則以為，知的因與果，並不是相互別異的，因與果是在一認識經驗中成立。在要闡明法稱的看法之前，我們得先了解他說認識的原因（量）時，其所謂「因」，到底是甚麼意思。案因是有多種的，但法稱以為，當我們討論認識的因果時，所謂「因」，應指最後決定認識的那個原因。如上面所述，正理學派並不視認識者與對象為對於對象的知識的原因，它的以認識作用為因，或者彌曼差學派以意與自我的結合，為感官知的真正的原因，兩者都以「最終的決定的因」的意思，來理解認識的原因。法稱的理解亦是同樣的。但最終決定知的原因，具體地說，是甚麼東西呢？關於這點，法稱卻持與彼等完全不同的見解。他以為，譬如是青色吧，只有把這「認識青色的知」決定為青色的知（不是黃色的知）的要因，才是最終地決定知的

原因。（PV III-302）而這樣的要因，必定是在知自身中。（PV III-303, 304）這即是，知具足著對象的相狀而生，所謂對象相性（artharūpatā）。換言之，這即是知擬似對象，所謂對象相似性（arthasārūpya）。（PV III-305）只有在知具足青色之相而生時，才能決定這知是「青色之知」。

故對於對象的認識，是知覺具足對象的相狀而生起。只有這「對於對象的認識」，才是結果。而最終決定這結果的，是知覺挾帶對象的相狀這一事實。因此，在這認識（知覺）中的因與果，並不是各自別異，而是在一經驗中同時成立。

正理學派與彌曼差學派在了解原因為「最終的決定的因」時，都在動力因（nimitta）中求取這原因。（NV, p. 5, 1.18）法稱則不如是，他不在離知覺而存在的動力因中尋求，他認為這東西正是在知覺中，而直接地決定知覺。法上（Dharmottara，750-810 左右）承襲了他的說法，表示這因果關係不是「生起者與被生起者」的關係，而是「決定者與被決定者」的關係。（NBT, p. 82, 11.7-8）

五、知覺的特性

（一）無分別

先前已說過，知識的泉源，是直接知（現量，知覺）與間接知（比量，推理）兩種。前者直接認識對象，後者則要通過媒介來作間接的認識。關於直接知（亦即是知覺），法稱承襲陳那的說法，表示其特性為「知覺離分別（kalpanā）」（PV III-123a）。這裡我們依照古來的習慣，譯 kalpanā 為「分別」。我們不依這分別的普通意思，即「具有思慮分別的人」的分別之意，而用現代的語彙「概念的知」來了解。法稱即就「名詞依存的東西」（nāmasaṃśraya, PV III-123）而加以說明。依據其註釋者帝釋覺的說法，這有兩個意思：「名詞所依存的東西」與「依存於名詞的東西」。[9]譬如說，我們見到牛，為了將之與不是牛的東西區別開來，遂有「牛」一概念。[10]「牛」的概念，是「牛」的音聲的根據；相反地，也可以說「牛」的概念依據「牛」的音聲而生。所謂分別，即以這樣的「概念」為本質的知。

在這種情況，分別並不常與言說音聲結附在一起。倘若分別常與言說音聲結附在一起，則嬰兒不知道言說音聲，其知便都沒有分別了。法稱為了避免這種誤解，因而下了這樣的定義：「分別是具有表象的知，這表象具有與言語表現相結合的可能性」。（NB I-5, PVin, p. 40, 1.8）

但如何知道知覺中沒有分別呢？法稱以為，關於這點，知覺自身即能證明，或在理論方面都能證明。如進入禪定中的人，把心從一切對象方面引領回來，使心臻於不動的境地，仍能在心中映現現前的對象。其感官自身能明白地自覺到，其感官知中並沒有分別。倘若其中有分別，則自當同時自覺到這分別了，而在出定後，也應有這樣的憶念了：「我在定中的某個時候，有某種分別。」但心的散亂停止時，其感官知並無分別的自覺，後時亦不起這個時期的分別之想。（PV III-124-125）

這對於那些經驗過停止心的散亂的人來說，是自明的；沒有這種經驗的人，則無此自覺。此中，法稱又理論地證明感官知中沒有分別。這論證可分三點說明。

1.首先，分別的本質是某些東西「與言說相結附」，而其原因則是在腦海中浮現出有關某種言說的社會的取向；這某種言說是「某些東西即以這樣的言說而被表示出來」。但感官知中並沒有這樣的原因，也沒有這樣的本質。即是說，在感官知中，並沒有關乎言說的社會的取向的想法，這言說也沒有與現前的東西相結附。（PV III-174）

2.又，當想起另外的事時——這是一種分別——，同時可見到現前的對象。在這視覺中，不能想起有關言說的社會的取向——這亦是一種分別

9　這個意思，陳那也說過，所謂「言說依於分別，分別依於言說」（依原照蓮博士〈真理綱要中的觀離說〉，《文化》15 卷 1 號，昭和 26 年，頁 18）。

10　這即是所謂「觀離理論」。

——。為甚麼呢？因不能同時作兩種分別。這樣，在這視覺中，由於不能想起社會的取向，故亦無以此為原因的分別。（PV III-175）

3.又，分別的對象與感官知的對象是完全不同的。先前我們說，分別是「把言說結附到某些東西方面去」，但這「某些東西」，決不是作為感官知的對象的個體物。個體物只剎那存在，而且只存在一次。在這樣的東西中，作為表示社會的取向的言說，是不能有所決定的，抑亦無意義。言說的決定，必須就普遍的東西而言。這是甚麼東西呢？這即是所謂 apoha ——譯為「離」、「排除」、「相違」。簡單地說，這即是「由與這不同的全部東西區分開來」。[11]言說之作為社會的取向而被決定，即是這「排除」。而浮現起言說，將之結附起來——分別——，亦是就「排除」而言。這樣的分別，是對「排除」而言，而不是對剎那的存在而生。因此，以個體物為對象的感官知，是沒有分別的。倘若分別與感官知以相同的個體物為對象，則感官知便如分別那樣，在沒有外界對象的情況下，都能生起了。而感官知也不能認識外界的對象了。（PV III-176）

以上是有關感官知（知覺）中沒有分別的論證。

（二）無錯亂

法稱在其《正理一滴》（*Nyāyabindu*）與《量抉擇》（*Pramāṇa-viniścaya*）中，論及知覺的特性，除了說到上述的「無分別」一點外，還加上「無錯亂」一點。他說：「知覺離分別，無錯亂。」[12]（NB I-4, PVin, p. 40, 1.2）就原因的不同，可把錯亂分類如下：

1. 由身體的疾患而來，例如：

⑴眼睛朦朧，把月看成兩重。

⑵身體內的風質、膽汁、黏液分布淆亂，使患者見柱在燃燒。

---

11 同上註。

12 這文字是說知覺的定義，抑是只就知覺的特性而列舉各點，關於這點，法稱的註釋者們有不同的意見。此處不多論。筆者在此姑從法上之說，以法稱只就知覺的特性而列舉各點。

2. 由外面的條件而來，例如：

⑴急速轉動火把，宛如見到旋火輪。

⑵沿河乘舟而下，由於人所乘的船在動，因而見到岸上的樹木好像也在動。

六、知覺的種類

（一）感官知

法稱承襲陳那的說法，把直接知（現量，知覺）加以分類，舉出⑴感官知、⑵心的感性（意識）、⑶知自己的知（自證）、⑷瑜伽者的直覺。此中最有代表性的，是感官知。我一直把「感官知」與「直接知」、「知覺」交互來用，不加區別，亦因此之故。作為知識的泉源之一的直接知，雖有上列的種類，但都具有直接知的特性，這即是「無分別」與「無錯亂」。

關於感官知，迄今已說了很多，故沒有再述的必要了。就其種類來說，依佛教的傳統，可分視覺（眼識）、聽覺（耳識）、嗅覺（鼻識）、味覺（舌識）、觸覺（身識）。

（二）心的感性

佛教傳統除說上述的五個感官知外，還說到稱為「意識」的第六種認識。所謂「依眼與色形有眼識（視覺）生，乃至依意與法（一切東西）有意識生」。

這裡我們依佛教的一般習慣，使用「意識」這一譯語。但這並不是現代意義的意識（consciousness）。這是由心（又稱意）而生的認識，與視覺等由外感官而生的不同。這是心對現前的對象的感受作用，思考判斷作用，更而是對過去的憶念作用，或對未來的預想作用。又，由視覺等而來的五感官的知——如視覺只以色形為對象那樣——為各各對象所限定，這心的知，則可以一切東西（法）為對象。

故意識的作用有多方面，包含思考、判斷等一切的分別，故我們不能視意識為各種知覺中的一種。在意識的這些多種作用中，最初的「心對現前對象的感受作用」，可視為知覺中的一種，而列舉出來。我們稱它為心的感性（mental sensation）。[13]

這心的感性是甚麼樣的東西呢？這在認識活動中擔負些甚麼任務呢？實在來說，關於這點，在佛教知識論中，還未能明確地闡明。法上說：「這所謂心的感性的直接知，在定說（聖典）中曾列舉出來，但這並無知的手段。」（NBT, p. 63, 1.1）他以心的感性為一種獨斷的說法。在《正理一滴註釋科文》（*Nyāyabinduṭīkāṭippaṇī*）一書（此書著者作 Mallavādin，此事仍未明）中有說：「（由於）聖典中有這樣的立論：『諸比丘啊，色形依兩方面而被經驗：（一是）依視覺，（二是）依因這（視覺）而起的心的感性』，故陳那師即就直接知（現量）（的一種）而顯示這心的感性。」（NBTT, p. 26, 1.10f.）蓮華戒（Kamalaśīla，八世紀後半）也說：「由於是定說（聖典）所立，故此中並未說及心的感性的特相。」（TSP ad TS 1330）這都把一切委諸聖典。

故佛教知識論把心的感性作為直接知的一種而列舉出來，殆是一種獨斷的說法。對於它的具體的內容與任務，仍未明確。[14]

在《正理一滴註釋科文》中（NBTT, p. 30, 1.9f.），有介紹智藏（Jñānagarbha，年代不明，但在法上以前，大抵屬中觀學派）的說法——心的感性的論證。[15]這並不是所謂佛教知識論的說法。法上在上面所說的「這心的感性……並無知的手段」，實是要破斥這智藏的論證。但這論證

---

[13] mental sensation 是徹爾巴斯基（Th. Stcherbatsky）的《佛家邏輯》（*Buddhist Logic*, vol. II, 1930）的譯法。

[14] 勝怨（Jitāri，年代不明）在其《因真實釋論》（*Hetutattvanirdeśa*）中把心的感性除去，殆亦因此之故。（cf. M. Hattori, *Dignāga, On Perception*, H. O. S. vol. 47, 1968, p. 94, 11.1-2）

[15] 上引徹爾巴斯基書，頁 315 註 1。

卻對心的感性的作用、意義顯示一些消息，這裡姑介紹一下。這是說，在心中有兩個相異的流向，其一是感官知的流向，另一則是「依心而來的認識」（意識）的流向。譬如說，當我們面對著青色這一對象時，我們有青色的感官知，同時也生起青色的心的感性。心的感性雖不能個別地為感官知所認識，但我們卻不能說它不存在。「心的感性」的存在，實可在理論上加以證明。即是說，我們誰也不能否認我們有「這是青色」的概念的知（分別），但這概念的知從何處生起呢？概念的知實屬於「依心而來的認識」（意識）的流向，而不屬感官知的流向。感官知是依感官而來的認識，概念知則是依心而來的認識，兩者分屬於完全不同的流向。感官知不能生起概念知。因此，與概念知屬於相同流向——即與概念知同樣是心的認識——的對於對象的認識，是必須要有的。這即是心的感性（參看下圖」。以上是智藏的論證，此中可把心的感性視為引起概念知者。

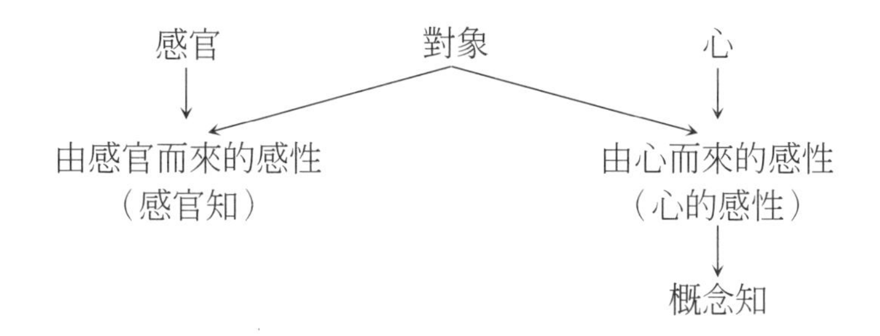

上面說法上認為這論證不能成立。《正理一滴註釋科文》即指出這種論證的缺點。這可就以下兩點來說：

1.智藏的「只由同類的東西而生」的前提，不一定是確定不移。

2.感官知的流向與由心而來的認識（意識）的流向這兩個完全不同的東西，難以認許。

法稱自己怎樣想這個問題呢？他對心的感性所擔負的是甚麼工作一點，也沒有述說。

不過，他曾詳細說到心的感性怎樣生起一點。以下是別人的問難與他的答覆。別人的問難是：⑴心的感性是與感官知認識同樣的對象麼？⑵心的感性能認識個別的東西麼？

在⑴點方面，心的感性可認識由感官知所把握的東西，這與「正確的知識的泉源必須是新的知」一規定不符順，故不能說為正確的知識的泉源（量）。關於⑵點，別人的問難是，由於我們可認識感官知所不能把握的東西，故感官有損壞的人，例如盲人，亦能以心的感性認識外界了。（PV III-239）對於這問難，法稱的答覆如下（PV III-240-248）。假如我們總合心的感性的生起次第，則可如下圖所示。由於所有存在都是剎那滅，作為感官知的對象 A，不能存續至第二剎那，而成為心的感性的對象。因此，上述的⑴點的問題便消解了。而在這個情況，盲人亦不能以心的感性來認識外界的對象。即是說，心的感性由感官知而生，但盲人卻沒有這感官知。佛教曾以專門語詞來稱呼感官知，這即是「等無間緣」。這意思是，感官知就都是知一點來說，與心的感性「等」，與心的感性為「無間」，是心的感性生起的「緣」。在心的感性以感官知為「等無間緣」而生起的場合，對象 A′ 與等無間緣都是「共同作用的因」。

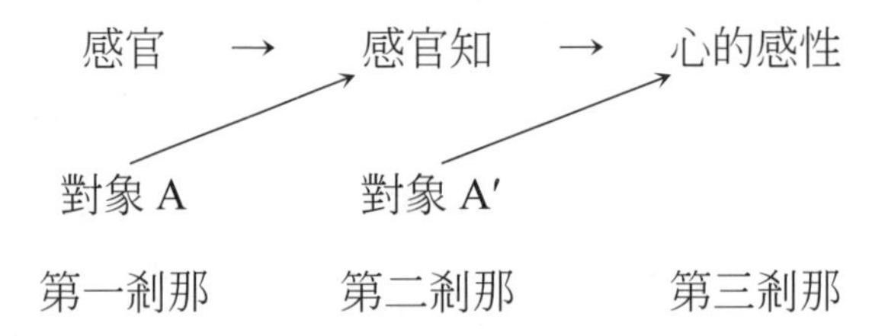

此中又有疑問提出來。對象 A 與感官知為不同時，同樣，對象 A′ 與心的感性亦為不同時，知真能把握不同時的對象麼？對於這疑問，法稱說：

> 倘若問到不同時的東西如何被把握時，通達事理的人都知道，那具有「把（自己的）相狀給予知識」的能力的原因，正是對象性。（PV III-247）

上面說過，對象在知覺發生前的一剎那，成為知覺的原因，把自己的相狀給予知覺。這即是所謂「把握」。故此中並無問題。

（三）知自己的知（自證）

知覺由外界方面接受表象。但對於這知覺又是怎樣知道的呢？在佛教知識論來說，認識知覺的，正是知覺自身。思維（分別）亦是一樣，認識思維的，正是思維自身。這可與燈火自照自身作一比較。知覺也好，思維也好，所有的知（心），都非要是「知自己」（self-consciousness）不可。（NBT, p. 64, 11.5-6）這「知自己」的專門說法，是「自證」（svasaṃvedana）。

當知覺生起時，在這知覺（心）中，對象相（影像）由外界方面被受容進來，而顯現出來。換言之，這時的知覺，由「知覺自身」與「對象相」（影像）而成。這是以外界為對象的知覺的構造。而知覺同時亦「知自己」。所謂知覺知自己，即是認識那個映現對象相的知覺自身之意，或者說，這即是認識「知覺自身」與「對象相」（影像）。

這樣，知覺便由「知覺自身」、「對象相」與「知自己」三要素而成。這是所謂「三分說」，是陳那的說法，相當為人所知曉。法稱當然也引用這說法了。

在知覺與思維之外，也有「知自己」（自證）的事。與知一齊生起的「樂」、「苦」，或「貪欲」，都是「知自己的知」中的一種。這些與知同時生起，稱為心所，這知則稱為心王。

其他學派，如勝論學派與數論學派，以「樂」等是知的對象，不是知。法稱則以為這些都是知，而且以為是「知自己的知」。此中的論旨，主要如下面所示二點。[16]

1.如同感官知以對象、感官、在此之前的知（等無間緣）（或注意）為因而生起那樣，「樂」亦以這些為因而生起。故「樂」與感官知一樣，都是知。（PV III-251, 252, PVin, p. 64 1.16f.）

16　另外還斥破他派（數論學派）的說法（PV III-268 以下），此處從略。

2.上面說「樂」等是知的一種，我們不能認許感受這「樂」等的其他的知。感官知與心的感性（意識）都不能認識這些東西。（PV III-255-265）因此，「樂」等必是自己感受自己的。這即是，從外界接受對象的影像——例如美麗的花的影像——而對自己映現出來，而自己自身亦感受到這映現影像的自己。這即是作為知的「樂」的構造。在這種情況，由於這是從外界的對象方面得到對象的影像，故亦可稱為「對對象的感受」。（PV III-266, 267）

以上所說的，是在知覺與思維中的「知自己的運作」，或是伴隨著知覺與思維而同時生起的樂等的「知自己的知」，這些自證，都是離分別，無錯亂，是直接知（現量）中的一種；這直接知是正確的知識的泉源。

（四）瑜伽者的直覺

累積修行而臻於最高位的修行者，能清晰地直覺到普通人所見不到的真理，這即是四聖諦。這直覺亦是離分別，無錯亂，是作為正確的知識的泉源的直接知的一種。法稱以為，倘若瑜伽者的直覺是分別知的話，便不能明晰地認識真理了。（PV III-283）

七、似知覺而實非知覺的東西

陳那舉出錯亂知、日常經驗的存在的知、推理、基於推理而得的知、憶想、欲望與由有缺陷的感官而來的知，都視為疑似知覺（似現量）。這只是擬似知覺，而非真知覺，後者是正確的知識的泉源之一。[17]所謂錯亂知，例如見海市蜃樓為「水」，而視為決定的知，這即是錯亂知。這是在見到海市蜃樓的景象時，而憶起在過去所構想的概念，因而錯誤地視之為「水」。其次的日常經驗的存在的知，例如知「水缸」的知，是極其平常

---

[17] 陳那文中的 sataimira，可作「具有不分明性」的形容詞解。但這裡我們卻是依法稱的說法。

的知。這種知其實是一種錯亂。即是，水缸是多數構成要素集合而成的東西，而不是所謂「水缸」的一實在。在這構成要素的集合中，有承載水的能力，為了將之與沒有這能力的東西區別開來，我們即稱之為「水缸」，又有「水缸」一概念。

法稱將這些似知覺而實非知覺的東西分類如下：

1.有分別者（三種）
- ⑴錯亂知
- ⑵日常經驗的存在的知
- ⑶推理一類（推理、基於推理而得的知、憶想、欲望）

2.無分別者（一種）　⑷由有缺陷的感官而來的知

法稱這樣分類後，即表示彼等之為疑似知覺的理由所在。首先是有關錯亂知與日常經驗的存在的知方面。以海市蜃樓為「水」的錯亂知，在對海市蜃樓的知覺之後即生起。同樣，對「水缸」的知，亦是在對多種構成要素的知覺之後即生起。由於這都是在知覺之後即生起，故愚者便不能將之與知覺區別開來，而錯誤地以之都是知覺。為了除去此中的過失，故先把這些知列舉出來。其次，推理一類不是知覺，那是明顯的，但仍要將它們列舉出來，那是作為比喻用的，以論證這些如錯亂知一類東西不是真正的知覺。（PV III-289, 290）法稱說：

> 以不能被知覺的東西為對象的那些分別（推理），必須賴（在過去已被知的言說上的）社會的取向，而憶起之；這些分別不能認識現前的對象。同樣，關於「水缸」的知一類，倘若不憶念起（在過去）已知了的社會的取向，便不能生起。（因此，）這（「水缸」的知一類）被排除於知覺之外。（PV III-291, 292）

法稱著作的註釋家意車喜與帝釋覺把這論證總結為下面的論式：

（大前提與比喻）由憶念起在過去已知了的言語上的社會的取向而生起的知，並不是知覺。例如推理一類。

（小前提）錯亂知與日常經驗的存在的知，必要賴對過去已知了的言語上的社會的取向。

（結論）（因此，錯亂知與日常經驗的存在的知，並不是知覺。）

由此可得，在嚴格的意義下，推理一類實不必被視為疑似知覺。推理一類不是知覺，那是明顯的；將之歸到疑似知覺上去，亦不適當。這可視為法稱的看法。

其次，關於由有缺陷的感官而來的知方面，這亦被視為一種疑似知覺而列舉出來，因由有缺陷的感官而來的知，是無分別的，為了防止與知覺混淆起見，故亦列舉之。（PV III-293）

八、「知覺的要素」補遺——知的自證性

知覺經驗所得的是甚麼東西呢？即是說，知覺的結果是甚麼呢？這即是「對於對象的認識」。這「對於對象的認識」是怎麼一回事呢？關於這點，我們在「四、知覺的要素（一）認識者與認識」中已述過了。簡單地複述一下即是，對於對象的認識，知覺並無一些能動的力量。無寧是，知覺是被動的，為對象所促發而生起，由對象方面接受對象的相狀，而映現出來。知覺「對於對象的認識」，不外「知覺挾帶對象之相而生起」而已。

我們已說過，這知覺說本於外境實在論者的經量部的想法，其構成基於對外境的實在的承認。就立於否認外境的實在的唯識說來看，這當然是要被否定的。佛教知識論者們都屬於唯識派，對於這點，應是有充分了解的。雖然如此，他們畢竟是站於外境實在論上，展開其知覺說了。其中的原由，我們在「緒言」中已說過，是他們在這方面有一限定目的，即是，只在世間一般的知識的範圍內論究知識的真實。這種論究是臻於較高修行的一個踏腳石。就世間一般的層面來說，以對象在外界有實在性，是自然的事。他們即在這種背景下，在世間的範圍開展出對於知識的正確理論。

由世俗的世界進至較高的修行階段，而再看世間的常識時，對外境的

實在性便不能無疑。法稱在依據外境實在說而建立其如上所說的知覺說後，便懷著對此中的理論根據的疑問，而展開其唯識說。他首先問，對於對象的認識到底是甚麼東西呢？何以是對對象的感受呢？（PV III-320ac）根據他的知覺說，這即是知覺挾帶對象的相狀而生，換句話說，即是知覺擬似對象而生。但當他順從唯識的說法時，便如下述那樣否定這種解釋。

1.所謂「挾帶對象之相而生」，並不是一切都如是。（PV III-320d）這個意思，據註釋者意車喜的說法，例如因眼睛有缺陷因而有兩個月在視覺前出現的場合。這兩個月是不實在的，故亦不能說這視覺挾帶對象的相狀。

2.又，「知覺擬似對象」，亦是不可能的。因在外界有實在性的，據外境實在論者的說法，只是極微。但在知覺前映現的影像，並不是極微，而是粗大的東西。（PV III-321cd）

3.上面曾舉出「與知相類似」，與「作為知的原因」，作為對象的條件（參看四、知覺的要素（一）（二）兩點）。倘若這是正確的話，則由於瞬間之前的知——由自己的止滅而使後來的類似的知得以生起的知（等無間緣）——亦具有這兩個條件，因而亦是對象了。但這是不合理的。（PV III-323）

法稱這樣地表示了「對於對象（外界）的認識」的不可能後，即進而依據唯識說以闡明知覺的構造。

1.首先，知覺的本質是感受（anubhava），但這卻不是對任何個別的存在的感受。被感受的東西並不是別於感受而為個別的存在。（PV III-326ab, 327a）

2.知覺相互間的不同，在於影像。這是知覺的內容。換言之，影像決定知覺，例如是青色的而不是黃色的知覺。經量部以為，把影像帶給知覺的，是在外界有實在性的東西。現在我們據唯識說來看，限定知覺的要因，如是青色的而不是黃色的知覺，是甚麼東西呢？這亦是知。即是說，某種知使心的潛在能力（習氣）[18]覺醒開來，這心的潛在能力能使特定的知覺生起。（PV III-336）即是說，是青色而不是黃色的知覺的生起，是由於能使青色的知覺生起的心的潛在能力覺醒之故；這覺醒由某特定的知而來。

3.這知覺又被誰認識呢？這是為知覺自身所自覺的。這是知覺的本性。（PV III-326cd）倘若這是由其他的知所自覺，則便犯了先前所說有關「對於對象的認識」時所指出的過失了。知覺必須能照自己自身。（PV III-327bcd）

4.知覺的本質是感受，以某些特定的（例如青色的）影像為內容。這感受實際上可說是對自己自身的感受，也可說是「青色的感受」。（PV III-328）

5.主觀與客觀倘若別體地被經驗，則是錯亂。（PV III-330d, 331）

6.由以上可見，「認識他者（對象）」這樣的事是沒有的，故不能視這「認識他者」為知覺的結果。知覺的結果必須是知覺對自身的自覺（自證）。（PV III-332cd）

以上是法稱所顯示的唯識說的大要。根據這大要可知，從唯識說來看，知覺的結果是知覺的自己認識（自證）。

法稱這樣地闡明了唯識說後，更表示，即使本於外境實在論——他的知識論即基於這外境實在論而確立——，仍可說知覺的自己認識是結果。這個意思表示如下：

1.如我們在上面屢屢述過那樣，就他的知識論來說，知覺是挾帶對象的相狀而生。這稱為「對於對象的認識」，這亦可說是知覺的結果。但實際上，知覺並不如鏡映現物那樣，只是被動地映現對象的相狀。在知覺中，是同時進行認識知覺自身的事的。外界的存在進入知覺，而映現出

---

18 唯識派通常以這心的潛在能力是在「阿賴耶識」中。但繼承陳那的知識學的人，其唯識說並不承認「阿賴耶識」。故我們不能以這裡的心的潛在能力為在「阿賴耶識」中。註釋者（例如意車喜）說這是在即在此之前的知（等無間緣）中。不過，此中亦不無異議。註釋者釋迦慧即以之為在「阿賴耶識」中。

來。知覺在映現這存在的同時，亦認識自己自身——包含影像在內。在這個場合中，這自己認識，對自己自身中的影像，宛如外界存在之在外界那樣地予以置定之。即是說，雖然實際上是自己認識，但卻如對象知那樣被經驗。[19]故把這自己認識（自證）視為知覺的結果，是正確的。（PV III-346）

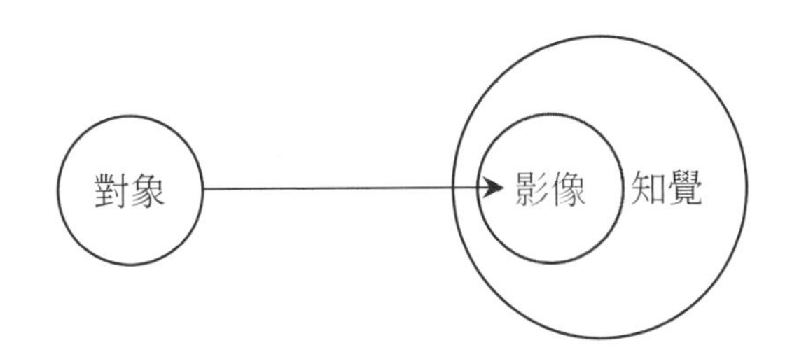

2.我們這樣地視知覺的自己認識（自證）為知覺的結果，但對其原因又如何看呢？這即是「對象進入知覺中而顯現出來」。（PV III-347ab）即是說，當對象作為愛好的東西進入知覺中而顯現時，在知覺的自己認識中亦這樣顯現，而執著地以為外界的對象亦是這樣的存在形態。當自己認識為「愛好的東西」——在愚者眼中，這如同把對象認識為「愛好的東西」那樣地被經驗——時，此中的對自己認識的限定的原因，即認識這為「愛好的東西」而不是「不愛好的東西」的原因，即是「對象作為愛好的東西進入知覺而顯現出來」。（PV III-348abc; 350ab）

如以上所示，法稱就唯識說與外境實在說（這殆是經量部的說法），闡述作為知覺的結果的「知覺的自己認識」（自證）。這與陳那的說法大體不相違。這點介紹，姑作為他們的知覺論的補遺而附加在這裡。法稱的《正理一滴》（*Nyāyabindu*）是佛教知識論、邏輯學的入門書，但其知覺論並不含有此中所附加介紹的說法。

19　這「對象知」與先前的「對於對象的認識」，有不同的意義內容。「對於對象的認識」是知覺挾帶對象的相狀而生之意，這「對象知」則是把知覺的影像如同存在於外界那樣地置定之。

略　號

Kā	Kāśikā, commentary on ŚV (Tribandrum Sanskrit Series no. 90, 1926)
NB	*Nyāyabindu* (*Dharmottarapradīpa*, Tibetan Sanskrit Works Series vol. 2, Patna, 1955)
NBT	*Nyāyabinduṭīkā* of Dharmottara（同上）
NBTT	*Nyāyabinduṭīkāṭippaṇī* (*Bibliotheca Buddhica* XI, 1909)
NBh	*Nyāyabhāṣya* (Poona Oriental Series no. 58, 1939)
NV	*Nyāyavārttika* (Benares, 1915)
PV	*Pramāṇavārttika* (Appendix to J. B. O. R. S., vol. XXIV, 1938)
PVP	*Pramāṇavārttikapañjikā* of Devendrabuddhi（影印北京版《西藏大藏經》，130 卷）
PVT(Ś)	*Pramāṇavārttikaṭīkā* of Śākyamati（同上，131 卷）
PVin	*Pramāṇaviniścaya* (T. Vetter, *Dharmakīrti's Pramāṇaviniścaya*, Wien, 1966)
ŚV	*Ślokavārttika*（同 Kā）
TS	*Tattvasaṃgraha* (G. O. S. nos. XXX, XXXI, 1926)

第二十五章　佛教知識論

一、佛教的知識論

從傳承上說，陳那（Dignāga）與法稱（Dharmakīrti）基本上是屬於唯識的體系，是大乘佛教中後期的階段。無著、世親則屬於早期的唯識學。這班中後期的唯識學者所關心的問題轉移到認識論或知識論方面去。早期的唯識學關心人的解脫的問題，扣緊佛教最原初的終極關心說，即是如何從苦痛煩惱方面解放出來，獲致自由絕對的涅槃境界，它的解脫及宗教意義是很濃厚的。因為注重宗教的解脫問題，所以在思想的內涵多集中在第七、八識中。第八識阿賴耶識（ālaya-vijñāna）是一切煩惱生起的根源，即是，第七識末那識（manas）執取第八識裡面的種子，以為這一團種子就是自我，因而產生對自我的顛倒見解及顛倒行為，所謂四煩惱：我見、我癡、我慢、我愛。為了要去除煩惱，從煩惱中解放出來，得到清淨自在的境界，我們首先要從第七、八識中做工夫，因為這些煩惱的生起是由第七識執取第八識以為它是自我而起的。所以要摒棄煩惱就要從這兩識做工夫，使第七識不執取第八識，以為後者的種子就是自我，所以第七識及第八識就成為整套唯識學問的中心。談到解脫的問題時，一定要指涉這兩識。但是，唯識學發展到中期陳那等人的時候，學問的重心漸漸轉向，他們對第七及第八識的研究興趣不大，卻喜歡討論知識的問題，就是人如何對世間種種事物建構客觀的知識？或者說我們在什麼情況下，可以了解外界的事物呢？我們建構一套知識要有什麼要素呢？在陳那及法稱的著作中我們已找不到他們討論第七識、第八識的資料。他們重視知識的問題，這知識的問題基本上是第六識的問題，是意識或認知心的問題，即認知主體的問題。這認知主體從心上說，附屬於第六識，第六識即是意識。佛教發展到中期，學問的中心改變了，由研究第七、八識，轉移到研究第六識。當然，這現象並不止於唯識，中觀學派也有改變。中觀學派亦相當關心知識的問題，不過，它並無忘記它的宗教旨趣，仍然念念不忘涅槃這一宗教目標。中觀學派似乎受到唯識的影響，相當強調理論性的問題或知識的問題，喜愛探究如何對現象世界建立正確的知識。

這是佛教發展到中晚期的一個重要的轉變，部分由於這個轉變，佛教走上衰亡的道路。佛教作為一個宗教，之所以興旺，因為它強調宗教的理想，教人從現實的苦痛煩惱中解放出來，達致一種清淨的、無污染的涅槃境界。這個理想對於很多人來說是很具有魅力的，所以很多人喜歡走這條路。但是，佛教特別是唯識學派發展到中後期時，把這宗教理想漸漸遺忘，只喜歡研究人的知識問題，因而在知識論中表現出相當傑出的成就，可是卻使佛教的吸引力減弱，這是佛教衰亡的重要原因之一。當然也有其他因素使佛教衰亡，[1]但這個原因是不可忽視的。佛教知識論的興起，可以說是好壞參半。好的是指它為佛教發展出另一新方向，即強調知識的問題。早期大乘佛教，及其前的原始佛教，嚴格地說，它們的知識論還未建立，那時只有個雛形而已。[2]佛教知識論的真正建立，要到陳那那時。到陳那、法稱，佛教的知識論才算成熟。壞的是指它直接使佛教走上衰亡的道路，因為他們不再關心宗教的理想問題，只關心人如何對世界建立客觀知識的問題。這使佛教作為一宗教失去它的吸引力。

---

1 佛教衰亡的原因，是一個複雜的宗教與歷史的問題。關於這個問題，不少人提到婆羅門教（Brahmanism）復興。這個宗教本來早於佛教出現，興盛一時。後來佛教以無我（anātman）觀取代這宗教的自我（ātman）觀，漸漸興起，取代了這婆羅門教的位置。到佛教發展到晚期，漸漸式微，婆羅門教又乘勢復興，壓倒佛教，恢復其原來的地位。我們以為婆羅門教復興，影響佛教，使之衰亡，只是佛教衰亡的外緣因素。佛教衰亡應有它自家的內在因素。

2 關於原始佛教與早期大乘佛教的知識論，可分別參考平川彰〈原始佛教の認識論〉與三枝充悳〈初期大乘佛教の認識論〉兩文。這兩篇文字都載於三枝充悳編集：《講座佛教思想第二卷：認識論論理學》，理想社，1974。

知識論（epistemology, theory of knowledge）是研究客觀世界的知識：知識的客觀性、知識的性格、知識如何成立等問題。在西方，知識論是最具哲學體系的學問。在中國，知識論不太發達。在印度，知識也發展得很興旺，佛教也有佛教的知識論。佛教無論是唯識學也好，中觀學也好，發展至中期及晚期都相當重視理論方面的問題。人們重視知識及邏輯，說三支推理，這些學說後來稱為因明學。佛教的因明學分為兩部分：一部分是邏輯，就是所謂三支推理；另一部分是知識論。兩者最重要的人物有陳那及法稱。陳那可以說是佛教知識論的開山祖師，他正式奠立佛教知識論，地位崇高，相當於西方康德（I. Kant）建立自己的知識論。他以反省、批判的角度重新檢討知識的問題，作品很多，最重要的著作是《集量論》（*Pramāṇasamuccaya*）。有些日本人認為《集量論》的名稱較古典，把書名改為《知識論集成》。這本書以梵文寫成，可惜大部分梵文資料失存，但有譯成西藏文的資料，收錄在藏文《大藏經》之中；這書也有漢譯，義淨把它譯成漢文，後來譯本失去，近年才由呂澂、法尊等人把它譯成中文。但是因為這書是討論知識論的，要把它讀懂，需要有知識論的基礎，可是漢譯者水平有限，譯文不具有可讀性。《集量論》全書共有六章，其中四章半談比量，一章半談現量。比量即是推理，指涉邏輯方面。現量就是直接的知覺，指涉知識論方面。可見這本巨著的內容涉及邏輯及知識論兩方面的問題。

第二個重要人物是法稱，他有一本巨著叫《量評釋》（*Pramāṇavārttika*），日本人改稱為《知識論評釋》，這是佛教知識論中第二部重要的書。它主要解釋《集量論》，內容相當詳盡及精采。事實上，法稱較陳那後出不很久，他是陳那的繼承者，大約比陳那後出一百二十多年。他整套學說都是承接陳那的知識論的。當然他不只是繼承，更有發揚光大的地方。在知識論中有些陳那未解決的問題，他就把它們解決及發揮。他不純然是陳那的追隨者，他一方面承繼陳那的學說，一方面也有自己的創見。

知識論是佛教學問中極難懂的，原因有兩個：第一，知識論是較為繁複及細密的學問，一般人想把握它是不容易的，要具備分析的興趣與訓練，也要有西方知識論的基礎，才可清晰地理解佛教的知識論。第二，這類文獻是用偈頌的方式來寫的，這主要方便記憶，不能以太長的篇幅來寫，因為難背誦，所以文字要節省，不可浪費文字。知識論的問題，若用偈頌來寫，則其內容一定很濃縮，要詳盡的疏解，才可了解它的意思。所以它的梵文是很難看得懂，因此很少人在這方面做得好。就中國的佛學界來說，還未有人能打入這天地之中作獨立的研究。德國及日本的研究卻很興旺，用的是哲學及文獻並重的方法，因而形成學風，稱為維也納學派（Vienna School）。這就是專門研究佛教知識論的學派。其中重要的學者有：舒坦恩卡爾納（E. Steinkellner）、維特（T. Vetter）、服部正明、戶崎宏正、桂紹隆。

二、陳那的知識論

在陳那以前，佛教及印度哲學界，當談到知識問題時，往往說到知識的成素及知識的根源，即所謂量。量（pramāṇa）就是認識手段，或認識機能，這是集中在人方面說的。這認識機能對成立知識的關係究竟是如何的呢？當時並沒有特定的說法。有些說法以為人的認識機能只有一種，有些學派認為人的認識機能超過一種。由陳那開始才確立認識機能有兩種，他確立這兩種認識機能的標準是根據人所認識的對象。他以我們認識的對象有什麼種類，就以這些對象的種類來判定我們的認識的機能有多少種。因為我們通常說認識，是就認識外界對象來說的，在這情況下，如果提出認識機能可有多少種時，就不可不照顧到究竟我們能認識的對象有多少種。譬如醫生對不同病人調配不同的藥，不可亂配，用藥要對應病人的病狀才可。陳那以為認識機能的種類與認識對象的種類是要相應的。他把認識的對象規定為兩種，於是說認識機能也有兩種。兩種認識對象是：第一種是個別相，或叫自相、特殊相，它指對象的獨特相狀，是對象本身的相狀，是與其他物不同的相狀。另一種叫一般相，或叫共相、普遍相。所謂一般相就是共通於其他東西的相狀。它有共通性，共通其他分子。個別相或自相是無共通性的，只是關於某個體物的特殊相狀而已。相在梵文中是 lakṣaṇa，相當於英文的 feature 或 characteristic。

相應於個別相，陳那提出一種特殊的機能來認識它：相應於一般相，他又提出另一種特殊的機能來認識它。認識個別相的機能，稱為現量（pratyakṣa），即現前的知覺，亦叫作直接知覺，相當於英文的 perception，這是認識事物的個別相狀而已。認識事物的普遍相狀就是比量（anumāna），相當於推理（inference）。陳那認為人只有這兩種認識機能，分別對應於事物的兩種相狀，就是個別相及一般相：現量認識個別相，比量認識一般相。

陳那這種認識論有原創性，表現了與前人不同的觀點。當時流行外界實在論，這是勝論（Vaiśeṣika）所提出的，勝論是當時印度哲學中有相當勢力的學派。他們認為外界的東西，即在我們心識之外的東西，都有實在性。這種理論與唯識的說法相衝突，唯識認為外界的東西是不實在的，外界東西的根源在人的心識之中。這外界實在論認為人的各種認識機能都認識同一個對象。陳那則不同，他認為人的認識機能有兩種，可分別認識不同的對象。一種對象是個別相，一種對象是一般相。譬如我們對火的認識，依陳那，我們可以有兩種認識火的方式，一種是憑視覺的機能認識火這對象，另一方式是透過山上生煙，看不到有火，但因為看到煙，就憑推理，推理是一種認識能力，推想出有火令煙生起。勝論則認為人現前所看到或接觸到的火，及透過推理，即透過看到煙而推理出來的火，是同一樣東西。不同的認識機能，如現量及比量，都是認識同一個對象。陳那則認為我們以現量或以視覺觀火，及由看到煙推理出有火，是兩樣東西。

另一個學派正理學派（Nyāya），是當時六派哲學中很有勢力的學派，又有不同的看法。它說認識同一對象的各種認識的能力是並存的。譬如認識火，有現量、比量，兩者同時認識這火，兩者都同時存在，是並存的。其實，這學派混淆了認識能力及相應這認識能力的認識對象二者的相關連性。陳那是以現量來認識個別相，而以比量去認識一般相。關於火的問題，特定的一團火是火的個別相，陳那認為我們是以現量來認識它；不是面前即可看到的一團火，透過推理在山上冒出來的煙，推想出來的火，這是以比量來認識。可見陳那的思想較為細緻，他分清了相應於不同對象有不同的認識能力。正理學派及勝論就沒有分清，他們不能分出對象的個別相及一般相的不同，於是他們只把認識能力泛泛地看作為認識同一個對象。所以佛教的認識論是較細緻的，觀察得細微，反省得深入。陳那的學說與康德的說法很相近，康德將認識的機能分為兩種：感性（sensibility）及知性（understanding），感性相當於現量，知性相當於比量。感性的作用是吸收外界的感覺與料（sense data），知性則提供形式概念或範疇，來整理這些感覺與料。

三、現量（直接知覺）

直接知覺本來的稱呼是現量。什麼叫直接知覺或現量呢？陳那透過人的思維（kalpanā）作對比而加以說明。直接知覺是透過對思維的否定而顯出的，凡認識能力無任何思維成分在內，就是直接知覺。他透過否定思維的存在來界定直接知覺，所謂離思維。他不直接作界定，卻用反面的方式，透過否定思維來了解。對於他來說，思維與直接知覺的性格是完全相反的。直接知覺是不運用任何概念去了解事物。人與事物往往有一種面對面的接觸，在這接觸中無任何概念、言說加在其中，這就叫直接知覺。而思維是透過思想作用，運用概念去了解事物。陳那的基本看法是：人只有兩種認識的機能，一種是直接知覺，一種是比量，即思維推理。而離開思維，無思維的認識方式就是直接知覺。

其實，離思維之外的東西，是否只限於直接知覺呢？有沒有其他的東西是無思維的呢？陳那這種界定的方式可能有漏洞，因為他不從正面去界定直接知覺是什麼東西，卻從側面、否定的方式來說，否定那些不是直接知覺的東西，但餘下的東西有可能不屬於直接知覺的範圍，有可能是其他東西。陳那嚴格規定人認識外物的機能是要與外物種類相應的，外物對象不外乎兩種相狀：一種就是個別相，一種就是一般相，所以人的認識機能限於兩種。在他看來，人的認識機能有這兩種而且只有這兩種。在這前提下，他提出現量的離思維是可以接受的。但以現代的眼光看，離思維的東西除了直接知覺之外，還有睿智的知覺或智的直覺（intellectual intuition）。這直覺沒有思維，沒有概念，康德曾提出過，這種直覺有認識作用，不過，它不是認識事物的現象方面的面相，卻能認識事物本身，即物自身（thing-in-itself）。可見陳那定義的方式有問題。

直接地被我們知覺的東西是事物的個別相，這些個別相是不可用語言及概念來表述的。每當我們運用語言及概念，就牽涉思想的問題。任何語言及概念的運用都牽涉思維，只有直覺的活動、直覺的表現是沒有思想及思考的成分的。譬如看到一頭牛，人的認識可有兩個層次：第一層就是憑人的直接知覺認識牛的個別相，這是最先的認識。然後透過思維的作用，將牛的個別相關連到牛的概念中，說這是一頭牛。換言之，人把牛的個別相關連到思想上牛的概念，因而說這是牛。這是第二層的認識。如果嬰兒看到牛，他不會說這是一頭牛，因為他還未有牛的概念，意思就是說他對牛只運用直接知覺來了解，說不出這是什麼東西來。而我們在認識牛這動物之前，已經有牛這概念在我們思想中。牛這概念所對應的普遍相或一般相已經在我們的思想中有一個輪廓。當見到一個個體物與自己思想中的一般相相應時，就馬上用牛這概念去描述那個體物，於是說這是一頭牛，甚至可以說這是水牛、犀牛、黃牛，進一步描述事物的特性，這是運用了思維或概念的結果。當嬰兒見到牛的個別相時，還未可用牛這概念去指述，將牛這概念帶到個別相中，概括這東西是一頭牛。他根本沒有牛的概念。他所能運用的知識機能只是直接知覺，他還未有思維活動。

事實上，認識外物有兩個程序：首先以直接知覺來把握個體物的個別相狀，直接知覺有這種能力；另一種程序是運用概念，用能夠概括個體物一般性格的概念來概括個體物。當運用概念來概括直接知覺把握到的個別相時，就已經運用了思維，因為概念本身是一種思維的作用。牛的共性不是個體物，是所有的牛共同分有的特性，被抽象到思想中。當說出牛性或牛一般的概念時，我們已經經過一抽象的作用，將以往曾遇到的很多個別的牛的特性抽離，用概念來概括。這種作用不是直接知覺可以做得到。所以陳那在此清楚表明認識外物有兩種能力：一種是認識個別相的直接知覺，即現量；一種是認識普遍相的推理，即比量。

四、範疇論

陳那對範疇的討論，可以通過與勝論的範疇論的比較來看。範疇論即是以一些概念或原理來概括存在世界的普遍性相（universal characteristics）。這些概念或原理，便是範疇（category）。勝論在此提出六種範疇，或稱六句義（padārtha），對存在作分類。這六範疇是：實體（dravya）、屬性（guṇa）、運動（karman）、普遍（sāmānya）、特殊（viśeṣa）、內屬（samavāya）。勝論學派以為，六範疇都有客觀實在與之相應。康德則視範疇為思想的形式，以為在存在世界一切山河大地中，都具有這些範疇所表示的普遍性格。勝論的基本立場是外界實在論，肯定外界對象的實在性，以此點為基礎，以論知識。他們認為，知識的真偽，決定於與外界的對象是否對應：與外界對象對應的知識（yathārtha jñāna），是真知，否則是偽知。真知識是知識與對象一致。這意思即是，存在物的這種由六範疇所表示的構造，在知識中如實地被捕取或反映出來。

陳那則舉出名稱（nāman）、種類（jāti）、性質（guṇa）、作用（kriyā）和實體（dravya）五種範疇。但範疇所表示的，並不是客觀的實在，而是與思維相連在一起。實在的只是直接知覺的東西。這是個別相，不能以語言來表示。例如，「牛」一語詞並不表示有特定動作、顏色的牛，而是共通於一切牛的牛一般，或牛之性。這牛一般並不具有獨自存在性。故牛一般實即是種類（jāti），是思維作出來的概念。表示性質的語詞也是一樣，例如「黃」。狗的黃色，牛的黃色，是個別的，是實在的，但對應於「黃」的黃一般，則是不存在。其他關於作用（如步行、耕田）、實體（如椅子）、名稱（如達多 Ḍittha）等，亦是由思維所產生，不是實在的東西。總之，陳那以為，思維通過範疇來描繪被直接知覺的對象。他的五種範疇與勝論的六句義，大抵是一致的。兩者的決定的不同點在：勝論以為，六句義所表示的東西，是實在地存在於對象中。陳那則以為，範疇是思維假構出來的東西，並無實在性。即是，勝論以為，「白」、「步行」，是牛的描述語，以牛的實在的「白色性」、「步行性」為描述的對象。這「白色性」及「步行性」有其獨立存在性。陳那則以為，「白色性」、「步行性」是性質、作用的範疇所表示的東西，是思維的假構，是普遍相，並無實在性。而白色的牛，步行的牛，則是實在，但這是個別相。

五、形象與外物

在知識論中，形象（image）是指在我們認識外在對象的時候，在我們的感官面前出現的形象，或呈現在我們的感官面前的形象。所謂外物就是在我們認識經驗之外的，我們無法憑感官接觸到的東西。這東西往往被我們假定為置身在認識對象之外，作為認識對象的來源；或者作為我們的認識形象的來源的一種外在的東西。外物是認識形象的根源，它們不同的地方是：認識形象是內在於認識活動中的，可讓我們的感官去把握及認識的；外物則在我們認識經驗之外，是我們所假定的一種外在的東西，作為我們認識到的形象的來源。

形象及外物的關係在認識論或知識論中是非常重要的。這牽涉應採取外界實在論抑或採取純粹認識論的立場來看對象的問題。外界實在論認為外物是存在的，它預設有這些外物在我們的認識經驗之外，作為認識經驗活動裡所接觸到的形象的背後來源。但是佛教的認識論一般不假定這種東西，不假定外物有獨立存在性，它認為離開經驗之外的東西沒有獨立存在性。如果從陳那的立場來說認識的對象或形象與外物之間的關係，認識的對象就有兩種：第一種為個別相，另一種為一般相。個別相是具體的，為我們感官所接觸到的形象；一般相是在思想中出現的普遍概念。他認為在這兩種認識對象裡，只有個別相指涉實在。我們憑感官直接把握的相狀，就是個別相，它是有實在性的。而一般相或共相，是我們憑思想去捕捉的，只是思維假構出來的東西而已，它本身無實在性。這裡說的實在性指在時間及空間下呈現出來的性格。陳那屬於唯識學派，根據唯識學派的基本說法，他並不承認外界對象的獨立存在性。所謂外界的對象是外在於心識範圍所能到達的地方，或外在於我們的認知範圍所能達到的地方。陳那認為這些對象是沒有存在性的。所以，他認為不可能擬設外物有個別相，因為這個別相不可能被我們的感官所把握。

如果我們說在這認識活動中，呈現在我們感官面前的現象，應該在外界方面有外物作為它的根源，這是我們憑推理或推想所假設出來的。實際上，這些作為形象的根源的外物是不可以為我們的感官所接觸到的。至於個別相是什麼呢？依唯識的說法，個別相是識變現出來的相狀。識在最原初時，是抽象的狀態，或者說是混沌的狀態。為了要表現自己的性能或功德，它內部起分裂，分裂出相分，然後自己以見分的身分來認識這相分。於是，相分成為在認識活動中的一個認識對象，為見分所認識。在這情況下，相分相對於見分來說，有所謂個別相，個別相為見分所認識。但這個別相不是獨立於心識之外的東西。它是由心識所變現的，或者說相分或個別相是心識自己產生出來的一種表象。這裡很清楚，在這認識活動之中，見分就是認識主體，相分就是認識對象，由見分認識相分，把握它的個別相，這個別相本身在認識活動這脈絡下，有它的實在性，因為它為見分所直接把握。但是有些人推斷在相分之外應該有作為相分的形象的來源，這個來源是在心識或認識活動之外的一個外物。陳那的唯識學是不會接受這種說法的。

其實，相分的來源不在外物方面，而在識方面，因為相分是由識變現出來的。究竟有沒有外物呢？陳那對於這個問題取存疑態度。因為當說相分是有，是有實在性時，它是對於見分而有，甚至可以憑見分來證實它是有的。但是，在相分之外成為相分的根源的外物，究竟有沒有，就不可以說了。如果說有，這個有一定要由見分去證實它，但是現在根本無任何一個見分去證實相分本身是存在著外物的。如此，則不可說外物為有。就是說，相分可以由見分去證實它為有，被認為是相分的根源的外物則沒有認識的機能去證實它的存在。所以在這裡有一種不可被知的傾向，即外物是不可被知的。既然外物不可被知，則它與不存在也相去不遠。但是說它不存在就是斷定它不存在，把它的存在性除去，如果說不可被知則可以為它將來的出現或存在留有餘地。不過，這是沒有意思的，因為說它不可知，在認識活動中，其作用等同不存在。對於離開知識經驗或知識範圍的東西是不可有任何評論的。有些學派認為相分（即是在知識活動中出現的形象）其實是一種對外在事物的模仿，這種實在論的看法是一般人所持有的。譬如這枝筆，他們認為這呈現在我們感官面前的筆的形象與這筆本身很相似，我們的感官從這筆本身去取得這筆的形象，像攝影實物一樣。以此類比，人認識東西是由東西本身去捕捉它的形象，我們現在所認識到的東西就是東西本身的模擬。但這說法是不通的。因為當我們說攝影時，是由一個實物取得一個形象，而這個實物完全在我們的認識活動中，我們見到整個事件的發生，所以得出來的相片與本來的實物的關係是相當密切的。相片是實物的模擬，這個說法是確定的，因為相片與實物可同時出現在我們的感官面前，都在人的知識範圍中。但是人永不能達致筆之自己，而只能在認識活動中取得這筆的形象，就這形象說這形象，不能就這形象本身推斷出形象之外作為形象的來源的外在世界的實物。因為外在世界是認識活動範圍以外的東西，不能為感官所把握，所以不可能說存在。

有一種認識論的說法，以為知識本身或知識的形象本身有一種性能描繪自己的形象。這種說法在唯識的立場來說是不會被接受的。因為我們對外界事物本身是一無所知的，故不可說它就是認識的某種東西的根源。陳那採取的態度十分謹慎。當我們說相分在認識活動中出現，成為形象，可以說這些形象在認識論中是有意義的，因為它們在我們的經驗中出現。但是當我們說相分有它的在外在世界的根源，而說這根源的性質是如何如何時，陳那會說這是沒有認識論意義的。所謂認識論意義決定在是否對某東西有所知，是否真可以經驗到某東西，是否可憑認識的機能接觸到它。接觸到便是有所知，可將它的形象說出來。但是對於那些認識機能無法達到的東西，卻說它有怎樣的性質，這樣說在認識論上是沒有意義的。

六、識的自己認識自己

在外界被認識的對象不過是由識變現出來的相分，我們認識的對象，只限於由識所變現範圍之內。識所變現範圍之外的，或在我們認識經驗之外的外在事物，是不可能予以置評的。在認知活動中，作為對象出現在我們的認知面前的東西，其實與認識的主體是同一根源的。識變現出相分，而以見分的身分認知相分，見分因而可以說是認識主體，相分是認識對象。它們的認識根源在識之中。可見能知與所知是同一根源的，都在識中。我們有一心知的機能去認識對象，而我們又有一種層次較高的心知認識這種認識。人的心知是一種認識能力，它可以認識對象，這就牽涉兩方面：一方面是心知，即心的能力，另一方面是對象。心知認識對象。但是當說心知認識對象，那能夠去驗證心知對對象的認識的是什麼東西呢？表面好像有第三者。心知認識對象，在心知更高的一個層次有另一個心知去驗證心知對對象的認識。這點若放在識的活動上說，就是，識分裂出相分，自己以見分的身分認識相分。在這情況下，這個識與見分其實是同一樣東西。見分認識相分，識本身又去驗證見分對相分的認識，而這相分，基本上是由識自己變現出來的。歸根究底，相分不是外在於識的另一樣東西。識自己認識由自己變現出來的東西，這就是所謂自己認識。於是，知識的根源在識之中，也可以說知識自己認識自己。

這種情況表面看來很抽象，識自己認識自己，在現實生活中有沒有事例可用來說明的呢？譬如屋中有燈，燈光遍照全屋，而燈光亦照著燈本身。這事例與識自己認識自己相似。在黑房中，所有的東西可比喻為相分，燈是見分，燈亮後，黑房中所有東西都被照見。而且，我們同時看到燈本身，燈也將自己的樣貌顯示出來。因而可說，燈不但照見房中的東西，同時也照見及認識自己。唯識說以心識作為認識整個世界的根源，而以這立場發展出來的知識論到最後一定走上識自己認識自己的結論。但是，一般來說，知識論有這種結論是很奇特的，西方的知識論將主與客分得很清楚，就是由主體認識客體，主體及客體可以互相獨立，這是正宗的知識論的說法。但是，佛教的知識論與西方知識論強調的主客互相對立、互相獨立的關係是不同的。相分與見分有一個同一的根源，就是識。而以見分認識相分，由於它們共同根於識，整個認識活動，說到最後，其實是識自己認識自己。這是佛教知識論的最後歸宿。[3]

七、法稱的知識論

自陳那以來的佛教知識論，都以直接知覺（現量）與推理（比量）作為正確的知識的泉源（量）。這是依於認識對象只有兩種而來：個別相（自相）與一般相（共相）。故能帶來知識的認識手段亦只有兩種：直接的知覺與間接的推理。直接知覺認識對象的個別相，推理則認識對象的一般相或普遍相。不過，陳那的知識論仍然遺留下一些問題，未有完全解決。這些問題可歸納為下面兩個：

1. 何以對象只有個別相與一般相兩種？
2. 何以一定是知覺對於個別相、個別物，推理對於一般相、一般概念而為認識手段？

法稱承襲了陳那的學說，又獨自開展出新的理論體系，企圖消解陳那所遺

3　陳那的知識理論主要顯示於他的晚年鉅著《集量論》中。關於這部文獻的研究，最具成就的，當推日本學者服部正明下列一書：

M. Hattori, *Dignāga, On Perception*. Cambridge: Harvard University Press, 1968.

另外，有關陳那知識論的研究，可參考下列諸文：

服部正明：〈中期大乘佛教の認識論〉，載於三枝充悳編集：《講座佛教思想第二卷：認識論論理學》，東京：理想社，1974。

桂紹隆：〈ディグナーガの認識論と論理學〉，載於平川彰、梶山雄一、高崎直道編集：《講座大乘佛教 9 認識論と論理學》，東京：春秋社，1984。

留下來的問題。他在知識論方面的論點，可概括為以下五點：

1. 他亦強調對象有二種，把對象分為個體物與一般概念。不過，他以為只有個體物是「具有有效的運作能力的東西」，只有它能成為對象。他是以實效主義的眼光來論知識論，把對象關連到實效、效果方面去。故他的知識論有經驗主義的色彩。但這色彩還是很微弱的。他認為，人要認識對象，目的是要在該對象方面期待某些利益。他以為，只有具有能力，能提供某些利益——有效的運作——的東西，才能是對象。所謂「對象有二種」，是指作為唯一的對象的個體物能在兩種場合中被認識：依個體物自身之相而被認識與依他相（即依概念化）而被認識。前者可說是直接認識，後者可說是間接認識。

2. 故真正能成為對象的，只有個體物。但何以對作為唯一的對象的個體物有兩種類的認識，而且是限定兩種呢？他的答覆是，作為唯一的對象的個體物，當成為對象時，或是現前，或是不現前，再無其他可能。故對個體物的認識，亦限定於對現前的個體物的認識與對非現前的個體物的認識二種。

3. 認識現前的個體物的，是知覺（直接知覺），而且只是知覺。這是不需其他媒介的自立的認識。另一方面，對非現前的個體物的認識，要藉其他媒介。這其他媒介只有在具備一定的條件時，才能使個體物被認識。這媒介是推理。

4. 由推理而來的對個體物的認識，其實不是對個體物自身的認識，而是對一般概念（共相）的認識。就牛的情況而言，推理不能認識個別的牛的相狀，只能認識共通於所有的牛的相狀，這即是牛的一般的相狀，或普遍的相狀，所謂牛一般（cow in general），或牛性。

5. 知覺與推理都是正確的知識的泉源。所謂正確的知識，即是真的知識（參看下述）。法稱限定真知識的來源只有兩種，即來自知覺與推理。這排斥了真知識的來源的第三種可能性。這也是陳那所強調的。但法稱更加重真知識的說法。

八、知識的真偽

說到知識論，一個首要的問題是：如何決定知識的真偽？哪些是真知識？哪些是偽知識？真知識與偽知識如何能分別開來？法稱以為，決定知識的真偽的一個很重要的條件是不矛盾性。所謂不矛盾，是指知識的內容與實在不矛盾。知識的基礎在於知覺。這是得到普遍認定的。此中有所謂「知識的妥當性」問題。法稱以為，火的知覺的妥當性在於這樣的現象：如把一些東西置於這火上，而能看到它燃燒；又或接觸火，而感到熱。這即是有被期待著的能力出現，而為無矛盾。即是說，要從效果方面來確定不矛盾性。倘若效果與所期待的相符，便是不矛盾。只有不矛盾性才能成就知識。故一般來說，知識的妥當性依待後來的經驗而被知。但在某些場合，知識的妥當性亦可依知覺本身而被知，不必看後來的經驗。這是對象不斷被經驗被熟習的場合。例如，最初見到煤氣的火，不必能明確地知道是火。因而把紙屑放到其上，或把手移過去。當見到紙屑燃燒，或手感覺熱，便能確定最初的火的知識是真的。但若時常經驗到煤氣的火，則在知其為火時，同時亦知此種知識的妥當性。即是說，不必要看到火燒紙屑或感到火使手發熱發痛才能確定是火和火的知識，不必倚賴效果方面，而即就火本身，便能確定是火和火的知識了。

法稱這樣強調效果，就效果方面來說知識的不矛盾性，再由這不矛盾性來說真知識。這顯示他的知識論有實效主義以至經驗主義的傾向。

九、知覺的要素

我們解剖某些活動，可得出某些構成活動的要素。法稱以為，就認識活動言，一般可分為認識者（pramātṛ）、對象（prameya）、認識（pramā）三要素。或再加上認識的原因（karaṇa），而成四要素。關於知覺，亦可就這四要素來說。下面是法稱對這四要素的分析。

認識者與認識：在一般的知識論中，認識者通常被視為活動的主體。

佛教不承認有作為獨立主宰者的自我的存在，當然不視認識者為認識活動的主體。但在認識活動中，到底是甚麼東西去認識呢？法稱的看法，近於經量部（Sautrāntika）。經量部以為，由於認識作用其自體並不存在，（這是依於一切事物與活動都是緣起，都無自性、自體一根本認識而來）因而對「是甚麼東西去認識」一問題的討論，並無意義。經量部的想法是，當感官、對象與心和合時，便生知覺。但在這知覺中，並無實在的「把握對象」的能動的作用。當感官等和合時，其結果只是知覺的產生。在對象與知覺之間，只有由對象生知覺的那種因果關係。知覺認識對象云云，只是借說。他們以為，作為對對象的認識的知覺，其生起知識，只是擬似對象而生。所謂「取因之相」。因即指對象而言。知覺即在擬似對象而生知識時，把握對象。如同子女擬似雙親而生時，套取雙親的容貌。法稱的看法，與此相同。他在《量評釋》謂：

> 自己具有這對象的相似性的這知覺，宛如以對象認識為自體，把作用加到對象方面去而顯現。何以故呢？實際上自己並沒有能動的作用，不過根據這對象的相似性，這知覺便確立起來。例如，世間中的果，即使沒有對於因的能動的作用，由於能擬似於因而生，故可稱為「取因之相」。[4]

即是說，知覺不能好像以手握物那樣，把握對象。知覺只是挾帶對象的相狀而顯現，擬似對象而生起。

對象：法稱以為，在知識中，並沒有「認識」的積極的能動作用。在知識中所謂「對於對象的認識」，只是挾帶對象的相狀而生起這相狀。在

4　法稱的這段文字，轉引自戶崎宏正：〈後期大乘佛教の認識論〉，載於上提的《講座佛教思想第二卷：認識論論理學》，頁 160。

對象方面來說，是把自己的相狀給予知覺，這是所謂「被認識」。[5]對象要具備些甚麼條件，才能稱為對象呢？經量部認為對象有二條件：

1. 作為知識的原因；即是，能使知識的形象生起。

2. 能把自己的相狀給予知識。這是順第一條件而來的。

法稱完全承受經量部的這種說法。不過，此中有一問題。「把自己的相狀給予知識」的對象，其自身到底是怎樣的存在呢？有沒有確定的獨立性可言呢？法稱以為，存在即是具有有效的運作能力。關於這「有效的運作能力」，在關連到他的認識論方面，有兩點堪注意：

1. 人的認識活動，必期待某種利益的獲得，或某一目的的達成。因此，只有具有某些有效的運作能力的東西，才能成為認識的對象。故法稱的認識論具有實用主義的傾向。

2. 這種看法亦可解決極微的問題。個別的極微不能成為知覺的對象；極微要集合起來，才能成為對象。但這「極微的集合」到底是甚麼東西？此中有一疑問：極微的集合可能只是概念或共相而已，在外界並無其實在性。法稱以為，當散在的極微 a、b、c 集合起來時，已成為異質的東西。它已具有能力，能使某種知覺 A 生起。這能力不是 a、b、c 所具有，而是其集合的結果。此種知覺 A 並不是認識個別的 a、b、c，而是認識 a、b、c 的集合，以這集合為對象。而這集合亦把一種表象給予知覺。

認識的原因：法稱以為知覺經驗的結果是對對象的認識，這即是知覺挾帶對象的相狀而生。在這方面，其認識的原因是甚麼呢？正理學派（Nyāya）與彌曼差學派（Mīmāṃsā）都把認識的原因與結果視為相互別異的東西。其別異的意思一如以斧頭切木那樣，斧頭是因，切斷的木是果。法稱則以為認識的原因與結果是在一認識經驗中成立。認識的原因，所謂量，還是在知覺自身中。例如青色的知覺，生「青色」的知識，此中

5　嚴格而言，所謂「取因之相」與「挾帶對象的相狀而生起這相狀」，不能說沒有肯定對象存在的獨立性的傾向，雖然這傾向還是很微弱的。這便有違唯識的觀念論的立場而傾向於實在論了。經量部是這樣看，法稱受了經量部的影響，也顯示出輕微的實在論傾向。

的原因是作「青色」的決定，這是在知識中的。即是，知識具足對象的相狀而生，所謂「對象相性」（artharūpatā）。換言之，這是知識擬似對象，所謂「對象相似性」（arthasārūpya）。法稱的意思是，「對於對象的認識」，是知覺具足對象的相狀而生起。這結果即是對於對象的認識。而最終決定這結果的，是知覺挾帶對象的相狀這一事實。因此，在這認識中的因與果，並不是各自別異，而是在一經驗中，同時成立。正理學派與彌曼差學派在了解認識的原因時，都要離知覺而求取在外界的動力因（nimitta）。法稱則以為這東西正是在知覺中，而直接地決定知覺。故歸根究柢，正理學派與彌曼差學派的立場，是實在論。法稱守唯識的家法，雖有外界實在論的傾向，但還是不立外界實在，不管這實在是動力因抑是甚麼對象。[6]

6　本文有關法稱的知識論部分，主要參考上提戶崎宏正〈後期大乘佛教の認識論〉一文寫成。關於法稱的知識論，除了可參考這篇文字外，還可參考下列著作：

戶崎宏正：《佛教認識論の研究》，上、下，東京：大東出版社，1979、1985。

T. Vetter, *Erkenntnisprobleme bei Dharmakīrti*. Wien, 1964.

印度佛學參考書目

排序依據：

1.梵文：依經、論名稱之羅馬字體先後排序。

2.日、中文：以作者姓氏筆劃多寡序。

3.英、德文：依羅馬字體先後序列。

一、梵文

La Vallée Poussin, de, ed., *Mūlamadhyamakakārikā de Nāgārjuna avec la Prasannapadā Commentaire de Candrakīrti*. *Bibliotheca Buddhica*, No. IV. St. Petersbourg, 1903-13.

荻原雲來、上田勝彌編集《梵文法華經》，東京：山喜房佛書林，1994。

大正大學綜合佛教研究所梵語佛典研究會編《梵文維摩經：ポタラ宮所藏寫本に基づく校訂》，東京：大正大學出版會，2006。

二、日文

一鄉正道著《中觀莊嚴論の研究：シャーンタラクシタの思想》，京都：文榮堂，1985。

上田義文著《大乘佛教の思想》，東京：第三文明社，1977。

上田義文著《大乘佛教思想の根本構造》，京都：百華苑，1972。

上田義文著《佛教思想史研究》，京都：永田文昌堂，1967。

上田義文著《梵文唯識三十頌の解明》，東京：第三文明社，1987。

山口益著《空の世界》，東京：理想社，1974。

山口益著《佛教における無と有との對論》，東京：山喜房佛書林，1975。

山口益著《般若思想史》，京都：法藏館，1972。

山田惠諦著《法華經のこころ》，京都：法藏館，1996。

ツルティム・ケサン、小谷信千代共譯《ツォンカパ著アーラヤ識とマナ識の研究～クンシ・カンテル～》，京都：文榮堂，1986。
久保繼成著《法華經菩薩思想の基礎》，東京：春秋社，1987。
大正大學綜合佛教研究所輪迴思想研究會編《輪迴の世界》，東京：青史出版社，2001。
ひろさちや、木內堯央著《ひろさちやが聞く法華經》，東京：鈴木出版社，1995。
中村元著《東洋人の思惟方法 1：インド人の思惟方法》，東京：春秋社，1975。
中村瑞隆譯《現代語譯法華經》上、下，東京：春秋社，1999。
末木剛博著《東洋の合理思想》，東京：講談社，1970。
北川秀則著《インド古典論理學の研究：陳那（Dignāga）の體系》，東京：鈴木學術財團，1973。
北山淳友著、峰島旭雄監譯《東と西 永遠の道》，東京：北樹出版社，1985。
宇井伯壽著《宇井伯壽著作選集第一卷：佛教論理學》，東京：大東出版社，1966。
宇野精一、中村元、玉城康四郎編《講座東洋思想 5 佛教思想 I インド的展開》，東京：東京大學出版會，1975。
司馬春英、渡邊明照編著《知のエクスプロージョン：東洋と西洋の交差》，東京：北樹出版社，2009。
金倉圓照著《インド哲學佛教學研究 I 佛教學篇》，東京：春秋社，1973。
長尾雅人譯《維摩經（ヴィマラキールティの教え）》，長尾雅人編《世界の名著》2，東京：中央公論社，1975。
長尾雅人等編集《岩波講座東洋思想第八卷：インド佛教 I》，東京：岩波書店，1998。
松本史朗、金澤篤、木村誠司、四津谷孝道編《インド論理學研究 V：ダルマキールティ特輯號》，東京：山喜房佛書林，2012。
武邑尚邦著《佛教論理學の研究》，京都：百華苑，1968。
津田真一著《アーラヤ的世界とその神：佛教思想像の轉回》，東京：大藏出版社，1998。
服部正明、上山春平著《認識と超越：唯識》，東京：角川書店，1974。
宮本正尊編《佛教の根本真理：佛教における根本真理の歷史的諸形態》，東京：三省堂，1974。
梶山雄一、上山春平著《空の論理：中觀》，東京：角川書店，1973。

梶山雄一著《佛教における存在と知識》，東京：紀伊國屋書店，1983。
梶山雄一著《般若經：空の世界》，東京：中央公論社，1976。
梶山雄一著《輪迴の思想》，京都：人文書院，1997。
望月海淑著《法華經における信の研究序說》，東京：山喜房佛書林，1980。
勝呂信靜著《法華經の成立と思想》，東京：大東出版社，1996。
勝呂信靜編《法華經の思想と展開》，京都：平樂寺書店，2001。
渡邊寶陽著《われら佛の子：法華經》，東京：中央公論新社，2000。

三、中文

印順著《印度佛教思想史》，臺北：正聞出版社，1988。
印順著《空之探究》，臺北：正聞出版社，1985。
牟宗三著《佛性與般若》，臺北：臺灣學生書局，1977。
吳汝鈞著《印度佛學的現代詮釋》，臺北：文津出版社，1994。
吳汝鈞著《印度佛學研究》，臺北：臺灣學生書局，1995。
吳汝鈞著《佛教知識論：陳那、法稱、脫作護》，臺北：臺灣學生書局，2015。
吳汝鈞著《佛教的概念與方法》，臺北：臺灣商務印書館，2000。
吳汝鈞著《佛教的當代判釋》，臺北：臺灣學生書局，2014。
吳汝鈞著《金剛經哲學的通俗詮釋》，臺北：臺灣商務印書館，1996。
吳汝鈞著《唯識現象學：世親與護法》，臺北：臺灣學生書局，2002。
吳汝鈞著《唯識現象學：安慧》，臺北：臺灣學生書局，2002。
吳汝鈞著《唯識學與精神分析：以阿賴耶識與潛意識為主》，臺北：臺灣學生書局，2014。
吳汝鈞著《龍樹中論的哲學解讀》，臺北：臺灣商務印書館，2019。
林鎮國著《空性與現代性：從京都學派、新儒家到多音的佛教詮釋學》，臺北縣新店市：立緒文化公司，1999。
梶山雄一著、吳汝鈞譯《龍樹與中後期中觀學》，臺北：文津出版社，2000。
梶山雄一著、張春波譯《印度邏輯學的基本性質》，北京：商務印書館，1980。
葉少勇著《中論頌：梵藏漢合校、導讀、譯注》，上海：中西書局，2011。
聖凱著《攝論學派研究》上、下，北京：宗教文化出版社，2006。
賴賢宗著《佛教詮釋學》，臺北：新文豐出版公司，2003。

四、英、德文

Bhatt, S. R. and Mehrotra, A., *Buddhist Epistemology*. London: Greenwood Press, 2000.

Conze, E., *Vajracchedikā Prajñāpāramitā. Edited and Translated with Introduction and Glossary*. Roma: Is. M. E. O., 1974.

Conze, E. tr., *Buddhist Wisdom Books Containing the Diamond Sutra and the Heart Sutra*. London: George Allen and Unwin, 1980.

Coward, H. ed., *Studies in Indian Thought. The Collected Papers of Professor T. R. V. Murti*. Delhi: Motilal Banarsidass, 1983.

Dasgupta, S., *A History of Indian Philosophy*. 5 Vols. Delhi: Motilal Banarsidass, 1975.

Dharmakīrti, *Vādanyāya of Dharmakīrti: The Logic of Debate*. P. P. Gokhale, tr. Delhi: Sri Satguru Publications, 1993.

Dutt, N., *Mahāyāna Buddhism*. Delhi: Motilal Banarsidass, 1978.

Eckel, M. D., *Jñānagarbha on the Two Truths*. Delhi: Motilal Banarsidass Publishers, 1992.

Fatone, V., *The Philosophy of Nāgārjuna*. Delhi: Motilal Banarsidass, 1981.

Frauwallner, E., *Die Philosophie des Buddhismus*. Berlin: Akademie Verlag, 1994.

Frauwallner, E., *The Philosophy of Buddhism*. G. L. Sangpo, tr. Delhi: Motilal Banarsidass, 2010.

Ghose, R. N., *The Dialectics of Nāgārjuna*. Allahabad: Vohra Publishers and Distributors, 1987.

Gold, J. C., *Paving the Great Way: Vasubandhu's Unifying Buddhist Philosophy*. New York: Columbia University Press, 2015.

Gupta, B. ed., *Explorations in Philosophy: Essay by J. N. Mohanty*. Vol. I Indian Philosophy. Oxford: Oxford University Press, 2002.

Gupta, R., *The Buddhist Concepts of Pramāṇa and Pratyakṣa*. Delhi: Sundeep Prakashan, 2006.

Harris, I. C., *The Continuity of Madhyamaka and Yogācāra in Indian Mahāyāna Buddhism*. Leiden: E. J. Brill, 1991.

Hayes, R. P., *Dignaga on the Interpretation of Signs*. Dordrecht: Kluwer Academic Publishers, 1988.

Hopkin, J., *Meditation on Emptiness*. Boston: Wisdom Publications, 1996.

Ichimura, S., *Buddhist Critical Spirituality: Prajñā and Śūnyatā*. Delhi: Motilal Banarsidass, 2001.

Inada, K. K., *Nāgārjuna: A Translation of his Mūlamadhyamakakārikā*. Tokyo: The Hokuseido Press, 1970.

Jayatilleke, K. N., *Early Buddhist Theory of Knowledge*. Delhi: Motilal Banarsidass, 1980.

Jha, G. tr., *The Tattvasaṅgraha of Shāntarakṣita, with the Commentary of Kamalashīla*. 2 Vols, Delhi: Motilal Banarsidass, 1986.

Kalansuriya, A. D. P., *A Philosophical Analysis of Buddhist Notions*. Delhi: Sri Satguru Publications, 1987.

Kalupahana, D. J., *Nāgārjuna: The Philosophy of the Middle Way*. New York: State University of New York Press, 1986.

Kitayama, J., *Metaphysik des Buddhismus: Versuch einer Philosophischen Interpretation der Lehre Vasubanhus und seiner Schule*. Stuttgart-Berlin: Verlag von W. Kohlhammer, n.d. Reprinted by Chinese Material Center, China, 1983.

Kloetzli, W. R., *Buddhist Cosmology: Science and Theology in the Images of Motion and Light*. Delhi: Motilal Banarsidass, 1989.

Kochumuttom, T. A., *A Buddhist Doctrine of Experience. A new Translation and Interpretation of the Works of Vasubandhu the Yogācārin*. Delhi: Motilal Banarsidass, 1989.

Lancaster, L., ed. *Prajñāpāramitā and Related Systems*. Berkeley: Berkeley Buddhist Studies Series, 1977.

Lewis, C. I. and Langford, C. H., *Symbolic Logic*. New York: Dover Publications, Inc., 1959.

Lopez, D. S. ed., *Buddhist Hermeneutics*. Honolulu: University of Hawaii, 1992.

Maitreya., *Maitreya's Madhyāntavibhāga. With Commentaries by K. Shenga and J. Mipham*. The Dharmachakra Translation Committee, tr. New York: Snow Lion Publications, 2006.

Matilal, B. K. and Evans, R. D. eds., *Buddhist Logic and Epistemology: Studies in the Buddhist Analysis of Inference and Language*. Dordrecht: D. Reidel Public Company, 1986.

McCrea, L. J. and Patil, P. G., *Buddhist Philosophy of Language in India: Jñānaśrīmitra on Exclusion*. New York: Columbia University Press, 2010.

Mejor, M., *Vasubandhu's Abhidharmakośa and the Commentaries preserved in the Tanjur*. Stuttgart: Franz Steiner Verlag, 1991.

Mimaki, K. et al., *Y. Kajiyama Studies in Buddhist Philosophy*. (Selected Papers). Kyoto: Rinsen Book Co. Ltd., 1989.

Mishra, R. K., *Buddhist Theory of Meaning and Literary Analysis*. Delhi: D. K. Printworld(p)Ltd., n.d.

Mohanty, J. N., *Essays on Indian Philosophy*. Oxford: Oxford University Press, 1993.

Murti, T. R. V., *The Central Philosophy of Buddhism: A Study of the Mādhyamika System*. London: Allen and Unwin, 1955.

Nagao, G. M., *Mādhyamika and Yogācāra*. S. Kawamura, tr. Delhi: Sri Satguru Publications, 1992.

Nagao, G. M., *The Foundational Standpoint of Mādhyamika Philosophy*. J. P. Keenan, tr. Delhi: Sri Satguru Publications, 1990.

Ng, Yu-kwan, *T'ien-t'ai Buddhism and Early Mādhyamika*. Honolulu: University of Hawaii, 1993.

Padmakara Translation Group, tr., *The Adornment of the Middle Way. Shantarakshita's Madhyamakalankara with Commentary by Jamgön Mipham*. Boston and London: Shambhala, 2005.

Pandeya, R. and Manju., *Nāgārjuna's Philosophy of No-Identity*. Delhi: Eastern Book Linkers, 1991.

Pietersma, H., *Phenomenological Epistemology*. Oxford: Oxford University Press, 2000.

Puhakka, K., *Knowledge and Reality: A Comparative Study of Quine and Some Buddhist Logicians*. Delhi: Motilal Banarsidass, 1975.

Radhakrihnan, S. and Moore C. A. eds., *A Sourcebook in Indian Philosophy*. Princeton, New Jersey: Princeton University Press, 1973.

Ramanan, K. V., *Nāgārjuna's Philosophy, as presented in the Mahāprajñāpāramitā-śāstra*. Tokyo: Charles E. Tuttle Co. Inc., 1966.

Ram-Prasad, C., *Knowledge and Liberation in Classical Indian Thought*. Houndmills: Palgrave, 2001.

Robinson, R. H., *Early Mādhyamika in India and China*. Madison: University of Wisconsin Press, 1967.

Sharma, C., *A Critical Survey of Indian Philosophy*. Delhi: Motilal Banarsidass, 1979.

Sharma, T. R., *An Introduction to Buddhist Philosophy: Vijñānavāda and Mādhyamika*. Delhi: Eastern Book Linkers, 2007.

Siderits, M. Tillemans, T., Chakrabarti, A. eds. *Apoha: Buddhist Nominalism and Human Cognition*. New York: Columbia University Press, 2011.

Silk, J. A. ed., *Wisdom, Compassion, and the Search for Understanding: The Buddhist Studies Legacy of Gadjin M. Nagao*. Honolulu: University of Hawai'i Press, 2000.

Singh, A., *The Heart of Buddhist Philosophy: Dignāga and Dharmakīrti*. Delhi: Munshiram Manoharlal Publishers Pvt. Ltd., 1984.

Sprung, M. tr., *Lucid Exposition of the Middle Way. The Essential Chapters from the Prasannapadā of Candrakīrti*. London: Routledge and Kegan Paul, 1979.

Stcherbatsky, Th., *The Conception of Buddhist Nirvāṇa*. Delhi: Motilal Banarsidass, 1978.

Thurman, R. A. F. tr., *The Holy Teaching of Vimalakīrti*. Pennsylvania: Pennsylvania State University Press, 1976.

Tola, F. and Dragonetti, C., *Being as Conciousness. Yogācāra Philosophy of Buddhism*. Delhi: Motilal Banarsidass, 2004.

Tola, F. and Dragonetti, C. tr., *Nāgārjuna's Refutation of Logic (Nyāya): Vaidalyaprakaraṇa*. Delhi: Motilal Banarsidass, 1995.

Vetter, T., *Erkenntisprobeme bei Dharmakīrti*. Graz: Hermann Böhlaus Nachf, 1964.

Waldron, W. S., *The Buddhist Unconscious: The ālaya-vijñāna in the context of Indian Buddhist Thought*. London and New York: Routledge Curzon, 2006.

Wood, T. E., *Mind Only: A Philosophical and Doctrinal Analysis of the Vijñānavāda*. Honolulu: University of Hawaii Press, 1991.

中國佛學參考書目

排序依據：

1.中、日文：以作者姓氏筆劃多寡序列。

2.英、德文：依羅馬字體先後序列。

一、中文

尤惠貞著《天台哲學與佛教實踐》，嘉義：南華大學，1999。

方立天著《中國佛教研究》上、下冊，臺北：新文豐出版公司，1993。

方立天著《方立天文集第1卷：魏晉南北朝佛教》，北京：中國人民大學出版社，2006。

方立天著《方立天文集第2卷：隋唐佛教》，北京：中國人民大學出版社，2006。

方立天著《魏晉南北朝佛教論叢》，北京：中華書局，1982。

方東美著《華嚴宗哲學》上、下冊，臺北：黎明文化事業公司，1986。

方廣錩主編《藏外佛教文獻第一輯：天竺國菩提達摩禪師論》，北京：宗教文化出版社，1995。

木村清孝著、李惠英譯《中國華嚴思想史》，臺北：東大圖書公司，1996。

王月清著《中國佛教倫理研究》，南京：南京大學出版社，1999。

王仲堯著《隋唐佛教判教思想研究》，成都：巴蜀書社，2000。

冉雲華著《中國禪學研究論集》，臺北：東初出版社，1990。

冉雲華著《永明延壽》，臺北：東大圖書公司，1999。

冉雲華著《宗密》，臺北：東大圖書公司，1998。

冉雲華著《從印度佛教到中國佛教》，臺北：東大圖書公司，1995。

玄奘撰，章巽校點《大唐西域記》，上海：上海人民出版社，1977。

任博克著，吳忠偉譯《善與惡：天台佛教思想中的遍整體論、交互主體性與價值弔詭》，上海：上海古籍出版社，2006。

任繼愈主編《中國佛教史》第一至三卷，北京：中國社會科學出版社，1993。
印順著《中國禪宗史》，臺北：慧日講堂，1971。
朱封鰲、韋彥鐸著《中華天台宗通史》，北京：宗教文化出版社，2002。
牟宗三著《中國哲學十九講》，臺北：臺灣學生書局，1989。
牟宗三著《佛性與般若》上、下冊，臺北：臺灣學生書局，1993。
牟宗三著《現象與物自身》，臺北：臺灣學生書局，1990。
牟宗三主講，盧雪崑錄音整理《四因說演講錄》，臺北：鵝湖出版社，1997。
何茲全、謝重光等編著《中國歷代名僧》，鄭州：河南人民出版社，1995。
吳立民主編《禪宗宗派源流》，北京：中國社會科學出版社，1998。
吳汝鈞著《中國佛學的現代詮釋》，臺北：文津出版社，1995。
吳汝鈞著《天台智顗的心靈哲學》，臺北：臺灣商務印書館，1999。
吳汝鈞著《佛教的當代判釋》，臺北：國立編譯館、臺灣學生書局，2011。
吳汝鈞著《佛教思想大辭典》，臺北：臺灣商務印書館，1992。
吳汝鈞著《京都學派哲學七講》，臺北：文津出版社，1998。
吳汝鈞著《純粹力動現象學》，臺北：臺灣商務印書館，2005。
吳汝鈞著《純粹力動現象學續篇》，臺北：臺灣商務印書館，2008。
吳汝鈞著《游戲三昧：禪的實踐與終極關懷》，臺北：臺灣學生書局，1993。
吳汝鈞著《絕對無的哲學：京都學派哲學導論》，臺北：臺灣商務印書館，1998。
吳汝鈞著《絕對無詮釋學：京都學派的批判性研究》，臺北：臺灣學生書局，2012。
吳汝鈞著、陳森田譯《中道佛性詮釋學：天台與中觀》，臺北：臺灣學生書局，2010。
吳言生著《禪宗思想源流》，北京：中華書局，2001。
呂澂著《中國佛學思想概論》，臺北：天華出版事業公司，1993。
呂澂著《佛典泛論》，臺北：九思出版社，1977。
李潤生著《成唯識論述記解讀——破執篇》一至四，安省：加拿大安省佛教法相學會，2005。
李潤生著《僧肇》，臺北：東大圖書公司，1989。
杜繼文、魏道如著《中國禪宗通史》，南京：江蘇古籍出版社，1993。
沈海燕著《法華玄義的哲學》，上海：上海古籍出版社，2010。
忽滑谷快天著，朱謙之譯《中國禪學思想史》，上海：上海古籍出版社，1994。
阿部正雄著，王雷泉、張汝倫譯《禪與西方思想》，臺北：桂冠圖書公司，1992。

杰米・霍巴德、保羅・史萬森主編，龔雋、馮煥珍、周貴華、劉景聯等譯《修剪菩提樹：「批判佛教」的風暴》，上海：上海古籍出版社，2004。
肯尼斯・K・田中著，馮煥珍、宋婕譯《中國淨土思想的黎明：淨影慧遠的〈觀經義疏〉》，上海：上海古籍出版社，2008。
姜義華主編《胡適學術文集：中國佛學史》，北京：中華書局，1997。
施凱華著《天台智者教判思想》，臺北：文津出版社，2006。
洪修平著《中國禪學思想史》，臺北：文津出版社，1994。
洪修平著《禪宗思想的形成與發展》，南京：江蘇古籍出版社，2000。
唐君毅著《中國哲學原論・原性篇》，臺北：臺灣學生書局，1989。
唐君毅著《中國哲學原論・原道篇》三，臺北：臺灣學生書局，1993。
張國一著《唐代禪宗心性思想》，臺北：法鼓文化，2004。
郭朝順著《天台智顗的詮釋理論》，臺北：里仁書局，2004。
陳兵著《佛教禪學與東方文明》，上海：上海人民出版社，1992。
陳垣著《中國佛教史籍概論》，北京：中華書局，1962。
陳森田著《肇論的哲學解讀》，臺北：文津出版社，2013。
湯用彤著《隋唐佛教史稿》，北京：中華書局，1982。
湯用彤著《漢魏兩晉南北朝佛教史》上、下冊，北京：中華書局，1983。
黃連忠著《敦博本六祖壇經校釋》，臺北：萬卷樓圖書公司，2006。
楊惠南著《禪史與禪思》，臺北：東大圖書公司，1995。
楊曾文校寫《敦煌新本六祖壇經》，上海：上海古籍出版社，1993。
楊曾文著《唐五代禪宗史》，北京：中國社會科學出版社，1999。
楊曾文編《馬祖道一與中國禪宗文化》，北京：中國社會科學出版社，2006。
聖凱著《中國佛教懺法研究》，北京：宗教文化出版社，2004。
聖嚴著《聖嚴法師教默照禪》，臺北：法鼓文化，2004。
葛兆光著《中國禪思想史：從六世紀到九世紀》，北京：北京大學出版社，1995。
葛兆光著《禪宗與中國文化》，上海：上海人民出版社，1986。
董平著《天台宗研究》，上海：上海古籍出版社，2002。
董群著《融合的佛教：圭峰宗密的佛學思想研究》，北京：宗教文化出版社，2000。
熊十力著《佛家名相通釋》，上海：東方出版中心，1996。
熊十力著《原儒》，臺北：明文書局，1997。
慧度著《智者的人生哲學：愛智人生》，臺北：牧村圖書公司，1997。

潘桂明著《中國禪宗思想歷程》，北京：今日中國出版社，1992。
鄭曉江主編《即心即佛，非心非佛：禪宗大師馬祖道一》，北京：宗教文化出版社，2006。
賴永海著《湛然》，臺北：東大圖書公司，1993。
賴賢宗著《海德格爾與禪道的跨文化溝通》，北京：宗教文化出版社，2007。
戴密微著，耿昇譯《吐蕃僧諍記》，臺北：商鼎文化出版社，1994。
韓廷傑著《三論宗通論》，臺北：文津出版社，1997。
羅時憲著《羅時憲全集第十卷：唯識方隅》，香港：佛教志蓮圖書館，1998。

二、日文

二本柳賢司著《禪の構造》，京都：法藏館，1987。
入矢義高編《馬祖の語錄》，京都：禪文化研究所，1984。
入矢義高監修，古賀英彥編著《禪語詞典》，京都：思文閣，1992。
久松真一著《人類の誓い》，京都：法藏館，2003。
久松真一著《久松真一佛教講義第一卷：即無的實存》，京都：法藏館，1990。
久松真一著《久松真一佛教講義第二卷：佛教的世界》，京都：法藏館，1990。
久松真一著《久松真一佛教講義第三卷：還相の論理》，京都：法藏館，1990。
久松真一著《久松真一佛教講義第四卷：事事無礙》，京都：法藏館，1991。
久松真一著《久松真一著作集 1：東洋的無》，東京：理想社，1982。
久松真一著《久松真一著作集 2：絕對主體道》，東京：理想社，1974。
久松真一著《久松真一著作集 3：覺と創造》，東京：理想社，1976。
久松真一著《久松真一著作集 4：茶道の哲學》，東京：理想社，1973。
久松真一著《久松真一著作集 5：禪と藝術》，東京：理想社，1975。
久松真一著《久松真一著作集 6：經錄抄》，東京：理想社，1973。
久松真一著《久松真一著作集 7：任運集》，東京：理想社，1980。
久松真一著《久松真一著作集 8：破草鞋》，東京：理想社，1975。
久松真一著《久松真一著作集第九卷：起信の課題・對談集》（增補），東京：法藏館，1996。
久松真一、西谷啟治編《禪の本質と人間の真理》，東京：創文社，1969。
山田無文著《十牛圖：禪の悟りにいたる十のプロセス》，京都：禪文化研究所，1999。

小川隆著《神會：敦煌文獻と初期の禪宗史》，京都：臨川書店，2007。
小川隆著《語錄のことば：唐代の禪》，京都：禪文化研究所，2007。
小林實玄著《華嚴一乘十玄門講讚》，京都：永田文昌堂，1984。
川田熊太郎監修，中村元編集《華嚴思想》，京都：法藏館，1975。
大野榮人著《天台止觀成立史の研究》，京都：法藏館，1994。
上田閑照著《上田閑照集第二卷：經驗と自覺》，東京：岩波書店，2002。
上田閑照著《上田閑照集第四卷：禪～根源的人間》，東京：岩波書店，2008。
上田閑照著《上田閑照集第六卷：道程〈十牛圖を步む〉》，東京：岩波書店，2008。
上田閑照著《上田閑照集第九卷：虛空／世界》，東京：岩波書店，2002。
上田閑照著《生きるということ：經驗と自覺》，東京：人文書院，1991。
上田閑照著《場所：二重世界內存在》，東京：弘文館，1992。
上田閑照著《禪佛教：根源的人間》，東京：岩波書店，1993。
上田閑照、柳田聖山著《十牛圖：自己の現象學》，東京：筑摩書房，1990。
上田閑照編《禪の世界》，東京：理想社，1981。
上田閑照、堀尾孟編《禪と現代世界》，京都：禪文化研究所，1997。
上田閑照監修，北野裕通、森哲郎編集《禪と京都哲學》，京都哲學撰書別卷，京都：燈影舍：2006。
木村清孝著《中國華嚴思想史》，京都：平樂寺書店，1992。
中村元譯《淨土思想》，東京：東京書籍社，2004。
日比宣正著《唐代天台學序說》，東京：山喜房佛書林，1975。
日比宣正著《唐代天台學研究》，東京：山喜房佛書林，1975。
石川博子著，FAS 協會編《覺と根本實在：久松真一の出立點》，京都：法藏館，2000。
古田紹欽編集、解說《禪と日本文化 1：禪と藝術 I》，東京：ぺりかん社，1996。
田中良昭編《禪學研究入門》，東京：大東出版社，1980。
田村芳朗、梅原猛著《絕對の真理：天台》，東京：角川書店，1974。
田村芳朗、新田雅章著《智顗》，東京：大藏出版社，1982。
玉城康四郎著《心把捉の展開》，東京：山喜房佛書林，1975。
玉城康四郎著《正法眼藏上下（佛典講座 37）》，東京：大藏出版社，1993。
平川彰著《大乘起信論（佛典講座 22）》，東京：大藏出版社，1989。

平井俊榮著《中國般若思想史研究：吉藏と三論學派》，東京：春秋社，1976。
平田高士著《無門關（禪の語錄 18）》，東京：筑摩書房，1986。
平田高士著《碧巖集（佛典講座 29）》，東京：大藏出版社，1990。
平野宗淨著《頓悟要門（禪の語錄 6）》，東京：筑摩書房，1985。
辻村公一編《一即一切》，東京：創文社，1986。
伊藤古鑑著《公案禪話：禪、悟りの問答集》，東京：大法輪閣，1990。
伊藤隆壽著《中國佛教の批判的研究》，東京：大藏出版社，1992。
宇井伯壽著《禪宗史研究》，東京：岩波書店，1990。
宇井伯壽著《第二禪宗史研究》，東京：岩波書店，1990。
宇井伯壽著《第三禪宗史研究》，東京：岩波書店，1990。
安谷白雲著《禪の心髓：從容錄》，東京：春秋社，1981。
安藤俊雄著《天台學：根本思想とその展開》，京都：平樂寺書店，1973。
吉津宜英著《華嚴禪の思想史的研究》，東京：大東出版社，1985。
多田厚隆先生頌壽紀念論集刊行會編集《天台教學の研究》，東京：山喜房佛書林，1990。
西谷啟治著《西谷啟治著作集第一卷：根源的主體性の哲學・正》，東京：創文社，1991。
西谷啟治著《西谷啟治著作集第二卷：根源的主體性の哲學・續》，東京：創文社，1992。
西谷啟治著《西谷啟治著作集第十一卷：禪の立場》，東京：創文社，1988。
西谷啟治著《西谷啟治著作集第十三卷：哲學論攷》，東京：創文社，1994。
西谷啟治著《寒山詩》，東京：筑摩書房，1988。
西谷啟治監修，上田閑照編集《禪と哲學》，東京：禪文化研究所，1988。
佐藤哲英著《天台大師の研究》，京都：百華苑，1961。
佐藤哲英著《續・天台大師の研究：天台智顗をめぐる諸問題》，京都：百華苑，1981。
坂本幸男著《華嚴教學の研究》，京都：平樂寺書店，1976。
阿部正雄著《非佛非魔：ニヒリズムと惡魔の問題》，京都：法藏館，2000。
阿部正雄著《根源からの出發》，京都：法藏館，1996。
阿部正雄著《虛偽と虛無：宗教的自覺におけるニヒリズムの問題》，京都：法藏館，2000。

京戶慈光著《天台大師の生涯》，東京：第三文明社，1975。
松本史朗著《禪思想の批判的研究》，東京：大藏出版社，1994。
河川孝照著《天台學辭典》，東京：國書刊行會，1991。
長尾雅人、中村元監修，三枝充悳編集《講座佛教思想第四卷：人間論、心理學》，東京：理想社，1975。
長尾雅人、中村元監修，三枝充悳編集《講座佛教思想第二卷：認識論、論理學》，東京：理想社，1974。
前嶋信次著《玄奘三藏：史實西遊記》，東京：岩波書店，1975。
柏木弘雄著《大乘起信論の研究：大乘起信論の成立に關する資料論的研究》，東京：春秋社，1991。
柳田聖山著《達摩の語錄：二入四行論（禪の語錄 1）》，東京：筑摩書房，1983。
柳田聖山著《初期の禪史 I（禪の語錄 2：楞伽師資記、傳法寶記）》，東京：筑摩書房，1985。
柳田聖山著《初期の禪史 II（禪の語錄 3：歷代法寶記）》，東京：筑摩書房，1984。
柳田聖山著《初期禪宗史書の研究》，京都：法藏館，1967。
柳田聖山著《禪思想》，東京：中央公論社，1975。
柳田聖山、梅原猛著《無の探求：中國禪》，東京：角川書店，1974。
秋月龍珉著《秋月龍珉著作集 8：鈴木禪學と西田哲學の接點～即非と逆對應》，東京：三一書房，1978。
秋月龍珉著《臨濟錄（禪の語錄 10）》，東京：筑摩書房，1987。
宮本正尊編《佛教の根本真理》，東京：三省堂，1974。
根井康之著《絕對無の哲學：西田哲學の繼承と體系化》，東京：農山漁村文化協會，2005。
唐木順三著《禪と自然》，京都：法藏館，1986。
唐代語錄研究班編《神會の語錄：壇語》，京都：禪文化研究所，2006。
常盤大定著《佛性の研究》，東京：國書刊行會，1988。
常盤義伸著《ランカーに入る：梵文入楞伽經譯文と研究》，京都：花園大學國際禪學研究所，1999。
梶谷宗忍譯注《宗門葛藤集》，京都：法藏館，1983。
菅野博史著《法華玄義入門》，東京：第三文明社，1997。
菅野博史譯注《法華玄義》上中下，東京：第三文明社，1995。

袴谷憲昭著《本覺思想批判》，東京：大藏出版社，1989。
袴谷憲昭著《批判佛教》，東京：大藏出版社，1990。
塚本善隆、梅原猛著《不安と欣求：中國淨土》，東京：角川書店，1974。
新田雅章著《天台哲學入門》，東京：第三文明社，1988。
鈴木大拙著《金剛經の禪、禪への道》，東京：春秋社，1991。
鈴木大拙著《鈴木大拙全集第一卷：禪思想史研究第一、盤珪の不生禪》，東京：岩波書店，1968。
鈴木大拙著《鈴木大拙全集第二卷：禪思想史研究第二、達摩から慧能に至る》，東京：岩波書店，1968。
鈴木大拙著《禪思想史研究第三卷：臨濟の基本思想》，東京：岩波書店，1987。
鈴木大拙監修，西谷啟治編集《講座禪第一卷：禪の立場》，東京：筑摩書房，1974。
鈴木大拙監修，西谷啟治編集《講座禪第二卷：禪の實踐》，東京：筑摩書房，1967。
鈴木大拙監修，西谷啟治編集《講座禪第三卷：禪の歷史（中國）》，東京：筑摩書房，1967。
鈴木大拙監修，西谷啟治編集《講座禪第六卷：禪の古典（中國）》，東京：筑摩書房，1968。
鈴木大拙監修，西谷啟治編集《講座禪第八卷：現代と禪》，東京：筑摩書房，1968。
橫山紘一著《十牛圖：自己發見への旅》，東京：春秋社，1996。
篠原壽雄、田中良昭責任編輯《敦煌佛典と禪》，東京：大東出版社，1990。
鎌田茂雄著《中國華嚴思想史の研究》，東京：東京大學出版會，1970。
鎌田茂雄著《宗密教學の思想史的研究》，東京：東京大學出版會，1975。
鎌田茂雄著《原人論》，東京：明德出版社，1995。
鎌田茂雄著《禪源諸詮集都序（禪の語錄 9）》，東京：筑摩書房，1979。
鎌田茂雄著《華嚴五教章（佛典講座 28）》，東京：大藏出版社，1979。
鎌田茂雄、上山春平著《無限の世界觀：華嚴》，東京：角川書店，1974。
藤田正勝編《京都學派の哲學》，京都：昭和堂，2001。
藤吉慈海編《久松真一の宗教と思想》，京都：禪文化研究所，1983。
藤吉慈海、倉澤行洋編《真人久松真一》（增補版），東京：春秋社，1991。

關口真大著《天台止觀の研究》，東京：岩波書店，1969。
關口真大著《達摩の研究》，東京：岩波書店，1994。
關口真大著《達摩大師の研究》，東京：春秋社，1969。
關口真大校注《摩訶止觀：禪の思想原理》上下，東京：岩波書店，1975、1976。
關口真大編著《天台教學の研究》，東京：大東出版社，1978。
FAS 協會編《自己・世界・歷史と科學：無相の自覺を索めて》，京都：法藏館，1998。

三、英文

Abe, Masao, *A Study of Dōgen: His Philosophy and Religion*. Ed. Steven Heine, Albany: State University of New York Press, 1992.

Abe, Masao, *Buddhism and Interfaith Dialogue*. Ed. Steven Heine, Honolulu: University of Hawaii Press, 1995.

Abe, Masao, *Zen and Comparative Studies*. Ed. Steven Heine, London: Macmillan Press, Ltd., 1997.

Abe, Masao, *Zen and the Modern World*. Ed. Steven Heine, Honolulu: University of Hawaii Press, 2003.

Abe, Masao, *Zen and Western Thought*. Ed. William R. LaFleur, London: Macmillan Press, Ltd., 1985.

Austin, James H., *Zen and the Brain: Toward an Understanding of Meditation and Consciousness*. Cambridge: The MIT Press, 1999.

Blyth, R. H., *Zen and Zen Classics Volume Four: Mumonkan*. Tokyo: The Hokuseido Press, 1974.

Bowers, Russell H., J., *Someone or Nothing: Nishitani's "Religion and Nothingness" as a Foundation for Christian-Buddhist Dialogue*. New York: Peter Lang, 1995.

Buri, Fritz, *The Buddha-Christ as the Lord of the True Self: The Religious Philosophy of the Kyoto School and Christianity*. Trans. Harold H. Oliver, Macon, Georgia: Mercer University Press, 1997.

Chan, Wing-tsit, trans., *The Platform Scripture: The Basic Classic of Zen Buddhism*. New York: St. John's University Press, 1963.

Chang, Chung-yuan, *Original Teachings of Ch'an Buddhism: Selected from The*

Transmission of the Lamp. New York: Vintage Books, 1971.

Cleary, Thomas, *Entry Into the Inconceivable: An Introduction to Hua-yen Buddhism*. Honolulu: University of Hawaii Press, 1983.

Cleary, Thomas, trans., *Sayings and Doings of Pai-chang: Ch'an Master of Great Wisdom*. Los Angeles: Center Publications, 1978.

Cleary, Thomas and Cleary, J. C., trans., *The Blue Cliff Record*. 3 Vols, Boulder and London: Shambhala, 1977.

Cobb, John B. Jr. and Ives, Christopher, eds., *The Emptying God: A Buddhist-Jewish-Christian Conversation*. New York: Orbis Books, 1991.

Cook, Francis H., *Hua-yen Buddhism: The Jewel Net of Indra*. Pennsylvania: The Pennsylvania State University Press, 1977.

Corless, Roger and Knitter, Paul F., eds., *Buddhist Emptiness and Christian Trinity: Essays and Explorations*. New York: Paulist Press, 1990.

Donner, Neal and Stevenson, Daniel B., *The Great Calming and Contemplation*. A Study and Annotated Translation of the First Chapter of Chih-i's Mo-Ho Chih-Kuan. Honolulu: University of Hawaii Press, 1993.

Dumoulin, Heinrich, *A History of Zen Buddhism*. Trans. Paul Peachey, Boston: Beacon Press, 1963.

Dumoulin, Heinrich and Sasaki, Ruth Fuller, *The development of Chinese Zen after the Sixth Patriarch in the Light of Mumonkan*. New York: First Zen Institute of America, 1953.

Gregory, Peter N., ed., *Sudden and Gradual: Approaches to Enlightenment in Chinese Thought*. Honolulu: University of Hawaii Press, 1987.

Griffiths, Paul J., *On Being Mindless: Buddhist Meditation and the Mind-Body Problem*. La Salle IL: Open Court, 1986.

Hanaoka, Eiko, *Zen and Christianity: From the Standpoint of Absolute Nothingness*. Kyoto: Maruzen Kyoto Publication Service Center, 2008.

Heisig, James W. and Maraldo, John, eds., *Rude Awakening: Zen, the Kyoto School and the Question of Nationalism*. Honolulu: University of Hawaii Press, 1995.

Herrigel, Eugen, *The Method of Zen*. Trans. R. F. C. Hull, London: Routledge and Kegan Paul, 1976.

Hisamatsu, Shin'ichi, *Zen and the Fine Arts*. Trans. Gishin Tokiwa, Tokyo: Kodansha International, 1971.

Hoffmann, Yoel, trans., *Radical Zen: The Sayings of Jōshū*. Brookline: Autumn Press, 1978.

Hori, Victor Sogen, *Zen Sand: The Book of Capping Phrases for Kōan Practice*. Honolulu: University of Hawaii Press, 2003.

Hubbard, Jamie and Swanson, Paul L., eds., *Pruning the Bodhi Tree: The Storm over Critical Buddhism*. Honolulu: University of Hawaii Press, 1997.

Johnston, William, *Silent Music: The Science of Meditation*. New York: Harper and Row, 1974.

Kasulis, T. P., *Zen Action, Zen Person*. Honolulu: University of Hawaii Press, 1981.

Kim, Young-Ho, *Tao-sheng's Commentary on the Lotus Sūtra*. A Study and Translation. Delhi: Sri Satguru Publication, 1992.

Lai, Whalen and Lancaster, Lewis R., eds., *Early Ch'an in China and Tibet*. Berkeley, Cal.: Asian Humanities Press, 1983.

Lamotte, Étinne, *The Teaching of Vimalakīrti*. Tr., Sara Boin, London: Routledge and Kegan Paul, Ltd., 1976.

Lopez, Donald S. Jr., ed., *Buddhist Hermeneutics*. Honolulu: University of Hawaii Press, 1988.

McRae, John R., *The Northern School and the Formation of Early Ch'an Buddhism*. Honolulu: University of Hawaii Press, 1986.

Merton, Thomas, *Mystics and Zen Masters*. New York: The Noonday Press, 1967.

Merton, Thomas, *Zen and the Birds of Appetite*. New York: New Directions Books, 1968.

Mitchell, Donald W., ed., *Masao Abe: a Zen Life of Dialogue*. Boston: Charles E. Tuttle Company, Inc., 1998.

Miura, Isshū and Sasaki, Ruth Fuller, *Zen Dust. The History of the Kōan and Kōan Study in Rinzai Zen*. New York: Harcourt, Brace and World, 1968.

Munsterberg, Hugo, *Zen and Oriental Art*. Rutland: Charles E. Tuttle Company, 1993.

Ng, Yu-kwan, *T'ien-t'ai Buddhism and Early Mādhyamika*. Honolulu: University of Hawaii Press, 1993.

Nishitani, Keiji, *Religion and Nothingness*. Trans. Jan Van Bragt, Berkeley: University of California Press, 1982.

Nishitani, Keiji, *The Self-Overcoming of Nihilism*. Trans. Graham Parkes with Setsuko Aihara, Albany: State University of New York Press, 1990.

Parkes, Graham, ed., *Heidegger and Asian Thought*. Honolulu: University of Hawaii Press, 1987.

Robinson, Richard H. a. Johnson, Willard L., *The Buddhist Religion: A Historical Introduction*. Belmont, California: Wadsworth Publishing Company, 1982.

Shaw, R. D. M., trans., *The blue Cliff Records*. London: Michael Joseph, 1961.

Shibayama, Zenkei, *A Flower Does Not Talk*. Trans. Sumiko Kudo, Rutland: Charles E. Tuttle Company, 1975.

Suzuki, D. T., *An Introduction to Zen Buddhism*. New York: Dell, A Delta Book, 1955.

Suzuki, D. T., *Essays in Zen Buddhism, First Series*. London: Rider and Company, 1958.

Suzuki, D. T., *Essays in Zen Buddhism, Second Series*. London: Rider and Company, 1958.

Suzuki, D. T., *Essays in Zen Buddhism, Third Series*. London: Rider and Company, 1958.

Suzuki, D. T., *The Lankavatara Sutra*. Translated for the first Time from the Original Sanskrit. London: Routledge and Kegan Paul Ltd., 1973.

Suzuki, D. T., *Manual of Zen Buddhism*. London: Rider and Company, 1956.

Suzuki, D. T., *Mysticism: Christian and Buddhist*. Westport, CT: Greenwood Press, 1975.

Suzuki, D. T., *Studies in Zen*. Ed. Christmas Humphreys, New York: Dell, A Delta Book, 1955.

Suzuki, D. T., *Zen and Japanese Culture*. Princeton: Princeton University Press, 1959.

Suzuki, D. T., *Zen Buddhism: Selected Writings of D. T. Suzuki*. Ed. William Barrett, New York: Doubleday Anchor Books, 1956.

Swanson, Paul L., *Foundations of T'ien-t'ai Philosophy: the flowering of the two truths theory in Chinese Buddhism*. Berkeley: Asian Humanities Press, 1989.

Thurman, Robert A. F., tr., *The Holy Teaching of Vimalakīrti: A Mahāyāna Scripture*. Delhi: Motilal Banarsidass, 1991.

Waldenfels, Hans, *Absolute Nothingness: Foundations for a Buddhist-Christian Dialogue*. Trans. J. W. Heisig, New York / Ramsey: Paulist Press, 1980.

Wargo, Robert J. J., *The Logic of Basho and the Concept of Nothingness in the Philosophy of Nishida Kitarō*. Ph. D. dissertation, University of Michigan. Ann Arbor: University Microfilms, 1972.

Wargo, Robert J. J. *The Logic of Nothingness: A Study of Nishida Kitarō*. Honolulu: University of Hawaii Press, 2005.

Wolmes, Stewart W. and Horioka, Chimyo, *Zen Art for Meditation*. Rutland: Charles E. Tuttle Company, 1990.

Yampolsky, P. B., trans., *The Platform Sutra of the Sixth-Patriarch*. New York: Columbia University Press, 1967.

Yusa, Michiko, *Zen and Philosophy: An Intellectual Biography of Nishida Kitarō*. Honolulu: University of Hawaii Press, 2002.

Ziporyn, Brook, *Evil and/or/as the Good*. Omnicentrism, Intersubjectivity, and Value Paradox in Tiantai Buddhist Thought. Cambridge: Harvard University Press, 2000.

四、德文

Benoit, H., *Die hohe Lehre. Der Zen-Buddhismus als Grundlage psychologischer Betrachtungen*. München-Planegg, 1958.

Benz, E., *Zenbuddhismus und Zensnobismus: Zen in westlicher Sicht*. Weilheim, 1962.

Buri, Fritz, *Der Buddha-Christus als der Herr des wahren Selbst: Die Religionsphilosophie der Kyoto-Schule und das Christentum*. Bern und Stuttgart: Verlag Paul Haupt, 1982.

Dumoulin, Heinrich, *Zen: Geschichte und Gestalt*. Bern: Franke Verlag, 1959.

Dumoulin, Heinrich, *Östliche Meditation und christliche Mystik*. Freiburg-München, 1966.

Enomiya-Lassalle, H. M., *Zen-Buddhismus*. Köln, 1966.

Enomiya-Lassalle, H. M., *Zen-Meditation für Christen*. Weilheim, 1971.

Enomiya-Lassalle, H. M., *Zen unter Christen*. Graz-Wien-Köln, 1973.

Gundert, W., übers., *Bi-yän-lu. Die Niederschrift von der smaragdenen Felswand*. 3 Bde. München, 1964, 1967, 1974.

Herrigel, Eugen, *Der Zen Weg*. Weilheim: Otto Weilheim Barth-Verlag, 1958.

Herrigel, Eugen, *Zen in der Kunst des Bogenschießens*. München-Planegg, 1956.

Hirata, Takashi und Fischer, Johanna, übers., u. hg., *Die Fülle des Nichts. Vom Wesen des Zen*. Eine systematische Erläuterung von Hoseki Shin'ichi Hisamatsu. Neske Pfullingen, 1975.

Iwamoto, N., übers., *Shōbōgenzō Zuimonki. Wortgetreue Niederschrift der lehrreichen Worte Dōgen-Zenzis über den wahren Buddhismus*. Ausgewählt, übersetzt und mit kurzer Biographie sowie einem Anhang versehen. Tokyo, 1943.

Johnston, W., *Der ruhende Punkt. Zen und christliche Mystik*. Freiburg-Basel-Wien, 1974.

Kantor, H.-R., *Die Heilslehre im Tiantai-Denken des Zhiyi und der philosophische Begriff des " Unendlichen" bei Mou Zongsan*. Wiesbaden: Harrassowitz Verlag, 1999.

Kapleau, P., *Die drei Pfeiler des Zen: Lehre, Übung, Erleuchtung*. Weilheim, 1972.

Kurtz, W., *Das Kleinod in der Lotus-Blüte. Zen-Meditation Heute*. Stuttgart, 1972.

Münch, Armin, *Dimensionen der Leere: Gott als Nichts und Nichts als Gott im christlich-buddhistischen Dialog*. Münster: LIT, 1998.

Ohasama, S. und Faust, A., übers., *Zen: Der lebendige Buddhismus in Japan*. Gotha-Stuttgart, 1925.

Ohashi, Ryōsuke, und Brockard, Hans, übers. u. hg., *Die Fünf Stände von Zen-Meister Tosan Ryokai*. Strukturanalyse des Erwachens von Hoseki Shin'ichi Hisamatsu. Neske Pfullingen, 1980.

Rzepkowski, H., *Die Erleuchtung im Zen-Buddhismus. Gespräche mit Zen-Meister und psycho-pathologische Analyse*. Freiburg-München, 1974.

Suzuki, D. T., *Die große Befreiung: Einführung in den Zen-Buddhismus*. Mit einem Geleitwort von C. G. Jung. Weilheim, 1972.

Tsujimura, K. und Buchner, H., übers., *Der Ochs und sein Hirte*. Eine altchinesische Zen-Geschichte, erläutert von Meister Daizohkutsu R. Ohtsu mit Japanischen Bildern aus dem 15. Jahrhundert. Pfullingen, 1973.

國家圖書館出版品預行編目資料

佛教的邏輯、辯證法與知識論

吳汝鈞著. – 初版. – 臺北市：臺灣學生，2023.08
面；公分

ISBN 978-957-15-1920-3 (平裝)

1. 佛教 2. 佛教哲學

220.11 112011282

佛教的邏輯、辯證法與知識論

著作者 吳汝鈞
出版者 臺灣學生書局有限公司
發行人 楊雲龍
發行所 臺灣學生書局有限公司
地址 臺北市和平東路一段 75 巷 11 號
劃撥帳號 00024668
電話 (02)23928185
傳眞 (02)23928105
E-mail student.book@msa.hinet.net
網址 www.studentbook.com.tw
登記證字號 行政院新聞局局版北市業字第玖捌壹號
定價 新臺幣八〇〇元
出版日期 二〇二三年八月初版
ISBN 978-957-15-1920-3

22021